Nama Rupa

Der doppelgesichtige Tarot

und die enantiodrome Dynamik seiner verborgenen Seite

© 2019 tao.de in Kamphausen Media GmbH, Bielefeld

2. Auflage 2019

Rupa, Nama (Autor):
Der doppelgesichtige Tarot -
und die enantiodrome Dynamik seiner verborgenen Seite

Herstellung: tredition GmbH, Halenreie 40-44, 22359 Hamburg
Erschienen bei tao.de in Kamphausen Media GmbH, Bielefeld, www.tao.de,
eMail: info@tao.de

Bibliografische Information der Deutschen Nationalbibliothek: Die Deutsche Nationalbibliothek verzeichnet diese Publikation in der Deutschen Nationalbibliografie; detaillierte bibliografische Daten sind im Internet über http://dnb.d-nb.de abrufbar.

978-3-96240-542-7 (Paperback)
978-3-96240-543-4 (Hardcover)
978-3-96240-544-1 (e-Book)

Das Werk, einschließlich seiner Teile, ist urheberrechtlich geschützt. Jede Verwertung ist ohne Zustimmung des Verlages unzulässig. Dies gilt insbesondere für die elektronische oder sonstige Vervielfältigung, Übersetzung, Verbreitung und sonstige Veröffentlichungen.

*Margot Ciupka,
meiner Mutter*

Inhaltsverzeichnis

Teil 1: Theoretische Einführung   **9**

  1. Entstehung und Bedeutung des Tarot   **9**

  2. Die Dynamik archetypischer Zustände   **18**
    Enantiodrome Dynamiken   22

  3. Psychologische, divinatorische und esoterische Deutung der Karten   **32**
    Psychologische Arbeit mit den Karten   32
    Divinatorische Arbeit mit den Karten   35
    Esoterische Deutung der Karten   45

Teil 2: Die doppelgesichtigen Karten   **55**

  1. Die vier Aspekte   **55**
    Vorderseite   55
    Umgekehrte oder kopfüber liegende Vorderseite   55
    Verborgene Seite oder Rückseite   56
    Umgekehrte oder kopfüber liegende Rückseite   57

  2. Praktischer Umgang mit den Karten   **58**

  3. Legesysteme   **60**
    Das erweiterte keltische Kreuz   62
    Der kurze Weg   63
    Das Pentagramm   64

Teil 3: Die Karten im Einzelnen   **65**

  1. Die großen Arkana   **65**
    0. Der Narr   65
    I. Der Magier   77
    II. Die Hohepriesterin   89
    III. Die Herrscherin   100
    IV. Der Herrscher   110
    V. Der Hierophant   124
    VI. Die Liebenden   136
    VII. Der Wagen   151

VIII. Die Kraft	160
IX. Der Eremit	174
X. Das Rad des Schicksals	188
XI. Die Gerechtigkeit	204
XII. Der Gehängte	220
XIII. Der Tod	230
XIV. Die Mäßigkeit	242
XV. Der Teufel	254
XVI. Der Turm	263
XVII. Der Stern	275
XVIII. Der Mond	287
XIX. Die Sonne	300
XX. Das Gericht	311
XXI. Die Welt	321
2. Die kleinen Arkana	**331**
Stäbe	331
Kelche	375
Schwerter	418
Münzen	461
Anmerkungen	**510**

Teil 1: Theoretische Einführung

1. Entstehung und Bedeutung des Tarot

Ein Satz Tarotkarten besteht aus 78 Karten, die zwei sehr unterschiedliche Abteilungen bilden. 22 Karten werden seit dem Beginn des zwanzigsten Jahrhunderts als „Große Arkana" bezeichnet und 56 weitere Karten als „Kleine Arkana". Beide Abteilungen haben historisch vermutlich unterschiedliche Ursprünge. Die 56 *Kleinen Arkana* ähneln den 52 Karten des französischen Skatblatts. Es gilt als erwiesen, dass beide Kartenspiele denselben Ursprung haben. Dieser liegt vermutlich irgendwo in Asien, denn von China, Persien, dem Mogulreich in Indien und den türkischen Mamelucken weiß man, dass sich dort irgendwann während unseres Mittelalters Kartenspiele (ungewiss ist, ob desselben Ursprungs) verbreiteten.[1] Um 1370 war eine Form dieses Spiels, das uns nicht erhalten geblieben ist, mit vier Sätzen und drei männlichen Hofkarten in Europa angekommen. Bekannt ist dieser Prototyp der heutigen Spielkarten uns nur, weil uns gesetzliche Verbote dieses Zeitvertreibs aus verschiedenen Regionen Westeuropas überliefert sind. Es ist sicher, dass es sich hierbei um einen Import aus türkischen oder maurischen Gebieten handelt, denn seine damaligen Bezeichnungen, *naibbe, naipe* etc., lassen sich vom arabischen Wort *naib* („Stellvertreter") ableiten. Offenbar gebrauchte man die Namen von zwei der drei männlichen Hofkarten des arabischen Spiels zur Bezeichnung des gesamten Spiels, denn diese hießen „Herrscher", „Stellvertretender Herrscher" und „Zweiter Stellvertreter". Aus ihnen entstanden in Westeuropa die Hofkarten König, Ritter und Bube. Erst später wurde ihnen die Königin als weibliche Hofkarte hinzugefügt. Während das Tarot die neue Tradition von somit jetzt vier

Hofkarten fortführte, verlor das Skatblatt den Ritter und schrumpfte so auf die ursprüngliche Zahl von 52 Karten zurück, bereichert um eine weibliche anstelle einer männlichen Figur. Nach allem, was wir wissen, dienten diese Karten zunächst nur dem Zweck der Unterhaltung und erst später, durch die Kartenleger des 17. und 18. Jahrhunderts, erhielten sie eine divinatorische Bedeutung.

Die 22 Großen Arkana scheinen eine gänzlich andere Herkunftsgeschichte aufzuweisen. Historisch sind sie erstmals unter dem Namen trionfi („Triumphe" oder „Trümpfe") im Norditalien des 15. Jahrhunderts belegt. Dieses Wort, von dem das deutsche Wort „Trumpf" indirekt abstammt, könnte mindestens drei Ursprünge haben: Erstens gab es in der norditalienischen Renaissance den Brauch so genannter Triumphzüge, bei denen Kostümierte und bunt geschmückte Festwagen durch die Straßen zogen. Die „Trümpfe" könnten Nachbildungen dieser Festwagen sein. Zweitens existiert ein gleichnamiges Gedicht des Renaissancedichters Petrarca, in dem dieser einen Triumphzug beschreibt, bei dem die jeweils niedrigere Kraft von der nachfolgenden, stärkeren überwunden wird – die Keuschheit die Liebe und der Tod alles Vorhergehende überwindet. So könnten die Trumpfkarten als Spiel mit einer Hierarchie von „Triumphen" ihre Inspiration aus Petrarcas Allegorie bezogen haben.[2] Drittens existiert ein Wahrsagebuch für die Technik des Würfelns, das um 1500 entstanden sein könnte und dessen Titel den „Triumph Fortunas", der Glücksgöttin, verkündet. Möglicherweise gab es schon frühere Bücher dieser Art und sie bildeten eine Vorlage für die spätere Ausarbeitung von „Tr(i)umphkarten" anstelle von Würfeln.[3]

1425 scheint der Maler Michelino da Besozzo das vielleicht erste derartige Spiel mit insgesamt 60 Karten erstellt zu haben, das aber 16 griechische Gottheiten und nicht die heute bekannten Motive der Großen Arkana zeigte und uns leider nicht erhalten geblieben ist. Die frühesten teilweise noch erhaltenen Sets der 78 Tarotkarten (italien. tarocchi) bzw. der darin enthaltenen trionfi stammen aus Mailand. Dabei handelt es sich um das ca. 1441 entstandene Visconti-Modrone-Tarot, das in der Yale-Bibliothek aufbewahrt wird (deshalb auch: Cary-Yale-Tarot genannt), von dem 11 Trumpfkarten erhalten sind, die im Unterschied zu anderen Versionen auch die drei theologischen Tugenden enthalten; das Brambilla-Tarot, das nur noch zwei Trumpfkarten enthält und um 1447 entstanden sein könnte; sowie das vermutlich wenig später, 1450 oder 1452, entstandene Deck der Mailänder Familien Visconti und Sforza, das oft kurz als Visconti-Tarot bezeichnet wird und von dem alle Trumpfkarten außer zweien (dem Teufel und dem Turm) erhalten sind. Um 1470 entstand vermutlich in der norditalienischen Stadt Ferrara ein anderes, heute in Paris aufbewahrtes, frühes Tarot-Deck, das der Ferrarischen Familie Este gehörte. Alle diese Kartensätze besitzen Ähnlichkeiten, aber auch charakteristische Unterschiede, so dass nicht von einem einheitlichen frühen Urtyp der Trumpfkarten gesprochen werden kann.

Interessanterweise stammen sechs der erhaltenen 20 Karten des Visconti-Decks nach dem derzeitigen Stand der Forschung nicht von demselben Künstler wie die übrigen Karten. Aufgrund schriftlicher Hinweise aus anderen Quellen der Zeit kann gefolgert werden, dass diese sechs Karten (sowie eine der beiden verlorenen) später ergänzt wurden und das ursprüngliche Set nur aus 14 Trumpfkarten bestand. Erst um 1500 ist die heutige Zahl von 22 Trumpfkarten sicher belegt, deren Motive und Reihenfolge (die Nummerierung auf den Karten selbst fehlte) gemäß einer Aufstellung aus dieser Zeit, von einigen Ausnahmen abgesehen, den späteren Tarotdecks entsprach.[4] Nicht viel später als in Norditalien, vermutlich ebenfalls um das Jahr 1500, tauchten die Tarotkarten mit ihren Trümpfen im nicht weit entfernten Marseille auf. Wie diese Karten aussahen, können wir nicht wissen, denn leider ist uns diese ursprüngliche Marseiller Variante nicht erhalten geblieben. Allerdings kennen wir die von Nicolas Conver um 1760 geschaffenen Karten, die heute die ältesten aus der Marseiller Tradition darstellen. Falls Conver seine Abbildungen an ältere Vorbilder anlehnte und der frühe Marseiller Tarot bereits dieselben Bilder aufwies, dann haben sich die 22 Mailänder Trumpfkarten irgendwann zwischen 1500 und 1760 in Marseille zu komplexeren, symbolisch aufgeladeneren Bildern entwickelt. Denn es ist die Marseiller – nicht die Mailänder – Bildgestaltung der Trumpfkarten, die sich bis heute in vielen Gestaltungen fortsetzt und auch im aktuell am weitesten verbreiteten Tarotdeck weiter fortwirkt, dem so genannten Rider-Tarot (benannt nach seinem Verleger), das von der Künstlerin Pamela Smith und dem Okkultisten Arthur Edward Waite zu Beginn des 20. Jahrhunderts geschaffen wurde.

Diese historische Abstammung der Tarotkarten widerspricht allerdings dem esoterischen Anspruch mancher Tarotfreunde, wonach die Karten ihren Ursprung im alten Ägypten oder in Indien hätten. Bereits einer der Pioniere der esoterischen Tarotinterpretation, Court de Gébelin (1719-84), behauptete, der Tarot sei das Produkt ägyptischer Priester, die in ihm der Nachwelt ihre Geheimlehren zu übermitteln trachteten. Das ist aber historisch nicht glaubhaft und überdies als Prädikat völlig unnötig, denn selbst wenn die Idee zum Tarot zunächst nur aus dem Interesse des Menschen am Spiel entstanden sein sollte und der Tarot als Spielkartenset nicht vor dem 15. Jahrhundert entstand, ist es möglich, dass die Bilderwelt der großen Arkana von Anfang an mit altem esoterischem Gedankengut verbunden wurde. Esoterisch heißt im Fall der großen Arkana *hermetisch*. Die spätantiken Lehren, die unter dem Namen des Hermes Trismegistos (deshalb „hermetisch") angeblich im Ägypten der Pharaonen entstanden, waren im Italien der Renaissance gerade wiederentdeckt worden und erfreuten sich großer Beliebtheit in gebildeten Kreisen. Es ist geradezu zu erwarten, dass man die Bilder der Großen Arkana mit Motiven dieser in Mode gekommenen esoterischen Lehre verband.

Hermes Trismegistos (wörtlich: „der dreifach größte Hermes") ist eine legendäre Gestalt, die eine Kombination des ägyptischen Gottes Thot und des griechischen Gottes Hermes bildet. Thot, Gott der Wissenschaft und Schreibkunst sowie Seelenführer, wurde schon im zweiten vorchristlichen Jahrhundert als „der dreimalgrößte" („trismegistos") angerufen. Die Griechen setzten ihn mit ihrem Gott Hermes gleich, dem Psychopompos, dem Seelenführer. Es war für die antiken Kulturen nichts Ungewöhnliches, die eigenen Gottheiten in den Göttern fremder Völker wiederzufinden. Der Alleinvertretungsanspruch, den der ägyptische Monotheismus des Sonnengottes und der israelitische Jahwe-Glaube einführten, war anderswo völlig unüblich. Zudem erkannten die Griechen Ägypten als das ältere, das magischere Kulturland an (so Platon im Timaios) und führten viele ihrer eigenen spirituellen Lehren auf ägyptische Ursprünge zurück: So soll Pythagoras für seine esoterischen Lehren ägyptische Lehrer gehabt haben. Hermes Trismegistos ist ein menschgewordener Gott, der die Geheimnisse des Kosmos von seinen eigenen Lehrern erfährt und das Erfahrene zur Belehrung der Menschheit weitergibt. Eine ganze Reihe von antiken Schriften beruft sich auf Hermes Trismegistos als Autor, insbesondere solche, die im so genannten Corpus Hermeticum gesammelt wurden.

Diese hermetischen Texte, die meist in den ersten nachchristlichen Jahrhunderten entstanden, beschreiben die Beziehung der Welt zur Sphäre des Göttlichen. Sie ähneln in ihren Grundaussagen den esoterischen Lehren jener Zeit, die man *gnostisch* nennt, sind aber mit diesen nicht gleichzusetzen. So ist ein zentrales Thema gnostischer wie hermetischer Schriften die Gefangenschaft der Seele in der materiellen Welt, wobei das gesamte Geschehen jeweils eingebettet ist in eine komplexe Kosmologie, in der Planetengötter und andere geistige Wesen eine spezifische Rolle bei der Entstehung der jetzigen kosmischen Situation spielen. Im Unterschied zu den meisten gnostischen Strömungen wird in der hermetischen Literatur die materielle Welt aber nicht als völlig verderbtes Seelengrab betrachtet, sondern als Ausdruck des Göttlichen und mit diesem im Prinzip von „wie oben, so unten" eng verbunden. Der Abstieg der Seele in die Materie wird nur teilweise als „Sündenfall" und Strafe angesehen, teilweise aber auch als positive Absicht der Gottheit, damit der Mensch sie von unten her verehre und verstehe. Dem schmerzhaften Abstieg der Seele in die Sinnenwelt folgt das Leben hier auf der Erde, das als Prüfung gedacht ist und schließlich durch rechten Lebenswandel und mystische Schau wieder zum Aufstieg in die göttlichen Sphären führt.

Dem Tarotforscher Ronald Decker[5] zufolge lassen sich in den Bildern der Großen Arkana Symbole entdecken, die eben diesem Dreischritt entsprechen: So sollen die ersten sieben Karten der Großen Arkana den Abstieg, die nächsten sieben den irdischen Lebensweg und die letzten sieben den Wiederaufstieg der Seele zu Gott symbolisieren (nicht eingerechnet den Narren, der sich als Null-Karte außerhalb dieses kosmischen Systems befindet). Es ist schwer zu sagen, ob es ausreichende Belege für diese These gibt. Die hermetische Tradition ist aber ein wesentliches Kernstück westlicher Esoterik. Wer den Tarot als esoterisches Lehrbuch verstehen will, das den Menschen auf den Pfad der Erkenntnis der Göttlichkeit des Kosmos und seiner eigenen Seele führen will, kommt nicht darum herum, die Tarotbilder, insbesondere die Großen Arkana, mit hermetischen Deutungsweisen zu lesen. In Teilen soll dies auch in diesem Buch versucht werden. Aber der Hermetismus ist nicht die einzige esoterische Lehre, die sich mit dem Tarot fruchtbar verbinden lässt.

Die vier Sätze der Kleinen Arkana nämlich sind weniger durch den Hermetismus beeinflusst, in ihrer Deutung aber durch eine andere spirituelle Geheimlehre. Während sie ursprünglich sicherlich nur als Spielkarten gedient haben, dürften die Kartendeuter des 18. Jahrhunderts (erst von da an ist der divinatorische Gebrauch der Tarotkarten belegt) Wissen aus der Tradition der Kabbalah mit ihnen in Verbindung gebracht und sie somit um eine esoterische Ebene bereichert haben.[6] Diese Verbindung scheint durch einen Mann mit dem Pseudonym Etteilla, eine echte Berühmtheit unter den Pariser Kartendeutern des 18. Jahrhunderts, bekannt geworden zu sein. Es war Etteilla, nicht sein oft wegen seiner Deutung des Tarot als ägyptische Geheimlehre zitierter Zeitgenosse Court de Gébelin, der 1770 das erste systematische Lehrbuch des Kartendeutens veröffentlichte (hier allerdings noch nicht mit dem Tarotblatt, das er erst später verwendete).[7] Obwohl oft von späteren Okkultisten geschmäht, basieren die heutigen Interpretationen der Tarotkarten immer noch auf einem System, das Etteilla verwendete. Aber erfunden hat er es vermutlich nicht. Ron Decker zufolge könnte die

Tradition, der Etteilla folgte, auf der Schrift „Tore von Licht" des spanischen Kabbalisten Gikatilla (13./14. Jahrhundert) beruhen. Gikatilla erläutert die zehn „Sephiroth", die Elemente des zentralen kabbalistischen Konzepts vom Lebensbaum, in einer Weise, die an Etteillas Bedeutungszuschreibung der Kleinen Arkana entfernt erinnert. Da Gikatilla den Lebensbaum von unten nach oben hin, das heißt in der Reihenfolge von der zehnten bis zur ersten Sephirah, erläutert, erklärt sich daraus der merkwürdige, bis heute in Tarotbüchern übliche Brauch, die kleinen Arkana von zehn an absteigend bis eins anzuordnen. Dies ist nur eine von Decker aufgezeigte Parallele zwischen Eteilla und Gikatilla, aber historische Belege für die Existenz einer solchen Traditionslinie fehlen.

Das heute populärste Tarotdeck von Waite und Smith basiert, wie gesagt, auf der Bildersprache des Marseiller Tarot, was die großen Arkana angeht, versieht aber als erstes Tarotspiel auch die Kleinen Arkana mit Bildern. Die Interpretationen, die Waite in seinem begleitenden Buch The Pictorial Key to the Tarot[8], als traditionelle Deutungen anführt, lassen sich teilweise noch bis zu Eteilla zurückverfolgen. Dabei hat Waite auch vertiefende Deutungen eingeführt, die er betont kryptisch hält, um ihren esoterischen Gehalt nicht zu verwässern oder um ihn künstlich zu betonen. Dabei ist zu bemerken, dass die Deutungen, die Waite selbst seinen Karten gibt, nur selten genauer auf das eingehen, was in den Bildern der Künstlerin Pamela Smiths ausgedrückt wird. Das wird besonders bei den Kleinen Arkana deutlich, die ja im Rider-Waite-Tarot erstmals überhaupt bildhaft ausgemalt wurden. Waites Deutungen bleiben hier meist bei den traditionellen Interpretationen stecken, während die scheinbar von ihm ersonnenen Abbildungen von Pamela Smith oft noch in ganz andere, tiefere Richtungen weisen. Man mag sich fragen, ob die Ideen zu den eindrücklichen Bildern der kleinen Arkana, die mit zum Ruhm des Rider-Tarot beitrugen, wirklich von Waite inspiriert wurden. War es am Ende nicht vor allem die Leistung der Künstlerin Pamela Smith – und nicht diejenige Waites –, der es gelang, durch sie ein komplexes Kabinett menschlicher Situationen und Zustände zu schaffen?

Auch das hier erstmals vorgestellte doppelseitige Tarotblatt beruht auf Waites und Smiths Kartendeck, allerdings unter Berücksichtigung seines Ursprungs in den Mailänder und Marseiller Karten.[9] Ihre Deutungen orientieren sich ebenfalls an der Waite'schen Tradition, insbesondere aber an den herausragenden Deutungen Rachel Pollacks. In ihrem Buch „Tarot - 78 Stufen der Weisheit" gelingt es ihr, die Karten aus einer ausgewogenen Mischung von esoterischer, symbolischer Deutung und psychologischer, alltagsnaher Menschenkenntnis heraus zu erklären. Sicherlich werden manche die darin gegebenen Erläuterungen für nicht tief genug empfinden. Sie ziehen reichlich esoterischer ausgeschmückte Deutungen vor oder wollen alles über die eingebetteten Symbole in Erfahrung bringen, was man mit esoterischer Spekulation in sie hineinlegen könnte. Bücher, die solches versuchen, enden meist in freier Assoziation der einen oder anderen Art, die nicht notwendigerweise noch etwas mit der Karte selbst zu tun hat. Entweder knüpfen sie an das Tarotbild allerhand hermetisch-gnostische und theologische Spekulationen oder erzählen alles über den Symbolismus von Zahlen und Bildkomponenten, ohne unterscheiden zu können, ob diese freien Assoziationen etwas mit dem Gemeinten zu tun haben oder nicht. Dieses Gemeinte ist aber weder offensichtlich (dann müsste es nicht interpretiert werden) noch ist es willkürlich (wenn man die historische Herkunft und Tradition der Karten berücksichtigt), sondern erhellt sich in der Schnittmenge von strenger Reduktion auf die allgemein bekannte Tradition der enthaltenen Symbole und die allgemein bekannte Tradition der Deutung der jeweiligen Karte.

Allerdings mag man sich doch fragen, ob die überhaupt vorhandenen Interpretationsversuche der Karten schon deren mögliche Tiefe ausreichend erfassen. Ist in jeder Tarotkarte als universelles Symbol menschlicher Strukturen (Archetypus) oder Situationen nicht noch eine tiefere Ebene verborgen, die sich uns in den herkömmlichen Abbildungen nur unzureichend mitteilt? Dieser beständige Eindruck lag dem ursprünglichen Entwurf eines Tarotdecks zugrunde, das nicht nur die offensichtliche (esoterische oder psychologische) Bedeutung einer Karte aufzeigen, sondern das in ihr Verborgene zugleich enthüllen sollte. Was aber ist in einer psychischen oder äußeren Situation verborgen, die sich in Tarotbildern manifestiert? Die Tiefenpsychologie hat verschiedene Modelle entwickelt, wonach sich die inneren Seelenzustände eines Menschen bilden. Allen liegt die Idee einer inneren Dynamik zugrunde, einer gewissermaßen gesetzmäßigen Umwandlung der einen äußeren Situation oder des einen inneren Zustands in einen anderen. Der Tiefenpsychologe C. G. Jung kennt aus seinen Forschungen der europäischen esoterischen Tradition eine besondere Form des Umschlags vom einen ins andere, die er enantiodrom („ins Gegenteil führend") nannte. Viele Tarotkarten enthalten Dichotomien, Entgegensetzungen von These und Antithese, Schwarz und Weiß, Yin und Yang. Ist also ihr eigenes Gegenteil in ihnen bereits enthalten? Bei genauerer Analyse der Karten zeigt es sich, dass sie nicht immer ihr genaues Gegenteil, aber doch eine Entgegensetzung irgendeiner Form mittransportieren, die für gewöhnlich aber nicht bewusst mitgedacht und schon gar nicht mitgesagt wird. Dieses quasi „enantiodrome Prinzip" jeder psychischen Situation könnte man zuweilen auch als ihre Schattenseite bezeichnen: Wo Licht ist, da ist auch Schatten, heißt es, und wo eine positive Situation beschrieben wird, da wird auch etwas Negatives ausgeklammert. Dieses Ausgeklammerte, Verborgene ist die Botschaft der Karte, die nicht deutlich genug ausgesagt wird, wenn man nur ihre Oberfläche berücksichtigt. Die Karten bergen also ein psychologisches oder esoterisches Geheimnis, das sich mit Hilfe einer tiefenpsychologischen Ausdeutung gemäß einiger Prinzipien C. G. Jungs lüften ließ. Diese Entdeckung ließ es notwendig werden, sich zu überlegen, wie man die verborgenen Schattenaspekte der Karten sichtbar werden lassen konnte. Dies schien nur möglich über die Anreicherung jeder Karte mit einem weiteren Bild. Da es sich bei der Ergänzung um ihre sinnbildliche Rückseite handelte, lag es nahe, die unbedruckten Rückseiten der Karten als Ort für die Ansiedlung dieses Bildes zu verwenden.

2. Die Dynamik archetypischer Zustände

Für die Entwicklung eines Systems, das die psychologische Tiefe aus den Symbolen der Tarotkarten und ihre verborgenen Anteile extrahiert, dabei aber auch ihre esoterische Dimension berücksichtigt, scheint die Psychologie C. G. Jungs besonders geeignet.[10] C. G. Jungs Auffassung zufolge enthält der Tarot archetypische Symbole.[11] Was ein Archetyp ist, lässt sich jedoch nicht ganz einfach erklären.[12] Archetypen sind nämlich mindestens zweierlei: Es sind innere Zustände in Menschen, wobei die gesamte Menschheit diese Zustände in ähnlicher Weise erlebt. Zweitens wird der Archetypenbegriff deshalb auch für die Darstellung dieser Zustände in Form eines Mythos, einer Figur oder eines Bildes verwendet. Aufgrund des gemeinsamen Erbes der Menschheit wird eine solche Darstellung vielen Menschen auf einer vorbewussten Ebene spontan verständlich sein. Sie alle tragen denselben Archetyp in sich, aber er gehört nicht ihrem persönlichen, sondern einem von allen Menschen geteilten, „kollektiven Unbewussten" an. Als solches ist er auch nicht „psychisch", sondern „psychoid", kann nicht vollständig bewusst gemacht werden, ist in gewisser Weise „größer" als jedes individuelle Bewusstsein.

Nach Jung können Archetypen „aktiviert", also in unserer Psyche wirksam werden, wenn eine Lebenssituation eintritt, in der ein bestimmter, bedeutsamer innerer Zustand dominant wird: Wir sind von einem dieser Urzustände der menschlichen Psyche wie besessen, wir denken, fühlen, handeln aus dem aktivierten Archetyp heraus; eine Dynamik entsteht, die wie selbstgesteuert in uns abläuft, da wir uns des Archetypen selbst ja niemals vollständig bewusst werden können (nur seiner Auswirkungen). Wir können mit verrückter Verliebtheit reagieren, wenn wir dem Mann unserer Träume beggegnen, der in Wirklichkeit aber unser inneres Abbild vom Männlichen, unseren Animus-Archetyp aktiviert hat. Wir können aber auch mit heftiger irrationaler Ablehnung auf eine Person reagieren, die unseren eigenen Schatten, unsere ungeliebten und verdrängten Seiten, repräsentiert.

Wie viele Archetypen es gibt, lässt sich nicht festlegen. Jung nennt beispielsweise die Archetypen der Anima und des Animus (der unbewusste oder tiefere Seelenteil des Mannes bzw. der Frau), der Persona (als des nach außen gezeigten Wesens), des Schattens (der unerwünschten Seiten), des Selbst (die Ganzheit und Vollkommenheit) sowie des göttlichen Kindes, des alten Weisen und der großen Mutter. Auch wenn in der Jungschen Psychologie nur solche psychischen Konstellationen als Archetyp bezeichnet werden, die besonders starke Symbolisierungen erlauben, sind wahrscheinlich alle tiefen psychischen Situationen allgemein menschheitlicher Natur und korrespondieren mit symbolischen Darstellungsmöglichkeiten, die zumindest innerhalb einer Kultur allgemein verstehbar sind. Alle seelischen Zustände sind insofern archetypisch und weisen zugleich über die rein persönliche Ebene hinaus – nicht nur in die Horizontale, zu den Mitmenschen, sondern auch in der Vertikalen, auf eine spirituelle Dimension unseres Erlebens hin. So mag das Bild einer Kerze für eine Kerze stehen, aber zugleich ein Symbol für Licht sein, was wiederum physisches Licht, Licht-Quanten, die energetische Ursubstanz unserer physischen Welt und schließlich den göttlichen Seelenfunken in uns meinen kann. So stehen archetypische Bilder als Symbole für mehr als nur *eine* Sache, aber sie erlauben es einem Menschen, der sich in sie vertieft, in ihnen einen eigenen inneren Zustand wiederzuentdecken. So kann sich wohl jeder unter einem leuchtenden Seelenfunken etwas vorstellen, wenn auch nicht jeder Meister Eckharts Theologie damit assoziiert. Genau diese Unschärfe ist typisch für echte Symbole und für Archetypen. Leider ist es schwierig, die von Jung beschriebenen hauptsächlichen Archetypen den Tarotkarten eindeutig zuzuordnen. Dennoch finden wir in den Großen Arkana durchaus Symbole repräsentiert, die Jung als Archetypen im engeren Sinn anerkannt hat[13].

In der Analytischen Psychologie nach C. G. Jung werden die verschiedenen Archetypen zuweilen als Vierheit (Quaternität), manchmal auch als Fünfheit (als Quadrat mit einem Fünften in der Mitte) angeordnet. Man teilt sie dann, ähnlich dem Yin und Yang der chinesischen Kosmologie, in männliche und weibliche Archetypen auf. Als männlich gelten die archetypischen Prinzipien *Logos* und *Heros*, als weiblich die beiden Prinzipien *Eros* und *Bios*. Das fünfte, alles vereinigende und transzendierende Prinzip wird als *Mystos* oder – innerhalb des Menschen – als das *Selbst* bezeichnet. *Logos* ist das Prinzip des Verstandes und der Vernunft, des Denkerischen und Logischen. Der *Heros* ist Archetyp der aktiven Auseinandersetzung mit der Welt, der Kraft und der vorwärtsdrängenden Energie, der Selbstentfaltung und Selbstverwirklichung. *Eros* schließt die Qualitäten der Liebe, des Gefühlslebens, der Schönheit und Harmonie in Beziehungen ein. *Bios* ist die Liebe zum Lebendigen, zur Natur, das Schöpferische, aber auch Bodenständige, das die Naturkraft in sich birgt.

Es ist nicht schwer Parallelen zu erkennen zwischen dieser Vierheit und der Vier-Elemente-Lehre bzw. zwischen der Fünfheit, die das Mystos-Prinzip einschließt, und der Fünf-Elemente-Lehre, die es sowohl im Osten wie in der westlichen Esoterik gibt – mit der Quintessenz oder dem Raum/Geist/Äther als fünftem Element. So entspricht das Logos-Prinzip meist dem Element Luft, das Heros-Prinzip dem Feuer, Eros entspricht dem Wasser und Bios der Erde. Auch die vier Farben der europäischen Kartenspiele, die den vier Sätzen der so genannten Kleinen Arkana des Tarot entsprechen, lassen sich in Verbindung mit den vier Elementen bringen. Im Tarot entspricht der Luft (Logos) dann der Satz der *Schwerter*, die Qualität des Feuers (Heros) wird durch die *Stäbe* dargestellt, dem Wasser (Eros) entspricht der Satz der *Kelche* und Erde (Bios) wird im Satz der *Münzen* oder *Pentakel* repräsentiert. Wenn wir wert darauf legen, mit den Tarotkarten als System archetypischer Zustände zu arbeiten, ist es nützlich, diese Zuordnungen im Gedächtnis zu behalten.

Eine andere Quaternität der Jungschen Lehre ist vielleicht noch wichtiger für das Verständnis des tieferen Gehaltes der Tarotkarten: Jung hat vier Erkenntnisvermögen des Menschen unterschieden, die sich ebenfalls in einem Quadrat anordnen lassen. Die Begriffe, die Jung hier verwendet, sind etwas altertümlich definiert und entsprechen nicht ganz dem Alltagssprachgebrauch. So bezieht sich das, was er „Fühlen" nennt, auf das Gefühl im Sinne der Emotion und des Affekts. „Intuieren" ist sein Verb für die Aktivität der Intuition. „Empfinden" bezieht sich auf die Sinneswahrnehmung der Dingwelt. Schließlich wird die vierte Seite dieses Quadrats durch das „Denken", den Intellekt gebildet, wodurch wir ein konzeptuelles Verständnis der Welt gewinnen. Seine Entgegensetzung ist das *Fühlen*. Es begreift durch das Erkenntnismittel der affektiven Reaktion eine Welt, die gut und schlecht (für uns) eingeteilt ist. Ebenso steht dem ganz nach außen gerichteten physisch-materiellen Erfassen der Sinnenwelt im *Empfinden* das *Intuieren* gegenüber, das aus einer tief innerlichen oder höheren Quelle heraus eine geistige Welt und das hinter dem Materiellen Liegende begreift. Die hermetische Tradition, in der den vier Elementen vier ähnliche geistige Qualitäten beigesellt werden, war die Quelle C. G. Jungs für diese Einteilung, und ihr zufolge können wir auch Denken mit Luft, Intuieren mit Wasser, Emotion mit Feuer und Empfinden mit Erde in Verbindung bringen.

Entsprechend gestalten sich dann die Zuordnungen zu den vier Symbolen der kleinen Arkana. Demnach verlassen sich die Kelche vor allem auf ihre Fähigkeit, die Welt *intuitiv* zu erfassen. Die Stäbe gelten als *emotional* und hitzig und scheinen ihre Umgebung vor allem durch den Modus des *Fühlens* zu begreifen. Die Münzen sind sehr auf die sinnlich erfahrbaren Objekte konzentriert. Ihnen entspricht die Funktion des sensorischen *Empfindens*. Dagegen sind die Schwerter der Intellektualität zugeordnet und verlassen sich vor allem auf das *Denken*. Diese idealtypische Zuordnung lässt sich allerdings bei den einzelnen Karten nicht immer erkennen. So zeigen viele Schwerterkarten Zustände, in denen die intellektuelle Distanziertheit völlig zusammengebrochen und durch schmerzhafte Gefühle übermannt wurde. So können auch die (Wasser-)Kelche das Gefühlshafte zeigen, allerdings nicht im Sinne des aufbrausenden, hitzigen Gefühls der (Feuer-)Stäbe, sondern im Sinn von sanften und freudigen Gefühlen.

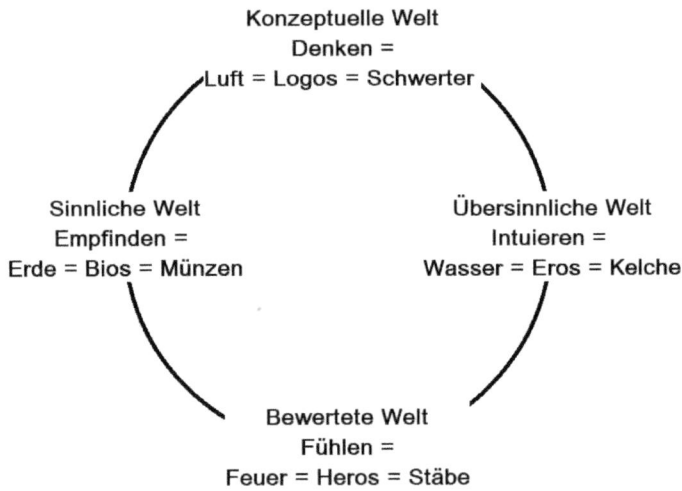

Abb. 1: Die Quaternität psychologischer Grundfunktionen nach Jung

Enantiodrome Dynamiken

Wenn wir eben die Gegenüberstellung von männlichen und weiblichen Archetypen erwähnt haben, so offenbart sich darin das sehr grundlegende Prinzip der Dualität, der Zweiheit. Dualität ist in den Großen Arkana des Tarot allgegenwärtig. Die Dynamik, die sich aus Gegensätzen ergibt, will immer wieder überwunden und ausgeglichen werden. Bevor wir darauf näher eingehen können, müssen wir aber verstanden haben, wie Dualitäten beschaffen sind. Dualität ist das Grundprinzip unserer konzeptuellen Welterfassung. Nur wenn wir einen Begriff einem anderen entgegensetzen können, lässt er sich definieren, abgrenzen, indem wir von ihm aussagen: A ist *nicht* B. Gegensätze werden in der Logik in kontradiktorische und konträre aufgeteilt. Kontradiktorisch bedeutet, dass zwei Sachverhalte sich in einem so starken Sinn ausschließen, dass bei Verneinung des einen das andere automatisch wahr sein muss. Dies trifft nur auf Sachverhalte zu, die kein Drittes erlauben. „Lebendig" ist ein kontradiktorischer Gegensatz zu „tot", wenn man annimmt, dass es nicht noch eine dritte Kategorie („halbtot" oder „Zombie" bzw. „jenseitig") gibt. Dagegen bedeutet das konträre Verhältnis, dass zwar nicht beide Sachverhalte zugleich der Fall sein können, es kann aber etwas Drittes der Fall sein. Das trifft beispielsweise auf den Gegensatz zwischen blau und gelb zu: Was blau ist, kann nicht gleichzeitig gelb sein, aber wenn etwas nicht blau ist, heißt das noch lange nicht, dass es gelb ist. Obwohl die meisten wirklichen Zustände in dieser Welt konträr zu anderen Zuständen sind und nicht kontradiktorisch, spielt in unserem Denken der kontradikatorische Gegensatz eine weitaus größere Rolle. Wir denken aus Gründen der Einfachheit gerne „schwarz-weiß", das heißt: „Wenn etwas nicht schwarz ist, dann muss es weiß sein". Natürlich wissen wir aber, dass das nicht zutrifft. Selbst ein vollständig farbenblinder Mensch vermag noch Grautöne wahrzunehmen.

Zuweilen werden kontradiktorische Gegensätze auch als *komplementär* bezeichnet, da sie sich gegenseitig ergänzen und ein neues Ganzes bilden. So ist das Dunkle, Böse, Dämonische eine komplementäre Welt zu derjenigen des Guten, Hellen, wenn man annimmt, dass das eine nicht ohne das andere sein kann, dass sie einander brauchen, um ein Ganzes zu bilden. Auch hier wird wieder eine Dichotomie, eine Zweiteilung postuliert, die im religiösen Bereich leider die schlimmsten Auswirkungen zeigt: Wenn meine Religion wahr ist, muss deine falsch sein und umgekehrt (*tertium non datur* – eine dritte Möglichkeit existiert nicht). Wenn ich dem Reich des Guten angehöre, musst du mit deiner anderen Religiosität zwangsläufig dem Reich des Bösen angehören und so weiter. Gott wird hier mit einem kleinlichen Menschen gleichgesetzt, der nicht dazu in der Lage ist, anders als dichotom zu lieben: Obwohl es Liebe im Überfluss gibt, können wir uns Liebe nur als Kontrast zwischen den von uns Geliebten und den nicht geliebten Anderen vorstellen - wir müssen fast alle Menschen ausgrenzen, um einen oder einige wenige "richtig" lieben zu können. Das Gute können wir nur bemerken als Kontrast zum Schlechten, das Wünschenswerte als Kontrast zu dem, was wir ablehnen. Deshalb bemerken wir oft erst, wie gut es uns ging, nachdem wir unsere Gesundheit, unseren Wohlstand, unsere Freunde oder unseren Partner verloren haben. Ohne den Kontrast des Verlustes, ohne dass wir unseren Zustand also mit einem anderen, entgegen gesetzten vergleichen können, fällt uns ein Werturteil schwer. Obwohl der Gott des Christentums ebenso wie der des Islams oder Judentums ein einziger Gott ist, wird ihm von der Volksgläubigkeit der Teufel als ebenbürtiger Widersacher gegenüber gestellt. So sehr ist unsere Psyche also auf Dualität aufgebaut. Tatsächlich aber sind gut und böse keine kontradiktorischen, sondern konträre Gegensätze. Anders ausgedrückt: Sie sind nicht dichotom oder polar, sondern kontinuierlich verteilt – jemand kann moralisch besser oder schlechter sein als ein anderer, aber *niemals* ist ein Menschenwesen ganz und gar schlecht oder ganz und gar gut, jedenfalls nicht innerhalb der Welt, in der wir leben. Das war einer der entscheidenden Punkte, an denen C. G. Jung die christliche Theologie kritisierte: Jesus von Nazareth konnte nicht „nur gut" gewesen sein, denn dann fehlte ihm die Menschlichkeit, die ihm andererseits theologisch zugesprochen wird.

Obwohl das dichotome Denken in kontradiktorischen Gegensätzen nicht der endgültigen Wahrheit entspricht, bildet es einen wichtigen „Dreh- und Angelpunkt" unserer Psyche. So können wir beobachten, dass Menschen aus einem Extrem in sein Gegenteil fallen. Zuweilen sind sich die Extreme sogar näher als die dazwischen liegenden Zustände, wie die Endpunkte einer Linie, die zum Kreis gebogen wird. Ein modernes Beispiel sind Personen, die einer linksextremen Terrorgruppe nahe standen und später Unterstützer einer rechtsextremen Partei wurden oder christliche Fundamentalisten, die sich dann dem Islam zuwenden, weil der ihrem Extremismus näher kommt (wobei die Glaubensinhalte keine Rolle spielen). Menschen, die erst fanatische Anhänger einer religiösen Partei sind, um sich nach einem Konversionserlebnis ebenso fanatisch für eine andere Religion einzusetzen, können sogar zu Begründern ganzer Weltreligionen werden, wie Saulus, der unter dem Konvertitennamen Paulus das Christentum als organisierte Weltreligion erschuf. Extreme Positionen neigen also dazu, ineinander überzuschlagen, weil sie sich in den ihnen zugrundeliegenden psychischen Bedürfnissen decken. Jung schreibt dazu: „…wie zwischen allen Gegensätzen eine so enge Beziehung besteht, dass eine Position ohne entsprechende Negation weder gefunden noch gedacht werden kann, so gilt auch hier der Satz: ‚Les extrêmes se touchent' [die Extreme berühren sich]"[14]. Wird dieses Gemeinsame bewusst erkannt, könnte man auch sagen: These und Antithese vereinigen sich in einer höheren Synthese. Diese Denkfigur kennt man aus der mittelalterlichen Scholastik und der späteren Dialektik, etwa bei Hegel. Der Tarot steckt voller Dialektik, voller Gegensätze, um deren Vereinigung auf einer höheren Ebene es geht. C. G. Jung hat das Umschlagen eines Extrems in sein Gegenteil *Enantiodromie* genannt. Man könnte den Tarot also ein System nennen, das auf einer enantiodromen Dialektik basiert.[15] Der Ausgleich von Gegensätzen schließt im wirklichen Menschenleben aber auch eine Dynamik ein, in der sich eines aus dem anderen entwickelt und spiralförmig wiederkehrt. Eine Form der Enantiodromie könnte man also in die Frage kleiden: Woraus ist der jetzige Zustand entstanden? Welcher Zustand ging ihm voraus, der in diesen hinein führte oder in ihn umschlug?

In der Physik und in lebendigen Systemen finden wir einen ähnlichen Umschlagpunkt: Zustände, die an einem extremen Endpunkt angelangt sind, können sich nicht mehr weiter in dieselbe Richtung entwickeln. Sie müssen zwangsläufig „umkippen". Je perfekter ein Zustand ist, umso wahrscheinlicher ist es, dass er an seiner Perfektion zerbricht und ins Chaos – in den Neubeginn auf einen anderen Zustand hin – abstürzt. Das ist die Idee, die Jung anhand eines von ihm eingehend studierten Orakelsystems, des I Ging, entwickelte. Im chinesischen „Buch der Wandlungen" tragen zur Vollendung gelangte Zustände (gekennzeichnet beispielsweise durch Würfe, bei denen drei Münzen die gleiche Seite zeigen) schon ihre notwendige Veränderung in sich – sie bilden „Wandlungslinien".

Eine andere Form der Gegensatzdynamik ist das Unterdrücken des einen Extrems durch sein Gegenteil. Dies wird tiefenpsychologisch als *Reaktionsbildung* bezeichnet. Um keine Aggressionen gegenüber ihren Kindern zu empfinden, die für sie eine Belastung darstellen, verhält sich eine Mutter besonders aufopfernd und verwöhnend. Innerhalb der verschiedenen Anteile unserer Persönlichkeit geschieht das gleiche: Weil wir die abgelehnte Seite von uns, die C. G. Jung den *Schatten* nannte, nicht wahrhaben wollen, identifizieren wir uns ausschließlich mit dem Rest unseres Charakters, so dass wir die Ganzheit unserer Persönlichkeit nicht erlangen. Wenn wir unseren Schatten nicht wahrnehmen wollen, sind wir als Menschen nicht ganz, unser Bewusstsein nimmt nur einen Teil wahr, der Rest lauert weiter im Unbewussten und wirkt sich auf versteckte Weise auf uns und unsere Mitmenschen aus. Wenn wir dann mit unseren guten Absichten immer wieder scheitern, liegt das an einer Bewegung der Enantiodromie: Aus unseren bewussten Absichten entstehen deren Entgegensetzungen durch das ins Unbewusste verdrängte Widersprechende. So wie Menschen eine verdrängte Schattenseite ihres Charakters besitzen, so können auch die Zustände der Tarotkarten eine verdrängte Schattenseite, einen düsteren Aspekt enthalten, der dem normalen Blick entgeht (umgekehrt gibt es Karten, die die Schattenseite zeigen und dabei die „Sonnenseite" dieser düsteren seelischen Situation übersehen).

Doch vielen Menschen fällt es schwer, überhaupt eine Dualität, einen Konflikt im eigenen Inneren zu ertragen. Diese so genannte *Ambiguitätsintoleranz* führt dazu, dass die Psyche immer mehr Energie in die Abwehr der nicht gesehenen Seite stecken muss. Wann immer die unerwünschte Seite sich meldet, muss die ihr entgegen gesetzte, erwünschte Seite sich umso lautstärker zu Worte melden. Besonders Männer neigen dazu, zornig zu reagieren, wenn sie eigentlich traurig reagieren möchten. Ihre traurige Seite ist in einer männlichen Welt unerwünscht, und umso heftiger wird ihr Zorn. Die Dualität hat sich zu einem nach außen hin präsentierten und einem nach innen hin gefühlten Charakter entwickelt. C. G. Jung hat den äußeren Charakter *Persona* (das bezeichnet eigentlich die Maske des römischen Schauspielers) genannt, den nach innen gerichteten die Seele (*Anima* beim Mann und *Animus* bei Frauen). Anima oder Animus sind aber oft unbewusst und verdrängt, solange sie nicht bewusst gemacht werden. Die unterschiedlichen Bezeichnungen für Frauen und Männer kommen daher, dass Jung bei Männern typisch weibliche und bei Frauen vor allem männliche Anteile in den inneren Charakter verdrängt sah.[16] Mit solch einer Verdrängung des Unerwünschten sind viele Menschen gesellschaftlich zwar sehr erfolgreich. Der Preis für ihre *gelungene Einseitigkeit* besteht jedoch in der Preisgabe der Ganzheit, die Jung das *Selbst* nannte und die die Vereinigung der Gegensätze notwendig in sich schließt. Dem Selbst entspricht auf der kosmischen Ebene Gott, der ebenfalls die Dualitäten der Schöpfung in seiner Einheit auflöst (weshalb es in den drei monotheistischen Religionen Gotteslästerung ist, Gott das Teuflische als Widersacher *entgegen* zu stellen, wie es vor allem christliche Sekten in der Praxis oft tun, statt es ihm als Teil seiner Schöpfung *unterzuordnen*).

Die Vor- und Nachteile der gelungenen Einseitigkeit gelten nicht nur innerhalb der Psyche, sondern auch im Äußeren, in wesentlichen Lebensentscheidungen. Manche Frauen und Männer haben aus beruflichen Gründen auf familiäres Glück verzichtet oder konnten nie wirklich ihre Gefühle leben. Wenn wir sie dann als erfolgreiche Menschen bewundern, vergessen wir, dass ihr Erfolg durch etwas erkauft ist, eine verdrängte, unterdrückte Seite, die nicht gelebt werden konnte. Jede Entscheidung hat ihren Preis in dem, wogegen man sich entscheiden musste – was oft als ungelebter Traum weiterlebt. Das gleiche gilt für die Entscheidung für oder gegen gleichwertige innere Qualitäten: Denken wir an die entgegen gesetzten vier psychischen Grundfunktionen aus der *Abb. 1* oben. Wer vorrangig intellektuell auf die Welt zugeht, lässt seine emotionale Seite oft unterentwickelt zurück, wer nur glaubt, was er sieht, vernachlässigt seine intuitive Innenseite. Dabei wäre ein Zustand der Ausgeglichenheit, in dem die Wahl zwischen den verschiedenen Modi jederzeit möglich wäre, kein utopisches Ziel. Enantiodrome Dynamiken (also innere Bewegungen aus einem Umschlag der Gegensätze) entstehen jedoch nicht nur aus extremen, kontradiktorischen Positionen, sondern auch aus einander näheren, konträren Widersprüchen: Woraus entsteht der Mut, sich öffentlich für die Rechte Unterdrückter einzusetzen? Vielleicht aus einer eigenen Erfahrung des Unterdrücktseins? Woraus entsteht die Echtheit eines integren Menschen? Etwa aus seinen moralischen Maßstäben? Oder vielleicht eher aus seinem Schatten – besser gesagt: aus der Tatsache, dass er all seine moralischen Abgründe kennt und angenommen hat, sie ausgelotet und integriert hat und sie ihm so nichts mehr anzuhaben vermögen? Das Umschlagen eines Zustandes in einen anderen setzt nicht eine vollständige Gegensätzlichkeit, einen kontradiktorischen Gegensatz voraus. Wir haben folglich die folgenden Möglichkeiten, aus welchem dynamischen Ursprung ein Zustand (1) stammen kann.

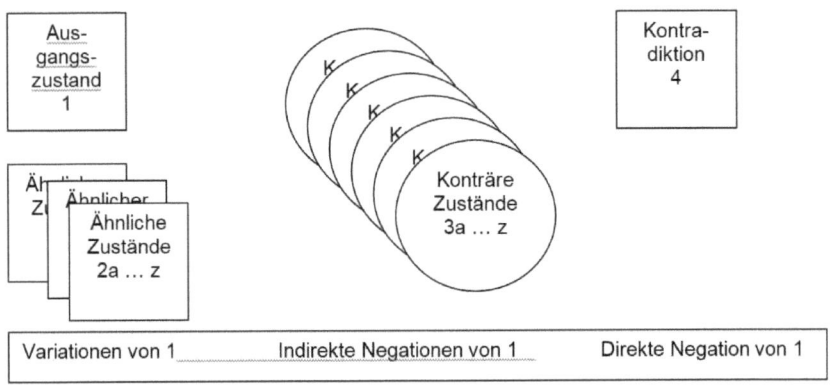

Abb. 2: Verhältnis verschiedener Zustände zum Ausgangszustand (1)

Einen ähnlichen Zustand zu (1) können wir als Variation von (1) begreifen, einen konträreren oder den kontradiktorischen Gegensatz von (1) können wir seine Negation nennen. Im Beispiel eines Begriffsfelds um den Begriff „Mäßigung" herum wären Maßhalten und Übermaß zueinander kontradiktorische Gegensätze (4); Askese und Sinnengenuss könnte man beide als konträr zum Maßhalten betrachten (3); Selbstdisziplin wäre ein dem Maßhalten ähnlicher, aber nicht identischer Begriff (2).

Die verborgene Seite des Tarot leitet sich aus diesem Schema ab: In vielen traditionellen Deutungssystemen wird der Tarotkarte eine andere Bedeutung gegeben, wenn sie mit dem Kopf nach unten liegt. Zuweilen handelt es sich dabei um die direkte Negation, also eine Kontradiktion (4). Zuweilen wandelt sich die Karte dadurch aber auch in einen konträren Gegensatz (3), in einen ähnlichen Zustand (2) oder sogar gar nicht (1a=1b). Der dynamische Ursprung des Zustandes, der auf der aufrechten Karte (1) abgebildet ist, wird jedoch meist nicht thematisiert. Manchmal können wir ihn in der aufrechten Karte erkennen, wenn wir tiefer blicken, oft bleibt er uns aber verborgen. Diese verborgene, geheime Seite der Karte, ist der dynamische Ursprung, der die Karte hervorbringt oder der zumindest in ihr impliziert ist. Im doppelseitigen Tarot wird dieser verborgene Anteil offengelegt und auf der Rückseite der Karte abgebildet. Dazu gibt es schließlich als vierten Aspekt noch die Umkehrung der Rückseite (wenn die Karte also auf der Rückseite liegt *und* mit dem Kopf nach unten). Da die Tradition der umgekehrten Karte nicht immer das kontradiktorische Gegenteil zuordnet und überdies der verborgene Aspekt der Karte immer einer anderen der Positionen (2), (3) oder (4) entspricht, kommen wir zu vier hauptsächlichen (und mehreren untergeordneten) Zuordnungsmöglichkeiten:

A. Vorderseite der Karte	B. Umgekehrte Vorderseite
Zustand (Position 1)	Direkte Negation (kontradiktorischer Gegensatz) von (A) (Position 4)
C. Rückseite der Karte	D. Umgekehrte Rückseite
Indirekte Negation (konträrer Gegensatz) von (A) (Position 3)	Direkte Negation (kontradiktorischer Gegensatz) von (C) (Position 4)

Abb. 3: Schema mit direkter und indirekter Negation

A. Vorderseite der Karte	B. Umgekehrte Vorderseite
Zustand (Position 1)	Indirekte Negation (konträrer Gegensatz) von (A) (Position 3)
C. Rückseite der Karte	D. Umgekehrte Rückseite
Direkte Negation (kontradiktorischer Gegensatz) von (A) (Position 4)	Indirekte Negation (konträrer Gegensatz) von (C) (Position 3)

Abb. 4: Schema mit indirekter und direkter Negation

A. Vorderseite der Karte	B. Umgekehrte Vorderseite
Zustand (Position 1)	Ähnlicher Zustand von (A) (Position 2)
C. Rückseite der Karte	D. Umgekehrte Rückseite
Negation (direkte, Position 4, oder indirekte, Position 3) von (A)	Negation (direkte, Position 4, oder indirekte, Position 3) oder ähnlicher Zustand (Position 2) von (C)

Abb. 5: Schema mit ähnlichem Zustand und Negation

A. Vorderseite der Karte	B. Umgekehrte Vorderseite
Zustand (Position 1)	Negation (direkte, Position 4, oder indirekte, Position 3) von (A)
C. Rückseite der Karte	D. Umgekehrte Rückseite
Ähnlicher Zustand von (A) (Position 2)	Negation (direkte, Position 4, oder indirekte, Position 3) von (C)

Abb. 6: Schema mit Negation und ähnlichem Zustand

Da die Rückseite der Karte das wiedergeben soll, was die Vorderseite verbirgt, was implizit in ihr steckt oder ihr dynamisch zugrunde liegt (woraus sie hervorgeht), handelt es sich bei den Schemata *Abb.* bis *Abb.* um das, was wir Enantiodromien nennen wollen: Die aufrechte Vorderseite geht hier aus einem Umschlagen des direkten oder indirekten Gegenteils der Rückseite hervor. Im vierten Fall (*Abb.*) geht die Vorderseite aus einem Umschlagen eines zwar nicht entgegen gesetzten, sondern ähnlichen, aber doch andersartigen Zustands hervor. In manchen Fällen handelt es sich dabei um eine (negative) Übertreibung der Grundbedeutung. In anderen Fällen beschreibt die Vorderseite einen Zustand aber nicht in einer perfekt ausgebildeten, sondern unvollkommenen Weise. Dann kann dieser Zustand in seine eigene Perfektion umschlagen oder aus seiner Perfektion hervorgegangen sein. Die Rückseite zeigt dann das Potential oder Ideal, das in der Karte steckt. In einer zweiwertigen Logik wäre dieser Zustand im Übrigen ebenfalls ein konträres Gegenteil: was nicht mit (1) identisch ist, muss verschieden zu (1) sein, also ein zumindest konträres Nicht-(1).

3. Psychologische, divinatorische und esoterische Deutung der Karten

Tarotkarten stehen bei manchen Menschen im Ruf, ein undurchschaubares Geheimnis zu bergen: das Geheimnis, Gegenwart, Vergangenheit und Zukunft besser zu kennen als der Mensch, der sie auslegt. Andere halten solche Annahmen für bloßen Unsinn und beschäftigen sich mit dem Tarot nur, um daraus Anregungen für den eigenen psychologischen Prozess zu beziehen. Wieder andere erhoffen in ihm die Entdeckung eines geheimen spirituellen Wissens. Vertrauen wir unseren Sinnen, dann handelt es sich bei Tarotkarten um nicht mehr als bunt bedruckte Pappe. Was du damit anstellst, macht den Unterschied, nicht was die Karten für sich genommen sind. So kannst du auch den doppelseitigen Tarot auf verschiedene Weise nutzen, je nachdem welches Wirklichkeitsverständnis du besitzt. Dieses Buch und das dazugehörige Kartenspiel sind so aufgebaut, dass du damit sowohl rein psychologisch – etwa nach dem Verständnis C. G. Jungs – arbeiten kannst als auch divinatorisch, im Sinne eines Instruments, um Wahrheiten zu erkennen, die sich deinem Bewusstsein bisher verbargen. Auch für diese Auslegungsweise (die *divinatorische*) kann uns C. G. Jung theoretisches Rüstzeug an die Hand geben, das er sich in der Auseinandersetzung mit dem chinesischen Orakelbuch I Ging, mit alltäglichen sinnvollen „Zufällen" und mit der Quantenphysik (die als physikalisches System „zufällige" Geschehnisse kennt) konstruierte. Schließlich kann die Beschäftigung mit den Karten auch als ein westlicher Schulungsweg zur spirituellen Entwicklung dienen.

Psychologische Arbeit mit den Karten
Für C. G. Jung ist das Selbst der Archetyp der Ganzheit. Wenn wir uns in einem Prozess der Selbst-Verwirklichung befinden, den Jung als *Individuation* bezeichnete, nähern wir uns der Integration aller Teile unserer Persönlichkeit in unser bewusstes Ich immer

stärker an – wir werden zu „uns *Selbst*". Viele Autoren haben die Großen Arkana des Tarot als Wegweiser auf diesem Individuationsweg begriffen, wobei wir die Karten als Hinweise auf Archetypen sehen könnten, die auf dem Individuationsweg durchschritten werden. Auf einer alltäglicheren Ebene besteht der psychologische Zugang zum Tarot darin, sich eine der Karten vorzunehmen, sei es absichtsgeleitet oder durch „zufälliges" Ziehen, und sich zu fragen: Welche Bedeutung hat dieser Aspekt in meinem Leben? Kann ich ihn in mein Leben, Denken, Fühlen integrieren oder hat er darin keinen Platz? Dazu sind besonders die großen Arkana geeignet.

Die Abschnitte zum Selbstaspekt und zur Meditation, die sich weiter unten nur bei der Vorstellung der Großen Arkana finden, sind zur Anregung bei einem solchen psychologischen Prozess gedacht. Dies geschieht durch Erkenntnis und Identifikation. Im Teilprozess des Erkennens machen wir uns mit der Bedeutungsvielfalt des Archetyps vertraut und suchen nach seinen verschiedenen Aspekten in uns selbst: Diese lernen wir zunächst in einem Abschnitt kennen, der *Amplifikation* (Verbreiterung) heißt. Amplifikation ist C. G. Jungs Ausdruck für die Erweiterung der Perspektive, wodurch ein archetypisches Symbol nicht einfach definiert wird (was bei der Komplexität eines Symbols niemals restlos möglich wäre), sondern vielmehr assoziativ aus dem Fundus menschheitlichen Wissens „mit Bedeutungen angereichert" wird. Dabei erscheint es wichtig, nicht nur den Blick über unsere Kultur und unsere Zeit hinaus zu weiten, sondern auch den Raum für übliche „pseudo-esoterische" Spekulationen weitgehend zu beschränken. Es soll hier mehr um eine Ideengeschichte der Symbole auf der Karte als um rein assoziative Ausdeutungen gehen, deren Nähe zur tatsächlichen Geschichte der Karte völlig beliebig bleibt. Wenn wir diese Informationen über die möglichen Bedeutungsnuancen der Karten kennen, können wir unsere Erkenntnis im nächsten Abschnitt „*Der Archetyp als Selbstaspekt*" auf uns selbst richten. Selbstaspekt bedeutet hier, dass der Archetyp, der durch die Karte symbolisiert wird, ein Teil deines bewussten Selbst werden sollte. Was davon spricht uns an und bildet sich in unserem eigenen Inneren ab? Was leben wir schon, was ist in uns verschüttet und unterdrückt, was praktisch unerreichbar? Wenn wir uns auf diese Weise selbst erforschen, entdecken wir, ob unser bewusstes Selbst bereits mit den archetypischen Eigenschaften verbunden ist und wie sehr es noch der Nachhilfe bedarf, um diese zu entwickeln.

Der dritte Schritt ist die Entwicklung der Eigenschaften, die unterentwickelt in uns sind. Dazu soll uns der Abschnitt „Meditation" verhelfen. Wir gewinnen eine Eigenschaft hinzu, indem wir sie in uns nachbilden. Wir benutzen unsere Imagination, die Kraft der Ein-Bildung (des in sich hinein Erschaffens), um die Eigenschaften des Archetyps in uns auszubilden. Wir lassen die Kraft seines Bildes in uns fließen und sehen uns durch seine Anregung in den fehlenden Bereichen gestärkt und bereichert. Dieser Prozess der Anreicherung unseres Ichs mit den Eigenschaften des Archetyps schließt mit der Identifikation ab: Wir erkennen, dass uns die Eigenschaften des Archetyps erreichbar sind, dass wir sie zu verwirklichen vermögen, da wir sie uns vorstellen konnten. Das aber bedeutet, dass sie immer bereits in uns angelegt waren, wir mussten sie nur durch die Übung der Imagination und Anreicherung in uns erwecken und zur Blüte bringen. Wir können uns mit diesen Teilaspekten unseres Selbst jetzt identifizieren, sie als zu uns gehörig betrachten. Wir üben dies ein, indem wir uns selbst als den Archetyp ansehen. Das ist solange ein wenig einseitig, solange wir uns in der Übung auf den einen Archetyp konzentrieren, der in der jeweiligen Karte repräsentiert ist. Aber sobald wir den Prozess mehrmals mit verschiedenen Tarotbildern wiederholt haben, wachsen all diese Selbstaspekte in uns zu einer integrierten Gesamtpersönlichkeit heran, die all die verschiedenen archetypischen Strukturen in sich zu halten vermag.

Dieser Prozess der Selbstanreicherung durch die Symbole des Tarot hat also nichts mit einem linearen Aufstieg von niederen zu höheren Karten oder Zuständen zu tun. Er folgt der Logik des mosaikartigen Vervollständigens der Ganzheit, die im Selbst-Archetyp angelegt ist. Diesen Prozess haben wir immer wieder neu in spiralförmiger Bewegung zu durchlaufen, weil wir nie an einen Punkt gelangen, an dem wir ganz und gar komplett sind, solange wir nicht einen Zustand totaler Bewusstheit erlangt haben, den Jung offenbar für unmöglich hielt. Die Tarotkarten dienen uns als Anregung zur Meditation über verschiedene archetypische Aspekte, aber die Arbeit müssen wir selbst machen, indem wir uns mit diesen Aspekten jeden Tag auseinandersetzen und uns an ihnen zu orientieren bemühen. Dadurch wird der Tarot zum Instrument unserer Selbst-Verwirklichung im psychologischen Sinne und zugleich zu einem Weg, uns unserem spirituellen Sein etwas weiter zu nähern.

Divinatorische Arbeit mit den Karten

Synchronizität

Manchen Lesern wird aufgefallen sein, dass im vorigen Abschnitt das Wort „zufällig" in Anführungsstrichen gesetzt war. Zufällig nennen wir ein Ereignis, das irgendwie mit einem anderen verknüpft erscheint, aber weder kausal noch absichtsvoll (intentional, final) so erklärt werden kann. C. G. Jung hat als einer der ersten neuzeitlichen Forscher den Zufall als Konzeption an und für sich in Frage gestellt, ebenso wie die ubiquitäre, uneingeschränkte Geltung des Kausalitätsprinzips. Weder sind alle Ereignisse ursächlich aufeinander aufgebaut noch sind sie einfach nur zufällige Gleichzeitigkeiten. Sie sind in vielen Fällen gleichzeitig (synchron) und zudem auch noch sinnvoll miteinander verbunden. Für eine solche *sinnvolle* Gleichzeitigkeit zwischen einem inneren und einem äußeren Ereignis hat Jung im Unterschied zum Adjektiv „synchron" die Vokabel „synchronistisch" geprägt. Eine sinnvolle Gleichzeitigkeit kann sich auch zwischen dem Ziehen einer Tarotkarte und einem inneren Zustand ergeben. Wenn wir von der Regelmäßigkeit einer solchen sinnvollen Korrespondenz zwischen Karte und äußerem oder innerem Geschehen ausgehen, dann können wir die Karten als Indikator für dieses Geschehen nutzen. Man spricht hier vom divinatorischen oder mantischen, also „hellseherischen" Gebrauch der Karten. Natürlich wird jeder, der dieser Möglichkeit strikt ablehnend gegenüber steht, viele Argumente finden, weshalb es nicht sein kann, dass eine Karte eine innere oder äußere Situation anzeigt. Man wird behaupten, dass es sich um eine nachträgliche Interpretation handelt, die sich dem dann bereits Gewussten anpasst, dass es Interpretationen gibt, die so schwammig sind, dass sie immer passen oder dass man nur das heraushört, was einem in den Kram passt. All dies kommt sicherlich vor. Andererseits kann sich jeder und jede davon überzeugen, dass bei einem echten Befragungsmotiv und einer engagierten, begabten Deuterin die „Antworten" der Karten in sehr vielen (eventuell in allen?) Fällen akkurater ausfallen als nach allen psychologischen Theorien zu erwarten wäre. Davon werden sich grundsätzliche Skeptiker jedoch nicht überzeugen lassen, da sie – entgegen ihrer Behauptung – eben nicht kritischer, wissenschaftlicher Prüfung, sondern einer Religion des Materialismus, einem Glauben an den Nichtglauben anhängen, die sich durch keine Gegenargumente erschüttern lässt.

Vermutlich sind alle Menschen dazu in der Lage, den Tarot zur Divination (Wahrsagung) zu benutzen, wenn sie wirklich offen sind und sich auf einen Prozess der Bekanntschaft mit dem Kartenlegen einlassen. Allerdings unterscheiden sich die Ergebnisse wohl je nach Erfahrung, innerem Zustand (Konzentriertheit), Klarheit der Fragestellung – und in manchen Fällen können sich Umstände (auch „für die Karten") recht schnell verändern, so dass eine eben noch gültige Antwort nicht mehr gilt. Das aber sind keine gegen alle Kritik immunisierenden Ausreden, sondern Ausdruck für die Komplexität einer Erfahrung, die im Einzelfall ihre Gültigkeit immer wieder bestätigen kann. Aber wie lassen sich divinatorische Phänomene erklären?

C. G. Jung hat die Übereinstimmung zwischen einem Indikator wie den Tarot-Karten (oder dem von ihm gründlich untersuchten I Ging) und einem inneren Ereignis, wie bereits gesagt, als *Synchronizität* oder „sinnvolle Gleichzeitigkeit" (im Unterschied zum Synchronismus oder bloßer Gleichzeitigkeit) bezeichnet.[17] Synchronistische Ereignisse sind ganz betontermaßen nicht kausal miteinander verbunden, das heißt: nicht nach dem Prinzip von Ursache und Wirkung. Wären sie das, dann handelte es sich nämlich bei ihnen um Magie, bei der der Wille allein ohne bekannte physikalische Vermittlung ein Ereignis hervorbringt. Dies lässt sich leicht an bestimmten paranormalen Ereignissen demonstrieren. So ist das Ziehen einer bestimmten Tarotkarte, die der Ziehende sich zuvor im Geiste vorgestellt hat, entweder bloßer „Zufall" oder es ist ein sinnvoll gleichzeitiges, aber kein kausal verknüpftes Ereignis. Ansonsten wäre seine geistige Vorstellung die *Ursache* für das anschließende Ziehen der Karte und dies wäre nach dem alten Sprachgebrauch Magie (oder in neuerer Terminologie: Telekinese). Eine solche Vorstellung, dass sich Dinge nach meinem eigenen Willen fügen, lässt sich aber leicht entkräften: Wie sähe die Welt aus, wenn dies tatsächlich möglich wäre? Ist es wirklich eine Folge meines eigenen Willens, wenn mir etwas widerfährt, das ich mir kurz zuvor vorgestellt habe oder ist es Vorauswissen oder Hellsehen, eine von allen physikalischen Gesetzen freie Gleichzeitigkeit zwischen meinem inneren Bild und dem äußeren Geschehen? Dabei spielt es für den Begriff der sinnvollen *Gleichzeitigkeit* keine Rolle, ob das Ereignis, das durch die Tarotkarte bezeichnet wird, gerade in dem Moment stattfindet, in dem die Karte gezogen wird, oder ob es in der Vergangenheit oder Zukunft liegt. Die Gleichzeitigkeit bezieht sich nämlich nach Jung auf die Übereinstimmung zwischen dem *äußeren* Ereignis der gezogenen Tarotkarte und dem *inneren* Ereignis der Interpretation im Sinne der Erkenntnis eines zukünftigen, gegenwärtigen oder vergangenen Geschehens. M. a. W.: Jung geht davon aus, dass es ein unbewusstes, inneres Wissen des Kartenlegers auch über solch ein künftiges oder weit entferntes Ereignis gibt, das dann mit der gezogenen Karte korrespondiert.[18] Dass aber eine Karte sich gemäß einer solchen sinnvollen Gleichzeitigkeit von Innen und Außen überhaupt verhalten kann, erklärt Jung sich so, „dass die Synchronizität im engeren Sinne nur ein besonderer Fall des allgemeinen ursachelosen Angeordnetseins ist"[19]. Das heißt: Wahrscheinlich sind alle Ereignisse in dieser Welt in einer bestimmten Weise „angeordnet", aber wir nehmen es meist nicht so wahr. Wir nehmen nur kausal verknüpfte Ereignisse als verbunden wahr wie das Herabfallen eines angestoßenen Glases von der Tischplatte; und nur ausnahmsweise entdecken wir sinnvolle Gleichzeitigkeiten von innerer und äußerer Situation. Dieser Spezialfall, dass uns zwei Ereignisse sinnvoll gleichzeitig (synchronistisch) verknüpft erscheinen, ist aber nur ein Ausdruck einer allgemeinen Angeordnetheit der Welt.

Wie auch viele andere der metaphysischen Erkenntnisse Jungs von seinen Schüler(inne)n aus Angst, für esoterisch zu gelten, ignoriert und dann auf psychotherapeutische Methodik reduziert worden sind, so erging es auch dem Konzept der Synchronizität. Viele fleißige Jungianer schämen sich dieser angeblich metaphyischen Konzeption, weil sie ihre tatsächliche Bedeutung nicht erkannt haben. In Bezug auf den Tarot gibt es Synchronizität im direkten Sinn bezüglich des unmittelbaren inneren Zustands des Befragenden sowie im indirekten Sinn bezüglich äußerer Ereignisse, für die im Befragenden ein unbewusstes, („höheres", kollektiv-unbewusstes oder paranormales) Wissen vorhanden sein muss. Wenn du eine Karte ziehst und gerade verliebt bist und die Karte „Die Liebenden" erscheint, so sind das zwei synchrone Ereignisse, die inhaltlich aufeinander bezogen sind. Besonders wenn sich diese Erfahrung wiederholt, ist eine solche inhaltliche Bezogenheit einer jener „Zufälle", die so unwahrscheinlich sind, dass sie keiner mehr sein können.

Jung hat Synchronizitätsphänomene in seinem Dialog mit dem Quantenphysiker Wolfgang Pauli auch quantenphysikalisch zu verstehen versucht. Und noch immer wird die Quantentheorie gerne von Parapsychologen in Anspruch genommen, um eine Reihe paranormaler Phänomene zu erklären. Demnach könnte die Quantenebene bei allen inneren Vorgängen des Gehirns ohne Beschränkungen des Raumes mit einem anderen System (den Karten) unmittelbar korrespondieren – *akausal*, also ohne ursächliche Verknüpfung, wie im Synchronizitätsmodell. Die Quantphysik spricht von der Verschränktheit von Systemen, die über jede beliebige Distanz hinweg identische Zustände annehmen können, ohne sich ursächlich zu beeinflussen – die Systeme sind einfach „parallel geschaltet". Dass dies in der klassischen Quantenmechanik nur auf der Ebene der winzigsten Bausteine der Materie gilt, heißt nach manchen modernen Autoren (etwa in der so genannten Verallgemeinerten Quantentheorie) nicht, dass sich nicht auch Phänomene in unserer sichtbaren Welt ähnlich verhalten könnten.

Kann man mit Tarotkarten die Zukunft voraussagen?

Anders als bei anderen Energieumwandlungen in der Physik, in denen es ein deutlich unterschiedenes Vorher und Nachher gibt, kennt man in der Quantenphysik Gleichungen, die keine zeitliche Dimension haben: Es scheint so, dass manche Quantenphänomene nicht nur den Raum, sondern auch die Zeitdimension aufheben. Wenn das gleiche für den menschlichen Geist gilt, dann ist für ihn alles gleichzeitig – es ist immer Jetzt – in einem Sinne, der Vergangenes und Zukünftiges einschließt. Andererseits könnte man aus bestimmten Phänomenen der Quantenphysik (nämlich der Zufälligkeit des „Quantensprung" genannten Energieänderung eines mikrophysikalischen Systems und die Unvorhersagbarkeit des Wechsels eines unbestimmten in einen bestimmten Zustand bei der Unschärferelation), ableiten, dass im Innersten unseres Kosmos alle Zukunft immer unbestimmt ist. Ist es also möglich, mit den Tarotkarten die Zukunft vorherzusagen, weil der Geist in allen drei Zeiten zugleich zuhause ist, oder ist die Zukunft immer unbestimmt und damit natürlich nie vorhersehbar? Die meisten Kartenleger bestätigen aus ihrer Erfahrung, dass es möglich ist, eine Tendenz für die Zukunft mit den Karten auszumachen. Und doch muss angenommen werden, dass die Zukunft immer teilweise unbestimmt bleibt. Wenn der Fragende beispielsweise das Ergebnis der Befragung ernst nimmt und daraufhin sein Verhalten verändert, wird die vorhergesagte Tendenz sich auflösen und die Zukunft eine andere sein als sie im Kartenbild erschien. Auch mit positiven Vorhersagen sollte man also sorgfältig umgehen, damit man sie nicht durch sein eigenes Verhalten zerstört (allein schon darüber zu reden könnte etwas verändern). Letztlich ist die Zukunftsvorhersage schon aus theoretischen Gründen also ein unsicherer Boden als die Beschreibung einer gegenwärtigen Situation.

Kann man von den Tarotkarten einen Rat bekommen?
Die Tarotkarten sind offenbar Hinweisschilder für eine Ebene, die jenseits unseres normalen Tagesbewusstseins angesiedelt ist. Kann man die Tarotkarten also um Rat fragen und bekommt eine klare Handlungsanweisung, was man zu tun oder zu lassen hat? Dies würde den Gedanken einer höheren Macht voraussetzen, die sich durch die Karten ausdrückt und uns in eine bestimmte Richtung beeinflussen möchte. Auf die Frage „Was soll ich tun?" kann eine sinnvolle Anordnung der Welt keine sinnvolle Antwort hervorbringen, da ihr Angeordnetsein lediglich als Beschreibung erfahren werden kann, aber keine innere Norm voraussetzt, wie etwas zu sein hat. So wird es schwierig sein, die Karten zu normativen Aussagen zu nutzen, die uns sagen, was am besten für uns wäre. Das müssen wir offenbar selbst herausfinden. Die zugrundeliegende Struktur von angeordneten Ereignissen hat C. G. Jung in seiner Einleitung zu Richard Wilhelms Übersetzung des chinesischen I Ging mit Eisenbahnschienen verglichen, auf denen der Zug unseres Lebens dahinfährt. Wir können zwar selbst etwas an den Weichen stellen, aber es ist die Struktur des Eisenbahnnetzes, das bestimmt, wo wir hinfahren und an welcher Stelle ein anderer Zug auf dem Nebengleis an unserem vorbei oder eine Zeit lang parallel fährt. Die Karten sind dann so etwas wie Fahrpläne, die uns sagen, wie die Weichen gerade gestellt sind. Deshalb nützt es nichts, wenn wir den Fahrplan studieren, um eine Antwort auf die Frage zu erhalten: Wohin soll ich fahren? Das müssen wir schon selbst wissen. Suchen wir hingegen nach Zeichen der Art: „Welche Entscheidung bringt mich besser ans Ziel XY?" dann können wir eine vernünftige Antwort bekommen.

Die Tarotkarten sind durchaus dazu in der Lage uns zu sagen, was uns weiterbringt, aber wir müssen selbst das Ziel benennen.

Sie können uns auch auf Tendenzen oder übersehene Einflüsse in und außerhalb von uns hinweisen. Aber sie übernehmen keine Verantwortung für das, was wir tun oder lassen wollen oder sollen. Man könnte sagen, dass es der geheime Sinn unseres Erdenlebens ist, die konkreten Handlungen und Entscheidungen unseres Lebens eigenverantwortlich vorzunehmen, weil wir hier hineingestellt sind, *um* das Drehbuch unseres Lebens selbst zu schreiben. Eine Anweisung durch ein divinatorisches Instrument würde also unserem genuinen Lebensauftrag und damit der Konstruktion des Kosmos widersprechen. Rat aber dürfen wir uns überall holen, wo wir ihn bekommen können. Auch in dem, was die Karten uns über unser eigenes unbewusstes Wissen zu verraten bereit sind.

Die Bedeutung von Person und höherem Selbst

Heißt das, dass es nun gar keine intelligente Steuerung dessen geben kann, was bei einer Tarotbefragung geschieht? Wenn nicht tatsächlich ein fremdes Wesen in die Befragung eingreift (vielleicht ein Geistwesen, ein Engel oder ein noch höheres Wesen, ein Buddha vielleicht), dann sind die Tarotkarten synchronistische Indizien, Anzeiger für eine hintergründige Struktur des Lebens. Allerdings kommt es vor, dass die Karten keine vernünftige Antwort zu wissen scheinen oder dass sie eine „pädagogische" Antwort geben. Dies kann eine Antwort sein, die auf eine ungestellte, aber viel wichtigere Frage zu antworten scheint, oder eine, die zwar nicht zutrifft, die aber einen positiven Effekt auf den Frager ausübt, in der Weise, dass er dadurch zu einer sinnvollen Haltung animiert wird. Ist also hier eine Intelligenz am Werk? Viel wahrscheinlicher ist es, dass wir die Frage an den Kosmos richten, die uns wirklich am Herzen liegt, da wir mit Kosmos immer über die Stärke unseres authentischen Gefühls kommunizieren, nicht mit Worten und Gedanken. Und diese wirkliche Frage muss nicht immer mit der gestellten Frage übereinstimmen.

Eine weitere Erklärung wäre, dass ein weiter entwickelter eigener Teil des Kartenlegers oder Fragenden auf die Frage antwortet.

Dieser Seelenteil, der eine höhere Weisheit besitzt als unser gewöhnliches Bewusstsein, wird von manchen als „höheres Selbst" bezeichnet. Es wäre möglich, dass unser höheres Selbst den Ausgang einer Befragung aktiv, also *kausal* beeinflussen kann bbzw. dass die Ergebnisse der Befragungen Widerspiegelungen der Weisheit unseres eigenen höheren Selbst sind. Während unser Bewusstsein also eine Frage stellt, antwortet unser unbewusstes höheres Selbst darauf, in dem es den Ausgang der Befragung bestimmt.

Der Einfluss unbewusster Weisheit (oder ihres Gegenteils, der Verblendung) erstreckt sich aber nicht nur auf die Ziehung der Karten, sondern auch auf ihre Deutung. Wenn ich mit meinem überpersönlichen Wissen verbunden bin, werde ich tiefere Deutungen finden als wenn das nicht der Fall ist. Aber wenn ich mich nur an einem der vielen Deutungsbücher orientiere (was sicherlich völlig in Ordnung ist), antwortete doch nichts aus mir heraus? Da es verschiedene Deutungssysteme gibt, müssen die Karten vorher „wissen", welches System die Kartenlegerin benutzt, um sich entsprechend der „intendierten" Botschaft ziehen zu lassen. Nur wenn die Karten und du ein Team sind, verhalten sich die Karten wie die Buchstaben, die deine Hand zu Papier bringt, um deine Gedanken auszudrücken, nur dass es hier nicht deine persönlichen Gedanken, sondern die eines überpersönlichen Wissens sind, dessen Medium nicht Buchstaben, sondern Karten sind. Wenn du keine eingeschliffene Beziehung zwischen deiner Hand und den Buchstaben hergestellt hast, wirst du nur mühsam etwas hinzukritzeln vermögen und so ist es mit den Karten auch. Die Richtigkeit einer Deutung liegt also in der Qualität der *Beziehung* zwischen dem Deutungssystem und dem Deuter, in das die Karten sich einklinken.

Vor zwei Verhaltensweisen sei an dieser Stelle gewarnt: einerseits die Befragung zu wiederholen, wenn man mit ihr nicht zufrieden war; und zweitens das Ergebnis voreilig zu verwerfen. In der Regel haben die Karten eine Antwort auf unsere Frage, auch wenn wir sie nicht sofort verstehen. Indem wir uns in die Karten vertiefen, die uns geschenkt wurden, vertiefen wir unser eigenes

Nachdenken über unsere Frage hinaus und kommen so immer weiter hinein in neue Möglichkeiten der Deutung und des eigenen Nachdenkens. Dabei darf es auch nicht darum gehen, die Karten so umzudeuten, dass sie uns genehm sind. Wir müssen uns an das von uns zuvor akzeptierte Schema ihrer Bedeutung halten, damit wir nicht beginnen, sie willkürlich nach unserem Gusto zu interpretieren wie jemand, der die Spielregeln immer ändert, wenn er zu verlieren droht. Auf diese Weise sollten wir uns mit den Karten konfrontieren und sie zu verstehen versuchen, selbst wenn sie uns einmal nicht sinnvoll erscheinen. Oft ist eben doch die erste Antwort die richtige, auch wenn es lange dauert, sie zu verstehen. Dann war nicht die Antwort sinnlos, sondern unser Verständnis unzureichend. In der Regel kommen wirklich sinnlose Antworten erst zustande, wenn wir die Karten mehrfach dasselbe fragen. Es ist, als ob sie darauf bestehen, dass wir uns der ersten gegebenen Antwort noch einmal zuwenden.[20] Deshalb sollten wir die Karten niemals gleich noch ein weiteres Mal zur selben Thematik auslegen. Da paranormale Phänomene einem sehr starken Ermüdungseffekt unterliegen sollten wir überhaupt zwischen zwei Deutungen eine längere Pause machen.

Die Archetypenlehre und divinatorische Phänomene
Die bereits erwähnte Archetypenlehre C. G. Jungs trägt auch zum Verständnis von Synchronizität bei. Wenn man annimmt, dass das kollektive Unbewusste, in dem die Archetypen sich „befinden", eine schöpferische Verbindung mit allem unterhält, was geschieht, dann wird der Archetyp, der in einer Person aktiv ist, entsprechende Reaktionen in der materiellen und sozialen Welt konstellieren. Wie Jung schreibt, „scheinen mit den Archetypen unter gewissen Umständen Gleichzeitigkeits-, d. h. Synchronizitätsphänomene verbunden zu sein"[21]. Synchronizitäten, wie das Herausfischen der genau passenden aus 78 Karten, können also „Wirkungen" von Archetypen sein. Vielen späteren Jungianern ist das kollektive Unbewusste allerdings unheimlich geworden. Sie beschränken seine

Bedeutung auf das in uns als Spezies genetisch angelegte oder kulturell tradierte Muster dessen, was Denken und Fühlen der Gattung *homo sapiens* ausmacht. Das ist eine Möglichkeit, das kollektive Unbewusste zu sehen. Offenbar aber scheint Jung diese Beschränkung nicht gewollt und diesen Begriff deshalb bewusst vage definiert zu haben. Das lässt auch für eine „platonische" Interpretation durchaus Spielräume. Demnach könnte man das kollektive Unbewusste so interpretieren, dass es eine „Informationscloud" außerhalb von uns gibt, die wie ein zentraler Server im Computernetzwerk von vielen mit ihm vernetzten Einzelterminals aus erreichbar ist. Mit dieser Datenwolke sind wir in besonderem Maße verbunden, sobald wir in einen von einem Archetypus regierten Bewusstseinszustand eintreten.

Ein Konzept, das über Jung hinaus geht, ist die Theorie morphogenetischer Felder von Rupert Sheldrake. Hierbei handelt es sich nicht um elektromagnetische Felder oder andere gewöhnlich messbare physikalische Phänomene. Sheldrake nimmt an, dass morphogenetische Felder aus reiner Information bestehen, aber reale Auswirkungen bis hin zu physikalisch-chemischen und biologisch-epigenetischen Phänomenen besitzen – und eben auch auf die Psyche des Individuums wirken. Die Konstellation von Tarotkarten in einer bestimmten Reihenfolge ließe sich als Folge eines solchen Feldes verstehen. Hier zeigt sich eine Parallele zur Archetypenlehre. Wenn du einige Male eines der schönen Bilder der Tarotkarten betrachtet hast, hinterlassen diese einen Eindruck in dir. Eine assoziative Verbindung zwischen Karte und innerem Zustand wurde geschaffen. Schließlich ist es nicht nur so, dass das Ziehen der Karte den Zustand in dir anspricht, den du ihr als Symbol für diesen Zustand zugeordnet hast, es ist vielmehr so, dass die Karte erscheint, wenn du dich in dem entsprechenden Zustand befindest. Ein Band ist also geknüpft, das beidseitig bindet, das individuelle wie überindividuelle Anteile zusammenhält. Dieser innere Zustand lässt sich als Archetyp betrachten, aber er wirkt auf die Umwelt ein wie ein morphogenetisches Feld, das die physikalische Umwelt gemäß seinem „genetischen" Bauplan verändert.

Das ist der Grund, weshalb es ganz legitim ist, die 78 bekannten Karten um 78 Rückseiten zu ergänzen und so die Tradition des Tarot deutlich zu erweitern. Es ist legitim, weil ein paranormales Instrumentarium nichts ist als ein Werkzeug, das unserem Überbewusstsein auf die Sprünge helfen soll. Tarot ist keine Offenbarung ägyptischer Priester, das unverändert weitertraditiert werden muss, sondern bildet durch häufigen Gebrauch ein morphogenetisches Feld in uns und – wenn wir viele sind – im kollektiven Gedächtnis aus. Und wer kann schon sagen, ob die hier erstmals gezeigten Kartenrückseiten nicht ebenfalls einem kollektiven oder höheren Bewusstsein entstammen? Denn sie sind keine reinen Erfindungen wie kein kreativer Prozess aus dem denkenden Verstand allein kommen kann. Fest steht, dass der Prozess ihres Entstehens nur möglich war durch die Synchronizität von inneren Bildern und äußeren Geschehnissen, die bei der Entstehung der 78 Rückseiten eine entscheidende Rolle spielte.

Esoterische Deutung der Karten

Die Tarotkarten können uns neben ihrem psychologischen und wahrsagerischen Gebrauch zudem als Instrument für einen westlichen Weg der spirituellen Schulung dienen. Dieser Weg trägt andere Züge als die indischen Wege: das Mysterium beginnt nicht erst in der Erkenntnis der andersweltlichen Wirklichkeit, in der Erleuchtung oder Befreiung. Die Realität, wie sie sich uns täglich darstellt, ist für den hermetischen oder kabbalistischen Ansatz ein Mysterium, ein Ausdruck Gottes, das eine Korrespondenz zu ihm herstellt. Die Welt ist numinos, d. h. Zeichen für das Göttliche. Viele Ansätze der westlichen Esoterik (etwa das Freimaurer- und Rosenkreuzertum sowie die okkulten Geheimorganisationen) sind stärker von diesem Aspekt einer Schulung des Weges durch die Welt geprägt als die indischen esoterischen Schulen, die eher Wege zur Überwindung dieser Welt darstellen. In diesem Sinn lässt sich im Tarot ein westlicher esoterischer Schulungsweg sehen, der das

Diesseits als den Weg einer spirituellen Suche nach einem Darüberhinaus begreifen hilft.

Ein solcher Schulungsweg kann insbesondere die 22 Großen Arkana in zwei ganz verschiedenen Weisen nutzen. Erstens können die Karten als die Beschreibung eines in irgendeiner Weise aufsteigenden spirituellen Entwicklungswegs angesehen werden; und zum anderen können sie 22 Faktoren beschreiben, die unsere Wirklichkeit ausmachen, wenn man ihr ein spirituelles Weltbild zugrunde legt. Die erste Sichtweise ist den Karten sehr oft unterlegt worden, wobei man meist auf die Korrektheit der einen oder anderen Reihenfolge sehr viel Wert legte. Man hat die 21 Karten (unter Ausschluss des Narren) beispielsweise in drei Siebenerreihen angeordnet und dann von einem vorgeburtlichen, weltlichen und überweltlichen, einem profanen, einem nach innen gewandten und einem heiligen Pfad gesprochen, man hat die Karten mit dem archetypischen Mythos von der Reise des Helden in Verbindung gebracht, mit den 22 Verbindungen des kabbalistischen Lebensbaums oder einfach als Aufstiegsweg von Karte 1 zu 21. Aus Sicht des Individuationsprozesses als unvorhersehbarem und nicht regelbarem individuellem Geschehen, sollte man jedoch auf die Symbolik der Zahlen und Reihenfolgen völlig verzichten und sich rein der (enantiodromen) Dynamik zuwenden, die aus einem psychischen Zustand den ihm nachfolgenden formt.

Dagegen erscheint der unten vorgestellte Ansatz, die Großen Arkana als 22 Faktoren der Wirklichkeit aus spiritueller Sicht zu betrachten, als ziemlich beispiellos. Ihm liegt der Versuch zugrunde, die Gesamtheit der Gesetzmäßigkeiten, nach denen unsere Welt metaphysisch aufgebaut ist, in 22 Prinzipien zu gliedern und damit eine vollständige Abbildung des Kosmos, des geordneten Ganzen unserer Welt zu geben. Diese 22 Faktoren sind Funktionsprinzipien des Kosmos, keine Beschreibungen seiner Oberfläche. Bei der Erklärung der einzelnen Karten werden im Abschnitt *Amplifikation* jeweils unter den Zwischenüberschriften „*Bild der Wandlung*" und „*Geheimer Faktor*" diese esoterischen Sichtweisen vorgestellt.

Die Bilder der Wandlung: Die Großen Arkana als Entwicklungsweg
Viele verschiedene Systeme versuchen die Großen Arkana als Entwicklungsweg auf der spirituellen Suche nach Erleuchtung zu nutzen. Dabei werden die Zahlen auf den Großen Arkana, obgleich diese nicht von Anfang an nummeriert waren, als Schlüssel für eine tiefere Bedeutung angenommen. Im Unterschied dazu kann man sich aber auch einen Entwicklungsweg vorstellen, der von jeder einzelnen Karte als Ausgangspunkt zu jeder anderen verläuft. Nicht die Reihenfolge der 22 Karten, die willkürlich ist, spielt deshalb eine Rolle, sondern die Wandlungen, die zum Übergang einer Karte zu einer Beliebigen anderen führen. Denn kein menschlicher Entwicklungsweg ist gerade, keiner entwickelt sich im spirituellen Bereich in so klarer Aufeinanderfolge, wie sich das die Evolutionstheorie im Bereich der Arten denkt: von der Amöbe zum Amphibium bis zum Säugetier. Der spirituelle Prozess jedoch führt uns einmal in die eine, einmal die andere Richtung. Deshalb ist der Weg, der von der 1 zur 21 führt, nur *ein* exemplarischer, vielleicht mustergültiger, aber nicht zwangsläufiger Weg der psychischen Entwicklung. Es kann viele andere Wege geben, die von der acht zur 12, von der 12 zurück zur vier, von dort zur 16 etc. führen können.

So gibt es viele verschlungene Wege, welche das Göttliche geht, um uns auf den Pfad zur Erleuchtung zu bringen. Die Dynamik der menschlichen Psyche bei unserem spirituellen Fortschreiten ist von einem hin und her, von einer Dialektik einander entgegen gesetzter Zustände geprägt. Deshalb erscheint uns unserer eigener Weg oft wie ein Zickzackkurs, voller Umwege und unnötiger Hürden. Die Kabbalisten beschreiben zwei Wege zur höheren Erkenntnis: den direkten Weg, der den Lebensbaum an der mittleren Säule entlang nach oben führt, und den Zickzackkurs, den die meisten Menschen nehmen müssen und der alle Sephiroth durchläuft. In kabbalistischen Deutungen entsprechen die Großen Arkana den zweiundzwanzig Wegen zwischen den einzelnen Sephiroth. Wir müssen alle diese verschlungenen Wege des Lebensbaums gehen, wenn wir nicht den direkten Pfad von Malkuth zu Kether einschlagen können, der ein sorgfältiges spirituelles Training und eine in vielen Existenzen erworbene Fähigkeit zur mystischen Vertiefung erfordert. Der Weg des Zickzacks hingegen entfaltet seine Logik dann, wenn wir die einzelnen Karten als Stationen auf einem spirituellen Gesamtweg begreifen, der viele Leben dauern kann. Wir verlassen den Archetypus einer Karte, von dem wir durchdrungen sind, und entwickeln uns zu einem anderen hin. Das kann, muss aber nicht, der direkt auf ihn folgende sein. Nicht immer verläuft unser Weg geradenwegs von einem Sephiroth zum nächsten, sondern kann in Schlaufen wieder scheinbar zurück führen, weil wir etwas noch nicht gelernt haben, das uns als Rückschlag erscheint, im göttlichen Plan aber notwendig ist.

Im uralten chinesischen Orakelbuch, dem I Ging, stehen die Wandlungen zwischen den Zeichen im Mittelpunkt des Interesses. Viel stärker, als es im Tarot möglich ist, basiert dieses Buch auf der Vorstellung der ewigen Wandlung allen kosmischen Geschehens und dem Interesse des Menschen, nicht den status quo, sondern die kosmischen Veränderungstendenzen zu erfassen. Sieht man jedoch die 22 Großen Arkana tatsächlich als eine geheime Anleitung zum spirituellen Wachstum, so können wir sie in ähnlicher Weise als die 22 möglichen Positionen auf einem Pfad verstehen, der durch beständige Veränderung geprägt ist. Ohne Veränderung ist keine Entwicklung möglich, keine Verwirklichung, kein spirituelles Wachstum. Die Veränderungen aber erscheinen uns nicht immer so als müssten sie zwangsläufig geschehen, sondern eher als Zufallsprodukte. Doch das ist keineswegs der Fall. Es spielen innere Notwendigkeiten und Dynamiken eine Rolle, die aus einer Position (Karte) eine andere bilden. Diese zu erkennen, kann uns ein vertieftes Verständnis des eigenen Weges bringen.

Um es noch einmal deutlich zu sagen: Der Weg, der in der Reihenfolge von der ersten zur zweiten, zur dritten und so fort bis zur einundzwanzigsten Karte führt, ist ein idealtypischer und jede spirituelle Sucherin muss ihren eigenen Weg finden und verfolgen. Die Karten vermögen höchstens die Frage zu beantworten: „Wo stehe ich gerade?" und: „Wohin könnte der nächste Schritt gehen?". Egal wie dieser Weg verläuft: die Position, auf der sich der Mensch in seiner Entwicklung befindet, trägt die Wurzel der nächsten Position bereits dynamisch in sich. Sobald die Zeit dafür gekommen ist, reift der Samen dieser nächsten Position und die Frucht zeigt sich in Form dessen, das aus einer inneren Psycho-Logik heraus auf das vorherige folgt. Insofern erzählt uns die Abfolge der Bilder der Großen Arkana eine Geschichte, die wir in unserem eigenen Leben wiederfinden können, wenn wir – bewusst oder unbewusst – dem Weg der spirituellen Entwicklung folgen.

Um zu ermitteln, welche Karte deine derzeitige Position auf dem spirituellen Entwicklungsweg repräsentiert, musst du zunächst entscheiden, welchen Auflösungsgrad deine jetzige Position besitzen soll. Denn es macht einen gewaltigen Unterschied, welchen Zeitraum du für die Gültigkeit deiner Position zu Grunde legst. So kann eine Leitkarte für ein ganzes oder mehrere Leben gelten, was bedeutet, dass dieses Leben in seiner Gesamtheit unter einem bestimmten Stern steht. Nennen wir die Position auf dem Entwicklungsweg, die von einer solchen Lebensleitkarte repräsentiert wird, die Makroposition, weil sie einen so großen Zeitraum auf eine sehr generelle Weise leitet. Diese Lebensleitkarte zu finden ist nicht ganz einfach. In diesem Fall empfiehlt es sich – im Unterschied zu weniger generellen Positionen – sich entweder auf die eigene oder fremde mediale oder intuitive Begabung zu verlassen, aber zugleich kritisch zu prüfen, ob die Karte, die du willkürlich ziehst oder erspürst, dich tief innerlich anspricht. Andererseits empfehlen manche Systeme auch astrologische oder numerologische Berechnungen zugrunde zu legen, die hier nicht vertieft werden können.

Seine Lebensleitkarte gefunden zu haben, kann ein bewegendes Erlebnis sein. Plötzlich offenbart sich einem der Schlüssel dafür, warum die eigenen Entscheidungen und die unbeeinflussbaren Geschehnisse, die einen prägen, ein bestimmtes Muster bilden. Denn die Position, die wir auf unserem Weg einnehmen, ist mehr als nur eine innere Orientierung. Es ist der Ort, an dem wir in der kosmischen Ordnung aller Schicksalsfäden stehen. Vielleicht stehen wir in diesem Leben auf der Position des Herrschers und lehnen in unserem Tagesbewusstsein alles Mystische ab. Vielleicht haben wir auch die Hohepriesterin als Leitmotiv und bleiben stets in der Innenschau mit uns selbst beschäftigt, wo wir das Geheimnis des Lebens selbst suchen. C. G. Jung scheint daran geglaubt zu haben, dass wir nicht nur durch unsere Vergangenheit geprägt sind, sondern dass unsere Seele auch ihr Ziel in einer eingeborenen Gewissheit in sich trägt, nach der wir unser Leben ausrichten. Dieser Leitarchetyp unseres Lebens ist die Makroposition, die wir unbewusst ständig verwirklichen.

In selten Fällen werden wir durch den Narren repräsentiert: das wird meist der anfängliche Narr sein, der in kindlicher Unbefangenheit frei ist von jeglichem Entwicklungspfad und doch ganz plötzlich in jede Erfahrung springen und fallen kann. Eventuell aber ist es auch der bewusste Narr, der am Ende der 21 Karten steht und sie mit dem Anfang verbindet. Dann handelt es sich um einen Menschen, der sich freiwillig und geleitet durch eine höhere Absicht in jede der 21 Positionen begeben kann, weil sie ihm alle offen stehen. Doch erst, wenn der Narr mit der Position der Welt ganz eins geworden ist, vermag er in jede der 21 Positionen auch die transzendentale Weisheit des Großen Geistes, des Dharmakaya, zu tragen. Erst dann ist er wirklich der abschließende Narr der Reihe, der Bodhisattva oder Avatar, der sich aus der transzendentalen Welt in unsere begibt, um unser getrübtes Dasein scheinbar mit uns zu teilen.

Die Makroposition sollten wir nicht als unwandelbares lebenslängliches Urteil verstehen, da alles sich im ständigen Wandel befindet. Es handelt sich zwar um die langfristigste Tendenz, die alles übergreifend ausmacht, was wir in diesem Moment unserer inneren Entwicklung sind, und die damit auch das mitbestimmt, was uns widerfährt. Aber es ist doch nicht gesagt, dass diese langfristige Entwicklung nicht noch in diesem Leben endet und in eine andere Position übergeht, wenn wir reif dafür sind. Da es sich um eine sehr allgemeine Tendenz handelt, werden wir sie nicht immer als unseren aktuell gegenwärtigen inneren Zustand erkennen können. Zwar könnte man sie als unsere Stufe auf dem langen Weg zur Erleuchtung verstehen. Aber die Erleuchtung steht uns jederzeit offen, wenn wir nach langer Zeit der Vorbereitung nur einen Moment lang im richtigen Geisteszustand verweilen, so dass es nicht auf unsere ursprüngliche Makroposition, sondern unseren momentanen Zustand ankommt, wohin wir als nächstes fortschreiten.

Meist ist es so, dass wir in einzelnen Lebensphasen jeweils unterschiedliche Positionen einnehmen. Diese in mittellangen Zyklen sich verändernden Positionen nennen wir hier *Mesopositionen*. So kann es sein, dass wir in unserer Kindheit in der Mesoposition des Liebenden standen, dann in der Jugend zum Wagenlenker wurden und schließlich im frühen Erwachsenenalter die Position der Kraft einnehmen. Es kann aber auch eine von dieser idealtypischen Entwicklung abweichende Abfolge gewesen sein – und unsere Lebensphasen können einander durchaus in anderen zeitlichen Abständen ablösen als gemäß einer entwicklungspsychologischen Phaseneinteilung. Vielleicht haben wir im Alter von 6 bis 17 Jahren eine einzige Entwicklungsphase unserer spirituellen Entwicklung durchlaufen, dann aber von 17 bis 22 gleich fünf Phasen, weil sich permanent etwas in und um uns herum veränderte. Um die eigene Mesoposition zu bestimmen, ist es möglich, eine „zufällige" Karte zu ziehen. Wenn du jedoch nicht sicher genug bist, ob deine Beziehung zu den Karten bereits tief genug und dein Bewusstsein weit genug geöffnet ist, um sich mit der synchronistischen Ordnung zu verbinden, die uns die „richtige" Karte liefert, kannst du über den Karten kontemplieren und die passende Karte durch tiefes Nachdenken und Intuieren wählen.

Schließlich ist es normal, während Wochen, Tagen und sogar mehrmals am Tag sehr unterschiedliche Positionen einzunehmen. Diese *Mikropositionen* lassen sich beispielsweise durch das Ziehen einer Tageskarte bestimmen. Mit wachsender Vertrautheit mit den Großen Arkana ist es aber auch möglich, durch Nachfühlen und Nachdenken zu erkennen, in welchem Zustand sich der eigene Geist gerade befindet und welches Arkanum diesen Zustand repräsentiert. Weil unser Entwicklungsweg im Zickzack und in spiralförmiger Höherentwicklung verläuft und nicht in einem geradlinigen Aufstieg, wäre es falsch, die Position der Sonne beispielsweise immer als einen Zustand momentanen vollen Bewusstseins zu deuten, wie es der Deutung des Gesamtprozesses, also als Makroposition, entsprechen mag. Wenn die Sonne für die Tagesposition steht, kann dies einfach bedeuten, dass wir gerade für das Erkennen des spirituellen Leuchtens in unserem Geist, in unserem Leben und der Welt besonders offen und transparent sind. Wenn danach der Teufel uns wieder in unsere getriebene Natur zurückholt, dann sind wir nicht grundsätzlich, auf der Makro- oder Mesoebene, sondern nur im kleinen Maßstab der Mikroebene wieder ein Stück weit „abgestürzt". Das sollte uns ermutigen, die kleinen Rückschritte nicht als totales Versagen und als Rückschlag zu sehen, sondern lediglich als einen momentanen Wechsel des ewig sich wandelnden Zustandes unseres seelischen Seins.

Die 22 geheimen Faktoren des Kosmos

Bisher haben wir die esoterischen Bedeutungen der Großen Arkana im Sinne eines Entwicklungsweges als Ergänzung zu ihren psychologischen Bedeutungen betrachtet. Darüber hinaus gibt es aber auch noch eine tiefergehende esoterische, stärker der hermetischen und kabbalistischen Tradition der Karten verpflichtete Deutung, die ein Geheimnis offenbart: Die Art und Weise, wie unser menschliches Leben in den Augen der alten esoterischen Traditionen tatsächlich beschaffen ist. Diese Deutungsweise können wir die 22 geheimen Faktoren des Kosmos nennen, weil sie das sind, was den Kosmos, in dem wir leben, auf eine verborgene, esoterische Weise ausmacht.

Dieses System geht von der Frage aus, was unser menschliches Leben tatsächlich bestimmt, in dem Sinne, dass wir davon bestimmt werden. Wenn wir ein spirituelles oder esoterisches (beispielsweise kabbalistisches oder hermetisches) Weltbild haben, werden wir erkennen, dass wir nicht nur von unserer Biologie und Psychologie (im naturwissenschaftlichen Sinn dieses Wortes) bestimmt sind, sondern auch von Kräften, die jenseits der Sphäre dieser Welt wirken. Das Wort Arkanum bedeutet Geheimnis. Eines der großen Geheimnisse der Großen Arkana ist eben, dass jede der 22 Karten einen dieser selbst wiederum im Geheimen auf uns einwirkenden Faktoren beschreiben kann. 22 geheime Faktoren bestimmen also unser menschliches Leben. Jeder dieser Faktoren ist in den esoterischen Traditionen der Menschheit überliefert. Die großen Arkana des Tarot bieten einen Hinweis auf jeden dieser Faktoren, wenn wir sie in dieser Weise zu lesen verstehen. Für unsere Lebensgestaltung mag es sich als hilfreich erweisen, sie intellektuell zu verstehen, ihre Auswirkungen in unserem Leben wahrzunehmen, sich ihrer Wirkungsweise angepasst zu verhalten und sie für unser eigenes Fortkommen zu nutzen. Jeder dieser Faktoren birgt eine ganze Reihe von Implikationen und Konsequenzen in sich, die an dieser Stelle nicht weiter vertieft werden können und dem Studium des Lesers selbst überlassen bleiben.

Jeder dieser Faktoren besitzt auch eine befreiende und eine versklavende Seite. Deshalb können wir die Geschichte dieser Faktor in einer zweifachen Reihenfolge erzählen: Wir können die Geschichte der Niederkunft und Einleibung des göttlichen Funkens in dieser Welt erzählen, wenn wir die Faktoren in ihrem versklavenden Aspekt betrachten. Wir können aber auch die Geschichte der Befreiung erzählen, indem wir die Karten so anordnen, dass sie die Entwicklung vom getrennten Einzelwesen zur Rückkehr in den Schoß des Göttlichen erzählen. In ihrem befreienden Aspekt erzählen sie von der Gefangenschaft des Göttlichen in der Welt der Materie, in umgekehrter Perspektive aber geben sie uns die Hoffnung, dass wir uns aus dieser Existenz befreien können.

Die 22 Faktoren bilden keine Abfolge, die mit der Nummerierung der 22 Karten übereinstimmt, sondern stehen in einem komplexen Geflecht von *Wechselwirkungen* zueinander. Für die divinatorische Auslegung empfehle ich, drei Karten zu nehmen, von denen die erste den hauptsächlich aktivierten Faktor der interessierenden Situation bezeichnet, die zweite das, was aus diesem Faktor resultiert und die dritte das, was in einem Spannungs- oder Behinderungsverhältnis zu diesem Faktor steht. Es bleibt dem Geschick des Auslegenden überlassen zu deuten, in welcher Weise aus einem Faktor ein anderer wird oder wie ein weiterer Faktor den ersten schwächt oder behindert oder in seinen andersgerichteten Aspekt verändern kann. Durch derartige Überlegungen lässt sich viel über die Beschaffenheit unserer Welt erkennen. Beispielweise ergibt sich sowohl der Faktor I aus III wie er sich aus V, VII und XVII speist. Umgekehrt beeinflusst er dann die genannten Faktoren allesamt. Zugleich kann er durch V abgeschwächt werden, wenn V zu IX führt etc.

Teil 2: Die doppelgesichtigen Karten

1. Die vier Aspekte

Vorderseite

Die Vorderseite der Karte zeigt das traditionelle Bild in ihrer üblichen Bedeutung. Dieses Bild entspricht im doppelgesichtigen Tarot der Zeichnung, die Pamela Smith geschaffen hat (allerdings in einer neuen graphischen Umsetzung, die dem Waite-Smith-Tarot jedoch entspricht). Die Deutungen, die hier gegeben werden, sind ganz bewusst nicht „neu" oder „originell", sondern entsprechen dem, was auch andere Deutungssysteme sagen.

Umgekehrte oder kopfüber liegende Vorderseite

Manche Kartenleger benutzen zur Divination alle Karten in ihrer aufrechten Bedeutung. Sie drehen Karten, die zufällig falsch herum zu liegen kommen, einfach wieder um. Dadurch geht ihnen bereits 50% der Komplexität verloren, die schon in einem normalen, einseitigen Tarotdeck steckt. Andere Deutungssysteme, denen wir uns hier anschließen, sehen in Karten, die mit dem Kopf nach unten gezogen oder gelegt werden, einen Hinweis auf eine veränderte Bedeutung der Karte. Diese Umkehrung können wir nun nach unserem oben gegebenen Schema oft als das konträre, wir könnten auch sagen: als das schwache oder indirekte Gegenteil der aufrecht liegenden Karte bezeichnen. „Indirekt" bedeutet, dass es (anders als beim kontradiktorischen oder direkten Gegenteil) eher um eine Abstufung der offensichtlichen Bedeutung geht als um das exakte Gegenteil. Da es sich um einen von mehreren möglichen Gegensätzen handelt, gibt es immer mehrere Möglichkeiten, wie sich die Bedeutung der Karte bei ihrer Umkehr wandeln kann.

Dabei ereignet sich meist eher eine Änderung in Nuancen, der oft mit einem Wechsel der Bewertungsqualität von positiv zu negativ oder von negativ zu positiv verbunden ist: Wenn die aufrechte Karte eine Qualität zeigt, die positiv bewertet ist, wird die positive Qualität in umgekehrter Position korrumpiert oder gestört – und umgekehrt: Bei einer Karte mit einer negativ bewerteten Qualität wie der *IX der Stäbe*, die in der aufrechten Position Bitterkeit und eine Grundhaltung von defensivem Ärger zeigt, bedeutet die Umkehrung, dass die negative Qualität sich in ihr positives Gegenteil verkehrt. Dabei ist aber zu berücksichtigen, dass die Umkehrung aus einer Verwandlung der Grundqualität entsteht, aus einem Wandelprozess, der die Grundqualität nicht verschwinden lässt. Die umgekehrte *IX der Stäbe* bedeutet also nicht einfach, dass aus der Bitterkeit unversehens Harmonie mit dem Leben wird. Das wäre das direkte oder kontradiktorische Gegenteil der aufrechten Karte. Die US-amerikanische Kartendeuterin Rachel Pollack schreibt,[22] die umgekehrte *IX der Stäbe* bedeute, dass der Kampf mit dem Leben zusammen bricht oder man nach einer neuen Einstellung sucht – zu suchen *beginnt*. Die Umkehrung der Karte ist also nicht unbedingt der vollendete Zustand des direkten Gegenteils – es ist oftmals nur der Weg dahin. Zuweilen ist der Weg in die umgekehrte Qualität aber schon vollendet und damit wird die Bedeutung gegenüber der aufrechten Karte kontradiktorisch: Die Umkehrung des *As der Kelche*, das Liebe und Harmonie symbolisiert, ist Zerstörung, Gewalt und Hass. Hier ist die umgekehrte Bedeutung mit dem direkten Gegenteil identisch.

Verborgene Seite oder Rückseite

Die Rückseite der Karte spielt auf die Enantiodromie an, aus der die Vorderseite hervorgegangen ist oder die dynamisch in ihr eingeschlossen liegt. Die enantiodrome Bedeutung zeigt das, was in der Bedeutung der aufrechten Vorderseite psychologisch eingeschlossen ist. Sie zeigt die Seite, die wir normalerweise nicht berücksichtigen, die wir vergessen, verdrängen, in der Entwicklung bereits hinter uns gelassen haben, obwohl sie den Status quo erst ermöglichte, oder die wir noch nicht erreicht haben, obwohl sie als Potential im Status quo bereits eingeschlossen ist. Die Rückseite zeigt uns also das, was die Vorderseite verbirgt.

Wir sollten uns immer vor Augen halten, was das Ziel dieser komplementären Betrachtungsweise ist: Es geht darum, die in den Karten verborgene Psychologie und Spiritualität tiefer zu begreifen, und es geht darum, uns die Doppelgesichtigkeit aller Zustände dieser Welt vor Augen zu halten, um nicht zu einseitig zu werden – weder in unserem Streben und Handeln noch in unseren Beurteilungen und Vorlieben. Kein Zustand ist ohne eine andere Seite, nichts ist nur gut oder nur schlecht, nichts ist ohne Preis erkauft. Wenn wir dies im Auge behalten, wissen wir mehr darüber, worauf wir uns mit diesem Leben eingelassen haben. Zudem durchschauen wir uns und eine Situation weitaus tiefer, wenn wir erkennen, welche Schattenseite sie aufweist. Diese Schattenseite verliert dann ihre unkontrollierte Wirkung, sobald wir sie erkennen und mit ihr umzugehen vermögen. Das letzte Ziel der enantiodromen Betrachtung ist schließlich, dass wir ein Stück mehr zur Ganzheit werden, dass wir beginnen, uns dem inneren Gegensatz in uns und den Dingen und Wesen um uns herum zu stellen. Das kann nur gelingen, wenn wir die andere Seite annehmen, integrieren, sie berücksichtigen und sogar leben. Wir können die offensichtliche und die verborgene Seite vielleicht sogar in einer höheren Synthese miteinander verbinden und dadurch dafür sorgen, dass sie zu etwas Neuem, Widerspruchsfreieren heranwachsen.

Umgekehrte oder kopfüber liegende Rückseite

Wie bei der Vorderseite, so verändert sich die Qualität der Rückseite ebenfalls, wenn die Karte mit dem Kopf nach unten zu liegen kommt. Diese Veränderung verhält sich parallel zur Veränderung der Vorderseite. Der vierte Aspekt der auf der Karte dargestellten Situation ist das, was in der verborgenen Seite enthalten ist, wenn sich die Qualität der Ausgangssituation konträr verkehrt oder verändert hat.

2. Praktischer Umgang mit den Karten

Das doppelseitige Tarotdeck, das eigens für das hier erstmal publizierte vierfache Deutungssystem entwickelt wurde, enthält – im Unterschied zu herkömmlichen Tarotsets – nicht nur eine bildhaft bedruckte Vorderseite, sondern ebenso eine farbige Abbildung auf der Rückseite. Das wirft für manche Benutzer die Frage auf, wie man die Karten denn auslegen könne, ohne gleich zu sehen, um welche Karte es sich handele. Das ist allerdings nur ein Reflex aus der Gewohnheit der Tarot- oder Spielkartendecks mit nur einer einzigen Bildseite. Es ist kein Problem, das Deck so zu handhaben, dass man nicht sieht, welche Karten man zieht oder – nach dem Abheben – der Reihe nach auslegt. Im Übrigen kann das hier vorgestellte System ebenso gut auf ein gewöhnliches Tarotdeck, das auf der Smith-Waite-Nomenklatur basiert, angewandt werden. In diesem Fall trägt die Rückseite natürlich kein Bild. Sie wird dann einfach durch Nachschlagen in diesem Buch gedeutet, wobei sich der oder die Deutende das jeweils beschriebene Bild eben in der Phantasie vorzustellen hat.

Das doppelgesichtige Tarotdeck lässt sich auf zweierlei Weise praktisch handhaben: Bei der ersten Methode mischst du alle Karten so, dass du dabei nicht nur einige Karten in derselben Ebene, also „kopfüber" umdrehst, wie das sonst der Fall ist, sondern auch so, dass du einige Karten auf den Rücken drehst, so dass nach mehrmaligem Mischen etwa die Hälfte der Karten sowohl mit dem Kopf nach unten als auch mit der Rückseite nach oben zu liegen kommen. Um zu vermeiden, dass du die Karten dabei bewusst wahrnimmst und manipulierst, könntest du beim Mischen die Augen schließen oder die Karten unter einem Tuch mischen. Beim Auslegen der Karten kannst du sie entweder mit geschlossenen Augen an irgendeiner Stelle abheben und dann der Reihenfolge nach auslegen, ohne sie dabei zu drehen oder zu wenden. Oder du ziehst aus dem geschlossenen Kartendeck so viele Karten heraus, wie du benötigst. Wenn du dies mit geschlossenen Augen machst, kannst du die Karten auch fächern. Ansonsten nimmst du die Karten einfach so in die Hand, dass sie in einem Stapel übereinander liegen. Dann ziehst du die entsprechende Anzahl Karten aus dem Stapel heraus, ohne die Lage der Karte dabei zu verändern, und legst sie so, wie herausgenommen, auf den Tisch.

Die zweite Methode des Umgangs mit den Karten besteht darin, dass du die Ausrichtung des Kartendecks in Bezug auf Vorder- und Rückseite immer belässt, so dass alle traditionellen Bilder die Vorderseite und alle verborgenen Bilder die Rückseite bilden. In diesem Fall ziehst du die Karten immer so, dass du das traditionelle Bild auf der Vorderseite zuerst betrachtest und interpretierst. Dann drehst du erst im zweiten Schritt die Karte um, um die Ausdeutung durch die verborgene Perspektive zu bereichern. Diese Methode eignet sich vor allem zur Meditation und zur psychologischen Reflexion über die Bedeutung der Karten. Bei der Divination ist die erste Methode besser geeignet, weil dadurch sofort eine der vier Aussagendimensionen der Karte deutlich wird. Jedenfalls solltest du auch bei der zweiten Methode die Augen schließen oder aus dem geschlossenen Kartenstapel ziehen, um das Ergebnis nicht zu manipulieren.

Viele Kommentatoren sind sich darin einig, dass das erste, was zu einer divinatorischen Befragung gehört, eine möglichst präzise und wohl formulierte Frage zu sein hat und dass ohne diese eine passende Antwort nicht zu erwarten ist. Ich stimme dem Zusammenhang zwischen einer klaren und einsgerichteten Konzentration auf ein Anliegen und dem Resultat der Befragung zu, ich glaube allerdings nicht, dass die sprachliche Formulierung der Frage dabei eine Rolle spielt. Das höhere Bewusstsein, das uns die Karten in der passenden Weise konstelliert, ist nicht auf unsere verbale Sprache angewiesen, sondern folgt der Sprache des Herzens. Es ist deshalb viel wichtiger, wie klar und emotional eindeutig unser Wunsch ist, etwas Bestimmtes herauszufinden. Wir sollten diesen Wunsch, diese Richtung in unserem Geist behalten, wenn wir die Karten mischen und abheben.

Meist wird entweder nur eine einzige Karte gezogen oder sie werden nach einem Legesystem ausgelegt, bei dem eine Position immer eine bestimmte Bedeutung hat. Manchmal kann es nützlich sein, die Karten nicht nach einer Legefigur, sondern intuitiv auszulegen. Dazu ist nicht einmal eine Frage vonnöten – oder um diejenigen zufrieden zu stellen, die eine Frage brauchen – die einzige Frage hierbei lautet: „Was soll ich wissen?" oder, wenn wir die Kraft des höheren Bewusstseins als personales Gegenüber ansprechen, „Was willst du mir sagen?". Auf diese Weise können wir uns eine einzige Karte als Tagesleitkarte herausnehmen. Und in derselben offenen Weise lässt sich ein ganzes Gebilde von so vielen Karten ziehen, wie es dem Fragenden intuitiv richtig erscheint, um ein ausreichendes Bild von dem zu bekommen, das ihm mitgeteilt werden soll. Beispielsweise könnte man mit einer Reihe von drei Karten beginnen, dann aber spüren, dass die Aussage noch weitere Karten erfordert und drei weitere Karten darunter legen. Dann könnte man bemerken, dass die ersten drei Karten etwas über die Gegenwart und die nächsten drei Karten über die Vergangenheit aussagen. Also entschließt man sich, noch drei Karten für die Zukunft zu legen. Dieses Vorgehen des intuitiven Kartenlegens erfordert aber entweder lange Übung mit den Karten oder einen sehr guten Zugang zum intuitiven Wissen.

3. Legesysteme

Um die Tarotkarten zu divinatorischen Zwecken zu nutzen, ist es möglich, eine einzige Karte zu ziehen, beispielsweise als Tageskarte oder als schnelle, einfache Antwort auf eine zuvor gestellte Frage. Möchte man eine komplexere Antwort, kann man die Zahl der ausgelegten Karten beliebig (bis zur Gesamtzahl der Karten des Sets) erhöhen, wobei man die Karten auf so genannte Positionen legt. Jede Position steht dann für einen Aspekt der Antwort auf die gestellte Frage. Dafür haben sich im Laufe der Zeit einige Legemethoden etabliert, von denen das bekannteste für Tarotkarten geschaffene wohl das so genannte Große Keltische Kreuz ist. Andere Legesysteme werden nur von einigen Autoren empfohlen, die sie selbst entwickelt haben. Ist es jedermann möglich, ein eigenes Legesystem zu erfinden? Grundsätzlich ja. Wichtig ist nur, dass es sich so weit in deinem Unbewussten (oder Überbewusstsein) verankert, dass dieses kooperiert. Oft geht das leichter, wenn ein Legesystem bereits gut etabliert ist, da nach der Theorie des *Unus mundus*, die C. G. Jung aus der Alchemie und Magie der Renaissance kannte, sowie nach den Erkenntnissen des Forschers Rupert Sheldrake ein Prozess, der im kollektiven Gedächtnis der Menschheit bereits verankert ist, leichter vom individuellen Zugang unseres Überbewusstseins abrufbar ist. Deshalb braucht man eine Zeitlang, um ein neues System und das eigene Unbewusste aufeinander abzustimmen und erzielt anfänglich vielleicht keine guten Ergebnisse damit. Ein grundlegender Qualitätsunterschied zwischen beiden (in dem Sinne, dass das tradierte System von irgendeiner höheren Quelle abgesegnet wäre und das neu erfundene nicht) lässt sich jedoch begründen. Das große keltische Kreuz ist sicherlich nicht von keltischen Druiden als Offenbarung der Götter empfangen, sondern irgendwann nach Einführung der Tarotkarten zum Wahrsagen als eine praktische Legemethode erfunden worden. Für eine ausführlichere Erläuterung zum keltischen Kreuz wird auf die sonstige Tarotliteratur verwiesen, wo dieses Legesystem häufig erläutert wird.

Oft wird empfohlen, zu Beginn einer Auslegung eine Karte aus dem Stapel zu nehmen, die denjenigen symbolisiert, der die Frage hat, damit deutlich wird, dass dies nicht der Ausleger ist, falls eine andere Person die Auslegung und Deutung vornimmt. Es wird auch darüber gesprochen, ob die Karten mit der linken oder rechten Hand zu ziehen sind und andere Details, die hier nicht weiter behandelt werden können. Auch hierzu wird auf die übrige Tarotliteratur verwiesen. Wichtiger als irgendwelche Rituale ist es, den Geist leer und bereit zu machen, bevor man sich auf seine Frage konzentriert. Im Folgenden siehst du drei mögliche Auslegungen.

Das erweiterte keltische Kreuz

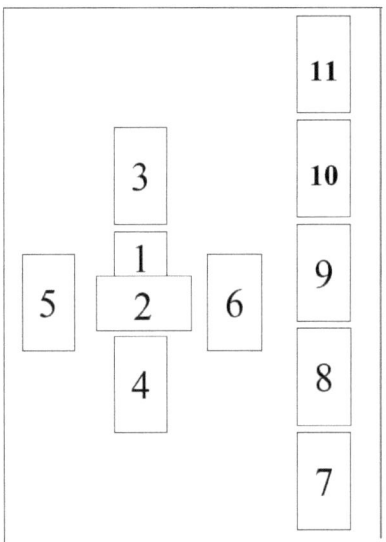

Abb. 3: Das erweiterte keltische Kreuz

Dieses Legesystem stellt eine Erweiterung des bekanntesten Legesystems, des Großen Keltischen Kreuzes, dar. Es arbeitet mit elf Karten statt – wie dort – mit zehn. Es geht zudem davon aus, dass die linken 6 Karten den Ausgangszustand repräsentieren und die rechten fünf Karten den zukünftigen Zustand, wie er sich aus den fünf Karten der rechten Kolumne heraus ergeben wird, und zwar dann, wenn die Bedingungen auf der rechten Seite erfüllt sind.

1) Das bist du in deinem Innersten; oder: das ist das Thema der Befragung
2) Das überkreuzt: Das ist deine Außenseite, dein äußerliches Verhalten; oder: blockierende oder förderliche Einflüsse zur Ausgangsfrage. Diese Karte wird immer aufrecht gedeutet.
3) Das krönt es: Deine bewusste Einstellung zur Ausgangsfrage
4) Das liegt zugrunde: Unbewusste Anteile und Einflüsse auf die heutige Situation

5) Das war zuvor: Die bisherige Entwicklung, die zugleich aber auch die künftige Weiterentwicklung bleiben kann, wenn die rechte Reihe verhindert wird.
6) Das kommt danach: Die nähere Zukunft
7) Das trägst du zum Ergebnis (Karte 11) bei oder könntest du beitragen.
8) Hinderliche und förderliche Einflüsse aus der Umwelt (anderer Personen, Umstände) bezüglich des Ergebnisses (Karte 11); evt. auch der Beitrag des Befragenden zu den Umwelteinflüssen
9) Hoffnungen und Ängste: Was will der Befragende erreichen oder vermeiden und wie trägt das zum Ergebnis bei?
10) Das Tor zum Ergebnis: Durch dies muss der Befragende hindurch, damit sich das (erwünschte) Ergebnis (in Karte 11) ereignet: das muss erfüllt sein; oder (im negativen Fall): das kann das Ergebnis verhindern
11) Das Ergebnis, die ferne Zukunft, die Chance (oder – im negativen Fall – die Gefahr), die als Resultat der rechten Kolumne erscheint.

Der kurze Weg

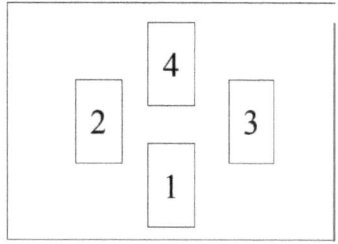

Abb. 4: Der kurze Weg

Der Kurze Weg ist ein Befragungssystem, das klärt, wie es weitergehen kann, welche Schritte ich zu tun habe, damit sich ein potentielles, erwünschtes Resultat (Karte 4) ergibt (bzw. was dazu führt, dass sich ein unerwünschtes Resultat ergibt).

1) Die Grundsituation: Die Ausgangssituation der Befragung
2) Was ich selbst tun kann; oder: Was *in mir* zu tun ist.
3) Was von außen kommt; oder: Was *außerhalb von mir* zu tun ist.
4) Resultat

Das Pentagramm

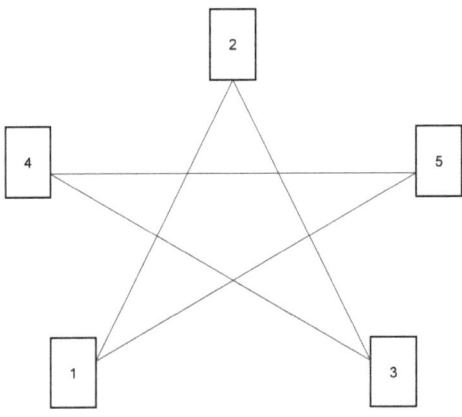

Abb. 5: Das Pentagramm

Diese Befragungsmethode eignet sich zur Klärung, welche Einflüsse eine gegebene Situation hervorbringen, woher sie also stammt.

1) Darum geht es hier; das ist dein Problem oder Thema
2) Das kommt von oben (der höhere oder spirituelle Einfluss, das höhere Ziel, dein Auftrag oder deine karmische Last)
3) Das kommt aus dir hinzu, deinem eigenen Bestreben, deinem Unbewussten oder deiner Persönlichkeit
4) Das kommt von außen auf dich zu, aus der Umwelt, den Umständen der Situation
5) Das ist die Konsequenz dessen oder das wünschenswerte Ziel

Teil 3: Die Karten im Einzelnen

1. Die großen Arkana

0. Der Narr

Amplifikation

Der Narr ist der Joker des französischen Blattes und damit eine Karte, der keine Zahl oder die Nichtzahl, die Null, zugeordnet ist. In der Reihenfolge der Karten wird ihm entweder die Position vor der Eins oder die letzte Position hinter der 21. Karte gegeben. Im Narren begegnen wir nicht nur dem ersten vollgültigen Archetyp des Tarots, also einer universellen Schnittstelle von gedanklichen und emotionalen Assoziationen, die sich im menschheitlichen Grundwissen in symbolischer Form gespeichert hat. Er ist vielleicht sogar der Archetyp des Archetyps, denn wie wir gleich sehen werden, besitzt er die gleichen Merkmale, die für den Archetyp selbst gelten: er entzieht sich jeder sprachlichen Festlegung, weil er einer anderen als der logischen Bewusstseinsebene entstammt. Um das nachzuvollziehen, müssen wir uns lösen von der konkreten Idee, auf dieser Tarotkarte hätte jemand einen mittelalterlichen Hofnarren darstellen wollen. Stattdessen können wir den Narren als einen Ausdruck einer in vielen Mythen beheimateten Figur ansehen, die man als *Trickster* bezeichnet. In den indigenen Kulturen des mittleren Westens Nordamerikas ist es der Kojote, der die Rolle des Tricksters übernimmt, ähnlich wie der Fuchs in den Fabeln des Äsop. Kojote oder Fuchs sind gerissene, schlaue Burschen, die andere mit ihrer Schläue „austricksen". Entgegen unseren heutigen moralischen Bewertungen, ist für den Menschen auf der mythologischen Stufe der Weltbetrachtung diese Schläue weder eine anstrebenswerte Eigenschaft, die persönliche Vorteile verschafft, noch ist sie moralisch verwerflich und falsch. Als Eigenschaft eines übermenschlichen Wesens steht sie jenseits aller Bewertungen. Ein typischer Charakterzug des Ur-Narren ist deshalb, dass er unabhängig von den Kategorien moralisch korrekten und inkorrekten Verhaltens steht, dass er frei und unabhängig ist von aller Moral. Er ist weder ein Schurke noch ein Held der Manipulationskunst, den uns Managementseminare heutzutage als erstrebenswertes Ideal verkaufen wollen. Wie seine menschlichen Vertreter, der gewitzte und trickreiche Schamane und im Mittelalter der Hofnarr, ist er ein Schelm, der sich über jede Regel hinwegsetzt. Weil er jenseits jeder moralischen Kategorie existiert und sich keiner Schuld bewusst ist, ist er das, was man „unschuldig" nennen könnte. Er ist ohne Bewusstsein irgendeiner Schuld, ganz wie Adam und Eva im Zustand vor der Vertreibung aus dem Paradies: ohne Erkenntnis des Guten und Bösen. Das ist auch der Grund, weshalb nur der Narr (und die letzte Karte, die Welt) keinen eigentlichen Schatten im tiefenpsychologischen Sinn besitzt: Er ist zu naiv, um etwas als unintegrierbar von seinem bewussten Selbstbild abspalten zu müssen (wie die Welt zu vollkommen ist).

Diese Eigenschaft, außerhalb der gesellschaftlichen Konvention zu stehen, hat er gemeinsam mit dem Kind, soweit es noch ganz Kind ist: ungeschminkt sagt es die Wahrheit wie der mittelalterliche Hofnarr, weil es nicht, wie die Erwachsenen, diplomatisch und strategisch geschickt erwägt, was sozial erwünscht ist. Der Narr wie das „reine" Kind orientieren sich nicht an dem, was *man* tut, also an Konvention und Konditionierung, sondern an seinen eigenen inneren Impulsen, Einfällen und Launen. Ihre Freiheit von Konditionierungen macht sie scheinbar zu wahrhaft freien Menschen, aber den inneren, unbewussten Quellen des Handelns (dem „Es") zu folgen, wird ebenfalls zu Unfreiheit führen. Der Narr ist deshalb frei gegenüber den üblichen Prozessen, mit denen man aus einem Kind einen Erwachsenen formt, er ist frei von den Spuren der Erfahrung, die uns unfähig machen, in einer Situation ganz ohne vorgefertigte Muster zu reagieren, und er ist frei von sozialen Regeln, die den Ausdruck der inneren Impulse einschränken und hemmen. Aber er ist nicht frei von inneren Impulsen. Und dies ist der eigentliche Schatten des Narren.

Der Narr steht aber nicht nur außerhalb der moralischen Kategorien, er entzieht sich einer einfachen Schwarz-Weiß-Kategorisierung in jeder Hinsicht. Der deutsche Begriff Hexe stammt vom althochdeutschen *hagazussa*, das wörtlich so etwas wie ein Heckenwesen bezeichnet. Die Hexe ist also die Person, die auf der Hecke, der Grenze zwischen zwei Grundstücken oder Welten zuhause ist. Auf der Grenze zu leben bedeutet, leicht zwischen dem einen und dem anderen ins Kippen zu kommen. In emotionaler Hinsicht zeigt sich darin die Launenhaftigkeit oder Spontaneität des Kindes wie des Narren. Wenn wir das auf Bewusstseinszustände beziehen, dann ist es dieses Kippen, das paranormale Phänomene wie Hellsehen, Telepathie, Vorauswissen hervorbringt: mit einem Bein in dieser Welt stehend, mit dem anderen in einer anderen. Die parapsychologische Forschung bezeichnet solche Bewusstseinszustände, in denen Paranormales sich am ehesten ereignet, als *elusiv*. Dieses Wort kommt vom lateinischen *eludere*, was so viel wie „sein Spiel und Spott mit jemandem treiben" bedeutet. Das Paranormale ist da zuhause, wo der Trickster wohnt, der sich niemals festlegen lässt. Und so erscheinen die paranormalen Phänomene wie durch den Trickster hervorgebracht: sie ereignen sich nämlich gerade dann nicht, wenn man sie, beispielsweise durch physikalische Messgeräte, dingfest machen möchte; und versucht man, sie für Aufgaben der Kriminalistik oder der Geheimdienste zielgerichtet einzusetzen, dann misslingt meist, was sich ganz spontan aber ohne weiteres ereignen kann.

Schamaninnen und Schamanen waren die ersten Vermittler zwischen dem Numinosen und den Menschen und zugleich Meister und Meisterinnen darin, aus dem starren Alltagsbewusstsein auszubrechen und einen „elusiven" Zustand herzustellen. Sie sind in hervorragender Weise darin trainiert, das Tricksterhafte, das Spielerische des Paranormalen zu handhaben, indem sie selbst mitspielen. Deshalb sind Schamanen oft selbst Tricksterpersönlichkeiten: Sie arbeiten nicht selten an der Grenze zwischen Paranormalem und Suggestion, sind moralisch oft nicht ganz zweifelsfrei (anders als die Priester der Hochreligionen, die Repräsentanten der Moral ihrer Gemeinschaft sind) und können es so erst wagen, den authentischen Kontakt zur tricksterhaften, amoralischen Anderswelt zu suchen. Dass diese Welt der Geistwesen keiner Moral folgt und deshalb gefährlich ist, war eines der Hauptbedenken der christlichen Missionare Europas, weshalb die Kräfte der Geisterwelt zu meiden, zu vernichten und dem geordneten christlichen Kultus zu unterwerfen seien. Nur im Karneval oder der Fastnacht hat man in Mitteleuropa ihre Existenz offiziell anerkannt und zugelassen, dass für einen Tag ein Gegenbischof in unflätiger Weise den Kölner Dom besetzt hielt und sich wie ein Narr aufführte. Hätte man dieses Ventil für die Wesen aus den niederen Regionen nicht immer wieder eröffnet, so wäre die gute Ordnung der Kirche auf die Dauer wohl nicht gegen sie zu sichern gewesen. Insofern er mit diesen archaischen spirituellen und psychologischen Mächten gut befreundet ist, ist der Narr auch das Bild für den Anfang aller Spiritualität (und insofern zu Recht die erste Karte des Tarot), den Zustand eines geradezu unzivilisierten Kontakts mit der Geisterwelt. Dabei gibt es durchaus unterschiedliche Grade der Kontrolle über diese Phänomene: während der echte Schamane einen hohen Grad der Kontrolle besitzt, ist dies bei Menschen heutiger Zivilisationen, die vom Paranormalen überflutet oder mediumistisch kontrolliert werden, kaum oder gar nicht der Fall. Auch dies ist eine Schattenseite des Narren: neben seiner Unbewusstheit gegenüber den eigenen inneren Anteilen (dem „Unterbewusstsein") kann er auch dem Überbewussten ausgeliefert sein, wenn er es nicht zu beherrschen vermag.

Das Schillernde, nicht Festlegbare der Gestalt des Narren wird eben auch darin deutlich, dass er einen ganzen Regenbogen verschiedener Bewusstheitsgrade beinhalten kann. Auf der einen Seite der Skala steht der ganz seiner selbst unbewusste Narr, der von einer höheren Macht geführt wird, eben weil er so wenig Ego und Selbst-Bewusstsein besitzt. Wir kennen ihn als den naiven Helden aus den Märchen und Sagen (oft der jüngste von drei Brüdern wie im Märchen von einem, der auszog, das fürchten zu lernen; der naive Hans im Glück; aber auch die Hobbits bei Tolkien). Am anderen Ende steht aber ein seiner selbst und der Welt sehr bewusster Narr, der eigentlich keiner mehr ist: der weise oder heilige Narr spielt eine Rolle, wie der Narr eben gerne spielt, und zwar den Narren, der er aber eigentlich gar nicht mehr ist. Solch einen Narren, der in seiner Narrheit durchscheinen lässt, wie viel Weisheit in ihm steckt, kennt die deutsche Legende im Till Eulenspiegel. Im Orient ist Mullah Nasrudin eine im Ruf der heiligen Narrheit stehende Figur, die mit ihrer Weisheit die Normalität ins Komische verdreht. Und noch weiter östlich, in Tibet, ist der als erleuchtet geltende Drugpa Kuenleg im ganzen Volk dafür bekannt, mit seinen derben Späßen und Aussprüchen die Moral seiner Zeitgenossen brüskiert zu haben.

Der Trickster hohen Niveaus hält der Beschränktheit unserer moralischen Kategorien nicht nur einen Spiegel vor, er zeigt uns auch, wie viel an unserem Denken unfrei und unerlöst ist. Als jene revolutionäre Kraft, die althergebrachte Denkweisen überwindet und dadurch den Fortschritt schafft, findet man ihn auch unter Göttern. In Mythen Afrikas oder der Südsee ist es eine tricksterhafte, rebellische Gottheit, die den Menschen gegen den Willen anderer Götter erschafft. In der griechischen Mythologie ist es Promotheus der gegen die Götter rebelliert, um dem Menschen den wesentlichen technischen Fortschritt, das Feuer, zu verschaffen. Auch der große Rebell gegen Gottes Ratschluss, die Schlange oder Luzifer der monotheistischen Religionen nimmt in vielen Darstellung, bis hin zu Goethes Mephisto, eine tricksterhafte Gestalt an. Unter den Göttern des nordischen Kulturkreises ist Loki (eine ambivalente, unberechenbare Figur, die den Göttern Widerstand leistet, aber dadurch auch für Bewegung und Neuerungen im Götterhimmel sorgt. In der griechisch-römischen Antike ist Hermes/Merkur der Grenzgänger mit den Eigenschaften des Narren:

Er ist Herr der Kreuzungen (jener magisch besonders gefährlichen Orte, an denen sich nicht nur irdische Wege, sondern Diesseits und Jenseits kreuzen), gleichermaßen Gott der Kaufleute wie der Diebe und aller Reisenden, also der örtlich nicht Festgelegten. Er ist selbst der Reisende unter den Göttern, der zwischen dieser und jener Welt hin und her eilt, der die Toten ins Totenreich begleitet, der Seelenführer oer Psychopompos. In C. G. Jungs Interpretation der Alchemie ist er das Symbol für das sich immer wieder dem Bewusstsein entziehende Charakteristikum des Unbewussten, mit dem sich versöhnen muss, wer sich auf den Weg zur Ganzheit, zum Selbst, begeben will.

Das Selbst ist das Zentrum der gesamten Psyche und ist schon immer im Menschen gegeben. Insofern muss es gefunden, nicht hergestellt werden (wie das Ich, das Zentrum der bewussten Psyche und unser Repräsentant in der äußeren Welt). Der Narr wie das Kind kann deshalb ganz am Anfang seiner Selbstfindung stehen und trotzdem schon – ohne sich dessen bewusst zu sein – ganz verbunden mit dem Selbst, mit seiner ungekünstelten Mitte leben. Der Weg der Individuation, den der Narr beginnt, führt in einer Kreisbewegung vom unbewussten Selbst-Sein durch die Welt wieder zurück zum Selbst, aber diesmal in seiner höheren Form als bewusstes Selbst-(Er)leben. Der Prozess der Bewusstwerdung ist also kreisförmig wie die Ouroboros-Schlange, die sich selbst in den Schwanz beißt und die nach Jung-Schüler Erich Neumann die älteste Bewusstseinsebene der Menschheit repräsentiert, den Anfang im unbewussten Selbst. Nach Jung ist der Kreis darüber hinaus Symbol des Selbst.

Die Weise, wie der Narr sein Selbst lebt, drückt sich in der ebenfalls kreisförmigen Zahl Null, also dem Nichts aus: Er ist so sehr in Berührung mit dem Natürlichen, weil er leer ist von Begriffen, Konzepten und Anhaftungen. Ist er also tatsächlich bei der „Nullheit" (sanskrit *shunyata*) angelangt, als welche der Buddhismus den Zustand der Erleuchtung bezeichnet? Ist er also eigentlich doch die zweiundzwanzigste Karte, die den Werdeprozess beendet? Der Narr hat keine Bewusstheit über sein Selbst und das Selbst des

Kosmos, er lebt ohne Diskrepanz zu diesem, aber völlig unbewusst. Deshalb ist er nicht weise, auch wenn die Weisheit des großen Geistes zuweilen ungehindert durch ihn hindurchwehen kann; und deshalb auch ist er nicht erleuchtet.

Im Tarot wird der Narr seit alters her als ein Wanderer dargestellt. Der Narr ist frei dort hinzugehen, wohin es ihm beliebt. Deshalb ist er wirklich ungebunden und durch Erfolg oder Misserfolg nicht zu ködern. Wie Sallie Nichols schreibt: „Wer kein festes Ziel hat, kann sich niemals verirren"[23]. Der Weg wird ihm zum Ziel oder die Selbstfindung, die über das eigene Selbst-Sein hinaus gehen muss in die Welt hinein, wie für Parzival, der sich als Tor auf den Weg macht und erst zum Hüter des heiligen Grals werden kann, als er die Reife erlangt hat, für sich und über sich selbst hinaus Verantwortung zu übernehmen. Dies kann der Narr noch nicht. Die von Pamela Smith gemalte Version zeigt den Narren, wie er leichten Fußes auf eine Klippe zuschwebt. Es ist der Hund an seiner Seite, der ihn vor der drohenden Gefahr zu warnen scheint. Wie Sallie Nichols betont, ist dieser Hund die instinktive Seite des Narren, sein natürliches Wesen, das ihn vor Gefahren schützt. Rachel Pollack ergänzt, der Beutel sei gefüllt mit seinen Erfahrungen, die er nicht wegwirft, die er aber hinter sich lassen kann, ohne dass sie seinen Weg bestimmen. Der Stab sei ein Zauberstab, ein Stab der Macht, wessen er sich aber nicht bewusst zu sein scheint, wenn er ihn in aller Narretei benutzt, um den Beutel daran zu hängen. Die Rose als die Blume der Leidenschaften ist durch ihre weiße Farbe Symbol der kindlichen Unschuld und Reinheit seiner Gefühle.

Bild der Wandlung: Der große Trickster ist am Beginn und am Ende jeder Reise, aber auch überall zwischendrin zu entdecken. Wir begegnen ihm immer wieder, wenn wir ihn brauchen, und auch dann, wenn wir ihn nicht erwarten. Wir begegnen ihm in uns selbst und außerhalb von uns, denn er lehrt uns, dass dies dasselbe ist: Was wir wahrnehmen und was wir sind, ist in der Tiefe wirklich eins. Und so begleitet er uns auf dem gesamten Weg, den wir gehen, und ist immer schon da, wo wir hinkommen. Er weiß alles im Voraus, sagt es uns aber nicht, und führt uns, wenn wir straucheln. Er ist unser Schutzengel, unser Seelendoppel, und er ist der große Verführer, der Teufel, der uns nicht nur testen und strafen, sondern auch auf den Weg führen soll, den wir gerade nicht erwarten würden. Und doch ist er auch unsere eigene Seele, die sich in tausend Gestalten wandelnd immer wieder in anderen Positionen wiederfindet, die in ihrer Wandlungsfähigkeit Rolle um Rolle spielt im großen Schauspiel des Lebens, das nur dem einen Zweck dient: die tausendfältigen Verkleidungen des Göttlichen zu durchschauen, um am Ende dem nackten Gott zu begegnen. Der Trixter ist nicht innerhalb des Spiels, er ist kein Teil der Reihe, die zum nackten Göttlichen in uns führt. Er ist immer da, wo er gerade sein will. Deshalb trägt er die 0 und steht nur für uns, die wir ihn von Anbeginn der Zeit in uns tragen, am Anfang der 21 Schritte zur Großen Einheit.

Geheimer Faktor: Die Freiheit
Der Mensch ist freier als das Tier, das Tier freier als die Pflanze, die Pflanze freier als das Mineral. Die Willensfreiheit ist jene Qualität, die uns Menschen am stärksten unter allen Wesen innerhalb der sinnlichen Sphäre zu Mitschöpfern der permanenten Schöpfer dieser Welt macht. Wir erschaffen uns unser Leben selbst, indem wir mittels unserer eigenen Freiheit das Karma ansammeln, das sich als Ernte unserer Gedanken und Handlungen in uns selbst und anderen Wesen niederschlägt. Je größer unsere Freiheit ist, um so größer sind die Möglichkeiten, Gutes und Schlechtes hervorzubringen, je größer auch die Verantwortung für das, was wir dadurch erschaffen. Solange wir aber nicht vollständig Befreite sind, ist unsere Freiheit gebrochen am Maß dessen, was uns die Welt an Widerstand bietet und dem, was wir selbst als karmische Wurzel all dessen, das von außen zu kommen scheint, hervorgebracht haben.

Der Archetyp als Selbstaspekt
Wo kann sich dein inneres Kind frei entfalten, ungehindert und unzensiert fühlen, sagen und tun, was ihm gerade in den Sinn kommt? Kannst du auf die Welt noch mit der spielerischen Freiheit eines Kindes zugehen? Kannst du im Vertrauen auf den Kosmos oder deine eigenen Instinkte auf die Klippen zutänzeln, deinen Weg gehen, ohne dich von früheren Erfahrungen abhalten zu lassen? Kannst du dir vorstellen, dass auch du einen Clown in dir trägst, der anderen einen Spiegel vorhält, der mit Witz und Charme die Wahrheit sagt? Vielleicht wirkst du auf andere changierend, unberechenbar? Kannst du dich durchlässig machen für das Spiel der Bewusstseinsebenen, wo du ganz an der Schwelle zu anderen Welten sitzt und mal hierhin mal dorthin kippst, ohne Selbstkontrolle und ohne Angst? Kannst du dich hingeben an einfache Stimmungen und das völlige Aufgehen im Hier und Jetzt?
Archetyp/psychologische Instanz: Trickster

Meditation
Nimm dir einen ganzen Tag. Geh morgens bei Sonnenaufgang aus dem Haus und kehre erst bei Sonnenuntergang wieder heim. Wenn du losgehst, nimm dir folgendes vor: Du hast kein Ziel, das du erreichen willst. Es gibt keine Orte, die du aufsuchen musst. Du gehst einfach dorthin, wohin zu gehen dir einfällt. Wenn es dir einfällt, ein Verkehrsmittel zu benutzen, tust du es. Fühle dich so frei wie möglich zu tun, was auch immer dir in den Sinn kommt. Achte auf deine Einfälle und Stimmungen und gib ihnen nach. Sei ganz offen für alle Anregungen, die sich dir von außen bieten. Wenn du einen Hinweis findest, wohin du deinen Weg fortsetzen könntest, dann folge ihm. Sei offen für Kontakte mit Menschen oder Tiere, wenn sie sich ergeben. Du kannst ihnen vertrauensvoll beggnen, wenn du sie mit dem offenen Herzen eines Kindes anschaust. Genieße das Wundervolle einer Welt, die dem unbefangenen Narren den Weg ebnet.

Praktische Deutung der Karte
Vorderseite
In Befragungen unterstreicht der Narr, wie wichtig es ist, dem Leben und uns selbst zu vertrauen und uns mutig einzulassen. Wir dürfen ruhig als ein wenig naiv und vertrauensselig gelten, das macht nichts. Der Narr sagt uns, dass wir uns auf unsere Instinkte verlassen können. Vertrauen kann missbraucht werden, aber nur wenn wir uns vertrauensvoll in neue und unbekannte Situationen begeben, können wir auch die gegenteilige Erfahrung machen, dass Vertrauen sich auszahlt. Als Beschreibung zeigt der Narr einen Menschen, der das Leben als Spiel nimmt, dem der sogenannte Ernst des Lebens nichts von seiner guten Laune raubt, weil er weiß, dass er immer alles haben wird, was er braucht. Denn der Narr ist glücklich und zufrieden mit dem, was gerade ist, weil er ganz in der Gegenwart lebt, im puren Dasein des Augenblicks. Frei wie ein Kind, folgt er seinen inneren Bedürfnissen und sorgt sich nicht um ein Morgen. Horaz drückte es in den berühmten, oft missverstandenen Worten aus: „Carpe diem, quam minimum credula postero" - Pflücke diesen heutigen Tag (wie eine Blume) und schere dich nicht um das Danach.
Stichworte: **Freiheit***; Vertrauen ins Leben; Zufriedenheit; Gegenwärtigkeit*

Umgekehrte Vorderseite
Liegt die Karte auf dem Kopf, ist das Potential von Freiheit und Unbeschwertheit der aufrechten Karte behindert durch neurotische psychische Muster, die unfrei machen, nach den inneren Bedürfnissen zu handeln. Der Narr wird zaghaft und ängstlich. Statt voller Zuversicht in die tragenden Kräfte des Lebens an den Rand der Klippe zu marschieren, hat er das Gefühl, sich und seine zarte Seele in einer potentiell gefährlichen Welt schützen zu müssen. Durch diesen Vertrauensverlust in das Leben und die guten Mächte des Kosmos kann er zu einem zwanghaften und überkontrollierten Menschen werden. Obwohl sie ihm immer noch erreichbar wäre, hat er den Kontakt zu seiner inneren Mitte, zum Gefühl für sein Selbst vorübergehend verloren.
Stichworte: **Überkontrolliertheit***; Zwanghaftigkeit; wenig Selbstgefühl*

Die verborgene Seite
Wie schon oben erwähnt, hat der Archetyp des Narren keinen Schatten im gewöhnlichen Sinn, denn dazu bedarf es des Gefühls, dass es unerwünschte und moralisch unmögliche Seiten gibt, die ins Unbewusste verdrängt werden müssen. Aber die Schattenseite des ganz mit seinem inneren Kind verbundenen Narren ist sein Ausgeliefertsein gegenüber dem, was er nicht kontrollieren kann. Wie ein Kind, so kann der Narr nicht das beherrschen, was durch ihn hindurch will: innere Impulse, Gefühle, Einfälle, aber auch das Andersweltliche, für das er viel zu offen ist. Der unbewusste Narr kann sich des Schutzes seiner Instinkte sicher sein, aber er kann auch ihr Spielzeug werden. Dann wird er von Stimmungen, Bedürfnissen, Wahrnehmungen oder Eindrücken regiert, statt selbst Herr im eigenen Haus zu sein. Die Spontaneität des Narren wird dann leicht zu Übermut und naiver Vertrauensseligkeit, vielleicht auch zu unbedachtem Leichtsinn oder gar einer Wildheit, die das „innere Kind" auslebt, ohne Rücksicht zu nehmen auf den Schaden für sich selbst und andere.

Manche Narren sind die Opfer ihrer eigenen Einfälle, andere sind die Opfer paranormaler Eingebungen oder der Wirkungen des kollektiven Unbewussten, die den meisten Menschen verborgen bleiben. Auf einer spirituellen Ebene sind es deshalb nicht die Impulse seines persönlichen Unbewussten, es ist der Kosmos selbst, der ungehindert durch ihn hindurch wirkt. Das kann man als durchaus positiv verstehen, so wie ja das Göttliche sich in seinem Werkzeug, dem Propheten, ausdrücken kann, während es im Menschen, der von seinem Ego bestimmt wird, schweigt. Viele Mystiker streben es an, zum passiven Instrument des Göttlichen zu werden. Aber der Mensch, der nur Werkzeug von etwas Höherem ist, verwirklicht seine eigene Göttlichkeit oder Buddhanatur nicht. Dazu müsste er auf eine höhere Ebene der Bewusstheit heranwachsen. Und so bleibt es unklar, ob es immer nur die positiven Kräften des Kosmos sind, die den Narren beherrschen und benutzen. Der Narr auf der Rückseite der Tarotkarte ist deshalb eine Spielfigur auf einem Schachbrett, die von einem Lichtstrahl berührt wird. Er spielt nicht den Narren, er wird gespielt, weil er weder sich selbst noch das, was die Welt im Innersten bewegt, ausreichend kennt, um ein wirklich bewusst handelnder, selbstbestimmter Mensch zu sein. Er ist der Spielball innerer oder höherer Mächte, die stärker sind als er. Die Karte fordert uns dazu auf, uns auf den Weg der Persönlichkeitsreifung zu machen, uns selbst und die Welt zu erforschen und auf eine bewusstere Weise zu reflektieren, was uns bewegt. So müssen wir den Weg zur zweiten Karte, dem Magier, weitergehen im Versuch, unserer bewussten Kontrolle zu unterwerfen, was in uns sein Wesen treibt.

<u>Stichworte</u>: **Impulsivität**; *Spielball sein von psychischen und höheren Kräften*

Umgekehrte verborgene Seite
Der völlig unbewusste Narr, in dem andere Mächte sich ausdrücken, wird gespielt statt selbst zu spielen. Der höhere Narr, der selbst schon den Entwicklungszyklus des Tarot bis zu Ende gegangen ist, spielt jedoch nur den Narren, ohne es zu sein. Es handelt sich bei ihm um einen der seltenen weisen oder heiligen Narren, die aus Freude am Spiel und zur Belehrung der Mitmenschen ihre eigene Weisheit in närrischer Form präsentieren. Die Umkehrung der Rückseite weist uns in Befragungen darauf hin, dass wir unsere Weisheit möglicherweise verstecken, wodurch wir anderen wie Narren erscheinen, ohne es zu sein. Ob wir bewusst oder unbewusst unser Licht unter den Scheffel stellen, ob willentlich oder ohne es zu wollen: wir sind der traurige Clown, der tiefernste Spaßmacher oder der hochintelligente Dumpfkopf, der seine eigentliche Begabung nicht zu zeigen gelernt hat, der sich den Vorurteilen seiner Umgebung gegen ihn einfach anpasst. Vielleicht spielen wir auch gerne mit der Meinung der Anderen und stellen uns töricht an, weil wir es mögen, ihnen ihre Vorurteile vorzuführen, vielleicht ist uns unsere Verrücktheit aber auch selbst sympathisch und so kultivieren wir das Exzentrische.

<u>Stichworte</u>: **Gespielte Narrheit**

I. Der Magier

Amplifikation

Die Karte mit der Nummer Eins war in der Geschichte des Tarot einer merkwürdigen Wandlung unterworfen. In den drei großen Varianten der Mailänder Tradition sehen wir sehr unterschiedliche Formen dieser Karte: im Visconti-Deck vielleicht am ehesten einen Pharmazeuten, einen Arzneikundigen, im Cary-Yale-Deck ist dieser schon mehr Alchemist als Medicus und bereits mit den vier magischen Attributen ausgestattet, die wir von den kleinen Arkana des Tarot kennen: Er hält einen Stab in der Hand, der ebenso gut ein Reagenzglas sein könnte, auf seinem Tisch befinden sich ein Schwert, ein Kelch und eine Scheibe. Und im Tarot der Familie Este scheint er bereits ganz zum Hütchenspieler verkommen, der Kindern ein Spiel mit Bechern und Kügelchen präsentiert. Im Marseiller Tarot schließlich wird diese Figur als *Bateleur*, als Gaukler, bezeichnet, vergleichbar unseren heutigen Zauberkünstlern, während er in einer anderen Version der Marseiller Tradition überraschend den Namen *Branchus* trägt. Branchus ist der Name eines legendären griechischen Wahrsagers aus Didyme bei Milet, der von Apollo seiner Schönheit wegen die Gabe der Zukunftsschau erhielt. Am Ende dieser Entwicklung steht das Bild von Pamela Smith, das Waite *„Magician"*, Magier betitelte. Man könnte meinen, dass sich hier eine geistesgeschichtliche Veränderung im Umgang mit den „geheimen Künsten" abzeichnet. Hielt man zu Beginn der Renaissance noch viel von den Künsten der Alchemisten, die mit chemischen Substanzen experimentierten, galten sie im 18. Jahrhundert oft eher als Scharlatane, anderen Trickkünstlern vergleichbar, und diese Skepsis sehen wir bereits in den Zwischenschritten, in denen aus einem Gelehrten ein Gaukler wird. Auch die Bezeichnung *Branchus* könnte so oder so gemeint sein: als jemand, der tatsächlich über paranormales Wissen verfügt, wie auch als ein angeblicher Hellseher, der die Massen hinters Licht führt. Mit dem neu erwachten Interesse an den hermetischen Künsten in der Moderne wird der Gaukler dann wieder eindeutig zum Wissenden, diesmal nicht in Gestalt eines Chemikers (denn die Chemie gilt längst nicht mehr als eine geheime Kunst), sondern als Magier, der in Anknüpfung an die Renaissance kenntnisreich die äußere Welt und das, was sie im Innersten zusammenhält, in seinem Wissensschatz vereinigt.

So sehen wir bei Waite/Smith einen jungen Mann, der an den schönen Branchus erinnert, ausgestattet mit den vier magischen Werkzeugen, dessen rechte Hand den Zauberstab in einer perfekten Senkrechten gegen den Himmel richtet, während seine linke auf die Erde zeigt. Über ihm schwebt eine Lemniskate, das Symbol der Ewigkeit, das im Marseiller Tarot bereits im Hut des Gauklers zu erkennen war. Die Lemniskate können wir auch als Symbol einer Wirklichkeit ansehen, die überweltlich ist, weil in ihr Zeit und Raum in Zeitlosigkeit und Unendlichkeit aufgehoben sind, das aber zugleich diese Welt durchdringt, weil es sich um die überweltlichen Aspekte dieser Welt handelt und nicht bereits um die Sphäre Gottes. Deshalb ist die Lemniskate auch das Symbol für eine Magie, die die Naturgesetze transzendiert, ohne im Spirituellen anzukommen.

Es fällt auf, dass wir es hier mit einem ganz jungen Menschen zu tun haben. Der Magier steht am Anfang der Großen Arkana, es fehlt ihm an spiritueller Reife, obwohl die magische Tradition ihn als die Vollendung des Menschseins ansieht. Dies wird deutlich in der übertriebenen Wertschätzung des Magiers bei Waite, der ihn offenbar als die Krone der Erkenntnis ansieht, den vergöttlichten Menschen, der gemäß den hermetischen Orden, denen Waite angehörte, das Menschliche in das Göttliche hinein überwand oder besser: das Überweltliche in das Menschliche hinabzieht. Denn das ist es, was der Magier auf der Abbildung von Pamela Smith tut: Mit seinem nach oben gerichteten Zauberstab zieht er, einer Antenne gleich, überweltliche Energien an und leitet sie durch sich selbst hindurch, um angereichert mit der Formungskraft seines individuellen Geistes daraus Manifestationen in der materiellen Wirklichkeit zu erschaffen. Die überweltlichen Energien unterwerfen sich seinem Willen. Das tun sie aus mehreren Gründen: Erstens ist er der Wissende, der die Methoden und Gesetzmäßigkeiten kennt, um eine solche Wirkung hervorzubringen. Zweitens ist sein Willen so weit gestärkt, dass nichts ihn zum Wanken bringen kann. Wie ein aufrechter Baum steht er gerade und unerschütterlich da, während er dem Himmel seinen Willen aufzwingt. Und drittens hat er sich selbst so weit transformiert, dass er zum Medium für die himmlische Kraft werden kann, ohne darin selbst zu verbrennen. Die Schulung zum Magier ist immer als eine Schulung der Transformation der ganzen Persönlichkeit gedacht, wie man auch an den verschiedenen Ritualen der hermetischen Orden unserer Zeit sehen kann, in der es vorrangig um die Überwindung von Ängsten, Hemmungen und Blockaden geht. Deshalb erscheint Waite der Magier als die Vollendung menschlicher Möglichkeiten.

Aber der Magier unterwirft sich keiner spirituellen Disziplin. Für all jene, die den Tarot als einen *spirituellen* Entwicklungsweg ansehen, ist der Magier mit seinem starken Ego erst der Anfang. Er will sich die Welt unterwerfen und nicht sich selbst einer höheren Kraft unterwerfen. Das ist es, was Magie und Spiritualität voneinander scheidet. Die Religionen hingegen haben mit der Magie das zusätzliche Problem, dass die Magie sich nicht nur höhere Kräfte und Wesenheiten respektvoll zu unterwerfen trachtet, sondern sich gänzlich respektlos auch der Unterwerfung durch die Religion widersetzt. Woher aber stammen denn der Magier und die magische Tradition? Ihre Anfänge sind wahrscheinlich so alt wie die Menschheit selbst, denn die älteste Religion auf diesem Planeten, der Schamanismus im weiteren Sinne (also alle Kultformen der alten, traditionalen Kulturen) ist eine Urform magischer Beziehungsaufnahme mit den Geistern der Toten, der höheren und niederen Welten und den Kräften der Natur, um diese dienstbar zu machen zum Wohle der Lebenden. Dabei ist die Haltung des Schamanen weit weniger distanziert-aristokratisch als die des Magiers: Der Schamane setzt sich den Einflüssen dieser überweltlichen Kräfte direkt aus, macht sich zu ihrem Gefäß und lässt sie durch sich hindurch wirken, während der Magier in einem Bannkreis steht, der ihn von ihnen isoliert, und seine Gerätschaften als

Mittel der Kontrolle über diese Kräfte gebraucht, um eben nicht selbst zum Medium zu werden, um das Überweltliche in das Weltliche außerhalb seiner selbst hinein zu zwingen.

Die magische Tradition des neunzehnten Jahrhunderts, auf die Waite sich beruft, ist eine Wiederentdeckung der Renaissance-Magie, die wiederum eine Kombination aus einem überlieferten volkskundlichen Wissensstrang und dem damals wiederentdeckten hermetischen Wissen der Spätantike darstellt. Ob die Kathedralenbauhütten eigenes magisch-gnostisches Wissen tradierten, das wiederum vielleicht mit den Katharern in Verbindung stand und zu den heutigen Freimaurern und Rosenkreuzern führt, ist nicht gewiss. Sicher ist, dass der Name Magier von einem altiranischen Wort abgeleitet ist, das einen Priester bezeichnet. Dass die Religionen des alten Orients, inklusive des frühen Judentums, zwischen priesterlichen Funktionen und der Ausübung von Magie nicht so genau schieden wie die Theologen das später behaupteten, wird auch deutlich, wenn wir – um nur eines von vielen Beispielen zu nennen – den Wettkampf des Propheten Elia mit den Baalspriestern im alttestamentarischen ersten Buch der Könige betrachten: Der Prophet Elia lässt Feuer vom Himmel fallen und danach den ersehnten Regen und obsiegt solchermaßen über den weniger fähigen Baalspriester. Obwohl die Theologen sich hüten, hier von Magie zu sprechen und das Geschehen von Anfang an als die Macht JAHWEs gedeutet wird, handelt es sich doch um die Demonstration und Konkurrenz magischen Könnens und Wissens, also der Befähigung, die hinter der Natur liegenden metaphysischen Gesetzmäßigkeiten willentlich zu nutzen.

Bereits in der römischen und griechischen Antike waren Zaubersprüche, Täfelchen mit Flüchen oder guten Wünschen, das Reden mit den Toten und die Vorhersage der Zukunft als magische Techniken bekannt. Magische Praktiken hielten sich auch während des Mittelalters, obwohl sie größtenteils gegen kirchliche Vorschriften verstießen. Systematisch verfolgt wurden sie allerdings erst zu Beginn der Neuzeit, als man paranormal Begabte leicht für Verbündete des Teufels hielt und nicht mehr duldete, dass das Übernatürliche außerhalb der Kirche Platz fand. Dahinter stand der mit Beginn neuer naturwissenschaftlicher Entdeckungen und Forschungen aufgebrochene tiefgehende Kampf zwischen Wissenschaft und Kirche um den Inhalt in den Köpfen der Menschen, der zeitgleich eine alternative spirituelle Bewegung als einen dritten Weg jenseits von rein materialistischer Naturwissenschaft und rein dogmatischer Kirche hervorbrachte: den Weg des Renaissance-Magiers, Hermetikers oder Alchemisten, der sich auf die wiederentdeckten Schriften des Hermes Trismegistos berief und zum unmittelbaren Vorgänger unserer heutigen Esoterik-Bewegung wurde.

Der Magier ist nach diesem Verständnis ein Mensch, der des dogmatischen Wissens, das die Religion liefert, nicht vorrangig bedarf, um die innersten Geheimnisse des Lebens zu verstehen, und der andererseits auch bei den Erkenntnissen der Naturwissenschaft nicht stehen bleibt, sondern tiefer schürft als sie es mit ihrem materialistischen Blickwinkel jemals vermag. Er ist der Künstler, der alle Wirkungskraft und den Samen, den Ursprung der Phänomene, unmittelbar zu schauen vermag, wie Goethe es im Faust ausdrückte. Goethe repräsentierte in seiner Person in verschiedener Hinsicht die Fortsetzung der hermetischen Wissenstradition und wird deshalb auch von heutigen hermetisch inspirierten Bewegungen wie der Anthroposophie noch als Weiser verehrt. In dem wichtigsten Werk der deutschen Literatur, dem Faust, hat er dem Magier ein Denkmal gesetzt, das weit hinausweist über das Portrait eines zerrissenen, in emotionale Turbulenzen geratenen Menschen und das sich Elementen der hermetischen Tradition bedient.

Wenn wir diesen Magier mit seiner Herkunftsgeschichte in den älteren Tarotspielen in Beziehung setzen, ist er jemand, der mit dem Schein von Wirklichkeit spielt, wie es der Gaukler tut, der die Menge täuscht. Ebenso durchdringt der echte Magier den Schein einer materiell-fest erscheinenden Welt und sieht nicht nur die dahinterliegenden Wirkungskräfte, sondern kann sie sogar manipulieren, handhaben, um mit ihnen zu spielen. Im Unterschied zum Priester, dem jede kultische Handlung eine ernsthafte Verbeugung vor einer unheimlichen höheren Macht ist, sind die Schamanen wie die Magier aller Kulturen bekannt dafür, dass sie das Spiel mit dem Feuer suchen, dass sie aber auch im Umgang mit den Menschen nicht immer die seriösesten Gesellen sind. Sie sind Trickster, wie der Narr, aber in einer bewussteren, machtvolleren Position als dieser und in dieser Hinsicht eine Weiterentwicklung des Narren, doch mit ihm immer noch eng verwandt. Alister Crowley ist ein Beispiel für diese ambivalente Persönlichkeit des Magiers aus jüngerer Zeit. Völlig besessen vom Willen, sich die geheimen Kräfte des Lebens zu unterwerfen, um die größtmögliche persönliche Befriedigung daraus zu ziehen, gilt er nicht nur als ein großer okkultistischer Gelehrter, sondern auch als ein Mensch, der die Grenzen anderer ebenso wie die Grenzen seiner eigenen Integrität immer wieder um des „höheren" Zieles willen überschritt. Er endete als der enthusiastischste Okkultist seiner Zeit, aber völlig vereinsamt, verarmt und körperlich wie psychisch ruiniert. Man kann zumindest sagen, dass er nichts und niemanden, vor allem nicht sich selbst, schonte für das große Spiel mit den okkulten Kräften.

Dass der Magier nur eine geringfügige Weiterentwicklung des Narren ist, wird noch deutlicher, wenn man den Gaukler, der in der Este-Version mit zwei Kindern spielt, betrachtet: Er ist selbst ein großes Kind. Wie schon beim Narren, ist das Kind ein Symbol für die ursprüngliche, unschuldige Einheit des Seins, für das Selbst vor dem Sündenfall, das noch nicht zwischen mir und dir trennt. Als magisches Denken bezeichnet man in der Psychologie auch das Denken des Kindes wie das Weltbild traditionaler Kulturen, das glaubt, die Dinge in der Außenwelt durch das eigene Denken beeinflussen zu können. Die große Einheit mit dem Sein ist bereits geschieden in ein Ego das will und ein anderes, das gehorchen soll, aber noch ist das Ich und das Du zutiefst verbunden durch die Macht des intimsten Gedankens. Dies ist das Bewusstsein im Übergang zwischen vorbewusster Einheit und bewusster Zweiheit, deshalb auch die Eins der Großen Arkana. Insofern ist die Uroboros-Schlange, die er in der Waite-/Smith-Version als Gürtel trägt, Symbol für den beginnenden Prozess, der von der paradiesischen

Einheit zur Zweiheit führen wird, um schließlich, am Ende, wieder in der Einheit zu enden. Dass das Kind am Anfang und am Ende des menschlichen Lebensweges steht, wie das Spiel im Tarot am Anfang und Ende vorkommt (in der 21. Karte, der Welttänzerin, die ebenfalls von einem angedeuteten Uroboros-Symbol umgeben ist) bedeutet also in esoterischer Hinsicht den Weg von der vorbewussten zur bewussten Einheitserfahrung. In Jungscher Psychologie ist das göttliche Kind zugleich ein Symbol für den Zustand der Selbstwerdung, in dem die Gegensätze (bewusst-unbewusst; Ich-Du) aufgelöst sind. Der Magier hat diesen Zustand zweifellos nicht erreicht, aber er trägt ihn auf dieselbe Weise in sich, wie das erwachsen werdende Kind noch eine reine, nicht überformte Gewissheit der Einheit mit dem Leben in sich trägt.

Bild der Wandlung: Der Trixter verwandelt sich in seine Rolle als Magier, wird zur I auf dem Weg des Tarot, wenn die unbeschwerte Freiheit, einfach nur Mensch zu sein, nicht mehr genügt. Wenn die Welt und der Himmel auseinanderklaffen und das Menschsein in dieser Kluft eine Erklärung und nach Abhilfe verlangt. Dann wird der oder die Suchende geborene, der (die) sich zunächst auf den Pfad der Selbsttäuschung begibt, auf dem er oder sie nach paranormalen Kräften strebt und von ihnen beeindruckt ist. Auf diesem Pfad ist es das Ego, das wissen will, was hinter den Dingen steckt, um sie benutzen zu können zu seiner eigenen Erhöhung. Es ist die jugendliche Haltung des aufgeblähten Selbst, die mancher niemals überwindet, und die ganz am Anfang des spirituellen Entwicklungsweges steht. Es ist die Verführung durch die Möglichkeit, das Göttliche in sich selbst zu erwecken, nicht um das eigene Selbst in das Göttliche aufzulösen, sondern um die göttliche Kraft ins eigene Sein einzufügen. Das Ego sehnt sich nach der Verbesserung seines täglichen Lebens, aber weiß schon, dass es diese Verbesserung nur durch den Kontakt zu höheren Quellen erreichen kann. Es sehnt sich nach der Macht, aber noch nicht nach den höheren Mächten, die sich dahinter verbergen.

Geheimer Faktor: Der Ich-Faktor
Der Witz an der Magie aus spiritueller Sicht besteht darin, dass wir alle Magier sind, die eine ganze Welt um sich herum erschaffen. Die Welt, wie wir sie sehen, ist ein Produkt unseres Geistes. Sie ist eine Gaukelei, eine Täuschung. *Maya* nennen Hindus diesen Zaubertrick, der uns glauben lässt, in einer wirklichen Wirklichkeit zu leben. In welchem Moment beginnen wir mit der Erschaffung dieser Illusion einer festen Welt um uns herum? In dem Moment, in dem wir uns als ein unabhängiges Ich wahrnehmen. Das Gefühl, ein Ich, ein Individuum zu sein, bedingt, dass wir eine von uns getrennte Welt außerhalb von uns wahrnehmen. Wir können nicht Ich, abgetrennt von Allem sein, ohne ein Nicht-Ich zu konstruieren. Ansonsten wären wir ein isoliertes Ich im Nichts. Wir beginnen in Dualitäten, in Polaritäten zu denken: Das bin ich und das ist das Andere. Das ist gut für mich, das ist schlecht für mich. Von nun an stehen sich Ich und Welt gegenüber. Wir sind der Demiourgos, der Schöpfer einer niederen Welt, die sich von der höheren, vollendeten Welt getrennt hat. Wir können dieses *Principium*, diesen Anfang von allem, paraphrasieren, indem wir sagen: „Ich bin Ich und Du bist Du". Dies beschreibt die versklavende Wirkung des Ich-Faktors, des Ursprungs der späteren Dualität. Der Faktor entfaltet eine befreiende Wirkung erst dann, wenn die Eigenschöpfung deiner Welt nicht mehr als diabolisch, als eine civitas Diaboli (Stadt Satans), sondern als civitas Dei (Stadt Gottes) konstruiert wird, als Kalachakra Mandala, als Vorstellung einer Welt, in der spirituelle Gesetze in jedem einzelnen Moment wirken und alles hervorbringen, was ist. Dies kann als Übung in der Phantasie, dann im Alltag begonnen werden, solange bis die veränderte Sichtweise ganz natürlich geworden ist.

Der Archetyp als Selbstaspekt

Wie gehst du mit deinen Wünschen nach unbegrenzter Kontrolle über die Welt um? Und wie weit fühlst du dich noch vom einfachen magischen Denken angezogen, das auf eine simple Weise behauptet, deine Gedanken könnten den Fortgang der Dinge in dieser Welt verändern? Verstehst du, dass es mehr erfordert, die Welt zu verändern als nur einen beiläufigen Gedanken, dass Gedanken sich zu Willenskraft verdichten, Handlung und wirkende Energie hervorbringen müssen? Kannst du sie transformieren in den Wunsch, der Welt mit Wissen und Macht zu dienen? Kannst du auch erkennen, dass du Fähigkeiten besitzt, die entwickelt werden können, damit du ein fähiger Gestalter deiner Umwelt wirst? Kannst du sehen, dass du Großes bewirken kannst, wenn du deine Energien und Vorstellungen bündelst und dich konstant in der Verwirklichung deiner Ziele übst?

Archetyp/psychologische Instanz: Magier/Alchemist; undifferenziertes Selbst

Meditation
Setz dich an einen ruhigen Ort und schau in dich hinein. Stell die Frage vor dich hin, was du wirklich mit deinem Leben anfangen willst. Sobald du etwas spürst, das eine Antwort sein könnte, bewahre sie gut auf und forsche weiter. Tu das solange, bis du das Gefühl hast, dass du die wesentlichen, ehrlichen Antworten gefunden hast. Dann schau dir an, welche Kräfte du mobilisieren musst, welche Fertigkeiten beherrschen, welche Möglichkeiten dir gegeben werden müssen, um diese Ziele verwirklichen zu können. Tu das solange, bis du dir über die wesentlichen Mittel, die du benötigst, klar geworden bist. Dann sieh wieder in dich hinein und werde dir darüber klar, welche dieser Mittel du in dir schon in irgendeiner Form vorfindest. In jedem von uns schlummern ungeahnte Kräfte und Möglichkeiten. Vielleicht sind einige deiner Fähigkeiten noch im Embryonalstadium und müssen entwickelt werden. Oder sie befinden sich in einem Dornröschenschlaf, weil sie nie benutzt worden sind. Oder etwas hindert dich daran, sie anzuwenden. Aber achte jetzt nicht auf die Hindernisse, sondern auf die Möglichkeit, die sich in dir befinden. Sieh dir all diese Möglichkeiten an und nimm sie sehr ernst. Je ernster du sie nimmst, um so selbstverständlicher können sie zur Realität werden, ganz einfach,

indem du sie als einen Teil von dir wahrnimmst. Arbeite auch weiter mit ihnen im Alltag, indem du sie anschaust und zu ihnen hinspürst, wann du immer du sie benötigst und lass sie sich selbst entwickeln.

Praktische Deutung der Karte

Vorderseite
Der Magier symbolisiert eine Persönlichkeit voller Selbstbestimmtheit und Autonomie. Die ganze Welt steht ihm offen, so groß ist seine Kraft, seine Vorstellungen durchzusetzen. Seine kreativen Potentiale und seine Energie stammen aus einem starken Willen. Mit diesem bezwingt er alle Widerstände und überwindet spielend Hindernisse, die sich ihm in den Weg stellen. Wenn er etwas verwirklichen will, dann tut er es. Er schafft die Bedingungen, damit ein begonnenes Projekt gelingen kann und besitzt die Fertigkeiten dazu. Deshalb ist er auch der Mensch, der sich selbst im Tun verwirklicht, der seine Talente nicht zurückhält, sondern sie tatkräftig in Realität umzusetzen vermag. Aus seiner Haltung resultiert Macht – zunächst über sich selbst, dann aber auch über andere und die Situationen seines Lebens, bis hin zu sozialer und politischer Macht.
<u>Stichworte</u>: **Selbstverwirklichung**; *Autonomie; Umsetzungskraft; Willensstärke; Macht*

Umgekehrte Vorderseite
In der Umkehrung entwickelt der Magier Willensschwäche und einen Mangel an Durchsetzungskraft. Er kann seine Talente nicht mehr nach außen bringen, sich nicht gegen die natürlicherweise auftretenden Hindernisse durchsetzen und sich selbst nicht mehr verwirklichen. In dieser Situation kann er mit Depression reagieren. Eine resignative Haltung kann aber auch Ursache seiner Willensschwäche sein.
<u>Stichworte</u>: **Umsetzungsschwäche**; *Willensschwäche; Kraftlosigk*

Die verborgene Seite
Man kann alles im Leben erreichen, wenn man weiß, was man will, heißt es oft. Daran ist zumindest so viel wahr als dass Menschen, die ihr gesamtes Leben auf ein bestimmtes Ziel ausrichten und dazu bereit sind, zu dessen Erreichung alles anderen hinten an zu stellen, konsequenter in eine Richtung gehen als andere, die ihre Kräfte in viele Richtungen lenken: Wenn wir eine berufliche Karriere mit Familienleben, Freizeit, privaten Interessen und einer spirituellen Praxis verbinden wollen, müssen wir schon viel Glück haben, damit uns das gelingt. Wollen wir nur eines davon und stellen dafür alle anderen Ziele zurück, wird dieses eine Ziel mit größerer Wahrscheinlichkeit erreichbar sein.

Die verborgene Seite hebt auf einen Aspekt des Magiers ab, der bisher nur wenig Erwähnung fand: nämlich seine Konzentration auf ein einzelnes Ziel seiner Willenskraft und seinen unerschütterlichen Glauben, dass er dazu in der Lage ist, dieses zu erreichen. Ohne diese beiden Aspekte – konzentrierte Kraft und Vertrauen in sich selbst und das Leben – könnte der Magier der Vorderseite niemals echte Durchsetzungskraft entwickeln. Sie sind die verborgenen Qualitäten hinter seiner Fähigkeit zur Selbstverwirklichung, das Geheimnis seines Erfolgs. Die Konzentration auf ein einzelnes Ziel bedeutet allerdings – wie bereits angedeutet -, dass er dazu bereit sein muss, andere Vorteile zu opfern, nur um des einen wichtigsten Zieles willen. Das Opfer ist einer der wichtigsten Aspekte der alten Religionen. Es findet sich im rituellen Opfer der priesterlichen Religionen als auch im Selbstopfer, beispielsweise in der Einführung des Schamanen im Geisterreich, die oft ein Opfer seines Egos ist. Und doch gehört ein unerschütterlicher Glaube an die Erreichbarkeit dieses einen großen Ziels untrennbar zu all diesen rituellen Opfern. So muss auch der Erfolgsmensch, der moderne Magier fest und unerschütterlich an die eigenen Fähigkeiten und seinen Erfolg glauben, sonst wird er nicht dazu bereit sein, alles dafür einzusetzen.

Wir sehen auf der Rückseite der Karte den Magier von hinten, wie er mit großen Schritten durch eine Menschenmenge geht: eine

Frau, die ihren Busen halb entblößt, ein Mann, der vor ihm kniend einen kostbaren Kelch wie als Geschenk empor hält und ein anderer Mann, der ihn mit einem Schwert vergeblich am Weitergehen hindern will. Das Ziel, auf das er zuschreitet, können wir nicht sehen, weil es von seinem Kopf verdeckt wird, aber wir können aufgrund des Lichtglanzes, der dort zu sehen ist, erahnen, dass es sich um ein erhabenes Ziel handelt. Der Magier ist entschlossen, dieses Ziel trotz aller Ablenkungen und Hindernisse zu erreichen und deutet mit der rechten Hand dorthin, während er seinen Zauberstab mit der linken in die Höhe hält, um nicht nur auf der vertikalen Ebene, sondern auch mit den Kräften des Himmels verbunden zu bleiben.

Stichworte: **Zielgerichtetheit**; *Selbstvertrauen; Opferbereitschaft; Glauben an das Leben*

Umgekehrte verborgene Seite
In der Umkehrung wird die Zielgerichtetheit der aufrechten Karte zum Wankelmut einer Person, die alles will, aber nichts richtig. Sie kann ihren Willen nicht auf ein bestimmtes Ziel konzentrieren, das sie mit aller Kraft anstrebt, sondern wird diffus in ihren Wünschen und Zielen. Dadurch verliert sie allmählich die Kraft, weiter zu gelangen. Entweder sie besaß noch nie genügend Selbstvertrauen, um sich und ihre Ziele durchzusetzen, oder sie verliert den Glauben an sich selbst im Laufe vieler Enttäuschungen, die sie sich aber ganz alleine selbst zuzuschreiben hat: ihrem Mangel an Konzentration auf ein bestimmtes Ziel und ihren Mangel an festem Glauben an sich und das Leben und die vielen Möglichkeiten, die sich ihr bieten.

Stichworte: **Wankelmut**; *Zielunsicherheit*

II. Die Hohepriesterin

Amplifikation

Wir kennen aus der alten Welt im Wesentlichen zwei Formen der weiblichen Priesterschaft: zum einen Priesterinnen, die als Tempeldienerinnen einer weiblichen Gottheit ähnliche Funktionen ausübten wie ihre männlichen Pendants. Sie sorgten dafür, dass Opfer und andere Rituale zur kultischen Verehrung der Gottheit im vorgeschriebenen Rahmen vollzogen wurden. Und andererseits gab es Priesterinnen in der Funktion der Seherin, als Medium für den Kontakt mit der transzendenten Welt. Die erste Form ist uns aus vielen alteuropäischen Regionen bekannt: In Rom beispielsweise genossen die Vestalinnen, Dienerinnen der Göttin Vesta, besonders hohes Ansehen. Ihre Hauptaufgabe bestand darin, das Feuer im Tempel der Göttin ununterbrochen am Brennen zu halten, da sein Erlöschen Unheil über den Staat gebracht hätte. Während ihrer Priesterschaft, die meist mit der Ausbildungszeit im Kindesalter begann und dreißig Jahre dauerte, mussten sie bei Androhung der Todesstrafe Jungfrau bleiben. Ganz anders versahen die Priesterinnen der griechischen Liebesgöttin Aphrodite ihren Tempeldienst: So wissen wir zumindest von ihren Haupttempeln auf Zypern und in Korinth, dass dort eine große Anzahl junger Frauen sich den Besuchern sexuell darbot. Tempelpriesterinnen waren auch für die Göttinnen Isis und Hathor in Ägypten zuständig wie für viele andere weiblichen Gottheiten der antiken Welt rund um das Mittelmeer.

Die andere Form der Priesterschaft war vielleicht noch weiter verbreitet: die Priesterin als Medium und Prophetin war die institutionalisierte Form der Schamanin oder Seherin. Berühmt war die *Pythia* im Apollon-Heiligtum von Delphi, die über das Schicksal von Einzelpersonen und ganzen Staaten weissagte. Auch in Nordeuropa stellten Frauen als Priesterinnen den Kontakt zu den Göttern her. Anders als die männlichen Druiden bei den Kelten kannten die Germanen einen weiblichen Priester- und Seherinnenstand, die *Völvas*, die hohes Ansehen genossen. Schließlich entsteht bei den griechischen Mysterienkulten eine Mischform, die zwischen dem Ritualdienst der Tempelpriesterin und dem mantischen Dienst der Prophetin steht: als Führerinnen in die Initiationsrituale dienten Frauen bei den Kulten von Eleusis und bei den Dionysos-Mysterien der hellenistischen Zeit neben männlichen Priestern. Ihre Aufgabe war es, die Mysten mit bewusstseinsverändernden Ritualen tief in die Geheimnisse transzendenter Welten einzuführen.

Auf der Karte des Smith/Waite-Tarots sehen wir nicht nur eine Priesterin, sondern eine Hohe Priesterin, eine Oberpriesterin, wie es sie in vielen Tempelheiligtümern gegeben haben muss, wie es die Pythia vielleicht war. In den früheren Versionen (wie dem Mailänder und dem Marseiller Tarot) wird stattdessen eine Päpstin dargestellt. Das ist insofern erstaunlich, als es eine Päpstin nach offizieller kirchlicher Geschichtsschreibung niemals gegeben hat. Möglich ist, dass die damals schon verbreitete Legende von einer Päpstin Johanna die Karte anregte. Wahrscheinlicher aber, dass das Vorbild der Karte Mayfreda di Pirovano (gest. 1310) ist, die mit der Visconti-Familie verwandt war, den vielleicht ersten Auftraggebern des Tarot. Mayfreda war Anführerin einer merkwürdigen Mailänder Sekte, der Guglielmiten, und ließ sich von ihren Anhängern tatsächlich als Päpstin anreden. Auch wenn wir nicht wissen, aus welchen Gründen ihr eine Trumpfkarte gewidmet worden sein sollte, so macht die Einführung einer Päpstin nur Sinn, wenn man ein weibliches Gegenstück zum Papst, der fünften Trumpfkarte, haben wollte. Während der Papst die männliche Seite der Religion zum Ausdruck bringt, erschien es den Konstrukteuren des Tarot offenbar wichtig, der weiblichen Seite des Religiösen ebenfalls Ausdruck zu verleihen. Was aber ist diese weibliche Seite des Religiösen?

Das 14. und 15. Jahrhundert Norditaliens war eine Zeit radikaler Erneuerungsbewegungen, die über den spirituellen Aufbruch im 20. Jahrhundert noch hinausgehen. Die Renaissance brachte nicht nur intellektuell, sondern auch spirituell ein Klima neuer Offenheit. Magie, Alchemie und Kabbalistik standen in voller Blüte und 1462 begann mit der Wiederentdeckung des *Corpus hermeticum* in Florenz die Ära der hermetischen Geheimwissenschaft. Viele Menschen sehnten sich nach einer weniger korrupten und verinnerlichten, esoterischen – und nicht allein von männlichen Prinzipien beherrschten Religion. Dabei griffen sie auf hermetisches und kabbalistisches Gedankengut zurück. Das weibliche Prinzip war im offiziellen Christentum mit Ausnahme der Verehrung weiblicher Heiliger (allen voran der Gottesmutter Maria) gänzlich zurückgedrängt worden. Die spätantiken Gnostiker, die seitens der mächtigen Kirche als Häretiker angesehenen wurden, kannten hingegen neben Vater, Sohn und Heiligem Geist (drei männlichen göttlichen Personen also) eine weitere göttliche Instanz: die (Hagia) Sophia, die Weisheit Gottes, die weiblicher Art war. Sophia konnte als eine weibliche Form des Heiligen Geistes oder als Schwester und Gefährtin Christi verstanden werden, ihm gleich auch darin, dass sie aus der göttlichen in die materielle Sphäre versetzt wurde und Inkarnationen als Mensch ertragen musste. Die erwähnte Guglielmiten-Sekte etwa verehrte Guglielma, Tochter des Königs von Böhmen, als weibliche Inkarnation des Heiligen Geistes, einer Art göttlicher Sophia. Das weibliche Pendant zum Papst als dem Stellvertreter Christi wäre also die Inkarnation der Sophia. Dies würde somit auf die gnostische Tradition verweisen, nach der der Einzelne die göttliche Qualität seiner Seele wiederentdecken und von den Schlacken der materiellen Welt befreien muss, damit sie solchermaßen gereinigt in Sphäre des Göttlichen aufsteigen kann. In diesem Sinn ist Sophia/die Hohepriesterin dann selbst die unerlöste, im Fleisch gefangene Seele.

Waite spielt hingegen in seiner eigenen Deutung der Karte auf eine andere Tradition an. Auf der Smith/Waite-Karte sehen wir die Hohepriesterin mit einer Krone, die der Krone einer der ägyptischen Göttinnen Isis oder Hathor entspricht: Da wir einen Halbmond zu ihren Füßen sehen, scheint die darin befindliche Scheibe als Mondscheibe der (hellenistischen) Isis (und nicht als Sonnenscheibe der Hathor) gemeint zu sein. Aber Waite widerspricht, dass hier vor allem ein Kult der Isis angedeutet werden solle: Gemeint sei „die Geheime Kirche (…), das Haus Gottes und des Menschen". Waite geht es nicht um Ägypten, sondern um die Kabbalah, die jüdische Esoterik, die schon in der Renaissance auch in den Kreisen christlicher Esoteriker Fuß fassen konnte. Das Haus Gottes und des Menschen ist dann die *Schekhinah*, die unterste der zehn Sephiroth[24] des kabbalistischen Lebensbaumes, die auch *Malkuth* heißt. Schekhinah, das ist im Talmud[25] die Anwesenheit des göttlichen Geistes im Allerheiligsten des Tempels. Aber für den Kabbalisten ist Gott nicht nur im Tempel gegenwärtig, sondern in allem, in jedem Atom dieser Welt – und in der menschlichen Seele. Die Schekhinah ist die materielle Welt als das Geheimnis, dass sich in ihr Gott verbirgt und doch überall offenbart für den, der zu sehen versteht. Die zunehmende Mondsichel zu Füßen der Hohen Priesterin symbolisiert dann (in der Tradition des Kabbalisten Isaak Luria), dass die Schekhinah im Begriff ist, sich aus dem engen Gefängnis des Leibes zu befreien und sich auszudehnen zur vollen Größe des immer verborgenen Gottes (*Ain Soph*). Es ist das Ziel des kabbalistischen Mystikers, sich mit seiner Braut, der Schekhinah, zu vereinigen, um in ihr das Göttliche zu kosten.

Die jüdische Liebes- und Brautmystik, in der es die göttliche Braut Schekhinah ist, die vom Mystiker begehrt wird, findet ihr Gegenstück in der christlichen Brautmystik, in der der Bräutigam, Jesus Christus, begehrt wird. Theresa von Avila, Johannes vom Kreuz oder Katharina von Siena sind Beispiele für diesen Weg gefühlvoller Hingabe an Gott. Eine ähnliche Praxis der Gefühlsmystik und Hingabe an das Göttliche finden wir auch in der indischen Religiosität unter der Bezeichnung *bhakti-yoga*. Wenn es auch in einer männlich dominierten Welt wie der indischen hauptsächlich Männer sind, die dem *bhakti-yoga* folgen, die Qualität dieser Gottesbeziehung hat ein durchaus weibliches Element. Was der männlichen Lebensauffassung und der ihr entsprechenden Theologie fehlt, ist eine Betonung des positiven Gefühlselements, der brennenden Liebe zu Gott. Diese als typisch weiblich empfundenen emotionalen Qualitäten entsprechen im oben genannten Schema der vier archetypischen Qualitäten (S. 19) dem *Eros*.

Auf der psychologischen Ebene ist der Archetyp der *Anima* eine Repräsentantin dieser Eros-Qualität. Und tatsächlich brachte Jung deren entwickelten Aspekt mit der gnostischen Sophia (und damit der Hohepriesterin des Tarot) in Verbindung. Die Anima ist das ewig Weibliche, das den (heterosexuellen) Mann (oder die lesbische Frau) lockt, weil es tief in ihm (oder ihr) angelegte archetypische Bilder anspricht. Die Sehnsucht nach der Vollendung der unentwickelten inneren weiblichen Seite durch die äußere Frau gestaltet sich dabei unterschiedlich je nach dem Entwicklungsgrad des inneren Frauenbildes. Der Sophia entspricht der höchste Grad der Integration des Weiblichen, in der es als irdisch und überirdisch, als gut und schlecht, als sinnlich und geistig zugleich erscheint, wie die gnostische Sophia sowohl die Reinheit des Heiligen Geistes als auch die irdische Verhaftung der gefallenen Seele des Menschen repräsentiert.

Doch das Symbol der Hohen Priesterin enthält noch jenen zweiten Aspekt weiblicher Priesterschaft, der für die Divination hervorsticht. Wie wir anhand des Typus der Priesterin, die Prophetin oder Führerin in den Mysterien ist, ablesen können, ist das typisch Weibliche zutiefst mit intuitiven und hellseherischen Fähigkeiten verknüpft. Der Blick der Hohen Priesterin vermag sich in die Regionen des kollektiven Unbewussten zu öffnen, in denen paranormales Wissen sich findet. Wir sollten diesen Bereich nicht mit dem persönlichen Unterbewussten verwechseln, sondern ihn zur besseren Unterscheidung als Überbewusstes bezeichnen. Genau genommen ist die Vermischung des Überbewussten mit dem Unterbewussten auch die größte Gefahr, der die Hohepriesterin in ihren inneren Forschungsreisen verfallen kann, wie wir bei der Besprechung der Kartenrückseite unten sehen werden. Und doch wirken beide Regionen auf den ersten Blick ganz ähnlich. Persönliches Unterbewusstes wie kollektives Überbewusstes mag einem vom Verstand kontrollierten Menschen als ein undurchsichtiges, niemals erforschbares und deshalb eigentlich gar nicht existentes Land hinter dem Horizont erscheinen (ein ähnliches Bild benutzt der Verstandesriese Immanuel Kant für das, was er als Metaphysik beschreibt). Dunkel, undurchsichtig, das ist in vielen Kulturen die weibliche Seite der Welt, die Seite des Mondes (der oft als weiblich gilt), des Yin.

Die Hohepriesterin kennt die andere Seite, das Irrationale, das von uns Heutigen mehr belächelt als gefürchtet wird, während die frühe Neuzeit sich in einem erbitterten Kampf zwischen der neu vorrückenden Rationalität und den sich zum Widerstand rüstenden Kräften irrationaler Weisheit befand. Da es (vorwiegend) Frauen waren, die mit den dunklen Seiten des Irrationalen identifiziert wurden, bekamen sie in Folterkammern und auf Scheiterhaufen die Furcht ihrer Mitmenschen vor dieser unbeherrschbaren Seite zu spüren. Dabei war die Identifikation des biologisch weiblichen Geschlechts mit dem rational nicht Begreifbaren sicherlich – wie man heute sagen würde – ein Gender-Stereotyp, eine geschlechtsspezifische Zuschreibung. Man wird der Argumentation des Feminismus gegen die Jungsche Archetypenlehre zustimmen müssen, dass die Zuschreibung als typisch weiblich empfundener Eigenschaften nur innerhalb patriarchaler Gesellschaften stimmt. Allerdings sagen archetypische Symbole nicht nur nichts über die Eigenschaften von biologischen Frauen und Männern aus, sie wollen dies auch gar nicht. Das Irrationale, das Undurchsichtige, Opake und Okkulte war in vielen Kulturen mit dem Weiblichen verknüpft, ohne dass reale Frauen notwendigerweise irrationaler, undurchsichtiger und okkulter veranlagt sein müssten als Männer. Zudem ist damit nicht unbedingt ein negatives Werturteil verbunden, wie wir in unserer rationalisierten Gesellschaft spontan annehmen. Trotz aller gesellschaftlichen Bedingtheit: Hier werden Eigenschaften miteinander zu einem Sinnbild verbunden, weil sie in unserer (männlichen und weiblichen) kollektiven Psyche (noch) als zusammengehörig empfunden werden. Deshalb liegt dem auch nicht ein rein männlicher Blick auf Frauen zugrunde, der sich vor der Undurchschaubarkeit der fremden, weiblichen Psyche fürchtet. Es waren viele Frauen, die andere Frauen als Hexen auf den Scheiterhaufen brachten.

Bild der Wandlung: Die I wird zur II wenn die Lust daran, die höheren Mächte zum eigenen Vorteil zu nutzen, sich wandelt in die Neugierde, die Suche nach dem Geheimnis hinter dem Schleier zu beginnen. Die Welt wird den Suchenden zum Mysterium und sie beginnen, sich selbst in den Blick zu nehmen. So geht die Reise zunächst nach innen und zugleich scheint hinter den Dingen ein Geheimnis auf, das sie zu lüften begehren. Statt in den magischen Kulten mögen sie jetzt in den esoterischen Lehren suchen, statt in der technischen Beherrschung in der Einfühlung in die Welt ihre Fragen stellen. Doch noch sind sie nicht so weit, das, was sie fühlen, auch zu begreifen.

Der geheime Faktor: Der Verbindungsfaktor (Connexio)
Aus der „Zeit" vor der Ichwerdung bleibt eine Erinnerung: Wir sind nicht mehr eins mit Gott im Garten Eden, aber einige von uns spüren noch die Verbindung zu ihm. Unser spontanes mystisches Bewusstsein, unsere paranormalen Begabungen, unsere Intuition und Inspiriertheit erzählt uns davon, dass es eine Welt jenseits des Materiellen gibt. Theistische Religionen nennen diese Verbindung die Gnade des Glaubens. Dieser Faktor der Verbindung (lateinisch *connexio*) ist es, der uns immer das Band zu unserer geistigen Heimat erhält. Wenn wir uns seiner bewusst werden, sagen wir: „Ich spüre, dass es noch etwas darüber hinaus gibt".

Dies ist der befreiende Faktor. Der Faktor wirkt versklavend, wenn wir ihn nicht ausreichend vor den Vermischungen mit dem Ich-Faktor, dem persönlichen Unbewussten schützen können. Dies ist der Fall, wenn die Verbindung nach oben nur der Steigerung der eigenen Bedeutung dient, oder wenn sie fehlinterpretiert wird als aus der niederen Welt stammend und deshalb ihre Bedeutung verliert (z. B. mit Psychose verwechselt wird und zu einem Leidensweg durch die Institutionen führt).

Der Archetyp als Selbstaspekt
Kannst du deine Intuitionen als Wegweiser betrachten, der dir auf deinem Weg die Richtung zeigen kann? Oder verlässt du dich lieber voll und ganz auf deinen Verstand, deine Rationalität, und glaubst, dass du daraus alle Weisheit beziehen kannst? Kannst du

es zulassen, dass du etwas nur im Gefühl hast, etwas erahnst? Kannst du ruhig werden, um die Wahrheit in dir auftauchen zu lassen, die dein Verstand nicht kennt?

Archetyp/psychologische Instanz: Anima (als Projektion; als Repräsentantin des gesamten kollektiven Unbewussten)

Meditation
Setze dich an einen ruhigen Ort und sorge dafür, dass du nicht gestört wirst. Tu für die nächsten zehn, zwanzig oder dreißig Minuten gar nichts. Ich meine: gar nichts! Natürlich wirst du sagen, dies ist unmöglich, falls du noch nie ruhig meditiert hast. Natürlich wird dir alles Mögliche durch den Kopf gehen. Störe dich nicht daran. Hinter jedem Gedanken, jedem Bild und jedem Wort, das dir in den Sinn kommt, liegt eine Weite wie der blaue Himmel und eine Stille wie über den Wolken. Lass deine Gedanken und deine inneren Monologe einfach vorbeigehen und konzentriere dich auf die Stille zwischen und hinter den Gedanken. Konzentriere dich auf die Weite des blauen Himmels hinter den inneren Bildern. Wenn ein Problem auftaucht, das du gerne lösen würdest, schick es fort, indem du sagst: „Nicht jetzt!". Wenn dann für einen kurzen Moment Schweigen eintritt, genieße das Schweigen. Vertiefe es. Wiederhole das Wegschicken immer wieder. Sei einfach da, ohne etwas zu wollen, außer da zu sein, ruhig zu sein, zu schweigen – und alles in dir auftauchen zu lassen, was auftauchen will, nur um es wieder verschwinden zu lassen. Wenn du an dem Punkt bist, wo ein Einfall nicht aus dir aufsteigt, sondern in dich von oben hineinfällt, wirst du es bemerken. Vielleicht dauert es eine Weile – ein, zwei Sitzungen oder ein, zwei Jahre oder Jahrzehnte. Übe trotzdem weiter!

Praktische Deutung der Karte

Vorderseite
Die Hohepriesterin steht für die Intuition als die geistige Fähigkeit, einen Sachverhalt ohne bewusstes Nachdenken ganzheitlich zu

erfassen, aber auch für ihre höhere Variante, die Inspiration, die Erkenntnis aus einer überpersönlichen Quelle. Das kann hellseherische und andere paranormale Wahrnehmungen einschließen, außerkörperliche und mediumistische Erfahrungen. Da die Hohepriesterin sich zur Ausübung ihrer priesterlichen Funktion in einen Tempelraum und in sich selbst zurückzieht, steht sie auch für die als typisch weiblich empfundenen Eigenschaften Passivität und Introversion. Auf einer rein psychologischen Ebene sehen wir also einen Menschen, der – sei es aus gutem Grund oder nicht – passiv und abwartend bleibt statt zu handeln, der wenig aus sich heraus geht und sich eher mit sich selbst beschäftigt, zurückgezogen und häuslich lebt.

<u>Stichworte</u>: **Intuition**; *Inspiration; Introvertiertheit; paranormale Wahrnehmung; Passivität*

Umgekehrte Vorderseite
Die Umkehrung deutet darauf hin, dass die eigene intuitive, introvertierte Seite nicht wertgeschätzt und beachtet wird. Entweder verkehrt sie sich in ihr völliges Gegenteil – in nach außen gerichteter Aktivität und extravertiertem Verhalten. Das kann ein positiver Impuls bei einer Person sein, die zu lange in sich gekehrt gelebt und sich sehr passiv verhalten hat. Eventuell ist dies aber auch als Überreaktion auf die eigentlich introvertierten eigenen Bedürfnisse zu verstehen: Dann geht sie in unnatürlicher Weise aus sich heraus, vielleicht weil sie meint, dass Andere das erwarten. Vielleicht aber sieht sie auch die in ihr schlummernden Fähigkeiten, ihr intuitives Potential gar nicht und kann es deshalb nicht nutzen. Man muss ihr raten, mehr nach innen zu lauschen und zu sehen, was sie dort in sich findet.

<u>Stichworte</u>: **Extraversion**; *unterdrückte Intuition; (übertriebene) Aktivität*

Die verborgene Seite
Intuitionen sind wertvolle Informationen, wenn es sich um echte Intuitionen handelt. Aber wir bedürfen mehr als nur ein wenig

Übung, um Wahres von Falschem unterscheiden zu können. Die Stimme unseres Inneren kann aus höheren Regionen stammen, wissenderen und weiseren Bereichen, die uns etwas mitteilen, das wir nicht selbst wissen können. Aber sie kann auch unserem eigenen Unbewussten entstammen, das die Trumpfkarte des Mondes zeigt. Dann täuscht uns unsere innere Stimme. Dieses Phänomen kennen auch diejenigen, die medial mit Stimmen jenseitiger Wesen arbeiten: Es ist unmöglich zu wissen, ob das, was sie hören, der Wahrheit entspricht, oder ob sie die Stimme zu täuschen versucht. Die beiden Säulen des Tempels im Hintergrund der Vorderseite sind schwarz und weiß, die Farben der stärksten Polarität. Tatsächlich ist es diese Polarität, die in tiefen Versenkungszuständen nicht mehr wahrnehmbar ist. Sobald wir eintauchen in die Bilderwelten der eigenen Seele, befinden wir uns im Land der Dämmerung, wo alle Unterscheidung schwer wird. Es fehlt uns die „unterscheidende Weisheit", wie Buddhisten dies nennen: die Fähigkeit der Unterscheidung zwischen verschiedenen Gegenständen, Begriffen und Qualitäten, zwischen mir und dir, zwischen Wirklichkeit und Unwirklichkeit, zwischen Außenwelt und Innenwelt. Wir benötigen deshalb die Gabe der Prüfung, um Persönliches von Überpersönlichem zu trennen.

Dazu ist es erforderlich, dass wir eine Instanz in uns entwickelt haben, die zu erspüren vermag, ob unsere Eingebungen wahrhaft sind oder nicht. Man könnte dies als die weibliche, gespürte Form der Überprüfung bezeichnen. Aber zuweilen bedarf es einer Prüfung durch die Kraft des Verstandes. Das Weibliche bedarf des Männlichen, die Irrationalität der Rationalität. In den großen Religionen waren es häufig die Priester, die beurteilten, ob die mystischen Visionen der Prophetinnen und Propheten Gültigkeit besaßen oder nicht oder die die Botschaften aus dem Reich des großen Geistes in den kleinen Geist des Menschen übersetzten (so im Falle der delphischen Pythia oder beim – männlichen – tibetischen Staatsorakel, dem Nechung). Wir mögen darin eine patriarchale Machtausübung der Kirchen und Religionen sehen, aber in vielen Fällen half den Visionärinnen auch ein bestätigendes Urteil von außen, um die Echtheit ihrer spirituellen Erfahrungen zu erkennen (so bei Theresa von Avila und Hildegard von Bingen). Was die Hohepriesterin als die esoterische, spirituelle Praxis zu ihrer Ganzheit braucht, ist der Hohepriester, der die exoterische Seite der Religion, die theologische Lehre, die äußere Organisationsform und den äußeren Kultus ausdrückt.

Auf dieser Seite der Karte sehen wir den Tempelvorhang beiseite gezogen. Die Hohepriesterin steht bis zur Taille im Wasser, das nun als ein auf allen Seiten von Land begrenzter See erscheint. In der rechten Hand hält sie ein Schwert, dessen Spitze sie vor sich ins Wasser getaucht hat. An dieser Stelle scheinen zwei Wellenkämme zu entstehen, die das Gewässer in zwei Teile teilen. Das Schwert des Verstandes vermag die Wahrhaftigkeit ihrer Intuitionen und Eingebungen in die Dualität des rationalen Denkens zu übersetzen, zu analysieren und in richtig und falsch zu unterteilen. Ihre linke Hand aber ist zum Himmel empor gerichtet, der Zeigefinger zeigt nach oben wie beim Magier. Während die rechte Seite die Kraft, die von oben in sie hineinströmt, nach unten abgibt und auf ein irdisches Format des überall begrenzten Wassers reduziert, vermag die linke Seite sich an die höhere Weisheit anzuschließen. Aber ihre Augen sind nicht, wie die des Magiers, nach unten gerichtet, ihr Gesicht blickt empor in den klaren blauen Himmel. Offenen Auges vermag sie sich in die höhere Wirklichkeit zu vertiefen. Sie hat eine Klarheit des Geistes erlangt, direkt zu erkennen, was ist und was nicht ist. Auch wenn ihr der Verstand weiterhin als Hilfsmittel zur Verfügung steht, ist sie dazu in der Lage, bereits im Prozess des Empfangens dessen Wahrhaftigkeit zu erkennen. Deshalb geht ihre Verstandeskraft zugleich über den unentwickelten, nicht durch Intuition gespeisten Verstand hinaus.

Stichworte: **Unterscheidende Weisheit**; *Vereinigung von Ratio und Intuition; Klarheit des Bewusstseins*

Umgekehrte verborgene Seite
Im Unterschied zur aufrecht liegenden Karte kann die Intuition hier nicht von eigenen Projektionen abgegrenzt werden. Die betrof-

fene Person vermischt das, was sie richtig spürt, was sie „im Gefühl hat", mit ihren eigenen Phantasien. Manche Menschen sind sich sicher, ihre Mitmenschen hätten bestimmte Eigenschaften oder würden sich in bestimmter Weise ihnen gegenüber verhalten, aber bei objektiver Betrachtung handelt es sich nicht um ein korrektes „Bauchgefühl", sondern um die Phantasien des eigenen Unbewussten. Vielleicht haben wir es auch mit jemandem zu tun, der spirituell oder paranormal begabt ist, aber zu viel auf seine Intuitionen gibt und sich von Anderen nicht korrigieren lassen möchte. Vielleicht aber sehen wir einen Menschen vor uns, der im alltäglichen Sinn meint, im Recht zu sein, weil ihm seine Ansicht als selbstverständlich und selbst-evident erscheint, während er tatsächlich durch seine Selbstüberschätzung gefoppt wird.

Stichworte: **Projektion***; Selbstüberschätzung; mangelnde Bereitschaft zur Selbstkritik*

III. Die Herrscherin

Amplifikation

In vielen Kulturen wurde während der Jungsteinzeit (in einem Zeitraum von ca. 12.000 bis 2.000 v. Chr.) eine weibliche Gottheit verehrt, die typischerweise in Form sehr üppig ausgestatteter kleiner Frauenfiguren aus Stein dargestellt wurde – etwa die berühmte Venus von Willendorf. So wie die Erde alles Leben hervorbrachte, so war diese Göttin die Mutter und Erhalterin allen Lebens, die Erdmutter oder große Mutter (Magna Mater).[26] Noch in historischer Zeit lebt sie in vielfältiger Form weiter und trägt viele Namen: In Griechenland inkarnierte sie sich in vier aufeinanderfolgenden Generationen: Als *Gaia* ist sie die Urmutter Erde, die vom Himmel (*Uranos*) die Titanin *Rhea* empfing. Urmutter Rhea wiederum gebar die Götter, und zeigte sich erneut in ihrer Tochter *Demeter*. Demeter (römisch: *Ceres*) und ihr Bruder Zeus schenkten *Persephone* (auch *Kore* genannt, in Rom *Proserpina*) das göttliche

Leben, als Tochter der Erdmutter die „kleine" Göttin der Natur. *Kybele* war der Name unter dem sie im 3. Jahrhundert v. Chr. von Kleinasien ausgehend im römischen Reich Verbreitung fand.

Die große Göttin in all ihren Formen herrscht über die irdische Natur, über den Ablauf von Geburt, Wachstum und Sterben. Doch nicht nur das pflanzliche Leben, auch Tiere und Menschen sind ihrem Schoß entsprungen. Es gibt einen sehr alten, unter anderem in Kleinasien vorkommenden Mythos, demzufolge die ersten Menschen auf dem Acker wachsen und wie Pflanzen aus der Erde geboren werden. Menschen, Tier- und Pflanzenwelt waren als Teil der mütterlichen Schöpfung tief miteinander verbunden, sie waren wirklich Brüder und Schwestern. Noch heute zeugt der Respekt, den die letzten traditional lebenden Völker Pflanzen und Tieren gegenüber bringen, von der göttlichen Verwandtschaft allen Lebens. Die Vertreibung aus dem Garten Eden, aus der Gemeinschaft alles Natürlichen, geschah - wie bei den Israeliten – oft mit der Einführung eines männlichen Vatergottes. Diese bei Indogermanen und Semiten zu beobachtende Ablösung der Herrschaft der großen Mutter durch das männliche Gottesgeschlecht geht mit entscheidenden Umwälzungen einher. Ob als genetisches oder als kulturelles Erbe: die männliche Psyche pflegt mehr in Kategorien der Über- und Unterordnung des Stärkeren und Schwächeren zu denken, mehr den Kampf und das Streben nach Gewinn zu betonen, während das Weibliche mit Werten wie Harmonie und Einheit, Verbundenheit und Gemeinschaft, Schönheit und Lebensfreude einhergeht. Noch heute können wir erahnen, dass viele der eingeborenen europäischen und asiatischen Kulturen sich durch eine moralisch unverkrampfte Betonung der schönen Seiten des Lebens auszeichneten. Als in Europa und Teilen Asiens die alten Kulturen nach und nach von indogermanischen Völkern erobert wurden, die Vatergötter bevorzugten, wurden die weiblichen oft durch männliche Werte ersetzten. Und nachdem schließlich das patriarchalische Christentum ganz Europa missioniert hatte und den Sieg eines rein männlichen Vatergottes über alle anderen Gottheiten verkündete, wurde die Bevorzugung weiblicher Werte als Teufelswerk verfolgt.

Die Große Göttin war dem Christentum deshalb so suspekt, weil ihre Erdhaftigkeit – anders als bei ihrer Nachfolgerin, der Himmelsmutter Maria – sie mit dem Körperlichen verband. Die Große Göttin war natürlicherweise nicht nur Mutter, sondern auch Göttin der sexuellen Lust und erotischen Liebe: Wie sonst sollte sie Mutter sein können? Zwei der ältesten uns überlieferten Großen Göttinnen, Ischtar und Aphrodite, waren sowohl Mütter der Natur als auch der weiblichen Erotik. Und doch ist die Göttin nicht nur voller Leben, sondern auch der Tod gehört unweigerlich zu ihrer Natur. „Leben ist ihre schönste Erfindung, und der Tod ist ihr Kunstgriff, viel Leben zu haben", heißt es meisterhaft über die Natur in einem Essay, das Johann Wolfgang von Goethe zugeschrieben wird. Der in der Vegetation zu beobachtende Zyklus von Werden und Vergehen, vom Erblühen im Frühling, der sommerlichen Blüte, dem Sterben im Herbst und dem winterlichen Schlaf, war verknüpft mit der Gewissheit, dass auch das Menschenleben einem Zyklus von Geburt und Kindheit, Jugend und Erwachsenenalter, hohem Alter, Tod und Wiedergeburt folgen musste. Nach manchen Forschern (wie dem Religionshistoriker Mircea Eliade) war es in alten Ackerbau-Kulturen sogar üblich, dass der König nach Ablauf seiner festgesetzten Herrschaftszeit rituell getötet wurde, damit sich die Menschheit durch das Opfer des führenden Mannes mit dem Prozess von Werden und Vergehen in der Pflanzenwelt verband und die Große Göttin gütig stimmte.

Die Große Göttin enthält deshalb drei Aspekte, die alle wesensmäßig zusammengehören: Sie ist die nährende und beschützende Mutter allen Lebens; sie trägt die Energie von Lust und Liebe in sich; aber schließlich ist sie auch die zerstörende, nehmende Seite der unbarmherzigen Natur. Die griechische Gottheit Persephone etwa, die wohl noch aus der vorindogermanischen Zeit stammt, ist nur während der Hälfte des Jahres Herrscherin über Vegetation und Wachstum, in der kalten Hälfte aber herrscht sie über die die unterirdische Totenwelt. Ähnliches gilt für ihre Mutter, Demeter, die erdverbundene Muttergottheit der Griechen, der ebenfalls ein Kult von Leben und Sterben gewidmet war. Die indische Gottheit Durga ist als Große Göttin (*Mahadevi*) die gütige Mutter, verwandelt sich aber zuweilen in ihre zornvolle andere Seite, Kali, die Schwarze, die bis vor kurzem sogar Menschenopfer forderte. Diese beiden Seiten der Großen Göttin zu integrieren, fällt uns Heutigen besonders schwer, weil wir die grausamen und letztlich tödlichen Seiten des Lebens nicht gerne sehen wollen und uns lieber darauf konzentrieren, uns nach der biblischen Tradition die Natur Untertan zu machen, bis sie uns nichts mehr anhaben kann. Die Katastrophe für unseren Planeten, die wir durch diese Denkweise ausgelöst haben, lehrt uns in zunehmendem Maße, dass die Natur immer Siegerin bleiben wird. Die tiefenökologische Gaia-Hypothese versucht daran wieder zu erinnern: Gaia, die altgriechische Erdmutter, wird zur Namensgeberin einer Theorie, die besagt, dass wir die Erde nicht als Materieklumpen, sondern als einen lebenden Organismus zu betrachten haben. Schaffen wir es nicht mehr, uns mit Gaia zu versöhnen, wird sie uns schließlich wie Parasiten auf ihrer Hautoberfläche abstoßen.

Auf der dritten Trumpfkarte sehen wir eine Kaiserin (*L'Imperatrice* heißt die Karte im Marseiller Tarot), die eine Herrscherin über das Reich der Natur ist, in dem sie gelassen und bequem thront. Ihr Diadem ist mit zwölf Sternen geschmückt, die für die zwölf Tierkreiszeichen stehen, ihre Halskette besteht aus neun Perlen für die neun Planeten unseres Sonnensystems, auf ihrem Szepter scheint sie die Sonnenkugel zu tragen: Sie ist nicht allein die Erdgöttin, die das Kornfeld im Vordergrund zum Wachsen bringt, sie ist das schöpferische Prinzip des gesamten Universums. Das macht sie zur Urmutter allen Lebens und zur göttlichen Schöpferkraft, der Sophia der Gnostiker in ihrer Funktion als Gebährerin der materiellen Welt. Zugleich ist sie das Bild der Weiblichkeit schlechthin, wie das Venussymbol im Herz und die blutroten Liebes-Rosen auf ihrem unschuldig weißen Kleid zeigen: Die reine, spontane und amoralische (jenseits von Moral angesiedelte und nicht: unmoralische!) Lustbarkeit ist unschuldig, solange sie einfach und ohne soziale Verwicklungen gelebt wird. Ihre Hingabe an eine sinnliche Welt jedoch macht sie ein wenig passiv.

Die doppelte Natur der Erdgöttin als Mutter und Geliebte drückt sich auch in den mit ihr verbundenen archetypischen Einpflanzungen in unserer Seele aus: So ist sie als die Urmutter ein Bild für unser eigenes inneres Mutter-Bild (die Mutter-Imago), die im Schema der vier archetypischen Prinzipien, das wir im Einleitungskapitel diskutiert haben, dem Bios, dem lebenspendenden, naturverbundenen und nährenden Prinzip entspricht. Zugleich aber bildet sie als die Geliebte die unentwickelten Stufen des Anima-Archetyps (den Typus der Eva und der Helena) ab – den sinnlichen, Begierde weckenden Aspekt des Weiblichen, der sie zum Eros-Archetyp macht.

Bild der Wandlung: Die II wird zur III, wenn aus dem Gefühl für das große Geheimnis das Naturgefühl in den Pilgern erwächst, wenn die Manifestation des Göttlichen in der natürlichen Wirklichkeit gesucht und empfunden wird. Das Geheimnis offenbart sich zuerst in der Verbindung mit der Kraft der Mutter Erde und des Lebens selbst. Es zeigt sich im Inneren desjenigen, der in Verbindung mit dem Natürlichen tritt, in den Naturgeistern, dem ursprünglichen, reinen Gefühl, dem Glück des einfachen Daseins. Vielleicht nehmen sie die Geistwesen der Natur, die Sylphen, Nixen, Elfen und Gnome wahr, die Tiergeister und Baumgeister, die Elementare und verbinden sich mit ihnen. Vielleicht ist aber auch nur die Nähe zur Natur in ihrer äußeren Erscheinung ihre Religion geworden. Die Adepten erfreuen sich ihres Körpers, ihrer Sinne und der Freuden der Welt. Sie sehen die Kraft der Natur als sich selbst genügende spirituelle Offenbarung an und huldigen ihr.

Geheimer Faktor: Der Faktor des Werdens
Wir haben gelernt, dass wir existieren, und nun wollen wir existieren. Unsere Existenz wird zu einem Produkt unserer Gier nach Existenz. Weil wir uns eine Welt ohne uns nicht vorstellen können, versuchen wir unsere Existenz zu erhalten und immer weiter fortzusetzen, wir sind gierig danach, uns wieder und wieder zu verkörpern, um das Leben zu erfahren. Und wir wollen es nicht nur

haben, wir wollen es erfahren. Wir sind gierig nach Sinneseindrücken, nach Wahrnehmungen. Wir sagen: „Ich will leben und ich will das Leben erfahren". Der Faktor ist versklavend, weil wir dadurch an die niedere Welt gebunden bleiben und den Weg in die wahre Welt nicht gehen können. Er wird erst befreit, sobald wir die Macht über das Werden erlangt haben und unsere Existenznahme selbst entscheiden können.

Der Archetyp als Selbstaspekt

Wie gehst du (als Mann, als Frau) mit deiner eigenen weiblichen Seite um? Stehst du zu ihr oder versuchst du, sie zu unterdrücken? Lebst du deine Leidenschaften oder fürchtest du dich vor ihnen, empfindest sie als sozial unerwünscht und bedrohlich? Kannst du auch deine atavistischen, urzeitlichen Gefühle als etwas zu dir Gehöriges akzeptieren? Oder findest du sie nur störend? Und wie ist es mit deiner mütterlichen, nährenden Seite? Bist du bereit, Leben zu geben, es zu behüten und aufzuziehen? Wie ist dein Verhältnis zum Lebendigen um dich herum, zur Natur, zu Pflanzen und Tieren? Kannst du dich fallen lassen in die Hingabe an ein natürliches Sein, an ein Leben im Einklang mit der Natur, mit deiner eigenen wahren Natur?
Archetyp/psychologische Instanz: Anima (Eros-Aspekt); Mutter-Imago (Bios-Aspekt)

Meditation
Stell dir vor, du schreitest durch ein Feld reifer Kornähren. Am Ende dieses Feldes gelangst du auf eine wunderschöne Lichtung. Und dort liegt sie: die Göttin, in all ihrer üppigen Schönheit, in der Sanftheit und Harmonie ihrer Körperlichkeit. Sieh sie dir an. Sie grüßt dich mit einer sinnlichen, wohlklingenden Frauenstimme und lädt dich ein, näher zu treten. Du folgst ihrer Einladung und lagerst dich zu ihren Füßen. Da sie dich mit ihrem Szepter berührt, ergießt sich über dir die Fülle des Lebens, die gesamte Natur in ihrer Vielfalt und Schönheit offenbart sich dir. Sie öffnet dein Herz

und lässt alle Leidenschaft, alle Freude am Dasein, die du dir vorstellen kannst, durch dich hindurchfließen. Und dann spürst du auch die anderen Kräfte der Natur, denn die Leidenschaft kann leicht in die dunkle, tödliche Seite der Göttin umschlagen, und du spürst auch die Aggression und den Trieb zu vernichten. Du spürst wie diese Energien durch dich hindurch fließen, dich reinigen und wie eine Welle aus dir heraus fließen, ohne in dir stecken zu bleiben. Du bist frei von allen Anhaftungen und wirst ein Teil des Kommens und Gehens der Natur, frei von moralischen Bewertungen und daraus resultierenden Einschränkungen. Alles kommt durch dich hindurch, entsteht, wird geboren, verabschiedet sich und nimmt seinen eigenen Lauf, vergeht und macht neuem Platz, das wieder aus dir heraus entströmt. So bist du selbst die große Mutter, die weibliche Seite des Kosmos.

Praktische Deutung der Karte

Vorderseite

In Befragungen ist die Karte der Herrscherin ein Symbol für Leidenschaft, für eine befreite und ungehemmte Emotionalität und für die schönen Seiten des Lebens. Der Befragende kann seine weibliche, intuitive und irrationale Seite annehmen und leben. Das kann auch einschließen, dass die Anima, die Sehnsucht nach dem Weiblichen, das wir in uns tragen, eine Antwort erfährt. Das Leben hält jetzt auch Fülle und Schönheit für uns bereit. Vielleicht finden wir zu einer natürlichen Harmonie in uns zurück, in der das Rationale und Strategische durch eine natürlich mütterliche Liebe, durch leidenschaftliche Hingabe und spontan gelebte Gefühle weicher und runder gemacht werden. Vielleicht kommen wir tatsächlich mehr in Kontakt mit der äußeren Natur, mit einem natürlicheren, befreiteren Leben, finden zu einer ökologischen Lebensform und einem tiefenökologischen Verständnis des Lebens.

<u>Stichworte</u>: **Natürlichkeit,** *Anima, Emotionalität, Leidenschaft, Weiblichkeit, Schönheit, Ökologie*

Umgekehrte Vorderseite
Entweder wir blockieren unsere Leidenschaft, um vor uns selbst davonzulaufen, oder wir können die weibliche Seite in uns nicht erkennen. Vielleicht halten wir uns für unattraktiv, werden von falschen Moralvorstellungen und religiösen Ideen oder einem zu starken Intellekt davon abgehalten, unsere Gefühle auszudrücken. Oder wir lehnen das Weibliche, das Irrationale oder Emotionale in irgendeiner Weise generell ab. Dann ist es Zeit, den Archetyp des Weiblichen in uns selbst wieder zu entdecken (gleich welches biologische Geschlecht wir besitzen) und mehr auf unser Gefühl oder die Frauen in unserem Leben zu hören als auf unseren kalten Intellekt.

<u>Stichworte</u>: **Gehemmtheit**; *Unterdrückte Emotionalität, unterdrückte Weiblichkeit, gehemmte Leidenschaft*

Die verborgene Seite
Die Große Göttin ist nicht harmlos: Sie ist äußerst machtvoll und in ihrer Macht erschreckend. Sie ist auch die Mutter, die ihre eigenen Kinder verschlingt, so wie unsere eigene Mutter einmal die furchterregende Macht über unser Leben und unseren Tod besaß. Aber dahinter liegt noch eine weitere Bedrohung durch das Mütterliche: Wenn wir es nicht schaffen, uns im Prozess des Erwachsenwerdens von der Symbiose mit der Mutter zu trennen, werden wir von ihr emotional verschlungen. Die süßen Verlockungen des ewig Weiblichen sind nicht allein erotischer Art. Auch die Hoffnung, ein Leben lang an einer „guten Mutterbrust" saugen zu können, kann uns zu passiven, verwöhnten Menschen mit überhöhten Ansprüchen ans Leben machen – immer unzufrieden, weil uns Mutter Natur oder die Menschen um uns herum nicht geben, was wir erwarten. Schließlich werden wir den Anstrengungen des Lebens nicht mehr gewachsen sein und drohen vom Archetyp der Großen Mutter aufgefressen zu werden. Die beiden Sirenen und die Zauberin Kirke in Homers Odyssee sind die mythologisch eindrucksvollsten Ausgestaltungen solcher gefährlicher Frauengestalten. Die Verwandlung der Gefährten des Odysseus in Schweine symbolisiert

dieses Zurückfallen von erwachsenen Männern auf die vormenschliche, tierische Ebene, in der es nur noch um die Befriedigung einfacher Sinnengenüsse geht. Suchterkrankungen können aus einem solchen Prozess resultieren, in dem Ersatz für die Milch einer immer nährenden Mutterbrust in Form einer Flasche anderen Inhalts gesucht wird. Dabei mischt sich wieder die mütterliche mit der erotischen Frauengestalt. Das Mittelalter kannte die Sage vom Venusberg, in den liebestolle Männer von der heidnischen Gottheit Venus gelockt wurden; und in vielen Stammeskulturen gibt es Tabus, eine Frau vor bestimmten wichtigen Aktivitäten zu berühren: das Weibliche gilt für den Mann als gefährlich, weil es die männlichen Eigenschaften (Aggression, Aktivität) zu hemmen droht. Wenn wir uns so sehr in eine Verliebtheit stürzen, dass wir uns selbst verlieren, ist möglicherweise der unentwickelte Aspekt unseres Anima-Archetypus mit all seiner Kraft dabei, unser funktionierendes Ego zu zerstören. Ob als Mann oder Frau, die Rückseite der Karte lehrt uns, dass wir uns zwar mit den positiven Eigenschaften der Naturgöttin, ihrem ökologischen, ihrem mütterlichen, ihrem sinnlichen Aspekt verbinden sollen, wie es uns die Vorderseite zeigt. Aber wir dürfen uns nicht von ihr verschlingen lassen.

Schwierig wird die Große Göttin auch dort, wo wir ihre zerstörerische Seite in uns nicht unter Kontrolle haben. Die ungehinderte Kraft ihrer Leidenschaft kann gefährlich werden, wenn wir sie nicht zu meistern gelernt haben. Manche hinduistischen tantrischen Riten arbeiten mit der ungehinderten Kraft der Göttin, aber der Tantriker, der ihre Energie in sich spürt, kann, wenn er noch nicht reif ist, auch von dieser Kraft getötet oder seelisch verstört werden. Dann warnt uns die Karte davor, unsere zerstörerischen oder selbstzerstörerischen Seiten ungehindert ausleben zu wollen. Die Rückseite der Karte zeigt die Große Mutter auf ihrem Thron sitzend, aber in Form der indischen Göttin Kali. In der indischen Religion ist die Todesgöttin Kali, die Schwarze, die andere Seite der Muttergöttin Durga. So ist in der Natur Positives und Negatives noch nicht moralisch geschieden: der Garten Eden kennt den Unterschied zwischen gut und böse noch nicht, die Kräfte, die dort wirken, sind moralisch neutral. Fressen und gefressen werden, Leben und Tod sind eng verbunden und ohne moralisches Gewicht. Erst der Mensch mit seinem Geist, der vom Baum der Erkenntnis gespeist ist, vermag das eine vom anderen zu trennen. Ohne diese klare Urteilskraft kann die Natur in anderen und uns selbst große Schmerzen zufügen.

Schließlich will uns die Rückseite der Großen Göttin sagen, dass wir nicht nur ihre Schönheit, die Lust und Freude am Leben, die Leidenschaft und Harmonie der Natur, genießen können. Wir müssen auch dazu bereit sein, ihre dunkle Seite hinzunehmen. Tod und Naturkatastrophen, Krankheit und andere, nicht von Menschen gemachte Schicksalsschläge sind dann nicht Ausdruck einer strafenden Schicksalsmacht, sie gehören einfach zum natürlichen Kreislauf von Blüte und Ernte, von Geburt, Tod und Wiedergeburt. Je mehr wir der Großen Göttin vertrauen, dass sie uns mit ihrer positiven Seite beschenken wird, um so eher hilft sie uns auch über das hinweg, was sie uns in ihrer zerstörerischen Gestalt bringt. Wenn du befürchtest, der Göttin in ihrem zornvollen Aspekt zu begegnen, versuche sie gnädig zu stimmen.

Stichworte: **Passivität**; *Versorgungswünsche; Suchterkrankung; entfesselte destruktive Leidenschaften; Naturkatastrophen; körperliche Krankheit*

Umgekehrte verborgene Seite
Die umgekehrte Vorderseite zeigte eine Hemmung der Qualitäten der Großen Göttin in unserem Leben. Die aufrechte Rückseite zeigte ihre gefährliche Seite. Indem wir die Große Göttin der Herrschaft des Vatergottes (im Tarot die folgende Karte, der Herrscher) unterwerfen, lassen wir nicht zu, dass sie ihre gefährlichen Seiten – Suchtverhalten, Passivität, entfesselte destruktive Leidenschaften – entfalten kann. Dies ist die Bedeutung der vierten Position, der umgekehrten Rückseite. Kali ist zwar weiterhin mächtig und Kirke bezaubert uns, aber wir schaffen es, nicht in unkontrollierte Triebhaftigkeit zu verfallen. Wir haben uns dazu entschlossen, unsere Triebe und Gefühle zu begrenzen, aus Verantwortungsgefühl oder weil wir erkennen, dass bloße Emotionen uns nicht weiter helfen

würden. Wir sind dazu bereit, unsere Passivität aufzugeben, unsere Wünsche versorgt zu werden, als lebten wir im Schlaraffenland, als irreal zu erkennen, um aktiv zu werden und unser Leben selbst in die Hand zu nehmen. Ohne das Weiche in uns zu unterdrücken, sind wir uns der Gefahr der Einseitigkeit bewusst geworden, die darin liegt, wenn wir das Harte in uns ignorieren. Der Mensch in dieser Position ist – in seiner psychischen Haltung – ein Androgyn, ein Wesen, das Weibliches und Männliches, Passivität und Aktivität, Genießen und Arbeiten in sich zum Ausgleich bringt.

<u>Stichworte</u>*: **Androgynität**; Ausgleich zwischen Männlichem und Weiblichem; Zurückstellen von Emotionen; Aktivität (im rechten Maß)*

IV. Der Herrscher

Amplifikation

Beim Herrscher, der in früheren Tarotversionen den Titel „Kaiser" trägt, ist die Symbolik der Nummerierung ausnahmsweise einleuchtend: Die Vier ist die Zahl des Erdkreises, weil sie die vier Himmelsrichtungen und die vier Elemente der irdischen Sphäre enthält, und der Kaiser ist der weltliche Herrscher über alle Teile der bekannten Welt – genauer gesagt: über die Menschenwelt. Die Gesellschaft ist die geordnete Form des Zusammenlebens von Menschen und der Staat ist ihr institutioneller Aspekt, aber es gibt vielfältige Gesetzmäßigkeiten, die eine Gesellschaft zu dem machen, was sie von anderen Gesellschaften unterscheidet: vertikale Schichtungen (Reichtum, politische Macht, unpolitischer Einfluss wie Prominenz), horizontale Schichtungen (z. B. Berufe, Familienstand) und vielfältige kulturelle Muster (was sich gehört und nicht gehört, die Bewahrung der Traditionen versus Innovationen, Kultur und Subkultur). Die Macht des Herrschers ist ein Resultat dieser Bedingungen, sie entstammt nicht ihm selbst: Sie ist eine Leihgabe, die je nach der Verfasstheit einer Gesellschaft vom Volk, von den Machthabern oder von Gott stammt. Wenn die Welt von Gott in eben der Weise eingerichtet wurde, dass einer als Gottes Verwalter die Geschicke aller bestimmt, dann ist die Monarchie (oder Diktatur) die angemessene Staatsform. Viele Menschen glauben heute nicht mehr daran, dass das Göttliche gerade diese Form der Staatsverfassung wünschte. Aber die Könige des Mittelalters, der spätantike römische und der mittelalterliche deutsche Kaiser waren mehr als nur Herrscher: Sie galten als Kleriker, besaßen Kraft ihres Amtes die Priesterwürde. Aus unserer heutigen Perspektive mag es uns wie eine Anmaßung erscheinen, als Heinrich VIII von England sich zum Oberhaupt seiner englischen Kirche erklärte (was die britische Königinnen und Könige bis heute sind), für die damalige Zeit aber war die weltliche und die kirchliche Autorität nicht selbstverständlich geschieden. Dem englischen König, wie vielen seiner Kollegen in anderen Weltteilen, wurde sogar die Macht zugeschrieben, Krankheiten durch Handauflegen zu heilen. Man nahm an, die göttliche Kraft, die ihn auf den Thron gesetzt hatte, würde durch ihn hindurch fließen. Die Ordnung, deren Aufrechterhaltung durch die Herrscher garantiert werden sollte, war die Ordnung der kosmischen Gesetze, von denen der irdische Staat nur eine Abbildung sein sollte (so in der Staatstheorie des Augustinus). Dazu gehören nicht allein die menschlichen Gesetze, sondern auch die Naturgesetze, die so heißen, weil sie dem materiellen Universum eine strenge Ordnung aufzwingen, die es berechenbar macht.

In China bauten die beiden wichtigsten spirituellen Philosophien, der Taoismus und der Konfuzianismus, auf der Idee auf, dass eine kosmische Weltordnung sich in der Natur, der sozialen Welt und dem Staat ausdrückt. Das Dao (oder Tao) ist das kosmische Ordnungsprinzip, das alle Erscheinungen hervorbringt, aber selbst nicht in Erscheinung tritt. Es verursacht vielmehr seinen weltlichen Ausdruck, das Te, die Schaffenskraft (Entelechie), welche die Welt regiert. Der Konfuzianismus geht stärker von der Staatsidee aus und davon, dass die Einhaltung der Ordnung in der Menschenwelt die kosmische Ordnung rückwirkend beeinflusst: Nur wenn sich alle gemäß der ewigen Ordnung der Dinge verhalten, bleibt das Universum „in Ordnung". Das damit verbundene hierarchische Denken hat die chinesische Gesellschaft entscheidend geprägt. Demnach ist die Beziehung zwischen Herrscher und Untertan ebenso wie die zwischen Vater und Sohn, Ehemann und Ehefrau oder älterem und jüngerem Bruder natürlicherweise auf Über- und Unterordnung angelegt. Allerdings benennt die Philosophie des Konfuzius auch Verhaltensweisen, die der ideale Herrschende gegenüber dem Untergebenen zu zeigen habe. Dazu gehört, dass er sich um die Belange seiner Untergebenen sorgt und ihnen gegenüber ein Gefühl menschlicher Warmherzigkeit (Rén) hegt.

Die Idee einer von der Ordnung des Kosmos geschaffenen sozialen Struktur kam auch den nach Indien eingewanderten Indogermanen sehr zupass. Die ursprünglich wohl durchlässigen sozialen Schichten der Priester, Krieger, Bürger und Bauern bzw. der Nicht-Arier wurden im Laufe der Jahrhunderte zu undurchdringlich vererbten Kasten. Der Buddha lehnte dieses starre System ab. Da er die Erkenntnis, dass wir selbst die Schöpfer unseres Schicksals sind, konsequent zu Ende dachte, musste er verneinen, dass es eine höhere Quelle für irgendeine Machtposition geben konnte als alleine die eigene Tugend. Eine göttliche Vorherbestimmung wies er radikal zurück. Wenn wir aber – wie die Patriarchen des Alten Testaments – unser Leben als von einer höheren Instanz beeinflusst erleben, dann werden wir im Herrscher auch eine aktive göttliche Kraft erblicken, die ordnend auch in unser Leben eingreift. Dass Gott der Weltenherrscher ist, der *Pantokrator*, ist der biblischen Tradition selbstverständlich. Als ikonographisches Motiv wurde es nach der Herausbildung des Christentums im 4. Jahrhundert auf Jesus Christus übertragen, der nun in einer Herrscherpose abgebildet wurde, die theologisch zuvor Gott-Vater zukam.

Diesen Gott-Vater als gerechten Herrscher kritisierte Sigmund Freud scharf. Er schloss sich der auf Feuerbach und Nietzsche zurückgehenden These an, dass Gott eine Projektion menschlicher Eigenschaften sei. Erwartungen, die war an unseren eigenen Vater hegen, richten wir demnach auf das Göttliche. Die jüdischchristliche Tradition sah Sigmund Freud als unreifen Versuch, in Gott hinein zu phantasieren, was wir beim irdischen Vater nicht bekommen haben. Was Freud und viele heutigen Menschen vom kirchlich vermittelten Gottesbild nicht zu trennen vermögen, ist die persönliche Erfahrung, dass unser Leben in einer hintergründigen Weise einem Plan folgt, der wohlgeordnet und durchdacht erscheint und größer ist, als dass wir ihn erfassen könnten. Diese Macht schrieben Kulturen wie die jüdische einem männlichen Gott zu – im Unterschied zur weiblichen Erdgöttin. Dass zu diesem strengen, distanzierten Vater eine liebevolle Vater-Kind-Beziehung möglich ist, war wohl für seine Zeitgenossen das eigentlich Überraschende und Anstößige an Jesu Botschaft. Während die einen darauf begeistert reagierten, muss es anderen wie eine Anmaßung erschienen sein, wenn Jesus den *Adonai*, den Herrn, mit *Abba*, Papa, anredete. Aber selbst im Vater-Sohn-Bild des Jesus von Nazareth bleibt Gott immer noch oben und wir unten, wie der weltliche Herrscher immer über allen anderen steht und damit die Welt in zwei Hälften aufteilt. Die dualistische Trennung zwischen dem Herrschenden und dem Beherrschten wird im Bild Gottes als liebenden Herrscher nicht aufgehoben. So ist es für uns Heutigen fast peinlich, die Gebete der Mystiker des 16. Jahrhunderts zu lesen, der Theresa von Avila oder des Ignatius von Loyola, in denen von Seiner Majestät, Gott dem Herrn, die Rede ist und zugleich überschwängliche Liebeserklärungen folgen. Das ganz undemokratische Gefühl totaler Unterordnung unter eine höchste Macht schließt das Gefühl, von dieser behütet und geliebt zu sein, keineswegs aus.

Vielleicht würde es den Verhältnissen in heutigen Familien auch gut tun, wenn man sich vor Augen führte, dass eine klare Hierarchie in Entscheidungsprozessen zwischen Eltern und ihren jüngeren Kindern ein liebevolles Umgehen miteinander nicht ausschließt. Der Herrscher ist dieser Vater-Archetyp, zu dem zwei typische Seiten gehören: liebevolle Fürsorge einerseits, Strenge andererseits. Der kabbalistische Lebensbaum ordnet typischerweise die Strenge der männlichen Seite Gottes zu, die Liebe der weiblichen. Der Vater-Archetyp aber ist unvollständig, wenn ihm die liebevolle Zuwendung zu seinen Kindern fehlt und er nur Strenge und Härte ausstrahlt. Und doch gilt die strenge Seite des Vaters als das typische unterscheidende Merkmal gegenüber dem Mütterlichen, so dass auch der Herrscher vor allem die strenge und autoritäre Seite des Vater-Archetyps darstellt. Oft wollen wir von dieser Strenge nichts wissen, aber vielleicht brauchen wir sie auch nötiger, als uns lieb ist. Profitieren wir wirklich so sehr von einer Vaterfigur, die uns niemals Grenzen setzt, uns nicht klar sagt, was er von uns erwartet und was er zu unserem Besten ablehnen muss?

Der Herrscher lässt nicht mit sich spaßen. Als humorloser alter Mann mit langem Bart sitzt er auf dem Widderthron, das Ankh-Szepter als Zeichen seiner Macht über das Leben seiner Untertanen in der rechten Hand. Der Widder ist in der Astrologie das männlichste aller Tierkreiszeichen. So ist der Kaiser die Männlichkeit in Person: stark und streng, ein Vertreter von Gesetz und Ordnung. Der berühmte „Ruf nach dem starken Mann" drückt aus, dass wir uns gerade dann nach einer solchen Autoritätsperson sehnen, wenn das Chaos um uns herum oder in uns zu stark wird, wenn wir Orientierung und Schutz von oben brauchen. Die Herrscherfigur des Tarot ist deshalb so ambivalent, weil wir alle ein ambivalentes Verhältnis zu Autoritäten besitzen. Manche von uns lehnen Autoritäten kategorisch ab, andere mögen sie nur, wenn sie selbst die Mächtigen sind und fürchten sich davor, machtlos zu sein. Wieder andere geben nicht zu, dass sie selbst „autoritäre Persönlichkeiten" sind, wie der Sozialphilosoph Theodor W. Adorno es nannte: Aus Sehnsucht nach einer Welt, in der ein gerechter Vater für Ordnung sorgt, ordnen wir uns freiwillig jedem „Führer" und seinen Geboten unter und reagieren aggressiv auf Andere, die das nicht tun.

Wenn wir ein Verhältnis von Macht und Unterordnung auf der politischen Ebene, in Familien und innerhalb von Interessengruppen ablehnen, dann heißt das noch nicht, dass wir auch den strengen Vater in uns losgeworden sind. Was Sigmund Freud das „Über-Ich" nannte – die in uns hineingebildeten Vorstellungen von

Autoritätspersonen über das, was richtig und falsch ist – lebt weiter fort. Wir können das Über-Ich auch als den inneren Richter, inneren Kritiker oder inneren Antreiber bezeichnen: die Instanz in uns, die unbarmherzig Normen aufstellt, von denen wir kaum sagen können, woher wir sie haben. In unserer Gesellschaft dienen die Schulen zur Sozialisierung solcher innerer Antreiber. Wenn wir es nicht schaffen, uns diese verinnerlichten Normen bewusst zu machen, bleiben wir ein Leben lang unfrei. Wir bleiben Untertanen eines Herrschers, der seine Machtspielchen in unserem eigenen Unbewussten treibt und dem wir demütig und hilflos folgen. Haben wir uns aber einmal bewusst gemacht, dass wir uns diesem inneren Beherrscher freiwillig unterordnen, können wir uns von seinen Geboten frei machen und selbstbestimmt herausfinden, was wir für richtig und falsch halten. Dann werden wir zu einem selbstgesteuerten Individuum, keinem von gesellschaftlichen oder elterlichen inneren Instanzen fremdgesteuerten. Wenn wir das Zentrum unserer Handlungen in uns selbst finden und nicht das Gefühl haben, nur auf äußere Erwartungen zu reagieren, spricht die Psychologie von einem „innernen Ort der Kontrolle" (*internal locus of control*). Haben wir einen solchen, kontrollieren wir uns und werden nicht kontrolliert.

So bleibt der Herrscher eine duale Erscheinung, die die Welt in oben und unten aufteilt, in gesellschaftliche Kategorien, in Gott und Welt oder Gott und Mensch, solange wir nicht den Herrscher in uns selbst verwirklicht haben, solange wir dem Herrscher im Äußeren folgen. Deshalb sollten wir die väterliche Funktion in uns suchen, mit der wir uns selbst zum Herrscher werden können. So ist es die Funktion eines realen Vaters, uns Orientierung im Leben und das Gefühl von Sicherheit, von Geborgenheit zu geben, das wir nur haben, wenn wir wissen, dass eine starke Persönlichkeit uns im Zweifelsfall Rückendeckung gibt. Aber der Vater wird nicht immer für uns zur Verfügung stehen; irgendwann müssen wir erwachsen werden und vielleicht selbst die Vaterrolle einnehmen. Vielleicht weigern wir uns, uns mit dem Herrscher zu identifizieren und suchen ihn lieber weiter im Äußeren. Die Rollenübernahme ist nicht geglückt; das Väterliche ist nicht Teil unserer selbst geworden, vielleicht weil wir ohne Vater aufgewachsen sind oder weil unser Vater nicht so war, dass wir Sicherheit und Orientierung von ihm lernen konnten. Auch wenn wir unser Leben lang nach Ersatzvätern suchen, nach starken Vorgesetzten oder Führerfiguren, denen wir uns gerne unterordnen, haben wir noch nicht den Vater in uns selbst gefunden. Wir suchen außen, was wir in uns selbst entwickeln sollten. Dann sollten wir uns des Vater-Archetyps bewusst werden, den wir immer auch in uns tragen.

Tatsächlich existiert die Position eines Herrschers nur, weil es seine Aufgabe ist, für seine Untertanen zu sorgen. Deshalb ist der Herrscher auch das Symbol für Verantwortungsübernahme. In Familien, Betrieben oder Vereinen, in denen Hierarchien völlig abgelehnt werden, kommt es häufig nicht zu demokratischen Strukturen, sondern zu Verantwortungsdiffusion: Niemand weiß, wer eigentlich welche Entscheidung zu treffen und durchzuführen hätte. Hierarchie hat sich in der Geschichte der Menschheit als die einfachste, wenn auch nicht einzige Form der Verteilung von Verantwortlichkeiten herausgestellt. Der Herrscher ist deshalb eine Karte, die uns die Frage stellt, an welcher Stelle wir verantwortlich sind und uns verantwortlich fühlen, in einem ursprünglichen Sinne des Wortes „ver-antworten": Wo wir aktiv auf offene Fragen „antworten", da geben wir unser Wort, stellen es offen einer Frage entgegen. Verantwortung übernehmen bedeutet, sich selbst zuständig zu erklären für die offenen Fragen nach dem Wohlergehen unserer Mitmenschen, Kollegen, die Abläufe auf unserer Arbeit und in unserem Leben, für die Erde und ihre Pflanzen und Tiere, für Menschen auf anderen Kontinenten.

Verantwortung müssen wir auch für uns selbst übernehmen. In modernen psychotherapeutischen Ansätzen wird die Persönlichkeit nicht als eine Einheit angesehen, sondern als ein „inneres Team", eine Gemeinschaft von Ich-Anteilen. Trotz unserer demokratischen Ideale, nach denen jeder innere Anteil seine eigenen Rechte hat, betonen diese Ansätze auch, dass sich alle einem leitenden Anteil unterordnen sollten, um kein inneres Chaos hervorzubringen. Wie in seinem Idealstaat, in dem der Herrscher ein Philosoph ist, der sich ein Leben lang in tiefgründigem Hinterfragen gebildet hat, sollte Platon zufolge jeder Mensch von seinem inneren Philosophen regiert werden, der in der seelischen Qualität der Vernunft erscheint. Auch in der chinesischen Kultur gilt, dass der Herrscher zunächst einmal lernen müsse, sich selbst zu beherrschen, bevor er Andere beherrschen könne. Nur dadurch werde er zu einem ruhenden Pol in der Mitte des Reiches, von dem Stabilität und Wohlstand ausgehe. In der klassischen chinesischen Medizin hat man dieses Bild vom Staatswesen auf den Mikrokosmos des Menschen übertragen. So stellt man sich den kranken Körper als ein Land vor, dessen einzelne Provinzen im Kampf miteinander liegen. Eine der Aufgaben von Arzt und Patient ist es, den Kaiser, das Herz, den Sitz der Seele, zu stärken, damit alles sich wieder nach Recht und Gesetz ordnet. Was auch immer wir als den Ich-Anteil ansehen, der die Herrschaft über unser Innenleben haben soll, wenn wir uns nicht um Ordnung in uns selbst bemühen, werden wir von verschiedenen Antrieben und Impulsen hin und hergerissen werden. Wir brauchen einen inneren Herrscher, der gütig genug ist, um uns zu fördern statt zu knechten, und streng genug, uns vor den destruktiven Kräften in uns zu schützen.

Bild der Wandlung: Die III wird zur IV, wenn das Gefühl der Selbstbezogenheit aufgegeben wird, das ganz im kosmischen Urgefühl aufgeht, um gestaltend in die Welt hinauszutreten. Aus dem ozeanischen Einheitsgefühl wird das klare Bewusstsein für die kollektive Verantwortung, für den Wert der menschlichen Gemeinschaft und ihrer guten Ordnung. Doch zugleich wird damit aus der Einheit mit der Natur der Wille, sie zu beherrschen, wie aus der Einheit mit dem Lebendigen die Lust an der aktiven Gestaltung der Menschenwelt wird. Die Pilger haben noch nicht die Verbindungen der Dinge erkannt und drohen wieder abzugleiten in ein rein diesseitiges und profanes Begreifen des Lebens, das sich ihnen in der Naturwissenschaft, in der Kraft des ordnenden Verstandes, im politischen Kampf und in der philosophischen Ethik offenbart.

Geheimer Faktor: Der Gemeinschaftsfaktor
Unsere Wahrnehmung ist von Anfang an eine soziale. Wir werden von anderen Wesen geboren, aufgezogen und sozialisiert. Die Gemeinschaft mit Anderen erlegt uns Regeln des Zusammenlebens auf. Diese beschränken unser Ego in seinem Willen und seiner Expansion. Eine Grenze ist unserer Schöpferkraft in der Weltschöpfung des Anderen gesetzt. Indem wir uns auf Andere beziehen und sie zu verstehen, zu respektieren und wertzuschätzen lernen, müssen wir unsere Omnipotenzgefühle aufgeben. Das hilft uns irgendwann, unser Ego zu überwinden und der Getrenntheit auch auf der absoluten Ebene zu entkommen. Wir sagen: „Es gibt nicht nur mich. Ich muss auch andere Individuen als existent begreifen und mich mit ihnen arrangieren". Der Faktor ist befreiend, sofern ich jedes andere Lebewesen als einen Partner begreife, der mir gesandt wurde, damit wir gemeinsam das von uns zu Lernende lernen. Der Faktor ist versklavend, sobald wir an die anderen Lebewesen anhaften als eine vermeintliche Quelle von Glück und Befriedigung (beispielsweise der sexuellen Befriedigung oder in der Hoffnung, dass sie uns Selbstbestätigung und emotionale Sicherheit spenden).

Der Archetyp als Selbstaspekt
Welche Erfahrungen mit dieser Gesellschaft haben dich geprägt? Bist du eher antiautoritär oder autoritär erzogen worden? Welche Erfahrungen hast du in deinem späteren Leben mit Autorität gemacht? Welche Erfahrung hast du mit Männlichkeit, mit Väterlichkeit gemacht, mit deinem eigenen Vater, mit dominanten Liebhabern? Wie ist dein Umgang mit Autoritäten? Ordnest du dich sofort unter, um jedem Konflikt aus dem Weg zu gehen oder weil du dich schwach fühlst? Oder musst du sofort gegen die Autorität ankämpfen, weil du niemanden über dir dulden kannst? Wie ist dein Verhältnis zu Hierarchien? Kannst du sie nur akzeptieren, wenn du selbst der/die Mächtige bist? Lehnst du jede Machtposition ab? Und wie ist dein Innenleben organisiert? Führen die ver-

schiedenen Teile von dir ein Eigenleben oder gibt es eine über alle inneren Teile herrschende Instanz, die zuweilen autoritär auf den Tisch hauen und „so, jetzt reicht es" rufen kann? Besitzt du eine natürliche, freundliche Selbstbeherrschung oder musst du dich immer wieder mit Gewalt selbst beherrschen, unterdrücken, um nicht auszurasten?

Archetyp/psychologische Instanz: Animus/Vater-Imago

Meditation
Denke an Führungspersönlichkeiten, die du kennst oder von deren Führungsstärke du überzeugt bist. Wähle eine dieser Personen aus, das kann ein Mann oder eine Frau sein, von der du glaubst, dass sie Orientierung und Struktur bietet, dass sie zu wissen scheint, was richtig und falsch ist, und doch auch Fürsorge und Güte vermittelt. Sie übernimmt Verantwortung für sich selbst, für ihre Aufgaben und für Andere. Was hast du für ein Verhältnis zu ihr? Musst du gegen sie rebellieren, wenn sie dir sagt, was du tun und lassen sollst, oder fühlt es sich sogar gut an, endlich einmal Verantwortung abgeben zu können? Stell dir vor, wie es sich anfühlt, sich auf diese Person ganz verlassen zu können, von ihr einen Rat zu empfangen. Und dann nimm ihre Eigenschaften in dich hinein, transplantiere ihre Strukturiertheit und die Klarheit ihrer Verantwortungsübernahme in dich hinein. Da gibt es keinen Zweifel mehr, keine Abweichung von der Eindeutigkeit dessen, wie die Dinge zu sein haben. Da gibt es ein Gesetz und eine Ordnung, und du trägst beides in dir. Du kannst dich an derselben Struktur orientieren, die die betreffende Person auszeichnet, denn da du darum weißt, kannst du es in dir selbst finden. Und schließlich sieh dich selbst wie du mit dieser inneren Gewissheit Anderen sagen kannst, was richtig und was falsch ist, was sie tun und was sie lassen sollten. Spüre nach, ob diese Rolle dir angemessen ist oder was dich daran stört. Kannst du die Klarheit wirklich in dir finden, mit der du auch Anderen Orientierung bieten kannst oder was brauchst du noch dafür, dass deine Autorität glaubhaft und authentisch wird?

Beende die Meditation mit dem Gefühl, dass du jederzeit Orientierung finden kannst, wenn du sie wirklich suchst.

Praktische Deutung der Karte

Vorderseite
Dies ist eine Karte der harten gesellschaftlichen Realität. Der Herrscher symbolisiert die Gesellschaft sowie ihre Herrschaftssysteme: Recht und Gesetz, Behörden und Ämter. Dann kann der Herrscher bedeuten, dass wir es mit juristischen Fragen oder Behördenangelegenheiten zu tun bekommen. Der Herrscher kann aber auch für Autoritäten in unserem Lebensumfeld stehen: Vielleicht für unseren Vorgesetzten, vielleicht für unseren realen Vater. In jedem Fall fühlen wir uns von dieser Person abhängig und ihr untergeordnet. In einem abstrakten Sinn teilt uns die Karte mit, dass Stabilität, Ordnung und Gesetzmäßigkeiten jetzt in unserem Leben wichtig sind. Sie fragt auch nach der Verantwortung für die Bereiche, die in der Befragung eine Rolle spielen. Wer muss die Verantwortung übernehmen, wer trägt sie bereits? Die Vorderseite der Karte sieht den Herrscher noch überwiegend aus der Objekt-Perspektive desjenigen, der dem Prinzip von Ordnung und Autorität gegenübertritt, während die Subjekt-Position, in der wir selbst mit dem Herrscher identifiziert sind, stärker in der Rückseite der Karte hervortritt.

<u>Stichworte</u>: **Ordnung**; *Struktur; Autorität; Gesetz; Staatsgewalt*

Umgekehrte Vorderseite
In der Umkehrung findet der Herrscher mehr zu seinen fehlenden Seiten: Er bleibt eine Autoritätsfigur, aber gewinnt Güte und Milde hinzu, wird zu einer liebevolleren, fürsorglicheren Vaterfigur. Deshalb kann die Karte ausdrücken, dass Behörden oder staatliche Institutionen uns freundlich gesonnen sind, dass die Gesellschaft uns wohlwollend behandelt. Oder aber, diese Institution vernachlässigen ihre Aufgaben und reagieren faul und nachlässig. Denn

wenn die Strukturen und Ordnungen weniger wichtig werden als das persönliche Gefühl, kann sich das Gegenteil der aufrecht liegenden Karte manifestieren: Schwäche, Unstrukturiertheit, Unordentlichkeit und mangelnde Durchsetzung von Recht und Gesetz. Verantwortung wird nicht übernommen, obwohl es dringend nötig wäre, vielleicht aus Angst, für autoritär und machtgierig gehalten zu werden.

<u>Stichworte</u>: **Milde**; *gütig-zulassende Autorität; Unordnung; Strukturlosigkeit; Schwäche*

Die verborgene Seite
Wenn wir den Herrscher in uns selbst finden statt ihm im Äußeren zu begegnen, wendet sich das Blatt. Dann sind wir nicht die Untertanen einer äußeren Macht, die uns eine Struktur, ein Gesetz aufzwingt. Wir tragen unsere Strukturiertheit in uns selbst, wir fühlen uns in jeder Situation „in Ordnung", wir können uns selbst beherrschen – und müssen uns deshalb nicht mehr zwanghaft um Selbstbeherrschung im Sinne von Normen bemühen, die uns von Anderen auferlegt werden. In der Tiefenpsychologie spricht man von Introjekten, wenn wir unreflektiert den Erwartungen unserer früheren Bezugspersonen weiter folgen, die wir als innere Vorschriften unseres Über-Ichs in uns tragen. Wer sich dieser Introjekte bewusst geworden ist und sie überwunden hat, kann frei entscheiden, was ihm in jeder Situation das Richtige erscheint. Er braucht keine äußeren oder verinnerlichten Gesetze, um sich zu orientieren. Alerdings benötigen wir vorher noch die Kunst, uns selbst zu beherrschen und zu disziplinieren, uns selbst ein guter, schützender Vater zu sein, der Orientierung und Sicherheit vermittelt.

Die Karte zeigt die Perspektive des Herrschers, der auf seinem Thron sitzt. Vor ihm kniet ein Mensch, der ihm selbst – so wie wir ihn von der Vorderseite der Karte kennen – exakt gleicht. In der Thronhalle, die sich hier weit nach hinten erstreckt, steht eine Reihe von Wächtern, die ihm ebenfalls gleichen. Dieser Herrscher scheint nur einen einzigen Untertan zu haben, der er selbst ist. Was wir hier sehen ist das Bild eines Menschen, der nicht andere, sondern sich selbst beherrscht. Er ist selbstbeherrscht, indem er über starke Antriebe und andere Störenfriede im eigenen inneren Staat mit strenger Hand wacht. Er ist mächtig genug, die innere Ordnung aufrecht zu erhalten, ohne Druck und Gewalt anwenden zu müssen. Er ist souverän in dem Sinne, dass er alles, was er tut, aus einem selbstbestimmten System innerer Gewissheiten heraus tut und nicht, weil er fremden Kräften folgt. Und er ist autonom, indem er die ethischen Gesetze, denen er folgt, in sich und für sich selbst gefunden hat. Damit ist er der ideale Herrscher des eigenen inneren Staates.

In praktischen Fragestellungen kann uns die Karte auffordern, mehr auf unsere Selbstdisziplin zu achten und uns besser selbst zu beherrschen. Sie kann aber auch bedeuten, dass wir unseren eigenen ethischen Gewissheiten mehr vertrauen und uns weniger an gesellschaftlichen Vorschriften oder den Vorgaben unserer Eltern und Vorgesetzten orientieren sollten. Vielleicht ordnen wir uns noch zu sehr unter, obwohl wir längst selbstbestimmter sein könnten. Oder es geht darum, dass wir eine Vaterrolle einnehmen (gleich welches Geschlecht wir besitzen), indem wir unseren Kindern oder Mitarbeitern gegenüber eine Position wohlwollender Autorität einnehmen. Zuweilen kann die Karte uns auch auffordern, Verantwortung dort zu übernehmen, wo uns das aus innerer Gewissheit heraus als angemessen erscheint, unabhängig davon, ob wir einen Auftrag dazu erhalten haben oder nicht.

<u>Stichworte</u>: **Selbstbeherrschung**; *Selbstbestimmtheit; innerer Ort der Kontrolle; Vaterrolle*

Umgekehrte verborgene Seite
Wenn wir unser eigener Herr, unsere eigene Herrin sind, beurteilen wir Situationen aus unserer inneren Grundüberzeugung heraus, aus unserem ethischen Bewusstsein, das in manchen Fällen den Gesetzen oder Maßnahmen der politisch Herrschenden widersprechen wird. Dadurch kann es sein, dass wir in Widerspruch zu dem geraten, was gerade als Recht und Gesetz angesehen wird. Auf einer mittleren sozialen Ebene schließt das auch einen Wider-

spruch zwischen uns und der Firma ein, in der wir arbeiten, und auf der Ebene unseres privaten Mesokosmos einen Konflikt mit einer Vaterfigur, die uns beherrscht. Nun kommt es darauf an, ob wir souverän genug sind, diesen Konflikt zu ertragen, ihn in uns selbst zu lösen oder ob wir ihn austragen müssen. Wenn das geschieht, fangen wir an zu rebellieren, was produktiv sein kann oder auch nicht. Wenn wir uns erfolgreich gegen die Übergriffe von Autoritäten wehren können, die ihre Verantwortung schlecht ausfüllen, andere unterdrücken oder unsere Arbeitskraft missbrauchen, so kann dies äußerst produktiv für uns und andere sein. Wir können zum Vorbild für andere unterdrückte Zeitgenossen werden und zu Vorkämpfern für Recht und Gerechtigkeit. Andererseits werden wir nicht sehr erfolgreich sein, wenn wir lediglich gegen Autoritäten rebellieren wie ein trotziges Kind.

Wenn wir zugeben müssen, dass wir ein Problem mit Autoritäten haben, das mehr in uns gründet als in den Autoritäten, das seine Ursache darin hat, dass wir niemanden jemals über uns dulden werden, dann könnten wir uns an den Philosophen Sokrates erinnern, der alle gesellschaftlichen Selbstverständlichkeiten in Frage stellte und die überhebliche Selbstgewissheit seiner Mitmenschen herausforderte. Als seine Feinde ihm deshalb den Prozess machten und ihn zum Tode verurteilen ließen, akzeptierte er dieses Urteil, obwohl er stattdessen ins Ausland hätte fliehen können: Seiner Überzeugung nach war es wichtiger, die existierenden Gesetze zu befolgen als sich über den Willen der Gemeinschaft zu stellen.

<u>Stichworte</u>: **Autoritätskonflikt**; *Widerstand gegen Unterordnung; starkes Autonomiebedürfnis*

V. Der Hierophant

Amplifikation

Die Karte, die bei Smith/Waite „Hierophant" heißt, trägt in einigen früheren Tarotspielen den Namen „der Papst". *Hierophántes* nannte man im antiken Attika den Hohen Priester der Eleusinischen Mysterien, einen der wichtigsten spirituellen Kulte der Antike. Der Name dieses angesehensten unter den attischen Priestern bedeutet „der das Heilige offenbart", da es seine Aufgabe war, den Mysten in die direkte Erfahrung des Transzendenten einzuweihen. Wenn also manche Tarotdecks statt des Papstes den Hierophanten wählen, dann betonen sie die vorchristlichen Wurzeln einer esoterischen Spiritualität. Dabei birgt das Papsttum ebenfalls eine Herkunft, die vor dem Katholizismus beginnt. Bis heute führt der Papst den Titel *„Pontifex maximus"*, der die Nachfolge des antiken römischen Hohen Priesters markiert. Der Pontifex maximus war gewissermaßen der Kultus-Minister des vorchristlichen Rom: Er überwachte das Kollegium der Oberpriester, der *Ponitfeces*, auf die sorgfältige Einhaltung der kultischen Pflichten. Keine Opferhandlung, kein Ritual, kein Gebet durfte auch nur im Geringsten von der numinosen Vorschrift abweichen. Da die Römer – wie alle antiken Menschen – Glück und Unglück ihres Staates von der Einflussnahme der Götter abhängig sahen, kam dem Hohen Priester eine staatstragende Funktion zu. Daraus wird ersichtlich, weshalb ehrgeizige Politiker wie Julius Caesar sich um die Wahl zum Pontifex maximus bemühten. In der dem Caesar nachfolgenden Kaiserzeit fiel das Amt des Hohen Priesters an die römischen Kaiser, die es schließlich, nachdem das Christentum Staatsreligion geworden war, an die christlichen Bischöfe Roms, die späteren Päpste, abtraten.

Die besondere Position des Papstes begründet sich nach katholischem Verständnis aus dem (unbeweisbaren) Anspruch, in einer Kette von Nachfolgern der Apostel Petrus und Paulus zu stehen. Diesen beiden frühen christlichen Missionaren war es wesentlich zu verdanken, dass das Christentum sich über Palästina hinaus und im ganzen römischen Reich ausbreitete. Da Petrus (griechisch Petrós, der Fels) zudem von Jesus nach dem Bibelwort „Auf diesen Fels will ich meine Gemeinde bauen" mit dem Aufbau einer Gemeinschaft betraut wurde, halten sich die Bischöfe von Rom für die liegitimen Nachfolger Jesu Christi selbst. Diese sogenannte apostolische Sukzession (Nachfolge) wird aber im Katholizismus keineswegs nur als innerweltliche Rechtfertigung für das Primat des Papstes angesehen. Es ist damit auch eine spirituelle, man könnte heute sagen: energetische Besonderheit verbunden. Denn die direkte Linie der Segnungen von einem Bischof zum nächsten wird als Weitergabe der Energie des heiligen Geistes angesehen. Aufgrund der durch ihn wirkenden göttlichen Kraft ist der Papst der oberste Hüter der Sakramente, jener besonderen kultischen Handlungen, zu denen die Taufe, die Priesterweihe, die Beichte oder die letzte Ölung der Sterbenden gehören. Sakramente sind nach katholischer Auffassung weit mehr als von und für den Menschen gemachte Rituale und Symbole einer anderen Realität (wie es der protestantischen Auffassung entspricht), sie sind quasi magische Handlungen, durch die der Heilige Geist Gottes unmittelbar von der transzendenten in die immanente Sphäre hineinwirkt.

Sowohl der Papst als auch der Hierophant sind also Bewahrer eines Wissens, das tiefer gemeint ist, als das, was unserer gewöhnlichen Wirklichkeit entspringt. Dabei gibt es einen entscheidenden Unterschied zwischen dieser männlichen Karte und ihrer weiblichen Entsprechung: der Hohen Priesterin. Die männlichen Sachwalter sakralen Wissens waren zumeist mit einer staatlichen Aufsichtsfunktion ausgestattet. Ihnen oblag es, über die sakrale Ordnung zu wachen, die richtige Durchführung der Riten und die Richtigkeit der Lehre zu garantieren. Die Hohen Priesterinnen hingegen waren meist Dienerinnen ihrer Göttin und weniger Oberaufseherinnen über öffentliche Kulthandlungen (ausgenommen offenbar im alten Mesopotamien). Die katholische Kirche kennt für die Aufsichtsfunktion des Papstes über die „rechte Lehre" bis heute den Begriff „Lehramt" oder „Kathédra", „Lehrstuhl", was die Obrigkeitlichkeit ihrer Auffassung vom Papstamt markiert. Wenn der

Papst „ex cathedra" spricht, dann bedeutet das, dass er in seiner Funktion als Oberaufseher über die rechte Lehre eine als verbindlich gemeinte theologische Anweisung an alle Gläubigen verkündet. Diese Funktion des Oberpriesters rückt ihn in die Nähe zum Herrscher, der im mittelalterlichen Europa mit dem Papst auf gleicher Augenhöhe um die Vormachtstellung stritt.

Aber das Lehramt hat nicht nur die Funktion des „Amtes", also der verbindlichen Festlegung, sondern auch das des Lehrens. Das Priestertum ist mit der Funktion des Verwandelns mystischer Erkenntnis in rationale und verbale Botschaften verbunden. Beide – die Aufsichtsfunktion und die Funktion der rationalen Verständlichkeit und Aussprechbarkeit der Lehre – ergänzen sich. So waren die Theologen der ersten fünfhundert Jahre christlicher Religion praktisch ausschließlich damit beschäftigt zu diskutieren, welche Formen des Redens von Gott als wahr gelten sollten und welche nicht. In der Realität war die sich herausbildende kirchliche Lehrmeinung zwar stärker von politischen Machtinteressen als vom persönlichen Zugang zum Göttliche gespeist, dennoch zeigt sich gerade in unserer Zeit, dass es einer Instanz bedarf, die subjektive spirituelle Erfahrungen nach irgendeinem kompetenten Maßstab bewertet und rational einordnet. Der Maßstab von Vernunft und Verstand wird in allen Hochreligionen, nicht nur im Christentum, von den religiösen Autoritäten an spirituelle Erfahrungen angelegt, um zu entscheiden, wo es sich um echte Erfahrungen einer höheren Wirklichkeit und wo es sich um Verblendungen des menschlichen Geistes handelt.

Damit scheint in der Karte des Hierophanten eine Verknüpfung des spirituellen Pfades mit der disziplinierten Strenge und Systematik eines theologischen Systems auf, inklusive der Polarität von richtig und falsch. Unter den Kommentatoren gibt es deshalb unterschiedliche Meinungen, ob der fünfte Trumpf die exoterische Seite der Religion als Institution meint oder ob er doch die esoterische Innenseite repräsentiert, den Hohepriester eines Mysterienkultes. Es ist eben auch dieser Richtungsunterschied, den die Herausgeber von Tarotsets betonen wollen, je nachdem ob sie die Karte als „Papst" oder „Hierophant" bezeichnen. Letztlich aber gilt, dass jeder spirituelle Prozess in Rationalität eingebettet sein muss wie eine Straße in Leitplanken und eine innere Ordnung braucht, um erfolgreich zu sein. Das schließt eine Seite von Disziplin und Unterordnung durchaus ein. Die Einweihung in die Eleusinischen Mysterien war garantiert kein Spaziergang, der im Sinne unserer heutigen spirituellen „Szene" eben mal an einem Wochenende mitgenommen werden konnte. Die Teilnahme an antiken Mysterienkulten war mit starken psychischen und physischen Eindrücken verbunden und forderte vom Mysten lange Vorbereitung und sogar Mut. Deshalb repräsentiert auch der Hierophant die Strenge und Ordnung eines spirituellen Systems.

Viele Menschen versuchen heutzutage, Spiritualität jenseits der alten religiösen Pfade zu praktizieren. Diese droht dann leicht zu Wellness, zu *spirituellem Materialismus* zu degenieren, wie der tibetische Lama und Psychologe Chögyam Trungpa sagte. Spiritualität ist aber auf die Erkenntnis einer höheren Wahrheit ausgerichtet. Um aus der kognitiven Erkenntnis eine echte Erfahrung werden zu lassen, bedarf es einer Transformation unseres vorgeprägten Egos, das Ausdauer und Selbstdisziplin erfordert – und einer Lehre, die uns den Weg weist. Der Hierophant erinnert uns daran, dass Religion und Spiritualität im selben Flussbett schwimmen. Für manche Menschen sind die Religionen zum Gegenteil eines spirituellen Pfades entartet. Sie erscheinen ihnen allenfalls als schlammige, schmutzige Pfade, die den rechten Weg oft genug verloren haben. Sie sind aber auch die großen, schmutzigen Ströme, an deren Grund das Gold der Wahrheit bis in unsere Zeit hinein weitertransportiert wird. Ihre Lehren, ihre priesterlichen Institutionen, ihre alten Rituale und theologischen Dogmen mögen uns fremd und unnütz oder sogar in vielen historischen Fällen schädlich erscheinen, aber sie bergen Weisheit, die man nicht neu erfinden muss.

Lehrsysteme können aber auch als bedrohlich empfunden werden. In einem Lehrsystem werden wir, wie in einem Kloster, unserer Individualität beraubt: Wir sind nur noch einer von vielen spirituellen Suchern, die dem gleichen Weg folgen. In einem Mönchs- oder Nonnenorden tragen die Männer und Frauen keine individuelle Kleidung mehr, legen ihren bürgerlichen Namen ab und existieren nur noch als Glieder in einer höheren Ordnung, deren Teil sie werden. Deshalb sind die beiden Wesen, die vor dem Hierophanten knien, keine wirklichen Individuen: Ihre Tonsuren und Messgewänder haben ihnen die Individualität genommen, ihre Rolle ist die der demütigen Unterwerfung, ihr Blick reicht nur bis zu den Füßen des Hohen Priesters. Demut gegenüber der je größeren Weisheit ist eine Tugend, die heute kaum noch existiert: Wahre Demut unterwirft sich nicht aus Zwang, und sie unterwirft sich nicht einem Menschen, sondern dem, was er repräsentiert und durch ihn hindurch erreichbar wird.

Im fernen Osten hingegen war die demütige Unterwerfung unter den Lehrer noch ganz normal, als die fernöstlichen spirituellen Lehrer im 20. Jahrhundert erstmals im Westen anzukommen begannen. Für viele dieser Lehrer war es unverständlich, mit wie viel Bedürfnis nach Autonomie ihre westlichen Schüler auftraten. Während der östliche Lehrer lernen muss, in einer egalitären, demokratischen Gesellschaft auf ein Stück seines Ansehens zu verzichten, muss der westliche Schüler wieder lernen, einem weisen Mann oder einer weisen Frau zu vertrauen. Viele Märchen erzählen davon, wie der naive junge Mann, der dem Rat eines weisen Wesens ohne Nachfragen vertraut, letzten Endes das Ziel erreicht, während sein selbstsicherer und selbstbezogener älterer Bruder scheitert. Der Hierophant repräsentiert das in uns eingeprägte Wissen um die Weisen, die uns etwas zu lehren haben. Er ist der Archetyp des großen Lehrers (aber auch der großen Lehrerin), des weisen Meisters in seiner extravertierten Form. Vielleicht sind wir ihm schon einmal begegnet, ohne es zu wissen. Und als der rationale, männliche Aspekt unserer Seele ist er auch Teil des Animus-Archetyps. Dies wird deutlich, wenn Jung (reichlich gender-stereotyp) schreibt: „Wie die Anima *Launen,* so bringt der Animus *Meinungen* hervor"[27]: der unterdrückte, männliche Aspekt der Frau, das ist die Instanz, die weiß, was richtig und was falsch ist, das ist der Hohepriester in seiner Verknüpfung von Verstand und Bewertung, von Unterscheidung und Durchsetzung.

Bild der Wandlung:
Aus der IV wird die V, wenn der Wunsch, die Welt zu beherrschen, das Mysterium erstickt hat und der Wille, über die andere Seite etwas zu erfahren, in die Obhut eines Lehrers und einer Lehre drängt. Aus der Gestaltung des Profanen erwächst so der Wunsch, das Religiöse dahinter zu erkennen. Hat ihre mystische Suche die Pilger zunächst enttäuscht, so glauben sie sich nun erwachsen geworden, indem sie sich der Lehre zuwenden, die Andere ihnen verkünden. Die Verzauberung durch das Geheimnis in der II und die Naivität in der III sind der Erkenntnis gewichen, dass hart gearbeitet werden muss für das Erreichen des Ziels der religiösen Welterkenntnis. Es muss gelernt werden, Gebote müssen befolgt werden, es muss einem Obersten Priester, einem Guru gedient werden, die Regeln einer Gemeinschaft befolgt werden, in der man selbst Priester oder Priesterin werden kann. Das Geheimnis, das ihnen zur Frage geworden war, ist vorschnell beantwortet worden, hat seine Antwort gefunden in allzu glatten, allzu geregelten und allzu kopflastigen religiösen Offenbarungen, die starr zu befolgen, fest zu glauben und nicht zu hinterfragen sind. Sie fordern keine Vertiefung mehr im eigenen Inneren, sie lassen keine eigene Entwicklung zu und drohen die Suche zu einem vorschnellen Ende zu bringen.

Geheimer Faktor: Der Faktor des Verstehens
Es ist der Verstand oder die Vernunft, mittels derer wir die Welt, wie sie uns erscheint, zu ordnen und zu verstehen vermögen. Dazu gehört die physikalische Welt, die soziale Welt sowie die Welt unseres eigenen Innenlebens. Wir benötigen diesen Faktor, um die spirituellen Lehre zu begreifen. Oft wird die Lehre von der wahren Welt hinter der scheinbaren in komplizierten religiösen Begriffen ausgedrückt, für die wir den Verstand benötigen. Tiere können diese Lehren nicht begreifen und können ihr eigenes Sein nicht

reflektieren. Sie können sich deshalb nicht auf den Weg machen. Es ist ein großes Geschenk, dass für uns derartige Lehren existieren. Wir sagen: „Ich vermag die Welt zu durchschauen und zu verstehen". Der Verstand ist ein befreiender Faktor, wenn er für die richtigen Ziele eingesetzt wird. Er ist ein beschränkender Faktor, wenn er zum Erweis benutzt wird, dass nichts außerhalb des materialistischen Anwendungsbereichs des Verstandes existiert. Aber der Verstand ist nicht nur beschränkend, er ist auch ein versklavender Faktor, denn unser Denkvermögen kennt keine wirkliche Innovation. Alle Neuschöpfung findet in den kurzen Momenten statt, in denen wir nicht denken. Das Denken ist wie die Rechenoperation eines Computers. Das Ergebnis dieser Operation mag neu erscheinen. Aber es ist nur die Folge des Alten. Etwas wirklich Neues vermag ein Computer nicht hervorzubringen. So können wir auch mit unserem Verstand nur das bereits Vorhandene neu ordnen, vergleichen und verstehen. Wir kommen niemals über unsere bereits festgelegte Existenz hinaus. Wollen wir weiter wachsen, müssen wir unseren Verstand immer wieder für einige Zeit hinter uns zurücklassen und ihn erst wieder einschalten, wenn wir ihn tatsächlich brauchen.

Der Archetyp als Selbstaspekt

Wie ist dein Verhältnis zu Lehrern? Kannst du gute Lehrer und Lehrerinnen akzeptieren und ihnen nachfolgen oder musst du immer gegen jede Autorität rebellieren, aus Angst, deine Autonomie zu verlieren? Welche Weltanschauungen und Denksysteme trägst du in dir, vielleicht ohne sie dir jemals bewusst gemacht zu haben? Von welchen Denkweisen bist du geprägt? Fällt es dir schwer, bestimmte Ansichten loszulassen? Bist du bestimmten Lehren oder Lehrern verfallen? Gehören sie noch zu dir oder wird es Zeit, sie hinauszuwerfen und für etwas anderes in dir Platz zu machen? Und andererseits: Hast du Zugang zum Lehrer in dir, zu dem Wissen, das du im Laufe deines Lebens als Schüler oder Schülerin anderer Menschen erworben hast? Bist du selbst dir ein Lehrer oder kannst du es Anderen sein? Hast du schon entdeckt, was du Anderen geben kannst? Wo kannst du noch zum Lehrer für Andere werden? Wirst du dieser Rolle gerecht oder versuchst du, ihr auszuweichen?

Archetyp/psychologische Instanz: Lehrer (Lehrerin); Ich-Funktionen

Meditation
Auf einem Thronsessel vor dir sitzt dein Lehrer oder deine Lehrerin, dein Guru. Vielleicht ist es ein Mensch, den du kennst und der dir vieles in deinem Leben beigebracht hat, vielleicht ist es eine große Persönlichkeit, die ein Idol für dich ist, der Schöpfer großer Werke, die dir viel bedeuten. Vielleicht ist es wirklich ein spiritueller Meister oder eine Heilige, ein Buddha, Jesus, der Christus, ein spiritueller Lehrer unserer Zeit. Du kniest zu seinen oder ihren Füßen. Genieße es. In deiner Demut wirst du mehr von ihm oder ihr profitieren als in jeder anderen Haltung. Er wird dadurch zum wahren Vater für dich, der dich fördert und an deinem Vorankommen interessiert ist; wenn es eine Frau ist, wird sie zur wahren Mutter. Spüre in Dankbarkeit sein oder ihr Interesse an dir persönlich. Spüre, wie das Licht des Wissens, die Kraft eines klaren Geistes, der die Wahrheit kennt, auf dich ausstrahlt, übergeht auf dich. Verweile in diesem Bild.

Dann spüre, wie du in den Meister (die Meisterin) eingehst, wie du eins wirst mit ihm oder ihr. Spüre, wie du nun selbst auf dem Thron sitzt und werde dir dessen bewusst, dass auch du ein Meister deines ganz eigenen Faches, ein Meister deines Lebens bist und sogar den Samen spiritueller Meisterschaft in dir trägst. Akzeptiere die Weisheit, die in dir steckt und identifiziere dich mit ihr. Lass es zu, dass du selbst zum Lehrer wirst und spüre, wie es dein Verhältnis zu deinen Mitmenschen, dein Verhältnis zu dir selbst verändert, wenn du mit der Autorität dieser inneren Weisheit fühlst, sprichst und handelst. Verweile für eine Zeitlang in der Sicherheit, dass dir deine eigene Meisterschaft zusteht.

Praktische Deutung der Karte

Vorderseite

Der Hierophant fordert uns auf, uns einer höheren Autorität, einem Lehrsystem oder einer geistigen Tätigkeit mit echter Hingabe zu widmen. Damit ist nicht eine äußere Ordnung gemeint, wie im Falle des Herrschers, sondern ein geistiges Lehrsystem oder eine Weltanschauung. Dabei kann es sich ebenso gut um ein System handeln, nach dem wir unsere Arbeit verrichten, wie um irgendetwas, an das wir glauben, eine wissenschaftliche Lehrmeinung oder sogar eine regelmäßige sportliche Übungspraxis. All diese Systeme können unserer eigenen Weiterentwicklung dienen, aber sie fordern von uns, dass wir sie wirklich akzeptieren und ihnen selbstdiszipliniert folgen, wenn wir gut darin werden wollen. Wenn die Karte erscheint, bedeutet das, dass wir dabei sind, einem solchen System zu folgen oder dass wir ihm mit größerem Engagement folgen sollten. Wenn die Karte in einem Legesystem auf einer Position liegt, die uns selbst gilt, können wir aber auch selbst der Hohepriester sein, der dazu befähigt ist, uns selbst und vielleicht auch Anderen etwas zu lehren. Dann kann der Hierophant uns darauf hinweisen, dass wir ein System bereits so weit verinnerlicht haben, dass wir es an Andere weitergeben können.

Stichworte: **Lehre**; *Lehrsystem; Weltanschauung; Selbstdisziplin; geistige Unterordnung; persönlicher Lehrer*

Umgekehrte Vorderseite

Wir lehnen eine bestimmte oder jede Lehre, wissenschaftliche Theorie oder Weltanschauung ab. Wir weigern uns, unseren Lehrern und Führern zu folgen. Das kann sich auch auf innere Lehrer beziehen. Wir werden zu unbelehrbaren Trotzköpfen, die jedes Hilfsangebot verweigern, das wir durch kluge Menschen und sinnvolle System von Wissen und Bildung finden könnten. Trotz der Gefahren des blinden Gehorsams und der leichtgläubigen Verehrung falscher Gurus ist es für viele Menschen ebenso wenig hilfreich, alle fremden Einflüsse abzulehnen. So warnt die umgekehrt liegende Karte uns vor Undiszipliniertheit, Müßiggang und einem zu starken Eigenwillen, der die Führung jeglicher Autorität ablehnt. Es ist nicht heilsam, aus Trotz und pubertärem Widerstand gegen etwas oder jemanden zu rebellieren, von dem wir viel lernen könnten. Wir sollten zwar sorgfältig prüfen, wem wir vertrauen und wie weit. Aber wenn wir keine Argumente gegen ein nützliches Lehrsystem finden, außer vielleicht den Bedürfnissen unseres Egos, wäre es dumm, sich nicht für dessen Weisheit zu interessieren.

Stichworte: **Unbelehrbarkeit**; *Rebellion gegen einen Lehrer; Abneigung gegen eine Lehre; mangelnde Selbstdisziplin*

Die verborgene Seite
Wir alle wissen wir nur zu gut darum, dass die Vorteile des Glaubens an ein Lehrsystem aufgewogen werden durch die Nachteile des Verlustes der eigenen Autonomie. Das wird besonders in totalitären Staaten deutlich, in denen hohe Strafen dafür angedroht werden, das Glaubenssystem des Staates in Frage zu stellen. Auch manche Religionen waren und sind totalitäre Systeme, die nur zu gerne alle Ungläubigen ausmerzen würden. Die Unterordnung unter den Hierophanten kann in seiner Extremform bedeuten, dass ich aufhöre, selbst zu denken, selbst Entscheidungen für mich zu treffen und einen mir angemessenen Weg zu gehen. Auf einer innerseelischen Ebene werde ich dann die unterdrückenden Seiten des Hierophanten in mir selbst ausbilden und die komplementären Anteile, den Drang nach Freiheit und Selbstbestimmtheit, unterdrücken. Dann werde ich zu einem starren Dogmatiker, der Andersgläubige verfolgen muss, weil er ihnen die Freiheit einer Abweichung vom rechten Glauben ebenso wenig zugestehen kann wie sich selbst. Solche Fundamentalisten gibt es in jeder Religion. Sie binden sich Stacheldraht um die Waden, um sich niemals zu wohl zu fühlen, und würden ihre Mitmenschen am liebsten ebenfalls mit Peitschenhieben traktieren. Selbst in den pseudoesoterischen Zirkeln unserer Zeit finden wir sie: Sie bestehen darauf, dass wir uns so kleiden wie sie, dass wir dieselbe Meditationspraxis befolgen, dass wir dieselben Demutsgesten vor ihrem spiri-

tuellen Führer machen. Aber es geht ihnen dabei nicht um unseren spirituellen Fortschritt, es geht ihnen allein um unsere Anpassung an ihre eigene – wie Sigmund Freund es ausdrückte – kollektive Zwangsneurose.

Die verborgene Seite des Hohen Priesters ist seine Kardinal-Sünde, nämlich seine eigene Lehre für die einzig wahre zu halten und sie deshalb anderen aufzuzwingen. Der Hochmut, die Wahrheit zu besitzen und alle anderen Wahrheiten damit abzuwerten, ist einem *spirituellen* Bewusstsein grundsätzlich entgegengesetzt, es ist aber Teil jeder institutionalisierten Religion. Die Rückseite der Karte gemahnt uns, nicht unsere ehrliche Beziehung zu uns selbst aufzugeben, wenn wir einer Lehre oder einem Lehrer folgen. Sie weist uns darauf hin, dass Lehrsysteme und Autoritäten etwas Starres und Unbarmherziges gewinnen können, wenn sie verabsolutiert werden – bis hin zur Kreuzzugsmentalität. Wir sollten uns immer nur so weit selbst disziplinieren oder disziplinieren lassen, so weit wir unsere individuelle Bestimmung nicht aufgegeben haben. Der rückseitige Hierophant kann uns in Befragungen darauf hinweisen, dass wir einem doktrinären Lehrsystem oder einem autoritären Lehrer aufgesessen sind, bei dem wir nicht den uns vorbestimmten Weg gehen können, sondern nur den, der dem Lehrer oder der Gemeinschaft gefällt. Wenn wir einem solchen Lehrsystem dienen, engagieren wir uns nicht für Fortschritt und Entwicklung, sondern für die Unfreiheit des Menschen.

Hinter der hohen Steinlehne des Papstthrones liegen zwei gefesselte Kinder, deren Gewänder dieselben Farben tragen wie die der Mönche auf der ursprünglichen Karte. Die beiden Kinder scheinen dazu bestimmt, einst ebenfalls zu Dienern der geistigen Autorität zu werden, doch das ist nicht ihre eigene freie Entscheidung. Die Bestimmung der Kinder kann als ihr Schicksal oder Karma verstanden werden, sie kann aber auch als Produkt menschlicher Verhältnisse gesehen werden. Als Lebensauftrag oder karmische Last kann es uns bestimmt sein, solange einem autoritären Lehrsystem zu folgen, bis wir selbst innerlich frei genug sind, seine Fesseln abzuschütteln. Wir können aber auch die Opfer ungerechtfertigter

Machtausübung sein, die unsere innere, kindliche Freiheit nicht respektiert. Eigentlich sollten die Kinder selbst die Welt erkunden und ihre eigenen Erfahrungen machen dürfen. Durch die Fesseln, mit denen sie an den Stuhl des Hohen Priesters gebunden sind, können sie sich nicht selbst ein Bild von der Welt machen. Ihre geistige Entwicklungsmöglichkeit ist sehr eingeschränkt wie Kinder, die in autoritären kultischen Gemeinschaften aufwachsen. Sie werden schließlich „freiwillig" dem folgen, was man von ihnen verlangt, weil sie nichts anderes kennen, und werden möglicherweise selbst zu den Verfolgern derjenigen werden, die sich dem System nicht anpassen wollen. Solche Erfahrungen machen wir oft auch in weniger extremer Form: Wir werden mit bestimmten gesellschaftlichen Normen erzogen – und erst, wenn wir eine Zeitlang in einer anderen Kultur verbracht haben, wird uns die Begrenztheit unseres Horizontes bewusst. Die verborgene Seite der Karte warnt uns vor den geistigen Abhängigkeiten und Beschränktheiten, in die wir uns begeben haben – gleich wo diese liegen. Insbesondere aber sollten wir prüfen, ob wir an einer bestimmten Meinung oder einem Vorurteil festhalten, mit dem wir Andere abwerten, die nicht der gleichen Meinung sind wie wir.

Stichworte: **Dogmatismus**; *autoritärer Lehrer; totalitäres System; Fanatismus*

Umgekehrte verborgene Seite
In der Umkehrung haben sich die gefesselten Kinder von ihren Fesseln befreit und gehen ihren eigenen, individuellen Weg in die Welt hinein. Das umgekehrte Bild bezieht sich auf einen Menschen, der Autoritäten und Weltanschauungen hinter sich gelassen hat. Vielleicht ist er in einer Familie aufgewachsen, die ihn zu bestimmten weltanschaulichen Positionen erzogen hat, und er hat sich jetzt von dieser Familie losgesagt. Er ist nun auch innerlich auf dem Weg der Befreiung und versucht die Wahrheit in sich selbst zu finden. Vielleicht hat er aber auch brauchbare Lehren empfangen und ist jetzt souverän genug, um diese Lehren frei und ohne die Kontrolle einer höheren Autorität umzusetzen. Das kann auch für ei-

nen Menschen gelten, der in seiner beruflichen Karriere oder einer wissenschaftlichen Tätigkeit bisher unter der Ägide einer Autoritätsperson arbeiten musste, und nun frei wird, seinen eigenen Weg zu gehen; einen Künstler, der sich von der Wirkung seiner Vorbilder zu befreien beginnt; oder allgemein einen Menschen, der seine Vorurteile und festen Meinungen über Bord schmeißt, um frei und offen für Neues übers Meer der Erfahrung zu segeln.

<u>Stichworte</u>: **Meinungsfreiheit**; *eigene Meinung; eigenständiger Umgang mit Lehrinhalten; Befreiung von Autoritäten*

VI. Die Liebenden

Amplifikation

Was ist die Liebe, von der diese Karte handelt? Die Zeichnung von Smith scheint Adam und Eva im Paradies zu zeigen, die sich ihrer Nacktheit nicht bewusst waren, was bedeutet, dass sie Sexualität als ein Begehren, das durch Verhüllung geregelt werden muss, nicht kannten. Traditionell wird damit angenommen, dass sie gar keine Sexualität besaßen (ihre Gemeinschaft mit Gott und miteinander war ihnen genug, sie hatten nicht das Bedürfnis ihr Getrenntsein im Geschlechtsakt zu überwinden). Vielleicht aber war sie ihnen aber einfach kein Anlass für innere und zwischenmenschliche Konflikte: Sie war noch ein unschuldiges Spiel, das in keiner Weise tabuisiert und durch moralische Vorschriften unterdrückt werden musste, so wie die Europäer des 19. Jahrhunderts es im vorchristianisierten Polynesien noch sahen. Sexualität stand der Gemeinschaft mit Gott nicht im Wege, wie der sie segnende Engel mit dem Flammenhaupt und die alles überstrahlende göttliche Sonne anzeigt. Die Schlange wickelt sich wie ein Geschenkband um den Apfelbaum in Evas Rücken, den Waite den Baum der Erkenntnis nennt. Dieser Baum scheint nicht verboten zu sein, sondern den natürlichen Bereich des Weiblichen, die Fruchtbarkeit und die üppige Welt des Vegetativen zu symbolisieren. Dass sie es ist, aus der das irdische Leben hervorgeht, hat der Frau den Ruf eingetragen, die Verführerin zu sein, die den Mensch aus der ungestörten Gegenwart Gottes in die Verbannung der irdischen Existenz geführt hat. Ohne die Inkorporation des Bewusstseins in die lebendige Materie aber wäre nichts als das Ruhen des Geistes in sich selbst, es gäbe keinerlei Dynamik in der Welt. Waite nennt dies das große Mysterium der Frau (als Archetyp): Sie ist es, die das Abgründige, Dunkle, Materielle in sich trägt und damit zugleich das Leben, das Sinnliche mit all seinen Genüssen und Wechselhaftigkeiten. Das wird in der gnostischen Variante des Eva-Mythos deutlich, wo Sophia, die weibliche Seite Gottes, diese Ambivalenz verkörpert: Sie verliert sich und ihre Göttlichkeit, indem sie nach unten strebt, auf das Materielle hin, angesiedelt zwischen göttlicher Vollkommenheit und niederer Begierde. Zu diesem Zweck gebärt sie aus sich heraus den Demiurgos, den Weltenschöpfer, der dem rein geistigen Reich des Göttlichen das Reich der Materie entgegensetzt. Die Urschuld von Eva-Sophia ist es also, das Reich der Materie, der Schöpfung überhaupt erst hervorgebracht zu haben.

Adam hingegen steht vor dem Baum des ewigen Lebens. Ewig, also unveränderlich und beständig ist das Leben aber nur in einer Sphäre des Geistes, in der absolute Stille herrscht, ein klarer See mit spiegelglatter Wasseroberfläche. Diese Reinheit des Geistes, zugleich Freiheit von allem Materiellen, symbolisiert das männliche Prinzip. Wir haben es also mit Dualitäten zu tun, wie sie nicht nur bei den Hebräern, sondern in vielen Kulturen, insbesondere den indogermanischen (aber auch der chinesischen) zu finden sind: dem höheren, mit dem Mann assoziierten (und ihm auch deshalb gesellschaftliche Dominanz sichernden) Prinzip des rein Geistigen steht das niedere materielle Prinzip gegenüber, das der Frau zugeschrieben wird. In der gnostischen Tradition geschieht im Sündenfall die Trennung von Adam, dem Lichten, Geistigen, und Eva, die zuvor in einer Ureinheit miteinander lebten, in Körperliches und Seelisches. Bei Platon und der ihm nachfolgenden Tradition steht das geistige Prinzip für die eigentliche Wirklichkeit, die materielle Welt ist nur die Kopie der göttlichen Ideen, das Gefängnis des

Geistes: „Soma – Sema" reimten die Platoniker auf griechisch, soll heißen: der Körper ist ein Grabstein (sema) der Seele. Die Sarx, das Fleisch, ist es, das nach dem vom Griechentum inspirierten Apostel Paulus überwunden werden muss, damit der Christenmensch im Pneuma, dem Geist, lebe. Wir kennen diese Verteilung zwischen dem guten Geistigen und dem bösen Materiellen auch vom indischen Yoga-Samkhya, einem weiteren auf dem Boden der indogermanischen patriarchalen Kultur entstandenen metaphysischen System. Dort ist es die weibliche Prakriti, die Natur dieser sinnlich erfassbaren Welt, die vom männlichen Prinzip des reinen Geistes, Purusha, überwunden werden muss.

Haben wir es also mit einer Karte der Dualität zu tun? Offenbar geht es hier ja um Liebe, also die Vereinigung des Gegensätzlichen. Eine Vereinigung des weiblichen und des männlichen Prinzips, des Irdischen und des Überweltlichen, kennt das platonisch geprägte offizielle Christentum aber nicht. In seiner Theologie bleibt immer die Kluft zwischen Schöpfer und Geschöpf, zwischen der absoluten Sphäre des (männlichen) Gottes und der relativen Region der (weiblichen) Welt. Es gehört nicht der offiziellen Kirche, sondern der kabbalistischen Tradition an, dass Gott JHWH und sein in der Welt verwirklichtes weibliches Prinzip Schechinah miteinander in einer heiligen Hochzeit (*hieros gamos*) vereinigt werden können. Eine andere Variante dessen finden wir in der gnostischen Tradition: Die bereits erwähnte Sophia war vor aller Zeit verbunden mit ihrem ewigen Gemahl, Jesus, der auf die Erde gesandt wurde, um seine Braut wieder zurückzuführen in das Reich des Göttlichen, das heißt: um die reine Seele des Menschen wieder zu vereinigen mit Gott. Die Heilige Hochzeit von Jesus und Sophia entspricht – im biblischen Mythos gedacht – der Wiedervereinigung von Adam und Eva. Ein Prozess tut sich in der kabbalistischen und gnostischen Auffassung auf, der von dem Einen (Gott) ausgeht, aus dem das Zweifache (der Dualismus der Welt) hervorgeht, bevor es schlussendlich wieder in die Einheit zurückfindet.

C. G. Jung fand in seinen alchemistischen Studien dasselbe Prinzip am bzw. im Werk, nämlich im Großen Werk der inneren Alchemie. Auch dort wird eine Heilige Hochzeit angestrebt zwischen der menschlichen und der überindividuellen Seele der Welt (*anima mundi*), die durch einen fortlaufenden Prozess der Vervollkommnung des Menschen erreichbar ist. Dieser Prozess wird in der Alchemie, Jung zufolge, symbolisiert durch die Schlange, die sich den Baum der Erkenntnis emporwindet. Es ist in diesem Zusammenhang interessant zu sehen, wie der Bildhintergrund von Smiths Zeichnung die Berührung von Erde und Himmel wiederholt – in dem Umriss des Berges, der die Wolken, in denen der Engel schwebt, fast berührt, jedenfalls ihnen entgegenstrebt. Der spitze Berg ist damit zugleich ein Ausdruck für die *Axis mundi*, die Mittelachse der Welt, die in vielen frühen Kulturen angenommen wurde und die als Verbindung zwischen himmlischer und irdischer Sphäre dient. Der germanische Weltenbaum Yggdrasil ist eine solche Weltenachse, auf dem die Götter auf und nieder fahren, in die mittlere, die Menschenwelt, ebenso wie ganz hinab, in die Unterwelt, in der wiederum eine Schlange, Nidhöggr, an der Wurzel des Weltenbaumes nagt.

Neben einem solchen vertikalen Prinzip der Vereinigung von niederem mit höherem Bewusstsein beschreibt die Alchemie auch eine horizontale Vereinigung von Gegensätzen auf der gleichen Ebene. Dieser Vorgang, *Coniunctio* genannt, wird von Jung ausführlich besprochen. Sie stellt ein wesentliches Prinzip der Individuation, der Entwicklung des Menschen hin zu seinem eigentlichen Wesenskern oder (wahrem) Selbst dar. Da die Psyche an sich polar bzw. komplementär aufgebaut ist, bedingt jede Eigenschaft, jede Stimmung und Tätigkeit ihr (negiertes) Gegenteil gleich mit. Das wird am deutlichsten in der Polarität von Licht und Schatten. Während wir uns auf die eigenen positiven Seiten konzentrieren und diese nach außen hin zu leben versuchen, verdrängen wir unseren Schatten ins Unbewusste. Der Prozess der Selbstwerdung besteht dann darin, diese polaren, abgespaltenen Anteile wieder zu integrieren, ins Bewusstsein und ins Leben zurückzuholen. Die besonders wesentliche Polarität zwischen Bewusstem und Unbewusstem wird in einem Wechselspiel (mit der Betonung auf

"Spiel") aufgehoben, das Jung als die *transzendente Funktion* der Psyche bezeichnet. Indem das Bewusstsein sich vom Unbewussten immer wieder inspirieren und bereichern lässt (etwa im Traum und anderen kreativen oder medialen Prozessen), übersteigt es seine eigenen Grenzen und wächst hinaus in den Bereich des kollektiven Unbewussten oder des Göttlichen.

Damit haben wir die subtilen, archetypischen Bedeutungen der heiligen Vereinigung ausreichend angeschnitten und können uns abschließend der gewöhnlichen, zwischenmenschlichen Ebene der Liebenden zuwenden. Welche Liebe ist hier gemeint? Die Griechen hatten Namen für vier Formen der Liebe, nämlich *Eros* für die leidenschaftliche Form des Begehrens, *Agape* für die Liebe zu den Mitgeschöpfen, *Philia* für die Liebe zwischen Freunden (oder Freundinnen) und *Storge*, die familiäre Liebe beispielsweise zwischen Eltern und Kindern. An dieser Stelle ist es interessant, die Smith-/Waite-Version mit älteren Decks zu vergleichen. In der Tarot-Ausgabe von Marseille zeigt diese Karte einen jungen Mann, der offenbar zwischen zwei Frauen zu wählen hat: einer älteren, die ihm die Hand auf die Schulter legt, und einer jüngeren, deren Hand in seiner Herzgegend liegt. Manche Kommentatoren meinen, dass es sich bei der älteren um seine Mutter, bei der jüngeren um seine Geliebte handeln könnte. Dies ist eine ganz andere Situation als diejenige, die Smith und Waite darstellen. Man könnte sie als die Wahl zwischen Storge, der Bindung an die eigene Herkunftsfamilie, und Eros, der Neuorientierung hin zu einer gleichaltrigen Partnerin, verstehen. Ein solcher Schritt der Ablösung und Bindung an ein neues „libidinöses Objekt" bereitet jungen Männern wie Frauen zuweilen Probleme. Oft stehen gerade Jungvermählte oft in einem Loyalitätskonflikt zwischen den eigenen Eltern und dem Partner/Partnerin, müssen einen Teil ihrer Solidarität und Zuneigung zur Herkunftsfamilie zugunsten einer neuen Bindung lösen.

Allerdings muss es sich im Marseiller Tarot nicht zwangsläufig um eine Mutter-Sohn-Schwiegertochter-Trias handeln. Das Bild könnte auch eine abgekürzte Version des berühmten Streits zwischen Hera, Athene und Aphrodite darstellen, die einen Sterblichen, Paris, dazu zwangen, Schiedsrichter zu spielen in der Frage, wer denn die Schönste unter ihnen sei. Aphrodite, die Siegerin, hatte ihm zum Lohn für sein Votum die Schönste aller menschlichen Frauen, Helena, geboten. Hera versprach ihm große Macht und Athene große Weisheit. Die Verlockungen der schnöden Erotik, mit denen Aphrodite aufwarten konnte, waren jedoch stärker als die Tugenden der beiden anderen Göttinnen. Die Situation auf dem Marseiller Tarotbild scheint ähnlich, wobei Aphrodite von der schönen jungen Frau auf der rechten Bildseite, Weisheit und gesellschaftliche Macht hingegen von der älteren, vornehm gekleideten Frau auf der linken Seite repräsentiert wird.

Waite hingegen entschied sich, der Tradition des Visconti-Blattes zu folgen, das eine galante Szene zwischen einer Hofdame und einem edlen Herrn darstellt, der vom Pfeil Amors getroffen wird. Wir können uns also sicher sein, dass die Karte traditionell von Eros, nicht von Agape, Nächstenliebe, oder Philia, Freundesliebe, handelt. Die kontradiktorischen Energien des Männlichen und des Weiblichen treffen im menschlichen Dasein am heftigsten ja in der sexuellen Anziehung aufeinander. Das trifft mitunter auch da zu, wo es sich um homoerotische Beziehungen handelt, da dort die innere gegengeschlechtliche Repräsentanz sich nach ihrer komplementären Entsprechung im eigenen biologischen Geschlecht sehnt: Die weibliche Energie (Anima) des schwulen Mannes sucht dann nach der männlichen Energie in seinem Partner, die männliche Energie (Animus) der lesbischen Frau sucht nach ihrem Gegenstück im Weiblichen. Nicht die biologische Determination, sondern die subtilen, feinstofflichen Energien des Weiblichen und Männlichen sind es, deren Ergänzung wir in der geschlechtlichen Vereinigung eigentlich suchen. Auch wenn wir uns anscheinend nur einen Orgasmus wünschen, ist es in Wirklichkeit die uns fehlende Energiequalität des Partners, nach der wir uns zutiefst sehnen. Wenn wir das nicht erkennen, werden wir unruhig getrieben immer nach neuen sexuellen Abenteuern suchen, ohne jemals zu spüren, wonach wir eigentlich suchen. Das erinnert an einen alten

Mythos, den Platon referiert und demzufolge wir Menschen einst kugelförmige Wesen waren, mit vier Beinen, vier Armen und zwei Köpfen. Nachdem die Gottheit beschloss, diese Wesen in der Mitte zu teilen, sucht jede Hälfte nun unentwegt nach ihrer verloren gegangenen Entsprechung.

Transformative Kraft kann romantische oder erotische Liebe aber nicht entwickeln, solange sie in reiner sexueller Begierde oder sinnloser Verliebtheit aufgeht. Hier ist es lehrreich, das echte, aus Indien stammende und unter anderem in Tibet noch praktizierte Tantra mit den verkommenen Varianten zu vergleichen, die unter diesem Namen in der westlichen Hemisphäre verbreitet sind. In den höchsten Praktiken des echten Tantra wird Sexualität zwar eingesetzt, um die beiden subtilen Energiekörper des männlichen und des weiblichen Prinzips zur Vereinigung zu bringen. Diese tantrische Übung ist in unserer hyper-erotisierten westlichen Gesellschaft aber zum Zerrbild des gesamten tantrischen Systems mutiert, so dass viele heutige Menschen annehmen, Tantra sei nichts als ein System zur sexuellen Stimulation. Nichts ist weniger wahr als das. Der subtile Prozess der Vereinigung gegensätzlicher Energien in der sehr fortgeschrittenen Variante des sexuellen Tantra entspricht viel mehr der Heiligen Hochzeit zwischen gewöhnlichem und erleuchtetem Geist. Es handelt sich also um die Vereinigung von Energien, die zuvor in einem sehr langen und ausführlichen Prozess gereinigt und unter die Kontrolle des Willens gebracht wurden. In dieser Weise sind auch die Liebenden eine Karte der Vereinigung in einem reinen, nicht der Begierde unterworfenen Sinn.

Bild der Wandlung:
Aus dem Lernen der V. Karte wird das Lieben, wenn deutlich wird, dass das Lehrsystem zwar Antworten verspricht, aber fleischlos bleibt, solange das Mitgefühl und die Zuneigung zum anderen Lebewesen nicht gelebt werden können. Es ist die Wahrheit der Liebe, die die Suchenden wieder aus der Gelehrtenstube hinaustreibt in die Arme der Welt. Der Mönch verlässt das Kloster,

der Priester wendet sich dem Menschlichen und Allzumenschlichen zu, weil er sieht, dass seine Nächstenliebe dort gebraucht wird, wo Menschen seiner als ganzen Menschen bedürfen. Es ist der Weg der tantrischen Integration des Begehrens in den spirituellen Pfad, wenn Agape und Eros sich vereinen und in beidem der Ausdruck der göttlichen Freude gesehen werden kann. Auf einer höheren Ebene als im Zustand der III kann er nun geben und empfangen, ohne Schuld zu empfinden – und darin scheint sich ihnen sogar die Quintessenz der göttlichen Wahrheit zu offenbaren: Gott ist die Liebe und die Liebe ist ihnen Gott. So können sie nun auch sich selbst, die Gegensätze, die sich in ihnen selbst auftun, die weibliche Anima und den männlichen Animus in der eigenen androgynen Widersprüchlichkeit miteinander versöhnen, um so zu einer echten „Persönlichkeit" zu werden.

Der geheime Faktor: Das Feld der Liebe
Liebe ist eine göttliche Qualität, keine menschliche Emotion. Sie ist das Kraftfeld, das alles zusammenhält, was zusammengehört, die Zentripetalkraft des Kosmos und als solche die stärkste Kraft auf der metaphysischen Seite des Alls. Der Mensch kann der göttlichen Qualität der Liebe teilhaftig werden, wenn er dazu in der Lage ist, die Grenzen seines Egos zu sprengen und sich mit Allem zu verbinden. Die Liebe ist die Qualität der unendlichen Verbindung. Wenn ich mich mit mir selbst verbunden weiß, bin ich Liebe. Wenn ich mit der Welt verbunden bin, bin ich Liebe. Wenn ich mit den Wesen in der Welt verbunden bin, bin ich Liebe. Die Liebe spricht: „Ich bin vereinigt mit dir, wohin ich auch blicke." Die beschränkte Form von Liebe, die wir als romantische Liebe oder Liebe von Eltern zu ihren eigenen Kindern kennen, ist in Wahrheit das, was man als den „nahen Feind" bezeichnet: Es tut wie Liebe, aber es ist ein getarnter Feind, beinahe ein Gegenteil zur echten Liebe, weil es wieder trennt statt zu verbinden. Du bist mein, deshalb liebe ich dich. Das aber dehnt das eigene Ego nur aus, statt es zu sprengen. Die versklavende Qualität dieses Kraftfelds ist das Gegenteil der wahren Qualität der Liebe. Das ist das Kraftfeld des Hasses. Wie

die Liebe verbindet, so trennt der Hass. Er trennt uns immer zugleich von unseren Mitwesen, von uns selbst und von Gott. Es ist niemals eines ohne das andere.

Der Archetyp als Selbstaspekt

Dein wahres Selbst ist nicht schwarz oder weiß, es ist die Vereinigung der Gegensätze, die du in dir trägst, in einer akzeptierenden, liebevollen Bewusstheit. Merkst du, wie intensiv du dich bemühst, dass manche deiner dunklen Seiten niemand anderem auffallen. Du verbirgst sie vor anderen, obwohl es dir nicht gelingt, sie vor dir selbst zu verbergen. Was würde geschehen, wenn du offen zu ihnen stehen, in scherzhafter Weise über sie reden könntest? Würde dir das nicht viel mehr Souveränität und Echtheit verleihen? Merkst du aber auch, wie sehr du darum kämpfst, dich selbst davon zu überzeugen, dass du manche schlechten Eigenschaften auf keinen Fall in dir trägst? Du merkst das daran, mit welcher Vehemenz du sie bei anderen ablehnen musst, denn wenn du sie da zulassen würdest, könnte es sein, dass die Abwehr gegen sie auch bei dir selbst bröckelt. Und merkst du, wie leicht es ist, sich auf eine bestimmte Seite einer Meinung, einer politischen und moralischen Anschauung zu schlagen, statt sich mit beiden Seiten gleichermaßen zu beschäftigen und anzufreunden? Und wo gelingt es dir bereits, ein integrer Mensch zu sein, einer, dessen linke Hand stets weiß, was die rechte tut? Wo gelingt es dir bereits, Liebe zu dir selbst zu entwickeln, die nicht in einem Lippenbekenntnis, sondern in einem aufrichtigen Gutheißen dessen besteht, wie das Göttliche, das garantiert keine Fehler macht, dich geschaffen hat? Kannst du dieses grundlegende Wohlwollen und Verständnis für dich selbst auch auf die gesamte übrige Schöpfung ausdehnen?

Archetyp/psychologische Instanz: Vereinigung der Gegensätze (Coniunctio oppositorum)

Meditation
Mach es dir bequem und geh nach innen. Du befindest dich in einem wunderschönen, friedlichen Paradiesgarten. Neben dir steht der liebenswerteste Mensch, den du kennst oder dir vorstellen kannst. Alles, was du tun musst, ist die Hand nach ihm auszustrecken, um ihn zu berühren und ihm ganz nahe zu sein. Du kannst ihm so nahe sein, wie du nur möchtest, nichts und niemand hindert dich daran, hier ganz mit ihm zu verschmelzen. Dann aber wendest du deinen Blick nach oben, wo der brennende Engel, der Seraph, über euch wacht und die Liebe Gottes zu euch hinunter fließen lässt. Er deutet in die Ferne, wo du andere Lebewesen wahrnimmst, solche, die du kennst, die dir aber längst nicht so viel bedeuten, wie der liebenswerte Mensch an deiner Seite. Doch durch den Befehl des Seraphen aufgefordert, lässt du ihnen die gleiche Liebe zufließen wie ihm. Noch weiter hinten siehst du Menschen, die du nicht leiden kannst, die dir geschadet haben. Der Seraph nickt dir auffordernd zu. Also bemühst du dich, auch zu ihnen Liebe fließen zu lassen. Schließlich deutet der Seraph auf dich selbst. Auch du benötigst Liebe, die durch den Engel hindurch auf die Welt hinab fließt und auch du bist dieser würdig wie alle anderen.

Praktische Deutung der Karte

Vorderseite
Die Liebenden symbolisieren auf der psychischen Ebene die Vereinigung der inneren Entgegensetzungen: der Wunsch nach Abhängigkeit und der Wunsch nach Autonomie, das Bedürfnis nach Abenteuern und das Bedürfnis nach Sicherheit, das Gefühl der Selbstliebe und das Gefühl des Selbsthasses. Alle diese Gefühle heben sich auf in einer höheren Einheit, in der beide Seiten irgendwie sein dürfen: sei es, dass sie friedlich miteinander koexistieren, sei es, dass sie sich tatsächlich vereinigen. In der Karte der Liebenden ist letzteres gemeint. So kann sich die Dynamik zwischen Selbstliebe und Selbsthass, zwischen Selbstwertschätzung

und Selbstabwertung, zwischen Selbsterhöhung und Selbstverachtung nur wirklich auflösen, wenn nicht die eine Seite über die andere dominiert, wie oft angenommen wird. Sich selbst zu lieben, wird oft als Ausweg aus Minderwertigkeitsgefühlen gepredigt – und zurecht wird von manchen im pietistischen Geist erzogenen dienstbaren Geistern eingewandt, dass damit doch Egozentrik gepredigt werde. Nicht Selbstliebe, sondern eine Liebe, die jenseits von Selbst oder Nicht-Selbst liegt, ist der Zustand, der Eigenliebe und Eigenhass übersteigt und auf einer wahrhaft höheren Ebene vereinigt. Die Karte der Liebenden ist auch der Trumpf der wahren Liebe, die das eigene Interesse weder verfolgt noch ihm zuwiderhandelt, sondern den Egoismus der Liebe preisgibt.

Im Zwischenmenschlichen gelingt die Vereinigung der Gegensätze nur in der Aufhebung des Verdikts „Mein Interesse geht über dein Interesse" oder seines Gegenteils. Echte Liebe kommt nur zustande, wenn mein Interesse nicht mehr zählt als das des Anderen, aber auch nicht umgekehrt. Wesentlich ist nicht, was ich von dir profitiere, wesentlich ist aber auch nicht, was du von mir profitierst, sondern dass ich in mir Liebe *bin*. Wahre Liebe ist Liebe aus Liebe heraus, nicht aus sexuellem Begehren, aus der Suche nach Dominanz oder Abhängigkeit, nach Selbstaufwertung oder Sicherheit. Sie orientiert sich an dem, was Liebe fordert, nicht an dem, was mein oder dein Ego fordert. Ein wahrhaft Liebender würde vielleicht sein Leben für den Geliebten hingeben. Aber er wäre genauso in der Lage dem Geliebten einen Eimer Wasser ins Gesicht zu schütten, wenn es hilft, den anderen liebevoll zur Raison zu bringen. Die Vereinigung der Gegensätze in der Liebe zielt immer auf eine höhere, übergeordnete Wahrheit ab, die der Engel über den Liebenden repräsentiert. So bezieht sich die offensichtliche Bedeutung der Karte in der Divination auf eine reife, harmonische Liebesbeziehung. Diese Beziehung kann auch eine Freundschaft sein, in der die Gegensätze zwischen den Polen in einer echten, uneigennützigen Liebe aufgehen.

Auf der psychischen Ebene setzt die Liebe zu einem Partner / einer Partnerin voraus, dass ich gewisse Anteile meines Egos aufzugeben bereit bin. Auch hier liegt also eine Entscheidung zugrunde, aufgrund derer ich mich gegen etwas entscheide, was in diesem Fall aber ganz in mir liegt: mein Eigeninteresse gegenüber dem Interesse der Beziehung. Die Aufgabe des reinen Egoismus zugunsten einer Öffnung gegenüber dem anderen Menschen opfert möglicherweise also auch etwas, wovon ich mich schmerzlich trennen muss: bestimmte liebgewordene Gewohnheiten, bestimmte Denk- und Verhaltensweisen und alles, womit ich meine Beziehung ernsthaft gefährde. Auf einer höheren Ebene muss ich alles zurücklassen, was nicht dem Prinzip reiner aus Liebe geborener Liebe entspricht. Und das kann alles sein, womit ich mich gerne identifiziere. Zugleich darf nicht übersehen werden, wie wertvoll es ist, dass es Verschiedenheit und die Buntheit dieser Welt gibt. Das gleiche gilt für eine Liebesbeziehung, eine Freundschaft oder jede andere Begegnung zwischen Menschen: Nur wenn sich Menschen begegnen, die jeder eine eigene Persönlichkeit besitzen, wird die Beziehung zwischen ihnen eine Bereicherung für alle Beteiligten. Nur wo Vielfalt von Meinungen und Charakteren wertgeschätzt wird, kommt ein Austausch zustande, an dem alle wachsen können. Statt zu verschmelzen, leben gute, stabile Liebesbeziehungen von der festen Überzeugung, wie schön es ist, wenn Unterschiedlichkeiten bis hin zu Polaritäten ausgehalten statt eingeebnet werden.

Dazu gehört auch Wahlfreiheit. Eine Liebesbeziehung setzt immer eine Wahl voraus und diese schließt alle anderen aus, zu denen nicht dieselbe Beziehung besteht. Das gilt selbst für Menschen, die es schaffen, in einer offenen Beziehung, einer Menage à trois oder quatre, mehren Menschen zugleich romantische Gefühle entgegen zu bringen. Alle darüber hinaus bleiben jedoch auch hier ausgeschlossen. Wahre Liebe ist stets mit Freiheit verbunden, mit der inneren Freiheit, auch Nein zum Geliebten zu sagen, wenn die Liebesbeziehung für einen von beiden oder für beide destruktiv zu werden droht. Wahre Liebe zeigt sich an der möglichen Distanz der Liebenden voneinander, die keine symbiotische Einheit bilden. Auf dem Bild von Smith berühren sie einander nicht einmal, sondern vereinigen sich nur in der höheren Einheit des Engels. So bleiben sie Individuen und geben ihre Individualität nicht auf, sondern lediglich ihre spaltenden Egointeressen, die im höheren Bewusstsein des Engels keinen Platz haben.

<u>Stichworte</u>: *Wahre* **Liebe**; *Vereinigung von Gegensätzlichem; Eintracht; seelische Harmonie*

Umgekehrte Vorderseite
Im umgekehrten Fall degeneriert die wahre Liebe zur unreifen, rein sexuell oder egoistisch motivierten Beziehung. Sie kann zwar noch fest und stabil sein, aber sie gewinnt etwas Destruktives oder Besitzergreifendes. Zuweilen ist auch einfach ein pubertäres Verliebtsein oder eine Schwärmerei damit gemeint, die keine Gemeinschaft auf einer erwachsenen Ebene gegenseitiger Verantwortlichkeiten einschließt. Auch andere Bedeutungsvarianten sind natürlich möglich, etwa, dass eine tief innerliche Verbindung zu anderen Menschen fehlt, dass eine grundsätzliche Beziehungsunfähigkeit besteht, die vielleicht durch bloß sexuelle Begegnungen kompensiert wird, oder dass der Versuch, eine wirklich tiefe Liebe(sbeziehung) aufzubauen, für dieses eine Mal gescheitert ist.

<u>Stichworte</u>: **Verliebtsein**; *Unreife Liebe; besitzergreifende Liebe; mangelnde Liebe*

Die verborgene Seite
Was wäre geschehen, wenn Adam sich nicht der Versuchung hingegeben hätte, eine exklusive Beziehung zu einem ihm gleichen Wesen der umfassenden Dreiecksbeziehung zwischen Geschöpfen und Gott vorzuziehen? Was wäre gewesen, wenn er seine Beziehung zu Gott nicht durch die Neugierde auf die autonome Erfahrung eines unabhängigen Egos gefährdet hätte? Wir wären weiterhin in einer ungetrennten Einheit allen Seins verblieben. Der Konflikt zwischen Autonomie, Aufgabe der Autonomie in der horizontalen Liebesbeziehung zu einem anderen Wesen und Aufgabe der Autonomie in einer vertikalen Beziehung gegenüber der göttlichen Macht ist Thema der Rückseite der Liebeskarte. Wir sehen hier ei-

nen scheuen Adam zeigt, der sich hinter einem Baum ängstlich vor der fröhlich in seine Richtung laufenden Eva versteckt. Eva hält einen Apfel in der Hand, die Frucht der Versuchung einer exklusiven (horizontalen gleichwertigen) Beziehung, die sie ihrem Geliebten anzubieten gedenkt, der offenbar lieber für sich und keusch bleiben will.

Dieser Autonomie-Annäherungskonflikt kann auf verschiedene Weise beantwortet werden: Auf der aufrechten Rückseite besteht die Antwort in einem konstruktiven Verzicht auf die Verführung der Vereinigung mit einem anderen Menschen, die sich in sexueller Begierde ausdrückt. Aus der Kombination von Liebe und Unabhängigkeit resultiert hier eine neue Form von Beziehung, eine freundschaftliche Form der Zuneigung oder platonische Liebesbeziehung, in der jede Form, den anderen für sich zu vereinnahmen, aufgegeben ist zugunsten der Akzeptanz, jeden so sein zu lassen, wie er oder sie ist. Sexualität, die leicht zu begehrender Anhaftung führt, wird durch Zärtlichkeit ersetzt. Eine Beziehung wird vielleicht gelebt, aber in asexueller Form. An die Stelle von romantischer Liebe tritt Freundesliebe oder – bei weniger nahestehenden Personen – Nächstenliebe und Mitgefühl. Diese Gefühle sind keineswegs minderwertig gegenüber dem Gefühl der „wahren Liebe". Im Christentum spricht man von Nächstenliebe als der christlichen Tugend schlechthin. Im Mahayana-Buddhismus wird Mitgefühl als die Handlungsweise des Buddhas der Weisheit des Buddhas gleichberechtigt an die Seite gestellt. Mitgefühl (die dort geläufigen Vokabeln *karuna* oder *maitri* bedeuten beide eher Mitgefühl als Liebe) gilt dort als das reinere und ehrwürdigere Gefühl im Unterschied zur Liebe, die leicht zu Anhaftung und Begierde degeneriert (siehe die umgekehrte Vorderseite).

Die Karte kann auch eine Zeit bedeuten, in der wir Menschen in einer autonomen, aber respekt- und liebevollen Weise begegnen wie Reisende sich in Zügen einst, als die Menschen noch miteinander sprachen, begegneten: Sie sehen einander, sie nehmen einander auf einer tiefen und echten Weise wahr, aber danach gehen sie wieder auseinander und setzen ihre eigenen Wege fort. „Wir kön-

nen nicht lieben, Kamala", lässt Hermann Hesse Siddharta zu seiner Freundin, einer Kurtisane, sagen, „nur gewöhnliche Menschen lieben". Siddharta ist nicht liebesunfähig, im Gegenteil, er ist voller Liebe. Aber sie gehört nicht einem einzigen Menschen, sondern allem Lebendingen gleichermaßen.
<u>Stichworte</u>: **Nächstenliebe**; *Mitgefühl; Zärtlichkeit; platonische Liebe; asexuelle Partnerschaft*

Umgekehrte verborgene Seite
Wenn die Rückseite umgekehrt erscheint, kehrt sich das Bild der aufrechten Rückseite nicht um, es akzentuiert sich anders. Unser Bedürfnis nach Unabhängigkeit und unsere Angst, unser Ego in einer Liebesbeziehung zu verlieren, werden immer größer, je schwächer unser Ego eigentlich ist und je mehr wir deshalb zur Selbstauflösung neigen. Auch das ist eine typische enantiodrome (polare) Dynamik: Der besonders zur Verschmelzung neigende Mensch entzieht sich ihr heftig und verteidigt vehement seine Unabhängigkeit. Wird dieser Wunsch nach Unabhängigkeit zu groß, kann er eine Beziehung gefährden, in der einer von beiden sich mehr Treue, emotionale Verlässlichkeit und Zugewandtheit wünscht. Eventuell kann das Bedürfnis, sich nicht einzulassen, aber auch bis zur Beziehungsunfähigkeit gehen, also dem Wunsch, lieber allein zu bleiben als sich auf intensive menschliche Nähe einzulassen. Manche Menschen werden in diesem Fall sogar berechnend und versuchen, die emotionalen Wünsche anderer zu ihren Gunsten zu nutzen, ohne die gleiche Nähe zurückzugeben. Die umgekehrte Rückseite tendiert im Konflikt zwischen Autonomie und Nähe zu stark auf die Seite der Unabhängigkeit, auf den Kampf darum, sich nicht im Anderen zu verlieren und ein eigenständiges Subjekt zu bleiben.
<u>Stichworte</u>: **Autonomie**; *Wunsch nach Unabhängigkeit; Beziehungsscheu*

VII. Der Wagen

Amplifikation

Der Wagen ist in vielen Mythologien ein Symbol für die Sonne, die täglich auf ihrem Sonnenwagen über den Himmelshalbkreis ihre Bahn zieht. Entsprechend ist der Wagen im Rider-Tarot unverkennbar mit den Attributen der Sonne ausgestattet: Der Wagenlenker trägt ein Sonnendiadem und einen Gürtel mit den Symbolen des Zodiaks. Der Baldachin seines Wagens ist das bestirnte Himmelszelt und seine Schulterklappen zeigen den Mond in seiner zunehmenden und seiner abnehmenden Gestalt. Auf der Stirnseite des Wagens prangt eine geflügelte Sonnenscheibe, ein Symbol der Macht des Herrschers im orientalischen Altertum, das auch in freimaurerischen und hermetischen Geheimbünden Verwendung fand. Der römische Kaiser Aurelian erklärte nach einem militärischen Sieg im Jahre 272, den er dem Sonnengott zuschrieb, die Verehrung der Sonnengottheit zum Hauptkult des römischen Kaiserreichs. Unter dem Namen *sol invictus*, die unbesiegte Sonne, wurde sie im römischen Staatskult, aber auch im Mithraskult, einer unter römischen Soldaten verbreiteten orientalischen Religion, verehrt. Die Sonne als der König des Himmels wird hier zum Symbol für unbesiegbare Macht und Stärke.

Doch Pamela Smith stattete ihr Bild noch mit anderen bemerkenswerten Attributen aus. Zunächst sind da die beiden seltsamen Zugtiere. An die Stelle der auf früheren Versionen abgebildeten Pferde haben Smith/Waite hier eine schwarze und eine weiße Sphinx gesetzt. Waite schreibt dazu: Der Wagenlenker „ist der Überwinder auf allen Ebenen – auf der Verstandesebene, in der Wissenschaft, im Fortschritt und in bestimmten Initiationsprüfungen. Damit stellt er eine Erwiderung auf die Sphinx dar"[28]. Von Eliphas Levi, einem Meister des hermetischen Wissens des 19. Jahrhunderts, hat Waite die Anregung für die Sphinxen bezogen. Der griechische Mythos erzählt, dass einer, der sich um die Erlangung geheimen Wissens bemühte, die schwer verständlichen Antworten der Sphinx zu meistern hatte; das war nicht ungefährlich, da ein wagemutiger Held, der ihre Fragen nicht zu beantworten vermochte, von ihr verschlungen wurde. Der Wagenlenker wird damit zum Archetyp des mythischen Helden, der sich der Herausforderung stellt und ihr standhält. Der Kampf des Helden um die Erlangung geheimen Wissens ist eigentlich der Kampf um das Wissen dessen, wer er selbst ist, wie wir am Beispiel des Ödipus sehen können. Ödipus besiegt die Menschen fressende Sphinx, indem er ihr Rätsel löst. Das Rätsel aber, das er selbst zu lösen hat, ist das seiner Herkunft, seines eigentlichen Seins: Erst viel später erkennt er, dass der Mann, den er getötet hat, sein leiblicher Vater und die Frau, die er geheiratet hat, seine Mutter ist.

Die Sphinxen, die anderen Tarotausgaben Pferde sind, erinnern zugleich an die Pferde in dem Gleichnis, das Platon im Dialog *Phaidros* erzählt. Platon vergleicht die menschliche Seele mit einem Wagen, der von der Vernunft gelenkt und von zwei Pferden gezogen wird, von denen eines kooperativ und willig, das andere aber störrisch und wild ist. Nach Platons Auffassung besteht die Seele aus diesen drei Teilen: der lenkenden Vernunft, der störrischen und wilden Kraft der Begierde und der sanften Kraft des Gemüts. Es ist die Aufgabe der Vernunft, das widerspenstige Pferd der Begierde zu bezwingen und auf seinen Kurs zu bringen, während das gutmütige Pferd des Gemüts sich gerne dorthin führen lässt. Ziel ist die mystische Vereinigung mit dem göttlichen Geliebten, der platonische Eros. Mit Hilfe der Peitsche gegenüber den dunklen Trieben der menschlichen Begierde, aber dem Zuckerbrot für den Gemütsteil, der sich ohnehin nach der Vereinigung mit dem göttlichen Geliebten sehnt, soll die Vernunft den Wagen der Seele nach oben, in die himmlischen Gefilde lenken.

Dies unterstreicht, dass der Wagenlenker des Tarotbildes seine Stärke aus der Kraft der gerichteten, disziplinierenden Vernunft gewinnt. Er ist damit ein Sinnbild für jenes Prinzip, das die fernöstlichen Hochreligionen zuweilen unterkühlt erscheinen lassen (jedenfalls innerhalb der westlichen Kultur): dass wir nur durch die Bezähmung der täuschenden Sinnesreize und emotionalen Aufwallungen zu jener Reinheit des Denkens und Wahrnehmens gelangen, die der letzten Erkenntnis nichts mehr entgegensetzt. Das Symbol des Lingam-Yoni, von Keil und Rad, das auf der Frontseite des Wagens zu sehen ist, bedeutet im indischen Shaivismus die Vereinigung des männlichen und weiblichen Prinzips und deutet an, dass dies auch für die Bezähmung der sexuellen Kraft gilt.

Doch der Wagen befindet sich nicht in einer kosmischen Region, in der er bereits die Bereiche der Vereinigung mit dem göttlichen Geliebten erreicht hätte, nach der die platonische Seele sich sehnt. Er steht – getrennt durch die Gewässer des Unbewussten – vor einer befestigten Stadt. Der Wagenlenker hat nicht seine Seelenburg im Blick, sondern das weite Feld, das vor ihm liegt, die Welt der äußeren Dinge. Seine Seele bleibt unerforscht. Er ist nicht in die Tiefe eingedrungen, in der die Hohepriesterin verweilt und nicht in der Verbindung mit der Naturkraft wie die Herrscherin. Waite schreibt, „dass die von ihm überwundenen Ebenen der äußeren Erscheinungswelt angehören und nicht in ihm selbst zu finden sind", was auch bedeutet, „dass die von ihm bewirkte Befreiung ihn noch immer in der Fessel des vernunftgemäßen Verstehens belassen kann"[29].

Doch der Wagen ist nicht eine Karte der „reinen Vernunft", sondern der „praktischen Vernunft", des Willens. Hinter dem Willen des Helden steht jenes natürliche Selbstvertrauen, das sich gegenüber anderen Personen und Hindernissen der äußeren Welt ohne Probleme behaupten kann. Erich Bauer[30] stellt die siebte Trumpfkarte als männliche Form der Kraft der Acht, ihrer weiblichen Ausgestaltung, gegenüber. Mit männlicher Kraft sind jene Eigenschaften gemeint, die dem Mann in einer patriarchalen Gesellschaft Dominanz verleihen. Dazu zählt die Standhaftigkeit, das Aufrechte, das der Wagenfahrer in seiner Haltung erkennen lässt. Aber auch jene aggressive, direkte Konfrontation, die typisch männliche von typisch weiblichen Formen der Auseinandersetzung unterscheidet. Der Wagenlenker ist erfolgreich in einem solchen Kampf, weil er von sich und seinen Zielen überzeugt ist, weil er sie und sich nicht in Frage stellt. Gedanklich klar ist nur, wer emotional klar ist, wer zu sich selbst und dem, was er will, in einem klaren Verhältnis steht. Der Wagen wird mit Willenskraft auf seiner geraden Bahn gehalten. Das ist ein Wille, der alles Unstrukturierte und Irrationale beiseite räumt.

Der Held ist noch nicht ganz bei sich angekommen, er ist auf seiner Reise unterwegs zu sich selbst. Aber die Reise zum eigenen Selbst führt ihn um die gesamte Welt herum. Bevor der Wagenlenker in die Festung des eigenen Selbst vordringen kann, in das quadratische Mandala, dessen Symbol er auf der Brust trägt, das er jedoch in Form der ummauerten Stadt gerade hinter sich lässt, muss er sich in der Welt bewährt haben, muss er die Aufgaben gemeistert haben, die dieses Leben ihm kompromisslos stellt. Die Welt ist der Kampfplatz für die Bewährungsproben des Helden. In den Herausforderungen des Lebens außerhalb der Behaglichkeit des eigenen Gevierts muss er sich erweisen, muss wachsen und als ein anderer, reiferer nach Hause zurückkehren. Viele Mythen in allen Erdteilen erzählen die Geschichte dieser Heldenreise, die der Mythenforscher Joseph Campbell intensiv erforscht hat. Ihm zufolge kennt die Struktur dieses Mythos im Wesentlichen drei Phasen: eine Phase, in der der Held aus seiner Behaglichkeit ins Abenteuer hinaus gerufen wird, eine Phase der Suche und der Bewährung und eine Phase der Rückkehr und Reintegration.

Bis heute sprechen uns diese mythischen Geschichten an, weil in ihnen immer auch der Held / die Heldin in uns selbst gemeint ist. So werden in einem der großen Kunstmythen des 20. Jahrhunderts, in J. R. R. Tolkiens Büchern *Hobbit* und *Herr der Ringe*, aus den Büchernarren und Stubenhockern Bilbo und Frodo Beutlin Helden, die ihre Fähigkeit, die Gefahren des Lebens zu meistern, erst selbst entdecken müssen. Die Drachen und Ungeheuer der heutigen Zeiten sind allerdings Umweltzerstörung, Hunger und Wasserknappheit, spirituelle Verarmung und quasi-religiöse Verehrung von Geld und materiellen Gütern. Der Held auf der Karte des Wagens befindet sich nicht auf der triumphalen Rückkehr nach Hause, er ist erst ausgezogen in die Welt hinein, um sich den Abenteuern dort zu stellen. Er ist noch auf der Suche nach der Selbstbewährung.

Bild der Wandlung:
Die VI wird zur VII sobald die Liebenden aus der Liebe soweit gestärkt hervorgehen, dass ihr Selbstvertrauen wächst und sie erkennen können, wer sie wirklich sind und was sie wirklich wollen. Nun sind sie Persönlichkeit (*persona*), sind zum ganzen Menschen geworden. Aber zugleich gewinnt ihr Ego wieder die Oberhand und sie werden sich mit der Durchsetzung dessen beschäftigen, was ihnen als wahr und richtig erscheint. Sie werden klarer sein als zuvor, und so wird ihr Wille über alle Hindernisse dominieren können. Sie werden die Geheimnisse des Lebens auf einer intellektuellen, verstandesmäßigen Ebene durchdrungen haben und verstehen, worum es geht. Aber sie werden das eigentliche spirituelle Geheimnis, das am Anfang ihrer Wanderschaft stand, aus den Augen verloren haben, weil sie zu sehr mit ihrer eigenen begrenzten Position identifiziert sind. Aus den Suchenden sind Macher geworden, die erfolgreich in der Welt stehen, aber kaum noch darüber hinaus zu blicken vermögen.

Der geheime Faktor: Der Faktor des Handelns
Wie so viel dieser Faktoren, so ist uns auch das Handeln etwas so Selbstverständliches, dass wir gar nicht hinterfragen, wie sehr unsere Existenz von ihm determiniert wird. Und zwar nicht nur dadurch, *wie* wir handeln, sondern auch dadurch, *dass* wir überhaupt handeln *müssen*. Würden wir das Handeln ganz aufgeben, wären wir sehr schnell kein Teil dieser Welt mehr: Wir würden sterben. Das heißt, dass wir zum Handeln verurteilt sind, solange wir (in dieser Form) leben. Und wir können davon ausgehen: Uns ist das Handeln aufgegeben. Es ist kein Zufall, dass wir uns in einer Welt wiederfinden, in der das Handeln mit Körper, Rede und Geist obligat ist. Denn zu jedem Handeln gehört eine Entscheidung, zu jeder Entscheidung eine Handlungsrichtung (Intention), ein Ziel oder ein Wille (eine Motivation oder ein Trieb). So entsteht jedes Handeln aus einem Gedanken oder aus einer Emotion, aus dem Wollen des Einen und dem Nicht-Wollen des Anderen. Deshalb ist uns das Handeln aufgegeben, weil sich in ihm die Struktur des

ganzen spirituellen Geheimnisses unserer Existenz ablesen lässt: Ohne Handeln gibt es kein Karma, gibt es keine Dynamik dessen, was uns widerfährt. Ohne Handeln gibt es kein Lernen, gibt es keine Entwicklung, keinen Fortschritt oder Rückschritt auf unserem Weg. Der Handelnde spricht: „Ich handle immer, auch wenn ich nicht handle. Alles Handeln hat Konsequenzen". Eine vorläufig befreiende Seite des Handelns liegt in Handlungen, die positive Konsequenzen für uns und Andere haben, die richtig sind und gut, die uns auf dem Pfad weiterbringen. In letzter Konsequenz befreiend aber sind nur die Handlungen, die gar nicht mehr aus unserem eigenen kleinen Ego heraus geschehen und die uns gar nicht mehr zugeschrieben werden können, weil sie aus der Verbindung mit dem Geist selbst geschehen. Versklavend sind die Handlungen, die Anderen und der Welt und (damit) auch uns selbst schaden.

Der Archetyp als Selbstaspekt

Habe ich mich selbst gefunden oder welchen Aufgaben muss ich mich noch stellen, um zu wissen, wer ich wirklich bin? Wohin muss ich reisen, welche Rätsel beantworten, welche Risiken eingehen, um mich selbst zu gewinnen?

Wie finde ich die Kraft in mir, meinen Weg zu gehen, ungeachtet aller Hindernisse?

Kann ich das, was Andere von mir erwarten, souverän zurückweisen, um meinen eigenen Weg zu gehen? Kann ich mein eigenes Leben leben, auch wenn mein Umfeld das scheinbar verhindert? Finde ich die Gewissheit in mir zu wissen, was ich will, und das Selbstvertrauen, es durchzusetzen? Welcher Teil in mir stark genug, es mit den eigenen Schwächen aufzunehmen, den Abhängigkeiten, den schlechten Gewohnheiten, den dunklen Seiten, die bezwungen und diszipliniert werden müssen? Besitze ich eine starke Vernunft, die mir sagt, was ich tun sollte und bin ich stark genug, dieser Vernunft zu folgen?

Archetyp/psychologische Instanz: Der Held; Persona (als äußerlicher Charakter)

Meditation
Schau dir das Bild des strahlenden Siegers auf der Smith/Waite-Karte genau an und identifiziere dich mit ihm. Du selbst bist der Held, der sicher und fest auf dem Wagen steht. Schnurgerade steuerst du auf dein Ziel zu, ohne Rücksicht auf Hindernisse und Unebenheiten des Weges. Dein Wagen bewegt sich sanft und wie von alleine voran, denn du hast keine Zweifel an deinem Ziel, du bist dir seiner ganz sicher. Du weißt, was du willst, und in dir ist alle Sicherheit der Welt, dass du es auch erreichen kannst. Deine Kraft ist so groß, dass sie die beiden gefährlichen Wesen zu bändigen vermag, die deinen Wagen voranziehen. Die Sphinxen, die nach links und rechts auszubrechen drohen, sind dir solange Untertan, solange dein Wille stärker ist als der ihre. Du stehst fest und sicher über ihnen und sie folgen deinem Willen instinktiv. Du kannst mit deinem Wagen alles erreichen, was du willst, weil du sicher in deiner Willensstärke, in deiner Selbstsicherheit stehst und weil du dein Ziel genau vor Augen hast. Du weißt, wohin du willst und dein Weg tut sich auf für dich.

Praktische Deutung der Karte

Vorderseite
In Befragung steht der Wagen für einen starken Willen. Dazu gehört die Fähigkeit, sich durchzusetzen, eine Kraft, die alle Schwierigkeiten überwindet. In einem anderen Sinn bedeutet der Wagen vernünftige Planung und Eindeutigkeit bei einem Vorgehen, Erfolg bei einer Unternehmung und einen Sieg, wenn Schwierigkeiten zu überwinden waren.
<u>Stichworte</u>: **Wille**, *Erfolg, Klarheit, Durchsetzungsvermögen*

Umgekehrte Vorderseite
In der Umkehrung hat der Wille versagt oder ist stark geschwächt, vielleicht aufgrund von Selbstzweifeln und mangelndem Selbstvertrauen, vielleicht weil die äußeren Hürden zu groß sind. Auf ein

Ergebnis bezogen bedeutet die umgekehrte Karte Misserfolg oder ein anderes Resultat als das, das dem Willen des Fragenden entspricht.
<u>Stichworte:</u> **Willensschwäche**, *mangelnde Durchsetzung, Misserfolg*

Die verborgene Seite
In einem gewissen Sinne ist der Wagenlenker ein Kraftprotz, ein Macho, dem die tiefere Dimension der Auseinandersetzung mit sich und der Welt in einem geistig-spirituellen Sinn noch fehlt. Eine starke, vernunftgelenkte Persönlichkeit kann zwar dunkle und lichte Seiten der eigenen Emotionalität zusammenhalten und in eine gemeinsame Richtung lenken. Sie ist in diesem Sinne integer, integriert das Schwarze und das Weiße in sich auf eine oberflächliche Weise. Aber sie weiß nicht viel über das, was in ihr schlummert, ist nicht wirklich vorgedrungen in ihre eigene Tiefe. Die Abenteuer, auf die der Held der Vorderseite zufährt, sind äußerliche Abenteuer. Aber nun, bei näherer Betrachtung wird klar, dass er sich vor dem viel größeren Abenteuer der Bekanntschaft mit seinem eigenen Selbst scheut. Diese Konfrontation mit sich selbst kann bedeuten, ein Stück der eigenen Kraft von Selbstvertrauen und Zielsicherheit einzubüßen und sich eine Zeitlang wehrlos, schwach und verunsichert zu fühlen; aber nur um anschließend in die wahre Stärke der achten Karte transformiert zu werden. Dieser vorübergehende Verlust des Selbstvertrauens kann eine schmerzliche, aber sehr heilsame Etappe der Selbstwerdung eines zu selbstsicheren, aufgeblasenen Egos sein.

Die verborgene Seite zeigt einen Ritter, der dem Wagen kampfeslustig den Weg versperrt, als ein genaues Ebenbild des Wagenlenkers – nur dass ein Teil seiner Haut schwarz, der andere weiß erscheint. Der Wagenlenker steht, ohne es zu merken, seiner eigenen Schattenseite gegenüber. Er muss den Kampf nun mit sich selbst führen, nicht mehr mit dem Feind, den er nach außen zu projizieren gewohnt ist. Im Parzivalsmythos muss der Held gegen seinen Halbbruder Feirefiz kämpfen, bis er ihn als solchen erkennt und beide zu Verbündeten werden. Feirefiz ist als Sohn von Parzivals Vater und einer Afrikanerin schwarz-weiß gescheckt: Eine Figur wie die beiden Sphinxen auf der Kartenvorderseite, die den wilden und den zahmen Seelenanteil symbolisieren. Indem sich Parzival mit diesem seinem ambivalenten Spiegelbild konfrontiert, es zunächst bekämpft, dann aber mit ihm verbündet, gelangt er zu einer Ganzheit, die ihn erst würdig macht, Gralskönig zu werden.

Wir sollten nicht glauben, allein mittels der Vernunft hätten wir bereits viel über uns und die Welt verstanden. Nur, weil wir mit unserem großen Selbstvertrauen erfolgreich sind und alle Hindernisse zielsicher überwinden, haben wir noch nicht die wesentlichen Probleme unseres Lebens gelöst, nämlich wer wir selbst sind und was wir über die Aufgaben in dieser Welt hinaus zu erreichen haben. So fordert uns diese Seite des Helden auf, unsere Zielstrebigkeit und Selbstdisziplin nicht für äußere, sondern ebenso für innere und spirituelle Ziele zu nutzen.

<u>Stichworte</u>: **Selbstfindung**sprozess; *Kampf mit der eigenen Identität; heilsamer (vorübergehender) Verlust des Selbstvertrauens*

Umgekehrte verborgene Seite
Liegt die Karte umgekehrt, dann hat uns die Mahnung der aufrechten Karte nicht erreicht. Wir haben uns darin verrannt, der Macher zu sein, dem zwar alles gelingt, der aber immer unglücklicher werden wird, weil er sich selbst nicht finden kann. Die beiden Sphinxen befinden sich zwar unter unserer willentlichen Kontrolle, aber sie werden nur unterdrückt, nicht verstanden. Den Kampf mit dem Ritter, der immer wieder in unserem Weg steht und der wir selbst sind, haben wir noch nicht aufgenommen. Vielleicht möchten wir einfach mit unserem Kampfwagen auf ihn zuhalten und ihn überfahren, aber er ist unsterblich und wird uns an der nächsten Wegbiegung wieder auflauern. Diese Haltung ist typisch für den Macho, den selbstherrlichen Mann, der meint, Frauen müssten ihm zu Füßen liegen und andere Männer sollten erkennen, dass er in wesentlichen Dingen (sich prügeln, saufen, Sex) besser ist als sie. Die Helden in typischen Männerberufen (Polizei, Feuerwehr, Militär) leiden häufig darunter, dass sie hoffen, ihre Männlichkeit

durch äußeres Ausagieren ihres inneren Helden unter Beweis stellen zu können, letztlich aber tief enttäuscht zurückbleiben, weil sie sich nie auf den Weg gemacht haben, sich selbst zu finden.
<u>Stichworte</u>: **Macho**; *mangelnde Selbsterkenntnis; Machogehabe; Projektion nach außen*

VIII. Die Kraft

Amplifikation
Die frühesten Kartendecks aus Mailand zeigen auf der Karte der Kraft entweder (im Falle der Visconti-Decks) eine Szene, die heute als Tierquälerei gelten müsste und nicht mehr hinnehmbar wäre, nämlich einen jungen Mann, der einen auf dem Boden vor ihm liegenden Löwen mit der Keule zu erschlagen droht: ein Bild roher Gewalt, wo „Kraft" nichts von der Subtilität besitzt, die wir einem Archetypus gerne zuschreiben würden. Aber die Ausdrucksweisen der Renaissance waren doch deftiger als unsere heutigen und so auch die Bilder selbst für innerseelische Begriffe. Im anderen Fall (bei den der Familie Este zugeschriebenen Karten) zeigt sich hingegen ein völlig anderes Bildmotiv: eine junge Frau (!) hält das abgebrochene Kapitell einer Säule im Arm, so als hätte sie mal eben eine Marmorsäule versehentlich zertrümmert. Dieses Motiv ist normalerweise Samson, dem stärksten Mann des alten Testaments, zugeordnet, der die Säulenhalle der Philister niederreißt. Offensichtlich ist hier mit überraschender Kraft gesegnet, was eigentlich als zerbrechlich erscheint: ein zarter weiblicher Körper. Um wie vieles subtiler wirkt dieses Bild auf uns, das zu sagen scheint: nicht um Muskelkraft, sondern um eine innere Stärke geht es hier, deren Macht schwer zu erkennen, aber nicht zu unterschätzen ist. Die Kartendecks der Tradition von Marseille nähern sich schon ganz dem Bild an, das auch Pamela Smith auf der achten Trumpfkarte verwendet hat: eine Frau reißt einem zotteligen Tier, das zuweilen eher an einen Hund als an einen Löwen erinnert, den Rachen auf,

als wäre damit weder Gefahr noch Anstrengung für sie verbunden, und das Tier lässt es sich ganz harmlos gefallen. Auch hier wieder steht Samson Pate für das Bildmotiv, denn der biblische Held soll einen Löwen in der Mitte entzwei gerissen haben und zwar – wie die spätere Überlieferung wusste – indem er ihn am Kiefer packte. Dass Samson auch in dieser Kartenversion durch eine Frau ersetzt wird, lässt tief blicken: Offenbar ist auch hier die Kraft mehr eine innere als eine muskuläre, mehr eine geistige Macht als jene Gewalt, die in der Visconti-Karte noch unverblümt männliche Formen besitzt.

Das weist die Karte als Allegorie aus, als Sinnbild nicht für äußerliche, sondern für innerliche Stärke, für eine der vier großen weltlichen Tugenden der abendländischen Tradition, nämlich die Tapferkeit. *Andreia* (so ihr griechischer Name), bedeutet eigentlich Männlichkeit und korrespondiert mit der Darstellung des männlichen Löwentöters. Aber auch Frauen konnte in der griechischen Antike „Mannhaftigkeit" zugesprochen werden. Ins Lateinische wurde die Kardinaltugend der Tapferkeit meist als *fortitudo* (der Name der Marseiller Karte *La Force* stammt hiervon ab) übersetzt, ein Wort, dessen Bedeutungsfeld mehr in Richtung der Kraft geht. Die wörtlichere Übersetzung von *andreia* ins Lateinische weist hingegen ebenfalls auf eine aktive, nach außen gerichtete Kraft hin, die mit der männlichen Seite verbunden wird: *virtus* leitet sich von *vir*, dem Mann ab. Zugleich ist *virtus* aber auch die Tugend schlechthin. Eine Parallele dazu finden wir in einer anderen indogermanischen (und von daher mit dem Griechischen und Lateinischen verwandten) Sprache, nämlich im Sanskrit, der heiligen Sprache Indiens: *virya* heißt dort Kraft und ist ebenfalls abgeleitet von *vira*, dem Mann. Virya ist eine der sechs Tugenden (*paramitas*) auf dem Weg zur Erleuchtung im Mahayana-Buddhismus. Dort überwindet sie die Hindernisse auf dem Weg, die vor allem durch unseren eigenen unvollkommenen Geist geschaffen werden: die Trägheit und Unlust zu meditieren oder die Schriften zu studieren, den Egoismus, wenn wir eigentlich Mitgefühl aufbringen sollten. Virya enthält einen Aspekt von Selbstdisziplin und einen Aspekt von

Kampfbereitschaft gegenüber den Dämonen im eigenen Geist, die uns immer wieder an diese Welt zu fesseln trachten.

In der westlichen Tugendlehre, bei Platon, ist Tapferkeit die Tugend des dritten Standes seines idealen Staates, des Standes der Staatsdiener und des Militärs. Sie korrespondiert mit dem dritten Seelenteil im Menschen, dem Willen. Um nicht bloße Leidenschaft, sondern eine vernunftgemäße Tugend zu sein, bedarf sie selbst wiederum der Tugenden der Klugheit und einer richtigen Weltanschauung (*orthe doxa*). Die Notwendigkeit der Kontrolle der Tapferkeit durch die Vernunft betont auch die Stoa, jene großen philosophischen Bewegung, die eine „stoische" Seelenruhe als höchsten erreichbaren Zustand des menschlichen Daseins anstrebte. Tapferkeit wird hier ganz ihrer kriegerischen, kampfbereiten Konnotationen entkleidet und zur Duldsamkeit, die alle Mühsal und alle Gefahren des Lebens erträgt, wie Cicero betont. Der Kirchenvater Augustinus setzt diese Haltung noch fort, wenn er denjenigen tapfer (*fortis*) nennt, der „jene Dinge, die zu erlangen oder zu besitzen nicht in unserer Macht stehen, mit gleichmütigem und ruhigem Sinn erträgt"[31]. Diese Form der Tapferkeit scheint uns Heutigen oft zu fehlen, noch nicht einmal einen adäquaten Ausdruck scheinen wir dafür zu besitzen, wobei Frustrationstoleranz noch zu schwach ist und Widerstandskraft (*Resilienz*) kaum ausdrucksstark genug erscheint. Statt ihnen beizubringen, schwierige Situationen zu ertragen, eine gewisse Härte gegen sich selbst und Widerstandskraft gegenüber der Unbill des Lebens zu kultivieren, versuchen Eltern der gebildeten Schichten heute, ihre Kinder in Watte zu packen. Widerstandskraft (im psychologischen wie im sozialen Sinn des Wortes) ist aber ohne eine solche Tapferkeit nicht möglich, die einerseits den Mut hat, Missstände und unbefriedigenden Situationen zu verändern, soweit sie sich mit Engagement und Krafteinsatz ändern lassen; und die andererseits so tapfer ist, ohne Klagen auszuhalten, was sich nicht ändern lässt. Wie viel Jammern und Wehklagen auf hohem Niveau erleben wir gerade in den reichen Ländern des Westens heute, ganz genauso wie sich einst der dekandente französische Adel vor der Revolution oder der römische

Adel vor dem Untergang über einen Mangel an Luxus beklagte. Die Tapferkeit, das Leben zu ertragen wie es ist, kann man gerade unter solchen Menschen erlernen, die nicht von materiellem Wohlstand gesegnet sind.

Auf dem Weg der menschlichen und spirituellen Entwicklung benötigen wir innere Qualitäten, die sich uns nicht immer sofort erschließen. Auch wenn wir mit Begriffen wie Tapferkeit oder Mannhaftigkeit oft nur die zweifelhaften Tugenden des Soldaten verbinden, wissen wir vielleicht mit Worten wie Mut und Stärke etwas anzufangen. Der Mut, den wir benötigen, um unser Leben zu meistern, besteht darin, immer wieder ja zu sagen zu den Schwierigkeiten, die uns das Leben permanent bietet. Wir werden niemals den Punkt erreichen, an dem es keine Schwierigkeiten mehr gibt, solange wir nicht erleuchtete Wesen sind. Wir benötigen Lebenskraft und Lebensmut, um nicht mutlos und lebensmüde zu werden, denn menschliches Leben ist nicht leicht, ist nicht ohne innere Entschlossenheit zu bewältigen. Und wenn wir es gut leben wollen, wenn wir unsere Ideale und Werte nicht angesichts der Widrigkeiten des Lebens gegen Bosheit, Gleichgültigkeit und Opportunismus eintauschen wollen, benötigen wir noch mehr Mut als nur den, uns den Schwierigkeiten des Alltags zu stellen. Wir benötigen den Mut, unsere Werte gegenüber all denen zu verteidigen, die sich Realisten nennen und die allen anderen einreden wollen, man müsse alle Moral und alle Orientierung an höheren als rein weltlichen Zielen aufgeben, um gut durchs Leben zu kommen. Wir müssen uns mit allem Mut gegen diejenigen verteidigen, die das wertvolle menschliche Leben auf den Genuss von Konsumgütern, ein maximales Ausmaß an Spaß und Lustgewinn, den Erwerb von Medienruhm und materiellem Reichtum als einzigen Werten reduzieren wollen. Dieser Mut ist das, was man auch Zivilcourage nennt, und von dem Earl Nightingale gesagt hat, das Gegenteil von Mut sei in unserer Zeit nicht Feigheit, sondern Konformismus, womit er zweifelsfrei recht hat. Geht der Mut, nonkonform zu sein, nicht an dem vorbei, was die Schöpfer der Trumpfkarte des Tarot im Sinn hatten? Vielleicht nicht, denn sind die Karten nicht vielleicht selbst aus einer Opposition gegen die offizielle Weltanschauung der Kirche hervorgegangen?

Wir sollten aber bei der Betrachtung der Karte nicht bei der klassischen Kardinaltugend stehen bleiben, sondern eine Ebene tiefer blicken, von der Soziologie in die Psychologie und schließlich in die Spiritualität der Kraft. Alle psychologischen Kräfte, die wir freisetzen können, sind mit dem Begriff der Emotion verknüpft. Diese Emotionen können uns beherrschen und uns explosionsartig im Gefühlsausbruch oder in willenloser Trance in die Sucht oder unbewusste Handlungsmuster treiben. Wir können sie aber auch in den Dienst unseres Bewusstseins und der von ihm gewählten Aufgabe stellen. Dann sind sie die Energien, die uns helfen, unsere tägliche Arbeit selbstdiszipliniert zu meistern oder eine besondere Krise durchzustehen. Indem wir unsere inneren Kräfte mobilisieren und aktivieren, um das zu erreichen, was unserem Bewusstsein wichtig ist, können wir sogar über uns hinauswachsen.

Geschieht dieses Einspannen psychischer Kräfte durch den Willen und unter der Führung des Intellekts, haben wir es mit einer Leistung zu tun, die traditionell als männlich gilt und dem Jungschen Archetypus des Heros oder Logos zuzuordnen ist. Dass auf der vorliegenden Karte jedoch die männliche, aktive Willenskraft der vorhergehenden Karte, des Wagens, in eine weibliche, sanftmütigere Art von Kraft transformiert wird, ist der Schlüssel zu einem weiteren Entwicklungsschritt. Das Tier steht psychologisch für die dunklen Triebe im Menschen, seine ungezähmte Löwennatur. Das archetypisch Weibliche, das diese Triebe zu zähmen in der Lage ist, geht offensichtlich anders vor als das Männliche, welches eher zu Unterdrückung und Rationalisierung neigt. Das Männliche will das Triebhafte durch Erkenntnis durchdringen (Logos) und durch die Macht des Handelns (Heros) in den Griff nehmen, aber es kann es nicht mit Liebe und Akzeptanz einhüllen und transformieren. Die weibliche Form des Umgangs mit der Triebnatur ist die Integration (Bios), die Anverwandlung des gefährlichen Inneren durch eine sanfte Umarmung (Eros), wodurch sich die Wildheit der unerwünschten Emotionen und inneren Energien entspannt und nutzbar, führbar gemacht wird wie ein an die Leine gelegter Löwe. Es ist diese fürsorgliche, sanfte, aber zugleich fest und stark bleibende Macht in unserem eigenen Inneren, durch die wir das bezähmen können, was uns schwach macht: unsere Verführbarkeit, unser Begehren, unsere Sehn-Süchte, Wut und Hass, Destruktion und Autodestruktion.

Das Besänftigende, das dem weiblichen Umgang mit unserem inneren Tier entspricht, entstammt einer Quelle, die auf dem spirituellen Weg unverzichtbar ist – für Frauen wie Männer. Denn weibliche Macht setzt sich durch, ohne kämpfen zu müssen. Sie wirkt von innen heraus, ohne handeln zu müssen. Das wird daran deutlich, dass die Frau auf der Karte nichts in den Händen hält, mit dem sie ihre magische Macht über den Löwen ausübt: Keine Gerte, mit der sie den Löwen in Schach hält wie die Zirkusdomteure, noch nicht einmal einen magischen Stab benötigt sie. Sie trägt die Quelle ihrer Kraft ganz in sich. Was ist diese weibliche Macht, die so stark ist, dass sie selbst ein wildes Tier zu bezwingen vermag? Der indische Meister Swami Yogananda erzählt von einem Yogi, der Tiger mit der Stärke der Konzentration und Willenskraft seines geschulten Geistes bezähmen konnte. Doch dieser Yogi war zugleich ein Ringkämpfer und seine Methode eine durchaus männliche, die mit Bezwingen statt Besänftigen operierte. Andere, buddhistische Quellen sagen, dass ein Mensch, der keine anderen als friedfertige Gefühle in sich trägt, von allen Wildtieren als Freund wahrgenommen wird. Und tatsächlich: In Thailand gibt es in unseren Tagen ein buddhistisches Kloster, in dem Tiger frei unter den Mönchen leben. Die einzige Kraft, die sie zähmt, ist die ruhige, friedliche Güte, die ihnen die Mönche entgegenbringen. Die Kraft, mit der die Frau auf der Tarotkarte ein so mächtiges Tier wie den Löwen bezwingt, ist demnach aus Mitgefühl und Liebe entstanden.

Wir könnten auch sagen, die Löwenbändigerin ist eine vollkommen integre, eine reife Frau, eine wahrhaft charismatische Persönlichkeit, und was ihr Charisma ausmacht, ist die gelassene, immer ruhige und liebevolle Art, mit der sie sich allen Herausforderungen stellt, ohne die geringste Angst, sich nicht durchzusetzen. Die Psychoanalyse kennt zwei Ausdrücke, die in diesem Zusammenhang von Bedeutung sind, nämlich den Begriff der Ich-Stärke und den des Strukturniveaus. Ich-Stärke bezieht sich darauf, ob die psychischen Funktionen reibungslos so funktionieren, dass die Bewältigung der Realität gut möglich wird. Strukturniveau meint dasselbe, betont aber mehr, ob die Person sehr stark zu Verzerrungen in der Wahrnehmung innerer und äußerer Realität neigt oder nicht. Eine reife, integre Persönlichkeit im hier gemeinten Sinne ist eine mit einem hohen Strukturniveau und einer hohen Ich-Stärke. Das ist nicht mit einem starken Ego im landläufigen Sinne zu verwechseln, denn es geht hier keinesfalls um Egoismus oder Egozentrik, die eher zu einer weniger starken Persönlichkeit passen würden. Ein ich-starker Mensch ist einer, der seine inneren Konflikte mit sozial verträglichen und den Umständen angemessenen Mitteln zu lösen vermag, der also sein inneres Tier auf eine konfliktfreie, souveräne Weise im Griff hat. Ich-Stärke ist für transpersonale Psychologen ein erwünschtes oder sogar notwendiges Zwischenziel auf dem Weg zur Egolosigkeit des erwachten, des höheren Selbst.

Auf einer noch tieferen psychologischen oder spirituellen Ebene beziehen wir Kraft aus dem Glauben an eine höhere Schicksalsmacht, die uns beschützt und uns mit Liebe durch die Welt geleitet. Den Mut, sich dem Raubtier auszusetzen, bezieht die Frau auf der Karte aus einer inneren Quelle des Glaubens an sich selbst, aus einem Urvertrauen heraus, dass nichts Übles ihr letztlich widerfahren kann. Trüge sie dieses Selbst- und Urvertrauen nicht in sich, könnte sie niemals die Ruhe und Gelassenheit bewahren, mit der sie den unberechenbaren und potentiell vernichtenden Mächten der Wildnis gegenübertritt. Dieses Urvertrauen mag aus einer grundsätzlichen Geborgenheit in der frühen Kindheit stammen. Vielen Menschen gibt aber auch das gläubige Vertrauen an eine höhere Macht dieses Urvertrauen, ein Glauben an das grundsätzliche Geborgensein im Kosmos oder an ein liebevolles Angenommensein durch die Gottheit.

Bild der Wandlung:
Die VII wird zur VIII, wenn das Vertrauen in die eigene Wirkung nach außen erschüttert wird und zur Demut führt, zur Rückbesinnung auf das, was stärker ist als die Suchenden selbst. Dann kann sich die Macht des kleinen Egos zur Hingabe und zum Vertrauen in jene Kraft verwandeln, die sich nicht aus dem Ich und der Klarheit des Verstandes, sondern aus dem Höheren speist. Die Kraft zu handeln entströmt dann dem spontanen Wirken des Göttlichen, das die Suchenden nur als Gefäß und Werkzeug benutzt. Sie dringt aus ihrem tiefsten Inneren, einem Zentrum jenseits des kleinen Egos, durch sie hindurch nach außen, nicht aus dem begrenzten Kontrollzentrum ihres Verstandes. Deshalb hat sie etwas Unbewusstes an sich, obwohl sie intuitiv ist und unmöglich fehlgeht. Diese Kraft ist wie die instinktive Sicherheit eines majestätischen Tieres, aber auf einer weit höheren Ebene der Bewusstseinsentwicklung. Aus dieser intuitiven (nicht – wie beim Tier – instinktiven) Sicherheit heraus können sie zu Handelnden werden, deren Handeln Meditation und Gottesdienst ist, nicht mehr reines Getue, um weltlicher Ziele willen.

Geheimer Faktor: Die Hierarchie der Kräfte
Die Physik kennt momentan vier Grundkräfte (die sie Gravitation, Kernkraft, schwache Kernkraft und elektromagnetische Kraft nennt). Alle diese Grundkräfte können wir als die Ebene der physikalischen Energie bezeichnen. Subtiler als diese ist die spirituelle Energie, die man im Osten *Chi, Prana* oder *Lung* nennt. Sie ist subtiler als Materie aber weniger subtil als der reine Geist. Der inkarnierte Geist, der sich nach oben richtet und aus der Materie herausstreckt, ist noch nicht der reine Geist, aber weitaus weniger physisch als es Materialisten meinen. Jedoch steht er in Wechselwirkung mit der Materie, mit dem Gehirn und damit mit den physikalischen Grundkräften. Darüber aber gibt es noch den Geist, der von oben her kausal auf diese Welt einwirkt, aber auf den diese Welt nicht (willkürlich) einwirken kann. Er ist die subtilste und zugleich die mächtigste dieser Kräfte. Denn das Geheimnis der Hierarchie

der Kräfte besteht darin, dass jede dieser Ebenen nicht nur subtiler ist als die andere, sondern auch mächtiger. Das wollen Materialisten nicht glauben. Für sie gibt es nichts Mächtigeres als die Materie. Aber die Energie zweier winziger Atome in einer Atombombe ist sehr viel kräftiger als ein Metallbrocken vom Gewicht einer solchen Bombe. Der reine Geist aber ist so mächtig, dass er die heute bekannten Naturgesetze buchstäblich aufzuheben vermag. Wir sagen: „Die Welt folgt der Ordnung der Kräfte. Alle Kräfte sind in mir wie ich in ihnen". Die subtilen Energien haben eine befreiende Qualität, je mehr sie von (ethisch) negativen und auf die Materie gerichteten Bestandteilen gereinigt sind. An sich sind sie in ihrer Qualität neutral, aber durch ihren falschen Einsatz und die Verunreinigungen ihrer subtilen Gefäße werden sie gefährlich für ihren Benutzer. In tantrischen Übungen, im Qi Gong oder manchen Yogaformen werden sie gereinigt, damit sie zur Befreiung des Geistes beitragen. Werden sie hingegen in Ritualen der schwarzen Magie im Sinne des negativen Pols des Kraftfelds der Liebe missbraucht, können sie (für den Ausübenden) verheerend sein. In stark affektiven mystischen Erlebnissen sind sie wie Schnellstraßen, auf denen der Geist zur Vereinigung mit dem Göttlichen fährt. Werden sie in keiner Weise spirituell genutzt, korrespondieren sie mit der versklavten Natur des Menschen in dieser Welt.

Der Archetyp als Selbstaspekt

Woher kommt die Kraft in dir, die es dir ermöglicht, deinen Alltag oder eine Krise zu bewältigen? Welches sind die Quellen deiner Kraft? Welche menschlichen Begegnungen, welche Situationen, welche Aktivitäten, welche Gefühle und Motive geben dir Kraft und welche nehmen sie dir? Gewinnst du Kraft aus der Entspannung oder der Ekstase, der Schönheit des Augenblicks oder dem Gleichmut gegenüber allem, dem Gefühl zu lieben oder geliebt zu werden, dem Kämpfen oder dem Frieden, dem Alleinsein oder der Geselligkeit, dem Nachdenken oder dem Nachfühlen, dem Beschenken oder dem Beschenktwerden, dem Erfolg oder der Freiheit

von allem Bewerten? Wodurch wirst du dauerhaft stärker, kräftiger, wodurch stärkt sich deine Persönlichkeit oder dein inneres Wachstum hin zu einer höheren Qualität?
Archetyp/psychologische Instanz: Ich-Stärke

Meditation
Blicke in dich hinein. Es gibt Teile in dir, die wollen dir selbst und anderen schaden, die wollen dich verführen zu Handlungen, die dich von deinem eigentlichen spirituellen Ziel, der Höherentwicklung, abbringen. Dieses innere Tier neigt dazu, dich mal hierhin, mal dahin zu ziehen. Verleihe ihm ein Aussehen, das für dich passt. Wenn es ein Löwe sein soll, ist es ein Löwe, wenn es ein Hund, eine Katze, ein Vogel oder Fisch sein soll, dann ist es eben so. Dieses innere Tier bündelt in sich alle deine Emotionen, deine Triebe, Antriebe und Motivationen. Was du willst, begehrst, ablehnst, hasst, angreifst oder umarmst, hängt davon ab, was dieses innere Tier will oder nicht will. Es ist nicht objektiv richtig oder falsch, es ist einfach das, was dieses Tier begehrt oder ablehnt. Werde dir bewusst, wie sehr deine innere Stärke davon abhängt, dass du zu diesem inneren Tier ja sagen kannst, dass du es in den Dienst deines Bewusstseins nimmst und dadurch integer wirst, indem du es in dein bewusstes Denken und Handeln einbindest. Deine Stärke ist die Stärke deines inneren Tieres, der Gefühle und Absichten, die tief in dir stecken. Es nützt nichts, sie auszuschließen. Es wird dich zu einer starken, durchsetzungsfähigen und durch nichts zu erschütternden Persönlichkeit machen, wenn du freundlich und beschützend Ja sagen kannst zu allem, was dieses innere Tier ausmacht. Stell dir dies bildlich vor und sende Mitgefühl und Akzeptanz zu deinem inneren Tier, deinem Krafttier.

Praktische Deutung der Karte

Vorderseite
Die Kraft, die man benötigt, um eine schwierige Lebensphase oder den Alltag zu bewältigen, um ein Projekt zum Erfolg zu führen oder

sich gegen andere durchzusetzen, ist vorhanden. Dabei sagt die Karte nichts über den Erfolg des Projekts selbst, aber sie erklärt, dass die innere Stärke als Voraussetzung ausreicht, um einen solchen Erfolg zu ermöglichen. Gemeint ist eine innerseelische Kraft, die Energie, nicht aufzugeben, der Glauben an sich selbst und das Vertrauen auf das Leben oder auf Gott. Daraus resultiert eine Haltung von Gelassenheit und innerer Ruhe, von Mitgefühl und Stärke, die keiner lauten Töne bedarf, um gehört, oder großer Gesten, um gesehen zu werden. Das dazu nötige Selbstvertrauen trägt die Person in sich. Es wird genährt von einer sanften Kontrolle der eigenen Triebe, Gefühle und Motive, entstanden aus einer Haltung wohlwollender, harmonischer Integration des wilden Tieres im eigenen Inneren. Die Person ist integer und stark, weil sie sich selbst kennt und akzeptiert und aus der Akzeptanz ihres eigenen Seins Kraft schöpft.

Stichworte: **Kraft;** *innere Stärke; Selbstvertrauen; Glauben; Urvertrauen; Sanftmut*

Umgekehrte Vorderseite
Der Mensch wird zum Opfer seiner Triebe und Leidenschaften, er kann sie nicht mehr integrieren. Seine Charakterschwäche führt zur Unfähigkeit, sich gegen Andere und herausfordernde Situationen durchzusetzen und dem Leben kraftvoll zu begegnen, er ist ein Opfer seiner Gefühle und Bedürfnisse. Die Schwierigkeiten des Alltags lassen sich nicht mehr bewältigen, weil die Kraft dazu fehlt, nicht weil sie unüberwindlich sind. Die Umkehrung der Vorderseite mahnt uns, nach den Qualitäten der aufrechten Seite zu suchen, unserem Urvertrauen und der Selbstdisziplin, mit der wir die Dominanz unserer Gefühle, Bedürfnisse und Antriebe sanft und friedlich bändigen können.

Stichworte: **Schwäche**

Die verborgene Seite
Was sich hinter der Kraft einer kraftvollen Persönlichkeit verbirgt, ist eine recht subtile, schwer zu beschreibende Haltung, die bei uns heute häufig dadurch bezeichnet wird, jemand sei „in seiner Mit-

te". Was bedeutet dieses „in der eigenen Mitte sein"? Die Mitte, das ist der Punkt zwischen den Extremen, wobei dieser Punkt offenbar als ein individueller gedacht ist, denn es heißt ja, in „seiner" (oder „ihrer") Mitte. Die individuelle Mitte ist also der Punkt, an dem ein Mensch nicht in ein Verhalten links oder rechts von dem verfällt, was ihm selbst angemessen ist. Die wenigsten wissen, dass diese Mitte auch ein körperliches Pendant hat: der Punkt der Körpermitte gilt in Ostasien tatsächlich als das Energiezentrum des Organismus. In China ist dieses Zentrum der Ort, wo die Chikraft wohnt, was bei den Japanern Hara heißt. Wer sich auf den Harapunkt konzentriert, kommt dort an, wo er sein eigentliches Wesen spürt und mit sich selbst in Berührung tritt. Er spürt, wie die Kraft seines subtil-energetischen Organismus von dort aus seinen gesamten Leib durchströmt. In dieser Mitte zu sein, bedeutet, mit sich selbst ins Reine zu kommen. Was aus dieser Energie heraus getan wird, geschieht anstrengungslos, denn es ist ganz in Harmonie mit dem gesamten Sein des Menschen.

Anstrengungslosigkeit, im Fluss sein, ohne Widerstand und Kampf die Dinge zu tun und zu erleben, ist das Geheimnis, wie die Kraftbilanz immer positiv bleibt. Ein Mensch, der ganz mit sich selbst übereinstimmt, der ganz aus der eigenen Mitte heraus lebt, kann alles anstrengungslos tun, weil es nie einen Widerspruch gibt zwischen dem, was er oder sie fühlt, beabsichtigt, denkt und tut, was er oder sie nach außen und nach innen hin lebt. Ein solcher Mensch handelt immer nach der Maxime, nur und genau das zu tun, was dem eigenen innersten Wesen entspricht und alles das nicht zu tun, was die Gesellschaft oder die eigenen Konditionierungen verlangen, aber was das innerste Wesen nicht will. Eine solche Person nennen wir integer oder eine starke Persönlichkeit. Ihre Quelle der Kraft ist das große Ja, das Ja zu dem, was ist, in ihr und außerhalb von ihr. Sie ist in jedem Moment in ihrer eigenen Mitte und handelt daraus, weshalb sie sich nie in kraftzehrende innere Konflikte verstrickt.

Wir sehen diese Quelle der Kraft auf der Kartenrückseite abgebildet: Ein Mann mit einem kugelrunden Bauch sitzt auf dem unter ihm liegenden Löwen, der uns mit aufgerissenem Maul anzubrüllen scheint. Der Mann stützt seine Hände auf seine Knie und lächelt uns an. Er ist mit nichts als einem Lendenschurz bekleidet, aber seinen Nabel ziert eine goldene Spirale. Diese in sich ruhende Kugel aus Fleisch mag zwar unserem derzeit gängigen Schönheitsideal widersprechen, aber sie symbolisiert, dass aus der unbewegten Ruhe und vor allem aus ihrer Mitte heraus eine große Stärke erwächst. Auch in Japan, wo Männer dieser Statur bekanntlich als Sumoringer gegeneinander antreten, ist der Bauchumfang nicht nur als Waffe im Ringkampf hoch geschätzt, er ist vielmehr ein kulturell tief verwurzeltes Symbol für die Harakraft im Nabelzentrum. Warum also hat sich die sanftmütige Dame der Vorderseite hier in einen schwergewichtigen Mann verwandelt? Die Kraft, die der Vorderseite aus ihrer mitfühlenden und sich selbst annehmenden Sanftmut erwächst, hat auch eine andere Seite und die ist männlich in ihrer Natur, denn sie geht von innen, wo die Vorderseite sich findet, wieder hinaus, sie geht im besten Sinne „aus sich heraus" und tritt in Interaktion mit der Umwelt. Während die Szene der Vorderseite sich ganz im Inneren der Seelenkräfte abspielt, zeigt die Rückseite keinen symbolischen, sondern einen „beinahe realen" Löwen, eine Löwen, der auch eine Situation oder ein anderer Mensch sein kann. In der Regel lächelt diese nach außen gerichtete Energie die Welt an, wie der Mann auf dem Bild. Wenn sie einem angriffslustigen Löwen gegenübersteht – auch einem menschlichen -, kann sie sich aber in eine aggressive Form verwandeln, wie die indischen Gottheiten, die eine sanfte und eine rasende Gestalt besitzen. All dies aber geschieht ganz und gar aus einer Verbindung zum innersten Kraftzentrum heraus, das sich im Körpergefühl und ihrem subtil-körperlichen Energiefeld findet.

In praktischen Deutungszusammenhängen kann die Karte als Beschreibung eine Situation meinen, in der sich eine Person ganz in ihrer Mitte befindet, in der sie Kraft aus ihrer körperlichen oder energetischen Präsenz schöpft. Als Aufforderung kann die Karte uns auch darauf hinweisen, dass wir der Welt mit der Wucht unseres eigenen Seins gegenübertreten dürfen, uns nicht unsichtbar

und „dünn" machen müssen, sondern das nach außen bringen können, was uns wesenhaft ausmacht, was wir wirklich sind. All dies sollte ohne Kraftaufwand, aus einem Fluss heraus entstehen, der in unserem Gefühl für uns selbst seinen Anfang nimmt.
Stichworte: **Kraft der Mitte;** *Anstrengungslosigkeit; Zentrierung; Kraft durch Ja-Sagen*

Umgekehrte verborgene Seite
Wenn die Rückseite der Karte sich umkehrt, wird der Aspekt der Kraft nicht gemindert, aber der Weg zur Kraft wird erschwert. Wir können uns hier vorstellen, wie statt des feisten Sumoringers nun ein ausgemergeltes, dürres Wesen auf dem Löwen sitzt, das nur eine Hautschicht über Knochen und Sehnen zu sein scheint. Wir haben es hier statt mit einem anstrengungslosen Weg mit größter Anstrengung zu tun: dem Pfad der Selbstkasteiung und Askese. Tatsächlich kann auch aus Verzicht große Kraft erwachsen. Wer auf die angenehmen Früchte des Lebens verzichten und zu den Bedürfnissen seines körpergebundenen Ichs Nein sagen kann, mag daraus eine Stärke entwickeln, die sich vor nichts zu fürchten braucht: Was auch immer an Schmerzen und Entbehrungen, an unerfüllten Wünschen und Enttäuschungen zu fürchten wäre, hat der Asket sich schon längst selbst bereitet. Er kennt diese Zustände und weiß, dass er mit ihnen umgehen kann. Er sieht, wie wenig sie ihm anhaben können und dass er souverän bleiben kann, auch wenn sich die ganze Welt gegen ihn verschwören sollte: Weil er schon auf alles verzichtet hat, ohne dass es ihn umgebracht hat, kann man ihm nichts mehr wegnehmen, das ihn aus seiner Ruhe bringen könnte. Das gibt ihm ungeheure Kraft, dem Schicksal und anderen Wesen zu trotzen. Aber während der Weg der aufrechten Rückseite einem deutlichen Ja zum Leben und zu sich selbst entspricht, drückt die umgekehrte Rückseite ein kräftiges Nein aus. Dieses Nein kann ausgesprochen sinnvoll sein, wenn es darum geht, die Abhängigkeit erzeugenden Gifte des Alltags, Alkohol und Medikamente, Spielsucht oder Sexsucht, von sich zu weisen. Das

Nein kann immer dann sinnvoll sein, wenn wir schädigende Einflüsse von uns fernhalten müssen, um nicht Kraft an sie zu verlieren. Allerdings ist sein Weg teuer erkauft. Er musste einen schwierigen, anstrengenden Weg nehmen, um zu innerer Freiheit und damit Stärke zu gelangen. Vielleicht war dieser Weg für ihn notwendig. Aber vielleicht hat er ihn auch bitter und gehässig gemacht gegenüber denen, die sich etwas gegönnt haben, die sich nicht von allem Genuss und allem Schönen, Angenehmen fernhalten mussten. Wir sollten nicht vorschnell beurteilen, ob sein Weg der richtige oder falsche ist, wir sollten nur festhalten, dass es ein möglicher Weg zur inneren Kraft ist, aber auch derjenige, der leicht in eine Haltung von aggressiver oder autoaggressiver Selbstverleugnung umschlagen kann, in Selbsthass sogar. Der Asket, der sich nichts gönnt, ist möglicherweise mehr in einer Haltung der Ablehnung und des Zorns gegenüber der Welt gefangen als er selbst wahrhaben möchte. Er wird zwar eine zeitlang sehr stark sein und den Löwen zu bändigen vermögen, aber irgendwann ist er so ausgemergelt und seine Kräfte sind im Kampf gegen die Begierden so weit verbraucht, dass der Löwe ausbricht und ihn bezwingt.

Stichworte: **Askese**; *Verzicht; Selbstdisziplin; Selbstverleugnung; Kraft durch Nein-Sagen*

IX. Der Eremit

Amplifikation

Auf den Karten, die der Tradition von Marseille folgen, sehen wir einen bärtigen alten Mann mit Stock und Laterne, während das Visconti-Tarot ihm statt der Laterne eine Sanduhr in die rechte Hand gibt. In der mittelalterlichen Kunst war die Sanduhr ein wichtiges Symbol für die Vergänglichkeit des Lebens und deshalb mit der Mäßigkeit sowie dem Tod verbunden. Wenn der Visconti-Tarot also die Figur, die man später als Eremiten ansah, mit dem Stundenglas verbindet, so wird hier ein Mensch dargestellt, dessen

Weisheit sich aus dem Bewusstsein für die Zeit, für die Vergänglichkeit speist. Der Stock, den er in der Hand trägt, lässt ihn als einen Wanderer erscheinen, einen Pilger, und erinnert das Bild vom Menschen, der seine zeitlich begrenzte Existenz auf Erden als Zwischenstadium, als Pilgerschaft hin zum Reich Gottes begreift. So beschrieb der Kirchenlehrer Thomas von Aquin das menschliche Leben als eine einzige Pilgerschaft, die erst mit dem Tod bei Gott endet. Der Eremit als Pilger ist also auf dem Weg, wie wir alle, aber er ist ganz bewusst auf seinem Weg, die Lampe des Bewusstseins, die er in jener anderen Tradition vor sich trägt, erleuchtet seinen Weg. Er hat das menschliche Leben als Pilgerschaft zur Wirklichkeit gebracht und sich auf eine konkrete Pilgerreise begeben, die weg führt vom normalen menschlichen Dasein in die völlige Ungebundenheit.

Immer wieder gab es Menschen, die ihr ganzes Leben als eine Pilgerschaft zu Gott hin betrachtet haben, das von einem inneren mystischen Weg begleitet war und auch äußerlich zumindest zeitweise einer Situation der „Heimatlosigkeit" entsprach. Man denke nur an den Buddha wie an Jesus rund 500 Jahre nach ihm, der wiederum in der Tradition der alttestamentarischen Patriarchen und Propheten steht. Zu einer Pilgerschaft ohne festes Ziel wurden die Aposteln von Jesus ausgesandt, ausgestattet mit den Attributen des ganz auf Gott und die Barmherzigkeit Anderer vertrauenden Wanderasketentums („kein Brot, keine Taschen, keine Münze im Gürtel, kein zweites Hemd, aber Sandalen an den Füßen" Mk 6, 7-13). Zugleich nutzt Jesus das metaphorische Bild der Pilgerschaft zur Beschreibung seines irdischen Daseins als ein Kommen und Gehen vom und zum Vater (Joh 16, 28). Seine eigene Heimatlosigkeit in dieser Welt (Lk 9, 58) findet in seiner Ortsungebundenheit nur ihren sichtbaren Ausdruck. Die ersten Christen taten es ihm gleich: In den Zeiten der frühen Christengemeinden, von denen eine antike Schrift namens *Didache* Zeugnis gibt, besaßen wandernde geistliche Lehrer höchste Autorität und sollten „wie der Herr selbst" aufgenommen werden (allerdings nur solange sie sich als echte Heimatlose erwiesen und am nächsten Tag wieder gingen...). In derselben Weise waren die ersten Anhänger des Buddhas Wandermönche und -nonnen. Sie folgten damit dem Ideal eines schon Jahrhunderte zuvor in Indien bekannten Wanderasketentums. Bis heute wird vom religiösen Mann in Indien erwartet, dass er nach einem Leben als Familienvater und Geldverdiener im Rentenalter zum Sannyasin wird, einem Wanderer oder Einsiedler, der alles Hab und Gut und alle weltlichen Bindungen aufgegeben hat, um sich auf die Suche nach endgültiger Befreiung zu begeben.

Ein ortsungebundenes Mönchs- oder Predigerwesen gab es auch in der westlichen Welt immer wieder und bis in unsere Tage. Im Islam waren einige unter den frühen Sufi-Mystikern heimatlos Wandernde. Im Christentum waren die frühmittelalterlichen Missionare der germanischen Gebiete iroschottische Mönche, die ohne feste Bleibe umherwanderten wie Jesus und die Apostel. In der Nachfolge Christi hatten sie sich der Heimatlosigkeit, der *Peregrinatio*, verschrieben und konnten so den Samen des neuen Glaubens in die entlegenen Gebiete Nord- und Mitteleuropas hineintragen. Im Hochmittelalter wurde Franz von Assisi zu einem der ersten von der Kirche anerkannten Vertreter der seinerzeit blühenden Armutsbewegung. Anders als seine unmittelbaren Nachfolger blieb er mit seinen Anhänger sein Leben lang ohne feste Behausung und zog als Landstreicher durch die Landschaften Mittelitaliens. Und der dreihundert Jahre später gegründete katholische Jesuitenorden ist von seinem Gründer, Ignatius von Loyola, in bewusstem Gegensatz zur Verpflichtung auf ein Leben in einem bestimmten Kloster (der *stabilitas loci*) konstruiert worden. Obwohl sein Ziel, nach Jerusalem zu pilgern, für Ignatius zunächst scheiterte, sah er sich selbst und seine Ordensmitglieder stets als Pilger inmitten des gewöhnlichen weltlichen Tuns. Für eine solche Pilgerpersönlichkeit ist der Weg zu Gott ein lebenslanges Fortschreiten auf einer inneren Reise mitten in aller äußeren Aktivität. Die mystische Mitte im eigenen Inneren bleibt dabei das innere Land der eigentlichen Pilgerreise. Die „aufrichtigen Erzählungen eines russischen Pilgers" sind ein Beispiel aus dem orthodoxen Christnetum für einen solchen Eremiten, der alleine mitten durch die Welt ging, dessen

Zentrum aber seine eigene Brust und die Erfahrung des Christus darinnen war.

Andere Eremiten ziehen sich so weit von der Außenwelt zurück, dass sie für Andere unerreichbar werden, sie leben in Höhlen im Himalaya oder in der Einöde, wie es der berühmteste frühchristliche Eremit, Antonius der Große, tat, der sich im 3. Jahrhundert in die ägyptische Wüste zurückzog. Einsiedeleien, meist kleine Hütten, in denen Berufene ein Leben in Einfachheit und Zurückgezogenheit zubrachten, waren aber noch das gesamte Mittelalter hindurch in ganz Europa verbreitet. Die Wirkung dieser Eremiten auf ihr Umfeld war teilweise so groß, dass sie schon zu Lebzeiten als Heilige verehrt wurden und Pilgerströme anzogen, so im Fall des Schweizer Nationalheiligen Nikolaus von Flüe. Diese Pilgerströme waren wohl der Grund, weshalb einige Wüstenasketen der Frühzeit, die so genannten Styliten (Säulenheiligen) auf breite Steinsäulen flohen und sich dort häuslich einrichteten. Manche hingegen zogen sich nur zeitweise von der Welt zurück, wie die Heiligen, deren Leben zur Gründung neuer Religionen führte, Gautama Siddharta oder Jesus von Nazareth, der eine für Jahre fastend in einem Wald, der andere für vierzig Tage in der Wüste. Und wieder andere schließen sich heute wie bereits in der Antike zu Eremitengemeinschaften (koinobitische Eremitenorden) zusammen, weil ein einsames Leben mit Gott gemeinschaftlich leichter zu organisieren ist (im Katholizismus etwa die Orden der Kartäuser und Camaldolenser).

Damit steht der wandernde Pilger inmitten der Welt in einem Spannungsverhältnis zum eigentlichen Einsiedler, der sich in die Einsamkeit und Weltabgeschiedenheit auch im Äußeren zurückgezogen hat – und es ist dieser Eremit, den das Tarot seit den Marseiller Ausgaben in der neunten Tarotkarte erblickt, obwohl ihm weiterhin der Wanderstock des Pilgers beigegeben wird. Wenn schließlich das Stundenglas durch die Lampe ersetzt wird, begegnen wir einer anderen Deutung. Nicht mehr der durch die Vergänglichkeit des Lebens hindurchpilgernde Mensch, sondern der nach dem Licht der Erleuchtung suchende Mensch wird hier sichtbar. Bei Smith/Waite wird der wandernde Eremit, der ewig auf dem Weg ist und zeitlebens nicht ankommen *kann*, ersetzt durch das Bild eines angekommenen, eines Suchenden, der das Licht der Erleuchtung bereits gefunden hat. Ruhig steht er auf dem Gipfel des höchsten Berges weit und breit. Die Höhen des Geistes sind erklommen und das Ende des Strebens der Seele ist erreicht. Die Laterne wird nicht hochgehalten, weil der Eremit ihr Licht nicht mehr benötigt: Sein Blick ist nach innen gekehrt, er trägt es bereits in sich selbst. Die Laterne soll den Anderen auf dem Weg leuchten und sie dorthin führen, wo der Eremit sich bereits befindet: „Wo ich bin, vermagst auch du zu sein" lässt Waite ihn dazu sagen. Damit wird der Eremit zum Lehrer, der den Weg bereits vorangegangen ist und ihn deshalb Anderen weisen kann. Dieser Weg besteht stets in einem Rückzug von der Welt der gewöhnlichen Geschäftigkeit, in einem Schritt, der die Anderen ausschließt, weil nur jeder für sich selbst die Wahrheit finden kann. Die Suche nach der Wahrheit ist immer ein einsamer Weg und die Wahrheit gefunden zu haben, macht gegenüber den anderen Menschen nicht weniger einsam. Nur in diesem Sinne ist der Eremit ein einsamer Mensch: Er ist es nicht aus Unglück, sondern weil es ihm bestimmt ist, seinen eigenen Weg zu gehen und niemand ihn dabei dauerhaft begleiten kann.

Die Laterne in der Hand des alten Weisen erinnert auch an Diogenes, der mitten am Tag eine Laterne anzündete und sich damit auf den belebten Marktplatz von Athen stellte. Gefragt, was er da tue, soll er geantwortet haben: „Ich suche nach Menschen". Selbst unter Hunderten und Tausenden kann der Anspruch des Weisen an das, was einen wahren Menschen ausmacht, keinen einzigen solchen echten Menschen finden. So erging es auch einem anderen großen Weisen, der von der Höhe eines Berges herabstieg, auf dem er zu Erkenntnis gelangt war, um sich auf den Marktplatz zu stellen: Nietzsches Figur des Zarathustra (die den realen Religionsgründer nur als Vorlage benutzt) fordert von den auf der Stufe des Tieres lebenden Menschen, sich nicht nur zum wahren Menschen, sondern darüber hinaus zum Übermenschen zu entwickeln: Die

Entwicklung muss über das gewöhnliche Menschsein hinausgehen, weil es das ist, was in uns als Möglichkeit wahrhaftig angelegt ist. Der Eremit, der sein Ziel bereits erreicht hat, steigt wieder hinab in die Welt, um die Menschen aufzufordern, es ihm gleich zu tun. Doch wie bei Nietzsche, so stößt der Prophet, der die anderen auf ihre Unzulänglichkeit hinweist, nur zu oft auf taube Ohren und auf die Wut eines in seiner Selbstgewissheit gestörten Egos.

Tatsächlich ist der Weg der Entwicklung unseres höchsten spirituellen Potentials praktisch unmöglich, wenn wir nicht dazu bereit sind, uns in uns zurückzuziehen und dort, nicht in den Belehrungen Anderer und nicht in den Ablenkungen der Welt nach der Wahrheit zu suchen. Der Eremit hat ein *lediges* Gemüt, wie Meister Eckhart es ausdrückt, denn er hat sich aller Vorstellungen und Eindrücke *entledigt*, die ihn davon abhalten, Gott hinter den Dingen zu sehen. Er zieht sich zurück, um nicht abgelenkt zu werden vom eigentlich Wesentlichen, dem Weg zur höchsten Vereinigung mit dem Göttlichen, dem Weg zur Erleuchtung. Die Einsamkeit des Eremiten bedeutet, den Belehrungen im eigenen zu lauschen und zu vertrauen statt sich weiter von den Predigten Anderer abhängig zu machen.

Da die Karte des Eremiten einen weisen Menschen zeigt, liegt es nahe, die Kardinaltugend der Klugheit oder Weisheit mit ihm in Verbindung zu bringen, wie Eliphas Levi es tut, für den die Karte quasi allegorisch für diese Tugend selbst steht. Wir müssen uns an dieser Stelle deshalb noch mit dieser zentralen Eigenschaft des Eremiten befassen und sehen, was mit den Begriffen Weisheit oder Klugheit traditionell gemeint ist. Das christliche Mittelalter pflegte den Begriff der Klugheit (gr. *phrónesis*), nicht aber den der Weisheit (gr. *sophía*) zu den Kardinaltugenden zu zählen, obwohl bei Platon beide Begriffe noch beinahe austauschbar verwendet werden. Es waren erst Platons Schüler, Aristoteles und später die Neuplatoniker mit Plotin an der Spitze sowie Kirchenvater Augustinus, die Wert darauf legten, dass Klugheit nicht dasselbe wie Weisheit sei und dass die Weisheit ein weit höheres Vermögen sei als die Klugheit. Letztere bezieht sich demnach mehr auf die Kenntnis der

Welt, wie sie uns erscheint, die Weisheit aber auf die Erkenntnis einer Welt, die dieser übergeordnet ist und die man als Welt der letzten Dinge, der philosophischen Prinzipien oder die spirituelle Ebene der göttlichen Wirklichkeit bezeichnen kann. Als Kardinaltugend erschien deshalb dem Kirchenlehrer Thomas von Aquin allein der Begriff der Klugheit geeignet, zum Ziel für alle Menschen erklärt zu werden. Über soziales und naturwissenschaftliches Wissen hinaus soll der Mensch ein praktisch-moralisches Wissen erwerben, das ihn befähigt, in einer ethisch korrekten und zielführenden Weise zu handeln. Klugheit ist damit deutlich abzugrenzen von einer selbstsüchtigen Schläue oder Gerissenheit und sie ist auch unterschieden von rein technologischer Gelehrtheit oder theoretischem Wissen. Sie enthält einerseits das Wissen um das, was gut und richtig ist in einem ethischen und auf die Mitmenschen bezogen Sinn, sie enthält andererseits Weltwissen, das zur praktischen Handlungsfähigkeit führt (und wie wir alle wissen, ist das nicht dasselbe wie die Intelligenz, die sich in der Schule trainieren lässt). Für Thomas von Aquin ist die Klugheit damit sogar die Grundlage des ethischen Gutseins, sie ist die „Mutter aller Tugenden". Nur wer um das Richtige und Gute weiß, kann gerecht, mäßig oder mutig sein – und umgekehrt gilt: Ein jeder, der sich unethisch verhält, ist letztlich unklug. Der Vorrang der Klugheit gegenüber den anderen Tugenden meint „die Ausrichtung des Wollens und Wirkens an der Wahrheit"; denn: „Das Gute ist zuvor klug; klug aber ist, was der Wirklichkeit gemäß ist"[32].

Obwohl viele Menschen den Begriff Weisheit so gebrauchen, wie die eben genannte Tradition den Begriff der Klugheit definiert, mag es sinnvoll sein, gemäß Aristoteles und Augustinus die Weisheit als ein das Lebenspraktische noch übersteigendes Wissen zu betrachten. Weisheit ist nach dieser Tradition das Ergebnis des Erforschens oder des erleuchteten Wissens einer Wirklichkeit jenseits der gewöhnlichen Welt der Phänomene, der Erscheinungen unseres Alltags. Weisheit ist in diesem Sprachverständnis eine metaphysische oder spirituelle Erkenntnis, ein Wissen um die letzten Fragen nach Sinn, Ziel und Ursprung des menschlichen Lebens. Sie entspricht damit teilweise der Definition des im Buddhismus wichtigen Begriffs *prajña*, der meist ebenfalls als Weisheit übersetzt wird: *Prajña* ist die Erkenntnis der Wirklichkeit, die „wirklich wirklich" ist, wie sie dem Heiligen (Arhat) oder dem voll Erleuchteten (dem Buddha) erscheint. Während der gewöhnliche Mensch diese Weisheit nicht oder kaum besitzt, übt sich der Mensch auf dem Weg zur Erleuchtung, die Dinge und sich selbst in wechselseitiger Abhängigkeit von physischen, sozialen und metaphysischen Bedingungen zu erkennen. Dadurch erkennt er auch, dass es kein Ich gibt (das nämlich unabhängig von solchen Bedingungen existieren müsste) und keine Welt mit Dingen an sich (sondern nur Dingen, die uns erscheinen als wären sie an sich existent). Weisheit im Sinne des Buddhas ist also metaphysisches Erkenntnisvermögen.

In der Gnosis, jener abendländischen Geistesströmung, die vom noch ganz jungen Christentum in turbulenten geistesgeschichtlichen Kämpfen schließlich als Irrlehre ausgegrenzt wurde, kennt man die Weisheit, die Sophia, als göttliches Prinzip. Sie ist eine Emanation, eine Ausstrahlung Gottes, ein so genannter Äon. Ihr männliches Gegenstück ist Christus, der auch der Logos genannt wird, der göttliche Verstand. Sophia ist auch in unserer Seele präsent als der göttliche Funke, der uns mit Gott verbindet. Aus der Annahme, dass Sophia, Gottes Weisheit, ebenso wie die mir ihr verbundenen menschlichen Seelen zurück strebt nach ihrer göttlichen Heimat, aus der sie einst in die Welt der Materie hinabfiel, leiten sich viele mystischen Ansichten von der Gnosis beeinflusster Systeme wie der Kabbalah und des Hermetismus ab. Auch die Katharer, jene religiöse Bewegung, die es wagte, der mittelalterlichen Kirche eine freigeistige Gegenkirche entgegenzustellen und die deshalb grausam vernichtet wurde, war von dieser gnostischen Hoffnung auf den Aufstieg der Seele in ihre ursprüngliche Reinheit bei Gott getragen. Ob nun die Katharer mit dem Tarot etwas zu tun hatten oder nicht, aus Sicht der Befürworter dieser historisch unbelegten These ist es nur konsequent, dass der Eremit das Licht der Gnosis, der Erkenntnis in der Hand trägt und auf dem höchsten

Gipfel steht, um seine persönliche Weisheit zur Wiedervereinigung mit Sophia, der weiblichen Seite Gottes leuchten zu lassen.

Bild der Wandlung: Die VIII wird zur IX, wenn die Suchenden die Wahrheit, die sie zunächst in äußeren Lehren, in der Liebe, im intuitiven Handeln suchten, an und in sich entdecken. Das Wirken in der äußeren Welt wird ihnen unwichtig und ihr Rückzug ins Innere beginnt. Anstelle des Weges des Handelns gehen sie nun den Weg der Erkenntnis. Sie benötigen die äußeren Lehren nicht mehr, sondern finden die Wahrheit dort, wo sie seit Anbeginn der Zeit abgelegt wurde, um eines Tages entdeckt zu werden: in der eigenen Schatzkammer des unendlichen Wissens. Dieses Wissen ist jenseits der Sprache und kann nicht mit der Sprache geteilt werden, so dass sie ihren Weg einsam gehen müssen, weil sie sich und das Erkannte nicht mitzuteilen wissen.

Der geheime Faktor: Die Meditation
Es gibt einen Weg, der zur Befreiung der Seele aus ihrer Gefangenschaft führt, zurück in die Ureinheit, den Paradieszustand der Begegnung mit dem Göttlichen, des Mokshas oder Nirvanas. Dieser Weg ist die Kultivierung des Geistes. Im Westen nannten wir ihn einst Kontemplation, nennen ihn heute lieber Meditation. Die Meditation ist ein einsames Geschäft. Selbst wenn wir einen Lehrer haben, müssen wir immer noch alles alleine tun. Wenn wir meditieren, sind wir immer Eremiten, solange wir nicht die Weite des Geistes auf alles ausdehnen können, was ist, unsere Mitwesen eingeschlossen. Aber glücklicherweise müssen wir die Meditation selbst nicht mehr ganz neu erfinden. Glücklicherweise gibt es die Lehren und die Lehrerinnen und Lehrer, die uns erklären können, was wir zu tun haben. Wir können glücklich sein zu sagen: „Es gibt einen Weg, die Befreiung aus dem Diesseitigen zu erreichen. Dieser Weg ist bekannt und erlernbar." Die befreiende Qualität der Geisteskultivierung kann sich nur in ihr Gegenteil verkehren, wenn wir falsche Methoden anwenden oder richtige Methoden falsch anwenden. Manche Methoden zur Kultivierung des Geistes erschei-

nen sehr langweilig und dauern sehr lange, bis sie Erfolge zeitigen. Dafür sind sie sicher, ungefährlich und führen stetig und dauerhaft zu guten Resultaten. Andere Methoden verändern das Bewusstsein schnell und dramatisch. Sie scheinen attraktiver zu sein – aber sie bergen enorme Gefahren, wenn der Schüler unvorbereitet ist, ein schlechtes Karma mitbringt oder die Methode falsch anwendet. Immer wenn die Meditation einen der beiden unerwünschten Zustände *tamas* (Trägheit des Geistes) oder *rajas* (Erregtheit des Geistes) nicht alleine während der Übung zutage fördert, sondern nachhaltig verstärkt, ist der eingeschlagene Weg eine Sackgasse!

Der Archetyp als Selbstaspekt
In dir sind das Wissen und die Antwort auf alle Fragen, die dich wirklich beschäftigen. Du musst nur ganz bei dir selbst sein und still werden, um deine Antworten zu hören. Welches sind die großen Fragen des Lebens, die du vielleicht schon wieder zu stellen vergessen hast, weil sie dir unbeantwortbar erschienen sind? Kannst du dich an einen weisen Menschen erinnern, der Antworten auf solche Fragen zu geben wusste? Welche Weisheit kannst du in deinem eigenen Inneren erahnen, wenn du ganz unvoreingenommen daran glaubst, dass die Quelle allen Wissens auch in dir wirkt? Wann in deinem Leben hast du schon einmal eine weise Antwort gegeben oder in dir gehört? Wann hast du gespürt, dass du dich in einer Situation weise und lebensklug verhalten hast? Was benötigst du, damit diese Weisheit dich öfter führen kann?
Archetyp/psychologische Instanz: Der/die alte Weise

Meditation
Stell dir vor, wie du vor einer einsamen Hütte hoch oben auf einem Berg sitzt und über die Gipfel und Täler vor dir hinabsiehst. Stell dir deine Gestalt vor: Wenn du ein Mann bist, dann stell dir dich mit einem weißen Bart vor, wenn du eine Frau bist, stell dir deine langen, schlohweißen Haare vor. Du bist ganz allein. Niemand ist hier, der dich in deiner Kontemplation stören könnte. Du bist allei-

ne mit deinem Gott, deinem Engel oder deiner Buddhanatur. Spüre, wie das Alleinsein dir die Kraft gibt, das zu erfahren, was du wirklich bist, ohne die Möglichkeit, irgendwelche Bedürfnisse an deine Mitmenschen heranzutragen. Du kannst tief und mit aller Zeit, die du benötigst, in dich hineinschauen und den inneren Dialog beginnen, auf den du in der Umtriebigkeit der Welt immer gewartet hast. Mit welchen Worten wirst du beginnen? Welche Fragen wirst du dir stellen? Und dann tu gar nichts und warte ab, bis die Weisheit in deinem eigenen Inneren dir von alleine antwortet.

Praktische Deutung der Karte

Vorderseite

In der praktischen Deutung handelt es sich beim Eremiten um einen Menschen, der sein Leben einem höheren Ideal weiht, einen Forscher, Geisteswissenschaftler, Psychotherapeuten, der in die Tiefen der menschlichen Seele eindringt. Die Karte weist auch auf einen Rückzug hin, der selbst gewählt ist, um sich mit sich oder mit der eigenen höheren Weisheit, mit Gott oder einem spirituellen Pfad zu beschäftigen, um zu studieren oder sich neu zu finden. Nur zu den Zeiten, wo wir dies nicht erkennen, können wir uns einsam und unverstanden fühlen und unser Eremitendasein als schwere Last empfinden. Das Resultat dieses Weges aber ist Reife und die Entwicklung einer starken, in sich gefestigten Persönlichkeit. Deshalb zeigt die Karte auch eine weise Person, einen Lehrer oder eine Lehrerin. Dies kann auf der Objektebene bedeuten, dass es eine solche Person eines weisen Führers (einer weisen Führerin) in unserem Leben gibt und wir aufmerksam darauf achten sollten, wer diese Person ist und was sie uns mitzuteilen hat. Auf der Subjektebene kann es sein, dass wir selbst gemeint, dass unsere eigenen Qualitäten als Lehrer, Gelehrter oder weiser Mensch, als Beraterin oder Führerin eines anderen Menschen gefragt sind. Als Allegorie symbolisiert der Eremit die Weisheit oder Lebensklugheit als Charaktereigenschaft einer Person oder als Ideal.

Stichworte: **Weisheit***; Zurückgezogenheit; Einsamkeit; Klugheit; Lehrer; Gelehrter*

Umgekehrte Vorderseite
In der Umkehrung wird der Rückzug zur Angst vor Menschen, vor dem Leben an sich und vor der Verantwortung, das eigene Leben wirklich zu leben. Manche Menschen, die sich ins Kloster zurückziehen, mögen zwar aufrichtig nach Gott suchen, aber zugleich fürchten sie sich vor dem Leben, vor Beziehungen zu anderen, vor der Verantwortung, für den eigenen Lebensunterhalt selbst zu sorgen. Ihre Menschenfurcht (*Anthropophobie*) macht es ihnen unmöglich, wirkliche Weisheit zu entwickeln, wenn sie zugleich auch vor sich selbst und der Konfrontation mit den Dämonen im eigenen Inneren davonlaufen. Dann ist es wichtig, dass der Betreffende seinen Rückzug aufgibt und auf die Welt und die Menschen in seiner Umgebung neu zugeht. Wenn die Umkehrung sich auf den Aspekt von Weisheit und Reife bezieht, so zeigt die Karte in dieser Position, dass ein Mensch unreif ist, sich nicht gefunden hat, mit dem Leben und seinen Anforderungen nicht auf eine souveräne Weise umzugehen weiß und deshalb auch anderen kein Lehrer im Leben sein kann.

Stichworte: **Unreife***; Anthropopobie; Angst vor Menschen und dem Leben*

Die verborgene Seite
Die verborgene, die Schattenseite des Eremiten sind die Kämpfe, die er mit sich selbst und der Welt ausstehen musste, um zu Weisheit und einer Ausrichtung nach Innen zu gelangen. Dazu musste der Eremit vor allem auf viele Annehmlichkeiten verzichten, die er sicherlich selbst gerne gehabt hätte. Vor allem musste er einen ganz eigenen Weg gehen, der ihn von den Menschen in gewisser Weise isoliert hat. Vielleicht hat er sich in das Alleinsein in einer Einsiedelei zurückgezogen, vielleicht aber hat er auch mitten unter den Menschen gelebt und dabei gespürt, was es heißt, einsam unter Anderen zu sein. Diese Einsamkeit hat ihm, der als Mensch ein

soziales Wesen ist, viel abverlangt. Dass er von vielen nicht verstanden wurde und ihrem Spott ausgesetzt war, konnte nicht ausbleiben. Viele seiner Bedürfnisse blieben unerfüllt, viele seiner Nöte und Sorgen blieben ungeteilt. Gegenüber den Freuden und Leiden seiner Mitmenschen war er oft nur ein unbeteiligter Beobachter. Aber er war klug genug alles zu registrieren, was sich bei anderen und ihm selbst ereignete. Er wurde damit zu einem wirklich weisen Menschen, der über das Leben und die eigenen seelischen Tiefen Bescheid wissen konnte. Die Gefahren, die er dabei durchzustehen hatte, die er mit sich und seinen spirituellen Helfern ausmachen musste, zeigen sich im Bild dieser Kartenseite.

Die Perspektive hat sich gedreht: Wir sehen denselben Eremiten wie auf der Vorderseite, aber diesmal von vorne, und erkennen, dass er einen ganzen Tross hinter sich herzieht – eine dämonische Gestalt, die einem Bild von Hieronymus Bosch zu entstammen scheint, eine schöne junge Frau, ein reicher, stolzer Kaufmann, eine alte Frau, die kniet und ihn anbetet, als würde sie ihn nicht als Heiligen, sondern als Inkarnation des Göttlichen selbst ansehen. Die Wesen, die er nicht abschütteln kann, scheinen ihn in seiner Kontemplation allerdings keineswegs zu stören. Seine Laterne leuchtet ihnen den Weg, aber seine geschlossenen Augen betrachten weiterhin die inneren Wahrheiten, nicht die äußerlichen Störungen seiner meditativen Stille. Das Bild erinnert an Antonius den Großen, der gerade deshalb zu einem solch bedeutenden Heiligen der Christenheit wurde, weil er so häufig und so heftig von Versuchungen gequält wurde. Was ihn zum großen Heiligen machte, war nicht etwa, dass es ihm nichts ausgemacht hätte, allein in der Wüste zu leben, sondern dass er darunter litt und dieses Leiden dennoch auf sich nahm. Man darf sich das auch nicht so vorstellen, dass Eremiten von Anfang an Heilige sind. Sie machen Fehler und fallen zurück in alte Muster und Bedürfnisse und müssen sich immer wieder neu den Weg erkämpfen, den sie sich gewählt haben. Aber tröstlicherweise wird für die meisten von ihnen der Weg immer klarer und gangbarer, je mehr die Ausrichtung auf das innere Ziel die Anfechtungen überwiegt.

Das Bild stellt einen Menschen dar, dessen Weg zu sich selbst und zur eigenen inneren Wahrheit nicht einfach ist. Störungen von außen gibt es vielfältige. Aber er geht seinen Weg dennoch. Ruhig und gefasst, lässt er sich von den vielfältigen Erwartungen anderer, von den eigenen Bedürfnissen (dargestellt durch den Dämon) und von den Verwirrungen einer Welt, die nichts von innerer Stille weiß, nicht vom Weg abbringen. Er besitzt jenen Mut, seinen einsamen Weg weiterzugehen, den man als Duldemut bezeichnen kann. Die Karte kann damit auch einen Menschen zeigen, der nicht im Rückzug von der Welt, sondern – anders als Antonius – mitten in der Welt seine spirituelle oder persönliche Weiterentwicklung betreibt, seine eigene innere Wahrheit lebt und erfährt, oder der sich nach einer Zeit des Rückzugs bewusst in die Auseinandersetzung mit der Welt zurückbegibt. In der ursprünglich indischen und später auch tibetischen Tradition des spirituellen Tantra wird selbst das, was in anderen Traditionen als schädlich begriffen wird, starke Gefühle wie Begierde oder Zorn, genutzt, um über die weltliche Ebene hinauszugelangen. Weltliche Anfechtungen werden hier zu Bestandteilen des Pfades transformiert. Wenn wir es mit den Schwierigkeiten aufnehmen, die Andere und unsere eigene mangelnde Sicherheit für den rechten Weg uns bereiten, dann gelangen wir zur Quelle unserer eigenen inneren Weisheit. Der in die Welt zurückgekehrte Eremit bleibt sich und seiner Weisheit treu, er ist jetzt in, aber nicht von dieser Welt.

Stichworte: **Duldemut**; *Erdulden; Anfechtungen; Ertragen von Einsamkeit; zurückgekehrter Eremit; Großstadt-Eremit*

Umgekehrte verborgene Seite
Die Umkehrung zeigt das Bild in seiner unentwickelten Form: Der Mensch hat nicht die nötige Reife entwickelt, um den Anfechtungen und Versuchungen der Welt zu widerstehen, er erliegt ihnen. Somit zeigt die Umkehrung den Menschen, der entweder den scheinbar angenehmen Seiten des Lebens oder dessen Verpflichtungen erlegen ist, der sich nicht abgrenzen kann gegenüber den Forderungen der eigenen Gefühle oder der Mitmenschen, des Berufes, der Familie. Er ist vielleicht auch der Verlockung der Be-

wunderung durch Andere erlegen und hätte ein guter spiritueller oder wissenschaftlicher Lehrer, ein Meister seiner Kunst werden, seine eigene Wahrheit finden können, wenn es ihm nicht wichtiger gewesen wäre, geliebt und bewundert oder berühmt und mächtig zu werden. Andererseits kann die Umkehrung auch einen Menschen bezeichnen, der zwar nicht stark genug in seinem Weg gefestigt ist, um mit den Anforderungen der Welt arbeiten und umgehen zu können, der aber im Konflikt mit ihnen liegt, statt ihnen nachzugeben. Dann haben wir es mit jemandem zu tun, der sich nach Rückzug, nach Einsamkeit und Selbstfindung sehnt, es aber nicht schafft, diesem Wunsch Ausdruck zu verleihen. Er ist zu sehr gefangen in scheinbaren Verpflichtungen, um frei zu werden und den Weg des Eremiten zu gehen, der ihm eigentlich vorherbestimmt ist. Statt sich ganz auf den Weg zur inneren Mitte, zur eigenen Weisheit zu begeben, lässt er oder sie sich von Äußerlichkeiten ablenken und immer wieder auf Nebenwege führen. So wird er seine Bestimmung aber niemals erreichen. Er oder sie muss dazu bereit sein, auf die Gesellschaft von Menschen und deren Anerkennung zu verzichten, um frei und innerlich stark zu werden, muss lernen, auf sich selbst zu zählen und dort Sicherheit zu gewinnen, denn in der Abgeschiedenheit von Anderen findet sich die Kraft der Stille, in der das Wesentliche spricht.

Stichworte: **Getriebenheit**; *Geschäftigkeit; Konflikt mit den Anforderungen des Lebens*

X. Das Rad des Schicksals

Amplifikation

„Ein Jegliches hat seine Zeit", heißt es beim Prediger Salomo (Ecclesiastes 3,1 ff.), „und alles Vorhaben unter dem Himmel hat seine Stunde: geboren werden hat seine Zeit, sterben hat seine Zeit; pflanzen hat seine Zeit, ausreißen, was gepflanzt ist, hat seine Zeit; töten hat seine Zeit, heilen hat seine Zeit; abbrechen hat seine Zeit, bauen hat seine Zeit; weinen hat seine Zeit, lachen hat seine Zeit; klagen hat seine Zeit, tanzen hat seine Zeit; Steine wegwerfen hat seine Zeit, Steine sammeln hat seine Zeit; lieben hat seine Zeit, aufhören zu lieben hat seine Zeit; suchen hat seine Zeit, verlieren hat seine Zeit; behalten hat seine Zeit, wegwerfen hat seine Zeit; zerreißen hat seine Zeit, zunähen hat seine Zeit; schweigen hat seine Zeit, reden hat seine Zeit; lieben hat seine Zeit, hassen hat seine Zeit; Streit hat seine Zeit, Friede hat seine Zeit. Man mühe sich ab, wie man will, so hat man keinen Gewinn davon". Situationen, die wir lieber vermeiden, wie das Weinen und das Klagen haben ebenso den ihnen zugedachten Platz im Leben wie die Freude und das Wachsen; das, was wir als Unrecht empfinden, das Töten und das Hassen gehören auch dazu. Das Gute muss jeweils wieder ein Ende finden: Es gibt einen Zeitpunkt, da müssen wir den loslassen, den wir lieben, es gibt eine Zeit, da müssen wir wegwerfen, was uns wichtig war. Alles bedarf des Wechsels, der Veränderung, um nicht zu einem erstarrten, toten Zustand zu werden. Im Spiel der Polaritäten, im Schweigen und Reden, im Streiten und friedlichen Beisammensein, in guter und schlechter Laune spielt sich das Leben ab.

Die Lehre vom rechten Augenblick für jedes Ding kannten auch die Griechen. Bei ihnen hieß der rechte Augenblick *Kairós* und wurde als Jüngling mit kahlgeschorenem Hinterkopf dargestellt: Schnell eilt er uns davon, und ist er vorbei, können wir ihn nicht einmal mehr am Haarschopf packen. Dieser kurze Augenblick, in dem wir ein Wort hätten sagen können, das alles verändert hätte, ist uns wohl allen bekannt. In einem ursprünglicheren Sinn aber ist der Kairos Ausdruck einer grundlegenden kosmischen Ordnung, nach der unsere Vorhaben nur gelingen können, wenn wir den rechten Augenblick dafür finden. Die Orakeldeuter aller Zeiten haben sich bemüht, durch synchronistische Zeichen den rechten Augenblick für größere Unternehmungen zu bestimmen. Die römischen Auguren deuteten vor allem aus dem Vogelflug die Gunst der Stunde und wurden vor allen wichtigen Entscheidungen des römischen Staates befragt. In vielen Erdteilen war es Aufgabe der

Astrologen, die oft zugleich Priester waren, die Gestirne als Zeichen der Zeit zu deuten und den rechten Zeitraum für Aussaht und Ernte zu bestimmen. Besonders ausgearbeitet war die Idee der rechten Stunde im alten China. Das Orakelbuch I Ging, das als der älteste umfassende Text Chinas gilt, heißt übersetzt „Buch der Wandlungen". Hier wird der Gedanke der beständigen Veränderung zum Leitgedanken von Weissagung: Weise ist, wer rechtzeitig die Entwicklungen erkennt, die aus der kosmischen Ordnung aller Dinge heraus entstehen werden, wer dem Fluss des Lebens folgt, statt sich ihm törichterweise in den Weg zu stellen.

Für die großen Weisheitsschulen Chinas stellte sich die kosmische Ordnung als überpersönliche Macht dar. Selbst konkretisierte göttliche Wesen, etwa in Form des Himmelsvaters, der sich als Kaiser im Menschenleib manifestiert, galten immer als untergeordnet gegenüber dem großen Unpersönlichen, das bei Laotse das Tao heißt. Eine solche Macht, die noch über den göttlichen Gestalten stand, kannten auch die Griechen: *Moira* (oder *Aisa*) nannten sie jenes Prinzip der Weltordnung (griechisch *kósmos*), dem alle Menschen unterworfen sind und dem auch die Götter zu gehorchen haben. Etymologisch stammt Moira von einem alten Wort für „Teil", und so ist die Moira eines Menschen der ihm zugedachte Teil im Leben, das ihm aus einer überpersönlichen Bestimmung heraus Zugedachte. Das Bedürfnis der Griechen nach Konkretisation führte allerdings dazu, dass die Schicksalsmacht Moira die Gestalt einer Person erhielt bzw. dreier weiser Frauen, wie wir bei dem antiken Dichter Hesiod nachlesen können. Die drei *Moiren* (die bei den Römern *Parzen* hießen) erinnern an die drei *Nornen*, die Schicksalsmächte der nordischen Religion, die ebenfalls weiser, älter und mächtiger waren als selbst Odin und seine Asen-Götter. Auch die Ägypter kannten ein solches uraltes übergöttliches Prinzip der kosmischen Ordnung, das bei ihnen *maat* hieß.

Obwohl die ägyptische Religion diejenige der Hebräer beeinflusste, war in dieser kein Platz mehr für ein solches Prinzip. Statt sich „kein Bild von Gott" zu machen, vereinigte das Judentum die menschlichen Züge der Götterbilder mit den abstrakten Zügen von absoluten Prinzipien wie der *maat* in dem einen Gott. Dadurch aber wurde das abstrakte Weltprinzip unabhängiger Gerechtigkeit vermenschlicht und durch die willkürlichen Entscheidungen eines menschenähnlichen Herrschergottes ersetzten. Das gilt auch für die auf dem Judentum basierenden Religionen Christentum und Islam. Im Islam ist Gott der Souverän über alles. So wird das Schicksal des Einzelnen von Gott selbst bestimmt, nach dessen Willen alles geschieht, was geschieht. Die Vertreter der islamischen Lehre von der Vorherbestimmung (Prädestination; arab. *qadar*) sagen: Wenn es keinen Bereich gibt, der von Gottes Allwissenheit und Allmacht ausgespart bleibt, dann ist auch das Schicksal des Menschen von Anbeginn aller Zeit vorherbestimmt. Im Christentum wird die Prädestinationslehre von den meisten Theologenschulen zwar abgelehnt, aber auch hier ist kein Platz für eine Schicksalskraft außerhalb Gottes. Die offizielle christliche Doktrin tut sich deshalb schwer, die Kräfte, die das Menschenleben bestimmen und die nicht aus seiner bewussten Entscheidung heraus stammen, wesenhaft zu definieren. Entweder werden sie Gottes freiem Eingriff in unser Leben zugeschrieben oder dieser Eingriff wird ganz verneint (*Deismus*): Gott hat die Welt in bestimmter Weise eingerichtet und seitdem dreht sie sich von alleine weiter; Schicksalsschläge sind keine metaphysischen Eingriffe Gottes, sondern rein zufällig bzw. Teil einer weltlichen Ordnung, die von Gott und den Menschen kooperativ so geschaffen wurde.

Diese Position scheint eine moderne Reaktion auf die naturwissenschaftliche Sichtweise der Welt seit der Aufklärung zu sein, aber keine Antwort auf das Bedürfnis des Menschen, das sinnvolle Wirken von Kräften jenseits der weltlichen Ursachen allen Geschehens (nämlich den physikalischen Kräften und den Willenskräften der Lebewesen) zu entschlüsseln. Menschen, die dafür offen sind, machen immer wieder die Erfahrung, dass die Dinge, die ihnen widerfahren, nicht völlig zufällig geschehen, dass es zuweilen wie „ein Wink des Schicksals" ist, eine „göttliche Fügung" oder dass eine Serie von Vorfällen „einfach kein Zufall sein kann". Fallen wir nicht mit einer festen Bestimmung in diese Welt, die unser ganzes

Leben lang weiter wirkt, die uns vorwärts stößt wie ein Billardkugel, wenn wir ihr zu entkommen versuchen, die uns aber trägt und führt, wenn wir uns ihr fügen? C. G. Jung hatte den Gedanken, dass in unserem Unbewussten nicht nur die Spuren unserer Vergangenheit gespeichert sind, wie in Freuds Begriff vom Unbewussten, sondern dass unser eigentliches Wesen, zu dem hin wir uns als Aufgabe in dieser Existenz entwickeln müssen, dort bereits angelegt ist als Vorausentwurf dessen, was wir werden können. Der Jungianer James Hillmann schreibt über diese innere Bestimmung: „Die Aufgabe des Lebens besteht somit darin, seine Augenblicke in Einklang mit dem Bild oder demjenigen zu bringen, was man einmal ‚Führung durch seinen Genius' (oder Daimon oder Engel) genannt hat"[33]. Das Rad des Schicksals ist das Instrument des Genius, unseres eigentlichen Selbst, das uns unbewusst vorantreibt, solange wir uns nicht bewusst mit ihm verbunden haben.

Es mag an dieser Gewissheit des Wirkens von Bestimmung und Fügung liegen, dass nach der Christianisierung ganz Europas im Frühmittelalter nicht überall der Glaube an eine eigenständige Macht des Schicksals (unabhängig von der jeweiligen Theologie) auszurotten war. Dabei übernahm die mittelalterliche Vorstellungswelt ein bereits vorhandenes Bild: die römische Göttin des Schicksals, Fortuna, die schon in antiken Quellen mit einem Rad (*Rota Fortunae*) in Verbindung gebracht wurde. Damals stellte das Rad möglicherweise noch die Sphärenkreise dar, an denen hängend man sich die Schicksalszeichen, die Sterne und Planeten, vorstellte. Entsprechend dem ursprünglich einmal recht sozialkritischen Gehalt der christlichen Botschaft erhält das Rad nach Übernahme durch das christliche Abendland aber einen neuen Akzent unterlegt: Wenn Fortuna am Rad dreht, wird derjenige, der oben steht, nach unten geworfen und der unten Liegende nach oben befördert: die Schicksalsmacht wird zum Werkzeug ausgleichender Gerechtigkeit. Eine der heute populärsten Darstellungen ihres Rades findet sich in der mittelalterlichen Handschriftensammlung der „Lieder von Benediktbeuern" oder *Carmina Burana*, die von Carl Orff prominent vertont wurden. Dort heißt es: „Auf Fortunas

Thron ich saß, hoch erhoben, gekrönt von bunten Blüten des Erfolgs. Wie sehr ich doch erblühte einst, glücklich und gesegnet: Jetzt stürze ich vom Gipfel herab, beraubet aller Pracht. Fortunas Rad, es dreht sich weiter: Ich sinke, langsam schwindend, den Andern trägt es hoch hinauf. Zu hoch erhoben sitzt der König auf dem Grat: Er hüte sich vor seiner Niederfahrt!"[34]

Wir können uns nie sicher sein, wie lange wir uns auf unserer augenblicklichen Position im Leben ausruhen können: Jederzeit kann sich unser Schicksal wenden. Der Tarot bedient sich dieses alten Motivs, aber schon seit dem Tarotdeck von Marseille begnügt er sich damit nicht: Seltsame Symbole finden sich etwa auf der Karte von Smith/Waite, die auf die okkulte Tradition in der Nachfolge des berühmten französischen Esoterikers Eliphas Levi zurückgehen. Demnach ist das Rad das Symbol für die Kosmogonie, die Schöpfung der Welt, bei der Gott nach alter Vorstellung verschiedene Sphärenhalbkugeln über dem Erdkreis errichtete, an denen die Gestirne sich bewegten. In der Vision des biblischen Propheten Ezechiel werden diese kosmischen Räder mit den vier Figuren verknüpft, die in den Ecken der Rider/Waite-Karte zu sehen sind (und die in anderem Zusammenhang auch die vier Evangelisten meinen). In der hermetischen Tradition nach Eliphas Levi stehen sie für vier Eigenschaften der Sphinx, die unbeweglich oben auf dem kosmischen Rad thront: Der Adler steht für die Kunst zu schweigen, Geheimnisse zu bewahren, aber auch in einem meditativen Sinn innerlich still zu sein. Der Löwe steht für die Eigenschaft des Mutes und bildet die Voraussetzung, einen magischen Weg der Willenskraft zu beschreiten, für den wiederum der Stier steht. Der Engel oder Mensch als die Krönung des Prozesses schließlich ist Besitzer des erstrebten geheimen Wissens. Letztliches Ziel des Prozesses ist aber die Vereinigung aller vier Eigenschaften in der Person des Magiers.

Zur Deutung der drei Gestalten am Radkranz hat der Okkultist Alister Crowley eine eigene Version entwickelt: Wenn die drei Gestalten mit den drei *Gunas*, den drei Qualitäten der Urmaterie in der indischen Yoga-Philosophie (*Samkhya*) in Verbindung gebracht werden, offenbart sich eine Dualität zwischen der unaufhörlichen Bewegung des Rades und seinem unbeweglichen Zentrum. Die Trägheit, die schwere Energie (*tamas*) zieht nach unten, die erregte Energie der Aktivität (*rajas*) drängt nach oben und die ausgeglichene Energie geistiger Klarheit (*sattva*) hält das Gleichgewicht. Erst aber wenn die Bewegung aller drei Energien aufhört, findet der Geist in der Nabe des Rades zu völliger Ruhe. Im chinesischen Weisheitsbuch Daodejing (Tao te king) heißt es: „Dreißig Speichen vereinen sich in der Nabe. Aber von dem leeren Raum [für die Achse] hängt das Funktionieren des Rades ab". Hinter allen Bewegungen der Welt, hinter allem Auf und Ab unseres Schicksals verbirgt sich das eine Geheimnis, nämlich die Leerheit aller Phänomene: Leer davon, in der Weise wirklich zu sein, wie sie uns erscheinen sind sie nichts als Formen, die erscheinen und vergehen. Die Leere der Welt ist das bleibende.

Eliphas Levis Entwurf der Karte[35] legt noch eine weiter in die Geschichte der alchemisch-hermetischen Tradition zurückreichende, kosmogonische (die Entstehung des Kosmos betreffende) Deutung der drei Figuren am Radkranz nahe, die durch die vier alchemistischen Zeichen auf den Speichen und dem hebräischen Gottesnamen auf der Felge des Rades der Smith/Waite-Version unterstützt wird: So ist die Schlange, die nach unten strebt (in anderen Versionen ein teufelsartiges Wesen, das den ägyptischen Gott Seth oder den griechischen Typhon darstellen soll) als Symbol Luzifers gemeint, und es ist der hundsköpfige ägyptische Totengott Anubis, der nach oben strebt. Die Schlange, der gefallene Engel Luzifer, steht für den Fall der reinen Seele in die Niederungen einer materiellen Welt. Auf dem Weg zurück wird die Seele vom göttlichen Führer (Anubis/Hermes) nach oben geführt.

Das Rad mit den acht Speichen erinnert allerdings noch an einen ganz anderen Kulturraum: Als der Buddha die Erleuchtung erreicht hatte, entschloss er sich nach anfänglichem Zögern seine Lehre zu verkünden und setzte damit einen unendlichen Prozess der Verbreitung seiner Erkenntnisse in Gang: Das Rad der Lehre (*Dharmachakra*) hatte sich zu drehen begonnen. Das Dharmachakra, das achtspeichige Rad, gilt heute als Wahrzeichen des Buddhismus überhaupt. Alle indischen Religionen (nicht nur der Buddhismus) halten es für selbstverständlich, dass wir immer wieder die positiven und negativen Folgen unserer früheren Taten erleben, bis diese „abgetragen" sind. Und mit jeder Handlung setzen wir zugleich wieder die Ursachen für neue Folgen, für spätere Einwirkungen in unser Leben, die wir dann nicht mehr beeinflussen können. Diese Religionen nennen das Prinzip der überpersönlichen Schicksalsmacht *Karma*. Dieses Schicksalsprinzip ist eines, das nicht so sehr von den direkten Einflüssen einer jeweiligen kosmischen Konstellation abhängig ist (wie in der chinesischen Religion) und keineswegs von den willkürlichen Entscheidungen eines menschlich gemachten Gottes. Schicksal ist immer die exakte (gerechte) Entsprechung dessen, was wir selbst getan haben (über viele Leben hinweg). Für diesen Gedanken steht wiederum das Rad als Bild: *Samsara*, der Kreislauf der Wiedergeburten, wird im *Bhavachakra*, dem Rad der Geburten, dargestellt.

In

Abb. 6 hält *Mara*, ein dämonisches Wesen, das als Herrscher der Unterwelt vieles mit dem griechischen Hades, dem römischen Pluto, aber auch dem christlichen Teufel gemeinsam hat, das Rad der Geburten fest in seinen Klauen: Wir sind so lange den Wirkungen des Schicksals hilflos unterworfen, solange wir uns nicht ganz aus dem Bereich der Gesetzmäßigkeit Samsaras entfernt haben.

Dies setzt die Erfahrung der Reinkarnation voraus, die wir heute vornehmlich mit dem fernöstlichen Kulturraum verbinden. Sie war aber ursprünglich viel weiter verbreitet. Im Mittelmeerraum der späthellenistischen Zeit gehört sie zu einer kulturellen Strömung, von der auch Palästina noch zur Zeit der Geburt Jesu von Nazareth geprägt war. Allgemein herrschte große Akzeptanz gegenüber der Reinkarnation, die ganz selbstverständlich neben anderen Jenseitsannahmen bestand. Auch die alten schamanistisch geprägten Kulturen gehen davon aus, dass das Menschenleben gemäß dem Zyklus der Jahreszeiten zyklisch verläuft: auf Kindheit

Abb. 6: Bhavachakra, das Rad der Wiedergeburten

und Jugend folgen Erwachsenenleben, Alter und Tod, Jenseitsexistenz und Wiedergeburt. Der letztere Aspekt wird heute gerne übersehen, er wird aber im Modell einer kreisförmigen Existenz vorausgesetzt und von noch traditionellen Schamanen auch heute so erfahren. Das Rad des Schicksals ist dann das Rad eines ganzen Menschenlebens, das sich fortwährend weiterdreht, von Geburt zu Wiedergeburt.

Bild der Wandlung: Die IX wird zur X, wenn die Pilger über die direkte Einsicht in die Wahrheit im eigenen Inneren hinaus die Gesetze erkennen, die dem Leben zugrunde liegen: dass kein Zufall, sondern die gefügte Ordnung der kosmischen Macht allem Sinn und Struktur gibt, die verborgen hinter der chaotischen Willkürlichkeit dessen wirken, das der gewöhnliche Mensch wahrzunehmen vermag. Das Chaos ist ihnen durchschaubar geworden und offenbart sich ihnen immer wieder von neuem, wenn sie die Zusammenhänge zwischen Handlung und Reaktion, zwischen sinnvollen Koinzidenzen, zwischen Ereignissen und den von oben gefügten Zielen, auf die unser Leben hinsteuert, erkennen. Sie werden ihr eigenes Sein darauf ausrichten und mitzuschwimmen versuchen im Strom des kosmischen Willens statt sich dagegen zu stemmen, werden den Widerstand gegen die Schicksalsmacht in die Erkenntnis der Zeichen der Zeit wandeln.

Der geheime Faktor: Bestimmung
Warum sind wir überhaupt hier und nicht irgendwo anders? Was hat uns auf diesen Planeten, in diesen Körper, in diese Persönlichkeit geworfen? Die letzte Antwort auf diese Fragen können wir nicht wirklich finden. Alle letzten Antworten sind nur unsere eigenen Vorstellungen. Deshalb schwieg der Buddha darüber. Aber die Erfahrungen mystisch begabter Menschen zeigen, dass es ein „Um-Zu" gibt, dass die Dinge nicht zufällig geschehen, sondern eine Richtung besitzen, die bei jedem von uns eine andere ist. Wohin wir geführt werden von dieser Kraft, die Schicksal heißt, scheint uns oft nicht zu gefallen. Und doch haben wir vor dem Eintritt in diese Welt, vor der Amnesie unserer Geburt, einen Lehrvertrag abgeschlossen, der all das enthielt, was wir bereit waren in diesem Leben an Aufgaben zu bewältigen. Nicht, dass wir als die, die wir jetzt sind, dem zugestimmt hätten. Zu schmerzlich sind uns manche Erfahrungen, die wir hier machen müssen, als dass *wir* sie bestellt hätten, nur um zu wachsen und uns zu entwickeln. Aber dieses Wir ist ein anderes als das Wir, das wir außerhalb von Raum und Zeit sind. Dieses andere Wir hat vor der Zeit beschlossen, dass

wir diese Erfahrungen zu machen haben – und wir können uns immer wieder neu bedanken, dass wir die Chance haben, hier die uns ganz speziell zugedachte Lektion zu lernen. Deshalb ist kein Schicksal vergleichbar. Wüssten wir noch um diesen Lehrvertrag, wie viel leichter wäre alles – aber wie viel weniger würden wir uns dann noch bemühen und beeindrucken lassen, wie viel unechter käme uns alles vor... Wir können sagen: „Ich folge meiner Bestimmung. Sie ist der Grund, weshalb ich noch/wieder hier bin, und das ist die Aufgabe, die ich zu erfüllen habe." Die Bestimmung wirkt befreiend, wenn ich sie annehmen kann. Die Bestimmung befreit, die ich erkenne und der ich ohne Widerspruch folge. Durch die Fügung und Führung des Göttlichen, werde ich auf dem Weg meiner Bestimmung geführt, wenn ich bereit bin, mich darauf ganz einzulassen. Die Bestimmung, gegen die ich mich wehre, führt nicht dazu, dass ich lerne. Ich werde meine Lektion wieder und wieder lernen müssen, Leben um Leben. Der Widerstand gegen die Führung und Fügung, gegen das Schicksal und die Lektion, die in ihm steckt, versklavt mich, weil sie mich an diese Welt binden.

Der Archetyp als Selbstaspekt

Was ist dieser Lebensfluss, in den wir geworfen sind, dieses Kommen und Gehen, dieses Geborenwerden, Altern, Sterben? Was ist dieser Prozess, der uns Glück oder Unglück bringt, fortwährende Veränderung und ständigen Wandel, den wir einmal ersehnen, ein andermal fürchten? Was ist diese Macht, die wir Schicksal nennen, die in unser Leben eingreift und außerhalb von uns, unsteuerbar, bestimmt, was aus uns wird? Welche Antwort findet sich in dir? Wenn du dein Leben als dein eigenes bewusstes Werk ansiehst – nach der Philosophie des Self-Made-Man – wirst du einen Teil dieser Erfahrung ausblenden müssen, denn unser Leben ist nicht einfach das Geschöpf unseres bewussten Willens. Aber sind es vielleicht die verborgen in uns liegenden Anteile unserer tiefsten Einstellungsmuster, dessen, woran wir wirklich glauben, die wir nur erkennen, wenn wir ganz ehrlich zu uns sind: eine unbewusste Bestellung beim Universum? Oder sind es unsere karmischen

Wurzeln und Anlagen? Oder ist es die Hand Gottes oder anderer höherer Wesen, die direkt in unser Leben eingreifen? Wie auch immer: Was können wir tun, um im Fluss des Schicksals nicht unter die Räder zu kommen? Können wir das uns Zugedachte demütig annehmen (das Schlechte wie das Gute), können mitfließen und das Schicksal zu einem Teil von uns machen? Oder können wir erkennen, dass hinter aller Bewegung nur die Ruhe des Einen liegt, die Leere und Ruhe in der Mitte des Rades? Können wir mit der Schicksalskraft spielen, statt uns von ihr hin und her werfen zu lassen oder fühlen wir uns nur als ihr Opfer?
Archetyp/psychologische Instanz: Schicksal

Meditation
Irgendetwas wird heute geschehen. Selbst wenn du ans Bett gefesselt bist und nur ein Radioapparat oder Buch dir Gesellschaft leisten, wird in dir irgendetwas geschehen. Mach dich zum Verbündeten deines Schicksals! Nimm alles, was geschieht, auf wie ein Film, der nur für dich gedreht wurde. Beobachte alles mit der Neugierde dessen, für den das Drehbuch bestimmt ist. Wenn es dir nicht gefällt, was du siehst: Trenn dich von deiner Bewertung und nimm es an! Wenn es dir gefällt, was dir begegnet: Trenn dich von deiner Bewertung und nimm es als bloßes Spiel von Formen hin. So verbündest du dich mit deinem Schicksal. Mach es ebenso mit den Erinnerungen deines vergangenen Schicksals, die in dir aufsteigen. Merkst du, wie der Widerstand sich mehrt, sobald du den Widerstand gegen dein Schicksal aufgeben sollst? Du glaubst, du würdest dich selbst aufgeben, wenn du doch nur den Widerstand aufgibst. Es geht nicht darum aufzugeben, nicht darum, alles kampflos hinzunehmen, sondern mit den weit offenen Armen der Akzeptanz alles in dich hineinzunehmen, das dir zugedacht ist. Sobald du nicht mehr gegen all das kämpfst, was du nicht haben willst, kommt das, was du eigentlich willst, zu dir: Frieden und tiefe Freude.

Praktische Deutung der Karte

Vorderseite
Das Schicksalsrad unterwirft uns ständigen Veränderungen und Ereignissen, die wir nicht selbst zu steuern vermögen. Diese Ereignisse mögen uns im ersten Augenblick angenehm oder unangenehm erscheinen: Sie sind uns in gewisser Weise zugedacht und wir müssen in einer von zwei Weisen mit ihnen umgehen – entweder, indem wir sie annehmen, oder indem wir mit ihnen arbeiten, sofern wir sie verändern oder künftig verhindern können. Die Karte bedeutet, dass Ereignisse „von außen" etwas an der Situation der Befragung oder des Befragten entscheidend verändern. In einem grundsätzlichen Sinn geht es um das Thema Veränderung generell, vielleicht um das Älterwerden. Manchmal kann die Karte auch das Thema Eigenverantwortung ins Spiel bringen: Haben wir das Gefühl, aktiv an unserem Schicksal mitzuwirken oder nur Opfer der Umstände zu sein? Die aufrechte Karte deutet dabei auf eine positive, ausgewogene Haltung hin, bei der die Schicksalseinflüsse angenommen werden können und eine aktive Haltung dadurch nicht behindert wird.
<u>Stichworte</u>: *Schicksaleinflüsse, Veränderungen, Ereignisse, Annehmen von Schicksalsschlägen*

Umgekehrte Vorderseite
Dreht sich die Karte um, ist das Annehmen der Veränderungen behindert. Vielleicht fühlt sich der Fragende als passives Opfer der Veränderung und versteht nicht, inwiefern sie ihm auf einer tiefen Ebene entspricht. Auch längere Lebenszyklen können gemeint sein, etwa das Älterwerden, das nicht akzeptiert werden kann. Eventuell erscheint das eigene Schicksal ungerecht, wird als ein Schicksalsschlag empfunden, oder es zeigt sich von seiner unfreundlichen Seite, die in ihren tieferen Ursachen nicht verstanden werden kann.
<u>Stichworte</u>: *Schicksalsschlag; Auflehnung gegen Veränderung; Weigerung, das eigene Schicksal zu akzeptieren*

Die verborgene Seite
Oft verstecken wir uns hinter der Erfahrung des Schicksalshaften, um keine Eigenverantwortung für unser Leben übernehmen zu müssen. Als Antithese zum unabwendbaren Schicksal aber steht der freie Wille. Die Rückseite der Karte will uns darauf hinweisen, dass freier Wille und unser Schicksal immer in einer gewissen Polarität zueinander stehen. In gewisser Hinsicht können wir ebenso sehr an die Unabwendbarkeit der Schicksalseinflüsse glauben wie daran, dass wir unseres eigenen Glückes und Unglücks Schmied sind. Beides ist wahr – oder manchmal ist das eine wahr und manchmal das andere. Ein wichtiger Teil des Erwachsenwerdens besteht darin, für alle unsere Entscheidungen und Verhaltensweisen, auch die unbewussten, die Verantwortung zu übernehmen. Wir sollten beginnen anzuerkennen, dass nicht alles einfach so geschieht und wir nur die Opfer der Umstände sind. Dann weist die Rückseite der Karte uns darauf hin, dass das, was wir erfahren, unser eigenes Werk ist, dass wir einen freien Willen haben – den wir auch ab und zu benutzen sollten. Oder sie zeigt an, dass wir unseren freien Willen in unserem Leben bereits sehr bewusst einsetzen.

Dass wir einen freien Willen haben, bedeutet nun aber nicht, dass alle Widrigkeiten des Lebens unsere eigene Schuld sind. Es ist gar nicht besonders sinnvoll, sich schuldig zu fühlen. Verantwortung zu übernehmen ist eine viel aktivere, souveränere Haltung als sich schuldig zu fühlen. Wir sollten uns keine Vorwürfe machen, weil wir eine schwere Krankheit durchzustehen haben, uns von Menschen etwas Schlimmes angetan wurde oder uns ein Unfall aus dem Leben geworfen hat. Aber wir können uns fragen: Was kann ich für mich aus dem Ereignis lernen? Wenn wir an Karma glauben, können wir fragen: Was hat das Ereignis mit mir zu tun? Wie kann ich eine neue Einstellung zum Leben gewinnen, damit keine neuen karmischen Samen für solche Erfahrungen mehr gelegt werden? Aber vor allem sollten wir uns fragen: Wie kann ich jetzt damit produktiv umgehen? Wenn wir ohne Negativität gegen uns und die Welt mit diesen Fragen arbeiten, werden wir auch aus Schicksalsschlägen eine selbstbestimmte Perspektive gewinnen können, in der wir die Möglichkeiten unserer eigenen Willensfreiheit erkennen.

Auf der Abbildung sehen wir die Rückseite des Schicksalsrades. Es entspricht in der Darstellung eher den Bildern auf den frühen Tarotkarten, wo das Rad nicht frei in der Luft schwebt, wie im Smith/Waite-Tarot. Aber nicht die Schicksalsgöttin Fortuna bewegt dieses Rad: Mit Überraschung stellen wir fest, dass ein Zwerg die Kurbel dreht, die über einen Riemen das riesige Rad antreibt. Der Zwerg steht für jenen Teil in uns, den Sigmund Freud als das Unbewusste oder Unterbewusstsein bezeichnet hat. Aber über dem Schicksalsrad schwebt ein Engel, der das Drehen des Rades beaufsichtigt. Nicht nur unser Unter-Bewusstsein, auch unser Über-Bewusstsein hat an der Entstehung unseres Schicksals seinen Anteil. Wir werden nicht nur vom Unterbewussten in bestimmte schicksalhafte Situationen getrieben, wir werden ebenso von unserem „höheren Selbst", dem Engel, der uns behütet, in Situationen geführt, die unserem Wachstum dienen. Man könnte auch sagen, dass alle Situationen in unserem Leben aus der Zusammenarbeit des Engels mit dem Zwerg hervorgehen, dass alles unserem persönlichen Fortschritt und spirituellen Wachstum dient.

In dem, was wir als Schicksal erfahren, offenbart sich in Wirklichkeit eine höhere Ordnung, in der nichts zufällig und alles nach einem geheimnisvollen System aufeinander abgestimmt geschieht. In der indischen spirituellen Wissenschaft des Yoga gibt es eine Haltung, mit diesem System umzugehen, die man Karma-Yoga nennt. Karma-Yoga bedeutet, mit den Kräften des Schicksals in einer Weise zu arbeiten, dass einen das Schicksal nicht mehr überfällt. Dies tut der Adept auf zweierlei Weise: indem er einerseits indifferent und ruhig bleibt gegenüber allem, das er selbst vollbringt, auch dem Positiven. So verhindert er, dass sich in seinem subtilen Geist die Spuren weiteren Karmas einprägen, das später zu neuen Ereignissen reifen kann. Indem er andererseits gegenüber dem, was ihm widerfährt, ruhig und gelassen bleibt, lernt er, mit karmischen Ereignissen nicht-karmabildend umzugehen. Diese Haltung lässt sich noch einmal steigern in der eines Mystikers, der das Leben als Spiel sieht, in dem er ein Mitspieler ist. Je mehr er sich an dem Spiel der Formen und Ereignisse erfreut und im Fluss des Lebens schwimmt, statt gegen ihn schwimmen zu wollen, um so mehr wird er wirklich Teil dieses Flusses – bis dahin, dass er schließlich nicht mehr nur auf Schicksalsereignisse reagiert. Er ist in jedem Moment ein untrennbares Teil dessen, was geschieht, er wird sich dessen bewusst, wie er selbst (oder sein „höheres Selbst") die Ereignisse hervorbringt.

<u>Stichworte</u>: **Eigenverantwortung**; *Willensfreiheit; Karma-Yoga; Vereinigung mit dem Fluss der Ereignisse*

Umgekehrte verborgene Seite
In der Umkehrung des aufrechten Bildes fühlen wir uns als die Opfer äußerer Umstände, passiv und hilflos, ausgeliefert an eine menschliche Gesellschaft, an materiellen Bedingungen, an die Umstände unserer Biographie, unser eigenen körperlichen oder psychischen Ausstattung. Wir beklagen uns darüber, dass unser Leben so oder so verlaufen ist, dass wir nicht so viel erreicht haben, wie wir erreicht hätten, wenn andere hilfreicher gewesen wären, dass wir diejenigen geworden sind, die wir heute sind, weil uns jene Menschen dies oder das angetan haben. Wir erkennen nicht, dass wir auch unter ungünstigen Bedingungen Möglichkeiten haben, uns so oder so zu entscheiden. Selbst wenn der Bereich der Alternativen, den wir haben, uns ungeheuer gering erscheint, gibt es solche Alternativen. Außerdem sehen wir nicht, dass uns ein bestimmtes Leben zugedacht ist und nicht das, welches wir uns vielleicht in kindlichen Phantasien erträumten. Die umgekehrte Rückseite ermahnt uns, weiter nach dem Spielraum unserer eigenen Gestaltungsmöglichkeiten zu suchen statt uns immer wieder selbst zu suggerieren, wir könnten nichts tun, es gäbe nichts, was man da machen könne. Sie fordert uns auf, unserer Hilflosigkeit, unserer Opferrolle zu entkommen und mit einer positiven Haltung die Aufgabe aufzunehmen, unser eigenes Leben eigenständig zu gestalten – innerhalb des uns zugedachten Rahmens.

<u>Stichworte</u>: **Hilflosigkeit**; *Opferrolle; Gefühl von Ohnmacht*

XI. Die Gerechtigkeit

Amplifikation

Justitia, die Göttin der Gerechtigkeit, sitzt auf ihrem Thron. Mit der einen Hand wiegt sie Recht und Unrecht ab, mit der anderen führt sie den Schlag aus gegen jene, bei denen das Unrecht überwiegt: kein stumpfes Schwert führt sie – ihre Erkenntnis von Recht und Unrecht führt zu präziser Aktion, führt zum Zuteilen des für Recht Erkannten. Wir sehen sie hier in ihrer ursprünglichen Form – ohne die Augebinde, die als Sinnbild ihrer Unparteilichkeit ihre neuzeitliche Erscheinung ziert. Einer solchen Augenbinde hätte sie nach der Vorstellung der Alten gar nicht bedurft: ohnehin urteilt sie ohne Ansehen der Person und ihr Augenlicht ist nützlich, wacht es doch sorgfältig über uns Menschen. Die antike griechische Welt kannte gleich zwei Entsprechungen der römischen Justitia: zum einen *Themis*, eine Vertraute von Zeus, und zum anderen deren beider Tochter *Dike*. Beide Göttinnen standen für Recht und Gerechtigkeit, aber ihr Zuständigkeitsbereich war qualitativ verschieden: Die Tochter war für die konkrete Ausübung des Rechts zuständig, für die Verfolgung und Bestrafung Schuldiger, für das Justizwesen, die Rechtsprechung, dafür, dass es in der menschlichen Welt gerecht zuging. Themis hingegen, die Mutter der Gerechtigkeit, war viel mehr „für die gesamte als göttlich empfundene Ordnung des Lebens"[36] zuständig, für das Gerechte im Sinne eines abstrakten philosophischen Begriffs vielleicht, oder einer kosmischen Struktur. Womit also haben wir es auf dieser Karte zu tun? Mit Dike, zuständig für die zwischenmenschlichen Fragen von Recht und Unrecht; oder mit Themis, der gerechten Weltordnung?

Während die Karten *Rad des Schicksals* und *Gericht* mit Themen einer gerechten göttlichen Weltordnung befasst zu sein scheinen, erstreckt sich die *Gerechtigkeit* zumindest teilweise auch auf die konkrete Bedeutung dieses Begriffs. Die Gerechtigkeit hat – wie jede Karte der Großen Arkana – eine esoterische (oder spirituelle) und eine exoterische (offenkundige oder psychologische) Dimension. In erster Funktion ist sie also Themis, stellt die Frage nach der gerechten Ordnung der Welt, aber in letzterer Hinsicht ist sie Dike, stellt uns selbst in Frage in unserem Umgang mit Recht und Unrecht, nach den von uns erlittenen, von uns verursachten und von uns mitgetragenen Ungerechtigkeiten dieser Welt. Das schließt auf der psychologischen Ebene die Frage nach Schuld und Sühne, das gesamte Spektrum der menschlichen Ethik mit ein. Auf der anderen, der spirituellen Ebene stellt diese Betrachtung die Frage nach dem Verhältnis des rechten und falschen Handelns, der rechten und falschen Gesinnung im Menschen. In den abrahamitischen Religionen taucht in dieser Hinsicht der Begriff der Sünde und der Rechtfertigung gegenüber Gott auf; in den indischen Religionen hingegen nennen wir die metaphysische Wirkung rechten und unrechten Handelns Karma. Wir können diese Fragen an dieser Stelle nur andeuten und darauf hinweisen, dass jedes dieser Themen Teil der Karte ist und im Begriff der Gerechtigkeit eingeschlossen.

Grundsätzlich bestimmt die Idee der Gerechtigkeit, dass wir das Rechte erhalten und dass das Unrechte verhindert oder bestraft wird. Die Frage, was Gerechtigkeit denn sei, beantwortet die abendländische Tradition mit *„suum cuique"*, „jedem das Seine", was ihm oder ihr zukommt also. So weit so gut. Jedem das ihm Zustehende zu gewähren, löst aber nicht das eigentliche Problem, wem denn was zusteht. „Dem Akt der Gerechtigkeit geht der Akt voraus, wodurch etwas für jemanden das Seine wird", sagt Thomas von Aquin: Bevor wir entscheiden können, ob eine Zuteilung gerecht ist, müssen wir erst einmal festsetzen, was wem zusteht. Wir Modernen wissen, dass Sozialisten, Kapitalisten und Liberale in diesem Punkt geteilter Auffassung sind. Unter dem Gesichtspunkt der gerechten Verteilung von Gütern und Macht innerhalb einer Gesellschaft spricht man vom Problem der Verteilungsgerechtigkeit. *„Quod licet Iovi, non licet bovi"*[37] sagt etwa der Konservative: „Was mir zusteht, steht dir noch lange nicht zu, weil wir von vorneherein ungleich sind". „Jedem sollten die gleichen Ausgangsbedingungen gewährt werden, dann sind die resultierenden Ungleichheiten in einer Gesellschaft gerecht", argumentiert der Liberale. „Jedem steht kraft seinem gleichen Anteil an der Menschheit gleich viel vom Wohlstand dieser Erde zu, ein gleicher Anteil am Kuchen, gleichgültig ob jemand in den Slums von Manila lebt oder in Beverly Hills" sagt der Linke. Was unter der Gerechtigkeit der Verteilung von Ressourcen zu verstehen ist, ist abhängig von unserem Menschenbild.

Dabei kennt die Tradition aber nicht nur das Problem der Verteilungsgerechtigkeit innerhalb einer Gesellschaft (die sogenannte *iustitia distributiva*), schon Aristoteles nennt daneben die Gerechtigkeit zwischen einzelnen Individuen, die Austauschgerechtigkeit (*iustitia commutativa*), als allgemeines Prinzip zwischenmenschlichen Verkehrs: Für mein Weihnachtsgeschenk erwarte ich dasselbe von dir, möglichst in derselben Preislage – es sei denn du bist erst sechs Jahre alt und ich sechzig. Auch die Austauschgerechtigkeit muss also dahingehend relativiert werden, dass das „suum cuique" nicht unbedingt jedem das gleiche, sondern nur das „Seinige"

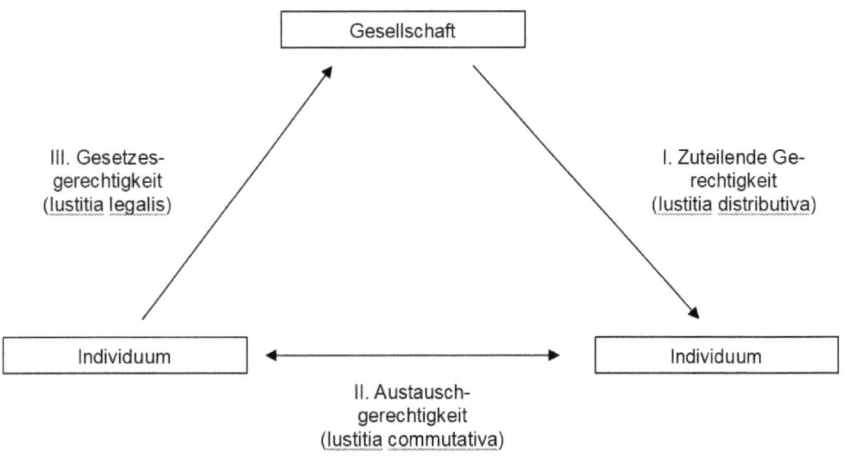

Abb. 7: Die drei Formen der Gerechtigkeit

zuerkennt. Dennoch muss „das Seinige" auf einem verallgemeinerbaren Grundsatz beruhen. Die einzelne Person oder Personengruppe darf nicht diskriminiert werden. Thomas von Aquin fügt eine dritte Form der Gerechtigkeit hinzu: Die Verpflichtung des Einzelnen gegenüber der Gemeinschaft (*iustitia legalis*). Gerecht ist, wer sich an die von der Gemeinschaft verlangten Regeln hält, weil er ihr etwas zurückgibt für das, was er von ihr erhält. Wer gegen diese Regeln verstößt, erhält nach den Prinzipien des Rechts gerechterweise den ihm zustehenden Lohn in Form einer negativen Konsequenz (Strafe).

Die Frage der Gerechtigkeit bewegt uns aber nicht nur, wenn wir über die Ungerechtigkeiten nachdenken, die wir uns als Menschen einander oder anderen Lebewesen zufügen. Neben dem malum morale, dem menschengemachten Übel, gibt es das malum physicum und das malum metaphysicum, das Schlechte, das durch die materielle Beschaffenheit der Welt und durch die Struktur der Lebenswirklichkeit überhaupt zustande kommt: durch das, was wir Schicksal nennen, und was wir im Rad des Lebens betrachtet haben. Hier ist nun Themis, die Gerechtigkeit des Kosmos, gefragt. Wo ist die Gerechtigkeit, wenn wir mit einer Behinderung zur Welt kommen, wenn wir in einem schlechten Elternhaus aufwachsen müssen und deshalb nicht dieselben Chancen haben wie unser Nachbar? Im Kontext der fernöstlichen Weisheit wird das Prinzip kosmischer Gerechtigkeit als Karma bezeichnet: Wir ernten, was wir gesät haben, auch wenn die Ernte erst viele Leben später eingefahren werden sollte. Eine größere Gerechtigkeit kann es nicht geben als die, die sich darin ausdrückt: Was auch immer wir tun, nichts wird von unserem kosmischen Konto gelöscht und kann noch hunderte von Leben später seine Folgen entfalten, bis seine Wirkung sich verliert wie die Wellen eines Steins an der Oberfläche eines Sees. Alles, was wir erleiden oder umgekehrt: was uns unerwarteterweise geschenkt wird an Glück, inklusive dieser menschlichen Existenzform, ist die direkte Folge unseres eigenen Verhaltens.

Für Theisten, die Anhänger eines absoluten Gottes, ist die kosmische Gerechtigkeit ein weitaus schwierigeres Thema als für diejenigen, die alles der Karmalehre von Aktion und Reaktion überantworten. Wer eine Allmacht annimmt, die über dem Gesetz steht und ihre Gabe zuteilt, der ist in der Schwierigkeit, dass er deren Entscheidungen nur als undurchschaubar, letztlich einer göttlichen Freiheit oder eben Willkür zumessen kann. Diese Polarität zwischen Gottes Bestimmung über und für den Menschen einerseits, der Strenge seines Gesetzes andererseits entspricht in etwa dem Verhältnis zwischen absolutem Herrscher und den Gesetzen seines Staates: die Gesetze binden den Untertan – und ihre Übertretung wird gemäß dem Gesetz geahndet. Ursprünglich stand zwar auch der Stammesführer unter demselben Gesetz, so dass das Gesetz älter erscheint als der Anspruch des Herrschers, über dem Gesetz zu stehen, wie in absolutistischen Systemen. Hier aber vermag der Herrscher das Gesetz aufzuheben – jedoch auch in der Weise, dass Gnade dem zuteil wird, den vor dem Gesetz Strafe erwarten müsste. Bis heute besitzen in vielen Staaten die Staatsoberhäupter die Autorität der Begnadigung jenseits von Recht und Gesetz. So muss man sich das Spannungsverhältnis zwischen absolutem Gott und dem göttlichen Gesetz also vorstellen: Trotz der Gültigkeit des Gesetzes besitzt Gott die Macht zur Vergebung. Doch Gott vermag nicht nur dem reuigen Sünder zu vergeben, er schenkt auch im Voraus bereits der einen das, was er dem anderen vorenthält; nämlich das wesentliche, grundlegende Geschenk der Beziehung zwischen Mensch und Gott, das Geschenk des Glaubens. Diese „Gnadenwahl" (wie die Gnade der Erwähltheit zu glauben in der deutschsprachigen Theologie heißt), steht also in einer unaufhebbaren Spannung zu der Notwendigkeit des Menschen, die Gesetze Gottes einzuhalten.

Die Spannung zwischen göttlichem Gesetz und göttlicher Gnade wird sinnfällig in der Struktur des kabbalistischen Baumes der zehn Sephiroth. An vierter und fünfter Stelle stehen sich dort Chesed (die Gnade) und Geburah (das Gesetz, die Gerechtigkeit) gegenüber. Chesed schließt die liebevolle Zuwendung des Göttlichen zu seiner Schöpfung ein, Geburah aber ist die harte Hand, die austeilt nach dem Prinzip, dass jeder bekommt, was ihm gebührt. Beide Pole gehören gleichermaßen zum Göttlichen. Aber während das Christentum sich als die Religion der Gnade sieht, in der die Strenge des göttlichen Gerichts durch die Gnade des liebenden Gottes, der seinen Sohn zum Pfand gab, aufgehoben wurde, halten die beiden anderen abrahamitischen Religionen Gott in der alten Polarität zwischen Gnade und Strenge. Beim alttestamentarischen Propheten Ezechiel heißt es: „Darum will ich euch richten, jeden nach seinem Verhalten" (Ez 18,30): Gott ist ein strenger Richter über die Ungerechten, aber milde gegenüber denen, die ihre Schuld bekennen. Dasselbe gilt für den islamischen Gott, wie er im Koran beschrieben wird: „Dein Herr ist (zwar immer) bereit, den Menschen trotz ihrer Frevelhaftigkeit zu vergeben. Aber er verhängt (auch) schwere Strafen."[38]

Aber es gibt auch ein Pendant zur göttlichen Gnade auf der Ebene des Menschen – und das ist das Mitgefühl. Das Mitgefühl ist das Aufbegehren des Menschen, der sich dem kalten Prinzip der Gerechtigkeit aus Solidarität mit seinem Mitgeschöpf entgegenstellt. Im einfachen Sinn, indem er auf die Durchsetzung seines persönlichen Rechtsanspruchs verzichtet und somit auf der Ebene des menschlichen Gesetzes „Gnade vor Recht" ergehen lässt. Als Auflehnung gegen die eisige Gefühlskälte der Themis aber, indem er sich seinem Mitgeschöpf zuwendet, das vom Schicksal mit nur geringer Aufmerksamkeit bedacht wurde. Die Werke der Nächstenliebe, die wir einem Menschen oder Tier zukommen lassen, wodurch wir dessen Leiden lindern, sind nichts anderes als Widerstand gegen die Strenge der Geburah, der Gesetzesgerechtigkeit, denn diese Nächstenliebe, die fordert nicht das Gesetz von uns, sondern die Liebe. Die Liebe aber steht jenseits des Gesetzes, über ihm, weil sie es außer Kraft zu setzen vermag. Deshalb sagt Augustinus: „Liebe und tu was du willst, denn wer liebt kann nichts Schlechtes tun". Das ist die eigentliche Auflehnung des Jesus von Nazareth gegen das Gesetz Israels, für das er sterben musste: nicht, dass er das Gesetz aufgehoben hätte (was er nicht tat); sondern dass er die Liebe – Gottes Liebe und die Liebe von Mensch zu Mensch – über das Gesetz stellte, das machte die Vertreter des Gesetzes um des Gesetzes willen zu seinen Feinden. Noch heute gibt es in allen Religionen (gerade auch dem Christentum) jene, die das Gesetz als das höchste Prinzip ansehen, dem alles andere sich unterzuordnen habe. Christen verdammen Menschen, die „in Sünde" leben, Moslems verurteilen Menschen zum Tode, die den Koran missachten, Buddhisten und Hindus behaupten, es geschehe jedem Kind nur recht, das mit einer Behinderung zur Welt komme. Sie alle haben nicht die Erkenntnis des Jesus von Nazareth verstanden, dass es neben der Gerechtigkeit der anderen Seite Gottes, der Gnade, auch im Menschenleben bedarf, um nicht den Baum des Lebens auf eine Seite umfallen zu lassen.

Wir können diesen Gedanken auch so fassen: Für manche Menschen ist Gerechtigkeit mit Vergeltung verbunden und sie versuchen, sich an Menschen, die ihnen Unrecht getan haben, auf die eine oder andere Weise zu rächen – und sei es nur, dass sie schlecht über sie reden. Aber wenn wir den Gedanken, dass es eine übermenschliche Gerechtigkeit gibt, wirklich verinnerlicht haben, dann ist es unsinnig, dass wir uns selbst rächen und damit Negativität und die Reaktion der Gerechtigkeit auf uns selbst ziehen. Die Gerechtigkeit des Kosmos wird sich unabwendbar des Menschen annehmen, der uns Unrecht tat. Wenn wir daran fest glauben, können wir leicht zur Vergebung gelangen, die uns selbst nur nützt.

Das bringt uns zu der entscheidenden Frage, wo wir die Gerechtigkeit in uns selbst finden: auf der Seite der unerbittlichen Strenge oder auf der Seite der Gnade – oder in einer beide vereinenden dritten Position. Offenbar finden wir einen Zugang zur Gerechtigkeit in uns selbst, denn die Karte erinnert an die Hohepriesterin und beide Frauen stehen für unsere Fähigkeit der Introspektion, der Innenschau. Aber während die Hohepriesterin dabei in den unendlichen Raum der Inspiration aus dem Überbewussten eintaucht, verbirgt Justitia einen ganz anderen Bereich universellen Wissens hinter dem Schleier. Das intuitive Wissen um das, was gerecht ist, wird durch das psychische Organ des Gewissens aufgenommen. Es entstammt einem Bereich des kollektiven Unbewussten, der mit einer ethischen Maxime angefüllt ist: Jedem Lebewesen steht das zu, was ihm in einem höheren Sinne zugedacht ist. Wenn wir einen Zugang zu diesem Bewusstseinsraum universeller Ethik besitzen, spüren wir in unserem Gewissen, ob Recht oder Unrecht geschieht. Die Unterscheidung zwischen der intuitiven Hohepriesterin und der weisen Justitia ist bedeutsam: Ein Mensch kann mit den höchsten seherischen und meditativen Gaben ausgestattet sein und dennoch keine Ethik besitzen. Einer der großen Meister des Tarot war ein solcher Mensch: Alister Crowley, das Tier 666, wie er sich selbst nannte, war wohl ein Genie. Aber mit einer Leidenschaft, die nur großen Heiligen oder großen Verbrechern zueigen ist, lehnte er es ab, sich an irgendeiner Vorstellung von Moral oder Ethik zu orientieren. Amoralität, die Befreiung von aller kleinlichen Moral war sein Lebensmotto. Bei der Durchsetzung seiner Ziele allerdings ging er über Leichen – und das disqualifiziert ihn als wirklich spirituellen Menschen. Auch heilige Menschen weisen zuweilen die falsche Moral ihrer Zeit als unecht zurück. Möglicherweise war Osho (derselbe, der zu Lebzeiten Bhagwan Shree Rajneesh hieß) ein solcher Heiliger jenseits menschlicher Moral. Osho wurde zum Feindbild westlicher Religiosität, weil er teure Autos und schöne Frauen nicht zurückwies. Auch der in seiner Heimat anerkannte tibetische Nationalheilige Drugpa Kuenleg (1455-1529) verkündete einen Weg zur Erleuchtung ohne einschränkende Moralität: „Ich bete an die trockene Möse einer alten Frau, den starken Donnerkeil eines Jünglings" wird eines seiner Gedichte zitiert. Dass er in seiner Heimat dennoch als Heiliger gilt, liegt unter anderem daran, dass er niemals einem Lebewesen wirklich Schaden zugefügt hätte. Und das muss als Kriterium für alle Heiligkeit gelten: Wer jenseits menschlicher Moralvorstellungen heilig ist, ist es immer zum Wohle aller – nicht zu seinem eigenen.

Deshalb finden wir hinter dem Schleier der Gerechtigkeit nicht die Tugend der Weisheit, des unendlich tiefen Wissens der Intuition, das die Hohepriesterin verbirgt. Wir finden die zweite Tugend der Erleuchtung des Mahayana-Buddhismus: das Mitgefühl, das ethische Bewusstsein, wonach wir nur ebenso viele Rechte besitzen wie alle anderen, dass alle Lebewesen frei sein wollen von Leid und wir deshalb ebenso sehr um ihr Wohlergehen bemüht sein sollten, wie um unser eigenes. Ethik, die aus Mitgefühl entspringt, ist wahre Ethik, anders als die Moral, die aus gesellschaftlichen Regeln resultiert. Je höher wir in unserer ethischen Entwicklung gelangen, umso weniger sind wir von gesellschaftlichen Vorgaben abhängig, umso mehr finden wir das Richtige und das Falsche in uns selbst, sagt der Moralpsychologe Lawrence Kohlberg. Wer damit Schwierigkeiten hat, kann üben, eine transzendente Gerechtigkeit in sich zu finden: Frage dich im Wettstreit unterschiedlicher Interessen einmal, was für einen völlig unabhängigen, außerirdischen Richter „das Gerechte" wäre. Dann wirst du feststellen, dass du (wenn auch innerhalb der Grenzen deines eigenen Geistesvermögens) eine solche übergeordnete Gerechtigkeit jenseits aller menschlichen Interessen finden kannst. Vielleicht ist es dasselbe, was Kant mit seinem kategorischen Imperativ meinte: Das Prinzip, nach dem du handeln willst, sollte so unabhängig von deinen eigenen Interessen sein, dass man es zum allgemeinen Gesetz für alle Menschen machen könnte. Um diesen objektiven Standpunkt zu erreichen, muss ich aber vor allem um eines bemüht sein: zu erkennen, was wahr ist. „Die Voraussetzung der Gerechtigkeit ist die Wahrheit" schreibt der Philosoph Josef Pieper und zitiert Goethe: „Alle Gesetze und Sittenregeln lassen sich auf eine zurückführen: auf die Wahrheit".[39] Nur indem ich nach der Wahrheit strebe und authentische Wahrhaftigkeit in mir suche, finde ich zu einem Standpunkt der Gerechtigkeit jenseits meines eigenen begrenzenden Egoismus, jenseits aller gesellschaftlichen Konventionen und menschlichen Sittengesetze, vielleicht sogar jenseits des kategorischen Imperativs Kants.

Diese authentische Wahrheit ist nicht dasselbe wie irgendein dumpfes Gefühl. Manche sagen: Vertraue deinem Gefühl, dann weißt du, was richtig ist. Aber das Gefühl kann auch Ausdruck unserer Neurosen sein. Die authentische Wahrheit in mir aber ist der höchste Grad von Gewissheit, den ich finden kann. Umso besser, wenn ich diese auch noch „fühlen" kann. Dann spüre ich, dass ich Kraft bekomme, weil ich mich für eine gerechte Sache einsetze, weil ich für das Richtige kämpfe. Das Rechte gibt Kraft, das Unrechte schwächt und hinterlässt in uns ein tiefes Gefühl, falsch zu sein. Menschen, die Jahre lang aus Eigennutz einem unrechten System dienten, häufen in sich Gefühle davon an, selbst nicht recht zu sein. Sie identifizieren sich schließlich selbst mit dem Unrecht und vergiften dadurch ihre Seele. Sie benötigen die reinigende Kraft der Vergebung und Selbstvergebung, um in sich wieder die Kraft des Guten spüren zu können. So schlägt nicht nur die innere Qualität der Wahrhaftigkeit in sozial gerechtes Handeln um, auch das gerechte oder ungerechte Handeln macht einen Menschen an sich zum Gerechten oder Ungerechten. Der Gerechte, der Zaddik, ist im Tanach (dem jüdischen Kanon heiliger Bücher) einer, der Gottes Gebote einhält. In der jüdischen Mystik aber ist er ein Heiliger, weil seine ganze Seele rechtschaffen ist. So werden wir zu durch und durch rechtschaffenen Menschen, wenn wir das Gerechte in uns seine Wirkung entfalten lassen und dem Unrecht nicht erlauben, auch nur ein kleiner Teil unseres Lebenskonzepts zu werden.

Bild der Wandlung: Die Übung, den Weg mit den Tendenzen der Zeit zu gehen, wird nicht immer gelingen. Die X wird zur XI, wenn die Ungerechtigkeit der Menschenwelt die Pilgernden wieder in Beschlag nimmt. Zunächst könnte es sein, dass sie rebellieren und die Erkenntnis der höheren Fügung der Schicksalsmächte vergessen. Sie bäumen sich auf gegen die Willkür in der Welt, die die Guten leiden und die Bösen davonkommen lässt. Dann aber beginnen sie die Gerechtigkeit zu erkennen, die jedem das zurück gibt, das er selbst vor Leben auf sein karmisches Konto eingezahlt hat oder das, das er aus einer höheren Bestimmung heraus benötigt. Sie erkennen, dass es Not tut, sich gemäß dieser Erkenntnis zu verhalten. Sie sehen, dass auch sie selbst bekommen, was sie verdienen und vermögen sich zu fügen. Sie begehren nicht mehr auf, sondern wissen um die Gerechtigkeit in allen Dingen. Sie werden vielleicht sogar ihren Kampf um äußere Gerechtigkeit aufgeben, weil sie eine innere Gerechtigkeit in allen Dingen spüren, die keiner Korrektur mehr bedarf. Aber dann werden sie zu differenzieren lernen zwischen der gedachten Gerechtigkeit der Philosophen, der jede philosophische Ethik übersteigenden Gerechtigkeit eines höheren Gesetzes und der dritten Gerechtigkeit dessen, was als das Gute jenseits aller menschlichen Kategorie ewig gültig und recht ist. Sie werden aus ihrer Lähmung ausbrechen und wieder mit Engagement für das eintreten, was das Gute erfordert.

Der geheime Faktor: Karma
Die Welt ist gerecht. Nicht die Menschen sind gerecht (sondern ungerecht). Nicht die Natur ist gerecht (sondern unbarmherzig). Aber die Ordnung der Welt ist gerecht, weil jeder bekommt, was er bekommen soll. Bestimmung ist das Gesetz von Wachsen und Lernen. Karma ist das Gesetz von Ursache und Wirkung, von Aktion und Reaktion. Was immer ich jemals getan habe, wird wie ein Bumerang zu mir zurück kommen – sofort oder später – im gleichen Moment oder im zwanzigtausendsten Leben. Es ist aber nicht so einfach. Ich werde nicht unbedingt exakt das gleiche erfahren, das ich getan habe. Karma ist schwer zu verstehen und zu durchschauen. Bestimmung ist der Karmagedanke von der Zukunft in die Vergangenheit rückwirkend, es ist finales Karma: Was ich einst sein werde (oder soll) wirkt auf das zurück, was mir jetzt widerfährt. So oder so: Wenn ich die Ordnung in allen Dingen erkennen kann, werde ich sagen „Ich weiß, das geschehen wird, was geschehen muss". Der Faktor des Karmas ist versklavend, wenn ich mich von ihm nicht befreien kann, wenn ich von ihm getrieben werde, mein Karma im Wiederholungszwang immer mehr zu vertiefen. Er ist befreiend, wenn ich es schaffe, mich anders zu verhalten. Wenn ich Bestimmung und Karma aber akzeptieren kann, beginne ich bereits, mich nicht gegen das Stärkere aufzulehnen und mich anders zu verhalten, beginne, mein Karma nicht zu vertiefen, sondern mit Gelassenheit zu ändern.

Der Archetyp als Selbstaspekt
Welche Normen von dem, was richtig und was falsch ist, habe ich durch meine Erziehung verinnerlicht? Wie reagiere ich, wenn jemand sich nicht an diese Normen hält? Werde ich wütend, weil ich meine, jeder müsste sich nach meinen eigenen Moralvorstellungen richten? Dann habe ich wohl ein sehr aktives Über-Ich. Mein Über-Ich ist der innere Richter in mir, den meine Erziehungspersonen, die Gesellschaft, in der ich lebe, mir eingepflanzt haben. Wann immer ich selbst ihm widerspreche oder ihm zu widersprechen drohe, wird er mich mit einem „schlechten Gewissen" maßregeln.

Kann ich davon aber jenes „echte" Gewissen unterscheiden, das mir sagt, was auf einer höheren Ebene, jenseits konditionierter Moral, wahr und richtig ist? Kann ich mich hineinbegeben in eine vorgestellte Position weit oberhalb von mir und den Anderen? Merke ich dann, was wirklich wahr und richtig ist? Kann ich meine Entscheidungen auf dieses Urteil gründen, ist es sicher und vermittelt ein Gefühl von Stärke, die aus seiner Wahrheit resultiert? Und lässt mich diese Stärke das Gerechte auch dann vertreten, wenn mir die ganze Welt entgegensteht? Traue ich mich, nach meinem authentischen Gewissen zu handeln?
Archetyp/psychologische Instanz: Gewissen, Über-Ich

Meditation
Denke an einen Konflikt aus der jüngsten Vergangenheit. Denke an ein Thema von Schuld, sei es deine oder die einer anderen Person. Sieh dir die Person an, mit der der Konflikt bestand, die dir Unrecht tat oder der du Unrecht getan hast. Und nun sieh euch beide an, dich auch. Dazu musst du dich neben dich stellen, oder noch besser: über dich. Sieh dir euch beide von einer höheren, übergeordneten Position aus an. Was bemerkst du von dort aus, wenn du nun zuhörst, wie beide Menschen da unten sich streiten. Welche Gefühle stecken in ihnen, welche Ängste, welche Motive. Welche Argumente benutzen sie und welche Anliegen vertreten sie. Es

geht hier nicht um dich. Es geht um zwei Wesen, die beide die gleichen Rechte, die gleichen Pflichten vor einem kosmischen Gericht haben. Beide sind auf dieser Welt, um zu lernen und ihre Sache nach ihren eigenen Möglichkeiten so gut wie möglich zu machen. Beide haben einem Gesetz zu folgen, das jenseits der menschlichen Gesetze und jenseits ihrer eigenen Wünsche liegt. Es ist ein zuweilen grausames, unbestechliches und eindeutiges Gesetz. Du brauchst es nicht zu benennen, nicht auslegen zu können. Es reicht schon, wenn du seine Existenz spüren kannst. Es ist der Göttin der Gerechtigkeit überlassen, dieses Gesetz zu kennen. Und dann schau dir die beiden noch einmal an. Wer hat welche Aufgabe nicht erfüllt und muss sie noch übernehmen. Wer hat welche Verpflichtung von der Göttin auferlegt bekommen, die er oder sie noch zu erfüllen hat. Was resultiert daraus für euren Konflikt? Was resultiert daraus für die Idee der Schuld? Kann es überhaupt noch irgendeine Schuld geben, wenn alles nur darum geht, dass wir lernen – und es mal besser, mal schlechter hinbekommen? Kann es überhaupt sein, dass wir uns oder der anderen Person nicht vergeben, wenn wir sehen, wie klein und hilflos sie von oben wirkt? Und trotz unseres Mitgefühls mit uns selbst und der anderen Person hat jeder seine Aufgabe zu erfüllen und es gibt ein Richtig und ein Falsch und wir sollten uns weder dem entziehen, was unser ist, noch sollten wir den Anderen aus der Pflicht entlassen, bevor er nicht seinen Teil der Aufgabe erfüllt hat.

Praktische Deutung der Karte

Vorderseite
Die Karte thematisiert die Gerechtigkeit in all ihren Formen: Auf einer metaphysischen Ebene bedeutet sie, dass die Ereignisse, die sich ereignet haben oder ereignen werden, gerecht sind, dass wir sie verdient haben. Auf der psychologischen Ebene drückt sie aus, dass wir ehrlich und wahrhaftig zu uns selbst sind, denn ohne diese Ehrlichkeit können wir nicht erkennen, was richtig und gerecht

ist. Dasselbe gilt für unser Verhältnis zu Anderen: Wir sind ehrlich zu ihnen, behandeln sie gerecht und verhalten uns ethisch. Auf der Subjektebene werden wir von Anderen gerecht behandelt. Auch hier bekommen wir, was uns zusteht. Selbst wenn wir an die konkreteste Bedeutung der Karte, ein Gerichtsverfahren denken, bedeutet die Karte, dass ein Urteil gerecht ist, unabhängig allerdings von dem, was uns lieb und recht wäre.

Stichworte: **Gerechtigkeit***; Karma; Schuld und Sühne*

Umgekehrte Vorderseite
Die umgekehrte Seite kehrt die Bedeutungen der aufrechten Karte um: Wir sind unehrlich zu uns und zu anderen. Wir handeln unrecht und laden die Bürde unethischer Handlungen auf uns. Oder Andere sind ungerecht zu uns. Vielleicht wird ein Gerichtsurteil ein ungerechtes Ergebnis bringen. Außerdem könnte es sein, dass wir vor der Gerechtigkeit zu fliehen hoffen, indem wir uns ihr entziehen. Das könnte geschehen, indem wir uns der konkreten staatlichen Justiz zu entziehen hoffen oder indem wir unser unethisches Handeln damit rechtfertigen, dass wir jenseits jeder Gerechtigkeit stehen, dass Ethik für uns nicht gilt. Damit aber missachten wir den Grundsatz, dass eine höhere Ethik zwar jenseits menschlicher Gesetze, aber niemals jenseits des Mitgefühls mit Anderen stehen darf. Wir könnten auch versuchen, zu behaupten, die Welt sei nun einmal ungerecht, um unsere eigene Verantwortung zu leugnen. Dann sollten wir an die Bedeutung der aufrechten Karte denken, dass wir in einem metaphysischen Sinn trotz allem das bekommen, was wir verdienen, selbst wenn wir tatsächlich auf der menschlichen Ebene das Opfer von Ungerechtigkeiten sein sollten.

Stichworte: **Ungerechtigkeit***; Flucht vor der Gerechtigkeit*

Die verborgene Seite
Das Bild zeigt eine Frau mit weißer Tunika und einem offenen roten Mantel. Sie hält einen kleinen Menschen in ihren Armen, der sich schutzsuchend an sie schmiegt. Obwohl man das Gesicht nicht erkennen kann, scheint es sich eher um einen winzigen Erwachse-

nen als um einen Säugling zu halten. Das Bild erinnert an Darstellungen der Himmelkönigin Maria mit ihrem göttlichen Sohn und strahlt Sanftmut und mütterliche Fürsorge aus. Die andere Seite der Strenge des Gerichts ist das Erbarmen. Recht und Gerechtigkeit ohne Barmherzigkeit bleiben eine Macht, die uns knechtet und zwingt, aber nicht befreit. In der Liebe zu unserem Mitgeschöpf befreien wir uns als Spezies von der kalten Macht des Schicksals, des kosmischen und des menschlichen Gesetzes. Diese Liebe bleibt egoistisch, solange sie nur den Meinigen zukommt; wenn sie aber frei geschenkt wird – über die eigene Familie, das eigene Volk, die eigene biologische Spezies hinaus – befreit sie uns sogar von den Grenzen unseres Egos.

Die Seite der Gnade bedeutet auf der Objektstufe, dass jemand Erbarmen mit uns hat, uns Mitgefühl entgegenbringt. Obwohl wir es objektiv vielleicht nicht verdient haben, bekommen wir ein Geschenk der Nächstenliebe. Konkret kann das auch bedeuten, dass wir in juristischen Angelegenheiten einen Freispruch zu erwarten haben. Auf der Subjektstufe gedeutet, fordert uns die Karte dazu auf, selbst barmherzig zu sein und uns anderen Lebewesen mit Mitgefühl zuzuwenden. Auf einer innerseelischen Ebene steht sie für eine Haltung der Gutmütigkeit, Geduld und Sanftmut. Geduld und Sanftmut zeigen sich immer dann, wenn wir meinen, jemand anderes benehme sich unangemessen und wir hätten eigentlich das Recht, uns zu verteidigen oder den Anderen in seine Schranken zu verweisen. Stattdessen reagieren wir gelassen und duldsam auf ihn, auch wenn er uns ärgert oder wir ihn als anstrengend, unangenehm oder gefährlich für unser Ego empfinden. Selbst wenn jemand uns schädigt oder uns tatsächlich Unrecht zufügt, können wir immer noch entscheiden, ihm zu vergeben. Das war die Haltung, die Jesus von Nazareth zeigte, wenn ihm selbst Unrecht widerfuhr. Statt gegen seine Ankläger aufzubegehren, sich zu verteidigen, auf Gerechtigkeit zu bestehen, fügte er sich in sein Schicksal am Kreuz. Deutlicher hätte er nicht zeigen können, was er meinte mit dem gewagten Wort, wir sollten demjenigen, der uns auf die linke Backe schlägt, auch die rechte hinhalten. Frieden ist nur möglich, wenn Hass nicht mit Hass beantwortet wird, wenn es Barmherzigkeit selbst mit demjenigen gibt, der im Unrecht ist. Statt auf unser Recht zu pochen und zu verlangen, dass uns Gerechtigkeit widerfährt, wissen wir, dass in der Vergebung wahre Größe liegt. Dadurch können wir zur Deeskalation beitragen und zeigen dem Anderen, dass wir seine Situation, so wenig sie uns als Entschuldigung genügen mag, verstanden haben. Sanftmut und Gelassenheit bedeuten nicht, dass wir das Unrecht nicht thematisieren und dem Anderen ins Gewissen reden sollten, aber wir lassen uns nicht zu negativen Gefühlen hinreißen. Damit helfen wir uns auch selbst, mehr loszulassen und besser über ein unangenehmes Erlebnis hinwegzukommen, als wenn wir uns daran festbeißen, dass das erlittene Unrecht bis in alle Ewigkeit gesühnt werden muss.

Stichworte: **Gnade**, *Barmherzigkeit, Mitgefühl, Nächstenliebe, Gutmütigkeit, Sanftmut, Geduld, Vergebung, Freispruch*

Umgekehrte verborgene Seite
Wenn das Bild umgekehrt erscheint, bekommen wir es mit der Seite der Gerechtigkeit zu tun, die kein Erbarmen und kein Mitgefühl kennt. Dann werden wir vom Arm der Justitia gnadenlos verfolgt, vielleicht in einem Gerichtsverfahren schuldig gesprochen. Oder eine Person, der wir Unrecht getan haben, verfolgt uns mit ihrer Rache und Unnachgiebigkeit. Wenn wir die Botschaft der Karte subjektiv verstehen, sind wir selbst es, die Andere unnachgiebig behandeln, indem wir ohne Verständnis für ihre Situation auf unser Recht bestehen oder erfüllt sind von der destruktiven Idee der Rache, der Vergeltung eines vermeintlichen Unrechts. Aber wenn wir uns rächen, sind wir nicht besser als der Andere, wir verändern die Situation nicht, sondern setzen sie fort. Kulturen, in denen das Gesetz des „Auge um Auge, Zahn um Zahn" gilt, können zuweilen in eine unendliche Spirale von Gewalt und Gegengewalt geraten, wie es bei den Familien der Montagues und Capulets in „Romeo und Julia" der Fall ist. Ein geregeltes Rechtssystem, das stattdessen eine sinnvolle, eingeschränkte Wiedergutmachung for-

dert, ist demgegenüber schon ein großer Fortschritt. Wirklichen Frieden aber kann nur die Kraft der Vergebung bringen.
Stichworte: gnadenlose **Strenge**, Rache, Schuldspruch

XII. Der Gehängte

Amplifikation
Der Gehängte ist eine geheimnisvolle Karte. Schon auf dem Marseiller und dem Visconti Tarot sehen wir einen Mann in der charakteristischen Position mit dem Kopf nach unten am linken Bein hängend und das rechte dahinter gekreuzt. Was aber diese Darstellung eigentlich bedeuten sollte, gab Anlass zu zahlreichen Spekulationen. Waite schreibt: „Es ist eine Karte von tiefgründiger Symbolik, aber die gesamte Bedeutung ist verhüllt". Wie schwierig es den Deutern im Laufe der Jahrhunderte erschien, diese Karte einfach sie selbst sein zu lassen, zeigt Antoine Court de Gébelin (1719-1784), der erste namentlich bekannte Deuter des Tarots im Sinne einer esoterischen Geheimlehre.[40] Er stellte den Gehängten vom Kopf auf die Füße und behauptete, die auf einem Bein auf der Erde stehende Gestalt stelle die sonst im Tarot vermisste platonische Tugend der Klugheit dar. Hingegen überwog bei manchen Interpreten die naheliegendste Deutung der Karte, wonach die offenbar schreckliche Situation des Gehängten eine Phase des Martyriums, des persönlichen Leidens anzeigt.

Aus verschiedenen Epochen der europäischen Geschichte ist die hier dargestellte Form des Erhängens mit dem Kopf nach unten tatsächlich bekannt. Zu der Zeit, als die Visconti-Karten entstanden, ist sie in Deutschland als „Judenstrafe" verschrien, weil man dort seit dem Mittelalter dazu überging, nur noch Juden in dieser Weise zu hängen. Schon vorher aber gab es Fälle von Erhängen, indem man den Verurteilten an den Füßen an einen Galgen band und ihn kopfüber so lange hängen ließ, bis er aufgrund der Belastung für Kreislauf und Blutgefäße starb. Allerdings ist anhand der

Darstellungen der ältesten erhaltenen Tarotkarten aus Mailand nicht erkennbar, dass es sich hier um einen „nach deutscher Sitte" gehängten Juden handeln sollte. Auffälig ist auch, dass der Gehängte nicht so wirkt, wie man es von einem derart Gemarterten erwarten würde. Im Marseiller Tarot wird er sogar eher wie ein Gaukler mit zweifarbig gescheckter Jacke dargestellt. Hier wird der offensichtliche Gegensatz, der in dieser Karte steckt, noch deutlicher: Dem grausamen Schicksal eines qualvoll kopfüber gehängten Mannes steht die Tatsache entgegen, dass er nur an einem Bein hängt und dabei recht gelassen wirkt, das andere Bein wie ein Artist unterschlägt, der sich nur zum Schein hängen lässt. Damit stimmt sein grundsätzlich ruhiger, friedlicher Gesichtsausdruck überein, der nichts von unsagbarem Leiden erkennen lässt. Und Waite/Smith fügen ihm noch einen Heiligenschein bei. Zudem hängt dieser Mann nicht an totem Galgenholz, sondern an grün sprießenden Baumstämmen, die im Waite/Smith-Tarot die Form des Taukreuzes, eines Symbols für Leben, annehmen. Tod und Qual, Gefangenschaft und Stillstand auf der einen Seite stehen Lebenskraft, Gelassenheit, der Fröhlichkeit eines Gauklers und nur scheinbarer Gefangenschaft gegenüber.

Wir haben es mit einer Karte zu tun, die mit Paradoxa spielt. Wenn wir diese Paradoxa als eine Geschichte erzählen, muss sie wohl von einem handeln, der anders war als die Menschen seiner Umgebung: verrückt wie ein Gaukler, wie ein bunter Hund, der sich nicht in ein standesgemäßes Schema einfügt. Vermutlich handelt es sich um einen, der bewusst und nicht nur gezwungenermaßen seiner inneren Bestimmung folgte (oder dem, was er dafür hielt). Schließlich aber scheint er daran gescheitert zu sein, dass die Menschen seiner Umgebung ihn nicht verstehen konnten: sie knöpften ihn auf wie einst den Reformjuden Jesus aus Nazareth. Im Zorn darauf, dass er ihre innere Ordnung stört, haben sie ihn an einen Baum gebunden. Doch in diesem Moment des größten Scheiterns geschieht sein größter Triumph: Die verzweifelte Lage schreckt ihn nicht. Nun, wo er die Welt aus einer ganz anderen Perspektive sehen kann, ist er in seinem eigenen Element. Denn dass alles ganz anders ist, als es erscheint, weiß er schon längst: in seiner Seele hängt er schon lange kopfüber da.

Diesen Mythos erzählen viele Kulturen. Er erinnert an das, was viele Schamaninnen und Schamanen von ihrem eigenen Werdegang berichten: Zunächst von den Mitmenschen für komisch gehalten, werden sie eines Tages in einer tiefen psychischen, körperlichen und spirituellen Krisen von den Geistern zum Schamanisieren berufen. Das geschieht, indem sie in grausamen Visionen ihren eigenen Tod erleben und daraus mit einer veränderten Perspektive auf die Anderswelt wieder auftauchen. Der germanische Gott der schamanistischen Bewusstseinsveränderung, Odin, ließ sich sogar freiwillig mit dem Kopf nach unten an einen lebenden Baum hängen. Wie alle Götter der alten Welt war er weit entfernt davon, ein allmächtiges Wesen zu sein. So musste er schwere Prüfungen auf sich nehmen, um mystisches Wissen und Weisheit zu erlangen. Dazu gehörte sein Selbstopfer am Weltenbaum Yggdrasil: Neun Tage hing er dort, ohne Essen und Trank, verwundet von seinem eigenen Speer, bis er an den Wurzeln des Baumes, an dem er hing, die Runen fand, die ihn aus seiner misslichen Lage befreiten. Sie eröffneten ihm die Kunstfertigkeit, aus symbolischen Bildern das Zukünftige und das Verborgene zu erkennen. Mit diesem Selbstopfer wird er zum Prototyp des Schamanen, der durch die qualvollen Zustände seiner Berufung schreiten muss, um seine seherische Kraft zu finden. Ist der Gehängte also ein Symbol für den Prozess der Auflösung des gewöhnlichen Bewusstseins in einen anderen, veränderten Bewusstseinszustand hinein?

Der Gott, der sich hingibt, ist das Bildnis für die Fähigkeit der Hingabe an ein Ziel, das höher ist als die Erhaltung der leiblichseelischen Integrität, die dabei auf der Strecke bleibt. Das Selbstopfer des Gottes existiert jedoch nicht nur bei den Germanen. Robert Wang[41] verweist auf dieses Mythenmotiv, wenn er den Gehängten als „Archetyp des geopferten Gottes" deutet. Natürlich ist das Christentum die Religion des sich selbst opfernden Gottes par excellence. In der christlichen Theologie wird durch die Handlung Jesu, der selbst Gott ist, die Sündennatur des Menschen in eine

Heilsnatur überführt: Der Mensch ist durch das Opfer des Gottes wieder fähig, den Sündenfall zu überwinden und ewige Gnade bei Gott zu erfahren. Selbst wenn uns die Idee, dass es gerade die Hinrichtung Gottes durch verwirrte Menschen sein soll, die Gott mit seinem Geschöpf wieder versöhnt, ist die Idee doch bestechend, dass das Göttliche sich freiwillig in die Position begibt, den Schmerz der gewöhnlichen, sterblichen Wesen mitzuempfinden. Das Selbstopfer Christi wird so zum Ausdruck des unendlichen Mitgefühls des Göttlichen mit allen Wesen, die leiden. Gott kann nur als mitfühlend begriffen werden, wenn er nicht fern bleibt, sondern sich selbst zum Teil seiner Schöpfung macht, die Kluft zwischen seiner Sphäre absoluten Seins und dem leidvollen Dasein des Menschen überwindet.

Gott selbst also vollzieht hier den Wechsel der eigenen Perspektive, um die Welt einmal mit anderen Augen zu sehen. Das gleiche gilt für Menschen, die nach Gotterkenntnis streben: Haben wir die Welt einmal aus der Perspektive eines mystischen Bewusstseins erfahren, dann werden wir sie künftig anders sehen als andere Menschen das tun. Wir hängen kopfüber, aber gelassen an einem Baum herum, während sie eifrig und ernsthaft ihren Alltagsgeschäften nachgehen. Wir schweben über den gewöhnlichen Dingen, haben den Bodenkontakt vielleicht sogar etwas verloren, aber in diesem Fall ist das nicht so negativ: Wir können die Welt auf eine unkonventionelle, neue Weise sehen, die Anderen entgeht.

Zuweilen ist dieser Wechsel der Perspektive gar nicht absichtlich herbeigeführt worden, sondern das Resultat unerwünschten Scheiterns. Der Gehängte ist vielleicht an seinen Bemühungen, im irdischen Leben Erfolg und Glück zu erreichen, gescheitert und erkennt die Auswegloskeit solchen Strebens. Durch diese Erkenntnis wird er geläutert und eine neue Sicht auf die Selbstverständlichkeiten unseres Lebens. „In seiner Hingabe an die ausweglose Situation geschieht eine wundervolle Verwandlung. Er sieht seine Lage aus einer neuen Perspektive, in der sich alles umdreht".[42] Auf die Prüfungen folgen für den Menschen, der durch die Verzweiflung hindurch gegangen ist, Demut, Gehorsam und

Hingabe an den Lebensfluss. Doch unverkennbar macht der Gehängte sich damit zum Außenseiter. Von außen betrachtet, wird er wahrscheinlich als verrückt gelten. Da er über den Verhältnissen der gewöhnlichen Menschen schwebt, macht ihm dies jedoch nicht viel aus. Während Andere nach Besitz, Status und Anerkennung streben, ist er dazu bereit, die Erfolglosigkeit allen Bemühens hinzunehmen und sein Glück im Inneren zu finden, wie auch immer die äußeren Umstände sein mögen.

Für den spirituellen Menschen ist die Art, wie der gewöhnliche Mensch die Welt sieht, generell eine verkehrte Welt. Für das Göttliche, das sich im Mensch inkarniert, um menschliche Erfahrungen zu machen, ist die Erfahrung, umgekehrt an einem Baum aufgehängt zu werden, eher ein Spaß als eine Qual: „Mal sehen, wie sich das jetzt anfühlt" scheint der Gott im Menschen zu sagen. In der Bhagavadgita gibt es einen Baum, dessen Wurzeln im Himmel gründen und dessen Zweige zur Erde hin wachsen. Dieser Baum ist der spirituelle Mensch, der in die physische Welt hineinwächst, aber nicht aus ihr stammt, der seine Wurzeln in einer anderen Welt hat. So ist auch die umgekehrte Perspektive des Gehängten eigentlich die richtige Perspektive von oben betrachtet. Zugleich erinnert uns die gelassene Haltung des Gehängten an die Positionen indischer Yogis, die Stunden oder sogar Jahre lang in unmöglichen Stellungen verharren. Die Überwindung der physischen Welt öffnet uns auf eine nicht-physische Welt hin, eine Welt der subtilkörperlichen und unkörperlichen Existenzweisen.

Aber die Umkehrung des Bildes, die in dieser Karte so sehr auffällt, erinnert auch an die Umkehr im religiösen Sprachgebrauch. Konversion (wörtlich: Umkehren) ist der Fachausdruck für eine Hinwendung zur Religion. In diesem Sprachgebrauch klingt das Bild an, dass wir als Menschen oft auf die Ebene unseres materiellen Seins ausgerichtet sind, aber wir können den Blick auch umwenden und uns dem übernatürlichen Sein zuwenden. Das wird auch im biblischen Sprachgebrauch deutlich, wo Umkehr (hebr. *teschuvah*) das gleich meint wie „Buße tun" und „sich auf Gott zurück besinnen". Für die jüdische Mystik ist diese Umkehr ein noch tieferer Begriff. Hier ist *teschuvah* gleichbedeutend mit der Heimkehr der Seele zu Gott, mit dem Weg zurück in die Welt Edens, jenseits der materiellen Manifestation des Göttlichen. Der Gehängte markiert den ersten Schritt auf diesem Weg: die Abkehr von hier und den Blick nach dort. Der Mensch, der sich umkehrt, ist der Mensch in der Verwandlung. In der alchemischen Verwandlung wird aus Unedlem Edles. So verwandelt sich der Mensch, indem er sich innerlich umkehrt und ein Anderer wird.

Der Archetyp als Selbstaspekt
Woraus beziehst du deine Perspektive auf die Welt? Hältst du dich an das, was dir die Massenmedien, deine Kollegen, deine Freunde als die richtige Sichtweise verkaufen wollen oder hast du deine eigene Sicht auf die Dinge? Bist du dir dessen bewusst, in welchen Punkten du nicht mit dem übereinstimmst, was die Leute in deinem Dorf oder dein Partner für richtig halten? Kannst du diese andere Meinung vertreten, kannst du dein Anderssein leben? Wenn nicht, kannst du üben, mehr zu dir selbst zu stehen? Wenn du es schon beherrschst: Wie gehst du damit um, dich zum Außenseiter zu machen, indem du eine eigene Sichtweise vertrittst und konsequent zu dir selbst stehst?
Archetyp/psychologische Instanz: Verwandlung; Gottesopfer

Meditation
Wenn du tief in dich hinein schaust, wirst du erkennen, wo du ganz anders bist als die Welt um dich her. Suche nach diesen Dingen in dir, die deine einzigartige Sichtweise auf die Welt bezeichnen. Vielleicht gab es einmal eine Periode in deinem Leben oder auch nur einen einzigen Augenblick, da du die Dinge ganz klar erkennen konntest, da es dir ganz klar war, wer du bist und was du sollst und wie die Dinge wirklich sind, was wirklich zählt im Leben und wofür es sich einzutreten lohnt. Geh noch einmal hinein in diese Gewissheit, in dieses Wissen um das, was wirklich wahr ist, was du wirklich im tiefsten deines Herzens sein kannst, wenn

du dich nur traust, es zu sein. Sieh dir diese Wahrheit an und stell dir vor, wie es ist, sie zu leben, sie offen, vor allen anderen zu erkennen zu geben, sie laut und deutlich zu vertreten, nicht leise, nicht versteckt. Hab Vertrauen in deine eigene Perspektive, in deine eigene Sichtweise der Dinge, in deine Mission. Spüre wie du dich mit der Stärke der Gelassenheit verbinden kannst, wenn du in der Wahrheit bist, weil die Wahrheit dich über die Meinung von Menschen erhebt. Spüre diese Gelassenheit und bestätige sie dir, indem du zu dir sprichst: Sollen sie mich aufhängen dafür, ich werde mir selbst nicht mehr untreu werden! Beende die Meditation mit dieser Stärke, dieser Gewissheit.

Bild der Wandlung: Die XI wird zur XII, wenn die Suchenden auch die Ungerechtigkeit, die ihnen angetan wird, mit einem Lächeln hinnehmen können. Sie sind dann dazu in der Lage, das Richtige zu erkennen und doch sehen sie nicht mehr den Drang zu handeln, wenn es ihnen nicht möglich ist, das Gute zu erreichen. Sie sehen die Welt und ihr Treiben als die Verrücktheiten von verblendeten Wesen, die sie mit einer schelmenhaften Distanz von oben herab betrachtet, die sie aber nicht mehr tief innerlich berühren. Sie sind unempflindlich geworden gegen Spott, Verachtung, Schmerz und den Versuch Anderer, sie zu beherrschen. Aber sie können dabei Gefahr laufen, selbst zum Spötter zu werden, können in Hochmut und Verachtung fallen, in das Verhöhnen derjenigen, die weniger verstanden haben und weniger autonom sind.

Geheimer Faktor: Körper
Unser physischer Körper ist nicht der einzige Körper. Unsere Existenz spielt sich auf verschiedenen Dimensionen, in verschiedenen Welten parallel ab. Mittels bestimmter Techniken vermögen wir so genannte Äther- und Astralwelten zu besuchen. Die Körper, die die Wesen dort benutzen, stehen auch uns zur Verfügung. Und sie beeinflussen unseren physischen Körper und unseren Geisteszustand ebenso, wie diese die anderen Körper beeinflussen. In den Lehren der indischen spirituellen Wissenschaften wird dieses

Energiesystem, die subtilen Körper und Wege ihrer Beeinflussung erklärt. Im Mahayana-Buddhismus wird gelehrt, dass der Buddha nicht nur einen materiellen (Schein-)Körper besaß, mit dem er sich uns zeigte (Nirmanakaya), sondern auch einen Körper aus reiner Energie (Samboghakaya) und einen aus reinem Geist, den Körper der Leerheit (Dharmakaya). Wir selbst sind wie der Buddha und wenn wir den Körper der Freude und den Körper der Leerheit mit unserem Bewusstsein erreicht haben, haben wir unsere Ganzheit erreicht. Wir sagen: „Ich kann die Weisheit all meiner Körper erkennen und sie zu meinem eigenen Fortschritt nutzen". Die Erkenntnis der Körper ist ein Weg zur Befreiung unseres Ichs von der eingeschränkten Sichtweise, wir seien nur ein materielles Wesen in einer materiellen Welt. Sie befreien uns von der Anhaftung an unsere materielle Existenz. Zugleich kann man die Körper als unterschiedliche Ausprägungsgrade des unerlösten Zustands betrachten, wobei ebenso viel Unerlöstes (karmische Last) in den subtilen Körper liegen kann wie im physischen Körper, der das schwerste Element in der Reihe ist. Es ist wichtig, alle Körper zu reinigen, um nicht von ihnen und ihren Bedürfnissen versklavt zu werden.

Praktische Deutung der Karte

Vorderseite
Der Gehängte ist weit gekommen. Wir sehen einen Menschen, der seine Vision von der Welt verändert und in wesentlichen Fragen einen neuen, eigenen Standpunkt entwickelt hat. Damit hängt er nicht mehr von der Sichtweise der Anderen ab. Gelassen schwebt er über den Meinungen und Streitigkeiten anderer Menschen, und sogar ihre Angriffe, Demütigungen und Drohungen erschrecken ihn kaum noch. Er ist so unabhängig in seinen Ansichten, dass er vielleicht nicht immer verstanden wird, aber er lässt sich dadurch nicht irritieren und bleibt sich treu mit der unabänderlichen Sicherheit zu wissen, was er erkannt hat.
<u>*Stichworte*</u>*:* ***Originalität****, Unabhängigkeit, Eigene Vision, Gelassenheit*

Umgekehrte Vorderseite
Auf der umgekehrten Position verkehrt sich diese Werte in ihr direktes Gegenteil: statt unabhängig von Anderen eine eigenständige Sichtweise zu entwickeln, bleibt der Fragesteller in konventionellen Sichtweisen gefangen, die sich ganz von Anderen abhängig machen. Er hemmt auf diese Weise die Möglichkeiten, die er in sich trägt, ein eigenständiges, freies Leben zu führen, und verbleibt immer in der Anpassung an die Erwartungen Anderer.
<u>Stichworte</u>: **Konventionalität**, *Befangensein*

Die verborgene Seite
Was hat den Gehängten an den Baum gebracht? War es wirklich eine freiwillige Entscheidung? Was den Gehängten an den Baum gebracht hat, ist dasselbe, was den Seher sehend gemacht hat. Viele Schamanen berichten, von den Geistern gezwungen worden zu sein, den Weg des Schamanentums anzutreten. Versuchten sie, sich zu verweigern, wurden sie schwer krank und mussten schließlich erkennen, dass sie nur genesen konnten, wenn sie sich ihrem inneren Auftrag stellten und den Kontakt mit den Geistern suchten. So waren es die Geister einer anderen Wirklichkeit oder der in seinem eigenen Geist tief eingewobene Schicksalsauftrag, die den Gehängten in diese missliche Lage brachten, nicht sein freier Willensentschluss. Was wir auf der Vorderseite sehen, ist das Ergebnis eines langen Entwicklungsweges, der uns nun auf der Kartenrückseite aufscheint.

Die verborgene Seite zeigt uns den Weg des Menschen durch das Leid. Sie zeigt das heilsame Scheitern des eigenen Lebensentwurfs, die Verzweiflung an einer leidvollen Welt, die Verfolgung durch Andere, die denjenigen an einem Baum aufhängen, dessen Anderssein, dessen Sicht auf die Welt sie nicht ertragen, wie sie einst den Rabbi Joshua, den Christus, am Baum aufhingen. Wir sehen hier die Züge des Mannes, der noch keinen Heiligenschein trägt, schmerz- oder angstverzerrt, die Augen und den Mund weit aufgerissen, als wollte er die gewöhnliche Sicht auf die Dinge nicht verlieren und gegen die Qualen, die ihm angetan werden, protestieren. Obwohl die Karte den Ratsuchenden erschrecken mag, liegt darin eine Botschaft, die auf die Transzendierung dieses Leidens hinweist: Wie Jesus von Nazareth nach einer Phase des Kämpfens („Vater, warum hast du mich verlassen?") sein Leiden annahm, so sollen wir beginnen, Leid und Verzweiflung in der Tiefe anzunehmen, um durch sie hindurchzugehen. Stattdessen tun wir oft das Gegenteil: Wir konservieren unseren Schmerz, indem wir uns gegen ihn wehren. Erst dadurch wird aus unvermeidlichem Schmerz freiwilliges Leiden. Statt uns zu wehren, sollen wir den unvermeidlichen Schmerz nutzen, um uns weiter zu entwickeln und höhere Formen der Erkenntnis zu entdecken. Zwischenmenschlich kann dies auch bedeuten, dass wir an unserem Weg festhalten, obwohl unsere Umwelt wenig erfreut darauf reagiert. Aber trotz aller Auseinandersetzung werden wir irgendwann in der Ruhe jenseits der üblichen menschlichen Kategorien des Urteilens anlangen.

Die Karte kann einen Menschen in einer verzweifelten Situation meinen oder einem Dilemma, in dem es keine sinnvolle Handlungsmöglichkeit mehr gibt, der mit all seinen Bemühungen gescheitert ist, etwas (in der äußeren Welt) positiv zu verändern. Doch selbst wenn es ihm gerade nicht bewusst ist, besitzt er die Kraft, eine neue Perspektive auf sein Scheitern oder seine Schwierigkeiten zu entwickeln. Die Psychologie kennt den Fachausdruck „Reframing" dafür, wenn wir eine negativ bewertete Tatsache neu zu sehen lernen, indem wir sie in einen anderen Rahmen (engl. *frame*) setzen, ihr eine eigene Bedeutung beimessen. Wir stellen fest, dass es außerhalb unseres engen Denkrahmens doch noch Möglichkeiten für uns gibt, wenn wir die Perspektive verändern. Dazu ist es manchmal allerdings nötig, dass wir uns wirklich ganz in das Nichts der Verzweiflung begeben, die Erfahrung machen, dass uns der Boden unter den Füßen weggezogen wurde und wir uns doch ganz in diese Bodenlosigkeit hineinfallen lassen können, ohne zu wissen, wie es mit uns weitergehen kann. Nur aus dieser totalen Leere kann Neues erwachsen, wie Bertold Brecht (wohl von Laotse inspiriert) schreibt: „Geh ich zeitig in die Leere - Komm ich aus der Leere voll. - Wenn ich mit dem Nichts verkehre - Weiß ich

wieder, was ich soll". Dabei helfen uns Tugenden wie Gelassenheit und Demut gegenüber dem unabänderlichen Schicksal.
*Stichworte: **Prüfung**; Hinnehmen von Schmerz; Hindurchgehen durch Leid; Demut; im Lebensfluss sein*

Umgekehrte verborgene Seite
In der Umkehrung sorgen wir uns darum, wie wir der Situation, in der wir uns befinden, entkommen können, und kämpfen einen sinnlosen Kampf gegen unabänderliche Tatsachen, statt die Perspektive zu wechseln und die Tugenden der aufrechten Seite (Gelassenheit, Demut, Hingabe an den Lebensfluss) zu beherzigen. Statt zu akzeptieren, dass wir unabänderlich durch die schmerzhafte Erfahrung hindurch müssen, dass uns nichts übrig bleibt, um schließlich über diesen Problemen zu stehen, versuchen wir weiter, gegen unsere Widersacher im Inneren und Äußeren zu kämpfen. Wir weigern uns, originell und wir selbst zu sein, lehnen die Geister ab, die uns zum spirituellen Leben berufen haben, die von uns verlangen, unsere Begeisterung für ein Thema, eine Aufgabe oder unsere Selbstverwirklichung auszuleben. Wir geben den Kritikern in unserem Bekanntenkreis nach, die behaupten, wir hätten kein Talent, oder wir kämpfen gegen sie an, weil sie uns verunsichern. Indem wir nicht zu uns und unserem Weg stehen und den unvermeidlichen Schmerz, der auf diesem Weg liegt, anzunehmen bereit sind, schaffen wir uns selbst das Leiden, das wir fälschlich als von außen verursacht wahrnehmen.
*Stichworte: **Leiden**; verharren im Leiden; sinnloser Kampf*

XIII. Der Tod

Amplifikation
Der Tod war schon für unsere steinzeitlichen Vorfahren mehr als das bloße Ende eines bis dahin lebendigen Menschen. Wir wissen zwar nicht, ob die seit mindestens 50.000 Jahren bekannten Be-

gräbnisriten beweisen, dass die Menschen der Mittel- oder Altsteinzeit eine bestimmte Jenseitsvorstellung besaßen oder ob sie nur die Verstorbenen auf diese Weise ehrten. Dennoch können wir vermuten, dass sie vom Weiterleben der Toten auf dieselbe Weise wussten, wie heutige Schamanen und medial begabte Menschen davon wissen: durch eigene Erfahrung. Es ist zwar nicht beweisbar, wann der ritualisierte Schamanismus in die Geschichte der Menschheit trat und man begann, mittels bewusstseinsverändernder Techniken Kontakt zu jenseitigen Wesenheiten aufzunehmen. Wahrscheinlich aber ist diese Fähigkeit mit allen anderen Prozessen der Erlangung eines klareren Bewusstseins bei der Evolution aus dem Tierreich mitgewachsen, so dass es keinen Anfang gab. Wie wir aus zahlreichen heutigen Anekdoten und früheren Legenden wissen, sind Tiere zur Wahrnehmung unkörperlicher Wesenheiten in der Lage, so dass unsere tierischen oder halbtierischen Vorfahren gewiss bereits über derartige Fähigkeiten verfügten, bevor es ihnen ihre Höherentwicklung erlaubte, diese bewusst zu nutzen. Es gab also wohl schon immer Einzelne, die davon berichteten, Menschen gesehen und mit ihnen kommuniziert zu haben, von denen sie oder andere wussten, dass ihr physischer Leib nicht mehr belebt war. Der Tod war deshalb für alle Kulturen stets ein Zeitpunkt des Übergangs, nicht des letzten Endes, sondern der Beendigung nur des Abschnitts eines bestimmten irdischen Lebens.

Aber seit Jahrhunderten weiß man auch von Menschen, die selbst die Schwelle des Todes betreten haben und dann wieder zum Leben erweckt wurden. So genannte Nahtoderserfahrungen weisen über verschiedene Kulturen hinweg ein ähnliches Muster auf. Sie können uns zwar nichts über den Zustand jenseits des irreversiblen Todeseintritts erzählen, aber sie sagen etwas über das aus, was Menschen geschieht, die sich im Sterbeprozess befinden. Zwar sind derartige Berichte erst seit der Erfindung moderner Wiederbelebungsmethoden häufig geworden, aber auch im Mittelalter kam es vor, dass Personen ihr Bewusstsein verloren und die Vitalfunktionen vorübergehend soweit versagten, dass man keine Lebenszeichen mehr fand. Dort, an der Schwelle zum Tod, machten sie Erfahrungen, die unseren heutigen Berichten in der Struktur ähnlich sind, wenn auch die Erlebnisinhalte sich oft kulturtypisch verändern. So berichten die Sterbenden heute wie damals vom Verlassen ihres Körpers, aber die Menschen des Mittelalters wurden im Jenseits eher von Wesen in der Gestalt von Jesus, Maria oder anderen großen Heiligen empfangen als die heutigen Sterbenden.

Die Vorstellungen darüber, was nach dem empirisch erfahrbaren Teil des Todes geschieht, gehen jedoch noch weiter auseinander. Die Vorstellung der Reinkarnation war in der antiken Welt weitaus verbreiteter war als heute. Nicht nur die Inder, wahrscheinlich teilten sogar die meisten Völker ihn. So gab es in vielen der alten schamanistischen Religionen die Überzeugung, dass die Toten nur für eine gewisse Zeit (oft für sieben Generationen) in der Jenseitswelt verblieben und dann wieder als Menschen zurückkamen. Das Judentum kennt die Reinkarnation bis heute, und es ist sehr wahrscheinlich, dass Jesus (der zeitlebens Jude war und blieb) sie ebenfalls teilte. Das Christentum ersetzte die alte Gewissheit, dass wir in ein weiteres irdisches Leben hinein wiedergeboren werden, durch einen so abstrakten Gedanken, dass selbst die meisten Christen gar nicht wissen, dass er die theologisch korrekte Jenseitsvorstellung bildet: Demnach sterben wir und sind danach mausetot – bis zum Tag des Jüngsten Gerichts, an dem die Toten wieder zum Leben erweckt werden. Erst hier scheiden sich die Wege und es geht entweder nach oben in den Himmel oder nach unten in die Hölle. Der Tod ist also auch hier ein Übergang, allerdings ein verzögerter: Im Tod endet die Zeit, und für den Toten macht es keinen Unterschied, ob er sofort oder erst am Ende dieser Weltzeit wieder geboren wird. Sicher ist ihm ein Weiterleben im Bereich des wahren ewigen Lebens (des Himmels) oder dem Bereich der ewigen Verdammnis (der Hölle), aus der es nach christlicher Doktrin kein Entkommen mehr gibt.

Das sehen die asiatischen Religionen anders, für die eine ewige Verdammnis nicht mit dem Gesetz ständigen Wandels vereinbart ist, nach dem der Kosmos funktioniert. Für den Buddhisten beispielsweise gibt es die Möglichkeiten einer höllenartigen Wiedergeburt zwar ebenfalls, aber die Zeit dort ist (wie jedes andere Leben) begrenzt. Danach geht es zur nächsten Station der ununterbrochenen Mühle von Wiedergeburten, abhängig vom eigenen Karma, vom Stand des eigenen Kontos positiver oder negativer Taten. Wo auch immer wir hinsehen: außer in unserer materialistisch geprägten Zeit gibt es keine Kultur, die den Tod als das Ende der Existenz ansieht. Andererseits scheint die Idee, dass wir nach dem Tod so weiterleben, wie wir zuvor gelebt haben, reichlich naiv. So wird schon aus den Berichten deutlich, die Menschen mit Nahtoderfahrungen uns geben, dass ihre Art, die Dinge zu sehen und zu beurteilen, sich im Sterben erheblich verändert. Wie anders muss die Seele sich fühlen, wenn sie die Schwelle zum Jenseits ganz überschritten hat? Unplausibel ist dann ebenso eine Seelenwanderungstheorie, nach der sich eine Seele wie ein unveränderlicher Monolith von einem Leben zum nächsten verpflanzen lässt. Es scheint doch eher wahrscheinlich, dass wir durch die Umstände von vorgeburtlicher Existenz, Geburt, Kleinkindalter und Elternhaus neu geprägt werden. Wir erhalten einen neuen, anderen Körper und müssen mit ihm neue Erfahrungen machen. Der Tod wird also immer eine Transformation sein, eine Veränderung dessen, was uns bisher selbstverständlich war, kein Übergang von einem Raum zum anderen, ohne dass wir uns selbst dabei verändern.

Insofern ist der Tod (*marana*) für den Buddhisten auch nicht allein der Augenblick, da die Verbindung von Bewusstsein und Körper sich auflöst. Jeder einzelne Augenblick gilt als ein Moment des Sterbens, wie es im buddhistischen Lehrbuch Visuddhi-Maga heißt: „... so währt das Leben der Wesen nur für die Dauer eines einzigen Bewusstseinsmoments. Ist dieser erloschen, so ist auch das Bewusstsein erloschen". Mein Bewusstsein von eben existiert in diesem Moment nicht mehr. Da *Ich* nicht mehr ist als dieser eine Moment von Bewusstsein, sterbe ich in jedem Augenblick und werde gleich wieder neu, als ein neues Wesen wiedergeboren. Die Verkörperung von *marana* ist *Mara*, der Herr des Todes, den wir bereits bei der X. Tarotkarte kennen gelernt haben, weil er das Rad der Wiedergeburten in seinen Klauen hält. Auch *Yama*, eine alte vedische Figur, die in den älteren Veden der erste in den Himmel aufgestiegene Mensch ist, wird in Hinduismus wie Buddhismus als Richter über die Toten und somit als der Repräsentant des Todes selbst angesehen.

In der abendländischen Tradition gibt es diese monsterartigen Todesgötter ebenfalls, hauptsächlich in einigen antiken Abbildungen. Aber die Bilder, die sich die Menschen vom Tod machten, variierten. Zuweilen blieb der Tod bildlos und nur die Toten wurden dargestellt, in Ägypten oder bei den Etruskern in jener Weise, in der man sich ihr jenseitiges Fortleben vorstellte. Die Griechen kannten eine, wenn auch selten anzutreffende Personifikation des Todes, des *Thanatos*, als Zwillingsbruder des Schlafes (*Hypnos*) und Sohn der Nacht (*Nyx*): ein geflügelter, zuweilen nackter jüngerer Mann, dessen Aufgabe es ist, die Verstorbenen in den Hades zu führen. Für die Römer der Kaiserzeit war er ein Genius, ein persönlicher Geistbegleiter, den sie mit einer gesenkten Fackel darstellten. Dass der Tod ein Schnitter ist, der mit seiner Sense den Faden des Lebens oder die Seele vom Körper abschneidet, findet sich hingegen erst in spätmittelalterlichen Darstellungen. Zuweilen wird die Sense auch so gedeutet, dass der Tod mit ihr seine Ernte einfahre, welches die Sünde selbst ist, der er nach dem Sündenfall des Menschen seine Existenz ja überhaupt nur verdankt. Alternativ erscheint in diesen alten Darstellungen der Tod als Gerippe mit einem Stundenglas in der Hand, das die kurze Lebenszeit der Menschen abmisst.

Die Abbildung des Rider-Tarot erinnert an Wandgemälde, die sich im 15. und 16. Jahrhundert in vielen Städten Europas verbreiteten: „Totentanz" wurden sie genannt, weil auf ihnen der Tod einen lustigen Spielmannszug von Menschen anführt, die er aus der Welt der Lebenden führt. Die gesamte Standesgesellschaft wurde der Reihe nach aufgeboten, mit tanzenden Skeletten dazwischen zu einer Menschenkette verbunden. Die Totentänze entstanden im Gefolge der Pestepidemien, die so viele Menschen dahinrafften, dass niemand sich vor dem baldigen Ende sicher fühlen konnte. Damals begann der Kontrast von Leben und Tod in Bildern und in Dichtungen das Interesse zu wecken, von denen das Decamerone des Humanisten Giovanni Boccaccio das berühmteste ist. Das Reich des Lebens und das des Todes wirken ineinander hinein. Je heftiger der Tod wütete, umso frenetischer feierte die Oberschicht ihr kurzes Leben. Und zugleich schien der Tod im Totentanz dieses ausgelassene Treiben sarkastisch zu karikieren: Er blieb der lachende Sieger, der immer und in jedem Fall zuletzt feierte. Dabei erschien den Menschen der Tod als der erste, der mit dem Gedanken der sozialen Gleichheit radikal ernst machte: ihm entkommt niemand, ob arm, ob reich, ob bedeutend oder unbedeutend. Der massenhafte Tod durch die Pest erschütterte die Ständeordnung mit sozialrevolutionärem Beigeschmack. Im Rider-Tarot sehen wir ebenfalls alle sozialen Kategorien in demokratischer Gleichheit vor der Macht des Todes vereint: Bischof und König, Jungfrau und Kind sind dem großen Herrscher Tod alle gleichermaßen unterworfen. Den König hat es bereits hingestreckt, das Kind reicht dem Tod unbeschwert eine Blume und die junge Frau wendet sich von ihm etwas geziert ab, als wolle sie sagen: „Dann nimm mich eben, wenn's sein muss". Der Bischof allein empfängt ihn aufrecht und betend.

Warum folgen Smith und Waite hier nicht der Marseiller Tradition, nach der ein Skelett als Sensenmann abgeschnittene Köpfe, Hände und Füße zu ernten scheint? Oder den Visconti-Karten, in denen der Tod einfach und schlicht als ein lässiges Gerippe verschmitzt dreinschaut und einen langen, schlangenförmigen Bogen in der linken Hand hält, mit dem es auf die makabere Jagd geht? Nur die Karten von Ferrara scheinen als Vorläufer des Rider-Motivs in Frage zu kommen, denn auf ihnen ist der Tod bereits als Reiter zu sehen, dessen Pferd seine Opfer zu Tode trampelt. Das aus den Totentänzen bekannte Motiv der jungen wie alten, reichen wie armen, geistlichen wie weltlichen Personen, die alle gleichermaßen vom Tod hinweggerafft werden, kann uns noch ein weiteres lehren: dass wir im Tod alle Titel, Würden und Ränge, allen Besitz und alles, was uns lieb und teuer war, aufgeben müssen. Waite und Smith scheinen diese Seite des Todes besonders betonen zu wollen, dass der Tod als Symbol für die Notwendigkeit steht, alles loszulassen, was uns an Bedürfnissen und Ängsten, an Anhänglichkeiten und Sentimentalitäten in dieser Welt festhält.

In vielen Übergangsriten alter Kulturen, in den Mysterienkulten der Antike und manchen modernen Geheimbünden wird ein Augenblick des Sterbens in erschreckender, Angst einjagender Weise inszeniert. Der Initiant wird in eine Erdhöhle geführt, in der er Dunkelheit oder dämonischen Stimmen begegnet, wird mit den Schrecken des Geisterreichs konfrontiert und muss schließlich durch ein enges Loch hindurch, das wie der Geburtskanal seine Wiedergeburt symbolisiert. Oder er wird mit verbundenen Augen in einen Raum geführt, in dem ihm eine Schlinge um den Hals gelegt oder ein Messer an die Kehle gehalten wird. Erst wenn er seinem eigenen Tod begegnet ist, ohne zu verzweifeln, ist er reif für weitere mystische Erkenntnisse. Noch dramatischer erfährt der junge, von den Geistern zum Schamanen Berufene seine Einweihung: Im Zustand der Trance wird er von den Geistern getötet, zuweilen sogar zerstückelt oder aufgefressen, und nur wenn er der Prüfung standhält, geht er als neugeborener Schamane aus seiner schweren Krise gestärkt hervor. Die Konfrontation mit dem Tod bedeutet hier immer, dass der Initiant für einige Zeit alles zurücklassen muss, was ihm im Alltag Sicherheit und Gewissheit gegeben hat. Er ist für Augenblicke oder Tage völlig ausgeliefert. Wenn wir uns schon zu Lebzeiten auf unseren Tod vorbereiten wollen, um ihn danach nicht mehr zu fürchten, so müssen wir dazu in der Lage sein, alles zurückzulassen, alles aufzugeben und völlig frei zu werden von all den Krücken und Stützen, mit denen wir uns ein scheinbar sicheres und komfortables Leben errichten.

Wenn der Tod im Tarot also für Transformation steht, dann muss diese schon innerhalb dieses Lebenslaufs gemeint sein. Es ist dann das Aufgeben dessen, das wir in den Tod nicht mitnehmen werden: das Aufgeben von allem, was uns in dieser Gesellschaft ausmacht, mittels dessen wir uns definieren. Es ist das radikale Aufgeben der äußeren Bedingungen unseres Daseins, dessen, was wir so sehr mit uns verbinden, dass wir uns kaum vorstellen können, wer wir ohne dieses rein äußerliche Schneckengehäuse sein könnten: unser Haus, unsere Arbeit, unsere Familie, unsere Nachbarn, unsere Kleidung, unser Bankkonto, unsere Videosammlung, Bibliothek oder Reiseerinnerungen. Wenn wir all das aufzugeben bereit sind, was bleibt dann noch von uns? Das ist die Frage, die der Tod (der reale und der symbolische auf der Tarotkarte) an uns alle richtet. Wenn wir bereit sind, uns auf diese Frage einzulassen, machen wir jene Transformation durch, die man als den „Tod des Egos" bezeichnet hat, den Verlust unserer gewöhnlichen Identität, unserer Selbstdefinition. Wenn dieses Ego mit all seinen Wünschen und Ängsten stirbt, bleibt schließlich nur noch pures Sein, Dasein und Bewusstsein übrig, eine reine, unverfälschte Seele. Die Karte des Todes lädt uns ein, alle Hoffnung fahren zu lassen und alles Bekannte und Vertraute aufzugeben, damit wir zu neuem Leben geboren werden können.

Bild der Wandlung: Die XII wird zur XIII, wenn das Ego so weit ist, dass es einen ersten Großen Tod stirbt, die Auslöschung des „Ich-Bin" vor dem „Nicht-Ich". Wenn sie so weit sind, dass sie nichts eigenes mehr wollen, bleibt den Pilgern die schwarze Nacht einer Seele, die nicht weiß, was und wozu sie ist, aber die sicher ist, dass es nichts gibt, was sie braucht außer dem Einen, Göttlichen, das sich ihr aber noch nicht offenbart. Abgestorben sind ihr die weltlichen Freuden, tot ist ihr Begehren, alle Lustbarkeit stinkt ihr wie Aas. Daraus entwickelt sie die Neigung zur Askese, zur Sinnesabtötung. Der Geschmack der Welt ekelt sie und sie könnte ohne diese weltliche Existenz besser leben. Das zeigt, dass der Tod des Egos noch höchst unvollkommen ist. Der Tod ihres Egos kann ihr noch Verdruss bereiten, denn noch ist sie in dieser Welt gefangen, und dies kann den Wunsch nach dem physischen Tod fördern. So ist ihr Ego noch längst nicht ganz erstorben, sondern hat erst den Geschmack dessen erfahren, was es heißt, nicht um sich selbst zu kreisen.

Der geheime Faktor: Die Todlosigkeit
Das Geheimnis des Todes ist die Todlosigkeit. Der Tod verbirgt die Tatsache, dass es keinen Tod gibt. Sobald wir in eine neue Existenz eintreten, vergessen wir die vorherige. So kommt es uns so vor, als gäbe es nur eine einzige Existenz. Dieser Mechanismus verleiht uns die Chance, scheinbar immer wieder ganz von vorne anzufangen. So ist der Tod die Möglichkeit des Neuanfangs. Wir sagen: „Alles Gehen ist ein neues Kommen. Aber das darf ich nicht erinnern, um immer wieder neu anfangen zu können". Der Tod ist ein beschränkender und ein befreiender Faktor. Er beschränkt unsere Möglichkeit, immer weiter an uns zu arbeiten dadurch, dass er wie der Resetknopf beim Computer alles unterbricht und uns zu einem Neuanfang zwingt. Er ist ein befreiender Faktor, weil wir im Moment des Todes in ganz neue und freiere Welten fortschreiten können, wenn uns das gelingt, wenn wir bereit dazu sind. Schließlich ist er auch ein Faktor unserer Versklavung, aber anders als die meisten (westlich geprägten) Menschen das meinen: Nicht durch das Beenden der irdischen Existenz im Tod sind wir der Versklavung durch den Tod unterworfen, sondern durch die darauf folgende Wiedergeburt. Der Tod bedeutet die Tatsache des Lebens in einem materiellen Körper, unterhalb der Sphäre, in der wir die Todlosigkeit direkt erfahren. Insofern ist das Bedrückende des physischen Todes die direkte Folge und Ausdruck unseres Getäuschtseins, die Folge unseres primordialen Sündenfalls.

Der Archetyp als Selbstaspekt
Bist du bereit, loszulassen? Bist du bereit, das Alte hinter dir zu lassen? Schmerzt es dich, wenn Dinge vernichtet werden, die du geschätzt hast, materielle Dinge oder symbolischer Besitz oder Eigenschaft von dir selbst? Kannst du alles der Vernichtung anheimgeben, um neu und als ein Anderer aus dieser Erfahrung hervorzugehen?
Archetyp/psychologische Instanz: Tod; Thanatos-Energie

Meditation
Wir alle werden sterben. Und obwohl es sich vielleicht um die einzige vollkommen sichere Tatsache handelt und wir nicht wissen, wann sie eintreten wird, versuchen wir, den Gedanken daran zu vermeiden. Wäre es nicht viel sinnvoller, sich gerade auf dieses wichtige Ereignis ausreichend vorzubereiten? Könntest du dich jetzt auf dein Bett legen und dir vorstellen, du würdest sterben? Es wird ganz einfach und unproblematisch sein, wenn du bereit bist loszulassen, alles vollkommen loszulassen. Das erste, was du loslassen musst, ist dein Besitz, deine Wohnung, deine Heimat. Dann wirst du keinen deiner Titel, nichts von deinem Ansehen, nichts von deiner Reputation mitnehmen, auch wenn du der Präsident von sonstwas bist. Dann wirst du deine Freunde und Familienangehörige loslassen müssen, die noch hier auf der Erde bleiben. Wenn du dazu bereit bist, kannst du einen Schritt weiter gehen. Wenn nicht, wirst du noch weiter am Loslassen arbeiten müssen, bevor du schmerzfrei weitergehen kannst. Wenn du so weit bist, kannst du die Augen schließen und sehen, wie du aus deinem Körper hinausschwebst. Du siehst dich jetzt von oben und fühlst dich leicht und unbeschwert. Als nächstes wirst du durch einen Tunnel gezogen, an dessen Ende dich ein warmes, weißes Licht empfängt. Vor dem Licht wartet eine Lichtgestalt auf dich, die Liebe und Freundlichkeit ausstrahlt. Du musst dich jetzt entscheiden, ob du in das Licht gehen oder einen anderen Weg nehmen willst. Ich rate dir: setze deinen Weg durch das Licht hindurch fort. Es ist das Beste, was dir passieren kann.

Praktische Deutung der Karte

Vorderseite
Der Tod ist eine Karte, die anzeigt, dass Altes sterben muss, damit Neues entstehen kann. Solche Veränderungen machen uns oft Angst und wir verweigern uns ihnen. Das gilt natürlich insbesondere für den physischen Tod, den wir fürchten und nicht als einen wesentlichen Teil des Lebens oder des Kreislaufs von Geburt und Tod akzeptieren können. Liegt die Karte aufrecht, dann sind wir

aber bereit und reif dazu, die Veränderung letztlich anzunehmen. Zumindest werden wir im Nachhinein erkennen, dass sie notwendig war. In einem spirituellen Sinn kann die Karte des Todes bedeuten, dass wir einen Teil unserer Anhaftungen aufgeben können, ob an Menschen oder andere Wesen, an bestimmte Lebensumstände oder Besitzgüter. Wir sind dazu in der Lage, unser Ego ein Stück weit sterben zu lassen, um uns zu weiten und größer zu werden als zuvor.
<u>Stichworte</u>: **Ende**; *Veränderung; Tod des Egos*

Umgekehrte Vorderseite
Wenn wir zu viel Angst vor den Veränderungen haben, die uns bevorstehen, dann kämpfen wir gegen sie an. Wir bleiben in einer Situation stecken, die schon längst verändert werden müsste, die schon längst überholt ist. Bei manchen Beziehungen sagt man, die Liebe sei bereits gestorben, auch wenn die Partner weiter zusammenblieben. Dann wird der Tod der Beziehung, der eigentlich längst zugegeben werden müsste, verdrängt und ignoriert. Das kann auch auf andere Situationen zutreffen. Wenn Veränderungen, die wir nicht bewusst ersehnt haben, in uns Skepsis und Angst auslösen, kann dies zu einer lähmenden Angst werden, die es schwer macht, die notwendigen Veränderungen zu verkraften. Diese Angst führt zu Lethargie und letztlich zu totaler Handlungsunfähigkeit. Wenn die Veränderung sich hingegen bereits vollzogen hat und wir sie nicht akzeptieren wollen, verweigern wir uns dem Trauerprozess, dem Prozess des Akzeptierens des Unvermeidlichen und bereiten uns dadurch völlig unnötiges Leiden.
<u>Stichworte</u>: **Nicht-Loslassen-Können;** *Lethargie; Verweigerung der Veränderung; Steckenbleiben*

Die verborgene Seite
Der Tod verbirgt die Todlosigkeit, die Tatsache, dass es keinen Tod gibt. Alles Vergehen ist die Vorstufe zu neuem Werden, Tod ist der erste Schritt zu neuer Geburt. Nichts in der Natur vergeht einfach. Nach dem Energieerhaltungssatz können Energien sich nicht auf-

lösen, sie können sich nur transformieren. So wird auch die Lebensenergie nur in eine andere Form des Lebens transformiert. Die verborgene Seite zeigt eine lächelnde Frau, die ein kleines Kind, einen Säugling hochhält. Ein Mann, vermutlich der Vater, hat einen Arm um sie gelegt und betrachtet das Kind voller Freude. Das Kind scheint ihr soeben von oben, von einem großen Engel herabgereicht worden zu sein, der aus einer Wolke herabschaut. Wir sehen die Szene einer Geburt, in der ein neues Wesen aus einer anderen Welt in unsere hineingebildet wird. So ist der Tod nichts als der Durchgang von dieser Welt in jene andere Welt, aus der heraus wir wieder in eine Neugeburt starten, wo immer auch diese sein wird. Das kann im spirituellen Sinn gemeint sein als das, was uns nach unserem physischen Tod erwartet oder das, was mit uns geschieht, wenn wir unser Ego losgelassen haben und zu einer neuen, offenen Weite erwacht sind. Es ist aber in einem alltäglicheren Sinn auch jener Zustand gemeint, den wir erlangen, wenn wir die Veränderungen unseres Lebens akzeptiert und durchlebt haben. Wir gelangen in ein „neues Leben", können einen Neuanfang machen und das Alte endlich hinter uns lassen. Einiges davon wird uns sicherlich weiterhin begleiten, aber anderes können wir getrost begraben. Es ist nützlich, wenn wir uns bewusst machen, was es sein soll, das wir zurücklassen, und was an uns selbst und in unserem Leben sich lohnt, mit in den neuen Lebensabschnitt, mit in die neue Situation genommen zu werden. Wenn wir uns darauf einlassen, können wir vielleicht wirklich ein „neuer Mensch" werden, uns auf eine veränderte Identität einlassen, die andere Facetten enthält als das, was wir bisher als unser Ich definiert haben. Wenn wir nicht so weit gehen wollen, können wir zumindest das Neue begrüßen, das sich in unserem Leben ereignet will und uns darüber freuen.

<u>Stichworte:</u> **Geburt**; *Anfang; Neubeginn; neue Identität; neue Chance*

Umgekehrte verborgene Seite
Eine neue Geburt ist immer eine neue Chance. Aber nicht immer sind wir mit dem Neustart von Anfang an zufrieden. So wie Men-

schen, die an Reinkarnation glauben, damit rechnen müssen, dass sie im nächsten Leben in eine schlechtere als ihre vorherige Lebenssituation hineingeboren werden, so müssen wir eingestehen, dass nicht jeder Neuanfang sich sofort als Verbesserung herausstellen wird. Vielleicht haben wir Altes hinter uns gelassen, aber wir erkennen den Vorteil des Neuen noch nicht. Vielleicht sehen wir nicht, dass das, was in unserem Leben sterben musste, uns auf eine neue Chance hin befreit, und schauen nur auf die Seite des Verlustes, den wir immer noch betrauern. Oder wir haben Schwierigkeiten uns in der neuen Situation zurecht zu finden, bis wir angefangen haben, ihre Vorteile für uns zu nutzen. All dies sind vorübergehende Probleme, die wir als solche erkennen sollten, damit sie uns nicht entmutigen, das Beste aus dem Neuanfang zu machen. Ein schlechter Start ist noch kein schlechtes Omen oder eine Festschreibung, dass alles mit ebensolchen Schwierigkeiten weiter gehen wird. Im Gegenteil: Mancher, der in schlechte Verhältnisse hineingeboren wurde, kann dadurch beweisen, was er zu leisten vermag, und mancher, der in einem Kreis von Menschen zunächst nicht willkommen war, hat es durch Beharrlichkeit und Bemühen geschafft, sich entgegen aller Vorurteile durchzusetzen.

Stichworte: **Fehlstart**; *Angst vor dem Neuen; (vermeintlich) schlechter Anfang*

XIV. Die Mäßigkeit

Amplifikation

Der deutsche Name der Karte im Rider-Tarot, *Mäßigkeit*, erinnert etwas an Mittelmäßigkeit. *Mäßigung,* also *Maß halten* trifft die ursprüngliche Bezeichnung „Temperance" des Marseiller Tarots besser, was von dem lateinischen Wort *temperantia* abgeleitet ist. Temperantia stammt wiederum von tempus ab, einem lateinischen Wort, das ursprünglich einen Abschnitt, beispielsweise des Tages, bezeichnete, und dann auf die Zeit übertragen wurde: temperantia, das ist *das rechte Maß*. Temperantia diente schon den Römern als Übersetzung des griechischen Wortes *sophrosýne,* das zwei Aspekte enthält: Einerseits wird darunter Selbstbeherrschung oder Besonnenheit verstanden. Sophrosýne soll zu emotionaler Ausgeglichenheit und Gelassenheit führen, zu Unerschütterlichkeit gegenüber schwankenden Gefühlen und gegenüber äußeren Reizen, die unsere Gefühle ansprechen. Ihr zweiter Bedeutungsaspekt bezieht sich nicht auf eine emotionale Haltung, sondern auf ein Erkenntnisvermögen und bezeichnet die Klarheit und Gesundheit des Geistes. Platon hielt *sophrosýne* für eine der vier wichtigsten Tugenden des Menschen, neben Tapferkeit, Weisheit und Gerechtigkeit. In seinem Modell des idealen Staates unterscheidet er drei staatstragende Personengruppen: die regierenden Philosophen, die Krieger oder Wächter des Staates und den dritten, den Nährstand der Bauern, Händler und Handwerker. Sie ähneln interessanterweise den drei *Varnas* (Kasten) des indischen Ständesystems (dass Platon davon erfahren haben könnte, ist denkbar). Jeder dieser drei Gruppen war eine der Haupttugenden zugeordnet (und allen gemeinsam die vierte, die Gerechtigkeit), wobei Besonnenheit (*sophrosýne*) die Tugend des Nährstandes sein sollte. Denn diesem dritten Stand schien vor allem die Untugend der Begierde zueigen zu sein, und gegen Begierde empfahl Platon Besonnenheit als Gegenmittel. Das sollte nicht heißen, dass der besonnene Mensch gegen seine eigentliche Natur ankämpfen muss, sondern im Gegenteil: das Bessere in ihm würde über das Schlechtere siegen und damit würde er gemäß seiner wahren, besseren Natur leben.

Von Platon geprägte römische Philosophen wie Cicero griffen auf die platonische Lehre von den vier Tugenden zurück und verwendeten statt *sophrosýne* den lateinischen Begriff *Temperantia* oder Angemessenheit. In anderen griechisch-römischen Philosophenschulen erhielt diese Tugend eine noch größere Bedeutung. Die Stoiker erklärten die besonnene, vernünftige Lebensführung zum höchsten Ideal, wobei sie statt *sophrosýne* den Begriff *apatheía* – Leidenschaftslosigkeit vorzogen. Der ideale Gemütszustand des Menschen war demnach gleichmütig und genügsam, frei von Begierde, Hass und allen anderen Gefühlsaufwallungen. Mit der Wortbildung *ataraxía* grenzte sich ihre philosophische Konkurrenz, die

Epikureer, gegen die Stoiker ab: Ataraxía (wörtlich: die Nicht-Aufgerührtheit, das Nicht-Bewegtsein) war für sie die Fähigkeit, in heiterer Gelassenheit das Leben ohne emotionale Turbulenzen zu genießen. Der hauptsächliche Unterschied zur stoischen Leidenschaftslosigkeit liegt in der Betonung des guten Gefühls bei den Epikureern gegenüber dem größeren Gewicht von Ratio und Emotionslosigkeit bei den Stoikern.

Nachdem das Abendland christlich geworden war, wurde die Tugendlehre (bei Papst Gregor dem Großen) um drei christliche Tugenden (Liebe, Glaube, Hoffnung) auf sieben erweitert. Diese sieben „Kardinaltugenden" bilden bis heute einen festen Kanon in der abendländischen Kultur. Bei Kirchenlehrern wie dem wichtigsten Philosophen des Hochmittelalters, Thomas von Aquin, wurden sie für die kirchliche Morallehre verwendet. Er empfiehlt Besonnenheit ganz im Sinne Platons und seines Schülers Aristoteles als Heilmittel gegen Begierde. Für Thomas ist Besonnenheit die ausgleichende Kraft der Mitte innerhalb der natürlicherweise im Menschen vorhandenen Antriebe, die als solche nicht sündhaft sind, aber ihn hier oder dahin ziehen. Darüber hinaus aber ist sie gegen das Übermaß gerichtet, denn aus dieses kann eine der Todsünden, die Wollust, entstehen. Schon im Mittelalter gab es Darstellungen der Temperantia als weibliche Gestalt, die etwas aus einem Krug in einen anderen schüttet (so von Giovanni di Balduccio, ca. 1336-39, in Sant' Eustorgio, Milano). Das mag daran liegen, dass das dazu gehörige Verb *temperare* auch mischen bedeutet (eigentlich: ein Mischungsverhältnis abmessen). Wenn auf den Tarotkarten von Marseille wie dem älteren Visconti-Tarot die *Temperance* in dieser Form auftritt, so war sie zumindest den Gebildeten damals als Allegorie der Kardinaltugend sofort verständlich.

Tempus, das Abgemessene, bedeutet aber eben auch die *Zeit* als die abgemessene Einheit des Lebens. Auch die Zeit, die wir einer Tätigkeit widmen, also unser Tagesablauf bedarf des rechten Maßes, wie vor allem die auf Benedikt von Nursia zurückgehenden christlichen Mönchsorden betonen: Ruhe und Tätigkeit, Gebet, Studium und körperliche Betätigung sollen in genau abgemessenen Rhythmen erfolgen. Denn jedes Ding hat ein natürliches, ihm zukommendes Maß, das in einer göttlichen Ordnung festgelegt ist. Deshalb lässt sich diese kosmische Ordnung vom Menschen nicht umstoßen; er hat sich ihr einzufügen und zu erkennen, wessen Stunde es geschlagen hat. Die Idee des geregelten Tagesablaufs und der Mäßigung in allen Dingen findet sich später wieder bei einem der genialsten Naturheilkundler Europas, bei Sebastian Kneipp, dessen so genannte Ordnungstherapie betonte, wie wichtige das rechte Maß in Ernährung, in der emotionalen Erregung, aber vor allem auch den verschiedenen Tagesabläufen für die Gesunderhaltung des Gesamtorganismus ist. Man darf nicht vergessen, dass Kneipp im Hauptberuf Pfarrer war und die Ordnung des individuellen Lebens für ihn nahtlos aus der Geordnetheit der vom Göttlichen geschaffenen Welt hervorging.

Besonnenheit ist indessen kein rein abendländisches Ideal. Auch andere Hochkulturen kennen das Gebot der Beherrschung und des inneren Ausgleichs schwankender Gelüste und Bedürfnisse. Zumindest der Haltung nach ähnlich, kennt der alte achtfade Pfad des Yoga (gemäß dem Weisen Patañjali) die *Brahmacarya* genannten Disziplin (*yama*), sich von allen, vor allem sexuellen Verlockungen fernzuhalten; oder das Gebot des *Aparigraha*, des Nicht-Begehrens von Dingen, die nicht unbedingt notwendig sind. Noch mehr lässt sich vielleicht Patañjalis fünfte Stufe des achtfachen Yogapfades, *Pratyahara*, mit der Tugend der Besonnenheit als innere Haltung vergleichen: *Pratyahara* ist die Kontrolle der Sinneswahrnehmungen durch die Dominanz des willentlich einsetzbaren Bewusstseins. So wie *sophrosýne* für den antiken Griechen nicht allein die disziplinierte Beherrschung der emotionalen Schwankungen war, sondern eine innere Ausgeglichenheit, die mit einem gesunden, klar erkennenden Geist einhergehen musste, so ist *Pratyahara* weit mehr als eine äußerliche Disziplin der Abschottung von irritierenden Sinnesreizen, es ist die Fähigkeit, alle Wahrnehmungen so unter Kontrolle zu bringen, dass sie den Geist und den Gefühlskörper nicht in Unruhe versetzen: Besonnenheit in höchster Vollendung.

Im Buddhismus wird der äußere Aspekt der Mäßigung, die Zurückhaltung von dem, was die Sinne reizt und die Emotionen anheizt, als *nekkhamma*, die Entsagung oder Nicht-Anhaftung an Objekte der Begierde bezeichnet. Der innere Aspekt von Besonnenheit drückt sich in *upeksha* (oder *upekkha*), Gleichmut, aus, der Fähigkeit, auch angesichts starker Eindrücke ruhig und ausgeglichen zu bleiben. Gleichmut darf mit Gleichgültigkeit nicht verwechselt werden. Gleichmut nimmt das Leiden eines Anderen wahr, ohne darauf mit unkontrollierter Emotionalität zu reagieren. Das heißt aber nicht, kalt und unsensibel gegenüber der Welt und anderen Menschen zu sein. Es bedeutet nur, dass man nicht die ungesteuerten Gefühle, sondern die gesunde Vernunft, die *sophrosýne* über die eigenen Reaktionen herrschen lässt. Darüber hinaus sieht der Buddhismus sich selbst als die Religion der Mitte: Weil die Welt weder so real ist, wie sie uns erscheint, noch völlig irreal, sondern etwas dazwischen (eine Konstruktion), ist es auch weder sinnvoll, sich nach den Genüssen dieser Welt völlig zu verzehren noch sich in starrer Askese von ihr abzuwenden. In diesem Sinn ist die buddhistische Mäßigung die Kunst der Mitte zwischen den Extremen – zwischen Verzicht und Fülle, zwischen Gebundenheit am Diesseits und Weltverneinung.

Dass neben der Mäßigung nur noch die Gerechtigkeit ausdrücklich in den großen Arkana des Tarot vorkommt, nicht aber die beiden anderen platonischen Tugenden Klugheit und Tapferkeit (letztere allerdings in der Karte *Kraft* enthalten), könnte denjenigen Recht geben, die gar nicht die Tugend, sondern eine weit esoterischere Botschaft in der vierzehnten Trumpfkarte angesprochen sehen. Das Wasser, das der Engel aus dem einen Krug in den anderen fließen lässt, strömt schließlich auf eine physikalisch unmögliche Weise. Es scheint nicht einmal klar, ob das Wasser nach unten, nach oben oder in beide Richtungen fließt. Dieses Wasser ist ein übernatürliches, subtiles Element, kein irdisches Wasser, eher das Wasser des Lebens selbst. Die verschiedenen Substanzen, die hier vermischt werden, vereinigen sich zu einem einzigen, ungetrennten Strom, so wie die polaren Gegensätze der elektrischen Spannung sich zu Elektrizität vereinigen. In traditionellen fernöstlichen Medizinsystemen, der chinesischen, indischen und tibetischen Medizin, ebenso wie in der traditionellen europäischen Medizin (der Vier-Säfte-Lehre) spielen Polaritäten eine große Rolle. Die Lebenskraft Chi wirkt beispielsweise in der traditionellen chinesischen Medizin Yin-artig oder Yang-artig, und ein Ungleichgewicht einer dieser beiden Seiten löst Krankheiten aus. Die polaren Gegensätze des Yin und Yang vereinigen sich im ungestörten Fluss der Lebenskraft wie sie sich auf einer spirituellen, kosmischen Ebene im Tao vereinigen, dem ungeteilten Prinzip, das allen polaren Erscheinungen im Verborgenen zugrunde liegt. In der indischen Lehre der subtilen Energiekörper steht der *Pingala* genannte Hauptkanal für die männliche, solare Energie, der ihm gegenüberliegende Kanal *Ida* für die lunare, weibliche Energie. Aber nur wenn die Shakti-Energie in *Shushumna*, dem mittleren Kanal zwischen den beiden, ausgeglichen aufsteigt, findet spirituelle Höherentwicklung statt.

Die Karte Mäßigkeit zeigt also nicht allein das richtige Maßhalten im täglichen Leben, sie zeigt die Vereinigung der subtilen energetischen Polaritäten hin zu einem gesunden inneren Gleichgewicht. Das Gleichgewicht zwischen den Extremen in uns, den widerstreitenden Tendenzen unserer Seele, bedeutet, zum natürlichen Gleichgewicht zurückzukehren, dem sich der Mensch entfremdet, wenn er den Kontakt zu seiner eigenen tiefsten Natur verloren hat. Denn die Natur, der Kosmos, ist natürlicherweise auf dem richtigen Maß aufgebaut. Die Pythagoräer wussten dies und machten die Zahl und damit das Verhältnis zum Konstruktionsprinzip des Universums. Wenn das Verhältnis zwischen Materie und Antimaterie im Universum nur im Geringsten verschoben würde, würde das Universum sofort kollabieren, so sagen Physiker heute. Alles ist nach Maß und dem richtigen Verhältnis zueinander eingerichtet, so dass die Physik nach wie vor glaubt, die gesamte physikalische Welt irgendwann auf eine einheitliche mathematische Formel bringen zu können. Dasselbe rechte Maß gilt es für jeden einzelnen im Mesokosmos seines eigenen Lebens und dem Mikrokosmos seines individuellen Selbst zu verwirklichen.

Bild der Wandlung: Die XIII wird zur XIV, wenn die Pilger die selbstquälerische Ablehnung der sinnlichen Welt aufgeben, wenn sie erkennen, dass der Weg zur Erleuchtung nicht in der Ablehnung der äußeren Welt allein bestehen kann, sondern im Mittleren Weg zwischen der Abkehr von dem, was in der äußeren Erfahrung gefangen hält, und der Akzeptanz dessen, was ist. Die bloße Tötung des Egos führt ins Unglück, wenn sie allein stehen bleibt und nicht zum nächst höheren Schritt führt. Deshalb darf und muss die Welt, wie sie ist, in den Pfad einbezogen werden, die Mitte zwischen Vergnügen und Disziplin, zwischen innerem und äußerem Sein, zwischen dem Bezug auf den Körper und auf den Geist führt zur inneren Harmonie und zum Glück. Aus der Harmonie zwischen dem Außen und dem Innen erst kann die Erkenntnis des Ganzen, der Fülle des Seins entstehen.

Geheimer Faktor: Die Coincidentia oppositorum
Yin und Yang, hell und dunkel, gut und böse bilden eine Einheit. In dem Moment, da sie sich vereinigen, werden sie nicht zu einer undifferenzierten Masse, sondern zu einer höheren Synthese, die beide Gegensätze übersteigt. Dieser Moment der *Coincidentia Oppositorum* (Vereinigung der Gegensätze) in Gott ist der Moment der Erkenntnis, dass wir nicht innen und außen, Ich und Du sagen müssen, sondern beides sich wahrhaft vereinigen lässt in einem Weiteren. Wir können sagen: „Gegensätze bilden eine dialektische Einheit. Tat tvam asi". Die Gegensätze werden befreit, wenn wir sie in einer höheren Einheit aufzuheben vermögen. Wir bleiben in ihnen gefangen, solange wir sie als widersprüchlich und unvereinbar empfinden, solange uns die Fähigkeit der Synthese fehlt. Dann verbleiben wir im Eindruck einer Welt, in der wir als Einzelne allem Anderen unversöhnt gegenüber stehen.

Der Archetyp als Selbstaspekt
Wie fühlt sich die völlige Ausgeglichenheit in mir an, die Qualität des Kerns meines in sich ruhenden Selbst? Wo liegt meine ideale

Mitte, mein Ausgleichspunkt zwischen den gegensätzlichen Tendenzen und Wünschen in mir? Wann kann ich in meiner Mitte ankommen, ohne von den verschiedenen Möglichkeiten und Alternativen hin und hergerissen zu sein? Wann bin ich weder zu männlich noch zu weiblich, weder zu aktiv noch zu passiv, zu dominant oder zu unterwürfig, zu verträumt oder zu realistisch etc.? Wie kann ich zwischen den unterschiedlichen Meinungen und Differenzen zwischen mir und Anderen, zwischen Parteien und Ansichten die goldene Mitte finden? Und wie erinnere ich mich daran, immer wieder dorthin zu gelangen?
Archetyp/psychologische Instanz: Die goldene Mitte

Meditation
Sieh dir den großen Engel an, der die Spannung zwischen Erde und Wasser überbrückt, die Spannung zwischen den Polaritäten ausgleicht, ohne darunter zu leiden. Wie schafft er es, mit den starken Kräften umzugehen, die hier fließen? Begib dich in einen Dialog mit ihm und frag ihn, wie du selbst zu deiner Mitte gelangen kannst. Lass dich von ihm führen zur Ausgeglichenheit in dir, wo es nicht mehr des Bedürfens bedarf, weil bereits alles sich im Ausgleich befindet. Wie fühlt es sich an, dort zu sein? Und nun stell dir vor, du wärest selbst dieser Engel. Du stehst mit einem Fuß im Wasser des Unbewussten und deiner tiefsten Emotionen und mit dem anderen auf dem festen Boden der Realität. An deiner Stirn glänzt ein Sonnendiadem, Zeichen deiner reinen und klaren Erkenntnis, deiner Fähigkeit zu sehen und Licht auf deine inneren Zustände zu werfen. Hinter dir führt ein Weg hinauf zum Gipfel, auf dem du die Krönung deiner Bemühungen, die letzte Verwirklichung erreichen kannst, wenn du dem Weg der Ausgeglichenheit folgst. Die Schwertlilie, die neben dir wächst, ist das Symbol der Reinheit deiner Seele, die du in dir finden kannst, sobald du in deiner Mitte ankommst. Versuch, in diese Mitte hineinzuspüren, wo dich die Gelüste und Sorgen, die Umtriebigkeit des Hierhin und Dorthin nicht zu erreichen und nicht zu erschüttern vermögen, wo du im Zustand der ruhigen Gelassenheit verweilst. Weil deine See-

le von Natur aus die Reinheit der Schwertlilie besitzt, kannst du dort Frieden finden und brauchst nichts weiter.

Praktische Deutung der Karte

Vorderseite
Mäßigung ist der Zustand der Mitte zwischen den Extremen. Zuweilen aber benötigen wir ein anderes Mischungsverhältnis als die goldene Mitte. Immer aber gibt es das richtige Maß für unser Leben. Ob wir zwischen Freizeit und Arbeit, Gefühl und Verstand, Passivität und Aktivität, Geselligkeit und Zurückgezogenheit zu wählen haben, ob es um das rechte Maß geht, in dem wir uns an bestimmten Genüssen erfreuen, immer können wir, wenn wir in uns hineinlauschen, erkennen, wo das rechte Maß liegt. Das rechte Maß existiert einerseits in einer überpersönlichen Weise, wie es sich in der Natur ausdrückt, und wir können uns bemühen, es zu finden und zu verwirklichen. Aber es existiert auch in unserer persönlichen Prioritätensetzung. Letztlich ist das Ziel, dass wir zu einem harmonischen Zustand innerer Ausgeglichenheit gelangen.
<u>Stichworte</u>: **Mäßigkeit**, *Maßhalten, Ausgeglichenheit, die Mitte finden*

Umgekehrte Vorderseite
Unmäßigkeit entsteht aus Impulsen und Trieben, die uns die Konsequenzen unserer Handlungen vergessen lassen, so dass wir zu kurzfristig denken und das Gefüge nicht durchschauen, in das alles, was wir tun, eingebettet ist. Wenn wir weitsichtiger wären, würden wir erkennen, dass alles im Kosmos nur in einem bestimmten Maß zum Guten wird. Die Dosis macht das Gift, soll Paracelsus als seine letzte Botschaft hinterlassen haben. Das gilt nicht nur für Genüsse, es gilt für Einstellungen und Meinungen, für Handlungen, mit denen wir unsere Ziele durchzusetzen versuchen. Alles kann zu extrem und im Übermaß geschehen. Es ist gleich, was wir an Gutem zu tun beabsichtigen, ob uns selbst oder Anderen, sobald wir das rechte Maß dafür verloren haben, wandelt sich

die beste Absicht zu Schaden. Wir müssen wieder zur Ausgeglichenheit zurückfinden, in uns selbst die gesunde Mitte suchen und die Extreme vermeiden, die uns vielleicht viel anziehender erscheinen. Einseitigkeit und Unausgeglichenheit kann zu einem dauerhaften Charakterzug von uns werden, wenn wir nur eine unserer Seiten entwickeln, die polare Gegenseite aber vernachlässigen. Um zu innerer Harmonie und Ausgeglichenheit zu gelangen, müssen wir auch das in uns anerkennen, was wir nicht für wichtig nehmen oder ablehnen.

<u>Stichworte</u>: **Unmäßigkeit**, *extreme Positionen, Einseitigkeit, innere Unausgeglichenheit*

Die verborgene Seite
Die Kartenrückseite zeigt ein bekanntes Motiv der buddhistischen Kunst: Es ist die yubyam genannte Doppelfigur einer weiblichen und einer männlichen Gottheit, die sich sitzend im Vollzug des Koitus befinden. Für manche mag diese Darstellung befremdlich erscheinen und an die indische Tradition des Tantra als eines Sexkultes erinnern. Tatsächlich stammt die Abbildung aus der buddhistischen Tantrapraxis, aber um einen Sexkult handelt es sich dabei nicht. Tantra ist der Name sehr vielfältiger spiritueller Techniken, deren Besonderheit es ist, unerwünschte Gefühle, insbesondere aber Begierde, in spirituelle Werkzeuge zu verwandeln. Warum zeigt die Rückseite der Mäßigungs-Karte gerade ein solches drastisches Ausleben von Gefühlen? Weil wir nur dann zu echter Ausgeglichenheit gelangen können, wenn wir uns von jeder Einseitigkeit befreien. Askese ist Einseitigkeit, Selbstbeherrschung ist Einseitigkeit, da ihr das Erleben der beherrschten, unterdrückten und abgelehnten Emotion fehlt. Die Mitte zwischen den Extremen negiert die Extreme. Der Schatten der Mäßigkeit ist das Ignorieren der Pole, die sie zu vereinen sucht. Die Technik des Tantra hingegen lässt diese Pole bestehen und bringt sie unter die Kontrolle eines geübten Geistes, ohne sie zu unterdrücken.

Die Rückseite der Karte fordert uns also dazu auf, die Extreme in uns nicht zu unterdrücken, sondern zu suchen, ganz in sie hineinzugehen, um danach wieder in die Mitte zurückzukehren. Oder aus der Mitte heraus das Extrem zu erleben, ohne die Mitte zugleich zu verlassen. Gefährlich werden die Extreme, wenn wir uns in ihnen verlieren oder sie uns kontrollieren. Wenn wir sie aber gezielt aufsuchen, um sie auszuleben, bis sie uns vertraut erscheinen und wir sie wieder loslassen oder kontrollieren können, haben wir sie gemeistert statt von ihnen unterdrückt zu werden. Manchmal müssen wir uns Hals über Kopf verlieben, etwas Unüberlegtes tun oder uns in eine starke Emotion hineinbegeben, um auch diese Seite von uns kennenzulernen, wenn wir sie noch nie gelebt haben. Wir müssen unsere Wildheit, unsere ungezügelten Triebe, unsere Wut einmal zugelassen haben, um sie dann loszulassen. Viele Menschen, die nie gelernt haben, sich anderen gegenüber emotional zu öffnen, müssen in einer Psychotherapie erst lernen, ihre Wut und Traurigkeit im geschützten Rahmen zu erleben und zuzulassen, bevor sie in die Mitte zurückkehren können.

Auf dem spirituellen Pfad ist es die Disziplin des Tantra, die nicht die Verdrängung unserer Triebe, sondern deren Erfahrung fördert, weil wir deren Energien nutzen können, um uns darüber hinaus zu entwickeln. In den echten tantrischen Systemen geht es keineswegs nur um Sexualität. Sexualität ist nur eine Form der starken Begierde, die wir in uns entfachen können, um daraus wie in einem Kraftwerk Energie zu generieren, die wir dann in den sprituellen Pfad verwandeln. Diese Übungen sind schwer zu erlernen und leicht zu missbrauchen. Aber auch als nicht ins Tantra Eingeweihte können wir daraus für uns entnehmen, dass wir uns vor den extremen Emotionen nicht zu fürchten brauchen, wenn wir sie letztlich zum Besseren zu wandeln vermögen. Wir können uns, wenn wir genügend Achtsamkeit und Bewusstsein entwickelt haben, unsere negativen Emotionen willkommen heißen, bevor wir wieder in die Mitte zurückkehren.

Stichworte: **Ausagieren** *von Emotionen, Aktivieren des Schattens, Ausdruck des Verdrängten*

Umgekehrte verborgene Seite
Warum erscheinen uns – wenn wir dafür sensibel sind – viele Menschen, die in den Kirchen, der Politik oder sozialen Organisationen eine hohe Position bekleiden, als unecht und falsch? Offenbar geben sie etwas vor zu sein, was sie nicht wirklich sind: Sie tun so, als wären sie in ihren Ansichten, in ihrem Lebensstil, in ihren Handlungsweisen gemäßigt, selbstbeherrscht, moralisch integer. Aber wir spüren, dass sie nur für den Blick der Öffentlichkeit unterdrücken, was wirklich in ihnen steckt. Der Schatten falscher Mäßigkeit ist das Verdrängen des Unerwünschten. Dadurch entsteht der Schein eines Menschen, der eine ausgeglichene Person ist, aber dies ist mehr Schein als Sein. Zum wahren Ausgleich kommt es nur, wenn wir die Polarität zwischen dem erwünschten Selbstbild und dem tatsächlichen Sein in uns im Blick behalten. Sobald wir unseren Schattenanteil verdrängen, werden wir zwar das Gefühl haben, eine ausgeglichene und gute Person zu sein, in Wirklichkeit aber sind wir uns nur nicht dessen bewusst, wie viel wir unter Verschluss halten müssen. Statt dass wir den gesunden Ausgleich zwischen den verschiedenen Kräften in uns zulassen, fließt das Wasser der Seele nur aus einem der beiden Gefäße, bis das andere überläuft oder platzt. Wir müssen den Blick unseren unerkannten, verdrängten Anteilen zuwenden, dem Schatten, den wir nicht sehen wollen oder den wir die anderen nicht sehen lassen wollen, denn sonst werden sie irgendwann bemerken, dass wir nicht echt sind.

Auf eine ähnliche Weise kann die Mäßigkeit der Vorderseite zur Mittelmäßigkeit degenerieren. Wenn wir nicht in unserer wirklichen Mitte ankommen, sondern einfach die Widersprüche in uns unterdrücken, nicht zulassen, dass wir anecken, dass wir wir selbst sind, dann werden wir zwar in einer Form der Mitte ankommen, aber nicht unserer eigenen, sondern in der Mitte der Gesellschaft, der statistischen Mitte, kurzum: statt ein eigenständiges Individuum mit Schwächen und Stärken zu sein, das hier nach oben, dort nach unten vom Durchschnitt abweicht, wollen und werden wir überall nur noch Mittelmaß, eintönig und grau sein. Um den Preis der Individualität erkaufen wir uns Unauffälligkeit, um nicht unangenehm aufzufallen. Das ist nicht das Maß halten, das die platonische Tugend meinte, der es nicht darum geht, in der Mitte des Üblichen anzukommen, sondern in der Mitte zwischen den eigenen inneren Tendenzen, der Mitte dessen, was mich wirklich ausmacht.

Stichworte: **Heuchelei**, *Scheinheiligkeit, Pharisäertum; Mittelmäßigkeit; Unauffälligkeit*

XV. Der Teufel

Amplifikation

Der Teufel, wie wir ihn heute kennen, ist eine Konstruktion christlicher Theologen und solcher Religionen, die von ihnen inspiriert wurden, beispielsweise des Islams. Seine Ursprünge jedoch sind vielfältig. Im neuen Testament ist er der Herr aller Dämonen. Dämonen sind überall auf der Welt bekannte übelwollende Geistwesen. Bei den Sumerern und in der iranischen Religion war die Dämonologie besonders entwickelt und es ist zu vermuten, dass das alte Judentum von dort einige seiner dämonologischen Vorstellungen bezog. Eine besondere Rolle spielte der Gegensatz zwischen dem guten Gott (Ahura Mazda) und seinem Zwillingsbruder, dem bösen Ahriman, in der persischen Urreligion, dem Zoroastrismus. Ahriman ist der Herr über alle Dämonen (Daevas), unter ihnen auch Aeshma, von dem der jüdische Dämon Asmodeus seinen Namen hat, wie auch andere Elemente der jüdischen Dämonologie dorther stammt. Dämonen waren auch in Israel Verkörperungen von Kräften, die dem Menschen Schaden zufügten, etwa die Wildnis und Wüste (Asasel) oder die Gefahren des Meeres und der Tiefen (Leviathan) oder sie waren der Schrecken der Nacht und des frühen Kindstodes wie Lilith, eine degenerierte Form der babylonischen Göttin Lilitu. Die Position eines obersten der Dämonen jedoch hat im Judentum keinen Platz, da Gott als der Schöpfer und unumschränkte Herr auch über alle böse Kreatur regiert. *Satan* ist hier nicht der Herr des Bösen, sondern Gottes Staatsanwalt, der Ankläger vor dem himmlischen Gerichtshof, der im Hiob-Buch von Gott beauftragt wird, die Treue seines demütigsten Dieners zu erproben. In dieser Funktion erscheint auch sein Pendant *Schaitan* im Koran: als der gefallene Engel, der sich voller Hochmut Gottes Befehl widersetzt, aber dafür die Aufgabe erhält, die Treue des Menschen zu Gott herauszufordern. Die spezielle Ausprägung dieses Dämonenfürsten setzt eine Theologie der Sünde voraus, wonach der Mensch, der Gottes Geboten nicht folgt, vom Teufel verführt, aber voll verantwortlich und schuldfähig von Gott gerichtet werden wird.

Im Unterschied zu diesem Agenten Gottes oder einem der vielen Dämonen ist der christliche Teufel im Laufe der Zeit mehr und mehr auf die Stufe des persischen Ahriman aufgestiegen: Er ist die Verkörperung des Bösen schlechthin, das definiert ist als die Abkehr vom Guten, von Gott. Vor dem Hintergrund der Ursünde wird er damit der Verführer zum Bösen, der *Diabolos*, der Verdreher, der uns eine Welt als schön und begehrenswert vorgaukelt, in der die Sünde herrscht, während wir die Schönheit des Reiches Gottes, eine Welt der Gerechten und des Guten, nicht erkennen können. Diesen Teufel allerdings kennen wir nur zu gut, Fundamentalisten suchen ihn allerdings meist an der falschen Stelle: Wie weit sind wir schon verführt, dass wir glauben, erstrebenswert und nützlich seien die Dinge, die uns in Wirklichkeit knechten, uns in die ökologische Selbstvernichtung, die soziale Ausbeutung der Ärmsten, die Abhängigkeit von Konsumgütern als letzte Sinnantworten hineintreibt: Wirtschaftswachstum, Ellenbogenmentalität und Gewinnmaximierung, Sinnentleertheit, Egozentrik und Gefühlskälte. Lacht da nicht der Teufel als Verführer und Lügner, der Diabolos, lautstark über uns Toren, während er uns von den Werten eines spirituellen Lebens abbringt.

Im Christentum bekommt der Teufel aber zusätzlich noch eine ganz eigene Qualität, wird zum Schreckbild einer ganzen Ära, des finsteren Mittelalters, in der er den kirchlichen Machthabern zur

Durchsetzung ihrer Interessen dient, während das einfache Volk vor ihm und seiner Hölle zittert. Als mythologische Gestalt übernimmt er dabei Elemente vom griechischen Hirtengott Pan ebenso wie vom gehörnten Gott der Kelten, Cerunnos, den die christliche Missionspropaganda in Nordeuropa gerne loswird, indem man ihn kurzerhand „verteufelt". Damit einher geht eine Bändigung der wilden, leidenschaftlichen Emotionalität dieser gehörnten Götter, was damit einhergeht, dass Sexualität und Körperlichkeit überhaupt als sündhaft gebrandmarkt wird. Das Christentum mag zwar Platon zur Rechtfertigung seiner Leibfeindlichkeit im theoretischen Gepäck mitgeführt haben, die sinnenfrohe Lebenskunst der Griechen aber hat es dabei ignoriert und den eroberten Stämmen, den Germanen, Kelten und allen Völkern des ehemals römischen Reiches, hat es den Stempel der Lustfeindlichkeit aufgedrückt. Erst zu Beginn der Neuzeit aber erlebte der Teufel seine eigentliche Hochblüte als eine Gestalt, die sich sündhafter Frauen bemächtigt, welche damit zu Hexen wurden und ihr Recht auf Leben unter anständigen Bürgern verwirkt hatten.

Das psychologische Problem mit dem christlichen (und islamischen) Teufel ist leicht erklärbar: Wird das Böse zur Person erklärt, kann es sich immer nur außerhalb von mir selbst befinden. Böse sind dann die Sünder, die Ungläubigen, ich selbst bleibe rein und gut. So brauchten die das Reine repräsentierenden Inquisitoren sich keiner eigenen Schuld bewusst sein, während sie der begeisterten Menge auf dem Scheiterhaufen brennende Frauen lieferten. Unsere eigene Lust am Bösen, unser Bedürfnis nach klaren Schwarz-Weiß-Zeichnungen, um uns die moralische Welt zu vereinfachen, hat die Karriere des Teufels zum personifizierten Bösen überhaupt komplett gemacht. Es kann nur dann wieder in uns hineingeholt werden, wo es seinen Ursprung hat, wenn dieses Böse nicht als eine Person, Macht oder Kraft außerhalb von uns, sondern als Symbol eines Teils unserer eigenen Psyche gesehen wird.

In anderen Kulturen begegnen uns Teufelsgestalten, die mit der Theologie von Schuld und Sünde, mit der Psychologie von Ängstigung und Macht nichts zu tun haben. Der dem Teufel verwandte indische Dämon *Mara* beispielsweise ist einfach die Verkörperung des Leidens, dem die Menschheit als *conditio humana*, als menschliche Grundbedingung, ausgesetzt ist. Als Herr über die Begierde und alle negativen Leidenschaften regiert er im Buddhismus das der Erleuchtung sich widersetzende Jammertal des Samsara, des ewigen Kreislaufs der Wiedergeburten, den er deshalb in den tibetischen Rollbildern auch fest in seinen Krallen hält. Wenn Erleuchtung die Befreiung von den konditionierten Reaktionen des Geistes ist, die uns in einer Welt aus Begehren, Enttäuschung und nachfolgender Wut, Traurigkeit und Neid festhalten, dann ist Mara die Konditionierung, das sich unentwegt drehende Hamsterrad von Reaktionsmustern, die den Blick auf den Horizont der Transzendenz nicht zulassen. Der Teufel und die Hölle, das ist unsere eigenen Unfreiheit, die uns die wahre Welt hinter dem Schleier unserer begrenzten Sichtweisen nicht erkennen lässt. Der Teufel ist diese natürliche Getrübtheit und Unflexibilität unseres geistigen Vermögens.

Wenn wir die Darstellung von Pamela Smith betrachten, erkennen wir einige der unterschiedlichen Aspekte des Teufels wieder: Die Gefangenschaft, in die er die Menschheit wirft, indem er sie ihren Begierden und der Illusion einer materiellen Welt unterwirft, wird durch die Ketten deutlich, an die die beiden Menschen gefesselt sind. Der Teufel repräsentiert aber auch die dunklen Mächte im Menschen, die destruktiven und bösartigen Kräfte, die sogar spirituelle Dimensionen annehmen können, wie das Pentagramm auf seiner Stirn als Symbol für schwarze Magie andeutet. Der Teufel hält die Fackel der Erkenntnis nicht nach oben, seine Energie richtet sich nach unten, auf den irdischen Bereich, wo er die lodernde Flamme des Begehrens zu entzünden vermag. Die Triebhaftigkeit seines Wesens wird durch den Ziegenkopf des Pan symbolisiert, die Fledermausflügel weisen ihn als Pendant zum Engel aus, als gefallenen Engel also, der sich gegen Gottes Willen auflehnt. Insgesamt entspricht das Bild dem Typus der bereits im Mittelalter vorkommenden Darstellungen des Teufels als Höllenfürsten, als

Wächter über den Ort der Gottlosen, das die sündhaften Menschen gefangen hält und bestraft.

Bild der Wandlung: Die XIV wird zur XV, wenn sich das zurück meldet, das die Suchenden überwunden glaubten, aber das in der Erfahrung der sinnlichen Welt, des Körpers schon als Gefahr lauerte: die Hingabe an das, was verlockt, aber nicht hält, was es verspricht, der Rückfall in die Verhaftung an die Welt, ans reine Samara. Noch immer kann das zutiefst im menschlichen Organismus verwurzelte, vor allem das sexuelle Begehren, sie hinab ziehen in das bloß kurzfristige Glück vorübergehender Befriedigung. Noch immer können sie der Versuchung erliegen, den Weg wieder zu verlassen und aufzugeben, selbst nachdem sie die kurzfristigen Höhen eines ersten erleuchteten Erlebens genossen haben. Die Materie saugt und zieht, und ihre Macht ist groß. Wenn der Weg der Mitte zum Schwanken auf die andere Seite wird, wenn aus der kurzfristigen Überwindung der Versuchungen des Egos in der Gegenbewegung die Huldigung des Egos wird, dann ist der Weg aus dem Gleichgewicht geraten und bedarf der drastischen Korrektur.

Geheimer Faktor: Widerstand gegen Befreiung
Als Buddha dabei war, die Erleuchtung zu erfahren, schickte Mara, der Geist dieser Welt, ihm drei Anfechtungen, die ihn von seiner tiefen Meditation abbringen sollten: liebreizende Frauen, ein gewaltiges Heer, das ihn einschüchtern sollte, und Reichtümer. Aber Buddha blieb ungerührt wie Jesus bei den drei Versuchungen des Teufels in der Wüste 500 Jahre später. Es wäre ein leichtes, diese Welt zu überwinden, wenn an den Toren zu anderen Reichen nicht Wächter stünden, die nur die Geeigneten eintreten lassen. Diese Wächter, Engel mit gewaltigen Schwertern, haben Brüder, die wir Teufel nennen. Auch sie verhindern, dass wir unseren Geist vorschnell befreien und in reinere Reiche eintreten, solange wir dessen nicht würdig sind. Sie binden uns nicht nur, indem sie uns mit Leiden und Schmerz ablenken, sondern auch durch die Genüsse dieses Daseins. Ihr Auftrag ist es, die Illusion dieser Welt vor dem

Zerbrechen zu bewahren und als Nebenwirkung: unseren Fortschritt zu verhindern. Wir sagen: „Jeder Sieg über die Gefangenschaft muss gegen Widersacher erstritten werden". Aber die Widersacher sind uns auch zu unserer Befreiung gegeben. Dies ist die höhere und höchste Kunst des Umgangs mit ihnen: Indem sie uns leiden lassen, wenden wir uns von der Welt ab und beginnen nach oben hin zu streben, auf die Überwindung der Welt zu. Wenn sie uns mit Begierden locken, können wir daran die Nichtigkeit der Begierde üben. Die Widersacher unserer Befreiung sind auf diese Weise versklavend und befreiend zugleich.

Der Archetyp als Selbstaspekt
Der Teufel ist der Schatten schlechthin. Wenn ich mit diesem Aspekt meiner selbst konfrontiert bin, frage ich mich: Welche Eigenschaften, die in der Gesellschaft als falsch und böse gelten, trage ich selbst in mir? Welche Eigenschaften, die ich selbst für falsch und böse halte, gehören zu mir? Wie gehe ich mit diesen Eigenschaften um? Kann ich sie umarmen und liebevoll akzeptieren? Oder führen sie ein Eigenleben, weil ich sie ins Unbewusste abdränge, wo sie sich dann versteckt bemerkbar machen müssen? Kann ich mit ihnen auf produktive Weise umgehen oder muss ich sie in rigider Weise fesseln und in Ketten legen? Und wo bin ich im spirituellen Sinn verführt, mich einer Welt hinzugeben, die nicht zu spiritueller Reife führt? Wo bin ich ein Gefangener des Teufels in mir, der Süchte, Begierde, von Hass und Aufbegehren, der Täuschung und Verwirrung eines unklaren Geistes?
Archetyp/psychologische Instanz: Schatten

Meditation
Stell dir vor, du sitzt in einer Höhle. Dir gegenüber sitzt ein großer, gehörnter Teufel, ein athletischer, bocksbeiniger Kerl, der furchteinflössender nicht sein könnte. Feuer brennen hinter ihm und er schaut dich aus glühenden Augen an. In diesem Moment weißt du, dass alles, was du in dir selbst ablehnst, was du an dir und der

Welt fürchtest, was du niemals sein willst und dennoch im Keim in dir trägst, dass all das er ist. Du spürst seine Bosheit, seine Gewalt, seinen Neid, seine Begierde, seine Amoralität, Lüsternheit, was auch immer – und spürst zugleich, dass all dies auch in dir eine Heimat finden könnte, wenn du es zulassen würdest. Spüre diese innere Verwandtschaft zwischen dir und ihm und lass dich nicht dazu verführen, sie zu leugnen, sie durch Angst und Abscheu zu verdrängen. Spüre den Teufel in dir und dann sieh, wie er dich wütend anzischt. In diesem Moment weißt du, dass er ein verletztes, armes Wesen ist wie du, dass er überhaupt so ist wie du. Jetzt kannst du Mitgefühl mit ihm haben und traurig um ihn sein, kannst den Wunsch verspüren, ihm die Liebe zukommen zu lassen, die er wie jedes andere Wesen benötigt und die seine Wunden heilen könnte. Du spürst, dass Mitgefühl, nicht Hass und Abscheu, das Schlechte, das er ganz und gar ist, besiegen können. Nun steh auf, geh furchtlos auf ihn zu, schlinge deine Arme um seinen riesigen, heißen Körper und küsse ihn voller Liebe und Erbarmen.

Praktische Deutung der Karte

Vorderseite
Wenn man die Smith-/Waite-Darstellung des Teufels mit den Liebenden (Karte VI) vergleicht, dann fällt die enorme Parallele in der Komposition beider Bilder auf. Man gewinnt fast den Eindruck, hier wäre der Engel als verbindendes Prinzip zwischen den beiden Menschen nur durch den Teufel ausgetauscht worden. Das weist darauf hin, dass sich die reine Liebe der sechsten Trumpfkarte leicht in Begierde verwandeln kann. In Befragungen stellt der Teufel dann eine Form der Versklavung durch sexuelle Triebe, ein süchtiges oder andere Personen schädigendes Sexualverhalten dar. Als Verführer ist der Teufel aber auch der Archetyp der Versklavung an diese Welt schlechthin und ihre Sinnenfreuden, er ist die Lüge, dass die materielle Welt uns alles geben könnte, was wir brauchen. Er symbolisiert, dass wir dieser Lüge glauben schenken

und uns in die Knechtschaft diesseitiger Vergnügungen begeben haben.

Stichworte: **Knechtschaft**; *Verführung; Abhängigkeit; Begierde; sexuelles Fehlverhalten*

Umgekehrte Vorderseite
In der Umkehrung sind wir uns der Versklavung durch den Teufel bewusst geworden. Dadurch entstehen Depression und Unglück: die Situation, in die wir geraten sind, erscheint uns unerträglich. Wir haben das Gefühl, der oder die Gefangene einer unerträglichen Situation zu sein, von Dämonen verfolgt zu werden und keinen Ausweg zu kennen. Aber darin liegt zugleich unsere Chance: Denn nun haben wir einen entscheidenden Schritt aus der Illusion getan, die der Teufel in der aufrechten Position aufbaut. Wir haben durchschaut, dass wir Gefangene sind, was uns die Möglichkeit gibt, uns zu befreien und neu anzufangen, aber wir erkennen diese Chance vielleicht noch nicht. Oder aber wir haben bereits die Konsequenzen gezogen und uns aus einer Situation der Gefangenschaft befreit, aber der Schmerz über die Vergangenheit hält weiter an.

Stichworte: **Unerträglichkeit**; *Schmerz; Leiden an der Knechtschaft/Abhängigkeit; Schritte zur Befreiung*

Die verborgene Seite
Die Abbildung der Rückseite erschreckt zunächst, wenn man gelernt hat, den Teufel zu fürchten. Den Teufel versuchen wir mit drastischen Maßnahmen zu bekämpfen, zu vertreiben und zu verunglimpfen. Aber ob wir ihn als Teil unserer selbst begreifen können oder ihn im Anderen zu sehen vermeinen: niemals können wir dem Teufel etwas anhaben, indem wir seine ureigensten Waffen anwenden: Hass und Gewalt. Hass stärkt ihn nur, Gewalt erfreut ihn, dann hat er uns wirklich fest in seinen Klauen. Das Böse lässt sich niemals mit Bösem überwinden nur mit der Kraft der Liebe. Und letztlich ist er nichts außerhalb von uns Befindliches. Der Teufel ist unser eigener Schatten, den wir auf den ungeliebten Anderen projizieren. Es ist nichts, was wir fürchten müssen – nur verstehen

– und dann lieben. Deshalb sehen wir jetzt dieses verstörende Bild, wo ein Engel den gefallenen Engel, den Teufel, liebevoll umschlungen hält. Beide stehen in einer Grube, die den Ausgang der Hölle symbolisiert, der Engel hat sich zum armen Teufel hinab begeben, um ihm zu geben, was dieser immer gebraucht hat, obwohl er noch immer so wirkt, als könnte er, die Bestie, das wilde Tier, mit der Umarmung wenig anfangen. Wenn uns dieses Bild abstößt, mag das auch ein Indiz dafür sein, dass wir unser eigenes inneres Tier verdrängt und abgespalten haben. Wenn wir uns wirklich mit dem Schatten befassen, ihn liebend akzeptieren, ist er nicht mehr gefährlich, kann uns und anderen nichts mehr antun – und muss nicht mehr „verteufelt" werden. Ein Mensch, der dies erkannt hat, projiziert das Böse nicht mehr auf seine Umgebung, sondern kann sich wahrhaft liebend allen und allem zuwenden. Die Konfrontation mit dem eigenen Schatten bedeutet, die Spaltung zwischen „Ich bin gut und du bist schlecht" aufzulösen in „Ich bin ebenso gut und schlecht wie du" und dies in „Wir sind beide liebenswert".

Die Karte zeigt dann einen Menschen, der sich von der Knechtschaft des Teufels dadurch befreit hat, dass er seine eigenen Schwächen und Fehler sehen und akzeptieren kann (oder sie weist uns auf dieses Ziel hin). Wenn er es schafft, sich selbst anzunehmen, wird es ihm auch besser gelingen, auf die Schwächen und Fehler Anderer milde zu reagieren. Er ist zu einem Menschen geworden, der sich selbst und den Anderen als das sehen kann, was er ist, ohne etwas daran zu verteufeln. Dazu gehört in letzter Instanz aber auch das Akzeptieren des Leidvollen und Bösen in der Welt. Wir brauchen das Schädliche nicht gutzuheißen, um es als unvermeidbaren Teil dieser Welt akzeptieren zu können. Wo Licht ist, muss auch Schatten sein. Wenn wir Licht erfahren wollen, müssen wir in einer Welt der Polaritäten auch den Schatten annehmen können. Und schließlich gelangen wir vielleicht sogar jenseits aller Polaritäten in einen Zustand bedingungslosen Annehmens, in dem wir alle Bewertung aufgeben können.

Stichworte: **Akzeptanz**; *Selbstakzeptanz; Liebevolles Annehmen des Schattens; Aufgeben der negativen Projektionen*

Umgekehrte verborgene Seite
Wer seinen Schatten nicht akzeptieren, wer den Teufel nicht bewusst umarmen kann, der kann ihm erliegen und sein Werkzeug werden, wie die Vorderseite dieser Karte zeigt. Aber er kann auch dem Kampf gegen den Schatten erliegen. Dann verrennt er sich in Hass auf alles, was er nicht als gut und richtig akzeptieren kann. Das kann dazu führen, dass andere Menschen verteufelt werden müssen, die den eigenen verdrängten Schatten repräsentieren. Das kann auch zu einer strengen Selbstdisziplin führen, die die eigenen Schattenseiten im Griff halten, Schwächen unterdrücken und alle Regungen abtöten soll. Die Selbstunterdrückung kann leicht zur Selbstkasteiung, zum Selbsthass werden, weil es immer wieder Unliebsames geben wird, das sich nicht ausrotten lässt und das – wo es an Selbstakzeptanz mangelt – zu einer immer negativeren Einschätzung des eigenen Wertes führen muss. Aber Selbstunterdrückung ist nicht die richtige Antwort auf Fehler, Schwächen und innere Teufel. Wie die aufrechte Position der Rückseite zeigt, kann man sich von dem versklavenden Aspekt des Teufels nur befreien durch unbedingte Akzeptanz des ganzen Menschseins, das man in sich selbst und in Anderen erkennt.

<u>Stichworte</u>: **Selbstunterdrückung**

XVI. Der Turm

Amplifikation

Die historische Herkunft der Karte des Turms stellt uns vor ein Rätsel: Im Tarot de Marseille trägt sie die Bezeichnung „Maison Dieu", was sich ins Deutsche kaum übersetzen lässt, denn „Haus Gottes" oder Gotteshaus wäre die korrekte Übersetzung für „Maison de Dieu", aber nicht „Maison Dieu". Den Ausdruck „Maison Dieu" als sprachliche Wendung gibt es im Französischen nur als Synonym für das mittelalterliche „Hotel Dieu", das ein Hospital oder Krankenhaus ist. Tatsächlich wurde die sechzehnte Tarotkarte zuweilen auch als „Hospital" tituliert.[43] In diesem Fall würde der Turm uns an den Zusammenbruch unseres Körpers gemahnen, an die Zerbrechlichkeit unserer körperlichen Existenz. Eine andere Interpretation nimmt an, dass es sich um einen Übertragungsfehler von „maison de feu", das Haus des Feuers, handelt. Vielleicht hat der Autor jenes französischen Blattes auch einfach nicht genug Platz für das „de" von „maison de dieu" gehabt oder uns durch das Rätselhafte seiner Bezeichnung auf die Fährte locken wollen, der die meisten Interpreten gefolgt sind: der Turmbau zu Babel, bei dem sich der Mensch in seinem Hochmut Gott gleich wähnte und in technologischem Wahn ein Gebäude bauen wollte, das bis an den göttlichen Himmel heranreichen sollte. Maison Dieu, „Haus-Gott", das könnte dann so viel heißen wie: das Haus *als* Gott, *la maison comme Dieu*. Bekanntlich ließ Gott den Turm zusammenbrechen und stürzte die selbstüberzeugten Technokraten von ihrer Turmeshöhe herab wie die Figuren auf der Riderkarte und ihren Vorläufern. Wenn wir den Turm als den Turm von Babel verstehen, dann bedeutet seine Zerstörung die Zerstörung von Stolz und Hochmut, des Glaubens, alles erreichen zu können. Waite weist zwar darauf hin, dass es sich ebenso gut um den Tempel zu Jerusalem handeln könnte, der durch die Babylonier erstmals zerstört wurde, aber diese Fährte führt ins Nichts der haltlosen Spekulation: Wovor soll die Zerstörung des Jerusalemer Tempels uns warnen, was soll sie uns sie sagen wollen?

In der italienischen Renaissance trug die Karte noch ganz andere Bezeichnungen: Sagitta (Pfeil); Fuoco (Feuer); Casa del danato (Haus des Verdammten); Casa di Plutone (Haus des Pluto) oder Inferno (Hölle) soll sie geheißen haben, Namen, die einem „Gotteshaus" geradezu entgegen gesetzt sind.[44] In dem im Louvre aufbewahrten Blatt, das man ebenfalls zu den ältesten bekannten Tarotdecks zählen darf, schlägt der Blitz in ein Schloss ein. Man hat darauf hingewiesen, dass diese Szene an Dantes Inferno erinnern könnte, was aber etwas gewagt erscheint, da Dante einerseits zwar von der festgefügten Burg der Wissenschaft (Inferno IV), an ganz anderer Stelle aber vom Feuer, das vom Himmel fällt, schreibt (Inferno XIV), aber nicht von einem Blitz, der einen Turm trifft. In jedem Fall ist der Turm ein Gebäude, das seine Existenz der Raffinesse der menschlichen Technologie verdankt, ein Gebäude, das hoch hinaus will. Je höher eine Adelsfamilie im mittelalterlichen Norditalien ihren Geschlechterturm zu bauen vermochte, umso deutlicher drückte sie ihren Machtanspruch gegenüber den konkurrierenden Clans aus. Die Geschlechtertürme von San Gimignano in der Toskana beispielsweise erinnern stark an den Turm der Tarotkarte. Nur optisch haben sich die Glastürme, mit denen große Konzerne und autoritäre Staaten heute um immer neue Rekorde wetteifern, von dieser Tradition entfernt. Die Idee, dass Höhe Macht und Bedeutung symbolisiert, ist nach wie vor naheliegend.

Dass der Zusammensturz eines solchen Machtsymbols auch heute tiefgreifende Erschütterungen zur Folge hat, zeigt die jüngere Geschichte. Am 11. September 2001 stürzten in New York eben nicht nur tausende von Menschen in den Tod – es war der *World Trade* selbst, der Gedanke von politischer Macht durch kapitalistische Handelsbeziehungen, den die Angreifer zugleich treffen wollten. Dass es sich um göttliche Strafe für Hochmut handeln könnte, erschien dem Evangelikalen an der Spitze der getroffenen Weltmacht vielleicht so erschreckend, dass auch dies seinen Schlag gegen einen beliebigen äußeren Feind mit einer Religion der Ungläubigen motivierte. Denn der vom Blitz zerstörte Turm ist ein Bild für den Zorn Gottes und seine unmittelbare Strafaktion gegenüber einer sündigen, hochmütigen Menschheit – und dieser symbolischen Aussage musste unbedingt widersprochen werden.

Insofern braucht man nicht in irgendwelchen Symbolbüchern zu forschen, um zu einer viel verwendeten Interpretation des Turms zu gelangen: der Turm mit seiner festen Struktur steht für den Materialismus in all seinen Formen, den Glauben an eine feste, materielle Welt, in der das Geistige keine Rolle spielt, in der nur das Geld regiert. Aber anders als der Geist, dem der menschliche Terrorismus entstammt, kommt der Blitz aus einer Sphäre jenseits dieses Festgefügten, er kommt aus einem Bereich der oberirdischen Mächte mit einer Gewalt, die früheren Generationen unbegreiflich sein musste und uns Heutigen immer noch Rätsel aufgibt: Diese Energien sind nichts Festgefügtes, nichts Materielles im eigentlichen Sinn – es sind physikalische Kräfte, Wechselwirkungen quasi, und sie sind chaotisch, schwer berechenbar und nach wie vor in ihrer Wirkung schockierend.

Innerhalb des menschlichen Mikrokosmos entspricht dem der Zusammenbruch eines festgefügten Lebensgitters, der plötzliche Schicksalsschlag, der plötzliche Einbruch in eine Welt, die doch so geordnet und sicher erschien. Oder er zeigt den verstörenden Eindruck des Mysteriums auf Menschen, die es gewohnt sind, ihr Leben rational und naturwissenschaftlich erklärbar zu sehen. Durch eine emotional ausweglos scheinende Krise, die sie ins innere Chaos stürzt, eine frustrierte Leidenschaft, wie sie die vorhergehende Karte (Der Teufel) zeigt beispielsweise, die das emotionale System in Wallung gebracht hat, durchbricht in ihnen das Numinose die Schranke zum Bewusstsein und führt zunächst zum Zusammenbruch all dessen, das wir als unser Ego, als unsere Ich-Stärke benötigen, um problemlos (wenn auch vielleicht neurotisch) zu funktionieren. Jetzt aber geschieht er, der Nervenzusammenbruch, und fordert zur Neubesinnung heraus.

Für den Buddhismus, insbesondere den Zen, und andere indische Schulen sind es unsere eigenen Konzepte von uns selbst und der Welt, die uns einmauern und in einer festgefügten Denk- und Erfahrungsstruktur gefangen halten. Wenn es uns gelingt, diese starren Sichtweisen zu durchbrechen, können wir uns mit plötzlicher Wucht befreien. Der chinesische Chan-Meister *Ma-Tsu Tao-i* erkannte als einer der ersten, dass die Ergebnisse der Meditation bedeutend gefördert werden können durch eine plötzliche Erfahrung des Zusammenbruchs unserer gewohnten Erwartungen. Er pflegte deshalb seine Schüler unerwartet anzuschreien, mit dem Stock zu schlagen oder auf den Boden zu werfen. Eine berühmte Geschichte erzählt, wie er mit einem seiner Schüler spazieren ging und sie Wildenten vorbeifliegen sahen. „Was ist das?" fragte er den Schüler. „Wildenten", entgegnete dieser. „Wohin sind sie geflogen?" fragte der Meister. „Sie sind weggeflogen" sagte der Schüler.

Da kniff Ma-tsu Tao-i seinen Schüler so heftig in die Nase, dass dieser vor Schmerz aufschrie. „Warum sind sie *nicht* weggeflogen?" fragte er seinen Schüler streng, der daraufhin all seine gewohnten Konzepte und Denkweisen in Frage gestellt sah und im bodenlosen Fall in das reine Hier und Jetzt ein Erleuchtungserlebnis hatte.

So kommt der zerstörte Turm zwar für das Subjekt, das den Zusammenbruch des Gewohnten erleidet, oft einer Katastrophe gleich, es übersieht dabei aber vielleicht nur, welche Befreiungswirkung von der Zerstörung sicherer Denkweisen und Strukturen ausgeht. Dabei sollte man sich verdeutlichen, dass im europäischen Mittelalter Türme nicht nur der Abwehr dienten und damit Sicherheit boten, sondern auch als Gefängnisse. Auf die Erde gefallen zu sein aus einem Turm, der vorgaukelt, sicher zu sein, in Wirklichkeit aber ein Gefängnis ist, so ergeht es dem leitenden Angestellten, dem gekündigt wurde, dem Unternehmer, dessen Unternehmen Konkurs geht, der Künstlerin, deren Kunst nicht anerkannt wird oder der Wissenschaftlerin, die ihren Elfenbeinturm verlassen und die Welt sehen muss, wie sie wirklich ist. Den Boden der Tatsachen wieder erreicht zu haben, die Hybris eines Egos überwunden zu haben, das sich in einer bestimmten Sichtweise eingemauert hat, das sich vor den Angriffen der Welt in einen Wehrturm aus Selbstwert stützenden Glaubenssätzen geflüchtet hat, all das ist befreiend, auch wenn es schmerzt. Der Weg zur Erleuchtung besteht aus einer Kette von Kränkungen, soll ein tibetischer Meister gesagt haben. Insofern ist der Turm eben doch das „Maison Dieu", das Hospital, in dem die durch Kränkung kranke Seele heil wird, nachdem sie sich vom Gehäuse ihrer einschränkenden Überzeugungen befreit hat.

Aber erst wenn wir das Zerstörungswerk der Turmkarte von der mikrokosmischen auf die makrokosmische Ebene erheben, erreichen wir die archetypische Dimension der Karte. Die große Zerstörung, das ist das Thema unzähliger Mythen aus allen Erdteilen. Wie die Welt ihre Schöpfungsphase hat, so hat sie im Mythos überall auch die ihr zugemessene Zeit ihres Untergangs zu erwarten. In der germanischen Mythologie etwa ist es der Ragnarök, die Götterdämmerung, welche das Göttergeschlecht der Asen und die Menschheit fast vollständig vernichtet – aber eben nicht vollständig, denn am Ende der vernichtenden Weltenschlacht geht aus den übrig Gebliebenen – Thors Söhnen Magni und Modi, sowie den Göttern Hödur, Balder und Hel – ein neues Göttergeschlecht hervor. Auch zwei Menschen, Lif und Lifthrasir, überleben die große Schlacht und eine neue, grüne Erde wird von einer erneuerten Sonne, der Tochter der vorherigen, beschienen. Im hinduistischen Pantheon ist es Gott Shiva, der vornehmlich für den Untergang des Alten zuständig ist. Unter seinem alten Namen, Rudra, der Schreckliche, schickt er Stürme und Feuersbrünste, und zwar auch diejenigen, die in Form von Blitzen dem Himmel entstammen. Doch nicht die Zerstörung der Welt, sondern die Zerstörung der Unwissenheit und damit Unerlöstheit der Menschen macht ihn zum Objekt der Verehrung seiner zahlreichen Anhänger. So ist seine Zerstörungswut heilsam und notwendig für die Erlösung aller. Der Archetyp der Zerstörung und Neuschöpfung kennt zahlreiche Formen. In manchen alten Ackerbaukulturen der jungsteinzeitlichen Levante scheint es sogar Brauch gewesen zu sein, einen König auf ein Jahr zu küren, der am Ende seiner Regierungszeit blutig geopfert wurde, um dem Kreislauf von Blüte, Ernte und Tod der pflanzlichen Natur damit Ehre zu erweisen.

Altes muss untergehen, damit Neues entstehen kann. Diese alte Weisheit schließt die Notwendigkeit der Zerstörung ein. Bei dem in vielen Weltgegenden gepflegten Brauch der Brandrodung muss ein Feuer altes Leben vernichten, damit auf der Asche der zerstörten Erde neue Pflanzen die Kraft zum Wachstum finden. Manche Pflanzen, so genannte Pyrophyten, benötigen das Feuer sogar, damit sich ihre verholzten Früchte öffnen und ihren Samen entlassen, aus dem neues Leben wächst. Die psychologische Energie der Zerstörung, Destrudo, ist deshalb ebenso ambivalent wie ihr Pendant, Libido, eine Energie, die keineswegs nur die Liebe will. Nichts im Seelischen lässt sich einer moralischen Wertung unterwerfen, die erst durch die sozialen Folgen von Verhaltensweisen ins Spiel kommt. Was uns zu zerstören scheint und was wir deshalb fürchten, ist nur Teil dieses kosmischen Prozesses, demzufolge auch wir selbst Zerstörung von Liebgewonnenem akzeptieren müssen, damit Neues geschehen kann. Und unsere eigene destruktive Energie ist ebenfalls nur dann schädlich, wenn wir das Falsche damit zu zerstören versuchen. Dabei kann sie uns helfen, wenn sie sich gegen unsere eigentlichen Feinde richtet, die sich immer in uns selbst wiederfinden, wie es die tibetischen Gottheiten machen, deren erschreckendes Aussehen zeigt, mit welcher Kraft sie nicht uns, sondern unsere hinderlichen Eigenschaften zu zerstören vermögen.

Bild der Wandlung: Die XV führt zur Katastrophe, zur XVI, zum Zusammenbruch. Denn der Mensch auf dem Weg wird nicht mehr losgelassen von denjenigen, die ihn von oben führen. Hat er sich, wie es der Plan war, wieder in die Sphäre der biologischen, der materiellen Genüsse begeben, hat er sich seinen Trieben in den Dienst gestellt, hat er den Weg verlassen, so wird er mit Gewalt wieder auf ihn zurück geführt. Die Gewalt wird umso größer sein, umso starrer er am Verlassen seines Weges festhält. Sie wird sich in großen Verlusten ausdrücken: von geliebten Menschen oder Tieren, einer geliebten Position, der eigenen Gesundheit, von Macht und Wohlstand oder was auch immer ihn mit großer Wucht aus der Bahn zu werfen vermag. Nun ist er auf sich und die Sinnlosigkeit des Festhaltens an der vergänglichen Wahrheit zurückgeworfen. Nun beginnt die Suche erneut in ihm zu wirken. Nun ist er wieder daran interessiert, die Wahrheit hinter der Oberfläche zu erkennen, weil die Oberfläche sich als Betrug entpuppt hat.

Geheimer Faktor: Das Gefängnis der Materie
Der Turm ist die materielle Welt, das Gefängnis des freien Geistes. Wir alle kennen dieses Gefängnis so genau, dass es vielen Heutigen schwer fällt, etwas anderes als das Gefängnis für die Wirklichkeit zu halten. Aber in uns ist die Sehnsucht nach unserer Heimat jenseits der Sterne. Wir können über diese Welt nicht frei bestimmen, sie bestimmt über uns. Das macht den Eindruck, in ihr gefangen zu

sein. Wir sagen: „Ich bin gefangen in einer materiellen Welt". Die materielle Welt ist nur die Widerspiegelung der geistigen Welt. Indem wir die Materie als transparent auf eine andere Wirklichkeit hin begreifen, sprengen wir die Mauern, die uns gefangen halten. Die materielle Welt ist nur so lange ein Gefängnis, so lange wir es als undurchdringlich begreifen. Sie wird zum Zeichen des Göttlichen, zur Spielwiese des freien Geistes, zum Kaleidoskop der Götter, sobald wir uns von der festgefügten Perspektive befreien und die Materie als Zeichen, als Spiel, als freier Gestaltungswille eines hindurchwaltenden Göttlichen ansehen. Dann befreit uns das Eintauchen in die materielle Welt von ihr selbst.

Der Archetyp als Selbstaspekt
Wo liegt deine eigene Angst, dass das Gebäude deines Lebens zerstört werden könnte: in der Zerstörung deines Rufes, deines Ansehens und deiner Freundschaften; in der Zerstörung deines Besitzes und deines Lebensstils; deiner Gesundheit und Körperkraft; deiner Überzeugungen und Selbstgewissheiten? Und trägst du selbst Zerstörung in dir, die Lust am Vernichten: Vernichten von dem, das deinem Ego bei der Erreichung seiner selbstsüchtigen Ziele im Weg steht? Oder Vernichten von Dummheit, Ungerechtigkeit und Dunkelheit in der Welt? Oder hast du gar die Lust der wahrhaft Heiligen: deine eigene Unwissenheit, Ungerechtigkeit und innere Dunkelheit zu vernichten, deine eigene Lust an Gewalt und Zerstörung Anderer zu zerstören?
Archetyp/psychologische Instanz: Ragnarök; Destrudo-Energie

Meditation
Stell dir vor, wie du am Tisch zum Abendessen sitzt, vielleicht mit deiner Familie, vielleicht alleine. Stell dir vor, wie ruhig und gemütlich du es gerade hast, wie alles geregelt und in bester Ordnung verläuft: ein sicheres Einkommen, ein gutes Ansehen und gute Beziehungen zu anderen – oder zumindest ein wenig davon. Und da, aus heiterem Himmel, donnert und blitzt es draußen vor

deinem Fenster ganz gewaltig. Erst denkst du dir nichts dabei, aber dann, plötzlich knallt es in deinen elektrischen Leitungen, das Licht geht aus und stattdessen steht dein Fernseher in Flammen. Der Blitz hat eingeschlagen und du rennst auf die Straße, um dich in Sicherheit zu bringen. Und nun werde dir dessen bewusst, dass dein Haus, das gerade abbrennt, das Haus deiner Seele ist und dass das, was soeben geschehen ist, nicht dein materielles Haus betrifft, sondern die ganzen Gewissheiten deines Lebens. Welche Gewissheiten könnten es sein, die von einem kosmischen Blitzschlag zerstört werden könnten? Was empfindest du in diesem Moment, wo du aller bisherigen Sicherheiten beraubt wurdest? Und was wirst du empfinden, wenn du über den ersten Schock hinweg bist? Wird es dir gelingen, die Chance zu sehen, die darin liegt, über die Begrenzungen deines bisherigen Lebens hinwegzukommen? Oder hast du noch immer Angst, dass dein Leben zerstört wird? Deine materielle Existenz kann zerstört werden, sogar deine biologische Existenz, aber nicht dein Sein. Wenn es jemanden gibt, der dich wirklich zerstören kann, dann bist nur du das selbst.

Praktische Deutung der Karte

Vorderseite

Der Turm kann sehr Unterschiedliches bedeuten, je nachdem auf welche Ebene der Realität wir ihn beziehen und je nachdem, wie wir auf seine Wucht reagieren. Auf der Ebene der äußeren Wirklichkeit steht er tatsächlich für Zerstörung und heftige Einschläge des Schicksals: Beziehungen, Arbeitsverhältnisse oder andere stabile Situationen werden mit einem Mal und vor allem unvorhergesehen zerschlagen. Das kann mit heftigen Emotionen, mit Wutausbrüchen und anderen destruktiven Affekten einhergehen. Vielleicht ist auch unsere Gesundheit oder unser materieller Besitz bedroht. In diesem Fall ist es wichtig, wie wir darauf reagieren: Begreifen wir darin die Chance eines Befreiungsschlages, um uns von Altem zu lösen und neu anzufangen? Können wir das Geschehen als etwas annehmen, was einer inneren Notwendigkeit folgt oder was uns auf einen vorbestimmten Weg bringen soll? Aber noch eine spezifischere Deutung wäre möglich: Vielleicht soll das äußere Geschehen uns dazu dienen, das Gehäuse unseres eigenen Egos aufzubrechen, uns von unseren festgefahren Vorstellungen und verkrusteten Strukturen zu befreien.

Damit sind wir bereits bei der zweiten Deutung der Karte auf einer spirituellen oder psychologischen Ebene. Dann nämlich bezieht sich der Turm auf die Überwindung der Rigidität unseres eigenen Ichs, der Erstarrung eines Egos, das immer nach seinen eigenen festen Vorstellungen zu leben gewohnt war. Auf einer stärker spirituellen Ebene kann es bedeuten, dass wir die Ichhaftigkeit unseres bisherigen Lebens mit einem Schlag erkennen und wie vom Blitz der Erkenntnis getroffen vor dem Geheimnis des Nicht-Ichs stehen bleiben. Auf einer eher psychologischen Ebene sind es unser Egoismus und unsere Egozentrik, die einstürzen, jene eine Haltung, mit der wir immer nur das im Sinn haben, was uns selbst nützt, und jene andere Haltung, mit der wir nur aus unserer eigenen kleinen Perspektive heraus denken und handeln können. Das Zerbrechen des Gehäuse des Egos kann dann sogar noch einen Schritt weiter gehen und bedeuten, dass wir uns ganz zu einer altruistischen Selbstaufgabe hin öffnen: Wir lassen unser Eigeninteresse schlagartig hinter uns zurück und stürzen uns in eine Aufgabe, die einem Anderen nützt.

Stichworte: **Schicksalsschlag***; plötzliche Veränderung; Zerstörung; Verlust der Ichhaftigkeit; Sprengen von Egoismus und Egozentrik*

Umgekehrte Vorderseite
Die Umkehrung wird traditionell wie die aufrechte Karte gedeutet, allerdings abgeschwächt: Die Zerstörung ist nicht komplett, die Auflösung einer Beziehung, einer Lebenssituation kommt mit weniger Heftigkeit, unsere Lebenskonzepte geraten ins Wanken, ohne gleich ganz einzustürzen, die Ichhaftigkeit wird weniger radikal in Frage gestellt. Doch wenn wir uns den kosmischen Blitzschlägen gegenüber nicht vertrauensvoll öffnen und den Turm zu retten versuchen, bleiben wir auch in ihm gefangen. Die Zerstörung des

Turmes ist immer die Zerstörung von etwas, das etwas Neuem, einer offenen Situation weichen muss. Wenn der Turm aber nur beschädigt und wieder aufgebaut wird, droht „Gefangenschaft", wie eine traditionelle Deutung dieser Kartenposition lautet: Wir kerkern uns in der Hoffnung, es möge alles beim Alten bleiben, ein.
Stichworte: **Veränderung**; Angriff auf Gewohntes; Bedrohung der Egozentrik; Gefangenschaft

Die verborgene Seite
Der Zusammenbruch einer liebgewonnen Realität unseres Lebens bleibt auch auf der Rückseite der Karte erhalten. Aber die Perspektive verändert sich radikal. Der Turm mit seiner massiven Bauweise gaukelt uns vor, dass das, was uns geschieht, wirklich schlimm und ein wirkliches Unglück sei. Die Festigkeit, die Stabilität des Turmes ist aber eine Täuschung. In der Philosophie des indischen Samkhya-Yoga-Systems ist die materielle Stabilität unserer Welt eine Täuschung, Maya, welche die rein geistige Natur von allem verbirgt. Wenn wir aber einen Blick hinter den Schleier tun, entdecken wir, dass das Göttliche, Brahman, in allem wirkt, in uns selbst und allem, das uns umgibt – und auch in den schrecklichsten Momenten am Wirken ist. Die andere Seite zeigt eine der Figuren, die auf der Vorderseite aus dem Turm stürzen, während sie durch den in der Mitte zerborstenen Turm hindurchblickt. Sie scheint auf einer riesigen Hand zu stehen, während um sie herum alles in die Tiefe stürzt. Hinter dem auseinanderklaffenden Turm berührt der Zeigefinger einer riesenhaften Hand den Turm, so als hätte dieser Zeigefinger ihn zum Einstürzen gebracht. Die Hand umgibt der Glanz einer anderen Welt. Was der Turm aus einer spirituellen Perspektive heraus verbirgt, ist die Tatsache, dass all das Unglück unseres Lebens nur ein Schauspiel ist, das von einer göttlichen Macht mit uns, aber auch für uns inszeniert wird, während wir uns in Wirklichkeit sicher in Gottes Hand befinden. Der Turm wird hier zum Symbol für das feste Gebilde der Realität, die von einem erleuchteten Geist gesprengt wird. Sobald wir das harte Gehäuse der Maya zu zertrümmern vermögen, erkennen wir, dass es keinen

Grund gibt zu leiden, weil hinter allen Erscheinungen etwas so Erhabenes liegt, dass es nicht durch irgendeine relative Katastrophe vernichtet werden kann. Um diese andere Qualität zu erreichen, ist es zuweilen nötig, gerade in den schwierigsten Situationen zu Demut und Vertrauen gegenüber dieser im Hintergrund wirkende Macht zurückzukehren.

Stichworte: **Demut**; *Vertrauen; Wille Gottes; Zerreißen des Schleiers vor der Erkenntnis*

Umgekehrte verborgene Seite
Wenn es uns nicht gelingt, das göttliche Spiel in allem zu erblicken, halten wir an der illusionären Natur der Erscheinungen fest. Statt uns in der Hand Gottes zu wähnen, treibt uns die Angst vor der Instabilität der Erscheinungswelt. Alles, was von außen unerwartet auf uns zukommt, scheint eine potentielle Bedrohung zu sein, nur das Unveränderliche scheint uns Sicherheit zu geben. Wir halten mit panischer Energie an allem fest, was wir kennen und uns die Illusion von Beständigkeit verspricht: wir werden zu Nostalgikern, vertreten konservative Werte, werden zu Messies, die nichts wegwerfen können, streben eine Verbeamtung an oder horten Erspartes für schlechtere Zeiten. Unsere Angst vor Veränderung nimmt uns jede Flexibilität und Spontaneität, lässt uns auf jeden Reformvorschlag mit Wut reagieren. Obwohl wir uns vor dem Alter fürchten, werden wir schon in jungen Jahren starr und rigide als wären wir bereits senil. Die Angst regiert uns, unser Leben ist eine einzige Angststörung, und alles nur, weil wir nicht vertrauen können, dass alles zu unserem Besten sein kann, wenn wir uns einfach auf das einlassen, was kommt, was auch immer es sein mag.

Stichworte: **Angst** *vor Veränderung; Angststörung; Mangel an Vertrauen; Rigidität*

XVII. Der Stern

Amplifikation

Das Bild von Pamela Smith, das an die Tradition des Tarot de Marseille in den meisten Details anschließt, zeigt einen zentralen, achtzackigen Stern, der von sieben kleineren Sternen umgeben ist. Warum sind diese Sterne achtzackig? Aber soll der Stern auf der Tarot-Karte an die kriegerische Herrscherin über Babylon erinnern? In der abendländischen Symbolsprache steht die Acht für die Vollkommenheit auf der Ebene der materiellen Welt: Sie ist die erste Kubikzahl, die erste Zahl der dreidimensionalen Welt (2 x 2 x 2; die eins galt oft nicht als echte Zahl, da sie noch vor jeder Zählung steht) und damit nach Ansicht der Pythagoräer vollkommen. In der christlichen Symbolik hingegen weist die Acht über die unerlöste Welt hinaus auf die künftige Welt hin: In sechs Tagen schuf Gott Himmel und Erde, am siebten Tag schuf er die Ruhe, den Gottesdienst, die Meditation. Und der achte Tag, das ist der Tag der künftigen Erlösung, der Tag des neuen Reichs Gottes auf Erde, das für den Christen an die Wiederkehr Jesu Christi geknüpft ist. Wie sehr die Karte insgesamt diese unter den ersten Christen ganz zentrale Hoffnung transportiert, werden wir gleich noch sehen.

Zudem erinnert die Achtzahl aber auch an den Stern von Bethlehem, der traditionellerweise achtzackig dargestellt wird. Seine acht Zacken schließen sich an die in Stein gemeißelten Darstellungen an, die man in Mesopotamien findet und die dort den Morgen- und Abendstern meinen, die Venus, die zugleich die Große Göttin ist (*Ischtar* in Babylon bzw. *Inanna* in Sumer). Der Stern von Bethlehem ist ein „Leitstern". Leitsterne waren für die Seefahrt früher unentbehrlich, die sich des Nachts an Sternen als natürlichen Orientierungspunkten orientierte. So wies der legendäre Stern des Neuen Testaments den Weisen aus dem Morgenland den Weg zum frisch geborenen Messias. Diesen Weg konnten sie nur gehen, weil sie voller Hoffnung waren. Sie trugen die Hoffnung in sich, dort den großen spirituellen König zu finden, den ihre Astrologie ihnen vorhergesagt hatte. Der Stern wird so zum Symbol nicht nur für das Ideal, dem wir in unserem Leben nachfolgen, das ihm Sinn und Bedeutung gibt, sondern auch für die Hoffnung und den Glauben, die wir auf unserem Weg brauchen, um nicht aufzugeben und dem weiter zu folgen, das wir für erstrebenswert erachten.

Wenn wir uns an einem Leitstern orientieren, dann schauen wir über die Begrenzungen unseres irdischen Horizonts empor in den grenzenlosen Himmel. „Wir sitzen alle im Schweinegatter, aber einige von uns schauen zu den Sternen", sagte Oscar Wilde. Der Stern wird zum Symbol einer höheren Sehnsucht, zur Sehnsucht nach „dem da oben". Diese spirituelle Sehnsucht ist das sicherste Erkennungsmerkmal aller wirklich spirituellen Menschen. Es ist die Hoffnung auf die Erlösung vom Zustand der Gottesferne, die man im christlichen Abendland eine theologische Tugend nannte. Sie ist im Christentum ganz eng geknüpft an die Aussicht auf Erlösung durch Jesus Christus, den menschgewordenen Aspekt Gottes, die Gnade Gottes, uns den Eingang in das Himmelreich am Tag des Jüngsten Gerichts zu gewähren. Diese theologische Hoffnung lässt sich auch übersetzen für alle, die nicht an die christlichen Dogmen glauben: Es ist die Hoffnung darauf, dass uns am Ende unseres Daseins – und mag das auch Millionen von Wiedergeburten dauern – eine endgültige Erlösung vom Leiden des Gefangenseins in einer gottfernen Galaxis bevorsteht. Diese Hoffnung, dass alles eines Tages einmal im absolut Guten mündet, ist eine Hoffnung, die ganz anderes im Sinne hat als die Hoffnung auf ein besseres Leben.

Wieso benötigen wir aber eine solche spirituelle Hoffnung überhaupt? Ist sie nicht eine in die Zukunft projizierte Wirklichkeit, die für uns schon hier und heute beginnen könnte? Wenn es im Zen heißt „vor der Erleuchtung ist nach der Erleuchtung", soll damit ausgedrückt werden, dass die Erleuchtung schon hier und jetzt erfahrbar ist, wir müssen nur dazu bereit sein, dies zu erkennen. Aber das ist einfach gesagt. Manche Menschen entnehmen daraus, dass wir alle bereits erleuchtet wären, dass es gar keinen Unterschied zwischen Erleuchtung und Nicht-Erleuchtung gäbe. Aber damit machen sie einen entscheidenden Fehler: denn das stimmt nur aus der Perspektive des Erleuchteten, nicht aus der des Nicht-Erleuchteten. Eine spirituelle Hoffnung benötigen wir, solange wir nicht das Ziel unserer Reise erreicht haben, denn wie sollen wir die Welt, wie sie ist, hinnehmen können, ohne zu wissen, dass wir sie eines Tages zugunsten einer friedlichen, harmonischen Existenz in der Einheit allen Seins überwinden werden? Wie können wir einem spirituellen Heilsweg vertrauen, damit rechnen, dass er uns weiter voran bringen wird, solange wir ihn nicht gegangen sind und seine Wirkungen im eigenen Geist erfahren haben? Spirituelle Hoffnung schließt das Eingeständnis ein, dass wir noch nicht über erleuchtetes Wissen verfügen und noch nicht vom Leiden dieser Welt erlöst sind, aber setzt dem die Gewissheit entgegen, dass Erlösung möglich und Erleuchtung erreichbar ist.

Wieso ist der Stern umgeben von sieben kleineren Sternen? Man kann diese Konstellation mit den Plejaden, dem astronomischen Siebengestirn in Verbindung bringen. Die Legenden, die in der Antike die Bedeutung aller Sternbilder erklärten, erzählen von den sechs Töchtern des Titanen Atlas und ihrer Mutter Pleione. Als der gewaltige Held Orion seine sexuelle Lust an ihnen zu befriedigen trachtete, versetzte Zeus sie zum Schutz vor ihm an den Himmel. Viel wahrscheinlicher als dass wir es mit einer Anspielung auf dieses Siebengestirn zu tun haben, stellen diese sieben Sterne die traditionellen sieben Wandersterne dar. Tatsächlich findet sich das Bild von sieben Sternen auf alchemistischen Abbildungen aus derselben Zeit, aus der die Marseiller Tarotkarten stammen. In einer alchemistischen Darstellung von 1782 stehen die Sterne für die fünf im Mittelalter und der Antike bekannten Planeten Venus, Jupiter, Merkur, Saturn und Mars (in dieser Reihenfolge) sowie die beiden anderen wandernden Himmelskörper Sonne und Mond.[45] Sie alle tragen dort zum Prozess der Vollendung bei, der unter ihnen in Form eines Kreises dargestellt ist. In einer der alchemistischen Traditionen sprach man auch von sieben Schritten des Prozesses der Veredlung und manche Interpretinnen sehen in den sieben Sternen der Tarotkarte eine Anspielung darauf. Für andere stellt die Karte des Sterns hingegen die ersten von nicht sieben, sondern drei Phasen der alchemistischen Vollendung dar, die von den Karten des Mondes und der Sonne fortgesetzt wird.[46]

Für den Mystiker Jakob Böhme, dessen Lehre mit der Gnosis und der Kabbalah Ähnlichkeiten aufweist, waren die sieben Planeten Materialisation der sieben Quellgeister Gottes, die wiederum sieben Eigenschaften darstellen, die allen Dingen im Kosmos zukommen. Wie auch auf der Rider-Karte nur sechs Sterne um den Zentralstern kreisen, während der siebte Stern abseits steht, so finden wir in einer Darstellung dieses kosmogonischen Prozesses von 1764[47] die fünf stets bekannten Planeten und den Mond, die um die Sonne als leuchtendes Zentralgestirn kreisen, und unter ihnen als achtes Gestirn die Erde, die die Wirkungen dieses kosmischen Geschehen empfängt. Die zentrale Bedeutung der Sonne erklärt sich daraus, dass sie der Feuergeist ist, der die kosmischen Verwandlungsprozesse katalysiert. Die Wandelsterne sind die Zeugen des Falls des göttlichen Geistes von der rein geistigen in die materiellen Ebene hinein und als Zeugen sind sie zugleich die Zeichen unserer Hoffnung, dass die Kinder des großen Geistes eines Tages den Weg zu ihrem Vater im Himmel zurückfinden werden. Der Stern auf der Karte wäre demnach die Kraft, die uns verwandelt, uns von der göttlichen auf die menschliche Ebene gebracht hat und uns umgekehrt wieder zurückführen wird zu unserem göttlichen Ursprungsort, geleitet von den planetaren Wirkkräften des großen Werkes.

Dann ist die verborgene Botschaft des Sterns dem vergleichbar, was Waite gemeint haben könnte, wenn er von dem Stern als der Sephira Binah im kabbalistischen Lebensbaum spricht. Der Lebensbaum stellt den gesamten Schöpfungsakt Gottes, die Emanation seines Geistes in die Welt hinein, dar. Binah ist die dritte von zehn Sephirot und „regiert" die übrigen sieben. „Auf ihr gründen sich die ganzen Sieben von ihr aus gesehen, auf ihr beruht der Fluss ihrer Emanation, und zu ihr hin steht ihr Streben"[48]. Der Fluss der Gnade, die von Binah ausgeht, erinnert an den Fluss des Wassers aus den Gefäßen der Sternenfrau. Binah wird auch die Urmutter, Eva, genannt, das Urweibliche, aus dem alles andere hervorgeht und das seinen erschaffenden Segen auf die übrigen Teile der Manifestation Gottes in der Welt ergießt. Als Teil des Geistkörpers Gottes ist sie die göttliche Vernunft, denn die ursprüngliche Bedeutung von „Binah" ist „Vernunft". Wenn wir den Stern als Binah sehen, dann repräsentiert er die Fähigkeit im Menschen, das Göttliche durch eine inspirierte, eine höhere Vernunft zu erkennen. Eine andere Interpretation legt Rachel Pollack nahe: Demnach erinnert uns der Stern daran, dass der Mensch das Verbindungsglied zwischen Geist und Materie darstellt, so dass der Geist frei durch den geläuterten Menschen hindurch in die materielle Ebene hineinfließen kann.

Betrachten wir die nackte Frau, die zwei Krüge ausleert: den einen in ein Gewässer, das sie mit dem Fuß berührt, ohne darin einzutauchen, den anderen auf die Erde. Zunächst können wir in ihrer Nacktheit ein reines Wesen erkennen, eines, das nicht den gesellschaftlichen Konventionen unterworfen ist. Im Volksglauben vieler Kulturen, so auch in der europäischen Antike und bei den Germanen[49], galten Sterne entweder als die Seelen der Verstorbenen selbst oder als die Schutzgeister der Lebenden, so dass jedem Menschen sein eigener Stern leuchtet, der ihn durchs Leben begleitet. Das Sternenmädchen ist also mit unserer eigenen Seele eng verbunden. Ihre Nacktheit zeigt die Seele in einem Zustand, in dem sie von keinen gesellschaftlichen Konventionen und Konzepten verkleidet wird, in dem die Anima nicht von der Persona verdeckt wird. Es ist das Wasser der unbewussten emotionalen Anteile der individuellen Psyche, das in die Gefäße des Körpers verpackt ist. Ein Teil dieses Wassers jedoch verbindet sich mit dem großen See der kollektiven Psyche, dem Bewusstseinsmeer, das nicht durch ein individuelles Gefäß vom Rest der Welt abgetrennt ist. Ein anderer Teil hingegen dringt ein in die Erde und wird dort, in der bodenständigen, harten Realität, produktiv, lässt aus Samen Pflanzen sprießen. Das Individuelle verbindet sich wieder mit dem Kollektiven, dem kollektiven Unbewussten und dem Kollektiven der Menschenwelt und der Natur und wird so zur sozialen Produktivität. Der Fuß der Sternenfrau sinkt nicht ein in diese Welt des kollektiven Unbewussten, sie steht ausdrücklich darüber, aber sie geht doch eine innere Verbindung mit ihm ein.

Man hat auch darauf hingewiesen, dass sie, anders als die ähnliche Figur auf der Karte der Mäßigkeit, nicht aufrecht steht, sondern kniet. Ihre Haltung erhält dadurch nach Ansicht mancher Kommentatorinnen etwas Demütiges, aber ich würde es lieber erdverbunden nennen. Zudem kniet sie in einer asymmetrischen Weise, was ihr etwas Lebendiges verleiht, das die streng symmetrische, ausgleichende Haltung der Mäßigkeit nicht besitzt. In der tibetisch-buddhistischen Ikonographie zeigt die selten anzutreffende asymmetrische Sitzhaltung einer Gottheit oder Buddhafigur, die ein Bein aufstützt, dass sie sich bereit hält, jederzeit aufzuspringen, um den leidenden Wesen hilfreich beizustehen. Es ist eine Haltung lebendigen Eintauchens in das Leben, die den weltabgewandten Zustand meditativer Innenwendung (jedenfalls vorübergehend) hinter sich gelassen hat. So ist das Sternenmädchen ein Ausdruck jenes Seelenzustands, der sich in voller Harmonie mit sich selbst und dem Leben weiß, weil er im Fluss ist, um in Übereinstimmung mit dem inneren Sein spontan zu handeln, wie es ihm aus einer höheren Quelle einfließt.

Bild der Wandlung: Die XVI wird zur XVII, wenn die Heilung einsetzt. Es ist Zeit, wieder heim zu finden. Es ist Zeit, die göttliche Heimat deiner Seele zu erkennen. Jetzt ist die Zeit der Prüfung zu Ende und der Weg ist eingeschlagen worden, der zur endgültigen, zur ewigen Heilung führen kann. Die Heilung kommt aus einem tiefen Ja der Suchenden zur Wahrheit, zur kosmischen Harmonie, zur Einheit des Göttlichen in allen Dingen. Deshalb finden sie nun auch Frieden in der eigenen Seele, die darin eingeschlossen ist. Die Engel selbst begleiten von nun an jeden ihrer Schritte.

Geheimer Faktor: Himmlische Wesen
In den Welten der subtilen Fixsternsphäre, die auch die astrale Welt heißt, existieren Wesen, von denen einige uns hilfreich sind. Engel oder Dakinis, die Heiligen, Meister und Meisterinnen der Vergangenheit, vielleicht auch einige Verstorbene, die wir selbst kannten, sind dort noch für uns erreichbar. In manchen Situatio-

nen, in denen uns unerwartete Hilfe zuteil wird, spüren wir ihr Eingreifen. Wir sollten uns ihrer immer wieder mit Dankbarkeit erinnern, nicht nur wenn wir sie brauchen, damit wir eine Beziehung zu ihnen entwickelt, die uns ihrer Hilfe würdig macht. Wir sagen: „Ich bin dankbar für die Gegenwart von Wesen ohne physischen Leib, die mir hilfreich zur Seite stehen wollen". Umgekehrt gibt es auch Wesen, die uns zu schaden versuchen. Sie werden nicht erfolgreich sein, wenn wir stark genug in den positiven Kräften gegründet sind, aber sie werden es versuchen. Alle voraufklärerischen Medizinsysteme nehmen bis heute an, dass manche Krankheiten nicht aus dem Körper und seinen physischen Einflüssen entstehen, sondern aus dem Einfluss von Dämonen und übelwollenden Geistern. Vielleicht wollen wir dies für Unsinn halten, aber es ist Teil des menschheitlichen Wissens, dass diese Wesen ebenso existieren wie die hilfreichen Engel. So kann uns die Beziehung zu Wesen außerhalb von uns dienen, sie kann uns auch schaden, aber befreien kann uns nur die Erkenntnis, dass sie alle nichts ausrichten können in einem Geist der sich ihnen nicht öffnet, weil er zutiefst in einem Anderen gegründet ist.

Der Archetyp als Selbstaspekt

Wo in dir findest du jene leise Stimme, die entgegen aller negativen Erfahrungen daran festhält, dass es etwas Gutes gibt, das auf dich wartet? Wo spürst du die Kraft der Selbstheilung, die aller Kränkungen und Störungen zum Trotz weiß, was deine Seele braucht, um ganz und heil zu werden? Was ist diese Medizin für die Heilung deiner Seele, die du dir selbst geben kannst? Ist es die Stille, in der du dir selbst begegnest, nackt, aber in völliger Harmonie mit allem? Wenn du sie nicht aushältst, diese Stille, kannst du dir wenigstens vorstellen, wie es wäre und wie es sich anfühlen muss, in völliger Harmonie und totalem Frieden zu leben? Wenn du dir das vorstellen kannst, hast du die Kraft der Heilung bereits in dir aktiviert, sie bereits in dich eingebildet.

Archetyp/psychologische Instanz: Heilung

Meditation
Du sitzt in einer mondhellen Sternennacht am Ufer eines Teiches. Am anderen Ufer siehst du eine nackte Frau von überirdischer Schönheit, die mit harmonischen Bewegungen und in aller Seelenruhe zwei Krüge entleert: erst den einen, dessen Inhalt sie in den Teich fließen lässt, dann den anderen, aus dem sich ein Strom von Flüssigkeit auf die Erde ergießt. Dann siehst du sie am Ufer knien und einen Fuß auf die Wasseroberfläche aufsetzen, aber er geht nicht unter, taucht nicht ein. Die überirdische Gestalt scheint weder dich noch sonst etwas zu sehen, aber sie ist ganz real, ganz präsent. In der friedlichen Stille dieser Nacht merkst du wie ein Lächeln von ihr zu dir herüberweht und du atmest tief durch. Alles ist gut! Was auch immer du erlitten haben magst, was auch immer du bis hierher auf deinem Weg durchgestanden hast, alles ist jetzt aufgehoben in einem Augenblick totaler Harmonie. Du bist angekommen. Vielleicht nicht für immer, aber für den Augenblick. Mach dir klar, dass du diese Momente immer wieder haben kannst. Solange deine Existenz währt, können sie immer wieder kommen und sich vertiefen und vermehren. Das ist die Hoffnung, die Gewissheit, dass alles sich gut weiterentwickeln kann.

Praktische Deutung der Karte

Vorderseite
Der Stern zeigt an, dass ein schwieriger Prozess in eine Phase der Heilung getreten ist. Nach den Stürmen, die der Turm symbolisiert, tritt nun Friede und Harmonie ein. Die Hoffnung auf eine bessere Periode des Lebens gründet in innerer Ruhe und Ausgeglichenheit. Der Mensch kommt in seiner Ganzheit, in seiner Integration an und dort auch zur Ruhe. Im Osho-Zen-Tarot wird dieser Aspekt noch weiter betont, wenn die Karte dort „Stille" genannt wird: nicht nur die Stille nach dem Sturm eines unruhigen oder beunruhigenden Lebens ist hier gemeint, sondern eine spirituelle Stille, die tiefe Stille der Meditation, die uns in unseren inneren Frieden und die Übereinstimmung mit der Welt führen kann.

Stichworte: **Hoffnung**; *Heilung; Harmonie; Ganzheit; Stille*

Umgekehrte Vorderseite
Der Mensch hat sich der Quelle der Ruhe und Harmonie in sich selbst verschlossen. Vielleicht ist er nicht dazu in der Lage, die Heilung zuzulassen, die sich in ihm selbst ergeben kann, wenn er ruhig wird und wieder Hoffnung schöpft, wenn er zugibt, dass das Leben sein Gutes hat und gut weitergehen kann. Seine Hoffnungslosigkeit und Verzagtheit mag daran liegen, dass er die Stille fürchtet und sich nicht in sie hinein begeben mag, dass er die Ganzheit seines Seins ablehnt und sich nicht der Fülle in ihm hingeben mag. Sonst würde er vielleicht erkennen, dass es immer einen Grund zur Hoffnung und einen Weg zum inneren Frieden gibt. In jedem Fall ist er innerlich zerrissen und unharmonisch im Umgang mit sich selbst und der Welt.

Stichworte: **Verzagtheit**; *Hoffnungslosigkeit; Zerrissenheit; Dysharmonie*

Die verborgene Seite
Wie ist der Mensch zu jenem Vertrauen und der Harmonie gelangt, welche die Vorderseite ausmachen? Hoffnung führt zu Harmonie und Frieden, aber sie selbst ist ein Resultat von Glauben, Vertrauen und einer positiven Verbindung zum Leben. In der christlichen Theologie werden die so genannten theologischen Tugenden Glaube, Liebe und Hoffnung als voneinander abhängig gesehen: Der Glaube ist die Voraussetzung für die Hoffnung, die Hoffnung ist die Rechtfertigung für den Glauben. Schon jene unter den frühen christlichen Theologen, die von der späteren Kirche Anerkennung fanden und deshalb als Kirchenväter in die Geschichte eingingen, beschäftigten sich mit der Dreiheit der theologischen Tugenden, die sie auf Paulus zurückführten. Im Allgemeinen gaben sie dem Glauben das Privileg, den anderen beiden Tugenden vorauszugehen. Nur bei wenigen Kirchenvätern wie Augustinus und seinen geistigen Nachfolgern (Isidor von Sevilla, Abaelard) ist die Liebe als Geschenk des Heiligen Geistes primär und lässt die beiden an-

deren Tugenden aus ihr heraus entstehen. Gemeint ist hier die Liebe des Menschen zum göttlichen Urgrund selbst, weniger die Nächstenliebe. Der Glaube ist dann als eine natürliche Folge dieser Gottesliebe gedacht. Durch die von Gott gegebene Gnade, glauben zu können, wird dem Menschen ein vertrauensvolle Verhältnis zu einer höheren Macht geschenkt.

Auf der Rückseite sehen wir einen dunkelblauen Sternenhimmel, unter dem ein Mädchen kniet, das sein kurzes Hemd an den Zipfeln gefasst hat und nach oben schaut. Das Bild erinnert an das Märchen von den Sterntalern. Zwar sehen wir keine Sterne in Form von Silbertalern herabregnen, aber das Mädchen scheint voller vertrauensvoller Erwartung darauf. Wir sollten auch feststellen, dass das Bild auf dieser Seite keinen taghellen Himmel zeigt wie die Vorderseite, dass die Figur hier ein Mädchen und keine junge Frau ist, dass sie nicht gänzlich nackt ist und dass sie ihren Blick nach oben, nicht nach unten gerichtet hat. Das Bewusstsein hat hier noch nicht jenes helle Stadium der Vorderseite erlangt, das die Nacht zum Tag zu machen vermag. Ihr gläubiges Vertrauen befindet sich in einem gewissermaßen kindlicheren Zustand als die begründete Hoffnung und Harmonie, der innere Friede der Vorderseite. Ihr Glaube richtet sich nach oben, während sie selbst sich noch unten befindet, richtet sich auf das Licht, das inmitten der Nacht ihres Daseins leuchtet, in dem sie ihren Weg noch mühsam suchen muss. Glaube ist nichts anderes als Vertrauen – das Vertrauen in eine Macht, die größer ist als wir selbst und die nichts anderes als das Beste für uns will. Ihr gegenüber sollten wir demütig sein und ihre Geschenke vertrauensvoll erwarten, ohne die Ausschüttung dieser Gaben in magischer Absicht kontrollieren zu wollen. Das Vertrauen in die Gaben von oben lässt das gläubige Mädchen Unmögliches erwarten, aber wer weiß, ob dann nicht das Unmögliche Wirklichkeit wird. Es ist wichtig, dass der Glaube an diese höhere Macht sich nach oben richtet und nicht auf dieselbe Ebene des Seins. Angelus Silesius hat in einer seiner Sentenzen gesagt, man solle nur Gott in sein Herz lassen und sonst nichts, damit Gott nicht anders kann, als in diesem Herzen zu bleiben, als wäre er dessen Gefangener. Das ist die Form von Glaube, der sich ausschließlich nach oben hin ausrichtet und keinen Platz für etwas anderes lässt.

Auf einer profanen Ebene zeigt uns die Karte, dass wir ein hoffnungsvolles, harmonisches Leben nur führen können, insofern wir an das grundsätzlich Gute in der Welt glauben und darauf vertrauen, dass es uns mit seinen Gaben beschenken wird. Um in dieses Vertrauen zu gelangen, brauchen wir uns nur klar zu machen, dass wir mit gleicher Wahrscheinlichkeit von großen und kleinen Glücksfällen überrascht werden können wie von den oft stärker erwarteten Unglücksfällen. Dazu ist es nötig, dass wir das Glück in unser Leben einladen und es nicht durch unsere eigene Einstellung von uns stoßen. Die Karte rät uns, den Glauben an das Gute, an die Magie des Lebens, an die Wunder und an einen Ausweg aus der Nacht unseres Daseins nicht zu verlieren oder wieder zu finden. Je stärker wir dem Leben vertrauen, umso vertrauenswürdiger wird es sich uns zeigen.

Stichworte: **Glaube;** *Gottesliebe; Vertrauen in eine höhere Macht, ins Leben*

Umgekehrte verborgene Seite
In der Umkehrung zeigt sich die eigentliche Schattenseite der Sternkarte. Der Mensch voller Hoffnung und Glauben an eine bessere Zukunft, dem es nicht gelingt, aktiv dafür einzutreten, wird zum ewig Wartenden. Dies ist sogar eine Grundhaltung in manchen Religionen: Der religiöse Mensch, dem es nicht gelingt, zum spirituellen Sucher zu werden, verschenkt das göttliche Geschenk seines wertvollen menschlichen Lebens. Statt an seiner eigenen Weiterentwicklung zu arbeiten, um deretwillen er auf diesen Planeten gesetzt wurde, ergeht er sich in der Hoffnung auf eine bessere Welt im Jenseits und lebt sein Leben unberührt von jeder spirituellen Ausrichtung. Religion wird so zu einer Rechtfertigung für Passivität, Trägheit und Faulheit gegenüber jedem persönlichen Entwicklungsweg. Im Buddhismus wird mit Faulheit (sanskr. *alasya*) nicht Müßiggang und Nichtstun bezeichnet, sondern jedes

Unterlassen einer spirituellen Praxis, wozu auch das geschäftige Treiben gehört, das uns von der Arbeit an unserem persönlichen Fortschreiten abhält. In der christlichen Theologie galt Trägheit (*accedia*) einst als Todsünde. Ähnlich wie im Buddhismus zeichnet sie sich nicht durch Nichtstun (Müßiggang) aus, der im Sinn der kontemplativen Muße sogar erwünscht ist, sondern dadurch, dass ein Widerwille gegen das religiöse Leben vorliegt und ein Überdruss „am Überschreiten der diesseitigen Welt mit ihren innerirdischen Erfüllungen auf Gott hin"[50]. Martin Luther und die Reformatoren haben mit ihrer Verurteilung der „Werksgerechtigkeit" dafür gesorgt, dass für den späteren Protestantismus jedes Streben nach Mystik, nach Gotterkenntnis und Selbst-Verwirklichung in den Geruch der religiösen Eiferei geriet und die spirituelle Faulheit zur Norm erhoben wurde. Daraus resultiert aber eine ausschließliche Jenseitsgläubigkeit, die man den drei monotheistischen Religionen insgesamt und ganz zurecht vorwerfen kann: wer nur auf die Wiederkunft des Messias, auf das Paradies nach seinem individuellen Tod oder das jüngste Gericht am Ende der Zeiten wartet, wird selbst niemals Teilhaber an jenem tieferen Geheimnis sein, das alle esoterischen Pfade anstreben.

Auf einer profanen Ebene zeigt die umgekehrte Rückseite einen Menschen, der nichts dafür unternimmt, dass die bessere Zukunft, von der er träumt, auch wirklich eintrifft. Er mag vielleicht gerade noch dazu in der Lage sein, sich ein Lotterielos zu kaufen oder Zeitschriften mit schönen Immobilien, Autos oder Frauen durchzublättern, aber das ist schon alles. Sobald es konkret darum geht, es dafür zu tun, dass sich seine Vorstellungen von einem besseren Leben verwirklichen, reagiert er wie gelähmt. Auf diese Weise mag er sich zwar ständig durch die Illusion beruhigen, dass sein Leben sich eines Tages bessern wird. Er überlässt es aber völlig dem Zufall und nicht seiner eigenen Anstrengung und Bemühung, ob das auch der Fall sein wird. Und der Zufall ist der unzuverlässigste aller Verbündeten.

Stichworte: **Faulheit**; *Trägheit; religiöse Untätigkeit und Gleichgültigkeit; Passivität*

XVIII. Der Mond

Amplifikation

Auf den ältesten bekannten Tarotkarten, dem Visconti-Deck aus Mailand, sehen wir eine Dame, wohl die Mondgöttin, die eine Halbmondsichel in der Hand trägt. Der Smith/Waite-Tarot hingegen orientiert sich an der Tradition des Marseiller Tarots mit seinem komplexen Bild, das zwei Hundeartige im Vordergrund zeigt, die den Mond anheulen, und darunter ein aus dem Wasser kriechendes Krebstier. Hat dieser sonnenhaft strahlende Mond auf der Karte von Pamela Smith aber ein weibliches oder doch eher ein männliches Gesicht? Das Altenglische teilt mit dem ihm eng verwandten Deutschen die Ansicht, der Mond sei ein männliches Gestirn.[51] Damit steht der germanische Kulturraum nicht allein: auch die mesopotamischen Kulturen (Assyrer, Babylonier) kannten einen männlichen Mondgott (*Nanna*, *Su'en* oder *Sin*). Vielen anderen Kulturen hingegen erscheint der Mond als weibliches Gegenstück zur männlichen Sonne. In der antiken griechischen Kultur war die Mondgöttin unter dem Namen *Selene*, in Rom als *Luna* jeweils die Schwester der männlichen Sonne. Die Verbindung zum Weiblichen ergab sich wohl nicht nur durch das sanftere (manche sagen: von der Sonne passiv empfangene) Licht des Mond gegenüber der dominanten Sonne, sondern auch aufgrund des regelmäßigen Mondzyklus. Dieser regelt nicht nur die Gewässer des Meeres mit Ebbe und Flut, sondern zeigt einen unmittelbaren Einfluss auf das menschliche Leben im weiblichen Menstruationszyklus, der der Länge einer Mondperiode entspricht. In naturverbundenen Gesellschaften soll die Menstruation ganz mit dem Mondzyklus synchronisiert sein. Die Zuordnung des Mondes als ein das Flüssige und Feuchte beherrschendes Gestirn wird dadurch und durch den morgendlichen „Mondtau", der die Wiesen bedeckt, sinnfällig.

Viele übertragene Bedeutungen des Mondes leiten sich aus seinem Zyklus des Zu- und Abnehmens her. Alles, was wächst und vergeht, nicht nur die Vegetation, wird vom Mond regiert: Aussaht und Ernte, Gesundheit und Krankheit, bis hin zum Anwachsen und Schrumpfen von Wohlstand und Lebensglück. Was vermehrt werden soll, folgt der zunehmenden Mondphase, was vermindert werden soll, der abnehmenden: vom Haare schneiden über die Besprechung von Warzen bis zu Fieber und Hautausschlag. Schon seit langer Zeit richtet sich nicht nur der Volksglaube europäischer Völker nach dem Mondkalender. Auch der richtige Zeitpunktes von magischen Ritualen wurde in der Renaissance-Magie nach Mondaspekten festgelegt: manches Hexenkraut durfte nur im Vollmondlicht geerntet werden. Bis heute wird im biodynamischen Feldbau der Anthroposophen auf Aussaat und Ernte zu bestimmten Mondaspekten Wert gelegt. Zuweilen hört man auch von Forstwirten noch immer, dass das kurz vor Neumond geschlagene so genannte Mondholz widerstandsfähiger sei als andere Holzarten.

Anders als das männliche Sonnengestirn, das die Aktivität des Tages unterstützt, brachte die Leuchte der Nacht mit dem Schlaf auch die Träume und damit den Zugang zu jener Region des Unbewussten, in der Gefühle, Triebe und längst Vergessenes zuhause sind. Wie auch an die Menstruation hormonelle und emotionale Schwankungen geknüpft sind, so galten emotionale Zustände einst generell als gesteuert vom Einfluss des Mondes. Noch heute berichten Menschen davon, sich in manchen Mondphasen besser oder schlechter zu fühlen oder bei Vollmond unruhiger zu schlafen (was wissenschaftliche Studien[52] teilweise heute bestätigen). Die Sprache hat diese alte Bedeutung des Mondes besser bewahrt als unser bewusstes Wissen. Im Italienischen hat schlechte Laune, wer „la luna storta", den „schiefen Mond" hat. Und auch dessen deutsche Übersetzung als „schlechte Laune" ist – wer hätte das gedacht – dem Einfluss des Mondes zuzuschreiben. Denn das im Mittelalter ins Deutsche eingebürgerte Wort „Laune" (damalige Aussprache: *lune*) leitet sich ebenfalls von Luna, dem lateinischen Wort für den Mond, ab. Im Englischen heißt *lunatic* gar „verrückt", was vom lateinischen *lunaticus* stammt, „dem Mond unterworfen", seinerseits eine Lehnübersetzung aus dem Griechischen (σεληνιακός, seläniakós, d. h. mondisch). Der Wirkung des Mondes schrieb man vor allem eine Form von Krankheit zu, nämlich die Epilepsie. Nach dem Medizintheoretiker Galenus, der die Heilkunst des gesamten Mittelalters prägte, sollte ein Zusammenhang zwischen epileptischen Anfällen und Mondphasen bestehen. Mondsüchtig hat jedoch in den älteren Texten eine viel weitere Bedeutung: Meint es einmal (zum Beispiel wohl in Luthers Bibelübersetzung von Mt 17.15) den Epileptiker, wird damit zuweilen jedes von Schwankungen begleitete emotionale Leiden und andererseits speziell das Schlafwandeln bezeichnet, diese seltsame Entkoppelung von schlafendem Bewusstsein und aktivem Körper, die bis heute Rätsel aufgibt und die man dem Einfluss des Mondes zuschrieb.

So birgt der Mond und sein Einfluss auf uns bis heute Geheimnisse, die ihn zu einer ambivalenten Macht werden lassen. Ist nicht auch das von ihm beeinflusste Gefühlsleben eine solche ambivalente Macht? Was enthält sie wirklich, diese dunkle Seite des Mondes, die sich in der Zeichnung von Pamela Smith durch die drei Tiere im unteren Bereich der Karte andeutet: Nicht zwei Hunde, sondern einen Hund und einen Wolf sollen die beiden den Mond anheulenden Wesen darstellen, sagen viele Interpreten: eine Anspielung auf den Wolf in uns selbst, der im zweiten Tier in seiner zivilisierten Variante als Hund in Erscheinung tritt. Der Protagonist des Romans „Steppenwolf" von Hermann Hesse „findet in sich einen Menschen" – oder sollten wir sagen: einen Hund? –, „das heißt eine Welt von Gedanken, Gefühlen, von Kultur, von gezähmter und sublimierter Natur, und er findet daneben in sich auch noch einen Wolf, das heißt eine dunkle Welt von Trieben, von Wildheit, Grausamkeit, von nicht sublimierter, roher Natur". Berichte über Menschen, in denen dieses Wolfshafte unter dem Einfluss des Vollmondes durchbrach und die sich daraufhin in Werwölfe verwandelten, sind uns bereits seit der Antike überliefert. Offenbar gibt es in uns Menschen ein gezähmtes und ein ungezähmtes Gefühlsleben, das aus seinem Käfig zuweilen gewalttätig ausbricht. Oder ist es gar nicht dieses emotionale Tier in uns, vor dessen Entfesselung wir uns fürchten, sondern etwas, das aus noch unheimlicheren Tiefen empor gespült werden könnte?

Waite deutet dies an, wenn er das Krebsgetier, das dritte der Tiere im unteren Bildfeld, beschreibt als „das, was aus der Tiefe heraufsteigt, der namenlose und fürchterliche Trieb, der noch niedriger als das wilde Tier ist". Was ist dieses Monster, das jedem Horrorfilm Ehre zu machen scheint, das der Mond hervorlockt aus den Tiefen, die doch wohl unsere eigene Psyche bezeichnen, besser gesagt: deren unbewussten Teil, in dem wir all das verbergen, was wir selbst nicht von uns kennen wollen oder können? Homo sapiens ist eine seltsame Spezies. Obwohl mit Verstand und dem inhärenten Streben nach dem Guten ausgestattet (weshalb Aristoteles dieses zur Grundlage seiner Ethik machen konnte), erschafft der Mensch doch überall und immer wieder das Böse. Ist also das Böse die unvermeidbare andere Seite des Guten, das immer wieder bei allem, was wir erstreben, aus den Tiefen der Schöpfung empor quillt? Oder ist es unser eigener Egoismus, unser Stolz, unsere Gier, die Selbstverteidigung eines Egos, das meint, im Recht zu sein, wodurch wir immer wieder das Böse in die Welt bringen, die selbstverteidigende Abwehr gegen den Anderen, dadurch aber auch die Aggression, den abgrundtiefen, meist gut sublimierten Hass? Auch deshalb ist der radikale Vorschlag des Nazareners, dem Schläger immer auch noch die andere Backe hinzuhalten, nicht utopisch, sondern die einzige Möglichkeit, dauerhaften Frieden anzuzetteln. Aber vielleicht ist der Krebs, das Gefühlstier aus dem Wasser, gar nicht moralisch oder besser: ethisch gemeint. Vielleicht ist der Abgrund im eigenen Inneren nicht für die Anderen, sondern für mich selbst so gefährlich.

„Durch den Abstieg ins Unbewusste bringt das Bewusstsein sich in eine gefährliche Lage", schreibt C. G. Jung, "denn es scheint, als ob es sich selber auslöschte".[53] Wenn wir tief eintauchen in Bereiche, in denen der Verstand sein lineares Funktionieren aufgegeben hat, ist es uns nicht mehr möglich zu wissen, was das Wirkliche ist und was das Unwirkliche, was richtig und was falsch. Hält dieser Zustand unkontrollierbar an, drohen wir verrückt zu werden – zumindest vorübergehend – weil wir zwischen äußerer und innerer Realität nicht mehr unterscheiden können. Wenn wir unvorhergesehen in die Gewässer des Irrationalen eintauchen, die wir am Fuß der Karte angedeutet sehen, von denen wir hier wie normalerweise aber nur ein Stück der Oberfläche zu sehen bekommen, kann das ein äußerst verstörendes Erlebnis werden. Menschen, die mittels stark bewusstseinsverändernder Techniken (z. B. schamanistischer Art) oder bewusstseinserweiternder Drogen, manchmal auch durch okkulte Praktiken zu weit auf den Ozean des Irrationalen hinausschwimmen, bedürfen zuweilen anschließend kompetenter (transpersonal-)psychologischer Hilfe, um ihr Erleben im rationalen Tagesbewusstsein unterzubringen. Andere erfahren aufgrund ihrer Anlagen spontan ein Erwachen paranormaler Sinneskanäle. Sie machen Erfahrungen, die sich jeder rationalen Erklärung entziehen und halten sich selbst für verrückt, insbesondere wenn schlecht ausgebildete Fachleute diese Überzeugung bestätigen. Manche treiben hilflos in den Wassern des Unbewussten und sind tatsächlich für eine Zeitlang nicht mehr dazu in der Lage, sich ihres klaren Verstandes zu bedienen.

Die Mondgöttin bringt uns in Kontakt mit dem von Freud so genannten Primärprozesshaften: das ist die vorrationale Welt des Geistes vor der Umformung in verständliche Begriffe durch das rationale Bewusstsein. Es ist vor allem unser eigenes, persönliches Unbewusstes, mit dem wir hier konfrontiert werden: Die großen Themen unseres eigenen Lebensdramas können wir auf der Bühne der Träume erleben, die im Schlaf oder in Wachtrancen für uns inszeniert werden – Verlustängste, die großen Verletzungen, die großen Enttäuschungen, die großen Sehnsüchte unseres Lebens erzeugen in uns dramatische Gefühlserlebnisse. Und dann: die ungehemmte Begierde, die ungestillte Sehnsucht nach unbegrenzter Liebe und Wertschätzung oder die tiefsitzende Traurigkeit über das, wie es ist. Folgen wir dem Weg durch dieses Unbewusste hindurch, tauchen wir darin ab, um hindurchzutauchen, dann führt uns der Weg in ein unbekanntes Land hinter den Wachttürmen der Bewusstseinsschwelle. Aber der Weg führt schließlich, wenn wir nicht straucheln, wieder hinan, nach oben, auf den Heiligen Berg zu. Das ist die Hoffnung, die in der Karte selbst enthalten ist: Wie der Mond zu- und abnimmt, so führt er uns in die schwere Erfahrung hinein und wieder hinaus, wenn wir nur durchhalten und uns nicht von seiner Macht verschlucken lassen.

C. G. Jung ist diesen Weg ins eigene Innere selbst gegangen, wie sein Seelentagebuch (das von ihm so genannte Rote Buch) bezeugt. Anders als für Freud, ist für ihn die Wirkung des Unbewussten nicht nur destruktiv und die gesunden Funktionen behindernd. Im Unbewussten sind auch alle noch nicht realisierten Potentiale des Menschen verborgen. Wenn sich das Unbewusste meldet, so ist das nicht irgendein Defekt, der „behandelt" und „beseitigt" werden muss – es ist die Äußerung eines wesentlichen Teils des Menschen, der oft genug ein Ziel, nicht nur eine Ursache hat. Während die Beschäftigung mit dem Unbewussten für Freud nur die Neurose beseitigen soll, kann der Jungianer in ihm sein eigentliches Selbst finden. Wie eingangs erwähnt, unterscheidet Jung zwischen dem nach außen gezeigten Charakter (Persona) und der Seele des Menschen (Anima und Animus). Zumeist sind Menschen sich ihrer Persona bewusster als ihrer Seele. Der Mond steht dann für die Seele, wie der Mensch sie in sich vorfindet, das Material, das er bearbeiten muss, um daraus die reine Substanz zu extrahieren, welche die Alchemisten erstrebten.[54]

Aber woher stammt dieses Material unseres individuellen Unbewussten, das uns immer wieder in Situationen treibt, die wir uns mit vollem Bewusstsein niemals ausgesucht hätten? Zweifellos häuft sich in einem verborgenen Lagerhaus unserer Seele der Niederschlag alles Gelebten und Ungelebten an, das uns jemals auf eine tiefe Weise affiziert hat. Was auch immer seinen Eindruck in uns hinterlassen hat, wirkt in uns weiter nach. Und dies tut es solange, bis wir es wirklich losgelassen haben. Manche, denen der Ausdruck des Loslassens zu passiv erscheint, sagen: bis wir es verarbeitet haben, aber letztlich sind beides nur Metaphern und beides ist ein und derselbe Vorgang: Die in uns gespeicherten Eindrücke der eigenen Handlungen und des uns Widerfahrenen drücken uns nicht mehr, die Einprägungen sind ausgewaschen, die Schrift des Lebens, die unseren unbewussten Charakter bildet, ist nicht mehr zu lesen. Charakter, dieser Ausdruck, den der Nachfolger des Aristoteles als Leiter der peripatetischen Schule, Theophrast von Eresos, eingeführt hat, bedeutet ja nichts anderes als *Einprägung* (zum Beispiel eines Schriftzeichens in eine Metallplatte). Was wir Charakter nennen ist in Wirklichkeit der uns unbewusste Vorgang der Einprägung des Lebens in unsere innerste Substanz.

Wenn wir nun aber – mit vielen Mysterienschulen des Westens und den fernöstlichen Religionen – annehmen, dass wir nicht nur dieses eine Leben zu leben haben, sondern deren viele, dann ergibt sich die Schlussfolgerung, dass dieser innerste Charakter nicht nur die Einprägungen eines Lebens enthält, sondern dass unzählig viele Vorleben uns den Stempel aufgedrückt haben. Deshalb kommt der Mensch bereits mit vielen Prägungen in jedes neues Leben, kommt schon als Individuum zur Welt und empfängt hier noch neue Eindrücke, von denen er viele (nämlich die tieferen, nicht im Laufe der Jahre schon wieder ausgewischten) weiter in seine nächste Existenz mitnimmt. Die buddhistische Schule der *Cittamatrin* hat deshalb das Unbewusste, das all diese Eindrücke über Leben hinweg speichert, als Speicherbewusstsein (*alya vijñana*) bezeichnet. Dessen Inhalte kommen immer wieder ins Spiel, wenn uns das Schicksal, das wir selbst sind, einen Strich durch unsere bewussten Rechnungen macht. Deshalb treffen sich Buddhismus und Tiefenpsychologie unverhofft in ihrer Erkenntnis, dass Bewusstwerdung des Unbewussten uns frei macht von dem, was uns immer wieder gegen unseren Willen zieht und drängt.

Noch eine Deutung des Mondes und der ihm eigenen Sphäre sollten wir nicht außer Acht lassen, die uns Waite und seine hermetische Tradition mitgeben: Der Mond zeigt jene Kraft in uns, die eine Wirklichkeit hervorbringt, welche zunächst in uns selbst entsteht, die dann aber nach außen drängt: *Einbildungskraft* ist der alte deutsche Ausdruck für diese *imaginatio*, die Schaffung eines Bildes aus dem Geist. Der Mythos des Künstlers Pygmalion, der es durch ein Gebet zur Göttin Venus erreicht, eine von ihm geschaffene und begehrte Marmorstatue zum Leben zu erwecken, steht für die Fähigkeit aller Künstler, aller Magier und Kreativen, aus dem eigenen

Inneren in der Außenwelt Wirkungen hervorzubringen. In der hermetischen Tradition ist die in Mondlicht getauchte Sphäre, in der sich diese Imaginationsfähigkeit ausbildet, eine eigene Ebene der Realität, die von geistigen Wesenheiten bevölkert wird: man erinnere sich an die Worte in Goethes Faust: „Ach! könnt ich doch auf Bergeshöh'n, In deinem [nämlich des Mondes] lieben Lichte gehn, Um Bergeshöhle mit Geistern schweben, Auf Wiesen in deinem Dämmer weben". Deshalb kann der bedeutende Historiker der esoterischen Religiosität, Antoine Faivre, über diese vom Mond beherrschte Imagination schreiben: „Die Imagination, um die es hier geht, ist keineswegs eine einfache psychologische Fähigkeit, die wie bei Kant eingeklemmt ist zwischen Wahrnehmung und Begriff, oder die ‚wahre Meisterin des Irrtums und der Falschheit' (Pascal), der vor allem diejenigen zum Opfer fallen, die aus der Welt fliehen wollen und dabei in ihrem eigenen inneren Wesen gefangen bleiben. Hier geht es vielmehr um eine Art Seelenorgan, dank dessen der Mensch eine kognitive und visionäre Verbindung knüpfen kann zu einer Zwischenwelt, einem Mesokosmos – den man wie Henry Corbin als *mundus imaginalis* [Welt des Imaginären] bezeichnen könnte."[55]

Bild der Wandlung: Die XVII wird zur XVIII, wenn die Pilgernden zum letzten Mal konfrontiert werden mit dem, was sie schon überwunden glaubten: den Erinnerungen an die einstigen Schmerzen – jene, die ihnen das Leben zugefügt hat und jene, die sie Anderen zufügten; der Erinnerung an die eigenen verlorenen Träume und Hoffnungen; der Erinnerung an die eigenen Sehnsüchte, Triebhaftigkeiten, Verstrickungen und Verrücktheiten; der Erinnerung an die großen Enttäuschungen und Zweifel. All das kann wieder in ihnen emporsteigen, während die Kraft, die nach oben drängt, ihren Weg nimmt. Aber es ist eine reinigende Erinnerung, es ist nicht mehr ein Rückfall in alte Muster und Abhängigkeiten, es ist keine Rückkehr des Teufels mehr, sondern ein heilsames Durchleuchten der Kammern des Unbewussten mit dem Licht der Gnade, das zur Reinigung und Befreiung von altem Ballast führt.

Geheimer Faktor: Gefühl
Unsere Gefühle treiben ihr Spiel mit uns. Die Vermeidung schlechter Gefühle und die Suche nach guten Gefühlen treiben einen großen Teil unseres Handelns an. Alles dreht sich um diese fundamentale Bewertungsskala in uns. Alle Unruhe in uns, die uns nicht bei uns selbst und beim Eigentlichen ankommen lässt, resultiert aus der Illusion, irgendwann einen Zustand herstellen zu können, in dem sich alles *nur gut* anfühlt. Das macht uns zu Gefangenen des Gefühls. In Wirklichkeit werden wir in der Befreiung aus der Unerlöstheit einen Zustand erreichen, in dem wir die Dichotomie von Erwünscht und Unerwünscht, von Gut und Schlecht, Angenehmem und Unangenehmem transzendiert haben. Wir sagen: „Ich will das eine und will das andere nicht. Daraus erwächst die Bewegung des Lebens". Solange wir an der Dichotomie von Wollen und Nichtwollen festhalten, sind alle Gefühle, auch die positiven, versklavend. Das müssen wir begreifen. Doch die Emotionen sind auch Lieferanten all unserer Energie. Wir können sie als Treibstoff nutzen, um dorthin zu kommen, wo unsere spirituelle Entwicklung weitergehen kann. Wir können sie nutzen, um nicht stehen zu bleiben auf dem eigentlichen Pfad. Wir können sie nutzen, um ihre Energie in Gleichmut und die strahlende Energie des Freudenkörpers zu verwandeln. Dann sind sie befreiend.

Der Archetyp als Selbstaspekt

Spürst du die Gefühle, wenn sie in dir auftauchen, oder bemerkst du nur ihre Folgen? Merkst, woher die Störungen in deinem Leben kommen, oder überfallen sie dich aus heiterem Himmel? Weißt du, was deine Träume und Alpträume, deine Phantasien, Ängste und Traurigkeiten von dir wollen oder leben sie in dir wie etwas Fremdes, nicht zu dir Gehöriges? Welcher Krebs nagt an deiner Seele? Was in dir hast du nicht wirklich liebevoll umfangen können, um mit ihm in Frieden zu leben? Welche Teile deiner Vergangenheit musst du verzerren oder verdrängen, weil du sie nicht ertragen kannst? Kannst du dich dem akzeptierend zuwenden?

Archetyp/psychologische Instanz: (individuelles) Unbewusstes

Meditation
Schließe die Augen und warte ab. Deine geschlossenen Augenlider sind Leinwände, auf die dein Unbewusstes bald beginnen wird, Bilder zu projizieren. Warte auf diese Bilder, mache sie nicht. Heiße jedes Bild willkommen, das sich zeigt. Erwarte nichts. Schau an, was kommt und was geht und was danach kommt. Wenn du willst, kannst du dich entschließen, mit einem Bild in Interaktion zu treten, hineinzugehen, einer Figur zu folgen, ein Wesen anzusprechen. Du kannst beginnen, die Handlung mit zu gestalten, aber nicht indem du erfindest, nur indem du mitmachst bei dem, was dein Unbewusstes projiziert. Nimm das Gesehene und das Gehörte so ernst wie in der normalen Realität oder wie im Traum, wo du (normalerweise) auch nicht weißt, dass es nur ein Traum ist. Wenn du dich mit schamanischen Reisen auskennst, kannst du dich jetzt auf eine Reise begeben, indem du mit einem Adler nach oben fliegst, in die Oberwelt oder einem kleinen Nagetier in die Unterwelt folgst, wie Alice im Wunderland. Oder du begegnest den Ahnen in dieser Welt. Was auch immer du tust, kehre zum Schluss wieder voll und ganz in die äußere, deinen Körper umgebende Realität zurück und öffne die Augen. Vielleicht war das, was du erlebt hast, noch ganz an der Oberfläche deines Unbewussten, vielleicht ging es aber auch schon etwas tiefer. Vielleicht war auch dein Überbewusstes oder das kollektive Bewusstsein der Menschheit an deiner Phantasiereise beteiligt. Versuche nicht unbedingt zu deuten, sondern zu spüren, was die Bilder deines Unbewussten dir sagen.

Praktische Deutung der Karte

Vorderseite
Der Mond lässt das in uns Schlummernde, das Unbewusste, das Irrationale auftauchen. Vielleicht befinden wir uns in einer emotional sehr aufwühlenden Lebensphase, vielleicht hat ein Ereignis

längst Vergessenes in uns wach gerufen. Vielleicht haben wir begonnen, uns unserer eigenen verborgenen Seiten in einer Psychotherapie, in Selbsterfahrung oder einem Prozess innerer Auseinandersetzung zu stellen. Immer geht es beim Auftauchen des Mondes darum, durch diesen Prozess, so schmerzhaft er sein mag, hindurchzugehen, ohne sich darin zu verlieren.

Stichworte: **Unbewusstes** *und dessen Auftauchen; bisher verdrängtes Gefühl; starke Emotion*

Umgekehrte Vorderseite
Wenn die Karte umgekehrt liegt, unterscheidet sich der Prozess nicht von dem der aufrechten Karte, aber die Reaktion der betroffenen Person ist eine andere. Versucht sie im Falle der aufrecht liegenden Karte das Auftauchende zu akzeptieren, zu verarbeiten und zu integrieren, so gelingt ihr dies bei umgekehrt liegender Vorderseite nicht so gut. Sie wehrt sich gegen das Verdrängte, Konflikthafte, versucht wieder „zuzumachen". Die Verteidigung gegen die eigenen Gefühle aber ist nicht auf Dauer erfolgreich. Vielleicht mag man einen Etappensieg erzielen, besonders, wenn der Zeitpunkt für eine Auseinandersetzung mit Verdrängtem ungünstig erscheint. Aber auf die Dauer erhöht die Abwehr nur die innere Anspannung und das Verdrängte sucht sich andere Auswege.

Stichworte: **Verdrängung;** *Abwehr von Gefühlen; Kampf gegen das Bewusstwerden*

Die verborgene Seite
Die dunkle Seite des Mondes ist schwierig zu erforschen, weil sie stets der Erde abgewandt bleibt, wie wir die unbewusste Seite in uns definitionsgemäß ebenfalls nur erahnen können. Ihre Anzeichen begegnen uns, wenn wir unseren Träumen, Einfällen, Stimmungen und Reaktionsmustern sorgfältige Aufmerksamkeit zuwenden. Aber diese Aufmerksamkeit heißt nicht, dass wir uns ins Unbewusste hineinfallen lassen, indem wir in einem Prozess der Regression (im Zeitstrahl rückwärts) und Introversion (in uns hinein) das Unbewusste öffnen. Die alte buddhistische Methode der

Achtsamkeit beleuchtet alles, was in uns auftaucht, nicht um es zu erforschen und zur Selbsterkenntnis zu nutzen, sondern um es im Licht des Bewusstseins aufzulösen. Wenn wir von psychoanalytischen Denkweisen geprägt sind, mag uns dieser Weg als oberflächlich oder sogar ganz falsch erscheinen. Aber das Mondlicht spiegelt nur das Licht der Sonne, des klaren Bewusstseins, es ist nicht ernster zu nehmen als dieses. Wenn es uns gelingt, die Einprägungen unserer Vergangenheit aufzulösen, noch bevor wir sie durchschaut und verstanden haben, so existieren sie nicht mehr und können uns auch nichts mehr anhaben. Der Weg der Achtsamkeit löst die Wirkung der Einprägungen auf in dem Moment, da sie auftauchen, weil er verbunden ist mit der permanenten Aufmerksamkeit auf alle Prozesse innen und außen. Im Idealfall kann uns nichts mehr überfallen, alles, was aus dem See des Unbewussten auftaucht, kann sofort erkannt und weggeschickt werden, bis seine Spuren in uns sich dauerhaft aufgelöst haben.

Die Rückseite der Karte zeigt den Weg der Achtsamkeit als Möglichkeit des Umgangs mit der gesamten Wirklichkeit, dem Unbewussten und dem gerade nicht Bewussten, das beides zu Bewusstsein transformiert und darin losgelassen wird. Achtsamkeit lässt sich in der Idealform definieren als distanziert-gelassene, weit-offene Daueraufmerksamkeit auf alles, was gerade ist. Achtsamkeit ist das ruhige Verweilen in der Gegenwärtigkeit, im Hier und Jetzt. Als solches ist sie die buddhistische Kernpraxis, die vom Buddha selbst gelehrte hauptsächliche Meditationsmethode. In vielen modernen Ansätzen der westlichen Psychologie ist sie mittlerweile ein fester Bestandteil geworden. In seiner „kalten" Form ist der achtsame Blick ganz neutral und nicht-bewertend, in seiner „warmen" Form ist er mit einem liebevoll-gütigen Annehmen von allem verbunden, was in den Lichtkegel des Bewusstseins gerät.[56] Durch diese „warme" Form von Achtsamkeit gelangen wir zur Heilung und Aussöhnung mit uns, mit anderen und der Welt. Das Bild zeigt eine gerade beendete Sonnenfinsternis: Wir sehen, wie die Sonne sich schon wieder am rechten Rand des Mondes hervorwagt. Ihr Licht beruhigt die wilden Tiere: der Hund liegt gelassen, aber mit offenen Augen auf seinen Pfoten und der Wolf tut es ihm gleich, etwas unsicher zu seinem Kameraden herüberblickend, als fühle er sich noch nicht ganz wohl in seiner neuen Rolle als zahmes Tier. Der Krebs hingegen hat sich auf den Weg gemacht: Wir können ihn gerade noch zwischen den beiden Türmen erkennen. Nicht zurück ins Wasser, sondern hinauf zum Bereich der höheren Erkenntnisse verschwindet das Tier der Untiefen durch die Tore des Bewusstseins. Das Licht der Sonne lässt die Tiere nicht wieder ins Unbewusste zurückkehren und nicht einfach verschwinden. Auch der Wolf bleibt uns erhalten. Aber er wird zu einem freundlichen Wolf, der sich nur dort raubtierhaft gebärdet, wo wir es so wollen.

Stichworte: **Achtsamkeit**; *Gegenwärtigkeit; Bewusstheit im Hier und Jetzt*

Umgekehrte verborgene Seite
Auch die verborgene Seite hat wieder ihre verborgene Seite, die den Kreis zur aufrechten Vorderseite schließt: Wenn wir das Unbewusste in der Bewusstheit der Achtsamkeit nicht aufheben, sondern unzensiert betrachten, dann nutzen wir die Schaffenskraft, die nach der Ansicht der Jungschen Tiefenpsychologie aus dem Unbewussten in uns einströmt. Während Freud der Meinung war, dass wir kreativ werden, weil wir die verdrängten, sozial unerwünschten Triebe in uns sublimieren (also deren konflikthafte Energie in kulturell wertvolle Leistung umlenken), betonten Jung und mit ihm die Künstlergruppe der Surrealisten, dass wir das Material des Unbewussten unmittelbar nutzen können, um daraus künstlerische Leistungen zu erschaffen. Tatsächlich ist jede Form von Kreativität ein Prozess, der in unserem Unbewussten stattfindet: Wir können nicht durch bewusstes Nachdenken etwas Neues erschaffen. Alles Neue fällt uns von einer geheimen Quelle her zu. Wir können nur dankbar die Hände aufhalten und waren, bis uns zugefallen ist. Aber wir können auch diesen Prozess fördern, indem wir uns Zeit nehmen, unsere Einfälle wichtig nehmen, die Regungen aus unserem Unbewussten achtsam betrachten, auf-

nehmen und umsetzen. Da wir dabei „über uns hinaus" (eigentlich: zu uns selbst) wachsen und uns unserem wahren Selbst annähern, spricht Jung hier von der *transzendenten Funktion* der Psyche. So sollten wir die Andeutungen und Meldungen des Unbewussten willkommen heißen als einen Hinweis auf den Teil von uns, der über unsere bereits entwickelte Person hinausweist, statt uns von ihnen bedrängt zu fühlen. Dieser kreativ Ausdruck des Unbewussten muss kein künstlerisches Schaffen im engeren Sinn sein. Vielleicht erschaffen wir bei unserer Berufstätigkeit, im Familienleben oder in der Gestaltung unseres Alltags etwas, das unserem innersten Potential entspringt. Oder wir nehmen uns einmal Zeit, das, was in uns schlummert, in Musik, in Gemälde oder Gedichte zu gießen, die nur für uns, nicht für andere gedacht sind.

<u>Stichworte:</u> *Kreativität; künstlerische Fähigkeiten; kulturelle Schaffenskraft*

XIX. Die Sonne

Amplifikation

In der Geschichte der Menschheit war die Sonne eines der frühesten Zeichen, an denen der Mensch die Heiligkeit der Welt erkannte. Frühe Sonnensymbole lassen sich schon in Ritzzeichnungen aus der Steinzeit erkennen. Sie haben oft die Form von Kreisen, oft auch Kreisen mit einem Kreuz oder schließlich einem Kreuz ohne Kreis. Im indischen Kulturraum, beispielsweise, zeigen sie sich als Swastika (Hakenkreuz), einer Sonne also, die ihren Umkreis verloren hat und nur noch die brennende sich drehende Sonnenfackel darzustellen scheint. Als Spenderin von Licht und Wärme verehrte der frühe Mensch sie, ihre Bedeutung für das Wachstum der Pflanzen war bekannt, ihr Jahreslauf wurde schon in den gigantischen Steinkreisen der Jungsteinzeit vermessen. Aber in den wärmeren Weltgegenden war auch ihre potentiell vernichtende Wirkung gefürchtet, so dass sie vielerorts als eine jener Mächte gelten musste, die gleichermaßen segensreich wie gefährlich sind. Zuweilen scheint man ihre Macht als so bedrohlich empfunden zu haben, dass das Vernichtende der Sonnenkraft verleugnet und ausschließlich ihre positive Seite verehrt wurde. In den indischen Veden heißt *Surya*, der Sonnengott, in einer euphemistischen, besänftigenden Beschwörung seiner positiven Seiten auch *Pushan*, „Wohltäter", oder *Bhaga*, „Spender von Reichtum". Surya galt nicht nur als eine der drei höchsten vedischen Gottheiten, sondern auch als die Quelle allen Lebens und das höchste der erschaffenden Prinzipien des Kosmos (*aditya*). Noch heute sprechen die männlichen Angehörigen der höheren indischen Kasten an jedem Morgen den Sonnengruß, das Gayatri Mantra aus dem Rigveda. Doch die Sonnengebete dienten nicht nur der Verehrung des Zentralgestirns. Die frühen vedischen Opferkulte hatten eine magische Komponente. In vielen Erdteilen ging die Menschheit in einer bestimmten Phase ihrer Bewusstseinsentwicklung so selbstverständlich vom Gedanken magischer Beeinflussbarkeit des Kosmos aus, dass man der Sonne mit Ritualen und Gebeten helfen musste, jeden Tag erneut aufzugehen und ihre Bahn über den Himmel zu vollziehen.

Der Sonne wurde in manchen Kulturen der Platz als höchste Gottheit oder Naturkraft zugesprochen. Bei den südamerikanischen Inka führte der Sonnengott *Inti* das Pantheon an, und der Herrscher des Inka-Volkes (der Inka) leitete seine Königswürde direkt von Inti ab. In Ägypten hießen die Pharaonen lange Zeit „Söhne des Re" und führten ihre Königswürde auf die Abstammung vom Schöpfergott Re, der personifizierten Sonne, zurück. Ägypten war auch das Land, in dem der erste monotheistische Kult ersonnen wurde. König Echnaton verfügte um 1350 v. Chr. die ausschließliche Verehrung des Sonnengottes, jetzt unter dem Namen Aton, und zog sich damit die Feindschaft der alten Priesterelite zu, die nach seinem Tod den Pluralismus unter den göttlichen Kräften wieder einführte. Der jüdische Monotheismus profitierte sicherlich vom ägyptischen Vorbild, setzte sich von Echnatons Gleichsetzung des einzigen Gottes mit der Sonne aber deutlich ab. Um die Transzendenz Gottes gegenüber der materiellen Welt zu betonen, wird die Sonne im ersten Buch der Tora (dem Buch Genesis oder ersten Buch Moses) zu einer bloßen Leuchte degradiert, die Gott zur Erhellung der von ihm geschaffenen Welt an den Himmel hängt.

Bei den Römern galt die Sonne, *Sol*, lange Zeit als untergeordnete Gottheit. Aber in der Spätzeit des Römerreiches stieg sie auch dort zu regelrecht kaiserlichen Würden auf. Denn im Jahr 218 wurde ein Varius Avitus Bassianus, der Hohepriester des syrischen Gottes Elagabal war, unter dem Namen Aurelius Antonius zum Kaiser von Rom ausgerufen. Elagabal aber war ein Sonnengott, der in seiner syrischen Heimat in der Gestalt eines schwarzen Steins (wahrscheinlich ein Meteorit) verehrt wurde. Der neu gekürte Kaiser und syrische Priester erklärte Elagabal kurzerhand zum höchsten römischen Gott und nahm selbst den Namen seines Gottes an. Diese solchermaßen zu Ansehen gekommene zentrale Sonnengottheit war es, die Aurelian, ein Nachfolger Kaiser „Elagabals", 274 unter dem Namen *Sol Invictus* (Unbesiegte Sonne) zur zentralen Gottheit des römischen Staatskultes erhob. Der Kult um den *Sol Invictus* entlehnte ein altes orientalisches Motiv, das in vielen Kulturen anzutreffen ist. Es beschreibt einen bestimmten Typ von Heldenmythos: Der strahlende Held steigt hinab in eine dunkle Unterwelt, kämpft mit einem Drachen oder Ungeheuer und kehrt gestärkt und siegreich wieder aus ihr zurück. Diese „Nachtfahrt des Helden" wiederholt den alten Mythos des Sonnengottes, der am Tage über die Erde fährt, in der Nacht aber unter der Erde zu seinem Ausgangspunkt, zu seiner Wiedergeburt zurückkehrt. Das Motiv ist bekannt aus Ägypten oder Griechenland, wo der Sonnengott Helios (ganz wie sein indisches Pendant Surya oder die nordische Sonnenfrau Sol) in einem mit mehreren Rössern bespannten Streitwagen über den Tageshimmel fährt. Im Westen endet des Helios glorreiche Fahrt und des Nachts ist es sein Los, in einem Kahn durch die Unterwelt wieder zurück zu seinem Ausgangspunkt im Osten zu fahren, wo am nächsten Morgen seine Himmelsfahrt erneut beginnt.

Das Christentum trat die direkte Nachfolge des Sol Invictus an. Der Feiertag der unbesiegten Sonne, der 25. Dezember als der Tag, an dem die Sonne endgültig über den Winter gesiegt hat und der Frühling naht, wurde später, als die Christusverehrung die Stelle des höchsten römischen Kultes erlangte, zum Geburtstag der neuen Sonne, Christus, umdeklariert. Christus ist jetzt die unbesiegbare Sonne, ist der eigentliche Sol Invictus, der die dunkle Unterwelt durchschritten und besiegt hat und dessen Geburt und Auferstehung von nun an gefeiert wird. Der Kreuznimbus, der goldene Heiligenschein mit zentralem Kreuz, den die christliche Kunst um das Christushaupt legt, ist eine Anspielung auf das seit der Steinzeit bekannte kreuzförmige Sonnensymbol. Und wie beim Morgengebet der indischen Brahmanen und vielen Kulten der Antike, so war es auch im frühen Christentum Brauch, sich beim Gebet nach Osten, der aufgehenden Sonne Christi entgegen zu wenden. Deshalb war noch lange die Apsis der Kirchen, in der der Altar stand, nach Osten hin ausgerichtet.

Die Sonne ist aber nicht nur Christus, auch Gott-Vater trägt Züge der antiken Sonnenverehrung. Das liegt einmal mehr an Platon und seinem Einfluss auf das Christentum. In Platons Dialog „Der Staat" lässt der Autor seinen geschätzten Lehrer Sokrates erklären: Wie die Sonne dem Sichtbaren die Möglichkeit verleiht, gesehen zu werden und dem, was wachsen kann, Wachstum schenkt, ohne selbst das Wachstum zu sein, so verleiht „das Gute" dem menschlichen Geist die Möglichkeit zur Erkenntnis der Wahrheit, obwohl „das Gute" nicht die Erkenntnis ist, sondern noch darüber hinaus geht. Das Gute ist vielmehr das, woran sich alles menschliche Streben und alle menschliche Wahrheitserkenntnis orientieren. Und dieses Gute an sich als Möglichkeit der Erkenntnis überhaupt wird also gleichgesetzt mit der Sonne, die hier wie im visuellen Bereich die Möglichkeit von Erkennen schafft. Es bereitet einige Schwierigkeiten zu bestimmen, was mit diesem „Guten" gemeint ist, und doch hat es eine ganze Traditionslinie von Philosophen und Theologen inspiriert, die geneigt waren, „das Gute" (und somit das Sonnensymbol) mit dem einen (oder dem höchsten) Gott gleichzusetzen. Bei Kirchenvater Augustinus beispielsweise ist es der christliche Gott, der uns mit der Möglichkeit wahrer Erkenntnis *erleuchtet.*

Und noch in einem weiteren berühmten Gleichnis Platons spielt die Sonne eine entscheidende Rolle: in seinem Höhlengleichnis vergleicht er sie der abermals der Kraft, die klare und deutliche Erkenntnis ermöglicht. Wie die Menschen, die Zeit ihres Leben in einer Höhle gefesselt sind und nur die Schatten von Gegenständen sehen können, die am anderen Ende der Höhle vorbeigetragen werden, so seien wir Sterblichen, solange wir nur die sinnliche Welt erkennen. Wie ein Einzelner, der sich aus der Höhle befreien kann und erstmals ans Sonnenlicht gelangt, so sei der Philosoph, der sich zu wahrer Erkenntnis vorarbeitet. Geblendet vom Sonnenlicht, wird er zunächst völlig überfordert sein von der Welt der Wirklichkeit. Dann aber wird die Kraft der Sonne ihm die Augen öffnen und er wird die Dinge so sehen, wie sie tatsächlich sind.

Weil sie über die ganze Erde sieht und alles Dunkle ausleuchtet, gehört das Enthüllen des Verborgenen so sehr zur Sonne, dass sie in manchen Religionen, so im Parsismus und dem Islam, mit dem Auge Gottes gleichgesetzt wird, das alles sieht und dem nichts entgeht: keine Schandtat und keine verheimlichte Sünde. Der babylonische Sonnengott *Schamasch,* war jene unbestechliche Kraft, die alles sah und alles wusste. Das machte ihn zum Richtergott, dem Hüter des Rechts und der allwissenden Orakel. Auch der griechische Gott Helios sieht und hört alles, ist Zeuge guter wie böser Taten und deshalb Gott des Schwures wie des Augenlichts. Als Naturgottheit aus einer älteren Zeit besitzt er in der Theologie der griechischen Hochantike allerdings nicht die Bedeutung der olympischen Götter, er ist lediglich ein Titan, ein Gott aus der alten Welt, die die Indogermanen zum Zeitpunkt ihrer Invasion in Griechenland vorfanden. Erst später fand hier offenbar eine Aufwertung der Sonne statt, die mit ihrer symbolischen Bedeutung als Gestirn der erleuchtenden Vernunft zusammenhängt: Apollon, ein Gott der Selbstbeherrschung und des Wissens, der Ratio also, wurde allmählich mit der Sonne in Verbindung gebracht, die als kosmisches Abbild der rational-leuchtenden Natur des Geistes (also Apollons) von der Ebene der niederen Naturkräfte und Titanen auf die Ebene der olympischen Götter erhoben wurde.

Im Visconti-Tarot wird die Sonne von einem dicklichen Kind getragen, das auf einer Wolke über die Welt schwebt. Der Tarotforscher Tiberio Gonard hat dieses Kind als einen Engel bezeichnet. Ihm zufolge drückt dieses Bild die gängige Auffassung der Renaissance aus, dass geistige Wesenheiten die Beweger aller natürlichen Dinge seien. Er belegt dies mit einem Satz Dantes, „dass diejenigen, die die Himmel bewegen, immaterielle Wesen sind, also Intelligenzen, die die Leute allgemein Engel nennen".[57] Wieder lässt das Visconti-Tarot eine tiefere als die zeitgemäße Symbolik des 15. Jahrhunderts vermissen. Der Tarot de Marseille hingegen wartet mit zwei engelsartigen, halbnackten Kindern auf, die vor einer Mauer stehen und sich seltsam berühren. Die Sonne auf dieser Karte sendet nicht nur Strahlen, sondern auch Tautropfen auf die Erde hinab. Ronald Decker vermutet, dass es sich bei den beiden Figuren nicht um Kinder, sondern um Ringer handelt, die in Buchillustrationen der Renaissance für Menschen stehen, die von dem astrologischen Zeichen der Sonne beherrscht werden.[58]

Waite gibt eine sehr schöne Beschreibung, wieso in seinem Tarot jedoch das Bild eines nackten Kindes auf einem Pferd gewählt wurde, das er einer Darstellung von Eliphas Levi entlehnt hat: „Es ist die Vorherbestimmung des übernatürlichen Ostens und das große und heilige Licht", schreibt er, „das der endlosen Prozession der Menschheit vorangeht, die aus dem ummauerten Garten des sinnlichen Lebens kommt und auf ihrem Weg in ihre Heimat ist." Das ist eine schöne, poetische Wendung: Der Osten ist jener Ort, wo die Sonne aufgeht, die Sonne, die uns Wissen und Erleuchtung schenkt, um weiter zu kommen auf unserem Weg über die materielle Welt hinaus und hinein in unsere überweltliche Bestimmung. Der Osten steht für das Licht der Erleuchtung und die Weisheitslehren der Erleuchteten, aber die Sonne scheint bereits bei der Geburt, dem Sonnenaufgang jeder einzelnen Seele. Denn das Licht ist schon im Menschen angelegt, in der Einfachheit seiner kindlichen

Seele, weshalb Waite dieses Bild des bloßen, unschuldigen Kindes bevorzugt.

Waite nennt die Sonne auch den „Bewusstseinszustand, in welchem die schöpferische solare Kraft in statu nascendi ist"[59]. In den okkult-magischen Kreisen, aus denen Waite seine Inspiration gewann, dürfte dies auf den Zustand der noch nicht geschulten paranormalen Kraft anspielen. Im spirituellen Sinn jedoch kommt hier jenes nackte Bewusstsein zum Ausdruck, das Waite beschreibt als „die Sonne des Bewusstseins im Geiste", also im Individuum, „das direkte Licht im Gegensatz zum Widergespiegelten". Diese letztere Aussage erinnert an buddhistische Schulen, die das reine Bewusstsein, wie ein Buddha es besitzt, mit dem Bild eines makellosen Spiegels beschreiben, der die Welt in sich wiederfindet, der selbst aber von jeder Verunreinigung durch das Gespiegelte frei bleibt. In ihm, so dichtete einst der große tibetische Nationalheilige Milarepa, erstrahlt jede Erfahrung wie Sonne und Mond, klar und deutlich.[60]

Im psychologischen Sinn steht die Sonne für die klare Leuchtkraft des Bewusstseins, das die Dunkelheit des Unbewussten dort vertreibt, worauf es den Scheinwerfer seines Erkennens richtet. Wie das Licht der Nacht, der Mond, für die dunkle, unbekannte Welt, das Unbewusste im Menschen steht, so leuchtet die Sonne mit ihrem hellen klaren Licht bis in die letzten Winkel und nichts bleibt ihrem Blick verborgen. Das klare, helle Tagesbewusstsein ist im menschlichen Mikrokosmos das Pendant zur Sonnenkraft im Makrokosmos. Es ist gleichgültig, ob wir diese Bewusstseinskraft auf der Ebene der höchsten Bewusstseinserfahrungen ansiedeln oder auf der des gewöhnlichen menschlichen Geistes.

Bild der Wandlung: Die XVIII wird zur XIX, wenn die Suchenden das Licht in sich zum leuchten bringen. Nun kann der Gefangene in der Höhle erstmals die Sonne selbst sehen statt der Schatten, nun kann er das erste Aufleuchten des großen Geistes in seinem eigenen Geist zulassen. Seine Seele ist gereinigt und einfach und klar wie die eines Kindes. Deshalb vermag sie nun das ursprüngliche klare Licht in sich zu ertragen, ohne Schaden zu nehmen. Sie wird sogar für Augenblicke eins mit diesem Licht, sie selbst wird das lichte Geheimnis.

Geheimer Faktor: Bewusstsein
Das Bewusstsein ist ein ganz eigentümlicher Faktor. Er ist das, was übrig bleibt, wenn wir uns unseres Egos entledigt haben. Unser reines Bewusstsein vereinigt sich mit der Strahlkraft der Sonne, dem göttlichen Ziel unseres Strebens. Indem wir unser Bewusstsein als einen bloßen Spiegel seiner Inhalte erkennen und nicht mit den Inhalten verwechseln, werden wir befreit von der Welt der tausend Formen und erkennen ihre Einheit. Wir sagen: „Ich kann die Wahrheit als rein und leuchtend erkennen". Bewusstsein von etwas versklavt uns, weil es uns an die Welt der Sinne und geistigen Sorgen, der Welt unserer Emotionen bindet. Deshalb besteht eine Übung der Yogis und Mystiker im Rückzug der Sinne. Denn das klarste Bewusstsein ist ohne Inhalt.

Der Archetyp als Selbstaspekt
Bist du dir deiner selbst bewusst, d. h.: bist du dir deines Selbst bewusst? Selbstbewusstsein bedeutet, dich und deine Beziehung zu den Dingen und Wesen um dich herum, *direkt* wahrzunehmen, unverstellt durch selbstwertschützende Konzepte und Vorurteile. Kannst du mit der leuchtenden Kraft des direkten Hinschauens den inhärenten Widerstand gegen die Erkenntnis der eigenen Charakterschwächen überwinden? Kannst du dir im Spiegel entgegenblicken und es aushalten, dass du der oder diejenige bist, der oder die du bist, ohne Entschuldigungen und Verleugnungen? Hältst du es aus, dir selbst gegenüber all deine Schwächen wie Stärken anzunehmen und jede Regung deiner Gefühle, Phantasien und Intuitionen, jedes spontane Verhalten deutlich zu sehen so wie sie sind – und nicht anders. Dann kannst du auch offen und ehrlich den Zustand der Welt und der Mitmenschen um dich herum erkennen, unverfälscht durch die Interessen deines eigenen Egos.
Archetyp/psychologische Instanz: Bewusstsein

Meditation
Schließ die Augen und werde selbst zu einem kleinen Kind, das sich mit ausgebreiteten Armen vertrauensvoll von einem freundlichen Pferd tragen lässt. Du hast keine Vergangenheit mehr, weil ein Kind nichts hat als die Gegenwart, in der es ganz aufgeht. Du hast keine Kleidung an, weil ein Kind sich nicht in Behauptungen darüber, wer es ist, hüllen und verstecken kann. Du zeigst mit der offenen Haltung deiner Arme, dass du offen bist für alle Eindrücke und Erfahrungen, die dir jetzt begegnen. Du steuerst dein Pferd nicht, du lässt dich tragen. Du weißt, dass die Sonne, die Kraft des Bewusstseins, dich behütet und dir den Weg leuchtet, dass sie das sichtbar macht, was ist und wie es ist. Du brauchst nichts zu tun, als diese Haltung in dir zu bewahren, dann wirst du ganz und gar bewusst werden, unverschleiert, unbehindert durch die spirituellen Gefahren des Erwachsenseins.

Praktische Deutung der Karte

Vorderseite
Die Sonne ist im tieferen Sinne eine Karte des Bewusstseins, der Achtsamkeit, der Bewusstwerdung und einer reversiblen Erfahrung von Erleuchtung. Neben diesen tieferen psychologischen und spirituellen Ebenen zeigt die Karte in Befragungen einfach das Glück dieser Welt an, die Freude über das Leben auf der Ebene der Sinne und des inneren, emotionalen Sinns. Die Sonne zeigt eine Zeit voller Unbeschwertheit an, in der die Schönheit des Lebens alles andere dominiert, eine Zeit, in der wir wie ein fröhliches Kind vom Leben getragen werden.
Stichworte: **Unbeschwertheit***; Glück, Freude; Schönheit; Bewusstheit; Bewusstsein*

Umgekehrte Vorderseite
Die Karte ist zu stark, als dass die Umkehrung ihre positive Kraft ins Gegenteil zu verkehren vermöchte. In der umgekehrten Perspektive schwächen sich die aufrechten Bedeutungen deshalb le-

diglich etwas ab. Aus Glück und Unbeschwertheit wird eine stille, unspektakuläre Zufriedenheit, die zu einem genügsameren und bedürfnisloseren Menschen besser passt als das alles überstrahlende Glück der aufrechten Karte. Vielleicht sind das Glück und die Freude am Leben aber auch gemindert, weil der Betreffende aufgrund früherer Schicksalsschläge oder einer psychischen Schwierigkeit, sich auf Positives einzulassen, nicht dazu in der Lage ist, das Gute als solches ungetrübt zu erleben. Auch die andere Bedeutung der Karte im Sinne von Bewusstsein ist von dieser Trübung betroffen: obwohl die Betroffene sich ihrer selbst und der Dinge um sie herum bewusst werden könnte, sieht sie nicht genau hin, lebt in vielem noch im Unbewussten und lässt zu, dass ihr klarer Blick verstellt wird.

Stichworte: **Zufriedenheit**; *getrübtes Glück; verstelltes Bewusstsein*

Die verborgene Seite
Die Sonne zeigt uns die Sonnenseite des Lebens. Was aber geschieht, wenn wir die Nachtseite so sehr zu fürchten beginnen, dass wir so tun, als gäbe es sie nicht? Manche Menschen ertragen es nicht, die Schlechtigkeit der Welt zu sehen und tun so, als wäre alles eitel Sonnenschein, andere können ihre eigene Melancholie nicht ertragen und reden sich permanent ein, es ginge ihnen gut und sie hätten keinerlei Probleme. Wenn dieser Zustand übertriebener Fokussierung auf das Positive sich in übertrieben gut gelaunten Gefühlen niederschlägt, spricht man von Hypomanie, im schlimmsten Fall von Manie, einem völlig unangemessen Hochgefühl verbunden mit einer geradezu selbstgefährdenden Überzeugtheit von der eigenen Grandiosität und Unbesiegbarkeit. Was hier geschieht, hat nichts mit positivem Denken zu tun: es handelt sich um reinsten Selbstbetrug. Dann ist es kein Glück, was wir erleben, sondern die Illusion von Glück. Unsere scheinbare Fröhlichkeit ist keine Unbeschwertheit, sondern unser eigentlich schweres Herz wird so weit unterdrückt, dass es sich nicht mehr bemerkbar

machen kann, so dass wir verrückt sind: unser Blick ist von der Wahrheit zur Unwahrheit hin verrückt.

Das gleiche kann geschehen, wenn wir die tieferen Bedeutungen der Karte heranziehen: aus einer einmaligen Erfahrung eines ganzheitlichen Bewusstseinszustandes kann leicht die hochmütige Einschätzung erwachsen, man sei erleuchtet. Ein kurzfristiger Zustand und die langfristige Kette von Ich-Zuständen, die eine Person ausmachen, werden in eins gesetzt, so dass die Person sich als ein heiliges, besonderes Wesen wahrnimmt, während sie doch nur das kennen gelernt hat, was sie sich erst noch mühevoll als dauerhafte Seinsweise erarbeiten muss. Auch hierin steckt Selbstbetrug. Das Licht der Sonne, wie auch immer es uns scheint, kann uns blenden. Im geblendeten Zustand sind wir offen für Selbsttäuschungen aller Art – Täuschungen überhaupt, aber Selbsttäuschungen sind so naheliegend, weil wir dazu neigen, im Lichte der Wahrheit unser Ego gerne durch Selbstüberhöhung vor dem Ruin zu verteidigen.

Die Karte zeigt, wie das Kind schützend seine Hand vor die zugekniffenen Augen hält und das Pferd mit Scheuklappen vor den Augen dahin tänzelt, als würde es gleich umfallen. Die Kraft der Sonne ist zu stark für die beiden. Sie können die Wahrheit, das Bewusstwerden des Verdrängten nicht ertragen. Sie sind geblendet von ihrer Kraft. Oder sie können durch die Blendungen des Glücks, das sie entweder angestrebt oder einfach erfunden haben, die Wirklichkeit nicht mehr sehen. Diese Wirklichkeit besteht immer aus Licht und Schatten. Die Welt ist niemals nur positiv und licht. Wir können die Augen vor ihren unangenehmen Seiten zwar verschließen, aber wir werden irgendwann straucheln, weil wir die Realität nicht gesehen haben, wie sie nun mal ist.

<u>Stichworte</u>: **Verblendung**; Manie; Selbstbetrug; verdrängte Dunkelheit

Umgekehrte verborgene Seite
Was passiert, wenn ein unerleuchteter Mensch nicht dazu in der Lage ist, Inhalte aus seinem Bewusstsein auszuschließen? Für alle Nicht-Erleuchteten ist es durchaus günstig, unwichtige Informationen filtern und ausblenden zu können, bedrückende oder kon-

fliktreiche Situationen aus dem Gedächtnis verbannen und schwierige eigene Anteile übersehen zu können, um ein oberflächlich gut funktionierendes Ego aufrecht zu erhalten. Sind diese Fähigkeiten nur unzureichend entwickelt, leidet der Mensch unter Umständen unter einer permanenten Überforderung seines mentalen Systems. Das kann bis hin zu schweren psychischen Problemen gehen, vielleicht schizophrener, vielleicht autistischer Art, in leichteren Fällen spricht man von einem Aufmerksamkeitsdefizitsyndrom. Wenn Menschen nicht in ihrer Informationsverarbeitung betroffen sind, sondern unangenehme Gefühle und innere Konflikte nicht ins Unbewusste verdrängen können, dann sind sie diesen schutzlos ausgeliefert. Oft ereignen sich dann Impulsdurchbrüche oder die inneren Konflikte werden nach außen hin, gegenüber anderen Menschen ausgelebt. In Fällen, die nicht zu solchen zwischenmenschlichen Störungen führen, ist der Mensch einfach so offen für seine eigene Wahrnehmung und sein Innenleben, dass er zu Überreiztheit neigt. Er ist vielleicht das, was man hypersensibel genannt hat: viel zu weit offen für Eindrücke aus den Sinnen, aus außersinnlichen Kanälen und der Intuition. Dieser Mensch benötigt dann unbedingt einen guten Kontakt zu Quellen der Harmonisierung wie Entspannungs- und Meditationsmethoden, Naturerfahrungen und stille Orte.

<u>Stichworte</u>: **Hypersensibilität**; *informationelle Überflutung; Filterstörung; Unfähigkeit zur Verdrängung*

XX. Das Gericht

Amplifikation

Die Bezeichnung der Karte ist elliptisch, wie man in der Literaturwissenschaft sagt: es fehlt ein entscheidendes Adjektiv. Denn wie schon aus dem Bild deutlich wird, handelt es sich hier nicht um irgendein Gericht, sondern um das Jüngste Gericht: Die Toten stehen aus ihren Gräbern auf, um vor Gott Rechenschaft über ihr Leben abzulegen. Die Flagge, die der Engel im Smith/Waite-Tarot an seiner Trompete trägt, ist die des heiligen Georg, des Drachentöters. Anders als in der chinesischen Mythologie ist der Drache im Westen kein Glückssymbol, sondern steht, ganz im Gegenteil, für die Schlange der paradiesischen Urszene, Satan, und der Drache der Endzeit ist jenes die Welt beherrschende Böse, das in einer letzten dualistischen Schlacht vom Guten besiegt wird. Der Jüngste Tag ist der letzte Tag irdischer Existenz, nach dem die Erde in eine Neue Erde verwandelt wird, auf der Gott wieder unmittelbar regiert wie einst im Garten Eden, in der Zeit vor dem Sündenfall. Wenig bekannt ist die Tatsache, dass die biblische Tradition, der noch heute der Katholizismus folgt, von einer Auferstehung der toten Körper aus den Gräbern ausgeht, von einer Wiederbelebung des einstigen irdischen Körpers, was ganz konkret genommen bedeutet, dass die Feuerbestattung unmöglich wäre (weil dann ja am Jüngsten Tag kein Körper mehr zur Wiederbelebung zur Verfügung stünde).

Die Auferstehung der Toten aber führt uns tief hinein in eine schwierige Diskussion. Denn die die christliche Theologie hatte im Verlaufe der ersten Jahrhunderte nach dem Tod ihres Gottes, zu dem sie Jesus von Nazareth auf den Konsilien des 3. und 4. Jahrhunderts machte, auch über die Folgen des Todes nachzudenken. Es steht fest, dass weder das Judentum (und Jesus war bekanntlich Zeit seines Lebens Jude) noch die übrigen verbreiteten Religionen seiner Zeit die Möglichkeit der Reinkarnation leugneten. Dann aber entschlossen sich jene großen Denker unter den frühen Christen, die man Kirchenväter nennt, den Glauben an die individuelle Wiedergeburt aus dem Christentum zu verbannen. Künftig sollte es nur einen einzigen Termin der Wiedergeburt oder besser „Wiederauferstehung" für alle geben: eben den Tag des Jüngsten Gerichts. Streng genommen widerspricht die christliche Theologie also dem Volksglauben, nach dem Menschen unmittelbar nach ihrem Tod in den Himmel (oder die Hölle) kommen: Himmel und Hölle öffnen sich erst am Tag des Jüngsten Gerichts (wo bis dahin sind die Seelen zwischengeparkt sind, wird nicht verraten).

Für mythologische Religionen wie das traditionelle Christentum ist das Jüngste Gericht ein Strafgericht Gottes, das die Sünder auf die eine, die Rechtschaffenen auf die andere Seite aussondert. Wie primitiv muss man sich Gott vorstellen, wenn man ihm unterstellt, noch weniger Kategorien zu kennen als selbst jedes irdische Strafgericht, das immerhin mehr als nur zwei Optionen bereithält, um die Schwere der Schuld und die angemessene Strafe zu bemessen. In der späteren Entwicklung, etwa bei Dante, finden wir zwar sieben Höllen, mehrere Läuterungsstationen im Fegefeuer und sieben Himmel, aber damit wäre die Differenzierungsfähigkeit Gottes noch immer viel eingeschränkter als die jedes einigermaßen flexiblen menschlichen Verstandes, der doch immerhin in Ordinalisierungen von mehr oder weniger schuldig zu denken im Stande wäre. Wir sollten das mythologisch Ausgedrückte also nicht allzu wörtlich nehmen wollen, wie es manche christlichen und islamistischen Sekten tun, die ihren Kindern auf diese Weise eine unausrottbare Höllenangst einjagen – ein Jahrhunderte alter Trick zur Versklavung des menschlichen Geistes.

Dabei spricht viel mehr dafür, dass nicht ein menschlich gedachtes Wesen, das dann fälschlich Gott genannt wird, sondern wir selbst die Richter unseres eigenen Lebens sein werden, sobald wir diesen irdischen Leib verlassen. So weiß die Nahtodesforschung zu berichten, dass einige jener Menschen, die klinisch tot waren, in wenigen Augenblicken den gesamten Film ihres Lebens vorgeführt bekamen, und zwar so detailliert, dass sie jede kleinste Einzelheit wieder erinnern – dazu aber auch die Wirkungen ihrer Taten und Gedanken bei anderen. Allerdings berichten die meisten Menschen dabei, dass diese Filmvorführung kein Strafgericht ist, in dem sie sich verurteilt fühlen, sondern sie sich von unbedingter Liebe und Verständnis getragen fühlen, so dass einige von ihnen in einem sehr tiefen Sinn verstanden, warum sich alles sich so und nicht anders ereignen musste. Das auf eine solche Erfahrung quasi aus dem Hinterhalt heraus noch ein anschließendes Strafgericht am Ende der Zeit wartet, wäre mehr als unlogisch.

Tod und Wiedergeburt waren ein sehr verbreitetes Thema in vielen Mysterienkulten der Antike und in vielen Initiationsriten traditionaler Völker: Der Initiand wurde in Erdhöhlen geführt, wurde Dunkelheit, Schmerzen und erschreckenden Visionen ausgesetzt, die teilweise inszeniert, teilweise durch psychedelische Substanzen ausgelöst oder verstärkt wurden. Auf der Schwelle zwischen Leben, Tod und Wiedergeburt wurden ihm die Mysterien des Kreislaufs der Natur – und der menschlichen Seele – zuteil: Alles kommt, vergeht und kommt wieder – und auch die menschliche Seele wird sich diesen Kreisläufen nicht entziehen. Auch das, was von Jesus von Nazareth berichtet wird, folgt dem Drehbuch der antiken Mysterienkulte. Er sei in das Reich der Toten hinabgestiegen, auferstanden und schließlich aufgefahren in den Himmel, heißt es. Allerdings wird seine Höllenfahrt – wie alles an seiner Person – in der Interpretation der christlichen Theologen zu einer einmaligen historischen Begebenheit stilisiert, die keinen Zweifel an der Göttlichkeit seiner Person lässt.

Anders der Islam, in dem Mohammad zwar als der wichtigste aller Propheten, aber ganz unzweifelhaft als Mensch gilt. Auch wenn der orthodoxe Islam ebenfalls eine Auferstehung am jüngsten Tag annimmt, wie das offizielle Christentum, so wird in manchen mystischen Kreisen des sufistischen Islam die individuelle Wiederverkörperung, eine Reinkarnation nach dem Tod für selbstverständlich gehalten. Und auch im Judentum ist die Möglichkeit einer Reinkarnation der Seele nach dem Tod, eine Wiedergeburt im irdischen Bereich, keineswegs ausgeschlossen, sie wird sogar als eine von mehreren Möglichkeiten gelehrt, denn das Judentum hat sich in dieser Hinsicht niemals endgültig festlegen können. Was auch für den gläubigen Juden feststeht, ist lediglich, dass Gott ein höchster Richter ist, dem kein Mensch entkommt. Denn Gott wird alle Werke vor Gericht bringen, alles, was verborgen ist, sei es gut oder böse, heißt es im Buch Kohelet 12.14.

Wenn wir nun die Tarotkarte betrachten, sehen wir uns nicht nur an die mythologische Vorstellung der Auferstehung von den Toten, sondern auch an den Initiationsvorgang der Mysterienkulte erinnert. In beiden Fällen findet eine Erneuerung des Menschen und Wiedergeburt im Schoß der Großen Mutter, der Erde, statt. Ganz offensichtlich verweist die Karte in diesem Zusammenhang mehr auf eine Wiedergeburt als auf ein Gericht. Gericht ist sie nur insofern, als wir hier aufgefordert sind, unsere Vergangenheit hinter uns zu lassen und damit ins Gericht zu gehen, was wir bisher waren. Was der Engel mit der Trompete hier vollzieht, ist der Ruf in ein neues Leben hinein, das unser altes Ego, unsere alte Existenzform hinter sich lässt. Der Engel fordert uns auf, aus dem Grab zu steigen, in das unsere körperliche Existenz unsere Seele immer wieder zwängt (*sóma-séma estín*, der Körper ist ein Grabstein, sagten die Pythagoräer). Hier wird die Seele befreit zu einem neuen, *höheren* Dasein, denn es ist der Ruf eines Höheren, das ein Niederes emporzwingt, wie Waite bei der Deutung der Karte betont. Die Seele, die über die Begrenztheit der Perspektive einer materiellen Existenz hinaus befreit wird, ist nach indischem Verständnis zur reinen Sicht auf die wirkliche, immaterielle Seinsweise der Dinge (im Yoga-Samkhya) oder auf die letztliche Natur der sinnlichen Welt (im Advaita und Buddhismus) erwacht. Sie ist nicht mehr gefangen im Spiel der Formen, ist nicht mehr Opfer ihres Körpers und seiner Begierden, der karmischen Spuren, die in ihm wirken. Nur ein Geringes fehlt der zum höchsten Bewusstsein erwachten Seele noch bis zur Vollendung, welche die irreversible Vereinigung mit dem kosmischen Bewusstsein ist, dem wir in der letzten Trumpfkarte begegnen.

Bild der Wandlung: Die XIX wird zur XX, wenn das, was war, aufhört zu existieren, und das, was immer ist, allein zurückbleibt. Der alte Mensch ist noch da, aber er ist transformiert in Neues. Es ist der alte Körper, die alte Person, aber sie ist es doch schon längst nicht mehr, denn sie hat Teil an den himmlischen Sphären, in die sie eingehen kann, wann immer sie es wünscht. Der Mensch ist noch Mensch, aber schon ragt sein Haupt in den Himmel auf. Er ist noch in dieser Welt, aber nicht mehr ganz von dieser Welt. Seine Christusexistenz, seine Buddhaschaft vereinigt Jenseits und Diesseits, auch wenn er noch im Diesseits weilt, aber noch fehlt ihm der letzte, irreversible Schritt ganz aus der Welt hinaus und zurück in die Heimat der Seele zu gelangen.

Geheimer Faktor: Die Zeit
Nur in unserer vierdimensionalen Wahrnehmung erscheint die Zeit absolut. Vergangenheit ist unwiederbringlich, Zukunft ist eine Vorstellung, die nie eintrifft, Gegenwart ist immer, aber wir können sie nicht erfassen, weil jeder Augenblick sofort schon wieder zur Vergangenheit wird. Zeit bringt uns mit der Vergänglichkeit aller Dinge, mit dem Fluss ewiger Transformationen in Verbindung, lässt uns erkennen, dass wir niemals als dieselben in denselben Fluss steigen als die wir aus ihm (oder ist es bereits ein anderer Fluss?) wieder heraus steigen. Im Bewusstsein der Zeit sagen wir: „Ich bin geworden und werde bald etwas anderes sein." Zeit ist ein Teil der Illusion unserer materiellen Realität, weil sie uns suggeriert, wir könnten die Raumzeit nicht überwinden, doch im paranormalen Erleben gibt es weder Raum noch Zeit, wird die Zukunft wie die Vergangenheit in der Gegenwart plötzlich erlebbar. Zeit wird ein Glied zu unserer eigenen Befreiung, wenn wir sie auflösen in die Ewigkeit des Jetzt.

Der Archetyp als Selbstaspekt
In dir findet sich nicht nur die Fähigkeit, alte Muster immer und immer wieder zu reproduzieren. Du trägst auch die Fähigkeit in dir, immer wieder wie ein Neugeborenes aus dem Mutterleib zu schlüpfen. Was bist du, wenn du dich nackt machst? Was bist du, wenn du wie ein Neugeborenes in die Welt blickst? Was würdest du alles hinter dir lassen, wenn du den Engel zum jüngsten Tag blasen hörtest? Was würdest du gerne noch mitnehmen, weil es dir viel wert ist? Und kannst du auch dies noch loslassen, um ganz rein und neu und befreit von allem Ballast vor den göttlichen Thron zu treten? Wie fühlst du dich als ganz neuer Mensch, als einer, der keine Geschichte und keine Hoffnung hat, den keine Vergangenheit prägt und keine Zukunft

fesselt, der nicht irgendwelchen Mustern und typischen Abläufen und Denken und Fühlen folgt, sondern einfach dem Augenblick wie das Neugeborene? Was ist der höhere, der bessere Anteil in dir, der berufen wird, dem Ruf der Trompete zu folgen?
Archetyp/psychologische Instanz: Wiedergeburt

Meditation
Vor dir steht ein gewaltiger Engel. Er bläst einen tiefen Ton durch eine große Trompete. „Steh auf!" soll das heißen, „erhebe dich und folge mir!" Indem du das tust, spürst du, wie dein physischer Körper, der Leichnam, den du einst zurücklassen wirst, sich leicht und subtil anfühlt. Du bist in deinem Energiekörper gelandet, dem Körper, mit dem du deine Reise einst fortsetzen wirst. Dein Energiekörper folgt dem Engel und du merkst, wie du die Begrenzungen der physischen Welt hinter dir lässt, wie du reine Energie bist, die andere Energiefelder durchdringen kann. „Du musst auch deine alten Denkweisen zurücklassen!" ruft der Engel dir zu, aber es ist nicht so einfach. Spüre in dich hinein und werde dir bewusst, welche Vorstellungen und Einstellungen du weiter mit dir trägst, von dir und von deinen Mitmenschen, von dem, was wichtig ist in deinem Leben, von der Welt, in der du lebst. Welche dieser Vorstellungen kannst du in diesem Moment loslassen? Kannst du die Welt nackt sehen wie am jüngsten Tag, wo kein Stein auf dem anderen bleibt und du alles zurücklassen wirst, um frei und ohne schmückende Kleider aufzusteigen? Sieh die Welt und deinen physischen Körper, deine begrenzte Existenz von dort oben, wo der Engel dich erwartet.

Praktische Deutung der Karte
Vorderseite
Das Gericht ist ein Ruf nach tiefer Veränderung. Damit ist stets eine Veränderung gemeint, die etwas Wahrhaftigeres oder Spirituelleres einschließt als die bisherige Situation, die in irgendeiner Weise nicht mehr gut oder echt war. In jedem Fall bedeutet dies,

etwas zurückzulassen, sich dazu zu entscheiden, einem Ruf nach Neuem zu folgen statt in der sicheren und gut bekannten Grabstätte des bisherigen Lebens zu verharren. Wie finden wir in uns den Mut, uns an einem radikal neuen inneren Ziel und Entwurf unseres Selbst, unseres Lebens auszurichten? Nur wenn wir schon so weit sind, dass wir durch die Erfahrung der anderen großen Arkana gegangen sind, den Tod unseres Egos, den Zusammenbruch unserer Gewissheiten und das Wiedererlangen von Hoffnungen auf einer höheren, weiseren Ebene erlebt haben, sind wir bereit, noch einmal ein ganzes Stück über uns hinaus zu wachsen.

Stichworte: **Ruf** *nach Veränderung*

Umgekehrte Vorderseite
Der Befragende weigert sich, dem Ruf zu folgen. Er findet Ausreden, weshalb es nicht möglich ist, er tut so, als gäbe es keinen Ruf, er meint, er könne am Alten festhalten und in seinem bequemen Grab bleiben. Aber wenn er ehrlich ist, wird er feststellen, dass er gerufen wurde, gerufen zur Veränderung, berufen zu einer höheren Aufgabe, in die Pflicht eines größeren Auftrags gestellt. Seine Weigerung, diesem Ruf zu folgen, ist eine Weigerung, dem Lauf der Dinge zu folgen, wie sie vom Schicksal, von Gott, vom Tao festgelegt sind.

Stichworte: **Weigerung**

Die verborgene Seite
Manchmal weigern wir uns, weiterzugehen. Viele Menschen haben nicht erkannt, dass das Geheimnis unserer Existenz in einem Auftrag besteht, der unseren Bewusstseinsfunken vor undenklichen Zeiten mitgegeben wurde: uns weiterzuentwickeln. Wenn wir die Notwendigkeit nicht erkennen, etwas hinter uns zu lassen, damit wir immer wieder neu geboren werden, dann gleichen wir Zombies, lebenden Leichnamen, die an einer Existenz festhalten, ohne noch innerlich am Leben zu sein. Die Faszination, die von diesen Zwischenweltwesen heute ausgeht, könnte darin liegen, dass sie ein Sinnbild für das Leben vieler Menschen in einer Zeit sind, in

der wir uns zwar verhalten, als wären wir lebendig, aber unsere Seele verloren haben. Wir müssen zurückfinden zu wahrem Leben, das wir nur in uns selbst erwecken können. Psychologisch müssen wir Leistungsdenken und bloßes Funktionieren in einer oberflächlichen Gesellschaft zugunsten unserer eigenen Selbstverwirklichung aufgeben. In einer spirituellen Betrachtungsweise müssen wir die materiellen Verhaftungen, die Versklavung durch unseren sterblichen Körper und seine Bedürfnisse, opfern, um auf eine höhere Ebene des Bewusstseins zu gelangen. Während die aufrechte Vorderseite den erfolgreichen Aufstieg der Seelen zum Licht zeigt, stellt die Rückseite jenen dunklen Abgrund dar, in dem die übrigen Seelen gefangen bleiben.

Wir sehen vier Skelette, die drei Spielarten des Materialismus zeigen, jener geistigen Einstellung, die der Verhaftung an die materielle Welt huldigt. Das erste der Skelette sitzt mit einer Lupe vor einem großen Buch, das ihm die wahre Erklärung der Natur zu verkünden scheint. Es ist gefangen von Ideen über eine materiell erklärbare Welt. Das zweite Skelett sitzt mit verschränkten Armen auf einem Haufen goldener Münzen. Es zeigt die Form des Materialismus, die in materiellen Werten den einzigen Sinn des Lebens erblickt. Ein weibliches Skelett, das seine letzten verbliebenen Haarsträhnen kämmt, deutet auf die hedonistische Variante des Materialismus hin, die in sinnlichem Glück den einzigen Lebensinhalt sieht. Über ihnen bläst der Erzengel Michael seine Posaune, wie auf der Vorderseite. Am rechten oberen Bildrand sind kleine Figuren angedeutet, die in einer langen Prozession in die Höhe hinaufgehen, wie es auch den drei Skeletten vorbestimmt gewesen wäre, wenn sie sich von ihrer materialistischen Verhaftung hätten trennen können.

So zeigt die verborgene Seite das Gegenteil der Vorderseite auf: den Menschen, der dem Ruf nach Höherem nicht folgt, sondern an das glaubt, was er in den Händen hält. Die Anhaftung an die Sinnenwelt ist für den spirituellen Menschen die wesentliche Ursache unserer spirituellen und persönlichen Unfreiheit. Manche Menschen lehnen diese spirituelle Perspektive als lächerliche Phantasie ab. Ihre materialistische Perspektive lässt sie glauben, sie wüssten bereits alles über das Universum, obwohl die Naturwissenschaftler selbst heutzutage zugeben, dass wir unsere Welt keineswegs vollständig verstanden haben. In einem alltäglichen Sinn ist aber auch jede andere Einstellung gemeint, die verhindert, dass wir unser gewöhnliches Leben loslassen und uns dem Geistigen, dem Höheren, dem Wahreren verschreiben, von dem wir eigentlich wissen, dass wir dafür gemeint sind. Im psychologischen Sinn verraten wir unsere Weiterentwicklung, den Weg zu uns selbst, unsere Selbstverwirklichung. Wir tun dies vielleicht aus einem materialistischen Sicherheitsbedürfnis heraus, vielleicht weil wir gar nicht die Idee in uns tragen, dass es sich lohnt, sich weiter zu entwickeln. Vielleicht sind wir einfach zu bequem dazu. Wenn wir dem Materialismus verhaftet bleiben, werden wir uns jedoch irgendwann innerlich hohl und unlebendig fühlen.

Stichworte: **Materialismus**, *Anhaftung, Hedonismus, antispirituelle Haltung, sinnliche Verstricktheit*

Umgekehrte verborgene Seite
Wir haben nach bestimmten Erfahrungen gesucht, um sie kennenzulernen oder weil sie uns und unser Sein bereichern konnten. Aber nachdem wir sie gemacht haben, haben wir den Genuss an ihnen verloren. Wir sehen und spüren, dass die bisherigen Muster unseres Verhaltens, unserer Beziehungen zu anderen uns zwar bis hierher gebracht haben, aber nicht weiter bringen werden. Wir waren vielleicht schon vorher zu Höherem bestimmt, aber erst mussten wir unsere Berufung verdienen, indem wir durch die Niederungen des Lebens gingen. Nun sind wir enttäuscht, von dem, was uns die Werbung, die Vorstellungen unserer Eltern und Erzieher als ein gutes Leben verkaufen wollten. Wir sind enttäuscht vom materialistischen Streben nach Erfolg, Geld und Genuss. Wir können beginnen, die Vergänglichkeit, die Eitelkeit und Mittelmäßigkeit unserer Erfahrungen zu verstehen, wir können spüren, dass wir diese nichtssagenden Erfahrungen satt haben. Die Welt ist *vanus*, das heißt gehaltlos, nichtig, enttäuschend, bedeutungsleer, wie

es im biblischen Buch Kohelet heißt: *vanitas vanitatum et omnia vanitas* – Leerheit über Leerheit, und alles ist Leerheit. Jetzt beginnen wir unseren Materialismus zu hinterfragen und erkennen entsetzt, dass wir als schöne Körper getarnte Totengerippe angehimmelt haben, vergängliche Güter sammeln wollten, deren Glücksversprechen sich nicht eingelöst haben. Und indem wir an die oberflächlichen Wahrheiten materialistischer Wissenschaftler geglaubt haben, haben wir unsere eigentliche spirituelle Sehnsucht unterdrückt. Jetzt, da wir nicht mehr wissen, ob unsere bisherigen Lösungsstrategien, ein glückliches Leben zu führen, uns weiter bringen werden, brauchen wir nur dem Ruf des Engels zu folgen, sobald er ertönt.

<u>Stichworte</u>: **Vanitas**-*Gefühl, Sackgasse, Frustration, Hohlheit des Sinnengenusses*

XXI. Die Welt

Amplifikation

Die Karte der Welt gibt uns zweierlei Rätsel auf. Zunächst fragen wir uns, weshalb eine Tänzerin die Welt, wie wir sie kennen, symbolisieren soll. Soll hier vielleicht die Schönheit und Freudhaftigkeit der Welt in der Schönheit einer vor Freude tanzenden Frau ausgedrückt werden? Zweitens aber wird uns die Karte noch rätselhafter, wenn wir bedenken, dass wir es hier mit der letzten Karte der Reihe der großen Arkana zu tun haben und der Tarot oft als spiritueller Entwicklungsweg angesehen wird. Soll es denn das Ziel unseres Lebenskursus sein, die Welt, diesen Ort sinnlicher Bedürfnisse, zu gewinnen? Was hat dieses hohe Ziel also mit einer tanzenden Frau, und was hat es mit der Welt, wie wir sie kennen, zu tun? Offenbar wird unser gewöhnliches „Weltbild" hier auf den Kopf gestellt, wonach wir im spirituellen Streben nach „Weltabgeschiedenheit" Gott finden wollen, wobei Welt und Gott einander gegenüber gestellt werden. Aber diese Gegenüberstellung entspricht doch eher einer bestimmten christlichen Theologie (die sich sicherlich auch andernorts findet, etwa in der indischen Samkhya-Yoga-Philosophie). Das wirft verschiedene Schwierigkeiten auf, beispielsweise wo Gott endet und wo die Welt anfängt: Sind die Engel beispielsweise Teil Gottes oder Teil der Welt? Das Wort „le monde", das der Marseiller Tradition der Karte zugrunde liegt, trägt nichts von diesem dualistischen Sinn in sich. Es stammt vom lateinischen mundus, das ganz genau wie das griechische Wort „Kosmos" als allererstes einmal „Schmuck" bedeutet. Durch Schmuck bringen wir etwas in eine harmonische Ordnung, und so ist mundus/kosmos die wohlgeratene Ordnung, die auf das All übertragen die „Weltordnung" meint. Die Welt ist also das wohlgeordnete Gesamt dessen, das existiert.

Existieren wiederum ist ein verräterisches Wort, wenn wir seine lateinischen Ursprünge berücksichtigen. Ex-sistere, heraustreten, leitet sich ab von sistere, d. h. feststehen. Dann wäre das Existierende das, was aus einem tieferen, feststehenden Ursprung (beispielsweise Gott) heraustritt, was aus diesem hervorgeht. Das Existierende also ist die Emanation, die Offenbarung des Urgrundes. Die Tarotkarte scheint eine dualistische (zweigeteilte) Vorstellung eines Reiches Gottes und eines Reiches der Welt, wie Kirchenvater Augustinus sie beschrieb, nicht zu teilen. Augustinus war Manichäer, bevor er Christ wurde, und überwandt den für die Manichäer typischen Dualismus nie ganz. Die christliche Theologie hat seine Zweiteilung im Wesentlichen übernommen und verurteilt jede Ineinssetzung von Gott und Welt, eine Sichtweise, die man Pantheismus nennt. „Macht euch die Welt Untertan" heißt es im biblischen Buch Genesis: eine Haltung, die Verachtung und nicht Achtung gegenüber der Welt ausdrückt. Erst seit der daraus resultierenden ökologischen Katastrophe beginnen christliche Theologen wieder, sich offen für eine pantheistische Haltung auszusprechen, die Gott in der Welt entdeckt.

Die Welt des Tarot ist der Kosmos, das wohlgeordnete Ganze, und der Kosmos hat zwei Aspekte: Er ist erstens das All, das Universum, also alles, was überhaupt existiert. Dazu gehört dann nicht nur die physische Außenseite der Welt, sondern auch ihre geistige

Innenseite. Der Theologe und Naturwissenschaftler Piere Teilhard de Chardin beschrieb die Evolution des Bewusstseins von der einfachsten Materie bis zum komplexen Menschen als ein solcher Prozess der Entfaltung der geistigen Innenseite der Welt. Aber zweitens ist der Kosmos auch die Ordnung, die Struktur, die alles bestimmt, die allem einen Platz gibt, einer Gesetzmäßigkeit unterwirft: das Karma und Schicksal des Einzelnen, die Naturgesetze und die himmlischen Gesetze. Die Welt ist deshalb nicht einfach Sonne, Mond und Sterne. Sie ist alles, was wir überhaupt jemals kennen und erkennen können (in diesem wie im nächsten Leben).

Kabbalistisch ist die physische Welt das Haus Gottes, Malkuth (hebräisch: das Königreich), die unterste der Sephiroth. Wir sollten sie jedoch nicht gering achten, nur weil sie die unterste ist: als die materielle Manifestation Gottes ist sie immer noch Gott, nicht bloß seine Hülle. Wir negieren diese Göttlichkeit, wenn wir die Welt ablehnen und sie als das materielle Gefängnis der Seele ansehen, wie die Orphiker und Pythagoräer es taten. Die materielle Welt ist ihnen nur das Gefäß für das Eigentliche, wertlos wie die Verpackungen, die wir heutzutage millionenfach aufreißen, um an das Eigentliche zu gelangen. Anders im Tarot: Die Welt ist der Tanzplatz der Welttänzerin, die es ohne ihren Tanzplatz nicht gäbe. Das erinnert an den indischen Gott Shiva Nataraja, Shiva, den Tänzer. Wie die berühmten Statuen oder Bilder, die wir aus den indischen Restaurants kennen, tanzt er vierarmig in einem Feuerkranz. In seinen Hand- und Fußhaltungen zeigen sich die fünf Eigenschaften, die seine Anhänger diesem Gott zuschreiben, nämlich Schöpfer, Erhalter und schließlich auch Zerstörer des Universums zu sein, die Verwirrung des Geistes zu überwinden und den Menschen aus dem Leiden der Existenzen zu befreien. Allerdings tanzt die Gottheit hier nicht auf der Weltkugel, sondern auf dem unterworfenen Dämon Apasmara. Dieser ist die Verkörperung der Unwissenheit und Verblendung der Menschen. Indem Shiva ihn unterwirft, schenkt er der Menschheit spirituelle Erkenntnis und die Möglichkeit der Glückseligkeit, der endgültigen Befreiung aus dem Leiden. Aber der Tanz Shivas enthält nicht nur eine soteriologische

Botschaft (verkündet also die Befreiung des Menschen), sondern auch eine kosmische Dimension: Nach einem Mythos ist sein Tanz die Folge eines Wettstreits zwischen Shiva und seiner Gattin Parvati, die sich in Kali, die schwarze, grausame Zerstörerin verwandelt hatte. Nach ihrem gemeinsamen Tanz verlässt die Verblendung und der Wahnsinn sie wieder und sie erkennt ihren Gatten Shiva. Dadurch kann der Kosmos aufatmen: der Friede und die Ordnung ist wieder hergestellt. Shiva und Parvati (Shakti), das männliche und weibliche Prinzip, beginnen wieder friedlich miteinander zu spielen statt einander zu bekämpfen. Shivas Tanz, der Ananda Tandava, drückt damit auch dieses Umspielen der gegensätzlichen, aber aufeinander angewiesenen Kräfte des Kosmos aus.

In Begriffen der großen mystischen Traditionen ist mit der Befreiung durch Shiva und mit der Welttänzerin des Tarot die große Einheit erreicht. Nichts trennt das Individuum noch vom Kosmos, trennt die materielle Natur vom Geist. Die Dualitäten des Ich und Nicht-Ich, von Subjekt und Objekt sind nun aufgehoben, die *Unio mystica*, die mystische Union mit dem Göttlichen ist erreicht. Der Geist ist befreit von seinem karmischen Erbe, seiner permanenten Vereinzelung gegenüber dem Anderen, der großen Einsamkeit des Individuums. Er ist eins mit allem und doch nicht ins Unbewusste der Natur zurückgesunken wie die Null, der Narr, der in seiner Freiheit doch nicht um sich selbst weiß. Diese Einheit mit dem All ist vollständig bewusst, ist Bewusstsein selbst. Erleuchtung oder Erwachen ist der Zustand des Wissens darum, wer ich wirklich bin, wer ich bin jenseits aller Beschränkungen meiner kleinen Individualität, es ist das Erwachen aus dem Traum einer Realität, in der ich nur ein kleines Einzelwesen war, dem Dinge widerfuhren. Nun bin ich das, was widerfährt, ebenso wie die, der es widerfährt. Das ist die allumfassende, die mystische Bedeutung der Welt.

Zurück auf der Ebene des rein psychologischen Gehalts ist die Welt das höchste Ziel psychologischer Entwicklung: Selbstverwirklichung. Es waren nicht erst die großen humanistischen Psychologen der 1960er Jahre, Maslow, Rogers, Perls, die begeistert waren von der Verwirklichung dessen, was im Mensch an Potential angelegt ist, und den Begriff „Selbstverwirklichung" im Rahmen ihrer Unterscheidung eines echten Selbst und eines falschen Ich verwendeten. Es war bereits C. G. Jung, der den Prozess der *Individuation* als Verwirklichung des Selbst beschrieb. Die Bestimmung des menschlichen Ziels war für Jung eine psychologische, nämlich das Selbst zu verwirklichen, nicht das mystische Über-Selbst, das Göttliche, das ihm unerreichbar erschien. Für Jung bedeutete Selbstverwirklichung einerseits eine falsche, nur soziale Identität (Persona) zu überwinden, wie es bei den Humanisten zum vorrangigen Ziel wurde. Vor allem sollte aber der per se immer unergründlich große Bereich des nicht vollständig Bewussten zu Bewusstem werden: „Der Zweck der Individuation ist nun kein anderer, als das Selbst aus den falschen Hüllen der Persona einerseits und der Suggestivgewalt unbewusster Bilder andererseits zu befreien"[61]. Das Selbst, das ist die Ganzheit, in der sich alles findet, was das Bewusstsein einschließen kann – Individuelles wie Kollektives. Der vollkommen zum eigenen Selbst gewordene Mensch ist für Jung (der mit den fernöstlichen Religionen und ihrer Botschaft von der Möglichkeit der vollen Erleuchtung wenig anfangen konnte) nur ein Ideal, das niemals erreichbar ist: „Es besteht auch keine Hoffnung, dass wir je auch nur eine annähernde Bewusstheit des Selbst erreichen, denn, soviel wir auch bewusst machen mögen, immer wird noch eine unbestimmte und unbestimmbare Menge von Unbewusstem vorhanden sein, welches mit zur Totalität des Selbst gehört. Und so wird das Selbst stets eine uns übergeordnete Größe bleiben"[62].

Ob wir diese, sehr vom westlichen Dualismus Gott-Welt geprägte Einschränkung Jungs akzeptieren oder ob wir an die indische These vom vollen Erleuchtungspotential des Menschen glauben: Das Selbst ist der psychologische Gipfel menschlicher Bewusstwerdung. Aber es ist nicht ihr spirituelles Ziel. Selbst das so genannte höhere Selbst muss schließlich der Einheit mit dem weichen, das mehr ist als in einer individuellen Verpackung Platz findet: das ist die Welt, der Kosmos, der an die Stelle der Individualität tritt, sobald die mystische Einheit, die Rückkehr der Einzelseele ins Göttliche voll verwirklicht ist.

Bild der Wandlung: Die XX wird zur XXI, wenn der Mensch in sich die Untrennbarkeit von allem erkennt und es kein Zurück in die Trennung mehr gibt. Nun ist er eins mit der kosmischen Einheit, der göttlichen, mit der Welt, die alles ist, weil es kein Trennendes mehr gibt zwischen der Welt und Gott, zwischen dem eigenen Bewusstsein und Gott, zwischen Bewusstsein und Kosmos. Der Mensch ist die Welt und die Welt ist der Mensch, Mikrokosmos und Makrokosmos, Makrokosmos und Numinosum sind eines.

Geheimer Faktor: Die Unio mystica
Als das göttliche Gefäß in Millionen von Stücken zersprang, in Atome, Energiequanten und bewusste Wesenheiten sich differenzierte, da gab es jedem dieser Stücke einen Hinweis mit, wie die Rückkehr in die ursprüngliche Einheit zu bewirken sein könnte. Allmählich setzten die Stücke, die menschliche Gestalt angenommen hatten, nach ihren Möglichkeiten die Wege zurück wieder zusammen. Sie erfuhren in Trancen, Meditationen und spontanen Intuitionen, dass es dem Geist verheißen war, diese Existenzform zu überwinden. Viele machten sich auf den Weg und einige sind bereits angekommen. Ihnen verdanken wir die Gewissheit, dass wir alle berufen sind, eines Tages anzukommen. Diese Verheißung ist der Notausgang, der in der Formel der Konstruktion des Kosmos als der zweiundzwanzigste Faktor erscheint, der letzte und wichtigste Faktor, der allem erst einen Sinn verleiht: Wir haben eine Chance auf eine andere Weise zu existieren (oder besser: zu „in-sistieren"). In der *Unio* gibt es kein Ich mehr, das spricht, kein Sprechen mehr, da es nichts gibt, womit kommuniziert werden müsste: die Kommunion ersetzt die Kommunikation. Die Unio ist niemals versklavend, sie ist die Befreiung selbst, der Ausgang aus unserer selbstverschuldeten Unmündigkeit, der Ausweg aus dem Käfig einer illusorischen Existenzform.

Der Archetyp als Selbstaspekt
Der Archetyp des Selbst ist das, was du wirklich bist, wenn du alles über dich weißt. Hast du dich schon einmal ganz und gar wahrgenommen? Hast du schon einmal das Gefühl gehabt, ganz und vollständig zu sein, angenommen von dir selbst und dem Kosmos? Hast du vielleicht auch schon einmal das Gefühl gehabt, dass es keine Trennung mehr gibt zwischen dir und der Welt und dass beides ein und dasselbe ist? Wenn du es nicht erfahren hast (was nicht weiter tragisch ist): Kannst du dir vorstellen wie das vielleicht wäre? Kannst du dir vorstellen, wie es ist, wenn man den Tanz des Lebens mit dem Kosmos gemeinsam tanzt und nicht gegen die Gesetzmäßigkeiten des Schicksals rebelliert, nicht das Opfer oder der Täter ist, sondern das ganze Geschehen selbst ist? Kannst du dir vorstellen, wie du leben würdest, wenn du ein Erleuchteter wärest, ein Mensch, der die Erfahrung des puren Seins und allen Seins in sich trägt, der nichts ausschließen, bekämpfen oder begehren muss?
Archetyp/psychologische Instanz: Selbst

Meditation
Um den Archetyp des Selbst oder der Erleuchtung (was nicht dasselbe ist) zu verwirklichen, musst du eine sehr tiefe spirituelle Praxis ausüben. Du wirst wohl in einer Weise meditieren müssen, wie die großen spirituellen Schulungssysteme der Menschheit es dich lehren können. Für den Anfang: Setz dich beispielsweise an einen ruhigen Ort und schließe die Augen oder fixiere sie auf einen Punkt vor dir auf dem Boden. Dann achte auf den Fluss deines Atems in dir. Bemerke, wie der Atem von allein fließt und versuche nicht, ihn zu regulieren. Lass es einfach geschehen. Lass alles geschehen und werde still. Lass die Gedanken an dir vorüberziehen und werde ganz still. Geh keinem Gedanken mehr nach und lass dein Bewusstsein ganz von dem ruhigen Fluss deines Atems ausfüllen, bis nichts anderes mehr da ist als das. Dann bleibe dabei und geh nicht mehr davon weg. Bleib bei der Beobachtung des Atems und lass alles andere weg. Wenn du diese Übung gut genug

beherrschst, kann es sein, dass dein gewöhnlicher Verstand aufhört und sich die Erfahrung des Seins an sich in dir ausbreitet. Das ist einer der vielen Wege, innerlich still zu werden und sich mit dem großen Geist des Kosmos zu verbinden.

Praktische Deutung der Karte
Vorderseite
In Befragungen müssen wir uns natürlich oft mit weniger als der Erfahrung der Erleuchtung zufrieden geben. Dann bedeutet die 21. Trumpfkarte einfach „großes Glück" oder wie es bei Waite heißt „gesicherter Erfolg". Auf einer tieferen Ebene verheißt sie uns jenes Glück der Mystiker, das im Gefühl der erfahrbaren Einheit des eigenen Lebens mit allem Leben, mit den Mitwesen, dem Kosmos und den Mächten des Schicksals begründet liegt. Die Welt ist dann die Erfahrung, dass alles einfach gut ist, so wie es ist, dass die Welt zu nichts anderem da ist, als uns selbst zu lehren, uns zu schützen und zu nähren, dass es nichts gibt, was uns wirklich von der Gnade und dem Glück des Göttlichen trennt.
Stichworte: **Glück**; Erfolg; kosmische Einheitserfahrung

Umgekehrte Vorderseite
Die Umkehrung wird traditionell als Stagnation und Trägheit interpretiert; die Dinge und der Befragende entwickeln sich nicht weiter, bleiben stecken. Statt ihren Tanz zu tanzen bleibt die Welttänzerin stehen und die Welt des Einzelnen hört auf, sich zu drehen.
Stichworte: **Stagnation**; kein Vorankommen

Die verborgene Seite
Wenn wir die Rückseite der Karte der Welt erstmals aufdecken, werden wir erstaunt sein, kaum einen Unterschied zur Vorderseite zu entdecken, außer, dass die Welttänzerin uns hier den Rücken zudreht. Tatsächlich ist sie, abgesehen vom Narren, die einzige Karte, die keinen Schatten hat, sondern nur eine „zweite Perspektive" enthält.

Die Welt ist die Ureinheit allen Seins und zu dieser Ureinheit gibt es kein zweites, das nicht sie ist. Das aber ist die tatsächliche verborgene Seite der Welt als göttlicher Kosmos: dass das, was uns nur als physisches, profanes Universum erscheint, in Wirklichkeit ein heiliger Kosmos ist. Wenn wir mit unseren physischen Sinnen in die Welt hinausblicken, verbirgt sich die Heiligkeit des Lebens oft genug vor uns. Wir leben dann im Zustand der Dualität, in dem es etwas Heiliges gibt, das jenseits unserer Welt irgendwo in einem gedachten Himmel existiert. Das ist jener Gedanke Platons vom Reich der Ideen, das die eigentliche Wirklichkeit darstellt, der so tief in die christliche Theologie eingegangen ist, dass bis heute die Welt als durch und durch göttliches Wesen von christlichen Theologen abgelehnt wird. Die Weltentänzerin aber ist Ausdruck dieser pantheistischen Überzeugung, dass wir nur tief genug blicken müssen, um den Dualismus zu überwinden und festzustellen, dass die sinnliche Welt nichts ist als die Außenseite der psychischen und spirituellen Innenseite des Ganzen. Dies ist es, was die Welt verbirgt: sie verbirgt ihre Innenseite vor dem, der an ihrer Außenseite klebt, ohne tiefer in sie einzudringen. Und so verbirgt auch die Bedeutung der Vorderseite der Welt als einer von allem Profanen getrennten höchsten Erkenntnis und Erleuchtung selbst ihre eigentliche Bedeutung, dass es eine solche Trennung in einem letzten Sinne nämlich gar nicht gibt, wie es eine Scheidung zwischen Gott und Mensch in der Unio mystica nicht gibt.

In Befragungen sehen wir die Rückseite der Welt als das Erkennen ihres eigentlichen Wesenskerns an, nämlich als die Erkenntnis, dass es kein Glück und keinen Erfolg gibt, der sich irgendwie von jeder anderen Erfahrung unterscheidet. Da es keine Differenzen in der All-Einheit gibt, ist Glück und Unglück, Erfolg und Misserfolg nicht geschieden. Alles fällt in eines zusammen. Der Zusammenfall der Gegensätze (*coincidentia oppositorum*) führt zur Erkenntnis, dass wir uns dankbar zeigen sollten für jeden Augenblick, wie auch immer er sei, ohne zu beurteilen, zu bewerten, das eine lieber zu wollen als das andere, ohne zu wünschen, zu hoffen und zu befürchten, ohne Liebe und Hass. Gib die Dualitäten in dir auf und

vereinige dich mit dem Strom des Bewusstseins selbst, das nichts ist als der Weg zur Göttlichkeit!
Stichworte: **Nondualität**; *Überwindung des Urteilens*

Umgekehrte verborgene Seite
Was die Stagnation der umgekehrten Vorderseite verbirgt, ist ihr Zustandekommen aus einem verblendeten Geist, der die eigentliche, die spirituelle Existenzweise der Welt nicht sehen kann. Die Einheit des Seins wird nicht erfahren, weil es nicht möglich ist, alles als Manifestation des Göttlichen, der Buddhanatur willkommen zu heißen. Dem liegt der Zweifel zugrunde, sich ganz einem Weg anzuvertrauen, der über das eigene Selbst hinaus reichen und die Grenzen des „Ich bin" überwinden könnte. Zerrissen im Widerstreit zwischen Wollen und Ablehnen gerät der Geist in einen Zustand der Verstocktheit, der Unfähigkeit, die Wahrheit hinter den Dingen zu erkennen. Unfähig, die Wirklichkeit hinter der Realität zu sehen, beharrt er auf dem Schein einer dualen Welt, in der Ich und Du, heilig und profan, Glück und Unglück eine ewige Spannung verursachen.
Stichworte: **Dualismus**; *Zerrissenheit*

2. Die kleinen Arkana

Stäbe

As der Stäbe

Vorderseite
Die Asse zeigen die Qualität eines Satz in Reinform. Das As der Stäbe symbolisiert demnach die Kraft des Feuers und der Energie. In der Natur ist dies die Elektrizität und jede physikalische Energie. In der Lebenswelt zeigt die Karte die Lebenskraft an, jene vitale Energie, die den Lebewesen ungeheure Möglichkeiten der Aktivität verleiht. Innerhalb des Menschen wird diese Energie zu Tatkraft, Schaffenskraft, Selbstdurchsetzungsfähigkeit, sexueller Energie, aber auch allen anderen starken Energien wie Aggression und Ekstase. Nach außen gerichtet wird daraus Tatendrang, die Fähigkeit, Dinge umzusetzen, die Kraft, eine Initiative zu ergreifen oder die Stärke, eine schwierige Situation zu meistern, als konkretes Resultat der Anfang einer Unternehmung, eine Geburt oder eine Erfindung. In spiritueller Hinsicht zeigen sich hier die paranormalen Kräfte der Yogis und Magier oder die Ausdauer eines Meditierenden, der selbst gegen Widerstände den Pfad nicht mehr verlässt und sich weiter übt.

<u>Stichworte</u>: *Lebenskraft; Stärke; (sexuelle) Energie; Lebensfreude; Schaffenskraft*

Umgekehrte Vorderseite
In der Umkehrung geraten die starken Energien aus dem Ruder, werden unbeherrschbar. Die Energie führt dazu, dass wir tausend

Dinge anfangen, aber nichts zu Ende bringen, weil zu viel Energie zu viel Unruhe mit sich bringt, die nicht in die richtige Bahn gelenkt werden kann. Unserer Umtriebigkeit und Unruhe kann bis hin zu Durchbrüchen von Trieben und Aggressionen gehen, die wir nicht mehr beherrschen. Unsere Sexualität ist ungebändigt und kann dadurch die Beziehung zu anderen Menschen und diese selbst gefährden. Oder wir selbst sind Opfer dieser Energien und fühlen uns durch sie gequält. Es gilt jetzt, wieder mehr Ruhe und Ausgeglichenheit in unser Leben zu bringen, die Energien zu reduzieren und einen Gegenpol zu finden.

Stichworte: Überflutung mit Energie; destruktive, ungebändigte Energie; Chaos

Die verborgene Seite
Die Energien, die wir in uns tragen, lassen sich nur auf einer sehr oberflächlichen Ebene mit Apparaten messen. Die fernöstlichen Medizinsysteme kennen hingegen eine Form von Energie, die nicht in unserem physikalischen Körper, sondern seinem feinstofflichen Pendant fließt. Dieses Chi, Prana oder Lung beeinflusst unsere körperliche wie psychische Gesundheit. Denn der Fluss der Energien ist für das Gleichgewicht der Kräfte des Lebens in uns verantwortlich. Dieser Fluss kann durch unterschiedliche Hindernisse blockiert werden. Neben Einflüssen, die wir kaum aktiv steuern können, gehört dazu vor allem unser Lebenswandel. Wie wir uns ernähren, wie viel wir uns bewegen und schlafen, welche Giftstoffe wir uns zuführen, hat einen selbstverständlichen Einfluss auf unsere Gesundheit. Aber nach dem Denken der feinstofflichen Energielehren ist auch unsere Geisteshaltung für unser Energiesystem entscheidend, wie umgekehrt unser Energiesystem unsere Psyche beeinflusst. Dazu gehört auch, ob unser Verhalten ethisch einwandfrei ist. Ein starkes Egointeresse und geringe Selbstdisziplin führt dazu, dass destruktive Energien sich gegenüber heilsamen durchsetzen können. Dann kann es zur Blockade positiver Energieströme kommen.

Wenn die Energien der Feuerkraft sich mit dem klaren Wasser eines reinen, ethisch disziplinierten Gemüts verbinden, kann daraus eine vertiefte spirituelle Existenz entstehen, wie sie für Personen typisch ist, in denen die Kundalini ungehindert aufsteigen kann. Die Kundalini ist der spirituelle Aspekt der Prana-Energie. Emotionen von Güte und Mitgefühl, eine klare und nachdrückliche Selbstreflektion und die Überwindung unserer Selbstbezogenheit führen dazu, dass heilsame oder sogar göttliche Energien in uns fließen. Die Karte zeigt, wie Glutfunken des feurigen Stabes in einen klaren, reinen Bach fallen, der an sieben Felsen in den Farben des Regenbogens vorbeifließt. So wie dieses Wasser in der Glut der Feuerenergie erstrahlt, so soll unsere subtile Energie auf ein gereinigtes Medium, eine geläuterte Seele treffen. Als Aufforderung teilt uns die Karte mit, dass es Zeit wird, sich einer inneren Reinigung zu unterziehen, sich selbst und die eigenen Lebensweisen im Hinblick auf Ethik und Redlichkeit zu prüfen und zu größerer Klarheit über die eigenen Motive und Antriebe zu gelangen. Dann verspricht die Karte große Kraft und nach außen leuchtende Energie.

Stichworte: Reinigung; seelisches Geläutertsein; innere Klarheit

Umgekehrte verborgene Seite
In der Umkehrung hat uns die Energie nicht (wie bei der umgekehrten Vorderseite) übermannt, sondern sie ist blockiert worden und stecken geblieben, was ebenso unangenehme Auswirkungen haben kann. Wir haben es nicht geschafft, unsere innere Energie frei fließen zu lassen. Vielleicht liegt es daran, dass es uns nicht gelang, die destruktive oder autodestruktive Seite unserer Emotionen unter Kontrolle zu bringen und zugleich ein Stück unseres alles beherrschenden Verstandes an die höhere Kraft in uns zu übergeben. Etwas hat den freien Fluss der Energie in uns und aus uns heraus blockiert. Die blockierte Energie aber drückt weiter gegen ihre Blockade an und kann leicht zu psychischen oder körperlichen Symptomen führen. Vielleicht werden wir launisch und schwanken in unserer Stimmung, vielleicht sind wir muskulär verspannt oder entwickeln psychosomatische Erkrankungen. Falls

unsere Chakren betroffen sind, können wir ernsthafte spirituelle Krankheiten, Kundalini-Krise genannt, entwickeln. Wir müssen lernen, unsere Kontrollinstanzen loszulassen, ohne deshalb alle Kontrolle zu verlieren.

<u>Stichworte:</u> *Energieblockade; Verspannung; widerstreitende Energie; Kundalini-Krise*

König der Stäbe

Vorderseite
Wir sehen hier einen Menschen voller Selbstvertrauen, eine echte Führungspersönlichkeit, voller Tatkraft und energischem Willen, voller Glauben an die eigenen Fähigkeiten und Mittel sich durchsetzen. Da alle Könige die Reife der Qualität des Satzes mit den Eigenschaften von sozialer Verantwortung und Erfolg verbinden, die sie erst zum König machen, scheint es zunächst schwierig, dahinter die spezifischen Eigenschaft des Feuer-Elements zu erkennen, das der Stäbe-König besonders repräsentiert. Historische Stäbe-Könige waren solche feurigen Persönlichkeiten wie Alexander der Große oder Napoleon: Menschen, die von sich selbst und ihrer Mission überzeugt waren, aber reif genug, um mehr als nur einen aggressiven Eroberungsdrang auszuleben: sie wollten tatsächlich zugleich den Menschen ein besseres Leben bringen (so wollte Napoleon Europa die Ideale der französischen Revolution bringen). Zugleich waren sie als ungeduldig und intolerant bekannt gegenüber den Schwächen ihrer Mitmenschen, weil sie nicht verstehen konnten, wie man kleinere Visionen und geringere Ambitionen haben konnte als sie selbst. Die Enttäuschung Alexanders des Großen als seine Truppen es (vernünftigerweise) vorzogen, nicht weiter nach Indien hinein zu ziehen, entstand aus einem tieferen Unverständnis heraus, dass andere seinen Tatendurst, seinen Eroberungswillen, aber auch seine Entdeckerfreude nicht teilten. Stäbe-Könige sind Chefs, denen man sich unterordnen sollte, weil ihr Wille zur Macht und ihre Durchsetzungskraft sie zu unangeneh-

men Gegner machen. Seine vorwärts strebende Energie lässt den Stab-König jedoch immer optimistisch bleiben und sein Verantwortungsbewusstsein macht aus ihm zugleich einen guten Anführer und Motivator für andere.

<u>Stichworte</u>: *Chef; Führungspersönlichkeit; Karrierist; Selbstvertrauen; beherrschend; energisch; intolerant*

Umgekehrte Vorderseite
Die Umkehrung führt in diesem Fall nicht zur Negation, sondern zur Steigerung der Eigenschaften der Vorderseite. Rachel Pollack beschreibt sehr gut den Prozess, der dazu führt, dass hier aus dem Karriere-Typ ein reifer Karriere-Typ wird: Da er durch die Schwierigkeiten des Lebens bereits hindurchgegangen ist, hat er lernen müssen, sich zu mäßigen. Statt bitter zu werden oder noch aggressiver auf der Durchsetzung seiner Position zu beharren, war er weise genug, sich in Toleranz gegenüber den Schwächen Anderer zu üben und ist dadurch milde geworden. Seine Durchsetzungskraft, seine Energie und seinen Tatendrang hat er nicht verloren, aber sie sind in ruhigere Bahnen kanalisiert.

<u>Stichworte</u>: *gereifter Chef; reife Führungspersönlichkeit; zielstrebig, aber milde; energisch, aber tolerant*

Die verborgene Seite
Was verbirgt der selbstbewusste, energiegeladene „Macher", den die Vorderseite zeigt? Er verbirgt die Unfähigkeit, still zu werden, um die Dinge hinzunehmen, wie sie sind. Diese unreife Eigenschaft hat er aus seiner Jugend übernommen, der sich die Kartenrückseite der beiden königlichen Karten widmet: Hier sehen wir jeweils die Karte der Vorderseite im Prozess, im *status nascendi*, der sie eines Tages zu dem machen wird, das sie auf der Vorderseite sind. Wir erkennen in den Rückseiten des Königs und der Königin deshalb den Prinzen und die Prinzessin, die sie einst waren. Da wir eine ganze Kultur von Machern geworden sind, ist es uns oft gar nicht mehr verständlich, was an unserer ständigen Aktivität, am dauernden Streben nach Fortschritt, nach positiver Veränderung, nach

Umformung der Realität entsprechend unseren Vorstellungen eigentlich verkehrt sein sollte. Verkehrt ist daran sicherlich nichts, aber sehr einseitig. Ständiger Fortschritt führt nicht nur zur Ausbeutung der natürlichen Ressourcen dieses Planeten, er suggeriert auch ein ständiges Anwachsen unseres Glücks, was aber nicht der Fall ist. Die Psychologie hat längst gezeigt, dass nicht das erreichte wirtschaftliche und materielle Niveau, sondern allein der Vorgang der Veränderung von einem geringeren zu einem höheren Niveau für kurze Zeit ein Glücksgefühl produziert. Deshalb werden wir süchtig nach solcher Veränderung, wir müssen immer wieder und immer mehr Besitz oder Komfort anhäufen, um uns häufiger einmal glücklich zu fühlen. Die verdrängte Seite des erfolgreichen Karrieretyps ist seine Unfähigkeit, es mit dem auszuhalten, was er bereits erreicht hat. Auch hierfür stehen bekannte Persönlichkeiten wie Alexander der Große.

Deshalb zeigt die Rückseite dieser Karte den jungen künftigen König, der auf der Vorderseite auf seinem Thron saß, als wäre er auf dem Sprung, nachdem dieser Sprung erfolgt ist: Mit wehendem Mantel und bedrohlich in die Luft geschwungenem Stab hetzt er einer Gruppe von Schweinen und Hähnen hinterher, während sich zwei Schlangen an seinem Thron abseilen und diesen einnehmen. Im Buddhismus stehen Hähne für Begierden, Schweine für die Verhaftung des Geistes im gewöhnlichen, unspirituellen Denken und Schlangen für Hass. Durch seine unruhige Wesensart lässt sich der Stäbe-König leicht dazu bringen, Zielen hinterherzulaufen, die seinen Begierden entsprechen, was zugleich die Wut nährt, die er empfindet, wenn er nicht bekommt, was er möchte. Die Rückseite ist uns eine Warnung, nicht immer neuen Zielen hinterzulaufen, sondern ruhig zu werden und sich mit dem zufrieden zu geben, was wir bereits haben. Wir tragen in uns bereits alles, was wir brauchen. Es ist zwecklos, es anderswo suchen zu wollen. Die Botschaft der Rückseite besteht darin, die Unruhe der ständigen Verbesserung und der ständigen Umtriebigkeit zumindest an den Stellen aufzugeben, an denen wir uns einmal gelassen zurücklehnen könnten, um das zu genießen, was bereits gut ist.

Stichworte: **Prinz der Stäbe;** *Aktionismus; Unfähigkeit, das Vorhandene wertzuschätzen; Streben nach Mehr; dauernde Umtriebigkeit*

Umgekehrte verborgene Seite
In der Umkehrung erst hat der Prinz der Stäbe erkannt, dass er sein Feuer im Inneren, nicht im Äußeren nutzen muss. Im tibetischen Buddhismus gibt es die Übung des *Tummo*, des inneren Feuers, bei der das Energiesystem des Körpers dazu genutzt wird, Hitze zu erzeugen, die aber nicht allein der Erwärmung in einer kalten Winternacht dienlich ist, sondern vor allem, um den Geist auf ein energetisches Niveau anzuheben, in dem er mit der Quelle der Erleuchtung verschmilzt. In dieser Weise kann der Stäbe-König seine starken Energien erst dann zum eigenen Fortschritt nutzen, wenn er nicht mehr außerhalb von sich nach der Erfüllung seiner Wünsche sucht, sondern in sich selbst dauerhafteres Glück zu finden vermag.
Stichworte: Inneres Feuer; Suche nach innerem Glück; ruhig werden; Aufgeben sinnloser Umtriebigkeit

Königin der Stäbe

Vorderseite
Sieh dir an, wie breitbeinig die Königin auf ihrem Thron sitzt. Das deutet einerseits auf ein Selbstvertrauen hin, das mit beiden Beinen fest im Leben steht. Andererseits wird dadurch die Kraft ihrer körperlichen Energie deutlich, die eine sexuelle sein kann, aber nicht sein muss. Aber die offene Haltung ihrer Schenkel zeigt auch die Offenheit an, mit der sie insgesamt auf andere zugeht. Sie ist ein Mensch voller Ehrlichkeit und Wahrhaftigkeit, sie verbirgt ihr Inneres nicht. In der einen Hand trägt sie den Stab der Feuerenergie, in der anderen die Sonnenblume, eine Pflanze, die ebenfalls mit dem Feuerelement, der Sonne, verknüpft ist, aber eine weitaus weichere, freundlichere Seite zeigt als der machtvolle Stab in ihrer anderen Hand. Kraft und Liebe finden in ihr einen vollendeten Ausgleich. Sie kann energisch und kraftvoll auftreten, aber sich

und ihre Blume auch voller Liebe, Zuneigung und Sympathie zu den anderen Geschöpfen verschenken. Diese doppelte Haltung ist typisch für die Königinnen der kleinen Arkana. Während die Könige die Qualitäten des Satzes mit Verantwortung und Macht verwirklichen, verbinden die Königinnen sie mit Mitgefühl. Als die weibliche, fühlende und soziale Seite der Energie des Satzes drückt die Stäbe-Königin aus, dass die Kraft des Feuers sich anderen hingibt. Das macht sie zum Inbegriff einer in aktiver Weise mitfühlenden, sozial engagierten Person. Doch was hat die schwarze Katze in ihrer Nähe zu suchen? Wahrscheinlich handelt es sich um ein Schutztier, ein Krafttier, das ihrer ansonsten allzu harmlosen Erscheinung eine mysteriöse Tiefe verleiht. Die Katze ist eine Mahnung an all diejenigen, die meinen, ihre Herzensgüte ausnützen zu können: Dann wird sie vom Instinkt des Tieres gewarnt werden und sich von ihnen fernhalten wie die Hexe durch die Katze vor verkleideten Wesen aus anderen Welten gewarnt wird.

Stichworte: Ehrlichkeit; Authentizität; Wahrhaftigkeit; Mitgefühl; soziales Engagement; Zuneigung; Sympathie

Umgekehrte Vorderseite
Die Eigenschaften der Vorderseite erfahren eine Veränderung, wenn die Königin auf Undankbarkeit oder sehr schwierige Lebensumstände Anderer stößt. Einerseits könnte es sein, dass sie ihr soziales Engagement noch ausweitet und jetzt besonders hilfsbereit und aufopfernd reagiert. Andererseits kann es sein, dass sie verbittert wird und ihre Ehrlichkeit sich in Falschheit und Unaufrichtigkeit verkehrt. Schließlich könnte sich aus ehrlichem Mitgefühl ein falscher Altruismus entwickeln, eine angebliche Hilfsbereitschaft, die aber nichts anderes ist als die Suche nach Selbstbestätigung und ein Imperativ aus einem sadistischen Über-Ich heraus, das Selbstlosigkeit fordert, ohne dass die betreffende Person wirklich selbstlose Nächstenliebe empfindet.

Stichworte: Unaufrichtigkeit; falscher Altruismus; Hilfsbereitschaft; Falschheit

Die verborgene Seite
Auf der Rückseite sehen wir eine junge Frau, die der Königin der Vorderseite ähnelt, ausgestreckt auf einem Diwan. Ihr Kleid oder Hemd ist zerrissen und ihr Haar zersaust. Ihren Kopf verbirgt sie in einem Kissen. Von einem Arm, der vom Diwan herabhängt, tropft Blut und auf dem Boden liegt ein Messer. Ihre schwarze Katze sitzt hinter ihr und leckt ihr das Gesicht. Vielleicht wissen wir nicht, ob eine körperliche Krankheit oder eine seelische Krise sie derart mitgenommen hat. Vielleicht hat ein schwer zu verkraftendes Unglück sie ereilt, ein Unfall, Überfall oder ähnliches. Können wir uns vorstellen, dass aus dieser jungen Frau eines Tages die Königin der Stäbe wird? Wir können es, wenn wir uns klarmachen, dass manchmal die größte Vitalität und Aufrichtigkeit, die liebevollste und mitfühlendste Besorgnis um andere das Resultat eigenen schweren Leidens und seiner Überwindung sein kann. Was die junge Frau durchstehen musste, bevor sie zur Königin heranreifen konnte, waren nicht die üblichen Demütigungen und Frustrationen des Lebens, sondern handfeste Traumatisierungen, seelische Verletzungen schwerer und erschütternder Art. Sie hat vielleicht daraus das entwickelt, was man heute eine Borderline-Persönlichkeit nennt, eine Person, die zwischen heftigen Gefühlen schwankt und kaum ein einheitliches Bild von sich selbst und anderen zustande bekommt. Ihre Zerrissenheit macht es ihr unmöglich, stabile Beziehungen zu anderen Menschen zu halten. Und wenn sie solche Beziehungen eingeht, dann verhält sie sich so, dass sie wieder traumatisiert wird, weil sie sich als Opfer für Gewalt und Ausbeutung anbietet, indem sie Beziehungen eingeht, die ebenso destruktiv sind wie ihre Kindheit oder Jugend es waren. Bis sie eines Tages einem Freund, Partner oder einer Therapeutin begegnet, zu denen eine stabile und heilende Beziehung möglich ist. Dann kann sie beginnen, ihre Vergangenheit zu überwinden und zur Königin heranwachsen, denn ihr gutes Herz ist durch all das Leiden hindurch nicht zerbrochen, sie ist nicht böse geworden, sondern kann mit dem Schmerz auch die Liebe zulassen, die sie in sich trägt.

Stichworte: **Prinzessin der Stäbe**; *Krankheit; Traumatisierung; Zerrissenheit; Borderline-Persönlichkeit; Fußabtreter-Syndrom*

Umgekehrte verborgene Seite
Die umgekehrt liegende Rückseite zeigt, im Unterschied zur aufrechten Karte, den Prozess, wie er zeitlich zwischen der Phase der Verletzungen und der Phase der Reifung zur Königin liegt: Hier findet die Heilung statt, die aus der zerrütteten, aber liebevollen Seele eine mitfühlende und sozial engagierte Führerin macht. Dieser Prozess ist schwer vorstellbar ohne die Hilfe anderer: eines Psychotherapeuten vielleicht oder von engagierten Freundinnen und Lebensgefährten. Ebenso könnte es sich aber auch um übernatürlichen Schutz handeln, um das Eingreifen von Engeln oder des Schicksals, das sie dorthin bringt, wo ihr geholfen wird und sie genesen kann. Auch wenn wir die aufrecht liegende Rückseite als Bild einer körperlichen Krankheit oder eines Unfalls deuten, bedeutet die Lage kopfüber, dass hier ein Prozess der Genesung begonnen hat oder in Aussicht steht.

Stichworte: Hilfe; therapeutische Hilfe; Genesung; Schutz; übernatürlicher Schutz

Ritter der Stäbe

Vorderseite
Die Ritter stehen für die jugendlichen Ausprägungen des jeweiligen Elements. Während der Bube das Element in der Naivität und Spontaneität des kindlichen Zustands zeigt, ist der Ritter bereits in Kontakt mit der Umwelt, auf die er gestaltend einzuwirken trachtet, aber er ist noch unreif und kann seine Kräfte nicht richtig dosieren. Weil dieses jugendliche Feuer hier vom Feuerelement der Stäbe potenziert wird, ist der Ritter der Stäbe das „Feuer des Feuers", Aktivität und Dynamik schlechthin. Er ist ein Abenteurer, der unterwegs ist, die Welt zu entdecken, ein Reisender voller Energie, dabei aber, wie Waite schreibt, geheimnisvoll und dunkel, aber freundlich. Das mag daran liegen, dass er Kräfte jedweder Art in

sich spürt, die er selbst noch nicht richtig einschätzen kann. Er muss lernen, seine Feuerkraft zu kanalisieren oder mittels seiner Intuition in einen höheren Dienst zu stellen. Ansonsten bleibt er in Übereifer und einem Chaos von wenig zielgerichteten Impulshandlungen stecken. Wenn er seine Energie hingegen unbehindert, aber zielgerichtet und geordnet nutzen kann, wird sie ihn weit bringen. Wegen seines Triebes, die Welt zu erkunden, kann die Karte auch Reisen, insbesondere eine Abreise bedeuten.
Stichworte: Abenteuerlust; Übereifer; Impulshandlungen; Abreise

Umgekehrte Vorderseite
Liegt die Karte umgekehrt, so wird die stürmische Seite des jungen Menschen destruktiv, entweder weil sie zu stark ist, um sie positiv nutzen zu können, oder weil der junge, unerfahrene Ritter bei Widerständen sofort in eine Haltung des bockigen, pubertären Streitens gerät. Der Abenteurer wird zum Unruhestifter, der in sich Konflikte trägt und sie mit anderen auslebt. Das Resultat ist innere Verwirrung, wildes, zorniges Sturm und Drang Gebaren und ein chaotisches Muster impulsiver Handlungen. Wenn seine Energie durch Andere und die Umstände behindert wird, kann der Feuerritter aber auch frustriert aufgeben. Die Karte kann deshalb auch für den abrupten Abbruch von Unternehmungen stehen. So rät uns die Rückseite zur Kanalisierung der Abenteuer- und Veränderungslust des (spät)pubertären Ritters in geordnete Bahnen und sinnvolle Projekte.
Stichworte: Verwirrung; Unruhestifter; Abbruch von Unternehmungen

Die verborgene Seite
Das Feuer, das den Ritter in die Abenteuerlust treibt, ist auch jenes Feuer, das dem Verharren im Alltag, der Eintönigkeit eines geregelten Daseins und der inneren Gleichgültigkeit entgegengesetzt ist. Deshalb sieht man auf dieser Karte, wie der Ritter aus einer fest ummauerten Stadt wegreitet, um sein Glück in der Fremde zu suchen. Manchmal müssen wir uns dieser Energie des Abenteuers hingeben, um nicht in der Eintönigkeit festgefügter Ordnung zu

erstarren. Der Ritter hat sich auf den Weg gemacht, um sich selbst zu suchen. Er weiß um die große Kraft, die er in sich trägt, und die ihn in den Augen der Anderen „geheimnisvoll und dunkel" macht, aber er weiß noch nicht, was er mit ihr anfangen soll. Deshalb hat er sich nun in den großen Stroms des Lebens begeben, das er mit aller Intensität zu erleben trachtet. Nicht lau und gehemmt will er durchs Leben gehen, sondern laut und kräftig will er das Blut in seinen Adern spüren. Er wird sich vielleicht mit Dirnen und Saufkumpanen umgeben, vielleicht mit einer Karawane durch die Wüste ziehen, vielleicht mit indischen Saddhus auf einem Bein meditieren, aber er wird sich vor keiner starken Erfahrung scheuen. Er wird auch sein Feuer nicht vor anderen verbergen, wird seine wahre Feuernatur zum Ausdruck bringen und dabei ganz in sich selbst bleiben. Menschen, die in jede ihrer Bewegungen und Haltungen eine bewusste Achtsamkeit lenken, aber sich zugleich dem Fluss ihrer Energie hingeben, wirken so konzentriert-dynamisch, dass sie von anderen entweder als Autoritätspersonen oder als bedrohlich wahrgenommen werden. Im Konkreten rät uns die Kartenrückseite, uns mehr mit unserer verborgenen Kraftseite zu verbinden und uns nicht in uns oder einen Elfenbeinturm zu verkriechen. Das kann in Beziehungen bedeuten, dass wir einmal „auf den Tisch hauen" statt alles geschehen zu lassen, dass wir leidenschaftlich sind statt gehemmt. Es kann auch bedeuten, einmal etwas zu unternehmen, das wir nur tun, um den geregelten Alltag zu durchbrechen, um nicht grau, sondern bunt zu leben.

<u>Stichworte</u>: *Intensität des Lebens; Zügellosigkeit; Ungehemmtheit*

Umgekehrte verborgene Seite
Wenn wir das Bild der Kartenrückseite aus einer kritischen Perspektive betrachten, flieht der Feuer-Ritter aus seinem Alltag in eine Abenteuerwelt, weil er es mit der gewöhnlichen Realität nicht aushält. Er kann seinen Alltag nicht ertragen, weil er ihn nicht auf eine mit seinem eigentlichen Selbst übereinstimmende Weise zu leben versteht. Zwischen den innersten Bedürfnissen seines Selbst, seinem spirituellen Auftrag in diesem Leben, und dem Leben, das

er äußerlich lebt, besteht eine Diskrepanz. Die Suche nach einem oberflächlichen Abenteuer im Äußeren aber verhindert, das er das Abenteuer der Ganzwerdung im eigenen Inneren sucht. Die Karte rät uns deshalb, nicht ins Äußere zu fliehen, um der Gestaltung des inneren Lebens zu entkommen, sondern beides zu integrieren: der Weg in die äußere Aktivität, ins Abenteuer des Lebens, kann zugleich ein Weg in die eigene Mitte sein, wenn wir uns und unseren Handlungen Achtsamkeit zuwenden, wenn wir uns nicht im äußeren Strom der Ereignisse verlieren.

Stichworte: Flucht vor sich selbst, vor den Aufgaben des Alltags; Eskapismus

Bube der Stäbe

Vorderseite

Die Buben stehen für Kinder, für kindliche Personen, Lernende und Anfänger, oder für Zustände, die noch sehr „jung" und unreif sind. In manchen Tarot-Decks heißen sie nicht Bube, sondern Prinzessin, und auch Pamela Smith hat das Wesen auf dieser Kartenseite androgyn abgebildet, wie es einem kindlichen Zustand entspricht. Dabei hat es der Stab-Bube zunächst mit Eigenschaften zu tun, die einem „kindlichen Feuer" entsprechen, was ihn abenteuerlustig und neugierig macht. Diese Neugierde treibt ihn hinaus ins Unbekannte, weshalb er zum Boten wird, einer Person, die nicht selbst die Inhalte erschafft, die sie überbringt (denn dazu ist sie noch zu jung), sondern die auszieht, um weiterzugeben, was sie gehört hat. Deshalb steht er auch für die Nachrichten selbst – und im Fall der aufrechten Kartenposition sind damit gute Nachrichten gemeint. Da er in seinem jugendlichen Feuer auf Neues aus ist, kann die Karte auch den Beginn neuer Projekte bedeuten. Und schließlich ist er mit seiner kindlichen Form von Leidenschaftlichkeit ein guter, engagierter Freund oder Liebhaber.

Stichworte: Neuigkeiten; gute Nachrichten; Beginn von neuen Projekten; Freund oder Liebhaber

Umgekehrte Vorderseite
Die Umkehrung der Kartenposition bringt uns ebenfalls Nachrichten, aber nun sind sie von eher unerfreulicher Natur. Die Schwierigkeiten des Lebens und die Hindernisse auf dem Weg lassen den jungen Boten zaudern und straucheln. Er reagiert mit Unentschlossenheit und Ängstlichkeit, die dazu führt, dass man ihn als unzuverlässig oder unberechenbar erlebt, dabei weiß er einfach nicht, wie er seinen Weg finden soll.
Stichworte: Unbeständigkeit; Unentschlossenheit; schlechte Nachrichten

Die verborgene Seite
Was geschieht mit dem jungen Burschen, der so neugierig in die Welt hinaus geht, wenn andere ihm sagen, wofür er sich zu interessieren hat, weil es die Gesellschaft so von ihm verlangt? Er wird seine eigene Neugierde begraben und zu einem bloßen Streber im Dienst an guten Beurteilungen werden. Und was geschieht, wenn ihm seine Eltern vermitteln, dass er es ohnehin nie schaffen wird oder dass er sich gar nicht für irgendetwas zu interessieren braucht, was nicht mit Geldverdienen verbunden ist, weil seine Begabungen dafür nicht ausreichen? Der Bube mit seiner Lust auf Neues ist nur so lange ein freies Kind, so lange er sich selbst und die Welt unbehindert entdecken darf und nicht zu früh in den Dienst erwachsener Zielsetzungen genommen wird. Die Nachrichten, die der Bube überbringt, sind fremde Erkenntnisse, solange er nicht darin gefördert wird, selbst nachzudenken und die Welt mit seinen eigenen Augen zu entdecken. Wenn er das aber tut und tun will, droht ihm die Gefahr, anders zu sein als die anderen Kinder seines Alters und für krank und behandlungsbedürftig gehalten zu werden. Mit seiner Feuerenergie ist der Stab-Bube vielleicht zu stürmisch und lebhaft für die Regeln einer Gesellschaft, die Selbstdisziplin fordert, ohne die dazu nötigen Techniken bereitzustellen. Wir sehen auf der Kartenrückseite dieses Kind (das wir vielleicht einmal waren), das vielleicht mit Gaben wie Hellsicht und Telepathie ausgestattet war, die Welt in ihrer Magie und Tiefe spüren konnte, das Menschen nach ihrem Charakter und nicht nach ihrem

Ansehen und Besitz beurteilte und das vor allem selbst wusste, was es interessant fand und was nicht. Wir sehen den Buben mit seinem Stab in einer noch kindlicher anmutenden Gestalt, wie er mit seinem riesigen Wanderstab durch eine Welt stapft, in der er staunend und furchtlos der Kobra-artigen Schlange am Wegesrand die Hand entgegenstreckt, während er den Gelehrten ignoriert, der mit einem Buch unterm Arm den Finger in die Höhe streckt und ihn mit seinen geschlossenen Augen gar nicht ansieht. Das Kind wird von einer indigoblauen Aura umgeben, die in einer Verfärbung des hellblauen Himmels im Hintergrund angedeutet ist. Es ist dieses innere Kind in uns, das nur bei manchen von uns genügend Raum bekam, um ganz und gar leben zu dürfen, was es ist. Im konkreten Sinn rät uns die Karte dazu, auf die Nachrichten zu hören, die aus uns selbst heraus kommen und nicht auf äußere Nachrichten zu warten. Sie gemahnt uns, auf das immer noch lebendige Kind in uns zu hören, das wir einmal waren und es nicht zugunsten unserer anerzogenen Schulweisheit zu ignorieren. Sie kann als Beschreibung aber auch bedeuten, dass wir uns aufmachen zu einem Abenteuer, das wir aus unserer eigenen inneren Neugierde ausgesucht haben und nicht aufgrund äußerer Umstände und dass wir mit unserem inneren Kind in gutem Kontakt sind. Wenn es sich um ein Kind handelt, für das die Befragung durchgeführt wird, kann es bedeuten, dass dieses Kind in dem gefördert werden soll, was es wirklich ist und nicht in dem, was die Eltern an Wünschen auf es projizieren.

Stichworte: inneres Kind; Nachrichten des eigenen Inneren

Umgekehrte verborgene Seite
In der Umkehrung konnte sich das freie, innere Kind mit seinem Bedürfnis, die Welt zu entdecken, nicht entfalten. Sein eigentliches Wesen wurde oder wird von den Erwartungen der Gesellschaft, der Eltern und Lehrer, unterdrückt. Vielleicht ist es für krank und psychisch gestört gehalten worden, obwohl es nur seine eigenen Talente entdecken und leben wollte. Oder es hat dem vorgebeugt, indem es sich frühzeitig angepasst hat und sich selbst untreu ge-

worden ist. Dann sprechen wir nicht von jenem Anteil in uns, den man ein inneres Kind genannt hat, sondern von dem inneren Elternanteil in uns, der nun genauso operiert, wie wir es von unseren oder irgendwelchen idealtypischen Eltern erwarten würden. In einem konkreten Sinn bedeutet die Karte, dass wir nicht auf die Bedürfnisse unseres inneren Kindes achten und die Nachrichten unseres Inneren ignorieren. Sie kann auch darauf hinweisen, dass wir uns selbst blockieren, weil wir es anderen Interessen als unseren eigentlichen inneren Bedürfnissen recht machen wollen.

Stichworte: innerer Elternteil; blockierte innere Botschaften

II

Vorderseite
Der Mann, der wie ein Burgherr hinter Zinnen steht, auf eine fruchtbare Ebene hinabsieht und eine Weltkugel in der Hand hält, hatte großen Erfolg im Leben. „Mir gehört die ganze Welt" scheint er zu denken. „Ich habe alles, was man sich wünschen kann". Damit scheint er auf den ersten Blick „angekommen" zu sein. Doch die Stäbe sind Karten der Aktivität. In der Position der Zwei ist Aktivität gefordert, aber sie hat sich noch nicht entfaltet, sie bleibt in der Absicht stecken. Sein Reichtum, sein Erfolg hat den Erfolgreichen eingemauert, denn um frei zu sein, in die Landschaft vor ihm hinauszugehen, müsste er seine sichere Burg verlassen. Wie Alexander der Große, dem schließlich beinahe die ganze damals bekannte Welt gehörte und der daran zerbrach, trägt er die Unruhe der Stäbe in sich, ständig neue Erfolge erzielen zu müssen und sich nicht auf dem Erreichten ausruhen zu können. Die Eroberung macht froh, nicht der Besitz des Eroberten. Er führt zu Langeweile und Überdruss. So würde er gerne hinausgehen und Abenteuer erleben, aber er zögert, diesen Schritt zu tun. Er befindet sich in einer Position, in der alles möglich und machbar wäre, aber er kann diese Möglichkeiten nicht gut nutzen. Die Karte steht somit für Erfolg, Reichtum, Herrschaft über andere, aber zugleich auch

für Langeweile und die stille Sehnsucht nach Unruhe und Veränderung.

Stichworte: **Erfolgsverwöhnt**; Erfolg; Reichtum; Herrschaft; Langeweile; Sehnsucht nach Unruhe

Umgekehrte Vorderseite
Die Zwei der Stäbe ist eine Karte des Zwei-fels, des Hin- und Hergerissenseins. So ist der Mensch hier im Zweifel, ob er sich für die Sicherheit seines Erfolgs oder für Freiheit und Abenteuer entscheiden soll. Doch in der umgekehrten Position geht seine Tendenz jetzt dahin, in Abenteuer und neue Erfahrungen hineinzuspringen, sich einzulassen auf das Leben und seine Möglichkeiten. Wir gehen damit das Risiko ein, dass sich unsere gesamte Lebenssituation vollständig verändert. Das kann uns noch Angst machen und uns verunsichern, aber wir merken, dass wir unsere Sicherheit aufgeben müssen, damit das Leben weitergeht. Im Unterschied zur Vorderseite hat der Erfolgreiche dies jetzt verstanden und beginnt, etwas zu tun, in die Handlung überzugehen, die in der aufrechten Position noch fehlte.

Stichworte: **Zweifel**; Hineinspringen ins Abenteuer; Verlassen der Sicherheit; sich Einlassen auf das Leben;

Die verborgene Seite
Der Schatten oder Hintergrund dessen, was die Figur auf der Vorderseite erlebt, sind die Grenzen, die sie sich und ihrem Leben selbst setzt. Es sind die Begrenzungen eines Verstandes, der an dem kleben bleibt, was er für „vernünftig", für „machbar" oder „opportun" hält. „Das macht man eben so", ist eine typische Begründung mancher Eltern dafür, warum sich ihre Kinder ihrer Ansicht nach so und nicht anders zu verhalten haben. Erwachsene werden durch Nachbarn und Freunde, politische oder religiöse Verbindungen auf einer Spur gehalten, aus der auszubrechen ihnen schwer fällt. Die Grenzen meiner Moral sind die Grenzen meiner Handlungen, könnte man sagen. Die Grenzen meiner Sprache sind die Grenzen meines Verstandes, sagte der Philosoph Wittgen-

stein, denn auf einer viel grundsätzlicheren Ebene lässt sich für uns nur das denken, was wir aussprechen können. Jenseits unserer Alltagssprache aber fängt das spirituelle Abenteuer erst an. Es ist für den Verstand deshalb sehr schwierig, das Gesamt der Wirklichkeit zu erfassen, das jenseits der Grenzen unserer Alltagserfahrung liegt. Dabei stehen uns ungeahnte Möglichkeiten offen, wenn wir all diese Grenzen zu überschreiten in der Lage sind. Die Kartenrückseite zeigt uns erst einmal diese Begrenzungen auf, die wir unserem eigenen inneren Zustand zuzuschreiben haben. Wir sehen den Mann der Vorderseite jetzt von vorne am linken Bildrand und erkennen, dass sich hinter ihm keine feste Burg erhebt, wie wir vielleicht annahmen, sondern eine weite Ebene erstreckt, in welche die Terrasse, auf der er steht, nahtlos übergeht. Nur solange er in die eine Richtung schaut, ist er eingemauert und kann den Berg, auf dem er steht, nicht verlassen. Dreht er sich hingegen um, kann er mühelos in die weite Landschaft hineingehen und alle Möglichkeiten stehen ihm offen. Dies bedeutet im konkreten Sinn, dass sich uns weitaus mehr Möglichkeiten bieten als wir annehmen. Wir müssen nur die Perspektive verändern, die Dinge einmal anders sehen als für gewöhnlich. Damit werden wir die Begrenzungen unserer Annahmen über die Welt und uns selbst hinter uns lassen und entdecken, wie sehr wir uns bisher in unserer Freiheit beschränkt haben.

<u>Stichworte</u>: **Begrenzung**; *Kleinkariertheit; Enge der Weltsicht*

Umgekehrte verborgene Seite
Wenn das Blatt sich wendet, erkennen wir das, was bisher hinter uns lag, als etwas, was nun als Möglichkeit vor uns liegt. Wir sehen, dass wir ein viel größeres Potential in uns tragen als uns bisher bewusst war. Wir lassen unsere Furcht los, die Welt könnte unübersichtlich werden, wenn wir anerkennen, dass es jenseits der Begrenzungen unseres bisherigen Lebens und unseres Denkens einen ganzen Kosmos gibt – einen Kosmos von Gefühlen, paranormalen Wahrnehmungen und tiefen Intuitionen aus einer anderen Welt. Wir öffnen uns für die Möglichkeiten eines Lebens in

einer Freiheit, das bisher durch die engen Grenzen unserer Moral oder unserer Angst vor der Ächtung der Anderen verhindert wurde.
<u>Stichworte</u>: Erkennen der eigenen **Potentiale**; Entfalten der Möglichkeiten

III

Vorderseite
In der Interpretation von Waite zeigt diese Karte einen Geschäftsmann, der vom erhöhten Ufer aus seine Handelsschiffe beobachtet, die in alle Welt hinausfahren. Er strahlt Ruhe und Sicherheit aus, sein Erfolg beruht auf „fest gegründeter Stärke", wie Waite schreibt. Aber zugleich vermittelt er uns die Sehnsucht nach der Ferne, nach der Weite des Horizonts. Sie steht am Übergang vom Land zum Wasser, vom Bekannten zum Unbekannten, vom geregelten Leben zum Abenteuer. Er ist entschlossen, selbst aufzubrechen in neue Welten, und dieser Entschluss ist wohlüberlegt und kommt aus der Gewissheit heraus, dass es dies ist, was zu geschehen hat. Konkret kann es sich um neue berufliche Unternehmungen handeln, für einen Wissenschaftler um eine Forschungsarbeit, um eine Entdeckung, für einen Geschäftsmann um eine finanzielle Unternehmung, aber auch der Umzug an einen neuen Wohnort oder im zwischenmenschlichen Bereich die Suche nach neuen Freunden und neuen menschlichen Erfahrungen. Die Karte ist der Zukunft zugewandt, kündet von Aufbruch zu neuen Ufern. Die Vergangenheit wird teilweise zurückgelassen, und zwar auf eine reife Weise, sie wird verarbeitet und zu einem friedlichen Abschluss gebracht. Dazu müssen die Verbindungen zu den bisherigen Beziehungen und Verhältnissen nicht unbedingt gekappt werden. Vielleicht ist der Figur auf der Karte aber auch die eigene Persönlichkeit zu eng geworden und sie sehnt sich nach einem Aufbruch in neue Formen, sich selbst zu erleben. Im spirituellen Sinn handelt es sich um einen Menschen, der sich auf die Entdeckungsreise ins weite Meer des Bewusstseins, an andere Gestade des Geistes begibt.
<u>Stichworte</u>: **Aufbruch**; Entdeckungen; neue Projekte; Reisebeginn

Umgekehrte Vorderseite
Die Umkehrung kann bedeuten, dass wir den Aufbruch nicht vollziehen, vielleicht weil die (inneren oder äußeren) Hindernisse zu groß sind oder wir zu verzagt und zögerlich sind. Die Vergangenheit und die bisherigen Problemmuster halten uns noch fest. Sie kann aber auch bedeuten, dass die Reise selbst scheitert, weil wir unterschätzt haben, wie schwierig unser Unternehmen ist oder weil unerwartete Hindernisse auftauchen. Schließlich kann sie auch eine Rückkehr in die zurückgelassenen Beziehungen oder Verhältnisse bedeuten, weil wir merken, dass wir dorthin gehören.
<u>Stichworte</u>: **Hindernisse** *beim Aufbruch oder auf dem Weg; Rückkehr in das bisherige Leben*

Die verborgene Seite
Wir können uns fragen: Was befähigt den Menschen der Vorderseite, sich aus seiner fest gegründeten Stärke heraus auf den Weg zu machen, um neue Länder und ferne Kontinente zu bereisen? Da er kein Getriebener ist, sondern jemand, der genau weiß, was er tut, benötigt er dazu innerliche und äußerliche Voraussetzungen, die ihm für ein solches Unternehmen günstig erscheinen. Waite nennt die äußeren Voraussetzungen bei der Besprechung der umgekehrten Vorderseite: Schwierigkeiten haben sich aufgelöst, bisher vorhandene widrige Umstände gehören jetzt der Vergangenheit an, die Zeit der Mühen und Enttäuschungen ist erst einmal beendet. Und auf der sozialen Ebene sind die entscheidenden Verbindungen geknüpft, Kooperationen gestartet und wichtige Personen kontaktiert worden. Die inneren Voraussetzungen können wir selbst ergänzen: Der kluge Haushälter hat alles erledigt und sorgfältig abgeschlossen, alte Projekte sind zu einem befriedigenden Abschluss gebracht worden, so dass man jetzt frei ist, das Bisherige hinter sich zu lassen. Das Alte lockt nicht mehr, es ist gut gewesen, aber nun ist es nicht mehr das Richtige. Innerlich ist die Zeit für das Abenteuer gereift. Wie der ältere Mann nach indischer Vorstellung im Rentenalter das Haus verlassen und auf Pilgerschaft gehen soll, so ist hier zu spüren, dass im alten Dasein nichts mehr zu tun ist und

eine neue Phase angebrochen ist. Von Hermann Hesse gibt es das schöne Gedicht „Stufen". Darin heißt es:
„Wie jede Blüte welkt und jede Jugend
Dem Alter weicht, blüht jede Lebensstufe,
Blüht jede Weisheit auch und jede Tugend
Zu ihrer Zeit und darf nicht ewig dauern.
Es muss das Herz bei jedem Lebensrufe
Bereit zum Abschied sein und Neubeginne,
Um sich in Tapferkeit und ohne Trauern
In andre, neue Bindungen zu geben.
Und jedem Anfang wohnt ein Zauber inne,
Der uns beschützt und der uns hilft, zu leben."

Auf einer solchen neuen Stufe scheint die Figur auf der Kartenrückseite zu stehen, die wir von hinten sehen wie auf der Vorderseite, allerdings jetzt aus der Ferne, so dass wir auch die Treppe sehen, die zu dem Hügel hinaufführt, auf dem sie steht. Am Rande der Stufen dieser Treppe liegen einige Gegenstände: unten ein aufgeschlagenes Buch, in der Mitte ein Hammer und eine kleine Schaufel, darüber liegt ein umgestoßener Becher, aus dem eine rote Flüssigkeit ausgeflossen ist, und oben sehen wir eine Reisetruhe. Das Buch steht für die Studien- und Ausbildungsphase, das Studium der „Reiseführer" oder auch die Buchhaltung, die für ihn nötig war, um sein Leben zu regeln. Es war aber auch nötig, erst einmal das Geld für die Abreise zu erarbeiten, die Kosten für das Projekt aufzubringen oder – in einem innerseelischen Sinn – sich selbst für die Reise fertig zu machen. Für all dies steht das Handwerkszeug. Der umgestoßene Becher deutet auf eine schmerzliche Situation hin, wenn wir die rote Flüssigkeit als Blut deuten oder auf einen Verlust wertvoller Gaben, wenn wir sie als vergossenen Wein ansehen.

Stichworte: **Abschluss**; *Aufräumen; Bereitschaft; über etwas hinaus gewachsen sein*

Umgekehrte verborgene Seite
In der Umkehrung erkennen wir, dass es nicht der richtige Zeitpunkt zum Aufbruch ist. Die Sehnsucht danach war vorhanden, aber wir haben in uns geschaut und erkannt, dass wir noch nicht so weit sind. Es gibt Unerledigtes, dem wir zu entfliehen hofften, es gibt Unerfahrenes in uns, das wir besser vorher erfahren sollten, bevor wir auf hoher See sind. Denn wenn wir nicht ausreichend vorbereitet sind – weder innerlich noch äußerlich – für eine neue Unternehmung, wird sie schneller scheitern, als wir uns vorstellen. Die Sehnsucht nach der Ferne kann eine Flucht sein und es ist besser, sich einzugestehen, dass hier und jetzt, wo wir gerade stehen, der Ort unseres Wirkens ist, und nicht anderswo. Es ist besser, auf dem sicheren und bekannten Flecken Erde zu bleiben und dort erst weiter unseren Acker zu bestellen, bis wir wissen, dass wir reif sind für das ferne Ziel. Aber das sollten wir tun: Wir sollten unser Feld bestellen, damit wir dann irgendwann seine Früchte einsammeln und aufbrechen können, falls die Sehnsucht nach der Ferne sich wieder zeigt. Die umgekehrte Rückseite zeigt deshalb, dass eine weitere Zeit der Vorbereitung Not tut, bevor wir eine größere Unternehmung starten.
<u>Stichworte</u>: **Vorbereitung**; *Aufschub des Neuen*

IV

Vorderseite
Die Vier der Stäbe ist eine Karte von Freude und Glück. Das Leben meint es gut mit uns und schenkt uns etwas. Das Leben geht für eine Weile leicht voran und die Umstände sind uns wohlgesonnen. Die Karte hat dabei keinen bitteren Beigeschmack: Karmisch oder in den Augen Gottes, wenn wir so wollen, haben wir uns dieses Glück wohl verdient, wir dürfen uns an ihm erfreuen und es mit vollem Herzen annehmen. Wie die beiden Gestalten unter den Blumengirlanden uns zeigen, ist menschliche Freude oft geteilte Freude oder solche, die wir von anderen empfangen. Traditionell be-

zeichnet die Karte deshalb häusliches Glück, Eintracht und Harmonie, eine friedliche Gemeinschaft und familiäre Bindungen. Sie kann auch die Freude über die eingebrachte Ernte, über den Abschluss der Arbeit bezeichnet. Wir müssen uns dieser Freude öffnen, indem wir die ummauerte Stadt verlassen und in die Ebene hinaus ziehen, wie die Menschen auf der Karte. So kann dieses Bild uns ganz konkret auf die Freuden des Landlebens und der Natur hinweisen, auf einen Zufluchtsort oder ein Urlaubsdomizil.

Stichworte: **Wohlergehen**; *Freude; Harmonie; Landleben*

Umgekehrte Vorderseite
Diese Karte verändert ihre Bedeutung ausnahmsweise nicht, wenn sie umgekehrt erscheint. Die positive Lebensphase ist stark genug, um ungetrübt bestehen zu bleiben, allerdings könnte die Umkehrung darauf hinweisen, dass das Wohlergehen erst im Aufbau begriffen ist. Waite fügt der Stabilität der aufrechten Karte Attribute hinzu, die auf die Dynamik einer Veränderung zum Positiven hinweisen: „Gedeihen, Zuwachs…Verschönerung". Es wäre aber auch möglich, dass die Umkehrung auffordert dazu, tiefer zu blicken und sich nicht auf der Freude auszuruhen. So angenehm die Geschenke des Lebens und des natürlichen, berechtigten Glücks sein mögen, wir sollten nicht die Hände in den Schoß legen und die positiven Dinge überbewerten. Sie sind auch nichts als Ruhepausen, Bestätigungen auf dem Weg vielleicht, aber wir sollten sie nicht als Ziel und Zweck unseres Lebens missverstehen und stattdessen lieber weiter daran wirken, dass wir unserer jeweiligen Bestimmung folgen.

Stichworte: **Gedeihen**, *Wohlergehen, Harmonie, Schönheit, Zuwachs, Segen*

Die verborgene Seite
Freude können wir nur empfinden, wenn wir uns auf das, was um uns herum ist, wirklich einlassen. Aber das allein reicht nicht, wir müssen uns auch auf das, was in uns ist, akzeptierend einlassen. Solange wir Widerstand leisten gegen unsere eigenen Gefühle oder

die Welt um uns herum, solange leben wir nicht wirklich in Harmonie, in Frieden und Glück. Der Zustand der Freude ist einer, der ins uns selbst seinen Ursprung hat oder noch darüber hinaus in der Gewissheit eines höheren Anderen, von dem wir ein Teil sind. Freude entsteht dann aus dem Loslassen aller Zweifel und Sorgen, der Selbstzweifel, der Fragen, ob wir auch alles richtig machen, und dem Annehmen dessen, was ist und wie es ist. Aus dieser tiefen Freude heraus können wir die Freude über die äußeren Umstände erst wirklich in uns wahrnehmen.

Die Rückseite zeigt deshalb diesen versteckten Aspekt unserer eigenen Bereitschaft zur Freude in Form zweier Hunde, die hinter den beiden Gestalten der Vorderseite tanzen und sich mit den Menschen mitfreuen. Diese Hunde stehen in einer natürlichen Verbindung mit sich selbst und ihren Erfahrungen. Tiere folgen dem, was da ist, unmittelbar, nicht verstellt durch Einstellungen, Gedankenmuster und daraus erwachsende Stimmungsbilder, sie sind einfach verbunden mit dem, was ist. Auch wenn sie unter einer schlechten Behandlung sehr leiden, verlieren sie nie ihre Fähigkeit, Lebensfreude zu empfinden und sich wieder zu freuen, sobald sie eine neue Erfahrung machen. So sollten auch wir dafür Sorge tragen, dass wir die Fähigkeit zur Freude nicht verlieren, und sie in uns selbst kultivieren. Dazu gehört, dass wir stets üben, uns an Kleinigkeiten, an angeblich Selbstverständlichem zu erfreuen, weil all dies uns geschenkt wurde. Wir haben allen Grund uns zu freuen, weil wir mit einem unendlichen Schatz in diese Welt geschickt wurden, einer Seele, in der sich bereits alles befindet, was wir brauchen, auch wenn wir zuweilen meinen, unser Glück in äußeren Umständen, in Menschen und Gütern finden zu müssen. Aber das ist nicht so. In uns befindet sich ein unendliches Reservoir an Glück, das bei manchen Menschen aufgrund widriger Umstände allerdings sehr, sehr tief verborgen liegt. Mit einem Wechsel der Perspektive von außen nach innen und stetem Bemühen darum, lässt es sich aber bei jedem Menschen berühren. Nur wenn wir diese Freude in uns finden, können wir wirkliches Glück finden. Ansonsten werden uns auch die schönsten Feste auf der grünen Wiese nicht im Inneren erfreuen. Auf einer spirituellen Ebene ist die Freude das Gefühl der Verbundenheit mit dem Leben selbst, mit der Natur und mit der Ureinheit im Göttlichen. Indem wir diese Verbindung spüren, können wir uns tiefer als sonst mit den Menschen und allen anderen Wesen um uns her verbunden fühlen.

Stichworte: **Verbundenheit**; Sich einlassen; inneres Glück; Harmonie

Umgekehrte verborgene Seite
Bei der Umkehrung können wir eine Verschiebung des Blickwinkels erkennen: Während die aufrechte Rückseite unsere innere Voraussetzung für wahres Glück beschreibt, mangelt es der umgekehrten Rückseite daran. Wenn wir zu sehr auf äußeres Glück bedacht sind oder wir den Kontakt zu der inneren Quelle von Glück und Freude in uns verloren haben, können wir Glück nur auf eine sehr oberflächliche Weise erleben. Dabei kann es durchaus weiter der Fall sein, dass die äußeren Umstände uns wohlgesonnen sind und wir uns in einer objektiv zufriedenstellenden Situation befinden, aber dies nützt uns wenig. Wir können das Glück, das uns hold ist, nicht wahrnehmen und nicht genießen. Die umgekehrte Karte ist dann eine Mahnung, uns der Tugend der inneren Harmonie wieder zu erinnern und daran zu arbeiten, mit uns selbst Frieden zu stiften und in die Harmonie mit der Umwelt einzutreten.

Stichworte: **Unverbundenheit**; Mangel an innerer Harmonie; mangelnde innere Freude

V

Vorderseite
Junge Männer messen sich im sportlichen Wettkampf, indem sie mit Stäben kämpfen, die aber keine der Personen treffen. Die Karte steht für Ehrgeiz, Wettstreit und Konkurrenz, manchmal aber auch einfach für Diskussion und intellektuelle Debatten. In der aufrechten Position bezeichnet sie einen Wettstreit, der gerechtfertigt und sinnvoll ist, da er mit fairen Mitteln und einer gesunden Emotiona-

lität ausgetragen wird. Dabei kann es sich um eine berufliche Konkurrenzsituation oder um eine Rivalität in Beziehungen handeln. Vielleicht versuchen wir auch in einem sportlichen, künstlerischen oder politischen Wettstreit zu bestehen. Die Karte ermutigt uns, nicht aufzugeben, sondern für unsere Ziele und Sichtweisen zu kämpfen. Im Unterschied zur umgekehrten Position verstehen wir, dass es um die Sache geht und nicht darum, eine andere Person zu bekämpfen, wir sehen die sportliche Seite der Situation und dass der Bessere gewinnen muss, wer auch immer das sein mag. Deshalb rät die Karte auch, die Herausforderung anzunehmen: Falls wir selbst der oder die Bessere sind, wäre es schade, wenn wir nicht unser Möglichstes getan hätten.
Stichworte: **Wettkampf***; Diskussion; Streit*

Umgekehrte Vorderseite
Wenn wir eine innere Notwendigkeit verspüren, Andere zu dominieren und zu unterwerfen, dann haben wir die Ebene des fairen Wettstreits verlassen. Dies ist oft die Folge davon, dass wir uns mit dem Gefühl existentieller Bedrohtheit vehement gegen Andere glauben verteidigen zu müssen, die das eigene Ego, das Selbstwertgefühl, den eigenen Status anzugreifen scheinen. Wir fühlen uns persönlich bedroht und verletzbar, wir entwickeln Gefühle von Hass gegenüber dem Anderen, der nun unser Gegner oder sogar Feind geworden ist. Nun ist uns jedes Mittel recht, den Anderen zu übertrumpfen oder sogar zu bekämpfen, auszuschalten. Der Wettkampf ist ein Kampf geworden, in dem tatsächlich aber niemand gewinnen kann.
Stichworte: **Kampf***; Konflikt; Streit*

Die verborgene Seite
Die Schattenseite des Ehrgeizes der aufrechten Karte besteht darin, dass wir oft meinen, etwas erreichen zu müssen, ohne wirklich zu wissen, weshalb. Die meisten Dinge, die uns wichtig scheinen, sind uns von anderen Menschen als wichtig beigebracht worden. Wenn wir nicht gut in der Schule waren, fühlten wir uns schlecht, also

begannen wir damit, uns immer um gute Leistung zu bemühen. Unsere Eltern haben uns vorgelebt, dass wir ein Haus bauen müssen oder dass wir eine Familie gründen sollen, in der unser Partner für immer treu bei uns bleibt. Aufgrund solcher fremdbestimmten Ziele versuchen wir besser zu sein als unsere Konkurrenten oder sparen alles Geld für das Haus, das uns aber bei genauerem Betrachten gar nicht so viel bedeutet wie die Weltreise, die wir schon immer machen wollten. Die Schattenseite der Wettkampfkarte rät uns, genauer hinzusehen, was wir eigentlich mit unserem Ehrgeiz erreichen wollen und ob es sich lohnt, dafür zu kämpfen. Lohnt es sich wirklich, dafür Energie und „Herzblut" zu investieren oder ginge es uns nicht besser, wenn wir uns mit dem bescheiden würden, was wir haben und sind? Warum können wir nicht mit dem zufrieden sein, was ist, und müssen mehr und anderes anstreben, müssen Anderen beweisen, dass wir besser sind als sie? Aus diesen Fragen resultiert eine Haltung von Bescheidenheit, die erkennt, dass es nicht mehr ums Kämpfen, sondern ums Loslassen geht.

Auf der Karte sieht man, wie die jungen Männer der Vorderseite ihre Kampfstöcke niedergelegt haben, aber nicht nur vorübergehend, um anschließend weiterkämpfen zu können. Sie gratulieren einander mit Handschlag, umarmen einander und klopfen dem Anderen anerkennend auf die Schulter. Sie alle haben genügend Wettkämpfe gegeneinander und gegen Andere ausgefochten. Nun ist es Zeit, Ruhe zu geben und dem Anderen zu seiner Leistung zu gratulieren. Die Anerkennung, die wir uns von unseren Mitmenschen wünschen, müssen wir erst einmal zu geben bereit sein. Statt sich immer durchsetzen zu müssen, erkennen die Leute auf dieser Kartenseite die Tugend des Nachgebens, des versöhnlichen Umgangs miteinander. Aus spiritueller Sicht findet der wahre Wettstreit nicht im Äußeren, sondern im Inneren statt, wo es oft gerade die Überwindung unserer ehrgeizigen Ziele ist, die uns voran bringt. Dies schließt mit ein, nicht nach noch mehr Anerkennung für das kleine Ego zu streben, sondern nach dem Seelenfrieden, den die demütige Aufgabe allen Strebens mit sich bringt.

Stichworte: **Nachgeben**; *Bescheidenheit; Versöhnlichkeit*

Umgekehrte verborgene Seite
Wenn wir unseren übertriebenen Ehrgeiz nicht nur überwunden, sondern psychisch so weit blockiert haben, dass wir jede Bereitschaft zu kämpfen in uns unterdrücken, entwickelt sich Hemmung und Trägheit. Wir sind wie gelähmt, wenn wir uns eigentlich durchsetzen sollten, weil wir aus Angst zu versagen alle Energie in diesem Moment blockieren. Weil wir uns nicht auf Diskussionen einlassen wollen, bleiben wir still, selbst wenn wir die besseren Argumente haben und uns die Meinung des Anderen nicht passt. Schon eine eigene Meinung zu haben, fällt uns schwer, weil es sein könnte, dass daraus ein Konflikt entsteht, vor dem wir uns fürchten, dem wir uns nicht gewachsen fühlen. Die umgekehrte Rückseite stellt das extreme Gegenteil der umgekehrten Vorderseite dar: Hatte dort die Lust am Konkurrenzkampf sich in destruktive Streitlust verkehrt, so verkehrt sich nun die Fähigkeit zurückzustecken in ihr negatives Extrem, nämlich die Unfähigkeit, für sich und die eigenen Überzeugungen und Ziele einzutreten, sich durchzusetzen und Anderen die Meinung zu sagen.
<u>Stichworte</u>: **Trägheit**; Teilnahmslosigkeit; Hemmung; Konfliktscheu; Unfähigkeit zur Selbstdurchsetzung; Schüchternheit

VI

Vorderseite
Die Karte zeigt einen mit Siegerkranz geschmückten Reiter, der von anderen Personen, die zu Fuß gehen, begleitet und vielleicht umjubelt wird. Als Ergebnis bezeichnet die Karte Gelingen und Erfolg. Als innere Haltung meint sie einen Menschen, der vom Glauben an den eigenen Erfolg beflügelt wird. So steht sie für die erfolgsförderliche Haltung von Optimismus, Selbstvertrauen, den Glauben daran, etwas erreichen zu können. Die Psychologie hat diese Haltung auch sehr bezeichnend „Selbstwirksamkeitserwartung" genannt: die Erwartung, aus eigener Kraft etwas bewirken zu können.
<u>Stichworte</u>: **Optimismus**; Erfolg; Selbstwirksamkeitserwartung

Umgekehrte Vorderseite
Die umgekehrte Karte wird von den meisten Interpreten nicht als Zeichen für Misserfolg gedeutet. Stattdessen dreht Waite die Perspektive um: Dann ist der Fragesteller nicht mehr der Sieger auf dem Pferd, sondern fürchtet sich vor ihm. Misstrauen ist berechtigt, denn der starke Mann ist nicht unbedingt auf der Seite des Fragestellers. Mit ganz anderem Akzent betont Rachel Pollack auch hier die psychologische Situation gegenüber der Äußeren: Nicht der Andere, wir selbst sind eine Gefahr für uns, wenn aus unserem Misstrauen eine sich selbst erfüllende Prophezeiung wird, wenn aus unserem Pessimismus Defätismus und ein Mangel an Vertrauen in unsere eigenen Fähigkeiten erwächst.
<u>Stichworte</u>: **Pessimismus**; *mangelnde Selbstwirksamkeitserwartung; Misstrauen*

Die verborgene Seite
Wenn wir den Optimismus der Vorderseite nach seiner komplementären Qualitäten absuchen, erkennen wir, dass in jeder Erfolgserwartung sowohl die Chance auf eine selbsterfüllende Prophezeiung als auch ein Stück Selbstbetrug liegt. Nichts macht erfolgreicher als der Glaube an den eigenen Erfolg. Und nichts blenden erfolgreiche Menschen lieber aus als ihre Misserfolge, ihre eigenen Fehler und Schwächen. Im Erfolgreichen steckt immer auch die verdrängte Angst vor einem Leben als Versager, als Taugenichts, als jemand, der nichts zustande gebracht hat. Nichts wäre dem von seiner Karriere Besessenen, dem steilen Aufsteiger ein größerer Schrecken, als eines Tages alles verloren zu haben und ohne gute Position, ohne Ansehen und die Aussicht auf weitere Erfolge dazustehen. Die Angst des Erfolgreichen vor dem Misserfolg kann ein so starkes Motiv sein, dass der Erfolg nichts weiter ist als ein lebenslanges Davonlaufen vor dem Misserfolg. Der Preis, den er dafür bezahlt, ist oft hoch: Andere Menschen und Beziehungen bleiben auf der Strecke und werden auf dem Weg zum Gipfel überrannt, die Lebensqualität orientiert sich nur noch am Ziel und nicht mehr an dem, was das Leben bis dahin lebenswert

macht. Hilfreich wäre es, der einfachen spirituellen Weisheit zu vertrauen, nach der kein Erfolg auf dieser Welt es wert ist, dafür ein ganzes Leben zu opfern.

Vielleicht aber ist unser Glaube an uns selbst auch einfach eine Illusion, die aus einer Lebensphase herrührt, in der wir alles bekamen, was wir uns gewünscht haben, und in der uns das Gefühl vermittelt wurde, immer der Held zu sein. Irgendwann kommt dann eine andere Zeit und wir verstehen einfach nicht, wieso uns die Welt nicht mehr zu Füßen liegt. Wir können nicht begreifen, dass unsere herausgehobene Position nur eine Illusion war, die von unseren Eltern, von Menschen, die unsere Karriere förderten, oder von unzuverlässigen Bewunderern erzeugt wurde. Auf der Kartenrückseite sehen wir die Perspektive der Menschen, die ihre Stäbe erhoben haben, um zu jubeln. Hinter ihnen reitet der angebliche Sieger mit seinem Pferd vorbei, aber nun sehen wir hinter ihm eine große goldene Kutsche, in der ein König und eine Königin sitzen. Der „Sieger" eskortiert sie nur, wie wir jetzt erkennen können. Der Jubel der Masse gilt nicht ihm, sondern diesen beiden herrschaftlichen Gestalten, die das Leben tatsächlich an die Stelle der Sieger, der Herrscher gesetzt hat. Der Reiter mag sich im Jubel der Masse sonnen und sich einbilden, sie jubelten auch ihm zu, aber wenn das Königspaar nicht in der Nähe wäre, würden man ihn vermutlich ziemlich ignorieren.

Stichworte: **Selbstüberzeugtheit;** *Übersteigertes Selbstvertrauen; Karrieresucht*

Umgekehrte verborgene Seite
Wenn wir die Karte umgekehrt empfangen, sollten wir uns fragen, ob aus unserer Angst vor Misserfolg eine Haltung der Selbstsabotage geworden ist. Statt dass wir uns mit übergroßem Optimismus etwas in die Tasche lügen, belügen wir uns hier mit dem Glauben, wir könnten nichts zuwege bringen und seien grundsätzlich unfähig. Aus Angst vor dem Scheitern übernehmen wir vielleicht nur Aufgaben, die uns eigentlich zu klein sind, so dass wir niemals eine wirkliche Herausforderung erleben. Oder wir übernehmen dau-

ernd Aufgaben, die viel zu groß für uns sind oder für die wir nicht das richtige Handwerkszeug haben, so dass wir immer wieder unser Gefühl, nichts zu schaffen, bestätigt bekommen. Wir fürchten uns so vor dem Misserfolg, dass wir unbewusst ganz auf ihn fixiert sind statt auf den Erfolg – und ihn dadurch ständig herstellen. So wie der Glaube an den Erfolg zur sich selbst erfüllenden Prophezeiung wird, so kann auch der Glaube an den Misserfolg (und die beständige Angst davor) zu einem Lebensentwurf führen, in dem wir tatsächlich mit nichts Erfolg haben werden.

<u>Stichworte</u>: **Misserfolgserwartung**; Selbstsabotage

VII

Vorderseite
Ein Mann steht alleine mit seinem Stab sechs Gegnern gegenüber, von denen nur die Kampfstäbe zu sehen sind, denn der Einzelne steht auf einer Anhöhe über ihnen. „Ein Bild der Tapferkeit" nennt Waite diese Karte, der Entschlossenheit, sich durch keine Übermacht klein kriegen zu lassen. Hier geht es um einen Wettstreit eher sportlicher Art, keinen Kampf auf Leben und Tod, eher um Selbstbehauptung in einer intellektuellen Diskussion, um harte geschäftliche oder politische Verhandlungen, um einen persönlichen Konkurrenzkampf oder um die Behauptung der beruflichen Position. Der Mann auf der Karte steht über seinen Gegnern, hat also gute Chancen, den Wettstreit zu gewinnen. Man kann vermuten, dass er Gefallen an dieser Form der Auseinandersetzung hat, anders als bei der Neun der Stäbe. Aber ebenfalls anders als bei der Fünf geht es hier nicht um den Wettstreit an sich, sondern um die einzelne Person, die erhoben über den anderen steht. Vielleicht braucht sie diesen andauernden Kampf sogar, um sich wohlzufühlen, wie Rachel Pollack meint. Sie wäre dann der Typ von Manager, Politiker oder sozial Engagiertem, der sich nur wohlfühlt, wenn er etwas hat, wofür oder wogegen er kämpfen kann. Die Karte zeigt dann einen Menschen, der der Meinung ist, das Leben bestehe darin, sich ge-

gen andere abzusetzen und über ihnen zu stehen, was aber nur gelingt, indem man sie unten hält und ihre Versuche, ebenfalls auf den Hügel heraufzuklettern, zunichte macht.
<u>Stichworte</u>: **Selbstbehauptung**; *Entschlossenheit; Anstreben höherer Ziele; Platzhirschverhalten*

Umgekehrte Vorderseite
Umgekehrt sehen wir einen Menschen vor uns, der nicht dazu bereit ist, seine Position zu verteidigen. Die Person besitzt vielleicht zu wenig Mut und Selbstvertrauen, sich auf eine Auseinandersetzung einzulassen, selbst wenn sie diese mit Sicherheit für sich entscheiden würde. Vielleicht mangelt es ihr einfach an Entschlusskraft, sich auf einen Wettstreit um die Verteidigung der eigenen Rechte und Positionen einzulassen. Oder sie weiß nicht, wie sie vorgehen soll, um ihre Energien gezielt in die richtige Richtung zu lenken. Ohne das nötige Selbstvertrauen wird die Person ängstlich in einer Situation verharren, in der sie eigentlich beweisen müsste, was in ihr steckt.
<u>Stichworte</u>: **Unentschlossenheit**; *Feigheit; Ängstlichkeit; mangelndes Selbstvertrauen; ungerichtete Wut*

Die verborgene Seite
Der Mann auf der Vorderseite steht unter Druck, seine eigene Position zu behaupten. Vielleicht hat er sich Ziele im Leben vorgenommen, die nur schwer und unter Anstrengung zu erreichen sind, und hat Angst, sie nicht ohne weiteres zu erreichen. Wenn er sich angegriffen, von anderen unter Druck gesetzt und von den Umständen seines Lebens gestresst fühlt, vergisst er vielleicht, dass er selbst sich diesen Druck macht. Er meint, sich verteidigen zu müssen, weil ihm das Vertrauen fehlt, dass andere ihn auf seiner Position respektieren. Jeden kritischen Beitrag zu einer Diskussion erlebt diese Person als Angriff, weil ihr das Kämpfen und ihre Verteidigungsbereitschaft so ins Blut übergegangen sind, dass sie nicht mehr glauben kann, jemals vor den Angriffen anderer sicher zu sein. Das rührt aus einem tiefen

Grundmisstrauen gegenüber anderen Menschen und dem Leben her. Im psychologischen Sinn hat sie nie gelernt, sich selbst wirklich so sehr zu lieben, dass sie keine ausgefahrenen Klauen mehr braucht, um sich sicher zu fühlen. Im spirituellen Sinn hat sie nicht erfahren, dass es nichts zu erreichen gibt, wofür sie kämpfen müsste, weil ihr alles bereits geschenkt wurde, was sie braucht. Wir sehen deshalb auf dieser Kartenseite den Menschen von der Vorderseite, wie er wild mit seinem Stab wedelnd auf der Anhöhe steht. Aber da wir jetzt das ganze Bild sehen, erkennen wir, dass die sechs anderen Stäbe gar nicht von Gegnern gegen ihn gerichtet werden, sondern seelenruhig in der Erde stecken und sogar schon grüne Triebe und Wurzeln geschlagen haben. Sein Kampf ist völlig unnötig. Er könnte gelassen auf dem Hügel sitzen und ein Butterbrot verzehren. Stattdessen lassen ihn sein Misstrauen und seine gewohnheitsmäßige innere Anspannung nicht zur Ruhe kommen.
Stichworte: **Grundmisstrauen;** *sich ungeliebt fühlen; sich unter Druck setzen; Stress*

Umgekehrte verborgene Seite
In der Umkehrung hat der Mensch das Urvertrauen in sich entdeckt, das psychologisch aus dem Gefühl kommt, so in Ordnung zu sein, wie man ist, ohne dass man dies sich selbst oder den anderen ständig beweisen müsste. Man befindet sich im Gefühl der Geborgenheit und Gelassenheit, dass man sicher auf der Position stehen bleiben kann, die man erreicht hat, weil man sie verdient hat und keiner sie einem wirklich streitig machen wird. Spirituell gesehen entstammt dieses Urvertrauen der Gewissheit, dass man nichts Bestimmtes erreichen oder verteidigen muss, keine berufliche oder soziale oder intellektuelle Position, da einem genau das zuteil werden wird, das einem zugedacht ist. Statt mit harter Energie irgendwelche höheren Ziele anzustreben, befindet man sich im Fluss, der Gewissheit, dass die Dinge geschehen werden, wie sie geschehen sollen.
Stichworte: **Urvertrauen;** *Geborgenheit; im Fluss sein*

VIII

Vorderseite
Diese Karte zeigt die Doppeldeutigkeit unserer Welt auf, mit der wir jedoch die größten Schwierigkeiten haben, weil wir sie so gerne eindeutig hätten. Denn die Acht der Stäbe bedeutet ein Ende, das zugleich immer ein Anfang ist. Jedes Ende ist ein Anfang, könnte man hier sagen: da alles im Fluss ist, bedeutet der Abschluss einer Phase des Suchens und Kämpfens immer den Beginn einer Phase der Ruhe und des Auskostens dessen, was vorbereitet wurde. Die Stäbe sind auf den Boden der Wirklichkeit gerichtet – die Feuerenergie der Aktivität kommt zu einem Abschluss. Dieser Abschluss ist zumindest insofern befriedigend, als die Unruhe der Feuerenergie jetzt zur Ruhe kommt. Im zwischenmenschlichen Bereich bedeutet dies, nach einer Phase des Zweifels endlich etwas zu unternommen zu haben, um eine Beziehung zu initiieren – vielleicht indem man einem lange begehrten Menschen die eigenen Gefühle offenbart, vielleicht, indem man etwas unternimmt, um neue Kontakte zu knüpfen. Da die Feuerenergie mit der vollen Wucht von acht Stäben auf die Erde zielt, könnte man allerdings auch ein Bild für übereilte oder zumindest schnell und hastig zustande gekommene Abschlüsse sehen.
<u>*Stichworte*</u>*:* **Ergebnis**; *befriedigender Abschluss; Initiative in einer Beziehung; große Hast*

Umgekehrte Vorderseite
Hier kommt ein ersehntes Ergebnis nicht zustande. Die Situation bleibt offen und ungeklärt. Statt sich zu beeilen, um einen günstigen Abschluss zu erzielen, wird gezögert und verzögert, die Situation wird künstlich in der Schwebe gehalten. Das gleiche gilt für Beziehungen, in denen keine Schritte unternommen werden, um zusammen zu kommen. Vielleicht entsteht stattdessen Streit und Eifersucht.
<u>*Stichworte*</u>*:* **Ergebnislosigkeit**; *Hinauszögern; Streit und Eifersucht*

Die verborgene Seite
Was für ein Prozess geht dem erfolgreichen, befriedigenden Abschluss voraus? Was sind die Voraussetzungen, die auf der Vorderseite verborgen bleiben? Meist dürfen wir voraussetzen, dass ein zähes Ringen und Sich-Bemühen stattgefunden hat. Aber das ist nicht alles, denn jeder Abschluss schließt auch ein, dass andere Optionen aufgegeben wurden, dass eine Entscheidung zugunsten einer Lösung gefällt wurde, während andere Möglichkeiten zugleich losgelassen werden müssen. Dazu gehört auch das Loskommen von der Idee, man könnte durch noch längeres Hinauszögern und Abwarten ein noch besseres Ergebnis erzielen, eine noch bessere Option finden. Manche Menschen binden sich nie fest an eine andere Person, weil sie immer hoffen, dass ihnen irgendwann eine noch bessere Alternative über den Weg läuft. Das Wechselspiel zwischen dem Kampf um etwas, das man erreichen will, und dem Loslassen dessen, was man sonst noch alles erreichen könnte, macht es erst möglich, sich auf eine Möglichkeit festzulegen – jedenfalls vorübergehend – und damit die unruhige Energie zur Ruhe zu bringen. Dieser Prozess zeigt sich in dem Mikadospielartigen Wurf, mit dem der eine Mann auf der Abbildung seine vier Stäbe in die Luft schleudert. Sein befreites Lächeln zeigt uns, welche Erleichterung es für ihn bedeutet, die Stäbe ihrem eigenen Flug zu überlassen. Er hat ihre Energie lange genug in der Hand gehalten, dürfen wir vermuten, so wie es die andere Person mit ihren vier Stäben weiter tut: Fest umklammert hält sie je zwei davon in ihren Händen wie die zum Kampf bereiten Figuren auf der Fünf oder der Sieben der Stäbe. Wir dürfen aber nicht glauben, dass die Figur, die weiter an ihren Stäben festhält, nur fehlgeleitet oder rigide wäre. Um ein gutes Ergebnis zu ringen ist keineswegs sinnlos, sondern die Voraussetzung dafür, dass man schließlich loslassen und zu einem Abschluss gelangen kann. Die Kunst besteht darin, die Stäbe zum *richtigen* Zeitpunkt loszulassen. Die Mahnung der Rückseite liegt allerdings darin, nicht zu lange alle Optionen in der Hand behalten zu wollen, sondern vertrauensvoll abzugeben, auch wenn es besonders schwer fällt. Aus einer spirituellen Perspektive

könnten wir vielleicht ergänzen, dass uns manchmal einfach nicht die uns am besten erscheinende aller möglichen Optionen zugedacht ist und es wichtig ist, in das einzuwilligen, was uns das Leben bietet, auch wenn wir gerne noch auf den großen Gewinn warten würden.

<u>Stichworte</u>: **Entschiedenheit**; *Entscheidungen treffen und dem vertrauen; Loslassen von anderen Optionen*

Umgekehrte verborgene Seite
Wenn die Bedeutung der Rückseite sich umkehrt, haben wir etwas Entscheidendes verwechselt. Statt um ein Ergebnis zu ringen und dann loszulassen, wenn es an der Zeit ist, meinen wir, uns gar nicht anstrengen zu müssen. Dann zeigt die Abbildung nicht einen Menschen, der zum richtigen Zeitpunkt die Stäbe davon wirft, nachdem er lange Zeit mit den Umständen, mit seinem Kontrahenten oder einer Entscheidung gerungen hat. Sie zeigt jemanden, der meint, die Stäbe gleich von sich werfen zu können und die Dinge einfach geschehen zu lassen, wie sie kommen. Das kann eine durchaus reife spirituelle Einstellung sein – nicht an irgendetwas festzuhalten und die Dinge hinzunehmen wie sie sind. Oft aber handelt es sich nicht um die aktive Wahl eines bestimmten Lebensprinzips, sondern um Passivität und Flucht vor der Verantwortung für die eigenen Lebensentscheidungen. Das Problem ist: Man kann sich nicht nicht entscheiden. Wer nicht um eine Entscheidung kämpft, sich nicht um ein Ergebnis bemüht, um dann in das Mögliche einzuwilligen, sondern einfach immer alles hinnimmt, hat wahrscheinlich entschieden, alles mit sich machen zu lassen. Auch das ist eine Entscheidung. Aber sie führt nicht weiter, außer in eine Opferhaltung dem Leben gegenüber. Hier fehlt der Figur auf der Karte Eigeninitiative und Eigenverantwortung. Es ist ihr dringend zu raten, Kompromisse erst nach Bedenken und Verhandeln einzugehen.

<u>Stichworte</u>: **Gleichgültigkeit**; *Passivität; Entscheidungsunwilligkeit; mangelnde Zähigkeit*

IX

Vorderseite
Die Karte zeigt einen Krieger, der einen Feind zu erwarten scheint. Er ist kampfbereit und hält einen Stab zu seiner Verteidigung in den Händen. Auch wenn sich die Kommentatoren uneinig sind, ob die acht Stäbe, die in seinem Rücken aufgestellt sind, den anrückenden Feinden gehören oder seine eigenen bereitgestellten Waffen sind, macht das keinen Unterschied. Wie bei allen Neuner-Karten wird hier deutlich, dass das Ausmaß der Qualität eines Satzes enorm geworden ist, aber nicht ihr Maximum erreicht hat, wie bei den Zehnen. Die Feuerenergie der Stäbe ist hier an einen Punkt gelangt, an dem sie sich in Aggressionsbereitschaft und der Entschlossenheit, bis zum bitteren Ende zu kämpfen, festgesetzt hat. Der Kämpfer sieht weder siegessicher noch gelassen aus. Er wird den Kampf aufnehmen, aber der Kampf ist zum Selbstzweck geworden und wird um jeden Preis gekämpft, selbst um den Preis des Verlusts der eigenen Integrität, des eigenen Lebensglücks, ja sogar des eigenen Lebens. Wir sehen an seinem Kopfverband bereits, dass er aus den bisherigen Kämpfen eine nicht geringfügige Verwundung davon getragen hat. Dass sein Kopf verwundet ist, weist darauf hin, dass seine Bitterkeit sein Vermögen, klar zu denken, beschädigt hat. Beachtenswert ist Rachel Pollacks Bemerkung, dass der Mann auf der Karte keine vollständige Persönlichkeit besitzt, da er sich durch sein ständiges Kämpfen von einem Teil seiner Erfahrungen abgetrennt hat, um kampfbereit zu sein – „und nun wartet er auf den nächsten Streit, während seine Augen nur den Feind sehen, oft sogar dann noch, wenn der Feind sich schon längst ergeben hat". Eine solche Haltung treffen wir oft bei Menschen an, die verbittert geworden sind, weil sie sich einer feindlichen Welt ausgesetzt fühlen, gegen die sie sich zur Wehr setzen müssen, während sie selbst den Eindruck haben, nur das Richtige und Gute zu wollen.

Stichworte: **Kampfgeist**, *Stärke, Verbitterung, permanentes sich zur Wehr setzen*

Umgekehrte Vorderseite
Wendet sich das Blatt, dann kann der Kämpfer seinen Kampfesmut nicht länger aufrecht erhalten. Im schlimmsten Fall bricht all seine Abwehr angesichts der Widrigkeiten des Lebens oder der feindlichen Nachstellungen zusammen. Eventuell gibt er auch den Kampf auf, weil er einsieht, dass er gegen seine Feinde oder die Umstände keine Chance hat. Im besten Fall gibt er nach, wie der sprichwörtliche Klügere es tut, weil er einsieht, dass es besser ist, einen Kampf zu verlieren als sich einen Pyrrhussieg zu erkämpfen, bei dem außer der Ehre des Siegers nichts mehr übrig bleibt.
<u>Stichworte</u>: **Nachgeben**, *Aufgeben, Zusammenbruch*

Die verborgene Seite
Auf dieser Seite sehen wir ein komplett anderes Bild, auch wenn es der Vorderseite auf den ersten Blick zu ähneln scheint. Doch sobald wir die Details beachten, erkennen wir, dass der Mann, der sich auf der Vorderseite in kampfbereiter Position auf einen Angriff vorbereitet, jetzt gelassen und lächelnd steht. Er hat den Stab, seine Waffe, nach unten gesenkt und steht seinem Feind direkt gegenüber, der seinerseits seine Waffe wie zum Schlag ausholend nach oben hält, was den Anderen aber nicht zu stören scheint. Und so wirkt der Feind wie in der Bewegung erstarrt, starrt ihn mit aufgerissenem Mund an, als könne er es nicht fassen, dass der andere keine Anstalten macht, sich zu verteidigen oder zurückzuschlagen. Die übrigen Stäbe, die auf der Vorderseite ihre Feuerenergie wie in einer Geschützphalanx nach oben leiten, liegen jetzt ebenso ordentlich übereinander gestapelt hinter dem Kämpfer. Und noch etwas sollte uns auffallen: Die Kopfbinde, die auf der Vorderseite eine Verletzung seines klaren Denkvermögens repräsentiert, trägt er jetzt in der Hand, in der er auch den Stab hält, während seine andere Hand nach unten mit der Handfläche nach vorne zeigt und dem anderen somit bedeutet, dass hier kein versteckter Dolch einen Hinterhalt befürchten lässt. Der Mann hat die Verletzungen, die er in sich trug, zu heilen vermocht, indem er sich ganz auf die Seite der Gewaltlosigkeit schlug, der Friedfertigkeit. Die Szene er-

innert an Mahatma Gandhis passiven Widerstand gegen die britische Besatzungsmacht, die angesichts der Gewaltlosigkeit des Protests ihrer Gegner schließlich kapitulierte. Die Inder, die Gandhi folgten, waren nicht machtlos. Sie boten den Briten die Stirn, aber sie verzichteten dabei auf jede Form der Gewaltausübung. Auch der Mann auf dem Bild ist nicht wehrlos. Er trägt seine Waffe weiterhin in der Hand, auch wenn er nicht dazu bereit zu sein scheint, sie einzusetzen. Und er steht seinem Gegner weiterhin aufrecht gegenüber. Er hat sich ihm nicht gebeugt, nicht in einer Geste der Unterwerfung seine eigene Position aufgegeben. Er hat auch kein Geschenk in der Hand, mit dem er seinen Gegner gewogen zu stimmen hofft. Er macht deutlich, dass seine Friedfertigkeit nicht mit Schwäche verwechselt werden darf. Aber er hat aufgehört, um sein Recht oder seine Position zu kämpfen. Er bietet dem anderen einen unemotionalen, sachlichen Stil des Umgangs an, ein klärendes Gespräch, das keine Freundschaft voraussetzt. Die Waffen, die er hinter sich gesammelt hat, könnten von anderen Feinden stammen, die bereits angesichts der konsequenten Friedfertigkeit und Klarheit ihres Gegners kapitulierten. Sie könnten aber auch seine eigenen Waffen sein, die nicht zum Einsatz kommen müssen, die aber noch einmal unterstreichen, dass er nicht wehrlos ist, auch wenn er es nicht nötig hat, aggressiv aufzutreten. In einer spirituellen Betrachtungsweise sind es möglicherweise die Geschenke, die wir von der Welt zurückbekommen, wenn wir darauf verzichten, uns mit Gewalt durchzusetzen. Die Friedfertigen werden Gottes Kinder heißen, sagte der Nazarener. Wie ein Kind, so schützt Gott die Friedfertigen und gibt ihnen das zurück, was die Gewalttätigen ihnen genommen haben – jedenfalls auf lange Sicht, wenn wir an der Friedfertigkeit in uns festhalten und uns nicht anstecken lassen. Das ist das Gesetz des Karma: Wer Gewalt sät, wird Gewalt ernten, wer Frieden sät, wird Frieden auch in sich ernten. Die Kartenrückseite lehrt uns, dass es möglich ist, den eigenen Standpunkt auf eine friedfertige und ruhige Weise zu vertreten, ohne die Wellen des Zornes.

Stichworte: **Versöhnung**, Aussprache, Diplomatie, Gewaltlosigkeit, Friedfertigkeit

Umgekehrte verborgene Seite
Wer nicht erkennt, dass es einen Weg gibt, die eigene Position ohne Zorn und Aggressivität zu verteidigen, der neigt dazu, aus Furcht vor dem Konflikt den Weg des geringsten Widerstands zu gehen: sich selbst und den eigenen Standpunkt aufzugeben und dem anderen das Spielfeld zu überlassen. Dabei ist der eigene Standpunkt möglicherweise sehr begründet, möglicherweise bin ich im Recht und sollte das den Anderen auch wissen lassen. Es nützt der Wahrheit nichts, wenn ich immer gleich klein bei gebe und mich von anderen herumkommandieren lasse, nur weil ich mich zu schwach fühle, mich selbst zu behaupten und deutlich zu machen, was ich denke. Bildlich gesprochen: In der Umkehrung der Rückseite kniet der Kämpfer der Vorderseite demütig vor dem Gegner und lässt sich in dieser Haltung völliger Wehrlosigkeit und Schwäche gerne mit dem erhobenen Knüppel auf den Kopf schlagen. Das ist nicht der Umgang mit Konflikten, der unter Friedfertigkeit und Aggressionsfreiheit zu verstehen ist. Das ist Feigheit und Unterordnung unter den, der gerade das Sagen hat, auch wenn er im Unrecht ist. Menschen, die zu dieser Position neigen, sind zuweilen Opfer von Mobbing oder Hohn und Spott, insbesondere, wenn sie nicht unauffällig sind, sondern sich zudem exponieren und auffällig verhalten. Die Kombination aus Auffälligkeit und Schwäche ist häufig der Grund für andere, charakterschwache Individuen, diese Menschen durch Hänseleien und Gemeinheiten zu quälen. Die umgekehrte Rückseite kann deshalb sowohl für die Schwäche des Befragenden stehen als auch für seine Position als Opfer von Mobbing und Verhöhnung durch andere.

Stichworte: **Verhöhnung**; Mobbing; Selbstaufgabe; Preisgabe des eigenen Standpunkts

X

Vorderseite
Wir sehen einen Menschen, der eine ungeheuer schwere Last trägt. Um diese Karte zu verstehen, sollten wir uns deutlich machen, dass die Stäbe für das Element Feuer stehen. Hier hat ein Mensch zehn Stäbe auf sich genommen, in denen eine ungeheure Energie steckt, solange sie brennen. Sind sie aber abgebrannt, so ist keine Energie mehr übrig, um weiterzumachen. Das ist die typische Situation vieler Menschen, die sich mit großem Eifer für andere Menschen oder berufliche Ziele engagieren. Sie nehmen große Belastungen auf sich, aber irgendwann werden die diese zu groß, der Dauerstress zehrt an den eigenen Kräften und die Folge ist ein „Burn out": sie sind „ausgebrannt" und fühlen sich erschöpft. „Sein Stäbe-Eifer hat ihn in so viele Situationen verwickelt, dass jetzt paradoxerweise gerade diese Energie durch Verpflichtungen und Probleme abgeblockt wird. Er möchte frei sein, um zu reisen, Abenteuer zu erleben und sich auf neue Situationen einlassen zu können, statt dessen findet er sich (…) gefangen in einem Netz von endlosen Verantwortlichkeiten", schreibt Rachel Pollack. Diese Situation muss aber nicht allein aus selbstauferlegten beruflichen oder ehrenamtlichen Verpflichtungen resultieren, sie kann auch in Beziehungen entstehen, in denen eine Person einseitig alle Last auf sich nimmt.

Stichworte: **Belastung***; Erschöpfung; von Aufgaben erdrückt; ausgebrannt*

Umgekehrte Vorderseite
Dreht sich die Karte um, so lässt der schwer beladene Mensch seine Stäbe fallen. Er hat erkannt, dass er sich zu viel (oder die falschen Aufgaben) aufgebürdet hat und befreit sich von diesen Verpflichtungen. Vielleicht ist diese Befreiung nur vorübergehend: Die Person gönnt sich eine Auszeit, um dann wieder weiter zu machen wie zuvor. Oder gibt sie alles, was sie überfordert, auf, nur um bald darauf neue Verpflichtungen einzugehen? Dieses Verhalten

sehen wir bei vielen Menschen, die unter einem „Helfersyndrom" oder „Workaholism" leiden: Wenn sie es einmal schaffen, „Nein" zu sagen, fühlen sie sich so unwohl, dass sie sich gleich wieder neue Aufgaben suchen. Vielleicht deutet die umgekehrte Karte auch auf eine Lebensphase hin, in der die täglichen Pflichten nicht mehr als Belastung empfunden werden und der Fragesteller sich frei fühlt, ihnen nachzukommen oder auch nicht. In jedem Fall sollte auf das Wegwerfen der Stäbe ein weiterer Schritt folgen, in dem nach neuen Wegen gesucht und das bisherige Dilemma auf einer tieferen Ebene verstanden wird.

Stichworte: **Abgeben**, *Entschleunigen, Stress reduzieren*

Die verborgene Seite
Was treibt einen Menschen dazu, sich zu verausgaben, Verpflichtungen auf sich zu nehmen, die ihm schließlich zu viel werden und ihn zu erdrücken drohen? Viele Menschen haben im Laufe ihres Lebens die Botschaft verinnerlicht, etwas leisten zu müssen, um ein liebenswerter, akzeptabler Mensch zu sein. Menschen, die solch eine Lebensmaxime in sich tragen, die ihnen sagt: „Du hast nur eine Lebensberechtigung, wenn du etwas dafür tust", können nicht aufhören, für Andere oder ihre Karriere zu arbeiten. In abgeschwächter Form aber suchen die meisten Menschen in einer auf Leistung aufbauenden Gesellschaft nach Anerkennung und Selbstbestätigung, indem sie sich beruflich engagieren oder ehrenamtlich einen Ausgleich zu einer stumpfsinnigen Berufstätigkeit suchen. Während soziales oder berufliches Engagement für die Gesellschaft unverzichtbar ist, drohen Menschen sich selbst zu verlieren, wenn sie nicht immer wieder kritisch hinterfragen, für wen sie das eigentlich tun. Wer nach Anerkennung strebt, macht sich abhängig von der Aufmerksamkeit Anderer. Bleibt sie aus, ist die Enttäuschung schwerwiegend. Wer sein eigenes Dasein durch seine Leistungen rechtfertigen will, hat nicht begriffen, dass er auch ohne die Rechtfertigung da sein darf, so wie er ist. Niemand muss beweisen, dass er als Mensch einen Wert besitzt. Und wer es als Bereicherung emp-

findet, für eine Aufgabe oder andere Wesen einzutreten, sollte dabei immer auf seine Kräfte und die Bedürfnisse seiner Seele achten.

Die Karte zeigt die Ambivalenz dieser Motivation im Bild eines Menschen, der versucht, dem Lastenträger der Vorderseite sein Bündel an Stäben zu entreißen. Obwohl der herbeigeeilte Helfer einen äußerst freundlichen Gesichtsausdruck hat, gewinnt man den Eindruck, dass sie darum streiten, wer diese Stäbe tragen darf – und wüsste man nicht, dass die schweren Holzstäbe ein Zeichen für große Last sind, würde man meinen, der Andere wollte den Stabträger einer kostbaren Fracht berauben. Manche Menschen drängen sich mit ihrer Hilfsbereitschaft geradezu auf. Sie erhöhen ihre Wichtigkeit gerne dadurch, dass sie anderen mit Rat und Tat zur Seite stehen, die darauf gerne verzichten würden. Selbst wenn die belastete Person die Hilfe tatsächlich benötigt, ist es ihre Aufgabe, darum zu bitten. Aber wer von der Anerkennung anderer abhängig ist, braucht es, gebraucht zu werden. Der deutsche Psychologe Wolfgang Schmidbauer hat dieses Verhalten „Helfersyndrom" genannt. Die Rückseite der Karte bezieht sich im weiteren Sinn nicht nur auf diese Form scheinbar selbstlosen Engagements, sondern auf jede Form sozial oder beruflich engagierten Verhaltens, also auch auf solches, das nicht übertrieben ist und nicht aus einer mangelnden Selbstakzeptanz resultiert.

<u>Stichworte</u>: **Helfersyndrom**; *Soziales Engagement; Suche nach Anerkennung und Selbstbestätigung; falsch verstandene Hilfe*

Umgekehrte verborgene Seite

Wenn die Überforderung, die sich auf der Vorderseite der Karte ausdrückt, zu einem Zusammenbruch, einem Burn out führt, kann es sein, dass die Stäbe weit weggeworfen werden und der Betroffene sich dafür fürchtet, sie jemals wieder aufzunehmen. Gebranntes Kind scheut das Feuer, sagt man, und wer vom Feuer des Engagements verbrannt wurde, kann in eine Haltung verfallen, in der er künftig jede Kraftanstrengung, die in die gleiche Richtung weist, meidet. Das kann ein gesunder Reflex sein, um sich vor einer ähnlichen Überforderungssituation zu schützen. Zugleich kann dahinter aber auch eine resignative Haltung stecken, die das eigentliche Problem noch nicht bearbeitet hat. Insbesondere, wenn ein Mangel an sozialer Anerkennung und Selbstbestätigung die Ursache für den Zusammenbruch war, könnte man es als eine Art Trotzhaltung verstehen, wenn der Betreffende sich künftig weigert, sich noch einmal für uneigennützige Ziele zu engagieren. Aus der durchaus positiven Reaktion der umgekehrten Vorderseite, sich von der erdrückenden Last der Verpflichtungen zu befreien, wird eine Verweigerungshaltung, die nichts mehr mit Selbstschutz allein zu tun hat, sondern mit traumatischer Angst einerseits, anderseits möglicherweise mit frustrierten Motiven, die auf einer tieferen Ebene liegen und keineswegs selbstlos sind.

Stichworte: **Frustriertes Helfersyndrom**; *Burnout; fehlende soziale Anerkennung; Weigerung, sich zu engagieren*

Kelche

As der Kelche

Vorderseite

Das As ist die reine, unverkörperte Essenz eines Satzes. Es drückt das dem Satz zugehörige Element und seine Eigenschaften direkt aus. Dementsprechend steht der Kelch auf der As-Karte für die Essenz des Wasserelements, das Gefühl. Die Taube des heiligen Geistes nähert sich ihm mit einer Hostie im Schnabel und macht ihn zum heiligen Gral, einem Symbol der Liebe Gottes zum Menschen. Die Abbildung des Smith-Waite-Tarot zeigt diese Essenz in ihrer spirituellen Form als universelle Liebe, die sich in fünf Strömen in einen Seerosenteich ergießt. Die Fünfzahl wird als die Kombination von Zweiheit und Dreiheit dargestellt, als Verbindung des weiblichen (Zwei) und des männlichen Prinzips (Drei). Der Kelch bezeichnet in Befragungen eine tiefe, reine Liebe, die sich auf eine Person beziehen kann, aber im spirituellen Sinn auch ohne ein konkretes Gegenüber als Liebe schlechthin (objektlose Liebe) aus dem Göttlichen in die Gewässer des persönlichen Unbewussten hinein ergießen und die aus dem Herzen des Fragenden weiter strömen kann und sollte.

<u>Stichworte:</u> *(universelle) Liebe, göttliche Gaben, Freude, Fülle, Erfüllung*

Umgekehrte Vorderseite

Wenn wir uns dem Kelch, aus dem die göttliche Liebe ewig strömt, verschließen oder innerlich blockiert sind, weil wir unsere liebevolle Seite nicht zu leben wagen, dann steht uns die Kraft des heiligen Grals nicht zur Verfügung. Wie Parzival müssen wir weiter durch die Welt irren, bis wir reif genug sind, um Mitgefühl und Liebe in uns zu aktivieren. Solange aber leben wir in Disharmonie und innerer oder äußerer Zerrissenheit und vielleicht sind wir zu anderen oder andere zu uns falsch und täuschen echte Gefühle nur vor. Das Leben ist voller plötzlicher unharmonischer Veränderungen und

Aufruhr. Es gilt jetzt, die Fähigkeit zur Liebe im eigenen Herzen zu finden.

<u>Stichworte</u>: *Disharmonie, Zerrissenheit, Zwietracht, Unbeständigkeit, Revolution*

Die verborgene Seite
Der heilige Gral ist auch das Symbol des letzten Moments vor dem Leidensweg Jesu, das Gefäß, das das Blut des Gekreuzigten auffing. Um zu einer reinen Liebe zu finden, benötigen wir auch die Fähigkeit, uns hinzugeben, nicht aufzubegehren gegen den Schmerz, den wir erfahren und unsere Freunde wie unsere Feinde zu lieben. Denn die reine Liebe des spirituellen Urgrundes fließt überall hin, solange wir sie in ihrem Fluss nicht behindern. Sie kennt keine begehrenswerten oder verabscheuungswürdigen Objekte. Erst wenn wir die Dualität zwischen Wollen und Nicht-Wollen, Begehren und Hassen überwunden haben, wenn wir letztlich selbst Tod und Folter, die an uns verübt wird, als unvermeidlich Gegebenes hinnehmen, wie der Meister aus Nazareth es tat, sind wir dazu in der Lage, umfassend zu lieben. Die Dualität wird im Dreischritt aufgehoben, der Widerspruch von These und Antithese in der Synthese, der die Liebe ist. Die Dualität und die Dreiheit der Synthese erscheinen in den fünf Strömen des Rider-Tarots. Die göttliche Liebe befindet sich jenseits jeder Dualität – nicht nur derjenigen zwischen Freund und Feind, sondern auch zwischen mir und dir, Subjekt und Objekt.

Die verborgene Seite der Karte zeigt, dass der Fluss der Liebe sich nur dann in ein offenes, ihrer würdiges Gefäß ergießt, wenn wir dazu in der Lage sind, uns dem Fluss des Lebens hinzugeben, der Kraft der Liebe, die das ganze Universum zusammenhält. Dazu benötigen wir Vertrauen in das, was in jeder Sekunde unseres Lebens, auch in den schwierigsten Momenten, aus der Quelle des Lebens selbst zu uns fließt. Wir sind immer mit dieser Quelle verbunden, sie ist in uns und um uns. Die fünf Ströme der Liebe treffen auf der anderen Seite der Karte auf fünf verschiedene Empfänger: einen harten Felsen, an dem der Strom einfach abfließt; einen schwarzen Sumpf, der die Wasser in sich aufsaugt, aber zu schmutzigem Schlamm werden lässt; ein umgekehrtes Gefäß, das die Wasser in sich aufnehmen könnte, wenn es nach oben gerichtet wäre; ein Schaf mit durstig heraushängender Zunge, das neben dem Fluss des Wassers steht, aber in die falsche Richtung sieht; und einen offenen, reinen See, der das Wasser der Liebe an Tiere und Pflanzen in seiner Umgebung abgibt und der in einem magischen Glanz leuchtet. Vier der fünf Bilder symbolisieren Geisteszustände, in denen wir des Flusses der göttlichen Liebe nicht teilhaftig zu werden vermögen: den Zustand von Hass und Egozentrik; den Zustand von Begierde und der Verwechslung von Liebe mit Triebhaftigkeit; den Zustand der Depression und alleinigen Ausrichtung auf unser Unglück; den Zustand der Ignoranz, in dem wir uns ablenken und wegsehen, statt die Kraft der Liebe in uns zu suchen. Nur im fünften, offenen Geisteszustand werden wir zu einem leuchtenden, transparenten Gefäß, das weitergibt, was es empfängt. In Befragungen weist uns die Karte darauf hin, dass wir prüfen sollten, welcher der fünf Empfänger der Liebe wir sind, und dass wir uns um die Reinheit unserer Liebe bemühen sollten.

Stichworte: *Öffnung für höhere Gaben; Emotionale Offenheit; echte Nächstenliebe; Christus-Liebe; Bodhisattva-Ideal*

Umgekehrte verborgene Seite
Wie die aufrecht liegende Rückseite uns ermahnt, uns für den Fluss der Liebe offen zu halten, indem wir dem Leben oder seiner göttlichen Quelle vertrauen, so zeigt die umgekehrte Rückseite uns auf, was passiert, wenn wir dies nicht schaffen. Wir werden zu einer der übrigen vier Gefäße des Stroms der Gnade: Wir verspüren Hass auf die Welt und unsere Mitmenschen; Begierde und Triebhaftigkeit; Depression und Defätismus; ergehen uns in Ablenkungen und Verdrängungen. Zusammenfassend gesagt: Wir befinden uns im Zustand der Ablehnung der Gnade, des Zweifels an der Macht der Liebe.

Stichworte: *Verschlossenheit gegenüber dem Fluss der Liebe; Ablehnung der Gnade; Verlust unbedingten Vertrauens*

König der Kelche

Vorderseite

Während die Königin die gereifte, aber innerseelische Qualität des Satzes zeigt, symbolisiert der König den Zustand, in dem die Reife des Elements in die Beziehung zur Welt tritt. Da die Kelche als Satz des Wasserelements das emotionale Seelenleben zum Gegenstand haben, ist der König der Kelche ein Mensch, der das Potential seines Seelenlebens zur Verwirklichung bringt. Waite beschreibt ihn als einen „hellen, heiteren Mann, der (...) mit dem Gesetz oder dem Göttlichen in Verbindung steht". Die früheren Könige in vielen Erdteilen (auch Europas) besaßen sowohl gesetzgeberische als auch priesterliche Funktion. Die Verbindung zum Göttlichen erinnert an die Verbindung zum Wasser, dem Element der Schöpferkraft, des Gefühls und inneren Seelenlebens, während die Verbindung zum Gesetz an die Funktion des Königs gemahnt, die eigene Selbstverwirklichung zurückzustellen und für die Aufrechterhaltung des Staatswesens zu sorgen. In dieser Polarität steht auch die Figur auf dem Thron im Smiths Bild. Einerseits befindet sie sich inmitten ihres flüssigen Elements, andererseits ist ihr Thron aus massivem Stein und scheint sicher und unumstößlich auf dem Meer zu schwimmen, auch wenn dies physikalisch unmöglich ist.

Die Polarität wird auch sichtbar, wenn wir bemerken, dass das Szepter als Ausdruck der weltlichen Macht und der Kelch als Symbol des Seelenlebens vom König auf derselben Höhe gehalten werden, während sein Blick majestätisch das Reich überblickt, das ihm als Aufgabe gegeben wurde. Der Ausgleich zwischen der sozialen Verantwortung, der Verantwortung für die Welt und das eigene Leben einerseits, und andererseits dem Bedürfnis, in sich zu blicken und die eigene Kreativität auszuleben, ist das Thema dieser Karte. Dem König ist dieser Ausgleich gelungen. Er versteht es, seine Emotionen und seine private Selbstverwirklichung soweit zurückzustellen, wie es nötig ist, jedoch ohne sie zu unterdrücken. Man könnte ihn als einen „idealistischen Realisten" bezeichnen, einen Menschen, der seine Kreativität und seine Träume bewahren konnte, obwohl er das äußere Leben ebenfalls meistert. Damit das möglich ist, muss er sich für die Botschaften seiner Seele offenhalten, ohne ihren Impulsen spontan zu folgen. Damit ist er die beherrschte, die bewusste Form des Wassers, die weiß, wann das Wasser durch festgelegte Kanäle aus den Quellen des Unbewussten hervorströmen kann, ohne die Tagesgeschäfte zu behindern. Insbesondere kann die Karte deshalb auch einen reifen Künstler oder anders produktiven Menschen bezeichnen, der die Fülle seiner kreativen Fähigkeiten erreicht hat und der seine eigenen Impulse mit den adäquaten Mitteln zu verbinden weiß, um aus seiner Begabung eine Leistung zu machen, die auch Anderen zur Verfügung steht.

Stichworte: reifes Künstlertum; kreativ; produktiv; erfolgreich; verantwortungsbewusst

Umgekehrte Vorderseite
Traditionell bezeichnet die umgekehrte Karte einen unehrlichen Menschen, der sein kreatives Potential dazu missbraucht, Lügen und Betrug zu erfinden, und der statt sozialer Verantwortung egoistisch und boshaft geworden ist. Die hohe moralische Qualität der aufrechten Karte wird also in ihr Gegenteil verkehrt, während die Verbindung aus Kreativität und Lebenstüchtigkeit sich erhält. Ein solcher Mensch kann ein Liebhaber sein, der aber seine Gefühle nur vortäuscht, oder ein Geschäftspartner, der andere hintergeht. Als Künstler bezeichnet die umgekehrte Karte ein Künstlertum, das seine Reife nur scheinbar erreicht hat – ein überschätzter Künstler oder einer, der die Qualität seines Schaffens selbst überschätzt. Falls der Befragende selbst damit gemeint ist, trägt die Karte die Mahnung in sich, mehr an einer aufrichtigen Haltung im eigenen Schaffen zu arbeiten und weniger auf die Effekte beim Publikum aus zu sein.

Stichworte: Blender; kreativer Gauner; täuschend; unehrlich

Die verborgene Seite
Bevor der König zu einer ausgeglichenen Persönlichkeit werden konnte, in der eigene emotionale Bedürfnisse und soziale Verantwortung einen Ausgleich finden, musste er durch eine Zeit hindurchgehen, in der er glaubte, seine Emotionalität kompromisslos ausleben zu können. In dieser Sturm und Drang Phase seiner Jugend war er seinen Gefühlen ergeben, lebte sie aus und gefiel sich darin. Er machte den Frauen (oder Männern), die er begehrte, schöne Augen, verliebte sich heftig, nur um sich gleich darauf in das nächste Abenteuer zu stürzen. Er war verschrien als Casanova, der Herzen durch Charme erobern konnte, aber seine Gefühle waren so wenig konstant wie der Fluss des Wassers, dessen leidenschaftliche Form (Feuer des Wassers) sein Element ist. Die Vergangenheit des gesetzten älteren Herrn der Vorderseite ist seine Jugendzeit als Prinz, die voller Begehren, voller Leidenschaft und Verlangen war. Aber er trägt die Anlage bereits in sich, dass aus dieser Leidenschaft eines Tages die Reife eines verantwortungsvollen Mannes werden kann. Seine Leidenschaften versklaven ihn nicht, sondern werden durchlebt, um eines Tages ohne Wehmut zurückgelassen und auf eine subtilere Ebene erhoben zu werden.

Die Rückseite zeigt den jugendlichen, künftigen König, wie er über dem Thronsessel liegt, ein Bein über der Armlehne hängend, einen Kelch an den Mund geführt. Drei Arme haben sich ihm entgegengestreckt, deren Hände [zwei weiblich, eine eventuell männlich] seinen entblößten Oberkörper sanft berühren. Diese laszive Szene zeigt den Kronprinzen in der Ausschweifung seines Gefühlslebens, die er sich jetzt gönnt, weil er weiß, dass er eines Tages all dies hinter sich lassen wird, um die soziale und moralische Verantwortung eines reifen Erwachsenenlebens zu übernehmen.

Stichworte: **Prinz der Kelche**; *Begehren; Verlangen; emotionale Bedürfnisse; Leidenschaft*

Umgekehrte verborgene Seite
Schlimm kann es jenen Prinzen ergehen, die ihre Emotionalität nie leben dürfen, die früh schon auf eigene Gefühle verzichten müssen,

um sich den Wünschen ihrer Eltern oder Pädagogen zu unterwerfen. Sie unterdrücken die besten Seiten an sich, werden zu harten Männern ohne weiche Gefühle, können vielleicht Verantwortung übernehmen, aber sich nicht wirklich um sich kümmern. Die Schattenseite des Königs ist das innere Kind, das nie gelebt werden durfte. Ein Beispiel hierfür ist Friedrich der Große von Preußen, der sich als junger Mann mehr für Kunst und seinen etwa gleichaltrigen Freund begeisterte und der von seinem Vater, dem König, dafür auf grausame Weise bestraft wurde. Auch viele große Künstler – wie Johann Sebastian Bach oder im zwanzigsten Jahrhundert der Pop-Star Michael Jackson – mussten die Unbeschwertheit ihrer Kindheit zugunsten der Entwicklung ihres künstlerischen Talents opfern. Ein solches Opfer des eigenen Gefühlslebens zugunsten der Entwicklung von Begabungen und Fähigkeiten mag einen Menschen erfolgreich machen, ob es ihn glücklich macht, ist jedoch fraglich. Früher oder später wird er sich vielleicht jenen kindlichen oder pubertären Bedürfnissen noch einmal stellen müssen, die er niemals ausleben konnte, als er tatsächlich ein Kind oder Pubertierender war. Er wird sonst immer wieder von der Sehnsucht nach den unterdrückten Anteilen seiner Seele überfallen werden. Sich diesen Anteilen zu stellen muss allerdings nicht heißen, sie auszuleben. Psychotherapie, Selbsterfahrungsmethoden oder Meditation kann ebenfalls einen Kontakt zu ihnen aufzubauen helfen.

Stichworte: *Unterdrückte Emotionalität; unterdrücktes inneres Kind*

Königin der Kelche

Vorderseite
Der seltsame Kelch, den die Königin in den Händen hält, scheint auf den ersten Blick ein Ungetüm mit merkwürdigen sichelförmigen Henkeln zu sein. Erst bei genauerem Hinsehen entdeckt man, dass die Henkel in Wirklichkeit sehr lange, gebogene Flügel sind: die Flügel von Cherubinen. Der Kelch wird dadurch zum heiligen Kelch, erinnert an die Bundeslade Israels, die ebenfalls von zwei

geschnitzten Cherubim bewacht wurde. Der Deckel des Kelches trägt ein Kreuz, was wiederum an den Hostienkelch in der katholischen Liturgie erinnert. Was die Königin hier in der Hand hält, was sie verwaltet und worauf ihr Blick ruht, ist somit der heilige Gral, der Kelch von Liebe und Leben. Obwohl ihre Füße auf der Erde ruhen, ist sie von Wasser umgeben, dem Element der Phantasie, des Unbewussten, des Gefühls. Aber sie verliert sich nicht darin, sie beherrscht es ohne Dualität, sie ist die Herrscherin über das Reich von Phantasie und Kreativität, von unbewussten Qualitäten, von Gefühlen, Liebe und Hingabe. Insbesondere ihre Hingabe macht sie selbst zum idealen Kelch, zum Gefäß für das heilige Geheimnis des Lebens: indem weder der Intellekt noch ein Ego sie beherrschen, ist sie ganz eins mit dem Strom des Lebens, der durch sie hindurch wirkt. Sie ist die Venus, die aus dem Schaum des Meeres geboren wird.

Die Königin der Kelche ist damit ein Symbol für eine integrierte Persönlichkeit, in der Kreativität und Phantasie mit der Fähigkeit einhergehen, die eigenen Gefühle wahrzunehmen, Liebe zu verströmen und dennoch nicht widervernünftig zu handeln: „Gütige, liebende Intelligenz, die Gabe der visionären Schau" schreibt Waite. Ihr Kelch ist wie die Kristallkugel, in der sie übernatürliches Wissen empfängt, vielleicht die verborgene Seite ihrer eigenen Seele, in der sie kreative Ideen und Visionen für eine bessere Welt findet. Weil sie ein Gefäß für die Kräfte des Lebens und der Liebe ist, weil sie sich selbst gefunden und keine eigenen Grenzen zu verteidigen hat, ist sie, wie Waite es formuliert, zugleich heiter als auch hingebungsvoll, steht nicht nur ihrer Kunst, sondern auch anderen Menschen zu Diensten.

Stichworte: liebende Intelligenz; integer; hingebungsvoll; gütig; kreativ

Umgekehrte Vorderseite
„Eine bemerkenswerte, jedoch nicht vertrauenswürdige Frau" schreibt Waite zur Umkehrung der Karte. Die Qualitäten der Kelchkönigin – ihre Introspektion, ihr Verhältnis zum eigenen Gefühl, zur Phantasie, zum Strom des Lebens, zum Visionären – be-

dürfen einer tiefen ethischen Verpflichtung, um zur Liebe, zum Guten für alle Wesen zu werden. Dies ist hier nicht mehr der Fall. Ein egoistisches Motiv ist zwischen ihre empfangsbereite Seele und den Fluss des Göttlichen getreten, den die Vorderseite empfindet und den sie an die übrigen Lebewesen weitergibt. Sie ist intuitiv, nutzt ihre Intuition aber nicht zum Wohle Anderer. Sie integriert ihre Gefühle, diese sind aber von eher negativer Natur. Die Königin ist nicht am Ziel der Entwicklungsreise des menschlichen Lebens angelangt. Das wird daran deutlich, dass die Nymphen auf ihrem Thron Putten sind, also göttliche Kleinkinder: Ihre Seelenteile, die mit dem Wasser, dem Unbewussten in Kontakt sind, sind noch sehr selbstbezogen wie kleine Kinder. Das ist es, was sie leicht aus dem Gleichgewicht bringt und in eine Haltung zurückfallen lässt, in der sie vergisst, dass ihr Kontakt zu den Qualitäten von Gefühl und Kreativität allen zugute kommen muss.

Stichworte: Vertrauensunwürdigkeit; Ehrgeiz; egozentrische Kreativität

Die verborgene Seite
Hier sehen wir die Person, die auf der Vorderseite als Königin abgebildet ist, in einer jüngeren Form: Der Kelch steht vor ihr auf ihrem Thron und sie kniet lächelnd vor ihm, die Arme weit ausgebreitet, die Brust beinahe unter ihrem herunter rutschenden Kleid entblößt. Sie regiert noch nicht und kann sich so ganz ihrer kindlichen oder jugendlichen Unschuld, ihrem Enthusiasmus für den Fluss der Liebe und des Lebens hingeben. Wenn wir versuchen zu verstehen, wie die Königin das wurde, was sie auf der Vorderseite ist, verstehen wir, was wir in unserer jetzigen Situation zu tun haben, um selbst die Integration von Gefühl und Verstand, Träumen und Handeln, Kreativität und Sozialität zu erreichen. Der Schlüssel zu ihren Qualitäten liegt in ihrer Fähigkeit zur Hingabe. Sie denkt nicht an sich selbst, an ihre eigenen Vorteile und Bedürfnisse, an Macht, Ruhm und Ehre, an die Dankbarkeit und Bewunderung der Anderen. Sie tut, was sie in sich als richtig und wichtig empfindet. Es ist die Hingabe an ihre Aufgabe, an ihr authentisches Gefühl, dem sie sich unterwirft, und zugleich die Hingabe an andere We-

sen, denen sie aus Liebe und Uneigennützigkeit heraus hilft und dient. Ihre Fähigkeit zur Selbstaufopferung hat nichts Masochistisches: Sie weiß einfach, dass es kein Ego zu schützen gibt, wenn ein höherer Zweck und das Wohl anderer Lebewesen jeden Einsatz rechtfertigen. Deshalb ist ihr Altruismus echt, er ist keine „altruistische Abtretung", wie die Psychoanalyse eine Form scheinbar selbstloser Handlungen nennt, die in Wirklichkeit mit verstecktem Selbstwertgewinn einhergehen – und sie hat kein Helfersyndrom, sondern den völlig authentischen Wunsch, anderen Gutes zu tun – aus der vollen Erkenntnis heraus, dass jeder Andere ebenso viel wert ist wie man selbst. Eine andere Form der Hingabe ist die Hingabe an das Leben und die Liebe selbst. Sie fließt im Strom des Lebens und ist dankbar für die Gaben, die sie in sich selbst und außerhalb findet. Das macht sie fröhlich und leicht. Da ist keine Bitterkeit, kein Schuldgefühl und kein Bedauern in ihr. Die dritte Form der Hingabe ist von noch tieferer spiritueller Natur. Im *Osho-Zen-Tarot* heißt diese Karte „Empfänglichkeit" – und die Königin hat sich auf ihrem Weg zur Meisterschaft ganz öffnen müssen, um empfänglich zu sein für die leise Stimme von Intuition und visionärer Kraft. Göttliche Gaben, mystische Schau und paranormale Qualitäten kann man nicht erzeugen, man muss sie als Geschenk empfangen und muss erst einmal empfänglich sein. Diese Sensibilität, dieses Offensein richtet sich wiederum auf das, was aus dem eigenen Inneren kommt, ebenso wie auf die Mitwesen.

<u>Stichworte</u>: **Prinzessin der Kelche;** *Hingabe; Unschuld; Empfänglichkeit; Hoch-Sensibilität; Aufopferungsbereitschaft; Altruismus; Mitgefühl*

Umgekehrte verborgene Seite
Ebenso wie die verborgene Seite die Voraussetzung für die Vorderseite darstellt, entwickelt sich die umgekehrte Vorderseite aus schwierigen Erfahrungen, welche die Königin ihres Potentials an Hingabe berauben. Vielleicht ist sie durch eine Periode gegangen, in der sie oft und ungerecht angegriffen wurde, eine Phase der Zwietracht, der Nachstellungen, der Verleumdungen, der Undankbarkeit oder der Ausnutzung ihrer Güte. All das hat sie dazu

veranlasst, defensiv zu werden. Sie meint, sich selbst und ihre Qualitäten verteidigen zu müssen, ihre Nächstenliebe und ihr Mitgefühl besser dosieren zu müssen, um nicht ausgenutzt zu werden, ihre Gefühle und Visionen bei sich behalten zu müssen, um sich nicht angreifbar zu machen. Aus ihrer Defensivität aber wird Verschlossenheit gegenüber dem Leben, gegenüber der Liebe und allem anderen, das die Königin auszeichnet. Statt Hingabe praktiziert sie Selbstverteidigung, statt Empfänglichkeit Abwehr gegenüber allem, was sie gefährden könnte. Die umgekehrte Rückseite ermahnt uns, zur offenen und freien Haltung der aufrechten Rückseite zurückzukehren, wieder Vertrauen zu fassen und uns nicht zu verschließen. Auch wenn wir Angst davor haben: Langfristig werden wir nicht glücklicher werden, wenn wir den freien Fluss unseres eigenen Innenlebens blockieren.

Stichworte: Selbstverteidigung; Defensivität; Abschottung; Vertrauensverlust; Angst vor Offenheit

Ritter der Kelche

Vorderseite
Der Ritter trägt einen geflügelten Helm als Zeichen seiner Phantasie und einen Kelch in der Hand, auf den er ganz konzentriert ist, der ihn auf seinem Weg zu führen scheint. Der Ritter ist ein Jäger nicht des äußeren Erfolgs, sondern des heiligen Grals, des großen Mythos des Heiligen, das man zuerst in sich selbst finden muss. Deshalb ist er introvertiert, beschäftigt sich mit sich selbst und den eigenen Gefühlen, lässt sich von ihnen ins Leben hinein führen, durch das er recht unbedarft reitet. Zugleich aber kann seine Phantasie, solange sie nicht durch die Tat oder die kreative Auseinandersetzung mit der Umwelt erlöst wird, nicht produktiv werden. Sie bleibt reine Phantasie, wird nicht zu künstlerischer Kreativität, wird nicht zu weltformendem und gestaltendem Ideal, begeistert nicht andere und bildet sich nicht in die Materie hinein. Der Ritter bleibt ein passiver Träumer wie der Bube, obwohl das auf seiner

Entwicklungsstufe nicht mehr angemessen ist. Wenn er die Außenwelt nicht ebenso respektiert, die Ebene des Wahrnehmbaren ebenso integriert wie diejenige seiner eigenen Innenwelt, kann er zu Peter Pan werden, einem Menschen, der schon längst hätte erwachsen werden sollen, aber immer noch in einer Kinderphantasiewelt festhängt.

Stichworte: Träumer; Phantasie; Introversion; Peter-Pan-Syndrom

Umgekehrte Vorderseite
Der umgekehrte Ritter muss seine Träumereien aufgeben und sich mit den Erfordernissen der äußeren Welt auseinandersetzen. Dem wird er Widerstand entgegensetzen, wird sich mit Manipulation und Tricks gegen Versuche zur Wehr setzen, ihn aus seiner Märchenwelt zu holen. Er wird möglicherweise mit Hilflosigkeit reagieren und Andere um Hilfe bitten. Vielleicht wird er sogar auf den Trick verfallen, alles in seiner äußerlichen Wirklichkeit schlecht zu reden, denn dann ist es gerechtfertigt an der äußeren Welt zu scheitern und wieder in die kindliche Position des ewigen Träumens zurückzufallen. Doch selbst mit dieser Strategie wird sich sein Widerstand nicht auszahlen. Letztlich wird er doch Verantwortung für sich selbst und sein Leben übernehmen müssen.

Stichworte: Konfrontation mit dem Realitätsprinzip; Widerstand gegen Eigenverantwortung

Die verborgene Seite
In jedem Träumer steckt ein Traum von einer besseren Realität. Der Träumer wäre kein Träumer, wenn seine Umwelt und sein Traum übereinstimmten. Der Traum von einer besseren Welt ist die Antwort auf eine Welt, die nicht so ist, wie sie sein soll. Doch das Träumen, das sich nicht in Handeln umsetzt, ist kein Weg, um eine bessere Welt zu erschaffen, sondern eine Flucht vor der Verantwortung. Könnte der Ritter der Kelche seine in der Phantasie gebundene und absorbierte Energie befreien, dann würde er zum Weltverbesserer, einem idealistischen Abenteurer, wie ihn der Ritter der Stäbe repräsentiert, oder er wäre auf dem besten Weg zum Kelche-

König, der seine kreativen Vorstellungen verwirklicht. Der Rückzug in die Phantasiewelt des Ritters der Vorderseite erfolgt zuweilen aber auch erst, nachdem diese Ideale auf äußere Hindernisse gestoßen sind. In diesem Fall ist es wichtig, dass der Ritter in seiner Unreife lernt, mit Enttäuschungen umzugehen und die Ideale nicht aufzugeben, nur weil sie nicht sofort zu erreichen sind. Immanuel Kant hat ethische Ideale als „regulative Ideen" bezeichnet: das heißt, dass solche Ideen eine uns regulierende Wirkung entfalten, auch wenn wir ihr Ideal niemals erreichen. Es genügt bereits, dass wir nach ihm streben, um die Welt schon etwas besser werden zu lassen. Die verborgene Seite der Karte zeigt deshalb, wie der Ritter von seinem hohen Ross herabgestiegen ist, um einer Frau, die schwach und krank am Straßenrand liegt, aus seinem Kelch zu trinken zu geben. Er hat erkannt, dass seine Phantasien in Kontakt mit der Außenwelt kommen und dort in Form von Idealen gelebt werden müssen. Die Karte fordert uns dazu auf, nach außen zu blicken und unsere inneren Bilder nicht zur Abschottung gegenüber der Außenwelt zu benutzen, sondern aus ihnen Möglichkeiten alternativer Realität zu entwickeln. Der Ritter der Rückseite ist diesen Weg hinein in soziales Engagement, gelebte Nächstenliebe und Verwirklichung von Idealen bereits gegangen oder sollte ihn noch gehen, um in der Mitte anzukommen zwischen seinen positiven inneren Vorstellungen und dem, was er in der Realität vorfindet. Er sollte sich entscheiden, die Welt dort zu verbessern, wo er es seinen Kräften und Möglichkeiten nach auch vermag statt sich über das Elend und die Ungerechtigkeit der Welt zu erregen.

Stichworte: soziales Engagement; gelebte Ideale; Selbstverwirklichung

Umgekehrte verborgene Seite
Zuweilen treffen wir auf Menschen, die ihre einstigen Ideale und jugendlichen Träume so weit aufgegeben haben, dass sie angesichts ihrer ausschließlichen Orientierung auf Aktivitäten innerlich ausdörren. Vielleicht hatten sie das Beste gewollt, sind aber durch die Realität enttäuscht worden, so dass sie verbittert sind und nicht mehr an das Gute im Menschen oder in ihrer eigenen Arbeit glau-

ben. Wenn dies ihre Berufstätigkeit betrifft, funktionieren sie nur noch, ohne Befriedigung aus dem zu ziehen, was sie beruflich tun. Schließlich sind sie so in den Sorgen und Nöten des äußeren Lebens gefangen, dass sie gar nicht mehr von einem besseren Leben zu träumen wagen. Sie haben den Weg, den die drei übrigen Aspekte der Karte aufzeigen, zu weit getrieben: vom verträumten Ritter über den Widerstand gegen die Außenwelt bis hin zur Integration von Ideal und Realität sind sie stattdessen in der verbitterten und resignativen Annahme gelandet, die Welt sei eben so, wie sie ist, und man könne doch nichts Positives bewirken. Dann benötigen sie Phantasie, um wieder zu sich selbst zu finden, Glaube und Hoffnung, dass eine andere Welt möglich ist, und den Mut, wieder Visionen für eine bessere Zukunft zu entwickeln.

Stichworte: *Verbitterung; Vergessene Träume; blockierte Innenschau; korrumpierte Ideale;*.

Bube der Kelche

Vorderseite

Der Bube zeigt die Qualität jeden Satzes in seiner unentwickelten, frischen, kindlichen Form. Bei den Kelchen, die den Erkenntnismodus der Intuition repräsentieren, stehen Introspektion und die innere Welt der eigenen Bilder im Vordergrund. Der Bube der Kelche zeigt einen zartbesaiteten jungen Menschen, der verträumt einen Wunderkelch betracht, aus dem ein Fisch – Symbol für die Erzeugnisse des menschlichen Geistes – springt, der ihn anscheinend ansieht. Rachel Pollack schreibt: „Der Bube blickt amüsiert zurück, ohne das Bedürfnis, sich selbst so tief zu ergründen, wie es der Ritter tut. Hier findet die Imagination ihre Berechtigung in sich selbst". In der Alternativ-Psychologie des New Age hat man vor einiger Zeit Menschen, die offiziell die Diagnose Aufmerksamkeits-Defizit-Syndroms (ADS, ADHS) bekamen, umbenannt in *Indigo-Menschen*. Man möchte damit betonen, dass die offizielle Diagnose einen Menschen als krank abstempelt, der eigentlich nur mit den

Bedingungen in unserer Gesellschaft nicht mithalten kann: Er kann sich schwer auf die Anforderungen einer leistungsorientierten Schule konzentrieren, die eine Überbetonung des intellektuellen Erkenntnisvermögens und eine Beschneidung der Intuition fordert. Er oder sie ist jedoch hochsensibel, gefühlvoll, offen für die Welt der Intuition und der feinen Schwingungen, oft liegen seine/ihre Fähigkeiten im künstlerischen Ausdruck, der Körperbeherrschung oder einer exakten Wahrnehmung. Indigo-Menschen folgen mehr ihren inneren Impulsen und lassen sich nicht leicht durch äußeren Druck verbiegen. Das macht sie zu schlecht angepassten Mitgliedern dieser Gesellschaft – und zu hervorragenden Vorboten einer neuer Generation freier Individuen. Der Bube der Kelche ist ein solches Indigo-Kind: Er befindet sich spontan in einer tiefen Verbindung mit seinem eigenen Inneren und ist zugleich offen für all die subtilen Wahrnehmungen, die den meisten Menschen entgehen. Dies kann die Fähigkeit paranormaler, übersinnlicher Wahrnehmungen einschließen, aber auch künstlerische und andere, weniger auffällige besondere Gaben.

Stichworte: *Verträumtheit; Phantasiereichtum; intuitiv; Indigo-Mensch*

Umgekehrte Vorderseite
Der Bube, der sich in seinen inneren Bildern oder paranormalen Wahrnehmungen verliert, ist ein Träumer, der befürchten muss, den Kontakt zur äußeren, sozial geteilten Realität zu verlieren. Er kann Täuschungen und Phantasien erliegen oder in einer milden Form der Psychose sogar ganz in einer Phantasiewelt leben. So wie die aufrechte Karte das „Indigo-Kind" repräsentiert, das seine intuitive Kraft und Sensibilität ungehindert erleben darf, so zeigt die umgekehrte Karte den „ADS-Kranken", ein Individuum, das aufgrund der gesellschaftlichen Behinderung seiner Entwicklung in eine Phantasiewelt eintauchen musste und sich darin zu verlieren droht. Manchmal kann es sich um eine Person handeln, die den Kontakt zur Außenwelt aufgegeben hat, weil sie die Schönheit des Augenblicks nicht sieht und sich lieber in Träumen ergeht als sich

mit einer ungeliebten Realität auseinanderzusetzen. Das können Träume von einer besseren Zukunft oder einfach Phantasiewelten sein, wie sie Filme und Unterhaltungsromane zur Verfügung stellen. In einzelnen Fällen nutzen junge Menschen auch psychotrope Drogen, um die mit den gewöhnlichen Sinnen wahrnehmbare Welt durch eine angeblich leichter erträgliche oder interessantere Phantasiewelt zu ersetzen. Manche begabten Menschen missbrauchen sogar die Fähigkeit luziden Träumens zur bloßen Befriedigung eigener Wunschträume statt damit an ihrem Fortschritt zu arbeiten.

<u>Stichworte</u>: *Realitätsflucht; Realitätsverlust; Eskapismus; Phantasterei*

Die verborgene Seite
Der Welt der Imagination steht die Welt der Sinneserfahrung gegenüber. Der Gegensatz ist jedoch nicht unversöhnlich: beide Wahrnehmungsformen ergänzen sich leicht und bilden im Idealfall eine Einheit. Der mit der Kraft der Imagination und Sensibilität begabte Bube ist auf dieser Kartenseite deshalb mit einem zweiten Gesicht dargestellt. Eigentlich müsste man sagen: Dies ist sein erstes, sein „normales" Gesicht, während die Rider-Karte sein „zweites Gesicht" zeigt, das in innere und geheime Welten zu blicken vermag. Denn der Bube auf der rückseitigen Karte blickt mit seinem rückwärtigen Gesicht interessiert in eine Welt voller sinnlicher Freuden: duftende Blumen, singende Vögel und reife Früchte sprechen alle fünf Körpersinne an. Zur Integration des inneren Schauens mit der Welt der Sinne gehört die achtsame Konzentration auf das, was im Hier und Jetzt gegenwärtig ist, nicht nur auf das, was sich im Inneren abbildet. Die alte buddhistische Achtsamkeitsmeditation ist eine wesentliche Methode, um zu verhindern, dass ein Indigo-Mensch zum ADS-Patienten wird. Nur wenn er seine sensible und wache Aufmerksamkeit in ruhiger, distanzierter Beobachtung auf das richtet, was sich in seinen körperlichen Sinnen abbildet, steht der Bube ausgeglichen auf beiden Beinen und kann seine Sensibilität schließlich zur Reife der Königskarte weiterentwickeln. Die Karte steht deshalb für diese Haltung wacher, völlig

gelassener Aufmerksamkeit, bei der innen und außen gleichermaßen in den Blick kommen.
<u>Stichworte</u>: *Aufmerksamkeit; Achtsamkeit; im Hier und Jetzt sein; innen und außen*

Umgekehrte verborgene Seite
In der Umkehrung der Rückseite verdrängt der Bube schließlich seine intuitive, introspektive Seite ganz. Er schlägt sich völlig auf die Seite der so genannten Realität, also der sinnlich oder intellektuell erfahrbaren Welt, vielleicht wiederum, weil er von Lehrern, Eltern, Vorgesetzten dazu gedrängt wird. Die Gesellschaft erwartet von uns, dass wir primär in den Modi der äußeren Betätigung und des Denkens funktionieren. Wenn wir diese Vorstellungen übernehmen und stark entwickelte innere Welten unterdrücken, werden wir irgendwann bemerken, dass wir uns ganz verloren haben und leer geworden sind wie Zombies, die zwar von außen betrachtet funktionieren, aber kein Innenleben mehr haben (das ist ein Grund für das zunehmenden oder gleichbleibendgroße Interesse, das viele Menschen heute an Zombie-Filmen haben: sie finden die seelische Befindlichkeit von ihnen selbst und ihrer Umwelt darin abgebildet). Oder aber wir sorgen dafür, dass unsere unterdrückten inneren Bilderwelten sich irgendwann so stark zu Wort melden, dass wir professionelle Hilfe in Anspruch nehmen müssen. Insbesondere bei paranormal begabten Menschen, die von klein auf an gelernt haben, ihre Fähigkeiten unterdrücken zu müssen, kann es irgendwann später zu einem unkontrollierten Durchbruch paranormaler Eindrücke kommen. Diese sind so unbeherrschbar geworden, dass sie wie der Ausbruch einer Geisteskrankheit wirken. Die Hilfe eines Experten mit psychologisch-parapsychologischer Doppelqualifikation ist in diesem Fall erforderlich.
<u>Stichworte</u>: *Unterdrückte Intuition*

II

Vorderseite
Wenn wir die Karte auf der äußeren Ebene deuten, bedeutet sie jede Form einer harmonischen Beziehung zwischen Menschen, angefangen bei romantischer Liebe über eine gute Freundschaft bis hin zu Sympathie zwischen Berufskollegen. Zuweilen weist sie mehr auf das Verhältnis zwischen inneren Seelenanteilen hin. Dann zeigt sie Vereinigung und Harmonie zwischen entgegen gesetzten Persönlichkeitsanteilen, von Männlichem und Weiblichem, von Handeln und Gefühl etc. Die Karte lässt sich als eine kleine Variante der Trumpfkarte der Liebenden verstehen, die ebenfalls nicht nur die äußere Vereinigung von Menschen, sondern auch eine tief innere Harmonie von Gegensätzlichem einschließt. Während dort die Liebe durch den Engel in ihr Idealbild transformiert wird, zeigt sie sich nun in weniger komplexer, weniger archetypischer Form. Und dennoch wird auch hier zwischenmenschliche Zuneigung durch den Äskulapstab und den geflügelten Löwen auf eine höhere Ebene transformiert. Diese edle Form reiner Liebe, in den Worten Waites: „jene Sehnsucht, die nicht in der Natur enthalten ist, aber durch welche die Natur geheiligt wird" finden in diesem Symbol ihren Ausdruck. Damit steht der Löwe für die Kraft der Affekte, seine merkwürdig schwebende, geflügelte Form hingegen für die Transformation in Geistigkeit. Die Äskulapschlange erinnert an die indische Kundalini, die aufsteigende subtile Energie, die in der tantrischen Praxis beherrscht und genutzt wird. Die Leidenschaft wird geheiligt, wenn sie ins Streben nach spiritueller Entwicklung eingeht. Das ist die eigentliche Bedeutung der „platonischen Liebe", die Platon in seinem Dialog „Das Gastmahl" als ein erotisches Streben nach transzendenter Erkenntnis charakterisiert.

Stichworte: **Zuneigung**, *Liebe, Harmonie, innere Harmonie, platonischer Eros*

Umgekehrte Vorderseite
In Bezug auf zwischenmenschliche Beziehungen kann die Umkehrung alles meinen, was die Harmonie der aufrechten Karte stört. Eventuell wird die Beziehung durch negative Emotionen gestört (z. B. Neid, Eifersucht), vielleicht durch äußere Umstände oder durch die Einstellung eines der Partner gefährdet. Dann kann auch das Ende einer solchen Beziehung gemeint sein. Vielleicht wird auch eine Beziehung aufrechterhalten, die den Partner oder einem von ihnen nichts mehr bedeutet oder die nicht das ist, was sie zu sein scheint. Bezieht sich die Karte hingegen auf die innere Beziehung der gegensätzlichen psychischen Anteile zueinander, so ist die Harmonie zwischen Aktivität und Passivität, Handeln und Fühlen oder Ratio und Emotion zerbrochen oder gefährdet.
*Stichworte: **Dysharmonie** zwischen Personen oder Seelenanteilen; Beziehungsstörung; Ende einer Liebesbeziehung/Freundschaft*

Die verborgene Seite
In der Zwei verbirgt sich eine doppelte Eins, die ursprüngliche Einheit, das integrierte Individuum. Noch stärker als die Vorderseite verweist die Rückseite auf ein harmonisches Einssein in uns selbst. Die Vorderseite der Zwei, eine harmonische Beziehung zu anderen Menschen, bedarf der inneren Ganzheit, in der wir uns selbst so akzeptieren können, dass wir nicht gegen uns ankämpfen müssen. Daraus kann eine positiv-akzeptierende Haltung gegenüber dem Leben insgesamt – einschließlich seiner schwierigen Seiten – entstehen. Die Bibel drückt das in dem Gebot aus, man solle den Nächsten so lieben, *wie man sich selbst liebt oder lieben sollte.* Selbstliebe ist in ihrem positiven Aspekt deshalb das Gegenteil von pathologischem Narzissmus, also der ständigen Notwendigkeit, sich gegenüber Anderen zu erhöhen, um sich des eigenen Wertes zu versichern. Die häufigste Strategie von Menschen, um sich selbst zu akzeptieren, besteht aber darin, die eigenen unerwünschten Seiten, den Schatten, nicht zu sehen und abzuspalten. Dadurch fehlt ihnen ein Stück zur Ganzheit, zur Haltung: Ich bin in Ord-

nung so, wie ich bin, auch wenn ich Fehler habe und nicht perfekt bin. Aber nur daraus entsteht auch eine positive Haltung zur Welt. Wie es der Psychologe Eric Berne einst ausdrückte: Ich bin o.k. – und du bist auch o.k.

Nur wenige Menschen schaffen es, diese Haltung liebevoller Selbstakzeptanz zu verwirklichen. Da wir als Einzelwesen immer unter einer existentiellen Einsamkeit leiden, die oft genug durch eine Gesellschaft verstärkt wird, in der wir selten oder nie bedienungslose Liebe erfahren, ist es uns nicht möglich, uns wirklich als Ganzes zu sehen und zu empfinden. Dabei tragen wir alle tief in uns die Sehnsucht nach Ganzheit. Die Karte symbolisiert diesen Zustand durch das Bild der „platonischen Kugelwesen", die nach vorne und hinten je ein Gesicht, einen Bauch, ein paar Arme, ein paar Beine haben [ein Paar ist männlich, eines weiblich, eines männlich-weiblich; die in fröhlichem Spiel, z. B. Rad schlagend, mit sich ganz allein glücklich zu sein scheinen]. Einst, so der platonische Mythos, waren wir alle noch ganz, bestehend aus je einer vollständigen Hälfte in zwei Richtungen. Dann aber wurde Zeus die Stärke dieser Wesen zu bunt und er entschloss sich, sie in zwei Hälften zu schneiden. Seitdem sucht jeder Mensch nach dem, was ihn wieder ganz macht, sucht seine fehlenden Anteile oder hofft jenen anderen Menschen zu finden, der einstmals seine fehlende Hälfte war. Wenn wir aber tief in uns blicken, werden wir die fehlende Hälfte in uns selbst finden, nicht im Äußeren. Wir sind bereits ganz, wenn wir uns nur selbst die Liebe schenken, die wir verdient haben.

Stichworte: **Selbstwertgefühl**; *Liebe zu sich selbst; Selbstakzeptanz; persönliche Ganzheit*

Umgekehrte verborgene Seite
Wenn wir das Bewusstsein der Trennung von unserer fehlenden Hälfte nicht überwinden können, empfinden wir uns als unvollständig und ungenügend. Hier ist die Ganzheit nicht zustande gekommen und die innere Zerrissenheit, die Abspaltung überwiegt. In Folge dessen spüren wir einen Mangel an Urvertrauen, an Zu-

trauen zu uns selbst und zum Leben. Wir leben in der Haltung von „Ich bin nicht o.k. – und die anderen sind es auch nicht". Oft versuchen wir auch, unseren Schatten zu verdrängen oder uns ein Bild von uns selbst aufzubauen, in dem wir perfekt sind, um unsere mangelnde Ganzheit – mit allen Fehlern und Schwächen – nicht sehen zu müssen. Diese Haltung wird als Narzissmus bezeichnet. Narzissmus ist ein Ausdruck des Mangels an natürlicher Selbstliebe, nicht eine Übersteigerung von echter Selbstliebe. Aber er führt zu einem Mangel an Liebesfähigkeit. Weil ich mich nicht geliebt fühle, kann ich keinem anderen als mir selbst Liebe zukommen lassen. Diese Form von Egozentrik, diese „Rückwendung der Libido auf das eigene Ich" verhindert tiefe zwischenmenschliche Beziehungen. Es führt zu einer Isolation, in die Notwendigkeit, sich selbst immer mehr in einen Zustand scheinbarer Selbst-Zuwendung zurückzuziehen, was aber nicht glücklich machen kann, weil keine echte Selbst-Liebe da ist, keine wirklich authentische Selbstakzeptanz wie auf der aufrechten Karte. Ob die mangelnde Ganzheit sich nun in einem geringen Selbstwertgefühl und einem geringen Urvertrauen oder in einer so genannten Überkompensation im übersteigernden Selbstwertgefühl des Narzissmus auswirkt, wo der Schatten ganz verdrängt werden muss – in jedem Fall zeigt die kopfüber liegende Rückseite, dass die betreffende Person mit sich selbst nicht zu einer integren Einheit gefunden hat oder dass die Situation, in der sie sich befindet, Zerrissenheit und Uneinheitlichkeit im eigenen Inneren fördert.

<u>Stichworte</u>: **Selbstablehnung**; *mangelndes Urvertrauen, mangelndes Einssein, Narzissmus, subtile Selbst-Ablehnung*

III

Vorderseite
Die Drei der Kelche ist eine Karte großer Freude. Ein Projekt ist zu einem erfolgreichen Abschluss gelangt. Ein lang ersehntes Ereignis ist endlich eingetreten. Nun ist es Zeit, zu feiern und fröhlich zu

sein. Die Freude ist eine gemeinsame. Die drei Grazien, die einander hier eng ineinander geschlungen zuprosten, teilen ihre Freude und ihr Glück. Der Anlass für das Fest mag außerhalb des Gelingens zwischenmenschlicher Beziehungen angesiedelt sein, aber es ist die Gemeinschaft, die hier das Erleben der Freude erst möglich macht. Als Aufforderung gedacht, kann uns die Karte daran erinnern, dass wir mit unserem Erfolg, mit unserer Freude, nicht allein bleiben, sondern unter Menschen gehen sollten, dass wir andere einbeziehen oder uns mit ihnen über ihren Erfolg freuen sollten, um selbst glücklicher zu sein.
Stichworte: **Freudenfeier**; *Gemeinschaft; Freude; gelungener Abschluss; gemeinsames Glück*

Umgekehrte Vorderseite
Die Feier wird zum Saufgelage oder zur Orgie, wenn die an ihr Beteiligten das rechte Maß nicht kennen. Das ist die eine Richtung, in die sich die Freudenfeier der Vorderseite verkehren kann: sie wird zu einem Exzess an Lust, an Vergnügen, der am nächsten Morgen Kopfschmerzen und Übelkeit verursacht. Wenn der Exzess chronisch wird, versucht man nur noch, sich von einer Feier zur nächsten zu retten. Das gilt auch im übertragen Sinn: Wer einen beruflichen oder privaten Erfolg übermäßig zur Schau stellt, neigt zur Arroganz und zerstört damit das Wohlwollen seiner Kollegen oder Freunde. Da liegt die zweite Weise nahe, in der sich die Vorderseite verzerren kann: noch ehe die Feier zu Ende ist, können sich die wahren Spannungen entladen haben, die der fröhlichen Festgemeinschaft nicht anzumerken waren. Viele Familienfeiern sind ein gutes Beispiel dafür. Auch manche Freundschaft zerbricht gerade an einem Tag, an dem man gemeinsam feiern wollte, weil eine nicht ausgesprochene, problematische Ebene ebenfalls gesehen werden wollte. So bedeutet die umgekehrte Vorderseite auch die Krise einer Freundschaft, einer verwandtschaftlichen oder sonstigen Verbindung.
Stichworte: **Exzess** *von Lust; Zerbrechen einer Gemeinschaft*

Die verborgene Seite
Die Rückseite zeigt die drei jungen Frauen ängstlich aneinander geklammert. Die Enantiodromie, aus der sich die Feier der Vorderseite speist, ist die Angst vor der Isolation, vor der Getrenntheit. Als soziales Wesen fürchtet sich der Mensch vor dem Alleinsein, davor, einzig und allein allen Anderen gegenüberzustehen. Entwicklungspsychologisch muss er die Trennung von der ursprünglichen Einheit mit der Mutter aufgeben, um zum Individuum zu werden, um dann wieder die Verbundenheit mit der Herkunftsfamilie und schließlich mit der eigenen Partnerschaft und Familie zu suchen. Auf einer spirituellen Ebene empfindet er schmerzhaft sein Getrenntsein vom Kosmos, vom göttlichen Ursprung, in dem er sich aufgehoben und geborgen fühlen kann. Dieser Erfahrung des Getrenntseins versuchen wir in jeder Form der Vergemeinschaftung zu entgehen: Wir gehen feiern, wir treffen uns mit Freunden und Verwandten, um nicht allein zu sein, um nicht uns, sondern unsere Selbstbestätigung im Spiegel der anderen zu spüren. Die Freude, die von den drei Frauen der Vorderseite empfunden wird, ist eine oberflächliche Freude. Sie hält nur so lange, so lange es etwas zu feiern gibt. Sie hält auch nur so lange, als andere da sind, die sich mit freuen. Die Person der Vorderseite trägt die Freude nicht tief in sich. Darauf weist die Rückseite hin. Die Schattenseite des Freuens, insbesondere der Freudenfeier, ist die Flucht vor der Auseinandersetzung mit dem eigenen Inneren, das im Alleinsein erfahren werden kann. Tiefe Freude aber findet hier statt, nicht im Äußeren, denn sie ist unabhängig von den äußeren Bedingungen.
<u>Stichworte</u>: *Angst vor* **Getrenntheit;** *Einsamkeit; Angst vor dem Alleinsein; Notgemeinschaft*

Umgekehrte verborgene Seite
Erst wenn das Blatt sich abermals wendet, vertieft sich die Freude der Vorderseite. Menschen, die die Freude am Leben, am puren Dasein, an allem, was das Leben ihnen schenkt, tief in sich tragen, bedürfen keiner äußeren Anlässe und Gelegenheit, sich zu freuen. Jeder Tag ist eine Feier für sie. Da sie den Grund zur Freude in sich

selbst tragen, brauchen sie auch keine anderen Menschen, um glücklich zu sein. Vielleicht haben sie im spirituellen Sinn die Verbindung zur Quelle des Glücks selbst gefunden. Vielleicht haben sie einfach erkannt, dass sie sich auf sich selbst verlassen müssen und nicht darauf warten dürfen, dass andere oder die Umstände sie glücklich machen. In jedem Fall haben es diese Menschen geschafft, Freude in sich zu entdecken und damit zugleich die Angst vor dem Alleinsein und der Getrenntheit überwunden. Sie brauchen Gemeinschaft nicht, um das Leben zu feiern, aber sie erfreuen sich ihrer.

Stichworte: **Lebensfreude;** *Heiterkeit; innerliche Freude; bedingungslose Zufriedenheit; inneres Glück*

IV

Vorderseite
Betreten sitzt der junge Mann unter einem Baum, melancholisch in sich gekehrt, obwohl drei Kelche bereits vor ihm stehen und ein vierter ihm aus einer überweltlichen Quelle gereicht wird. So viel Schwermut angesichts der Gaben des Lebens ist kaum zu begreifen. Die Deutung, die Arthur Waite dieser Karte gibt, trifft diesen Zustand: „Überdruss, Widerwille, Abneigung, eingebildete Sorgen, als ob der Wein dieser Welt Überdruss in ihm verursacht. Ein anderer Wein wird nun, wie eine zauberhafte Gabe, dem vernachlässigten Kind angeboten, aber es kann darin keine Tröstung erkennen." Und Rachel Pollack bezeichnet die Haltung des resignativ vor sich hin Blickenden als „negative Imagination" – die Vorstellungskraft der Kelche wird auf die negative Seite der Welt gerichtet. Diese verzerrte, einseitig negative Wahrnehmung von sich selbst, der Welt und der Zukunft nennt der Psychologen Aaron Beck „die kognitive Triade der Depression". Depression ist nicht die natürliche Erstreaktion auf eine ungünstige, schwierige Lebenssituation, sie ist ein unangemessenes Festhängen an schwierigen Erfahrungen und eine übermäßig negative Bewertung, eine

verzerrte Sichtweise auf die Realität. Dies ist es, was die Karte auszeichnet: ein Lebensüberdruss, der durch das Leben selbst eigentlich gerechtfertigt ist und der zu Antriebslosigkeit und Apathie führt.

<u>Stichworte</u>: **Apathie**; *Lebensüberdruss; Verdrossenheit; Verweigerungshaltung*

Umgekehrte Vorderseite
Wenn wir beginnen aufzublicken und den Kelch zu entdecken, der uns von einer höheren Macht gereicht wird, nehmen wir die Chancen wahr, die sich uns bieten. Wir entdecken neue Wege und Möglichkeiten und kommen aus der Unbeweglichkeit heraus, die uns bis dahin festhielt.

<u>Stichworte</u>: *Erkennen von Chancen; Annehmen dessen, was ist; Lebensmut schöpfen*

Die verborgene Seite
Der Mensch auf der Vorderseite der Karte erinnert in seiner äußerlichen Haltung an den Buddha, der unter einem Feigenbaum sitzend meditierte, wobei die Abbildungen des Buddhas ihn nicht mit verschränkten Armen, sondern mit im Schoß liegenden Händen und im vollständigen Lotussitz zeigen. In dieser Weise sitzt nun die Person, die hier, auf der verborgenen Seite der Karte, abgebildet ist. Jetzt blicken wir nicht mehr auf die negative Seite von allem, sondern nach innen. Auch dieses Nach-innen-Blicken kann aus einer Enttäuschung durch das Leben resultieren, aber es ist eine Enttäuschung, die tiefer geht als das übliche Beleidigtsein, weil man sich für zu kurz gekommen fühlt, tiefer noch als die antriebslose Apathie der Vorderseite. Der Buddha hatte vor seinem Gang ins Asketendasein für die damaligen Verhältnisse das beste Leben, das man sich wünschen konnte. Er brauchte nicht zu denken: „Wie schön wäre es, wenn ich dies und jenes hätte", denn er hatte bereits alles auf der materiellen Ebene Vorstellbare. Als er auszog, um ein Yogi zu werden, war er nicht von *seinem* Leben enttäuscht, sondern vom Leben schlechthin. Wenn die Enttäu-

schung, die sich auf der Karte ausdrückt, so tief geht, dass wir nichts im Äußeren mehr finden, das uns anziehend erscheint, ist es immer noch möglich, dass wir schwer depressiv sind. Möglicherweise sind wir aber auch von einer Schicksalsmacht auf den Weg nach innen geführt worden, um dort eine andere, tiefere Freude zu finden als im äußeren Lebensvollzug. Die verborgene Seite der Karte weist uns darauf hin, dass hinter unserer Resignation, Apathie oder Depression der Wunsch steht, tief in uns zu gehen und eine Zeit in der meditativen Versenkung zu verbringen. Vielleicht sind wir aber auch bereits auf diesem Weg und haben begonnen, in uns selbst die Erlösung zu finden statt außerhalb. In diesem Fall bestärkt uns die Rückseite der Karte, diesen Weg weiterzugehen.

Im Unterschied zur Apathie der Vorderseite handelt es sich hierbei auch nicht um einen bloßen Rückzug vom Leben. Wenn wir uns in uns selbst vertiefen, laufen wir nicht vor etwas davon. Im Gegenteil: Wir konfrontieren uns mit uns selbst und kommen viel tiefer mit uns in Kontakt, als wenn wir nur im Äußeren nach Glück suchen. Eine solche Versenkung bedeutet, das zu sehen, was da ist – unsere eigenen Reaktionen, Gefühle und Gedanken still zu betrachten, sie an uns vorüberziehen zu lassen und anzuschauen wie einen Film, in dem wir uns aber nicht verlieren. Eine solche Übung bringt uns in jeder Hinsicht weiter: spirituell und in unserer Persönlichkeitsentwicklung. Wenn wir die Versenkung in dieser Weise als Kraftquelle für den Alltag nutzen, können wir uns wieder nach außen wenden, ohne auszubrennen.

<u>Stichworte</u>: **Versenkung**; *Kontemplation; tiefes Suchen; Aussteigen aus dem Getriebe*

Umgekehrte verborgene Seite
Wenn wir die Versenkung in uns hinein nicht nutzen, um das zu sehen, was ist, sondern um in Tagträumen zu landen, haben wir Ziel und Sinn jeder Meditation verkehrt. Wir sind vor der Wirklichkeit geflohen statt sich ihr zu stellen. Die innere Wirklichkeit ist ebenso wirklich wie die äußere (vielleicht sogar noch viel wirklicher), aber wenn wir Illusionen produzieren (die Falle für die

Introversion und Intuition der Kelche) statt an dieser Wirklichkeit zu arbeiten, dann werden wir uns keinen Schritt weiter entwickeln und uns in einem Nebel von Unwirklichem verlieren. Die größte Gefahr bei jeder Meditationspraktik ist nicht, dass sie nicht funktioniert, sondern dass wir die Unterscheidung zwischen klarem Bewusstsein und trübem Dahindämmern nicht hinbekommen und in einer Phantasiewelt landen statt in der Wahrheit. Die Karte fordert uns dazu auf, aus Wunschträumen klares Erkennen werden zu lassen.

Stichworte: *Träumerei und ihre Auflösung; falsche Meditation*

V

Vorderseite
Die Fünfen stellen schwierige Situationen dar. Die fünf der Kelche zeigt eine Person, die vor drei umgestoßenen Kelchen steht, in gebückter, trauernder Haltung. Sie hat offenbar einen Verlust zu verarbeiten. Die beiden Kelche in ihrem Rücken sind ihr geblieben, aber sie kann sie nicht wahrnehmen, da sie zunächst einmal damit beschäftigt ist, ihren Verlust zu begreifen und dann zu verarbeiten. Sie ist in Schwarz gehüllt, eine Farbe, die im westlichen Kulturkreis für Trauer steht. In der aufrechten Position enthält die Karte immer auch den positiven Aspekt, dass die Person, die um den Verlust trauert, die Kraft hat, ihn anzunehmen und dann über die Brücke im Hintergrund in eine neue Zukunft hineinzugehen.

Stichworte: **Verlust**; *Akzeptieren von Verlusterfahrungen*

Umgekehrte Vorderseite
In der umgekehrten Position gelingt das Annehmen des Verlusts nicht. Die betroffene Person wehrt sich dagegen, ihren Verlust zu akzeptieren und verschlimmert so die Situation noch. Voller Angst vor Verlust bildet sie sich ein, es wäre unerträglich, etwas Wertvolles zu verlieren. Sie ist nicht dazu bereit, die alte Situation zu ver-

lassen und über die Brücke zu gehen, um etwas Neues zu entdecken, das das Verlorene ersetzen könnte.

<u>Stichworte</u>: **Verlustangst**; *Nichtakzeptieren des Verlustes; Festhalten am Verlust*

Die verborgene Seite
Was steckt hinter unseren Verlustängsten und sogar hinter jeder unserer Verlusterfahrungen? Vielleicht ist es für manche Menschen überraschend, wenn sie zum ersten Mal hören, dass diese Erfahrung nicht selbstverständlich ist, sondern seine Ursache in Faktoren hat, die der Buddha Bewerten, Ergreifen und Anhaften genannt hat. Nur indem wir über eine Tatsache eine Bewertung legen und feststellen, dass eine Situation oder Person für uns angenehm und wichtig ist, beginnen wir, sie anderen Situationen und Personen gegenüber zu bevorzugen. Wenn wir dies tun, haben wir sie bereits ergriffen, besser gesagt: sie haben von uns Besitz ergriffen. Dann wollen wir sie nicht mehr loslassen, wollen sie ganz eng an uns binden, damit sie nie mehr verloren gehen. Geschieht dies aber dennoch, ist unser Schmerz groß. Der Verlust einer geliebten Person, eines geliebten Tieres oder einer gesellschaftlichen Position, wozu auch Arbeitsstellen oder finanzielle Sicherheit zählen, gehören zu den leidvollsten Erfahrungen überhaupt. Aber diese schmerzlichen Erfahrungen sind nicht so selbstverständlich leidvoll, wie es uns erscheint. Leiden entsteht erst dadurch, dass wir sie für wichtiger halten als alle anderen Wesen, denen wir nahe sein können, und alle anderen Positionen, die wir erlangen können. Leiden entsteht, indem wir uns nach diesem einmal „Besessenen" zurücksehnen und es nicht mehr loslassen wollen, selbst wenn wir es längst verloren haben. Das sehen wir im Grunde genommen schon auf der Vorderseite der Karte deutlich, wo die Gestalt im Trauerflor sich nur den ausgeleerten Kelchen, aber nicht den verbliebenen zuwendet. Nun aber sehen wir ihre Haltung auf die Spitze getrieben. Wir sehen sie von links vorne, hinter ihr stehen die beiden unversehrten, offenbar gefüllten Kelche und glänzen im Sonnenschein. Statt sich um sie zu kümmern, drückt sie die drei

umgekippten Kelche an die Brust und umfasst sie wie eine Mutter ihr Kind. Sie muss lernen loszulassen, zwar nicht das Positive, das in ihrer Erinnerung bleiben darf, aber das Verlorene, das nicht mehr zurückkehren wird.

<u>Stichworte</u>: **Bewertung**; *Anhaften; Festhalten; Ergreifen*

Umgekehrte verborgene Seite
Alles ist im Fluss. Wenn wir erkennen, dass die Dinge dieser Welt einem ständigen Wandel unterworfen sind, macht uns das vielleicht erst einmal Angst. Wir wollen nicht, dass Krankheit, Alter und Tod uns und unsere geliebten Menschen heimsuchen. Wir versuchen dafür zu sorgen, dass unsere materiellen Werte sicher angelegt werden, obwohl es keine letzte Sicherheit gibt. Wir akzeptieren nicht, dass wir einmal auf der Welle des Erfolgs schwimmen, dann aber tief in der Gunst der Mitmenschen und der Gegebenheiten abfallen. Wir benötigen die Kunst des gelassenen Umgangs mit diesem stetigen Wandel, um nicht daran zu verzweifeln. Als Gleichmut bezeichnet man die Haltung, sich durch diese Wechselfälle des Schicksals nicht auf dem Lot bringen zu lassen, sondern alles zu ertragen nach dem Motto: „Es ist gut, wie es ist, weil es in der Ordnung des Kosmos so geschehen musste". Wenn wir auf diese Weise selbst die Dinge und Personen loslassen können, die uns besonders viel wert waren, werden wir vielleicht künftig unparteiischer, weniger bewertend in die Welt blicken. Uns können die beiden noch vorhandenen Kelche ebenso viel wert werden wie die verlorenen.

<u>Stichworte</u>: **Gleichmut**; *Gelassenheit; Loslassen; Bewertungsfreiheit*

VI

Vorderseite
Schöne Erinnerungen an vergangene Tage will uns das Bild von Pamela Smith vermitteln, Träume von Zeiten, als die Welt noch in Ordnung war. Die weißen Blumen in den Kelchen sind wie die

Blüten einstiger Unschuld – rein und zart. Die beiden Kinder, von denen eines wie ein Zwerg gekleidet ist, leben in Harmonie, behütet von alten Gemäuern und einem am Bildrand sichtbaren Wachtposten. Wir fühlen uns an eine schöne Kindheit erinnert, in der wir beschützt waren, eine Vergangenheit, in der alles uns harmonischer und besser erschien als heutzutage. Die Karte steht vor allem für nostalgische Gefühle, für ein Zurückblicken auf eine idealisierte Vergangenheit, aber auch für Kindheitserinnerungen generell, für jede intensive Beschäftigung mit der Vergangenheit, für Begegnungen und Ereignisse, die uns mit unserer Vergangenheit verbinden. Es gibt viele gute Gründe, uns produktiv mit unserer Vergangenheit zu beschäftigen. Dazu kann eine Psychotherapie oder ein kreativer Suchprozess gehören, den man als Regression, als Zurückgehen in der Zeit, bezeichnet. Die Entdeckung des inneren Kindes ist ein weiteres Schlagwort, das mit solch einer Rückbesinnung auf die eigenen Wurzeln verbunden sein mag. Die Karte beschreibt dann einen solchen Prozess des Wahrnehmens der eigenen Herkunft, der Berücksichtigung des Kindlichen, des Ursprünglichen. Sie kann auch auf Kindlichkeit in einem Erwachsenen hinweisen oder einfach auf eine glückliche Kindheit, die jemand gehabt hat. Aber auch ein Erwachsener kann noch in einer Beziehung des Behütetwerdens zu anderen Personen (oder einer göttlichen Quelle) stehen. In einer zweiten Bedeutung kann die Karte deshalb eine hierarchische Beziehung darstellen, in der eine Person ein tutorielles Verhältnis gegenüber einer anderen einnimmt. Diese Beziehung hat Vorteile für beide Seiten, aber sie schafft eine Abhängigkeit, in der einer sich in einer elterlichen Position wähnen kann, während der andere die Rolle eines unmündigen Kindes einnehmen muss.

Stichworte: **Regression**; *Kindheit; tutorielles Verhältnis; Behütetsein; Vergangenheit*

Umgekehrte Vorderseite
In der Umkehrung wendet sich die Person von der Vergangenheit ab und der Zukunft zu. Dabei aber verändert sie nur die Blickrich-

tung und setzt das Träumen fort, indem sie nun von einer besseren Zukunft zu träumen beginnt. Im Hinblick auf die Bedeutung der Karte als tutorielles Verhältnis kann die Umkehrung darauf hinweisen, dass die Beziehung zerbricht oder sich verändert: entweder der Behütete emanzipiert sich und nimmt eine Beziehung auf gleicher Augenhöhe mit seinem Mentor auf; oder der Mentor ist seiner Funktion überdrüssig geworden und wünscht sich eine Beziehung ohne hierarchisches Gefälle.

<u>Stichworte</u>: *Perspektive auf* **Zukunft***; Veränderung einer tutoriellen Beziehung*

Die verborgene Seite
Auf der anderen Seite der Karte sehen wir einen Menschen, der völlig von der Vergangenheit eingenommen ist, sich darin verliert und sich nicht von den auf ihn eindrängenden Erinnerungen zu lösen vermag. Sein Bezug zum Vergangenen ist stärker geworden als der zum gegenwärtigen Leben. Vielleicht trauert er einer verlorenen Beziehung, einem verlorenen Lebensabschnitt nach. Vielleicht haben wir es sogar mit einer Person zu tun, die sich danach sehnt, wieder ein Kind zu sein oder die nie erwachsen werden konnte, weil sie ihre eigene Kindheit oder Jugend als die beste Zeit ihres Leben betrachtet und sich nicht mit dem Fortschreiten des Alters abfinden kann. Die Person, die hier im Schatten eines hohen Turmes mit einer Uhr steht, versucht verzweifelt nach den beiden glücklichen Kindern zu greifen. Aber die Kinder existieren nur in einer Traumwolke, die der gierig nach ihr ausgreifende Mensch nicht zu fassen bekommt: die Vergangenheit ist vergangen und wird nicht mehr zurückkehren. So ist es nötig, dass wir uns von ihr lösen statt sie dauernd mit uns herumzutragen. Auch die regressivste aller Therapieformen, eine Psychoanalyse, muss irgendwann beendet werden, um den Blick wieder von der eigenen Vergangenheit weg in die Gegenwart zu richten.

Das Leben basiert auf dem Prinzip des ständigen Wandels und wenn wir diesen Wandel aufhalten wollen, indem wir uns an das Vergangene klammern, dann stellen wir uns außerhalb des natürlichen Flusses dieses Lebens. Andererseits kann die Karte aber auch auf konkrete Aspekte unserer Vergangenheit hinweisen, die nicht so positiv waren, wie es uns erscheint: Wir müssen auch das betrachten, das nicht gut war, damit wir ein echtes Bild unseres Lebens erhalten. Die andere Seite der Karte zeigt auf, dass wir uns entweder einem vollständigen Bild der Vergangenheit widmen müssen, indem wir versuchen, auch ihre Schattenseiten zu verstehen. Oder dass wir uns mit unserer Vergangenheit aussöhnen sollten, um damit abschließen zu können. In ihrer zweiten Bedeutung kann die Karte darauf hinweisen, dass die Nachteile einer aktuellen tutoriellen Beziehung zu einer anderen Person überwiegen, gleichgültig ob wir die Gebende oder die Empfangende sind.

Stichworte: **Nostalgie**; *Illusionäres Bild der Vergangenheit; Festhängen an Träumen von Damals; Festhalten an einer schädlichen Abhängigkeitsbeziehung*

Umgekehrte verborgene Seite
In der Umkehrung sehen wir eine Person, die begonnen hat, sich von der Vergangenheit zu lösen und ganz in der Gegenwart zu leben beginnt, die es geschafft hat, die Vergangenheit in all ihren Aspekten in ihr eigenes Leben zu integrieren oder die sich bereits aus einer hierarchischen Beziehung gelöst hat.

Stichworte: **Loslösung**; *Auseinandersetzung mit der Vergangenheit / mit einer abhängigen Beziehung*

VII

Vorderseite
Das Kelchelement des Wassers ist mit der geistigen Qualität des Intuierens, aber auch des Vorstellens, Imaginierens verbunden. Wer sich in diesen Innenwelten verliert, wird zum Träumer, dem die übrigen geistigen Qualitäten, das klare Nachdenken, der sinnliche Kontakt zur Realität und das Gefühl für das, was ist, verloren gehen. Phantasie gewinnt die Oberhand über Realitätsprüfung.

Dies kann auf der Ebene von Wunschträumen geschehen, in denen eine rosige Zukunft ersehnt wird, oder in Form einer rosa Brille in Bezug auf die Gegenwart. Die Projektion eigener Vorstellungen muss aber nicht unbedingt immer positive Züge haben. In einer Phantasiewelt leben wir auch, wenn wir unsere Bedürfnisse, Sichtweisen und Gefühle auf andere Personen projizieren, die damit eigentlich wenig zu tun haben. Wir versuchen den Anderen unserem Bild von ihm anzupassen, statt dass wir umgekehrt bemüht sind, ihn zu verstehen. Wir sollten uns auch einmal ansehen, welche Produkte unserer Phantasie den sieben Kelchen entspringen. Wie auch immer wir die einzelnen Symbole deuten wollen: Nicht nur der Bereich materiellen Reichtums, sondern auch höhere seelische, magische oder spirituelle Erfahrungen können zum Objekt unserer Wunschphantasien werden. Gerade in Phantasien über uns selbst oder unser spirituelles Entwicklungsniveau können wir einer schlimmen Täuschung aufsitzen. Nur indem wir ehrlich zu uns sind und unsere Verhältnisse und Möglichkeit ohne Selbsttäuschung betrachten, entgehen wir der Gefahr, unsere Phantasie für die Wirklichkeit zu halten.

Stichworte: **Phantasie**; *Träumerei*

Umgekehrte Vorderseite
Kehrt sich die Karte um, beginnt der Mensch, seine Phantasien mit einer gewissen Entschlossenheit zu verwirklichen. Er begnügt sich nicht länger damit, nur zu träumen. Er fängt an, etwas dafür zu tun, damit Träume Wirklichkeit werden. Dazu ist aktives und planvolles Handeln die Voraussetzung.
Stichworte: **Verwirklichung**; *Entschlossenheit*

Die verborgene Seite
Das wahre Potential, das im Herumphantasieren der aufrechten Vorderseite verborgen liegt, hat die magisch-hermetische Tradition im Begriff der Imagination zusammengefasst. Das deutsche Wort Einbildung eignet sich als Übersetzung dafür besonders gut. Aus deinem Innersten heraus kann die Kraft des Geistes in die Welt

hineinwirken, sich in die Wirklichkeit hin-ein-bilden. Dabei kann es sich um die kreative Schaffenskraft des Künstlers oder des geistigen Arbeiters handeln, aber auch um eine Resonanzwirkung zwischen mir und meiner Umwelt auf einer viel subtileren Ebene. Die Rückseite zeigt eine liebevolle Umarmung zwischen einer auf einem Podest sitzenden, weißen Elfenbeinstatue und einem Bildhauer: Pygmalion, der die von ihm selbst geschaffene und begehrte Statue durch die Innigkeit seines Gebets zum Leben erweckt. Auch wir können unsere Wunschträume zum Leben erwecken, wenn wir mit starkem Vertrauen und Zähigkeit daran glauben. Ob es sich um einen religiösen Glauben oder den Glauben an das grundsätzliche Wohlwollen des Lebens oder an unsere eigene innere Kraft handelt, spielt keine Rolle. In jedem Fall vermag unser Vertrauen in das, was alles möglich ist, eine Wirklichkeit zu erschaffen, die andere nicht für möglich gehalten hätten. Manche nennen diese Hervorbringungen des Geistes dann ein Wunder, andere einen schönen Zufall. Wir aber wissen, dass es unserer eigenen Haltung zu verdanken ist, wenn sich der eine oder andere unserer schönsten Träume verwirklicht. Wenn wir kreativ sind, kann der Glaube an unsere eigene Schaffenskraft gemeint sein oder das Vertrauen, das wir in unsere Muse setzen, die Fähigkeit, sich auf einen Prozess einzulassen, dessen Ergebnis wir weniger machen als staunend empfangen.

Stichworte: **Ausdruckskraft**; *Geistige Schaffenskraft; gläubiges Vertrauen; Wunder*

Umgekehrte verborgene Seite
In der Umkehrung verhindern wir, dass unsere Träume Wirklichkeit werden, indem wir uns selbst sabotieren. Das können wir ganz offensichtlich tun, indem wir im einen Schritt vor und im anderen wieder zurückrudern. Eventuell aber ist uns unsere Verhinderungstaktik auch gar nicht bewusst. Wir können uns selbst ein Bein stellen, indem wir gerade dann sehr unfreundlich reagieren, wenn wir durch Freundlichkeit viel mehr erreichen könnten oder indem wir nicht an unseren Erfolg glauben und uns deshalb so unge-

schickt anstellen, dass nichts daraus werden kann. Es gibt viele verschiedene Mechanismen, wie wir dafür sorgen, dass das, wovon wir träumen, nicht zur Realität wird, aber mangelndes Vertrauen ins uns selbst und in das Leben sind der Hauptgrund hierfür. Dieses mangelnde Vertrauen kann uns mutlos und inaktiv machen, und es kann auf einer spirituellen Ebene dafür sorgen, dass unsere Phantasien niemals mit genügend „Energie" aufgeladen werden, um den Weg in die Wirklichkeit zu schaffen.

<u>Stichworte:</u> **Selbstsabotage**; *mangelndes (Selbst-)Vertrauen*

VIII

Vorderseite
Die Gestalt, die sich hier auf den Weg macht, verlässt eine stabile Situation. Anders als auf der fünften Karte ist keiner ihrer Kelche umgestürzt. Obwohl das bisherige Leben, die bisherigen Unternehmungen Erfolg gebracht haben, werden sie aufgegeben. Das Interesse an einer Tätigkeit ist verloren gegangen, obwohl sie nicht weniger Ertrag abwirft. Vielleicht weiß die Gestalt auf der Karte einfach, wann es Zeit für Veränderung ist, noch bevor negative Erscheinungen sie dazu treiben. Vielleicht weiß sie noch nicht einmal, was sie erwartet, vielleicht hofft sie auch, noch Besseres als das derzeitige Glück zu finden. Die Figur, die wie ein Pilger gekleidet ist, steigt einen Hügel hinauf: es kann erst einmal anstrengend werden, aber der Weg lohnt sich, es geht nach oben. Ob dieses „oben" für den Pilger eine verbesserte Lebenssituation bedeutet oder ein innerer Entwicklungsweg hinauf zu einem höheren geistigen Ziel, bleibt für uns offen. Jedoch zeigt die abgebildete Szene eine Sonnenfinsternis: ein schlechtes Omen treibt sie davon, sagen manche. Wenn der Mond sich über die Sonne schiebt, zeigt das Innerlichkeit statt äußerer Aktivität an, sagen andere. Die Figur scheint nicht davon zu gehen, weil sie sich in neue Aktivitäten stürzen möchte, sondern weil sie tief in ihrem Inneren spürt, dass es etwas Anderes gibt, was sie finden muss, etwas, das sie nicht fin-

den wird, wenn sie in ihrer jetzigen Lebenssituation verharrt, wie angenehm diese auch sein mag.
Stichworte: **Aufhören**; *Loslassen; aufgegebener Erfolg; Verlassen einer stabilen Situation; rechtzeitiges Beenden*

Umgekehrte Vorderseite
Manche Tarotautoren, wie Alister Crowley, schreiben der Acht der Kelche die Eigenschaft der Trägheit zu. Wir sehen diese Eigenschaft in der Umkehrung der Vorderseite: Das Loslassen des Alten wird nicht vollzogen, obwohl es keine schlechte Wahl wäre. Dies kann daran liegen, dass das Verlassen der stabilen Situation noch zu viele ambivalente Gefühle auslöst. Statt sich zur Beendigung einer nicht mehr befriedigenden Situation zu entschließen, lassen wir uns von ihren vermeintlichen Vorteilen suggerieren, es wäre Unsinn, in die Weite zu schweifen, wenn das Gute doch so nahe liegt. Aber daraus spricht nichts als Mutlosigkeit, Trägheit und Lethargie.
Stichworte: **Zögerlichkeit**; *Unentschlossenheit; Mutlosigkeit; Trägheit; Lethargie*

Die verborgene Seite
Die Karte zeigt die Gestalt, die einem neuen Ziel entgegen strebt, verändert. Sie ist nicht mehr der ruhige, gefasste Pilger der Vorderseite, der in sich eine echte Gewissheit trägt. Jetzt sehen wir sie von vorne mit einem frustrierten Gesichtsausdruck, während hinter ihr die Kelche des Glücks und dahinter ein riesiges Weinfass zu sehen sind. Dieses mit rotem Wein gefüllte Fass scheint zu groß, um es alleine auskippen und zu hoch, um daraus schöpfen zu können. Die Kelche waren vorhanden, der Wein war vorhanden, aber die Situation bedeutete kein Glück für die Person, sondern Frustration, weil sie nicht dazu in der Lage war, damit umzugehen. Sie konnte die ihr gestellte Aufgabe, den Wein aus dem Fass zu holen, nicht lösen, sieht sich als gescheitert an und ist nun auf dem Weg in eine neue Zukunft. Vielleicht hat sie es versäumt, andere um Hilfe zu bitten, vielleicht hat sie zu sehr in eine Richtung gedacht und ande-

re Lösungsmöglichkeiten vernachlässigt. In jedem Fall ist sie enttäuscht von einer Situation, die ihr doch so viel zu bieten gehabt hätte.

Es mag sein, dass sie anderswo das findet, was sie sucht, aber ihr Verhalten ist doch mehr eine Flucht als das zielgerichtete Aufsuchen einer erfüllteren Zukunft. Manche Menschen geben schnell auf, ohne ihre Möglichkeiten bereits ausgeschöpft zu haben. Das volle Weinfass stehen zu lassen, weil es zu schwierig erscheint, es auszuschöpfen, stellt eine unzureichende Antwort auf die Schwierigkeiten des Lebens dar. Gleichgültig, wohin ihr Weg sie führt, überall wird sie auf neue Hürden und Herausforderungen stoßen, weil das Leben eben als Hindernisparcours konstruiert ist. Wenn sie immer wieder aufgibt und davonläuft, ohne wirklich versucht zu haben, sich der Aufgabe zu stellen, wird sie niemals Erfolg haben. Was der Figur fehlt, ist ein echter Glaube an die eigenen Fähigkeiten. Nur daraus erwächst ihr das Durchhaltevermögen, es mit Schwierigkeiten aufzunehmen.

Stichworte: *Vorschnelles **Aufgeben**; Flucht vor Schwierigkeiten*

Umgekehrte verborgene Seite
Wenn jemand vor den Schwierigkeiten davonläuft, hat er die ihm vom Leben gestellte Aufgabe nicht bewältigt. Er ist nicht frei, wirklich auf Neues zuzugehen, und nimmt die Vergangenheit noch mit sich. Um wirklich das Vergangene loszulassen und sich auf neue Aufgaben unbefangen einlassen zu können, ist es aber wichtig, weder die eigenen Misserfolge noch andere negative Erfahrungen der Vergangenheit mit sich zu tragen, sonder auch diese loszulassen. Wir sollten uns selbst verzeihen, dass wir die Aufgaben, die wir uns selbst gesucht hatten, nicht so bewältigen konnten, wie wir uns das wünschten. So kann es sein, dass wir in der Vergangenheit zu große oder falsche Erwartungen an das Leben und unsere Möglichkeiten geknüpft haben. Dann gilt es auch, diese Illusionen loszulassen, bevor wir bereit sind für neue Erfahrungen.

Stichworte: *bitterer **Nachgeschmack**; Hängen an alten Erfahrungen*

IX

Vorderseite
Diese Karte steht traditionell für großes Glück, Zufriedenheit und Erfolg, Erfüllung lang ersehnter Wünsche. Ob es sich um berufliche oder finanzielle Fragen oder Liebesdinge handeln: die Karte deutet darauf hin, dass wir bekommen, was wir uns wünschen. In einem gewissen Spannungsverhältnis dazu steht die merkwürdige Körpersprache der Person auf dem Bild von Pamela Smith, die nach Arthur Waite eine „gütige Person, die nach Herzenslust gefeiert hat", zeigen soll. Die verschränkten Arme könnten dann darauf hindeuten, dass nichts mehr zu tun ist und wir uns entspannt zurücklehnen können, aber sie deuten auch Verschlossenheit und eine Weigerung an, sich für Andere und etwas Anderes, Tieferes oder Höheres zu öffnen. So wird uns vor Augen geführt, dass das Glück, um das es in dieser Karte geht, nicht tiefgründig ist. Die gefüllten Weinbecher im Hintergrund zeigen ein einfaches, sinnliches Vergnügen an und weisen darauf hin, dass genügend davon vorhanden ist und wir in nächster Zeit ein angenehmes Leben vor uns haben. Sie sind Geschenke des Lebens, die wir offenbar verdient haben. Deshalb sollten wir die Annehmlichkeiten, die uns die Neun der Kelche verspricht, nicht gering achten und sie freudig annehmen. Allerdings sind hier keine spirituellen Erfahrungen und Entwicklungsmöglichkeiten gemeint, sondern lediglich oberflächliche Freuden. Und dennoch: Manchmal führt der Weg zur Erleuchtung mitten durch die Freuden der Welt.

<u>Stichworte</u>: *Einfacher Genuss;* **Sinnenfreude**; *Oberflächlichkeit; Glück; Erfolg*

Umgekehrte Vorderseite
Die Umkehrung verkehrt die Bedeutung nicht in den negativen Sinn, sondern vermindert den Aspekt des Oberflächlichen, der in der aufrechten Bedeutung liegt. Wir suchen nach einer tieferen Erfüllung, unsere Wünsche wenden sich von einfachen Freuden und Erleichterungen des Alltags ab und gehen in tiefere, innersee-

lische oder spirituelle Bereiche. Wir sollten uns diesen Träumen nach einem Mehr im Leben hingeben und weiter suchen, denn die Karte verspricht, dass sie sich verwirklichen könnten. Eine weitere Deutung spricht von Treue und Wahrhaftigkeit.

Stichworte: **Wahrhaftigkeit**; *Suche nach Wahrheit; Sehnsucht nach tiefer Erfüllung; Treue*

Die verborgene Seite
Was die Vorderseite der Karte nicht zeigt, ist die Unfreiheit, in die wir geraten könnten, wenn wir zu sehr an den positiven Seiten des Lebens festhalten wollen. In den Wünschen, deren Erfüllung die Karte verheißt, stecken Anhaftungen, die uns möglicherweise nicht Erfüllung bringen, sondern Gier und die Gefangenschaft im Streben nach einem besseren Leben. Hier zeigt sich uns die andere Seite des Tisches mit den gefüllten Weingläsern. Hinter diesem Tisch liegt ein Betrunkener, um den herum gefüllte Schalen mit Köstlichen stehen. Er hält sich an einer Ecke der Tischdecke fest und droht damit die über ihm stehenden Kelche herabzuziehen. Der Mann hat alles, was er sich wünscht, aber sein Geisteszustand ist erbärmlich. Statt des großen Glücks hat er eine Illusion von Glück gefunden, die jederzeit zerbrechen kann. Er braucht nur noch stärker nach dem Tischtuch zu greifen, dann wird er das Glück der gefüllten Becher zerstören und unter deren schwerem Gold begraben werden. So ist diese Seite der Karte ein Ausdruck der Illusion eines leichten Luxuslebens, der wir erlegen sind, des fälschlichen Glaubens, dass Bequemlichkeit, Luxus und Besitz uns dauerhaft glücklich machen können. Vielleicht wird die Figur auf dieser Zeichnung süchtig nach diesem Schein vom leichten Leben werden, wird aber keinen Schritt weiter kommen auf ihr eigentliches Ziel zu. Die Karte fordert uns dazu auf, tiefer zu blicken und nachzuforschen, was uns eigentlich glücklich machen kann, was wir wirklich brauchen.

Stichworte: *Verlorenheit in scheinbarem Glück; Anhaftung;* **Sucht**; *Luxus; Genussmittelmissbrauch*

Umgekehrte verborgene Seite
In der Umkehrung haben wir das oberflächliche Glück verloren oder es ist uns fade geworden, weil wir seine Schalheit durchschaut haben. Das einfache Glück wird uns nicht hold sein oder wir weisen es von uns aus zurück. Jemand beginnt, sich aus einer Abhängigkeit von bestimmten Genüssen oder Genussmitteln zu befreien. Auf einer tieferen Ebene geht es darum, alles loszulassen, was uns an die Sinnenwelt fesselt.

<u>Stichworte</u>: **Entsagung**; *Befreiung von der Abhängigkeit vom leichten Leben; Wege aus der Sucht*

X

Vorderseite
Die Zehn der Kelche ist eine durchaus positive Karte, eine Karte großer Freude, von Harmonie, Glück und Zufriedenheit. Dabei ist das Glück, das hier ausgedrückt wird, gewissermaßen grundlegender als auf der Neun der Kelche, die eine oberflächliche Wunscherfüllung ausdrückt. In dieser Karte zeigt sich vielmehr, dass das Leben selbst die Qualität von Harmonie und Glück erhalten kann, wenn wir uns mit ihm und seinen positivsten Seiten verbinden, wenn wir das Glück in uns selbst zu finden und zu bewahren vermögen. Waite nennt dieses Glück Herzensruhe und fügt hinzu: „…und die Vollendung dieses Zustands". Da die Zehn eine Zahl ist, die Vollkommenheit ausdrückt, bedeutet die Zehn der Kelche Vollkommenheit der Harmonie, die wir in unserem eigenen, ruhigen Herzen und mit unserer Umwelt finden.

Der Regenbogen steht in Rachel Pollacks Interpretation für ein göttliches Versprechen, „dass das Leben uns Freude bringt und nicht nur die Abwesenheit von Schmerz. Der Mann und die Frau auf dem Bild haben diese Dinge verstanden. Arm in Arm schauen sie zum Himmel hinauf und preisen den Regenbogen. Die Kinder jedoch tanzen, ohne nach oben zu blicken. Sie symbolisieren die

Unschuld, die das Glück als die natürliche Bedingung des Lebens betrachtet."

*Stichworte: Große **Freude**; Harmonie; Glück; häusliches Glück; erfüllendes Dasein*

Umgekehrte Vorderseite
In der umgekehrten Position ist den Menschen auf der Karte der Glaube an das grundsätzlich Gute im Leben verloren gegangen. Das Leben erscheint als ein Jammertal, das uns nur Verdruss zugedacht hat. Gründe dafür, glücklich zu sein, wären zwar mit einem Wechsel der Perspektive durchaus zu finden, sie werden aber übersehen oder nicht gelebt. Der Befragende hat es verlernt, die positiven Seiten der Welt zu sehen oder kann sich an ihnen nicht erfreuen. Oder aber die „Herzensruhe", Waites Formulierung für die aufrechte Karte, ist zu einem Grab für negative Emotionen geworden, die nun ihre Wirkung zeigen in der Zerrüttung der Familie, in Unzufriedenheit oder Aggression. „Die Ruhe eines heuchlerischen Herzens" nennt Waite dies, ein scheinbarer Seelenfrieden also um den Preis einer tiefen Entzweiung.

*Stichworte: **Verdruss**; Dysharmonie; übermäßige Unzufriedenheit*

Die verborgene Seite
Die Zehn zeigt ein glückliches Leben, womit glückliche Umstände gemeint sind und nicht so sehr eine innerliche, seelische Situation. Aber um dieses Glück empfinden und erleben zu können, bedarf es einer bestimmten inneren Haltung und die Zehn impliziert diese Haltung, auch wenn sie nicht ausdrücklich davon spricht. Auf der Rückseite der Karte erkennen wir, wie wichtig es ist, dass wir uns zuerst zu einem „glücksbereiten" Menschen entwickeln, um das Glück in unserem Leben finden und annehmen zu können. Glück ist auf dieser Ebene das Ergebnis unserer Fähigkeit, mit dem zufrieden zu sein, was das Leben für uns vorgesehen hat. Wenn wir unsere Bestimmung, Platz und Ort im Leben gefunden und akzeptiert haben, können wir glücklich sein und uns an dem erfreuen, was wir sind und haben. Es ist dann nicht mehr nötig, weiter und

nach immer mehr und anderem zu streben. Es ist dann Zeit, im Zustand natürlichen Glücks zu tanzen, wie die Kinder auf der Kartenvorderseite, oder das Glück als Offenbarung des Bundes zwischen Mensch und Gottheit dankbar und demütig anzunehmen statt undankbar zu sein und anderes zu wollen.

Die Vorderseite der Karte zeigt deshalb ein einfaches Haus auf einem kleinen Hügel inmitten der schönen, aber unspektakulären Natur. Dieser Aspekt wird noch unterstrichen, wenn wir uns hier, auf der Rückseite, ansehen, was sie hinter sich gelassen haben: Wir sehen Mann und Frau von vorne, und hinter ihnen öffnet sich der Blick auf das geschäftige Treiben außerhalb der Mauern einer Stadt. Hier sehen wir einen Händler, der sich mit einem Kunden über Geldstücke streitet, die er in der Hand hält, eine reiche Frau, die hochnäsig auf eine arme Bäuerin herabblickt, einen Gelehrten mit einem Buch unterm Arm, der einen Jungen am Schopf zieht. Menschliches Streben und menschliche Eitelkeiten in all ihren Formen sammeln sich hier und führen zu leerer Umtriebigkeit. Welch ein Kontrast zum einfachen, aber glücklichen Leben der Familie, die auf dem Weg in ihre Welt der Freude und Harmonie ist. Um dies zu finden, müssen wir loslassen können, bescheiden sein, Ruhe in uns finden und aufhören, nach immer Mehr zu streben. In Befragungen sagt die verborgene Seite entweder aus, dass wir diesen Zustand in uns verwirklicht haben, oder sie rät uns, mehr nach diesen Tugenden zu streben.

Stichworte: **Demut**; *Bescheidenheit; innere Harmonie; Erkennen der eigenen Bestimmung; Zufriedensein mit wenigem; einfaches Glück*

Umgekehrte verborgene Seite
So wie wir Glück finden können, wenn wir bereit sind, die Geschenke anzunehmen, die das Leben für uns bereit hält, so werden wir unser Glück verschenken, wenn dies nicht der Fall ist. Wir sind dann nicht mit den beiden Menschen im Vordergrund der Rückseite identifiziert, sondern mit den Figuren im Hintergrund. Wir meinen, uns stünde noch mehr im Leben zu als das, was es uns zu bieten hat, machen dem Leben, unseren Mitmenschen oder dem Gött-

lichen Vorwürfe, weil wir noch nicht glücklich sind, ohne zu erkennen, dass wir schon alles besitzen, um glücklich zu sein und dass es an uns liegt, dieses Glück zu nutzen. Oder dass wir, wenn wir den uns angemessenen Platz im Leben finden würden (und der muss nicht „weiter oben" sein), auch äußeres Glück finden könnten. Wir sollten anfangen, in uns selbst Dankbarkeit und Demut zu kultivieren, um dann die Geschenke anzunehmen, die wir aufgrund dieser Haltung empfangen werden.

<u>Stichworte</u>: Chronische **Unzufriedenheit**; Streben nach Höherem; Geschäftigkeit

Schwerter

As der Schwerter

Vorderseite
Hier zeigt sich der Intellekt in seiner reinsten, edelsten Form. Und die edelste Form des Intellekts besteht nicht darin, wie ein Computer denken zu können, obwohl viele Menschen heutzutage sich das offenbar wünschen. Computer berechnen Ergebnisse, aber sie dringen nicht in die Tiefe der Dinge ein. In derselben Weise unterscheidet die europäische philosophische Tradition, beruhend auf Aristoteles, zwischen Ratio (Verstand) und Intellekt (Vernunft). Dabei ist die Ratio einfach die Verarbeitung sinnlichen Materials, man könnte auch sagen: Datenverarbeitung, durch einen analysierenden Denkapparat. Nur die Vernunft ist zu Einsichten fähig, die jenseits der Datenverarbeitungsebene liegen. Sie erkennt die Bedeutung abstrakter und komplexer Begriffe, die auf eine Ebene jenseits der materiellen Welt, die Ebene des Göttlichen, hinweisen und auf ihr beruhen. Man mag diese Unterscheidung ablehnen, im spirituellen Bereich macht sie durchaus Sinn: der rationale Verstand vermag vielleicht die Welt der Dinge zu begreifen, nur die höhere Vernunft versteht, wie die Gesetzmäßigkeiten der göttlichen und übernatürlichen Sphäre unser Schicksal bestimmen. Im As der Schwerter ist beides inbegriffen. Die Vorderseite zeigt diese Verbindung von Verstand und Vernunft im Schwert des Geistes, das durch die Krone als das majestätischste der vier menschlichen Vermögen bezeichnet wird, nicht weil der denkende Verstand, sondern weil ein höheres Bewusstsein die Wahrheit auf einer tieferen Ebene zu erkennen vermag. Auch im Mahayana-Buddhismus wird Buddha *Manjushri* mit einem flammenden Schwert abgebildet. Er repräsentiert den Weisheitsaspekt aller Buddhas, das Vermögen, die Dinge so zu erkennen, wie sie wirklich sind, das zentrale Anliegen der buddhistischen Lehre. Zugleich ist Manjushri mit allen anderen Buddhas zuinnerst verbunden, so wie die wahre

Vernunft mit den anderen drei Vermögen, dem Gefühl, der Intuition und der materiellen Wirklichkeit verbunden ist und nur in dieser Integration das fünfte Element, den übernatürlichen Bereich, erkennen kann. Deshalb kann diese Karte überraschenderweise auch für die Tätigkeit der Meditation stehen, die uns in die Geistesklarheit eines wachen, die Dinge wirklich durchdringenden Bewusstseins eintauchen lässt. Meditation ist – zumindest für den Buddhisten – eben kein dumpfes Versunkensein, sondern ein hellwaches Betrachten dessen, was ist. Auch dafür steht das As der Schwerter.

<u>Stichworte</u>: *Geistesklarheit; Vernunft; Verstand; Meditation; Intellekt; geistige Schärfe*

Umgekehrte Vorderseite
Der klare Verstand wird durch Gefühle, durch die Mechanismen des Egos, durch Begierden oder unethische Haltungen verwirrt. Ein typisches Beispiel sind Wissenschaftler, die nicht der reinen Wahrheit, sondern vor allen Dingen ihrer eigenen Karriere nachstreben und dafür dazu bereit sind, Ideologien zu verteidigen. Auch der religiöse Mensch lässt sich leicht zu einem Fanatismus verleiten, der die unparteiische Suche nach Wahrheit vermissen lässt, nur um keine stellvertretende Kränkung zu erleiden, wenn die eigene weltanschauliche Position angegriffen wird. Oft sind es aber ganz alltägliche Dinge, in denen wir unredlich sind, uns irrational und unklug verhalten, uns vielleicht sogar selbst schädigen, nur um jemandem eins auszuwischen und uns emotional scheinbar besser zu fühlen. Aber wenn wir die Wahrheit in uns verraten, werden wir uns niemals wirklich besser fühlen.

<u>Stichworte</u>: *Unvernüftigkeit; Irrationalität; Getrübtheit der Vernunft; Versagen des Intellekts*

Die verborgene Seite
Auf der Rückseite der Karte entdecken wir nun eine subtile Abweichung von der Vorderseite. Das Schwert zeigt nicht mehr nach oben, sondern nach unten, und die Krone ist verschwunden. Im

nach unten gerichteten Erkenntnisvermögen erkennen wir das wieder, was manche Philosophen als die Tätigkeit des analytischen Verstandes bezeichneten: Wir wenden uns der Welt der Dinge statt der Welt des reinen Geistes zu, wir sind Verstandesmenschen, aber nicht an höherer Erkenntnis interessiert. Dies ist es, womit die Wissenschaftler der meisten Disziplinen beschäftigt sind und ebenso die Manager, die Finanzbuchhalter, die Softwareprogrammierer, alle, deren Geschäft es ist, rational zu entscheiden, zu rechnen, die Welt der sinnlichen Dinge zu beherrschen. Die verborgene Seite enthält die implizite Warnung, es nicht dabei bewenden zu lassen. Während die Vorderseite uns einen Intellekt zeigte, der erkennen will, was die Welt im Innersten zusammenhält, der nach spirituellem und ganzheitlichem Wissen strebt, zeigt uns die Rückseite den Schatten des Intellekts, und das ist die von jeder Intuition, jedem Gefühl und jeder Verbindung mit der Erde abgekoppelte Verstandestätigkeit. In der Tiefenpsychologie gibt es sogar einen Ausdruck für die Verleugnung der anderen drei menschlichen Vermögen in einer (nahezu krankhaften) Konzentration auf die rein rationalen Aspekte und Erklärungsmöglichkeiten einer Situation: Rationalisierung. Im spirituellen Bereich können wir die letzte, spirituelle Ebene der Einsicht nicht gewinnen, solange wir nur versuchen, die Welt mit unserem logischen Verstand zu begreifen. Wir müssen dahin gelangen, wo – nach dem Theologen Nikolaus von Kues – die wahre Vernunft einsetzt, wo nämlich die Gegensätze sich in einer *alogischen* Weise miteinander verbünden.

Stichworte: Intellektualisierung; Rationalisierung; einseitige Verstandestätigkeit; einseitige Rationalität

Umgekehrte verborgene Seite
In der Umkehrung bricht die einseitige Intellektualisierung aller Lebensbereiche zusammen. Sie funktioniert nicht mehr, weil jede Intellektualisierung ein Stück weit Realität erfinden muss. Diese Erfindungen, diese Konstrukte des Verstandes, sind nur Interpretationen der Wirklichkeit, erscheinen aber als wahr. Um die Gefühle, Intuitionen, höhere spirituelle Ahnungen und auch die äußere

Wirklichkeit unter Kontrolle zu halten, werden solche Konstrukte irgendwann ziemlich realitätsfern. Wenn die Rückseite mit dem Kopf nach unten liegt, ist tatsächlich der Verstand verdreht: Rationale Erklärungen scheitern, man muss sich der Wahrheit und einer Welt stellen, die jenseits des Verstandes zu finden ist, um überhaupt wieder „Boden unter den Füßen" zu gewinnen.

<u>Stichworte</u>: *Konstruktionen; Realitätsverzerrung durch intellektuelle Erklärungen; Zusammenbruch der Intellektualisierung*

König der Schwerter

Vorderseite

Im König der Schwerter findet die Intellektualität der Schwerterkarten ihren majestätischsten Ausdruck. Der Schwerterkönig ist ein Intellektueller, ein Mensch, der sich das Nachdenken zur Gewohnheit gemacht hat. Mit dem Schwert des Verstandes fällt er ein Urteil über die Menschen und Gegebenheiten dieser Welt. Der Strenge seiner unterscheidenden Klugheit entgeht nichts. Und doch ist er kein Intellektueller im Elfenbeinturm, denn die Königskarten tragen Verantwortung für ein ganzes Staatsgebilde. Das Schwert des Verstandes, das er in seiner rechten Hand hält, ist deshalb zur Seite geneigt: Seine Energie geht nicht gerade nach oben in den geistigen Bereich, es ist bereit, sich zu praktischen Tätigkeit hinab zu bewegen. Sein Verantwortungsgefühl lässt den Verstandesherrscher auch in der Welt tätig sein, lässt ihn seine Geistesgaben zum Wohle anderer einsetzen. Doch Intellektuelle neigen oft dazu, die Welt nur aus dem Verstand heraus zu sehen und andere Zugänge gering zu schätzen. Das lässt sie zu „verkopften" Individuen werden, die den Rest ihres Menschseins vergessen haben. Menschen mit einer hohen Intelligenz können weniger intelligenten Mitmenschen gegenüber überheblich sein oder zumindest so wirken. Denn manchmal ist diese vermeintliche Überheblichkeit nur ein Missverständnis, da sie von allen Menschen erwarten, ihre eigenen intellektuellen Fähigkeiten zu teilen und es nicht begreifen können,

wenn die anderen nicht mithalten können. Aber solange die Königskarte aufrecht liegt, schlägt ihre intellektuelle Dominanz noch nicht ins Negative um, wie es der Fall ist, wenn die Karte verkehrt herum liegt.
Stichworte: Intellektueller; Intellekt; kalt; verkopft

Umgekehrte Vorderseite
Wenn sich die positiven intellektuellen Qualitäten des Schwerterkönigs mit dem Bedürfnis nach persönlicher Macht verbinden, entsteht ein Charakter, den man heute oft in Führungspositionen und an Universitäten beobachten kann: machtbesessen geht er über Leichen, um seine egoistischen Ziele zu erreichen. Seine Arroganz mag auf tatsächlichen Fähigkeiten beruhen, aber sie rechtfertigt nicht die Abwertung, mit der er jene behandelt, die ihm unterlegen sind oder unterlegen zu sein scheinen, weil sie nicht mit ihren Talenten prahlen. Er ist eiskalt, wenn es um die Durchsetzung seiner eigenen Interessen geht. Intellektualität ist ihm kein Selbstzweck, die Freude am Nachdenken ist ihm abhanden gekommen. Statt dessen ist der Verstand für ihn nur ein strategisches Machtinstrument, mittels dessen er andere Menschen dominieren kann.

Wenn sich diese negativen Aspekte weiter steigern, haben wir es mit einem ausgesprochenen Psychopathen zu tun, einem Menschen, der vollkommen empathielos ist und keinerlei Mitgefühl zu empfinden vermag. Er empfindet nicht viel mehr als die Lust daran, andere zu beherrschen oder zu quälen. Sogar Angstgefühle sind ihm fremd, so dass er nicht einmal darüber nachdenken wird, ob seine Rücksichtslosigkeit negative Folgen auf ihn selbst zurückwerfen könnte. Falls dieser Mensch dann zudem mit hoher Intelligenz begabt ist, wird er zu einem sozial äußerst gefährlichen Zeitgenossen, entweder sadistischen Gewaltverbrecher oder einem sehr erfolgreichen, aber eiskalten Geschäftsmann oder Politiker.
Stichworte: Dominanz durch Intellekt; Arroganz; Hochmut; Stolz; berechnend; Intellekt als Machtmittel; Empathielosigkeit; Psychopathie

Die verborgene Seite
Auf der Rückseite sitzt ein junger Mann in den Gewändern und mit der Krone des Schwerterkönigs auf einem Stapel aus Büchern. Um ihn herum sehen wir Zeichnungen mit mathematischen Formeln und Figuren. Er schaut mit einem Auge durch ein Vergrößerungsglas, in dem wir die Umrisse eines Flohs erkennen können, während er sich das andere Auge zuhält. Hinter ihm laufen ein Einhorn und ein Kentaur, die er aber nicht zu bemerken scheint, von ihm weg. Sein Schwert hält er mit der Spitze nach hinten gerichtet, so dass es auf die beiden legendären Wesen weist. Der junge Mann ist ein begeisterter Anhänger der modernen Wissenschaft. Er interessiert sich für die Details dessen, was er für die Realität hält, während die großartigen Wesen der Welt des Mysteriösen ihm verschlossen bleiben. Er schaut nicht nur nicht dorthin, er wehrt sie sogar mit der Schärfe seines Intellekts ab, so dass sie ihn fliehen. Durch den Bücherstapel versucht er, sich selbst zu erhöhen und durch die mathematischen Formeln will er die Welt berechenbar und beherrschbar machen.

Wenn der scharfe Intellekt des Schwerterkönigs zum alles dominierenden Merkmal des Charakters geworden ist, so liegt dem oft ein Bedürfnis nach Kontrolle zugrunde, das die ganze Welt einem zwanghaften Ordnungssystem unterwerfen will. Dieses System lässt keinen Spielraum für die Qualitäten der anderen Sätze, für das Gefühl, die Sinneswahrnehmung oder die Intuition. Es wird zu einer einseitigen Perspektive auf die Welt und das Leben. Einem solchen Menschen macht jeder Mangel an Struktur Angst. Er muss heute schon wissen, wie der morgige Tag ablaufen wird, muss schon als Dreißigjähriger die Höhe seiner Rentenzahlung wissen, möchte auf keinen Fall in Urlaub fahren, ohne dass alles zuvor bis ins Kleinste geplant ist, damit sich nur nichts Unvorhergesehenes ereignet. Mehr noch als das: er hält es nicht aus, wenn eine Situation nicht eindeutig ist, wenn man etwas nicht einfach mit ja oder nein beantworten kann, wenn eine Sache zwei Seiten hat.

Manchmal ist der junge Mann auf dem Bild aber vor allem um den Erhalt seines eigenen Selbstwerts bemüht. Dann haben wir es mit einem Rechthaber zu tun, einem Menschen, der wissenschaftliche Titel und Wissen benutzt, um andere zu dominieren, um sie mit Büchern zu erschlagen und mit seiner angeblichen Überlegenheit mundtot zu machen. Manchmal handelt es sich um einen gewöhnlichen Besserwisser, der quasi die Schlagzeilen der Tageszeitung auswendig kennt, vom Kleingedruckten aber keine Ahnung hat. Solche Leute gebrauchen ihren Intellekt nur, um die Illusion zu nähren, besser zu sein als Andere, aber nicht, weil sie etwas wirklich besser könnten.

Menschen mit solchen Charaktereigenschaften sind oft eigentlich ängstlich. Sie fürchten sich vor dem Verlust der Struktur, die ihr eigenes Inneres zusammenhält und die sie sonst in ein heilloses emotionales Chaos stürzen könnte. Ihre Angst vor Gefühlen ist überhaupt sehr leicht wahrnehmbar, wenn sie dazu neigen, immer wieder ins Intellektuelle auszuweichen. Ihre Angst vor mangelnder Struktur führt zur so genannten Ambiguitätsintoleranz: sie halten Uneindeutigkeit nicht aus. Und ihr Bedürfnis, andere mit ihrem Verstand zu dominieren, ist oft das Produkt der eigenen Angst, von anderen dominiert zu werden. Durch diese Ängste sind sie äußerst unfrei. Wenn sie dann den Intellekt benutzen, um ihre Ängste abzuwehren, werden sie zu dogmatischen Anhängern sogenannter objektiver Tatsachen, wissenschaftlicher Beweise und eines rationalen, das heißt aber für sie: materialistischen Weltbildes. Sie übersehen dabei, dass dieses Weltbild nur einen Ausschnitt der Gesamtrealität beinhaltet und selbst auf der intellektuellen Ebene voraussetzt, dass ein großer Teil kluger Argumente zugunsten eines irrationalen Dogmas ignoriert werden muss. Dieses Dogma lautet, dass nichts, was dem eigenen intellektualistischen Weltbild widerspricht, wahr sein kann. Ein solches, aus der Angst geborenes Dogma, ist aber ebenso irrational wie das Mystische, was diese Menschen nicht mit klugen Argumenten, sondern eben mit äußerst irrationaler Vehemenz bekämpfen.

Stichworte: **Prinz der Schwerter**; *Zwanghaftigkeit; Bedürfnis nach Kontrolle; Angst vor Strukturverlust; Angst vor Gefühlen; Ambiguitätsintoleranz; Angst, dominiert zu werden*

Umgekehrte verborgene Seite
Wenn die Eigenschaften der aufrecht liegenden Karte zusammenbrechen, so bricht das befürchtete innere Chaos über der betroffenen Person zusammen. Manche Menschen sind allerdings von Anfang an so: sie besitzen keine inneren Strukturen von Ordnung und Zielgerichtetheit. Alles Intellektualisierende und alle festgefahrenen Denkschemata sind ihnen fremd. Sie mögen intelligente Menschen sein, aber sie bringen es nicht fertig, eine Examensarbeit zu schreiben, weil sie sich selbst nicht sortieren können. Zuweilen wirken sie faul, leben in einem Zuhause, in dem sie niemals Ordnung zu schaffen vermögen, erreichen keines ihres Ziele, aber nicht, weil es ihnen grundsätzlich an Interesse oder Fähigkeiten mangeln würde. Was ihnen fehlt, ist einfach nur die Fähigkeit und das Interesse, klaren Regeln und Ordnungsschemata zu folgen. Sich für eine Sache zu entscheiden, fällt ihnen schwer, weil sie es als Festlegung empfinden, während sie gerne in einen ständigen Fluss des Lebens eintauchen. Ihre Angst, von anderen dominiert zu werden, beantworten sie nicht (wie die aufrecht liegende Karte) mit eigener Dominanz und eigenen Ordnungsschemata, sondern im Gegenteil: mit Chaos, mit dem sie selbst gut umzugehen gelernt haben. Sie können deshalb Lehrer, Vorgesetzte und andere, die zu ihrer Führung und Maßregelung bestimmt sind, in wahre Verzweiflung treiben. Das Problem dieser Menschen ist zugleich ihre Stärke: solange sie in einer Verweigerungshaltung gegenüber jeder Ordnung (auch jeder intellektuellen) begriffen sind, können sie die Welt auf eine revolutionär andere Weise erfahren als jeder, der sich einer etablierten Ordnung fügt. Zugleich jedoch verweigern sie sich dem Anschluss an irgendeine Gesellschaft, Gemeinschaft, an einen Arbeitsplatz oder eine Beziehung, in denen die Anpassung an gemeinsame Regeln gefordert wird.
Stichworte: Unstrukturiertheit; chaotischer Lebensstil; mangelnde innere Struktur

Königin der Schwerter

Vorderseite
Die Königin ist eine komplexe Persönlichkeit. Sie hat leidvolle Erfahrungen gemacht, ist vielleicht Witwe, hat ein Kind verloren oder eine schwere Trennung hinter sich, ist vom Leben gezeichnet. Aber sie hat nicht aufgegeben und sich der Trauer ergeben, sondern beschlossen weiterzukämpfen. Nun sehen wir sie als eine Persönlichkeit, die streng und mitleidlos blickt, die Füße fest auf der Erde, das Schwert des Verstandes hält sie in ihrer rechten Hand mühelos in der Aufrechten, während die linke Hand der Welt entgegengestreckt ist. Daran sehen wir eine durchtrennte Fessel, die Fessel des Leidens, die sie mit dem Schwert durchtrennt hat, um zu dem zu werden, was sie ist. Die Wolken und die Bäume im Hintergrund verkünden den Sturm des Lebens, der ihr nichts mehr anhaben kann. Sie ist nicht bitter geworden, sondern weise, lebensklug und sagt die Dinge gerade heraus, bestimmt und selbstsicher. Dabei wirkt sie zuweilen etwas festgelegt in ihren Moralbegriffen und beinahe humorlos.
<u>Stichworte:</u> *Lebensklugheit, Weisheit, überwundenes Leid, Festigkeit*

Umgekehrte Vorderseite
In der Umkehrung hat sich das Resultat ihrer Leidenserfahrungen qualitativ ins Gegenteil verkehrt. Sie ist bitter geworden und bösartig, nutzt ihre Klugheit nicht zum Wohle anderer, sondern zu ihrem Schaden, hat ihre Wahrhaftigkeit verloren, aber ihre direkte Art, Anderen zu sagen, was sie von ihnen erwartet, behalten. Sie ist eine erstarrte, unfreundliche und wenig zugängliche Person, die nicht bekommt, was sie sich einmal gewünscht hat.
<u>Stichworte:</u> *Bitterkeit; Bosheit, Herrschsucht, moralinsauer, unfreundlich*

Die verborgene Seite
Die Königin der Vorderseite war als junge Prinzessin schon so klug wie als ältere Frau und voller Raffinesse im Umgang mit Menschen

und Problemen, ihr fehlten jedoch jene Erfahrungen, die sie zur Reife brachten: Noch hat sie das Leiden nicht erfahren, durch das ihre prinzessinenhafte Selbstgewissheit abgeschliffen werden muss. Noch glaubt sie wirklich, mit ihrer Cleverness und praktischen Intelligenz könnte sie alle Klippen des Lebens umschiffen. Die Rückseite zeigt die noch ganz junge Königin, wie sie ihre Fingernägeln einem Untergebenen in die Unterseite des Kinns drückt und ihn herablassend anblickt. Mit ihr ist nicht gut Kirschen essen. Sie weiß, was sie will und wie sie es bekommt. Es ist nicht leicht, sie um den Finger zu wickeln, aber sie hat bei anderen, insbesondere Männern, keine Probleme damit. Sie ist eine geschickte Ränkeschmiedin und moralische Vorbehalte sind nicht ihre Stärke. Sie schreckt auch keineswegs davor zurück, Intrigen zu spinnen, um ihre Ziele zu erreichen und andere mit falschen Versprechungen für sich arbeiten zu lassen, wobei sie ihre erotischen Reize gezielt einsetzt. Alles in allem ist sie eine gefährliche Frau, bei der man nie ganz sicher sein kann, auf wessen Seite sie sich befindet.

<u>Stichworte</u>: **Prinzessin der Schwerter**; *manipulativ; raffiniert; durchtrieben; intrigant*

Umgekehrte verborgene Seite
In der Umkehrung der Karte stößt die Schwerterprinzessin auf jene Widerstände, die sie zur Königin der Vorderseite machen werden: Sie sieht sich Grenzen gegenüber, die auftreten können, wenn Menschen sich nicht von ihr manipulieren lassen, oder wenn ihre Versuche, sich durch Raffinesse durchzusetzen in eine Katastrophe münden: statt zu bekommen, was sie sich wünscht, scheitert sie nicht nur mit ihren Plänen, sie reißt auch noch den Staat, ihre Familie oder Unbeteiligte ins Verderben und muss einsehen, dass ihre Handlungsweisen unmoralisch waren. Vielleicht empfindet sie jetzt tiefe Reue und beginnt neu darüber nachzudenken, ob es Sinn macht, um jeden Preis auf der Gewinnerseite stehen zu wollen. So wird sie durch das Leben dazu erzogen, Rücksicht auf die Gefühle und Belange anderer Menschen zu nehmen. Sie ist enttäuscht, nachdenklich und beschämt, empfindet Schuldgefühle oder Reue.

Vielleicht aber leidet sie auch mehr unter den unvermeidlichen schmerzlichen Erfahrungen des Lebens, denen sie trotz all ihrer Cleverness nicht entgehen konnte, und gibt dem Leben die Schuld. Noch ist nicht entschieden, ob aus diesem Leiden die kluge, aber allen Lebewesen wohlgesonnene Frau der Vorderseite oder die bittere und gemeine der umgekehrten Vorderseite hervorgehen wird. Noch ist die Prinzessin mitten im Prozess der Selbstreflexion und Prüfung dessen, was sie aus den Widerständen des Lebens machen soll.

Stichworte: enttäuscht; nachdenklich; beschämt, Schuldgefühle; Reue

Ritter der Schwerter

Vorderseite
Wir sehen einen jungen Ritter, der mit gezücktem Schwert kampfbereit gegen den Sturm reitet. Wild entschlossen, sich allen Widerständen entgegenzuwerfen, ist er das Sinnbild für den übermütigen, nach außen drängenden Adoleszenten, der noch nicht die Erfahrung gemacht hat, dass seine Kräfte angesichts der Widrigkeiten des Lebens versagen können. Darin zeigt sich eine Energie, die so ungeniert zur Aktivität drängt, dass sie in der Tat erst einmal alle Widerstände überwinden kann. In mancher Hinsicht kann die Karte des Ritters damit kurzfristigen und schnellen Erfolg bedeuten – aber zu welchem Preis? Er will mit dem Kopf durch die Wand und lässt sich dadurch leicht auf allerlei Händel und Streitereien ein. Wenn ihm etwas nicht passt, lässt er sich zu überschießenden Handlungen hinreißen. Er reagiert ärgerlich, wenn ihn etwas behindert, schlägt um sich, wenn er sich bedrängt oder bedroht fühlt. Da alle Schwerterkarten zudem ihren Intellekt hochschätzen, neigt er dazu, rechthaberisch zu sein und sich auf Wortgefechte einzulassen. Er wird mit seiner kämpferischen, einschüchternden Art manchen Sieg davon tragen, aber irgendwann wird er von seinem hohen Ross herabsteigen und sich mit den Gegebenheiten des gewöhnlichen Alltags auseinandersetzen müssen. Anzuer-

kennen, dass ein Anrennen gegen die Welt nicht wirklich weiter führt, ist ein schmerzlicher Teil des Erwachsenwerdens. Sich abzufinden mit dem, was unvermeidlich ist, kann eine wertvolle Lektion für jeden heißblütigen Menschen sein.
<u>Stichworte</u>: *Heißblütigkeit; Ärger; erzürnt; kämpferisch; cholerisch; rechthaberisch*

Umgekehrte Vorderseite
In der Umkehrung sehen wir seine Schwächen besonders deutlich hervortreten: Er ist arrogant, überheblich. Sein naiver Glaube an die eigene Unverwundbarkeit macht ihn unvorsichtig und lässt ihn unnötige Risiken eingehen. Er übertreibt die Wichtigkeit seiner Ziele und kann das richtige Augenmaß nicht halten. Er zeigt durch und durch das Bild des unreifen Draufgängers, ein James Dean, der nicht weiß, was er tut.
<u>Stichworte</u>: *Unreife; Draufgänger; Arroganz; maßlos*

Die verborgene Seite
Auf der anderen Seite erkennen wir in diesem aufgeregten Pubertierenden das, was vielen Erwachsenen verloren gegangen ist: der Wille, etwas Etabliertes zu verändern, sich dem Wind entgegenzuwerfen, auch wenn er einem noch so hart ins Gesicht bläst. Die andere Seite der Karte ist in diesem Fall der Schatten desjenigen, der den Ritter der Schwerter nicht verwirklicht – und der dazu aufgerufen ist, ihn in sich wiederzuentdecken und neu zu beleben. So sehen wir auf der Abbildung die Situation, in die der Ritter hineinreitet: ein Kind, eine Frau und ein alter Mann sind von zwei höhnisch lachenden Reitern an Stricken gefesselt worden und werden mit geschwungenen Peitschen bedroht. Wir haben es mit einer Situation extremer Unterdrückung zu tun, in die unser Ritter sich mutig und mit gezücktem Schwert hineinwirft, um den Unterdrückten beizustehen.

So wenig Übermut uns in einer gewöhnlichen Situation voranbringen mag – für manche Situationen benötigen wir den Mut, eine Situation anzuprangern, uns gegen sie zu stellen, in einer heißblütigen Weise, wie nur der grenzenlose Idealismus eines noch jungen Geistes es vermag. Wir benötigen die Tatkraft, uns in ein Gefecht um der gerechten Sache willen zu stürzen, wie es nur jemand kann, dem die Konsequenzen seines Handelns gleichgültig sind, der nicht einmal darüber nachdenkt. Der Übermut des jungen Mannes wird zum notwendigen Mut der Revolution oder des Aufbegehrens gegen Missstände, wenn die Situation einen solchen Mut erfordert. Vielleicht sollten wir in uns nach diesem Mut forschen, falls wir ihn nicht bereits besitzen. Falls wir jedoch schon engagierte Kämpfer für das Wohl der Menschheit sind, sollten wir uns bewusst machen, dass der Ritter eine Karte ist, die – obwohl erwachsener als der Bube – doch noch nicht zur Reife gelangt ist und dass unser Engagement eventuell den Kampf, den wir zunächst mit uns selbst und unserer eigenen Seele zu führen haben, nach außen verlagert.

Stichworte: Wagemut; Revolutionär; Zivilcourage; Engagement

Umgekehrte verborgene Seite
In der Umkehrung haben wir den Ritter der Schwerter so tief in uns verdrängt, dass wir nicht dazu in der Lage sind, ihn zu aktivieren, ihn aus seinem Schattendasein ins Licht unseres Bewusstseins hervorzuholen. Selbst wenn wir uns in einer Situation befinden, in der wir den (Über-)Mut des jungen Ritters gut gebrauchen könnten, verhalten wir uns passiv oder zurückgezogen, gehen die Dinge nicht oder nur sehr zaghaft an, obwohl sie mit stürmischem Elan angepackt werden müssten. Der Schlüssel liegt hier in der Hemmung unseres Aufbegehrens, in der Mutlosigkeit, die aus der Anpassung, der Unterdrückung unserer Natürlichkeit kommt, wie der Existenzialpsychologe Rollo May es vortrefflich formulierte: „Deshalb ist das Gegenteil von Mut in unserer Gesellschaft nicht Feigheit, sondern Anpassung". Das kann bis zum Mitläufertum, bis zum Wegschauen gegenüber Unrecht gehen, zur Haltung des Ja-Sagens, wo ein Nein angebracht wäre. Auf eine unpolitische Weise haben wir es mit einem Menschen zu tun, der seine Gefühle von Wildheit und Jugendlichkeit vergessen und blockiert hat.

Stichworte: Anpassung; Ja-Sager; Mitläufertum; blockierte Wildheit

Bube der Schwerter

Vorderseite

Der Bube der Schwerter ist nicht leicht zu verstehen. Wenn die Hofkarte eine reale Person meint, handelt es sich um ein Kind oder einen Jugendlichen (gleich welchen Geschlechts), traditionell mit dunkelbraunen Haaren. Er ist – wie alle Karten des Schwerter-Hofs – klug und weiß seinen Verstand zu benutzen. Aber er schwebt, ähnlich wie der Ritter auf seinem Pferd, in den Wolken. Während aber der Ritter die Energie der Schwerter symbolisiert, die eine aggressive, leidvolle ist, repräsentiert der Bube die Qualität des Satz in seiner kindlichen, naiven Form. Die Herangehensweise des Schwerter-Buben an die Welt hat etwas mit dem Wunsch zu tun, sie aus der intellektuellen Distanz heraus zu begreifen, sich nicht so sehr auf sie einzulassen als sie nur zu begreifen. Er ist mit seiner Intellektualität nicht bei sich und der Welt angekommen, er steht nicht im Leben. Als Person ist der Schwerter-Bube hingegen jemand, der den Kontakt mit Büchern der wirklichen Erfahrung vorzieht, von der Art des gutmütig-naiven Intellektuellen oder des Asperger-Autisten, der alle Fahrpläne auswendig kann, aber nie weiß, worüber die Anderen lachen. Aus dieser Distanziertheit heraus zeigt sich auch ein gewisses Misstrauen gegenüber der Welt und den Menschen. Er ist nicht ihr Freund und lässt sich eher darauf ein, sie zu beobachten (bis dahin, dass er sich als Spitzel einer Autorität oder Macht betätigen könnte), als sich ihnen unbefangen zu nähern. Wenn sie nicht eine Person beschreibt, meint die Karte manchmal eine Situation, in der jemand seinen eigenen intellektuellen Anspruch nicht einlösen kann: Seine intellektuelle Betätigung und sein sonstiges Leben sind nicht miteinander integriert, der Intellekt schwebt unvermittelt über der Realität.

Stichworte: naiver Intellektueller; Bücherwurm; Besserwisserei; Distanziertheit; beoachtend

Umgekehrte Vorderseite
Der umgekehrte Bube hat sich in seiner distanzierten Position verrannt. Er kommt den Menschen nicht mehr nahe, auch wenn er sich danach sehnt. Aus seiner intellektuellen Distanz gegenüber normalen menschlichen Sphären erwächst das Gefühl einer Isolation, eines Abgetrenntseins von Anderen, das bis zum Gefühl des Ausgestoßenseins führt. Das Misstrauen, mit dem er Andere beobachtet, projiziert er nun auch in die Anderen hinein (oder erlebt er als deren Reaktion auf sich), so dass er sich beobachtet und von anderen Menschen verfolgt fühlt. Weil er sich den Anderen nicht gewachsen, zu schwach fühlt für den Kampf, reagiert er mit einer übertriebenen Ängstlichkeit. Eine Paranoia bahnt sich an, ein krankhafter Verfolgungswahn, der nur durch echte und offene Kontakte mit Anderen überwunden werden kann.

In einer abgeschwächten Form weist der umgekehrte Bube auf Zustände hin, in denen wir uns nur über den intellektuellen Modus mit Anderen verbunden und uns deshalb leicht abgelehnt fühlen. Wir beobachten zu distanziert, was geschieht, statt uns einzulassen.

<u>Stichworte</u>: *Gefühl des Ausgegrenztseins; generalisiertes Misstrauen; Paranoia*

Die verborgene Seite
Wenn der Schwerter-Bube sich seiner Eingeschränktheit bewusst wird, kann er seine unpassende intellektuelle Überbetonung aufgeben. Dazu bedarf er allerdings einer Strategie, um zu jenem Kontraktpunkt zu gelangen, den C. G. Jung in seiner Quaternität (vgl. S. 19) dem Denken gegenüberstellte, nämlich dem Gefühl, der Emotion, die er zu verdrängen neigt, vielleicht weil sie ihm nicht geheuer ist, weil er von ihr überschwemmt und übermannt zu werden droht. Auf der Abbildung sehen wir den Schwerter-Buben nicht mehr allein dastehen. Eine offenbar weibliche Gestalt, die wir von hinten sehen, hält in der ausgestreckten Hand eine Blume, nach der er ebenfalls die Hand ausstreckt, und wir wissen nicht, ob

er sie von ihr empfangen will oder ob er sie ihr gerade geschenkt hat. Seine andere Hand umklammert sein Schwert, das neben ihm in der Erde steckt: ein Zeichen dafür, dass der Intellekt in die Welt des Sinnlichen, Materiellen eingegangen ist. Wir wissen nicht, wie es weitergehen wird, aber wir merken an seinem Gesichtsausdruck, dass die Begegnung ihn verunsichert hat und ihn aus dem sicheren Elfenbeinturm der intellektuellen Distanz herausgetrieben hat. In Befragungen weist die Karte auf eine Situation hin, in der das bisherige intellektuelle oder distanzierte Vorgehen in eine Krise geraten ist und eine Hinwendung zur emotionalen Seite fällig ist. Solange die Karte aufrecht liegt, scheint dies auch zu gelingen.

Stichworte: *Zulassen von Gefühl; Krise der reinen Vernunft*

Umgekehrte verborgene Seite
Auf der umgekehrten Position wird die Krise der Ratio so mächtig, dass das Ich von unkontrollierbaren Gefühlen überschwemmt zu werden droht. Die rigiden Mauern des Verstandes, die nie gelernt haben, mit starken Gefühlen umzugehen, können dem Ansturm der Gefühle kaum standhalten. Es ist zwar nicht schlimm, wenn die Wogen der Gefühle plötzlich bei einem Menschen hoch schlagen, der sie bisher gemieden hat. Das kann eine befreiende und heilsame Wirkung besitzen. Allerdings sind ein dosiertes Zulassen und ein unaufgeregtes Grundvertrauen in diesen Prozess sehr wichtig, um nicht darunter durcheinander zu geraten. Jetzt ist es wichtig, dass der Fragesteller gute Freunde oder professionelle Ratgeber (eventuell Psychotherapeuten) an seiner Seite hat, um unbeschadet durch diese Turbulenzen zu gehen.

Stichworte: *emotionale Turbulenzen; Affektüberschwemmung*

II

Vorderseite
Traditionell steht die Schwerter-Zwei für zwei Seiten eines Konflikts, die nun beide gesehen werden und sich respektiert fühlen

können. Sie sind damit ausgeglichen und können einen Waffenstillstand eingehen. Dieser Friede ist aber eher vorläufiger Natur, die tieferen Ursachen des Konflikts sind nicht beigelegt, aber die unparteiische Justitia, die wir hier vielleicht abgebildet finden, hält die Schwerter der beiden Streiten fest in ihren Händen. Das gilt ebenso auf der zwischenmenschlichen oder politischen wie auf der innerseelischen Ebene: Eine echte Lösung ist nicht erreicht, aber es ist möglich, mit dem inneren Widerspruch zu leben, ihn zu tolerieren und auszuhalten. Aus der neuen Situation kann Freundschaft entstehen: auf der zwischenmenschlichen Situation können sich ebenso neue Freundschaften ergeben wie sich auf der psychischen Ebene bisher im Streit miteinander liegende Teile jetzt die Hand reichen. Das Gefühl des Vertrauens ist vielleicht noch schwach, aber deutlich vorhanden als Voraussetzung dafür, damit ein solcher innerer oder äußerer Friede überhaupt möglich ist.

Stichworte: **Waffenstillstand**; *vorläufiger Friede; ausgeglichener Konflikt; Vertrauen; Freundschaft*

Umgekehrte Vorderseite
In der Umkehrung brechen die Konflikte wieder auf, die in der aufrechten Position beruhigt erschienen. Das kann zu heftigen Gefühlsausbrüchen führen, wenn der Burgfrieden zwischen den widerstreitenden Gefühlen der aufrechten Karte zu einem offenen Kampf wird. Wenn es um äußere Konflikte geht, wird deutlich, dass es nicht zu einer dauerhaften Lösung der Probleme kam, dass ein Waffenstillstand kein echter Friede ist. Dieses erneute Ausbrechen eines Konflikts kann aus falschen Versprechungen, Intrigen hinter dem Rücken eines der Partner oder Verlogenheit resultieren.

Stichworte: **Konflikt**; *Aufbrechen eines Konflikts; aufbrechende Gefühle; Verlogenheit*

Die verborgene Seite
Die Darstellung von Pamela Smith auf der Vorderseite ist schon viel tiefer als die traditionelle Deutung. Die Zwei ist die Zahl der Entzweiung, der Dualität, des Widerspruchs, und wenn die Duali-

tät hier in einer friedlichen, ruhigen Situation zusammengehalten wird, dann nur durch die Kraft der Ignoranz, dadurch, dass die Figur mit den verbundenen Augen nicht dort hinsieht, wo der Konflikt sich verbirgt. Rachel Pollack hebt deshalb den Aspekt der Verdrängung hervor, der dieser Ruhe zugrunde liegt: die beiden Schwerter stehen ihr zufolge für durchaus gefährliche Kräfte, nämlich Wut und Angst, die nur mit Mühe in der Balance gehalten werden können. Aber auch alle anderen miteinander im Konflikt liegenden inneren Kräfte wie Wertschätzung und Liebe, Verärgerung und Ablehnung gegenüber einer anderen Person oder gegenüber einem selbst müssen ins Unbewusste verdrängt werden, wenn sie nicht in der Realität zu einer Lösung gebracht werden oder mit innerer Stärke (psychologisch: Ich-Stärke) im Bewusstsein gehalten werden können. Verdrängung aber führt zu einer Einschnürung der eigenen Handlungsfreiheiten. Die sitzende Person ist deshalb nicht in ihrer Mitte, die Brust als Zentrum des Gefühls wird von den überkreuzten Armen geschützt, aber zugleich eingeengt. Der weite Raum des Unbewussten, das Meer in ihrem Rücken, wird von ihr blindlings verteidigt, es ist nicht offen zugänglich. Wir sehen eine Person, die ihre wahren Konflikte, die Ent-Zwei-ung in ihr selbst, hinter einer defensiven Abwehr von Gefühl verbirgt, die ihr Gefühlsleben vom eigenen verschleierten Blick abspaltet. Die scheinbare Harmonie kann aber in bestimmten, neuralgischen Situationen zum Gegenteil von echter Harmonie, nämlich zu heftigen emotionalen Durchbrüchen führen.

Auf dieser Kartenseite sehen wir das, wovor die Frau der Vorderseite sich schützt: Es ist ein roher, offenbar streitlustiger Mensch, der einem schönen Jüngling mit der Faust droht, der sich wiederum eitel in einem Spiegel betrachtet. Indem die Frau sich mit den Schwertern vor Aggression und mit der Augenbinde vor Verführung schützt, spaltet sie das in sich selbst ab, was ihr nicht geheuer ist. Sie sieht einfach nicht hin. Aber eine solche Haltung scheinbaren inneren Friedens ist eine Heuchelei jener Art wie sie von einem indischen Saddhu berichtet wird, der jahrelang in einer Höhle meditierte, wo er keinen Menschen zu Gesicht bekam. Als er freudig über die Tiefe seiner Erleuchtung wieder zu den Menschen ins Dorf hinab ging, dort aber keiner sich ihm gegenüber ehrerbietig verhielt, geriet er so außer sich, dass der schöne Zustand, den er über viele Jahre kultiviert hatte, mit einem Mal dahin war. So ergeht es vielen, die sich so lange als ausgeglichen und sogar als überlegen wähnen, so lange sie nicht in der Tiefe hinterfragt werden und ihre Augenbinde herabgerissen wird, so dass sie die Konflikte in sich selbst erkennen müssen.

Auf einer noch abstrakteren, erkenntnistheoretischen Ebene können wir Kant zitieren, demzufolge Begriffe ohne Anschauung blind sind. Die Schwerter symbolisieren Intellekt, die Welt der Begriffe, aber in der Zwei sind diese Begriffe blind, ihnen fehlt der Bezug zur Außenwelt. Dadurch wird die Dualität aufgehoben: die ethische Dualität von richtig und falsch wird ignoriert, sogar die Dualität von „das ist ein A oder das ist kein A", die unserem logischen Denken laut Aristoteles zugrunde liegt, hat keinen Gegenstand: weil die Unterscheidungen nicht da sind, scheinen wir in völliger Harmonie mit allem zu leben. Aber diese völlige Harmonie ist nur oberflächlich. In Wirklichkeit haben wir sie erkauft durch Nicht-Hinschauen. Das ist nicht gemeint, wenn der Buddha sagt: „Form ist nichts als Leere, Leere ist nichts als Form". Denn wenn die Form ignoriert wird, fehlt der zweite Teil des Satzes: Leere ohne Form ist nicht Leerheit, sondern vielleicht Hohlheit, Ignoranz. Wir müssen unterscheidende Weisheit entwickeln und die Dinge sehen wie sie sind, dann erst können wir die Gegensätze miteinander vereinen.

<u>Stichworte</u>: *Emotionale **Abspaltung**; Verklemmtheit; emotionale Blockade; verdrängte Konflikte; scheinbare Harmonie*

Umgekehrte verborgene Seite
Alle Mechanismen unserer Psyche haben eine Funktion, auch diejenigen, die uns gestört und unnütz vorkommen. Die Abspaltung der Gefühle und inneren Konflikte kann wichtig sein, um nicht im äußeren Konflikt mit der Umwelt zu liegen. Hinter der Abspaltung

innerer Konflikte liegt oft ein Konflikt mit der Gesellschaft als ganzer. Sigmund Freud, der die Verdrängung von Gefühlen, die sozial nicht ausagierbar sind, zur Grundlage seiner Psychoanalyse machte, hat den Blick leider einseitig auf die Problematik des kranken Individuums gerichtet und nicht die andere Seite des großen Konfliktszenarios betrachtet: die kranke Gesellschaft, die es dem einzelnen unmöglich macht, bestimmte Gefühle auszudrücken. Die Welt ist voller Anfechtungen und Enttäuschungen. Menschen können grob und gemein sein, ihre Aggressionen auf uns abladen und uns schlecht behandeln, wie der rohe Mensch auf dieser Abbildung. Sie können aber auch Verlockungen für uns beinhalten, seien diese erotischer Art oder einfach das vermeintliche Versprechen, gute und vertrauenswürdige Freunde zu sein wie der Jüngling. Manche dieser Versprechen erweisen sich als Illusion und hinterlassen uns enttäuscht. Um diesen Enttäuschungen zu entgehen, hat die Frau die beiden Schwerter überkreuzt vor sich gehalten, sie „macht innerlich dicht", um niemanden an sich heran zu lassen. Aber dieses Dichtmachen ist in diesem Fall keine Schwäche, sondern eine bewusste Entscheidung. Profis in helfenden Berufen beispielsweise benötigen unbedingt die Fähigkeit zur professionellen Distanz, um nicht auszubrennen. Das bedeutet weder Desinteresse am anderen noch eine gefühlsmäßige Totenstarre. Es bedeutet, mit (Mit-)Leiden und anderen Gefühlen (wie z. B. Begehren) in einer reifen Weise umgehen zu können, ohne sie ausleben zu müssen.

In vielen spirituellen Traditionen wird die Beherrschung der eigenen Gefühle als fundamentale Praxis bewertet: Im klassischen Yoga beispielsweise, aber auch in Teilen des Buddhismus, gilt die Abschottung der Sinnestore vor dem Einfall feindlicher Eindrücke als wichtige Übung, um sich nicht mehr durch die Welt angreifbar zu machen. Die Kunst besteht freilich darin, diese Abschottung *bewusst* zu betreiben und das Abgewehrte nicht ins Unbewusste abzudrängen. Dann kann die Weigerung, die Schönheit des Jünglings oder die Grobheit des Anderen an sich herankommen zu lassen, tatsächlich zu innerem Frieden beitragen. Hier geht es also im Unterschied zur Kartenvorderseite um die Kultivierung einer Haltung des bewussten Verzichts, die Umwelt „persönlich" zu nehmen. Statt in Streit oder Begierde, in äußerem Konflikt zu enden oder sich von anderen „einwickeln" zu lassen, hat die Frau auf dieser Seite der Karte ihren inneren Frieden tatsächlich bewahrt, indem sie nicht zulässt, dass Andere sie aus ihrer Gemütsruhe, ihrer inneren Distanziert bringen. Während die beiden Schwerter der aufrechten Rückseite mit Angst und Wut zu tun haben, können wir die Schwerter jetzt viel positiver deuten: Als Symbol für Weisheit steht im Vajrayana-Buddhismus das Schwert des Manjushri, ein Flammenschwert, dessen Feuerenergie aus der höchsten spirituellen Erkenntnis und der Kraft der Unterscheidung zwischen spiritueller und nicht-spiritueller Wahrheit stammt. In diesem Sinne ist die Person auf dieser Kartenseite nicht emotional in die Welt verstrickt und deshalb dazu in der Lage, sich vor den Anfechtungen von Wut oder Begierde zu schützen. Aber sie ist noch nicht erleuchtet, da sie des Schutzes ihres Selbst weiterhin bedarf und deshalb in der Dualität zwischen Selbst und Nicht-Selbst, zwischen Innenwelt und Außenwelt verharrt.

<u>Stichworte</u>: **Abgegrenztheit**; *Distanziertheit; Unparteiligkeit; Unbeteiligtsein; Abschottung der Sinnentore*

III

Vorderseite

Das durchbohrte Herz steht für jede Form von Kummer oder „Herzeleid". Der Schmerz, der sich hier zeigt, ist subjektiv berechtigt, er hat sozusagen gute Gründe. Ein durchbohrtes Herz ist tatsächlich verletzt, es tut nicht nur so als ob. In einem Sprichwort aus den USA heißt es: Schmerz ist unvermeidlich, aber Leiden ist freiwillig. In diesem Sinne zeigt die Drei der Schwerter den Schmerz, den wir als unvermeidlichen Teil des Lebens annehmen müssen. Es ist jedoch nicht nötig, dass wir uns in ihn hineinfressen und ihn durch depressive Gedanken, Selbstvorwürfe oder Vorwürfe gegenüber der Umwelt noch verschlimmern. Wenn wir das tun, wird aus dem Schmerz – einer natürlichen Reaktion unserer Psyche – lange anhaltendes Leiden, das wir selbst uns geschaffen haben. Deshalb ist es sinnvoll, die Ursache des Schmerzes zu erforschen und den Schmerz anzunehmen.

<u>Stichworte</u>: **Schmerz**; Annehmen des Schmerzes

Umgekehrte Vorderseite
Die Vermeidung einer Auseinandersetzung mit dem Schmerz führt zur Abspaltung der schmerzhaften Emotion. Abspaltung bedeutet, den Schmerz einfach herunterzuschlucken, ohne ihn wirklich aufgelöst zu haben. Er lebt dann in Form anderer Gefühle, wie Bitterkeit oder Ängstlichkeit, weiter fort. In diesem Fall kann die Wunde der drei Schwerter nicht geheilt werden. Deshalb kann die umgekehrte Karte auch bedeuten, dass ein alter, verdrängter Schmerz wieder auftaucht und sich reaktiviert. Das Mittel des Umgangs mit diesem bisher verdrängten Gefühl muss immer in einer radikalen Akzeptanz bestehen, die ihn als Teil des eigenen Schicksals annimmt.

<u>Stichworte</u>: **Abspaltung**; Verdrängter Schmerz; Abwehr gegen schmerzhafte Gefühle

Die verborgene Seite
In der Annahme des Schmerzes liegt eine große Kraft. Wer den Schmerz nicht mehr fürchtet, braucht gar nichts mehr zu fürchten. Jesus von Nazareth ist der Meister des Schmerzes, wie seine Passionsgeschichte zeigt. Obwohl er fliehen und sich verstecken gekonnt hätte, ging er den Weg in den äußersten körperlichen Schmerz hinein. Er wusste bereits, dass nichts ihm wirklich etwas anhaben konnte, weil er auf Gottes Seite stand. Er nahm den Schmerz an und widersetzte sich ihm nicht. Dies war eine natürliche Konsequenz seiner Lehre der völligen Gewaltlosigkeit, die er in den Worten ausdrückte: „Wenn dich jemand auf die linke Wange schlägt, dann halte ihm auch die rechte hin". Indem er seinen Feinden seinen ganzen Körper hinhielt, lehrte er uns, dass der Widerstand gegen die schmerzlichen Erfahrungen des Lebens uns gerade in den Kreislauf des Leidens führt, den er durch sein Beispiel über-

wandt, indem er den Schmerz zuließ. Die Vermeidung von Schmerz und die daraus resultierende Angst vor der Verletzung erzeugen immer neues Leiden bei uns selbst und bei den Anderen, denen wir Leiden zufügen, um unser eigenes Leiden zu reduzieren, in der irrigen Annahme, wir könnten uns durch Gewalt davor schützen, dass uns selbst Schmerz zugefügt wird. Was wir tun können, ist das Leiden in uns selbst abschneiden, um keine Waffen zur Abwehr gegen den Schmerz mehr zu brauchen. Leiden ist die Reaktion auf den Schmerz, die aus der Sorge um den Selbstschutz entsteht.

Die verborgene Drei der Schwerter zeigt deshalb, wie die Erde das vergossene Blut unseres durchstochenen Herzens dankbar in sich aufnimmt und neues Leben daraus wachsen lässt. Die mystische blaue Blume zeigt, dass die Kraft, die aus der radikalen Akzeptanz des Schmerzes resultiert, eine spirituelle Kraft ist, die uns über unser gewöhnliches menschliches Dasein hinauszutragen vermag, die weiße Blume der Unschuld symbolisiert die Reinheit der achtsamen Bewusstseinhaltung. Es ist aber zugleich die eigentliche Kraft unserer Seele, die wieder freigesetzt wird, wenn wir uns nicht mehr blockieren. Der verdrängte alte Schmerz und die Furcht vor neuen Schmerzen vermögen unsere innere Stärke, unsere Ausdrucksfähigkeit zu blockieren. Wenn wir versuchen, ihn zu verdrängen und nicht wahrzunehmen, kann er zu einer untergründig eiternden seelischen Wunde werden. Ebenso halten wir die Wunde künstlich offen und hindern sie an der Heilung, wenn wir dauernd an unseren Schmerz denken. Der Mittelweg besteht in einem achtsamen, aber akzeptierenden, widerstandlosen Umgang mit dem Schmerz sowie einer Verarbeitung seiner Ursachen durch Gespräche und Innenschau. Das radikale Annehmen aller Schmerzen, die zu tragen uns auferlegt ist, befreit uns. In Befragungen zeigt die Karte, dass wir jetzt dazu in der Lage sind, uns auf den Weg der radikalen Akzeptanz zu machen, oder es jetzt Zeit für uns ist, einen solchen Weg achtsamen Annehmens zu gehen, um nicht in der Situation der umgekehrten Rückseite anzulangen.

*<u>Stichworte</u>: **Radikale Akzeptanz**; Achtsamkeit mit den Gefühlen; Heilung durch Annehmen*

Umgekehrte verborgene Seite
Wenn die Seelenblume unser vergossenes Herzblut nicht mehr empfangen kann, neigen wir dazu, das Blut Anderer vergießen zu wollen. Die Karte in der Umkehrung zeigt, dass unser Schmerz nicht die blaue Blume des höheren Selbst, sondern die dunklen Anteile unserer Seele nährt. Wir kultivieren Hass und Aggression in uns, reagieren mit Bitterkeit oder Verschlossenheit auf unsere Umwelt und weiden uns an dem Gedanken der Ungerechtigkeit der Welt, die uns das angetan hat. Dann wünschen wir uns, anderen denselben oder noch stärkeren Schmerz zuzufügen als den, den man uns zugefügt hat. Das fürchterliche Extrem dieser Haltung ist der Amokläufer, der seinen Schmerz zu einem System von Hass auf alle und alles verdichtet, um schließlich wahllos irgendwelchen anderen Personen Schmerz und Leid zuzufügen.
<u>Stichworte</u>: **Gekränktheit**; *Verbitterung; Zufügen von Schmerz; Abreagieren von Wut*

IV

Vorderseite
Die aufrechte Vorderseite der Schwerter-Vier ist traditionell eine Karte, die positiv besetzt ist, als ein freiwilliger Rückzug von der Welt und ihrer Umtriebigkeit. Heute spricht man zu Recht viel von Stress und Hektik und empfielt als Gegenmittel Entspannungsverfahren und Entschleunigung. Hier sehen wir eine Karte, die genau dies ausdrückt: Man hat sich in die Ruhe begeben, sogar in die „Einkehr" in der Abgeschiedenheit eines Klosters, wie die Kirchenfenster auf der Karte andeuten. Man sucht Entspannung im Wellness-Hotel oder in der Natur. Auf einer tieferen Ebene ist der Rückzug in die Innenschau gemeint, die uns mit uns selbst wieder in Kontakt bringt: wir suchen nach Ruhe, um uns selbst zu finden. Oft ist die Ruhe aber nicht ganz freiwillig: Wir haben eine schwere, anstrengende Zeit hinter uns und brauchen die Erholung jetzt dringend, um uns zu regenerieren. Vielleicht waren wir sogar

krank und befinden uns jetzt auf dem Weg der Besserung, der Rekonvaleszenz oder Rehabilitation. Wenn es um Krankheit geht, ist die Karte eher positiv gemeint: vielleicht liegen wir noch auf dem Krankenlager, aber es ist letztlich zum Guten.

<u>Stichworte</u>: **Rückzug**; *Entspannung; Rekonvaleszenz; Wellness-Urlaub*

Umgekehrte Vorderseite
Erscheint die Karte umgekehrt, so begibt sich der Ritter aus seiner Isolation zurück in die Welt. Eine traditionelle Deutung weist auf Umsicht hin, ein vorsichtiges Vorgehen, wie wir es berechtigterweise an den Tag legen, wenn wir dabei sind, uns nach längerem Rückzug langsam wieder mit der Welt und ihren Anforderungen zu konfrontieren.

<u>Stichworte</u>: **Rückkehr** *in die Welt; Zugehen auf Andere; Auftauen*

Die verborgene Seite
Das Motiv, das uns in die Isolation führt, ist unser Schutzbedürfnis. Manchmal müssen wir uns vor Lärm und Umtriebigkeit schützen, um zu uns zu finden. Manchmal fürchten wir uns vor anderen Menschen, und die Frucht kann sogar größer sein als das Bedürfnis nach sozialem Kontakt. Die Abbildung zeigt den Raum, in dem der Ritter in der Mitte liegt, dessen beide Fenster mit Schlössern verriegelt sind und dessen Tür mit einem querstehenden Balken blockiert ist. Durch das linke der beiden Fenster scheint von außen ein gehörnter Dämon herein zu blicken. Der graue Ritter hat sich eingemauert, weil er sich vor der Außenwelt fürchtet. Allerdings wissen wir nicht, ob das Monster hinter der Fensterscheibe real ist oder nur in der Vorstellung des Ritters existiert. So ist es schwer zu sagen, ob es sinnvoll ist, dass der Betroffene sich für eine gewisse Zeit zurückzieht, um sich vor dem Einfluss anderer Menschen und vor den Anforderungen seines Lebens zu schützen. Oder ob er sich isoliert, weil er meint, etwas verteidigen zu müssen, was gar nicht geschützt werden muss: unser eigenes, kleines Ego mit seinen Ängsten und Projektionen. Dann wäre es besser, auf Andere zuzugehen und sich mit den Aufgaben des Lebens zu konfrontieren

statt sich vor ihnen zu fürchten und ihnen aus dem Weg zu gehen. Die Karte trifft hier keine Entscheidung, sondern weist uns nur auf unser Bedürfnis hin, Schutz vor einer als feindlich oder überfordernd erlebten Umwelt zu suchen.
<u>Stichworte</u>: **Schutzbedürfnis**; *Angst vor der Außenwelt; Bedürfnis nach Alleinsein*

Umgekehrte verborgene Seite
Wenn nicht das Schutzbedürfnis, sondern andere Umstände einen Menschen in den sozialen Rückzug treiben, verliert die Situation ihre positive Bedeutung. Die Isolation von Anderen und der Geschäftigkeit des Lebens kann dann Einsamkeit und Isolation vom Leben „da draußen" bedeuten. Viele ältere Menschen erleben in unserer Gesellschaft, nicht mehr in der Mitte des sozialen Miteinanders eingebunden zu sein. Manche aber isolieren sich auch selbst aus einer Defensivität gegenüber dem Leben heraus, dem Gefühl, nicht aus sich heraus gehen zu können, bei Anderen nicht richtig „anzukommen". In diesem Fall ist die starre Haltung des Ritters Ausdruck eines harten Korsetts, das er um sich herum errichtet hat, eines Eingefrorenseins seiner wirklichen Gefühle. Manchmal bedarf es dann eines Anderen, der die erstarrte Seele wieder zum Leben erweckt, wie der Gralskönig Anfortas nur durch Parzivals Mitgefühl seine rätselhafte Krankheit überwinden konnte. Rachel Pollack schreibt dazu sehr schön: „Rückzug, selbst zum Zweck der Regeneration, kann einen Menschen von der Welt abschließen, indem er eine Art von Zauberbann um ihn errichtet, der nur durch Energie von außen gebrochen werden kann."
<u>Stichworte</u>: **Isolation;** *Einsamkeit; Eingefrorensein*

V

Vorderseite
Obwohl die Figur, die mit siegesgewissem Lächeln rechts vorne steht, sich im Fokus der Zeichnung befindet, bezieht sich die Be-

deutung der Karte auf die beiden Figuren, die uns den Rücken zukehren. Dann haben wir es eindeutig mit einer Karte von Versagen und Niederlage zu tun. Wir sind die Unterlegenen, da wir einem übermächtigen Feind gegenüberstehen. Daran scheint es zunächst nichts zu rütteln zu geben. In einer Befragung, die sich auf die Zukunft bezieht, enthält die Karte entsprechend die Warnung, sich nicht auf Streitigkeiten einzulassen, da man vermutlich unterliegen wird. Auf einer rein psychischen Ebene zeigt die Karte einen inneren Konflikt, in dem man ebenfalls nicht gewinnen kann, wenn man sich zu sehr hineinsteigert.

Stichworte: **Niederlage**; Feind; Schmach

Umgekehrte Vorderseite
Leider hebt die Umkehrung die schlechte Nachricht der aufrecht liegenden Karte nicht auf. Im Gegenteil: Die Betroffene ist nicht allein die Verliererin in einem Konflikt, sie kann sich auch nicht damit abfinden, hadert mit ihrem Schicksal und kann das Geschehen nicht vergessen. Die Niederlage ist jetzt sogar kompletter, weil nach dem Augenblick des Unterliegens noch das fortgesetzte Gefühl hinzukommt, versagt zu haben und mehr noch: ein Versager zu sein.

Stichworte: Gefühle von **Versagen;** Verzweiflung über die Niederlage

Die verborgene Seite
Das Spiel von Sieger und Verlierer, von besser und schlechter, von Überlegenheit und Unterlegenheit entsteht aus einer unbewussten Dynamik, die unserem grundlegenden Mangel an Selbstakzeptanz entspringt. Wer sich selbst vollkommen akzeptieren kann, wie er ist, hat es nicht nötig, sich auf Kosten anderer selbst zu erhöhen (und andere zu erniedrigen). Umgekehrt wird es niemandem gelingen, einen Menschen zu erniedrigen, der voll und ganz zu sich selbst steht. Es ist einfach nicht möglich, jemandem ein schlechtes Selbstgefühl einzureden, der weiß, was er wert ist – und zwar unabhängig von der Anerkennung, die er bekommt, der Leistung, die er vollbringt, und seiner Stufe in der sozialen Hackordnung. Leider

sind die meisten von uns nicht so sozialisiert, dass sie sich in bedingungsloser Weise annehmen können. Das ist ein wichtiger Motor unserer Gesellschaft, denn indem wir dieses Gefühl mangelnder Vollkommenheit ausgleichen wollen, strengen wir uns an, gute Leistungen zu erzielen und stopfen die Löcher unserer frustrierten Seele mit jeder Art von materiellem Konsum – unser mangelndes Selbstwertgefühl hält also das Wirtschaftswachstum am Laufen.

Die Rückseite der Karte zeigt einen Menschen, der sich in einer unerwarteten Weise verhält. Wir sehen ihn rechts hinter dem höhnisch blickenden Sieger des Kampfes stehen. Er selbst gehört unverkennbar zu den Besiegten, denn er trägt nicht nur dieselbe Kleidung wie sie, einer von ihnen lehnt sich auch in einer Pose der Verzweiflung an seine Schulter. Er selbst aber hat ein sanftes Lächeln auf den Lippen und riecht mit halbgeschlossenen Augen an einer weißen Blume. Die Rückseite der Karte steht hier also für den „Schatten des Schattens": Wer auf der Seite der Verlierer steht, entscheiden nicht die äußeren Ereignisse, sondern unsere eigene Haltung zur Situation. Es gibt keine Notwendigkeit, dass wir das, was ein anderer als Sieg oder Niederlage ansieht, ebenso definieren. Die hier abgebildete Figur hat eine Haltung von Sanftmut oder Gleichmut und Gelassenheit vielleicht bewusst kultiviert oder sich eine unschuldige kindliche Heiterkeit und humorvolle Umgangsweise mit allen Schwierigkeiten bewahrt. Vielleicht wäre es zu viel gesagt, dass sie nichts erschüttern kann, aber sie scheint auch kurz nach einer schweren Niederlage noch dazu in der Lage zu sein, sich an einer einzelnen Blüte zu erfreuen. Vielleicht empfindet sie die Niederlage gar nicht als solche, vielleicht ist sie einfach nicht dazu bereit, längere Zeit darüber zu lamentieren. Das zeigt eine positive, ausgeglichene Haltung zum Leben, die niemandem etwas beweisen und nichts erreicht haben muss, um zufrieden zu sein. Die Karte kann uns dazu raten, eine solche Haltung friedfertiger Gelassenheit gegenüber dem Leben zu kultivieren oder darauf hinweisen, dass die Zielperson eine solche Haltung besitzt.

<u>Stichworte</u>: **Gelassenheit**; *Sanftmut; Genügsamkeit; Gleichmut; Humor; Heiterkeit*

Umgekehrte verborgene Seite
Wenn sich das Blatt abermals wendet, erleben wir die genau gegenteilige Reaktion der aufrechten Rückseite. Menschen können auf Niederlagen und Frustrationen, eigenes Versagen oder darauf, etwas versagt zu bekommen, mit großer Wut reagieren. Während die aufrechte Vorderseite den aggressiven Genuss des Siegers und die passive Depression des Verlierers zeigt, zeigt sich hier die aggressive Schattenseite des Verlierers: Opfer werden zu Tätern, wenn sie sich mit der Aggression identifizieren, die sie selbst erfahren haben. Dies ist hier geschehen. Die Karte bezeichnet einen Menschen, der sich nicht nur wehrt (was sicherlich legitim wäre), sondern dies überzieht und mit Hass, starker Wut oder lang anhaltendem Groll reagiert. Sein schwaches Selbstwertgefühl ist so gekränkt, sein Verteidigungsreflex so stark, dass er seine emotionale Reaktion nicht mehr richtig dosieren kann. Er droht nun wiederum ein Opfer seiner eigenen Aggression zu werden. Manchmal bleiben diese Gefühle allerdings auch unter der Oberfläche und drücken sich in eiskalter Ablehnung und Ressentiment aus.
Stichworte: **Wut**; *Hass; Groll; starke Aggressionen; kalte Wut*

VI

Vorderseite
Auf einer konkreten Ebene sehen wir das Bild einer Reise und einer Reiseroute. Dies kann auch einen Reisenden, einen Botschafter meinen. In der aufrechten Legerichtung handelt es sich um eine ruhige Reise über ein sturmfreies Gewässer, die ohne große Mühen vorangeht. Auf einer seelischen Ebene kann die Karte auch für eine Reise durch eine ruhige, ereignisarme Zeit stehen, in der es dennoch - ohne große Turbulenzen - vorangeht. In diesem Sinne ist die Sechs eine positive Karte, die uns sagt, dass wir langsam, aber stetig vorankommen, auch wenn es uns nicht so erscheint. Die Karte kann dann auch bedeuten, dass wir aus einer schwierigen Situation

einen Ausweg gefunden haben, dass wir uns auf dem Weg in eine leichtere Zukunft befinden.
Stichworte: **Ruhige Reise**; *ruhige Lebensphase; Ausweg aus Schwierigkeiten*

Umgekehrte Vorderseite
Kehrt sich die Ruhe der Karte um, kommt es entweder zu einer turbulenten, stürmischen Reise. Das kann auf der psychischen Ebene eine Zeit großer Aufregung und emotionaler Turbulenzen meinen. Aber die Probleme sind alle zu meistern und sollten nicht zu schwer genommen werden. In einer ganz anderen Bedeutung, die Waite anführt, steht die Umkehrung für eine Veröffentlichung und Öffentlichkeit.
Stichworte: **stürmische Reise**; *Öffentlichkeit*

Die verborgene Seite
Die verhüllten Gestalten der Vorderseite erwecken den Eindruck, als ob eine Frau hier mit ihrem Kind allein unterwegs ist. Wer mag die Frau sein, die wie in Trauer in sich zusammengesunken scheint, wer ist das Kind und welche Geschichte mögen sie hinter sich haben? Anscheinend haben sie etwas hinter sich gelassen und sind auf dem Weg zu neuen Ufern. Vielleicht haben sie den Ehemann der Frau beerdigt, vielleicht sind sie auf der Flucht, haben ihr Hab und Gut verloren. In jedem Fall scheinen sie etwas Altes, Liebgewordenes verlassen zu müssen, an dem ihre Seelen noch hängen. Die düstere Ruhe, die die Karte ausstrahlt, könnte eine Reise durch einen See von Kummer bezeichnen, aber der Schmerz ist erträglich, er wird angenommen und auf eine stille Weise ertragen: man hat sich mit dem eigenen Schicksal abgefunden, das Leben muss weitergehen. Die Wellen des emotionalen Aufruhrs treffen das Boot nur von einer Seite, aber sie werden abgefangen und das Wasser auf der anderen Seite ist glatt und ruhig: die Turbulenzen werden durch die Weiterfahrt des Bootes geglättet und sind nach ihrer Verarbeitung stiller Duldsamkeit gewichen. Die Personen leben ihre Gefühle nicht aus, sie machen sie still mit sich selbst

aus, auch wenn dies mit verdrängtem Schmerz verbunden ist. Der verborgene Aspekt der emotionalen Verdrängung, der festsitzenden Resignation, die sich auf der Abbildung der Vorderseite bereits andeutet, ist die Unfähigkeit, alten Kummer loszulassen. Das Leben geht weiter, die Reise wird unabwendbar vom Alten wegführen, aber wenn unsere Seele nicht für das Neue bereit ist, werden wir unseren Kummer immer mit uns schleppen.

Uns fehlt die Fähigkeit loszulassen und uns auf etwas Neues einzulassen, wie sich hier zeigt, wo das Heck des Bootes zu sehen ist, das noch mit dem Ufer vertäut ist. Die Personen auf dem Boot scheinen gar nicht zu bemerken, dass sie sich nicht einen Zentimeter fortbewegen. Vielleicht verharren wir in einer Opferrolle, vermeiden einen Konflikt, eine offene Aussprache, weil wir lieber mit dem gewohnten Lebensschema weiterleben als etwas Neues zu versuchen. In einem grundlegenderen Sinne kann sich dies auch auf das Festhalten an alten Denkweisen und Mustern, die die eigene Entwicklung behindernden, beziehen. Ganz konkret kann aber auch eine unfreiwillige Reise oder die Weigerung, eine Reise anzutreten, gemeint sein. Darüber hinaus gibt es auch eine „falsche" Art des Reisens: Wenn jemand verreist oder sich irgendwohin auf den Weg macht (eine neue Arbeitsstelle antritt etc.), dann sollte er mit offenem Herzen und offenen Augen reisen. Wer wirklich reist, der lässt sich selbst zuhause zurück, um neu und unbefangen zu erleben, was sich ihm auf der Reise darbietet. In diesem Sinne wäre die Rückseite in der aufrechten Position ein Hinweis darauf, nicht sein ganzes Zuhause mit auf die Reise (oder die alte Arbeitsstelle mit auf die neue etc.) zu nehmen, sondern sich ganz offen und frei auf die gegenwärtigen Eindrücke einzulassen.

*Stichworte: **Festhängen**; verhinderte oder unfreiwillige Reise; Gepäck der Vergangenheit*

Umgekehrte verborgene Seite
Manchmal wird das Festhalten an der Vergangenheit so stark, dass wir uns wünschen, gegen den Strom der Zeit zurückreisen zu können. Liegt die Kartenrückseite nach unten, dann fahren die Perso-

nen auf der Karte wieder zu dem Ufer zurück, das sie gerade verlassen haben. In einem konkreten Sinn meint dies eine Rückreise oder Heimreise. Die Reisenden kehren um in eine Situation der Vergangenheit oder sehnen sich dorthin zurück. Die Vergangenheit holt sie ein, was manchmal geschieht, indem wir Personen aus der Vergangenheit wieder begegnen, an Orte aus der Vergangenheit zurückkehren oder in ähnliche Situationen geraten wie einst. Manchmal kann die Umkehrung der Karte aber auch bedeuten, dass man einen vergeblichen, sinnlosen Versuch, aus einer Situation auszubrechen und davonzulaufen, beendet und wieder zurückkehrt dorthin, wo man eigentlich hingehört.

Stichworte: **Rückkehr; Wiederkunft des Vergangenen**

VII

Vorderseite
Wir sehen einen Menschen, der sich zufrieden grinsend mit den Schwertern davonmacht, die er heimlich in einem Zeltlager geklaut hat. Wir können uns vorstellen, dass er mit seiner Aktion seine Feinde zu entwaffnen versucht. Zunächst bezeichnet die Karte deshalb jede Form von Aktion, bei der jemand den Versuch unternimmt, seine Situation zu verbessern. Insbesondere kann es sich um eine Person handeln, die sich gegen Andere zur Wehr setzt, welche ihr übel wollen. Dabei fällt aber auf, dass die Figur auf der Karte allein handelt, während ihre Feinde zahlreich sind. Hat sie keine Verbündeten, ist isoliert oder hat den Eindruck, isoliert zu sein? Oder hat sie sich spontan entschlossen, die Sache selbst in die Hand zu nehmen statt auf eine Entscheidung ihrer Gefährten zu warten? In diesem Fall wäre ihre Handlungsweise impulsiv und unüberlegt: Sie kann nicht einmal alle Schwerter mitnehmen, weil sie allein in das fremde Zeltlager eingedrungen ist. Ihr Erfolg ist vermutlich auch nur von kurzer Dauer und bringt keinen echten strategischen Gewinn. Und wie leicht hätte diese Aktion scheitern können. Offenbar handelt es sich um eine Person, die sich selbst

mehr vertraut Anderen. Sie lebt nach dem Motto: „Hilf dir selbst, sonst hilft dir keiner". Ihre Strategien, sich zu behaupten, mögen schlau sein, aber ein direktes, offenes Vorgehen ist nicht ihre Stärke: Sie neigt dazu, hinterhältig und verdeckt vorzugehen. Damit mag sie zuweilen Erfolge erzielen, aber auf lange Sicht kommt sie nicht recht weiter. Sie wird immer wieder in Konflikte geraten, immer wieder wird man ihr Hinterhältigkeit vorwerfen und immer wieder wird sie sich in die Isolation zurückziehen, weil dies die einzige Strategie ist, die sie gelernt hat, um mit Konflikten umzugehen: Tritt mir jemand konfrontativ entgegen, wehre ich mich nicht direkt, aber hinterher werden die schon sehen, was die davon haben.

<u>Stichworte</u>: *kurzfristiger* **Teilerfolg**; *Sich zur Wehr setzen; Impulsivität; Isolation; Mut; Schlauheit; Hinterhältigkeit; Einzelkämpfer*

Umgekehrte Vorderseite
Die Person hat erkannt, dass sie durch ihr isoliertes oder impulsives Handeln in Schwierigkeiten gerät oder zumindest ihre Ziele nicht so gut zu erreichen vermag wie in Gemeinschaft mit Anderen, Gleichgesinnten. Sie beginnt sich nach Hilfe und Unterstützung umzusehen, nimmt auch Ratschläge an und versucht, ihre Pläne in Zukunft erst nach gründlicher Überlegung in die Tat umzusetzen.

<u>Stichworte</u>: **Rat**; *Suche nach Rat; Annehmen von Hilfe*

Die verborgene Seite
Die Vorderseite zeigt einen Menschen, der seine Ziele kaum erreichen wird, weil er zu unüberlegt, zu isoliert handelt und zu hinterhältig handelt. In dem Handeln der Vorderseite verbergen sich aber auch Tugenden, die nur dann nicht zielführend sind, wenn sie zu einem dauerhaften Muster werden, das in unangemessenen Situationen angewandt wird. Jede Untugend ist nur die unpassende Anwendungsform einer Tugend, die die betreffende Person eigentlich anstrebte, bevor sie sich in ein starres Muster verfestigte. So ist Spontaneität die sinnvolle Variante von Impulsivität; Eigen-

ständigkeit ist die positive Ausprägung von isoliertem Handeln; und hinterhältig nennen wir jemanden, der gelernt hat, auf unmoralische Weise nach einem Weg zu suchen, sich ohne offene Gewalt zu behaupten. Diese Eigenschaften werden im Leben tatsächlich gebraucht. Wenn wir es schaffen, sie zu kultivieren, ohne dass wir sie in ihr negatives Extrem treiben, helfen sie uns, unsere Ziele durchzusetzen.

Auf der Rückseite sehen wir den heimlichen Einzelkämpfer der Vorderseite, der vor einem Halbkreis von Männern steht. Sie sind anders gekleidet als der Einzelne und reichen ihm einige Schwerter. Wir sehen nicht, was er den Menschen, die offenbar in dem Zeltlager wohnen, als Gegenleistung entgegenstreckt, aber wir können annehmen, dass er es durch irgendeine List geschafft hat, seine Gegner zur freiwilligen Herausgabe der Schwerter zu motivieren, denn selbstverständlich kann er gegenüber der Übermacht der anderen Partei keine Gewalt angewandt haben. Er hat seine Fähigkeiten eingesetzt, um ohne Blutvergießen zu einer Lösung zu kommen. Offenbar hat er gelernt, sich mit anderen Menschen direkt zu konfrontieren, dabei aber seine Schläue nicht aufzugeben, sondern taktisch und strategisch klug vorzugehen. Vielleicht hat er seine wahren Motive verborgen, aber wer sich als einzelner vor einer ganzen Gruppe durchsetzen kann, benötigt Geschick und List, er benötigt die Fähigkeit, spontan zu reagieren, und er muss sich auf sich selbst verlassen können. Wir sollten nicht annehmen, dass wir uns ohne solche Fähigkeiten im Leben behaupten können. Politiker, Diplomaten und erfolgreiche Top-Manager machen von ihnen reichlich Gebrauch und das ist es, was wir an ihrem Verhalten oft nicht mögen. Von einem spirituellen Standpunkt aus sind diese Verhaltensweisen tatsächlich nicht zielführend, weil sie die offene, achtungsvolle Gemeinschaft aller Lebewesen untergraben. Hier aber zeigt die Karte wertungsfrei auf, dass jemand die Fähigkeiten besitzt, seine Ziele mit sozialem Geschick zu erreichen.

Stichworte: **Durchsetzungsvermögen**; *soziale Kompetenz; spontanes und eigenständiges Handeln; List; Geschick*

Umgekehrte verborgene Seite
Hier kehrt sich die Fähigkeit sozial geschickter Durchsetzungskraft zur Unfähigkeit um. Wir sehen eine Person, die sich nicht dazu in der Lage sieht, ihre Situation durch eigenes Handeln zu verbessern. Statt dass wir spontan (die positive Seite von Impulsivität) und eigenständig (die positive Variante von Isolation) handeln, warten wir auf die Hilfe anderer und verlassen uns zu sehr auf sie. Die umgekehrte Position der verborgenen Seite wird somit zur Übertreibung der umgekehrten Position der Vorderseite: Während das Annehmen von Hilfe dort eine sinnvolle Gegenmaßnahme gegenüber Impulsivität und Isolation war, ist die Suche nach fremder Hilfe hier völlig ausgeartet zu Passivität. Statt „hilf dir selbst, sonst hilft dir keiner" sagt die Person: „wenn mir keiner hilft, helfe ich mir auch nicht". Vielleicht halten wir uns einfach für unfähig, sozial kompetent mit Anderen umzugehen. Wenn wir lange Zeit in demütigenden sozialen Beziehungen (etwa einer Mobbing-Situation) feststeckten, ist uns der Mut, uns wehren zu können, genommen worden. Aber vielleicht haben wir auch nicht die Fähigkeiten zu entwickeln gewagt, die in uns stecken, haben unbrauchbare Strategien angewandt, oder wir lehnen die Anwendung von Methoden sozialer Kompetenz aus moralischen Bedenken ab, weil wir keine Verkaufsstrategen sein wollen, die andere Leute manipulieren. Es gibt aber Situationen, in denen wir unsere Ziele aufgeben müssen, wenn wir nicht dazu bereit sind, mit sozialem Geschick dafür zu kämpfen. Es mag sinnvoll sein, um Hilfe zu bitten, aber die verkehrt liegende Rückseite rät uns dazu, in uns selbst nach den nötigen Kompetenzen zu suchen.

Stichworte: **Soziale Inkompetenz**; *Unterlassen sozial geschickten Verhaltens; Abhängigkeit von fremder Hilfe; mangelndes Vertrauen in eigene Kompetenz*

VIII

Vorderseite
Die Karte zeigt eine gefesselte und von Schwertern umgebene Frau, ein Bild von Unterdrückung und Unfreiheit. Es gibt viele Arten der Unfreiheit: politische, soziale und persönliche. Wir können durch eine Krankheit ans Bett gefesselt sein oder an eine bestimmte gesellschaftliche Gruppe oder zwischenmenschliche Gemeinschaft gebunden sein, der wir unfreiwillig angehören. Wir können die Unterdrückung durch unseren Arbeitgeber oder die Schikanen unserer Kollegen erleiden. Zugleich dürfen wir nicht vergessen, dass es auch eine emotionale Unfreiheit gibt, eine Befangenheit und Schüchternheit im Umgang mit anderen, das Gefühl, sich nicht frei und unbefangen verhalten zu können. Das Bild drückt eine Situation der Unfreiheit und Unterdrückung aus, die jedoch vorübergehender Natur ist und eher im Geist des Unterdrückten als in einer unveränderbaren Realität besteht. Darauf deutet die Tatsache hin, dass weder die Füße der Figur gefesselt noch ihre Peiniger in der Nähe sind. Auch die Schwerter begrenzen ihre Bewegungsfreiheit nur auf symbolische Weise. Wenn sie ihre eigene innere Freiheit erkennen würde, könnte die Gefesselte sich also mit Leichtigkeit befreien und davon gehen. In manchen Fällen ist damit auch die Selbstunterdrückung, das Sich-selbst-unter-Druck-Setzen gemeint. Die Karte zeigt damit auf einer spirituellen Ebene auch die Situation der essentiellen Unfreiheit, in der wir uns alle befinden, solange wir nicht jenen Zustand der völligen Befreiung erreicht haben, von dem die fernöstlichen Religionen sprechen.
Stichworte: **Unfreiheit**; Unterdrückung; innere Unfreiheit; Gehemmtheit; Selbstunterdrückung

Umgekehrte Vorderseite
Hier deutet sich eine Lösung der Gefangenschaft an, ein erster Schritt zu größerer innerer oder äußerer Freiheit. Wenn die Gefesselte erkennt, dass sie ihre Augenbinde zu entfernen und sich aus

ihren Fesseln zu lösen vermag, geschieht dieser erste Schritt zur Befreiung. Die Betroffene kann ihre Unfreiheit deutlicher sehen, kann erkennen, dass es an ihr selbst liegt, den entscheidenden Schritt zur Befreiung zu gehen. Die Umstände erlauben dies jetzt und es liegt am Fragenden, ob er oder sie dazu bereit ist.

<u>Stichworte</u>: **Befreiung**; Selbstbefreiung; innere Freiheit

Die verborgene Seite
Hinter einer Situation der Unfreiheit liegt oft die Angst, was geschieht, wenn wir die Binde vor unseren Augen abnehmen, die Fesseln lösen und den sicheren Bereich verlassen, in dem uns anscheinend nichts mehr geschehen kann, solange wir brav alles tun, was uns gesagt wurde. Der psychologische Ausgangszustand für solche Unfreiheit ist die Angst vor der Freiheit. Die Kooperation der Bevölkerung mit Diktatoren – beispielsweise während des Dritten Reichs – ist von dem Psychoanalytiker Erich Fromm damit erklärt worden, dass Menschen sich vor den Konsequenzen fürchten, wenn sie selbst ihren Lebensweg wählen müssen, wenn sie gegen eine vorgestellte Norm verstoßen und sich anders verhalten, als die Gesellschaft das von ihnen erwartet. Wären wir wirklich frei, müssten wir gewichtige Entscheidungen über unser Leben treffen, statt einfach mit dem Strom zu schwimmen, wir müssten zugeben, dass manche unsere Ansichten und unserer Lebensweisen rein fremdbestimmt sind. So sehen wir auf dieser Karte die Person von hinten, ohne Augenbinde und ohne Fesseln, die neben ihr auf dem Boden liegen. Sie ist nicht mehr durch ihre Augenbinde davor geschützt, die Wahrheit zu sehen und die Fesseln können nicht mehr als Entschuldigung dienen, sich davon zu bewegen. Aber ängstlich klammert sie sich an die Schwerter, als fürchte sie sich vor der Gruppe fröhlicher, mit Blumen geschmückter, nackter Menschen in blühender Landschaft, die wir im Bildhintergrund sehen. Oft rührt unsere Angst vor dem Leben daher, dass wir glauben, Sicherheiten zu benötigen, die aber bloßer Schein sind. Versicherungen, ein Eigenheim und ein Aktiendepot auf der Bank werden uns zum Le-

bensinhalt, aber wir vergessen, dass wir hier sind, um wirklich zu leben, wie die fröhlichen Menschen im Hintergrund des Kartenbildes.
Stichworte: **Lebensangst**; Angst vor der Freiheit; Bedürfnis nach Sicherheit

Umgekehrte verborgene Seite
Die gefesselte Person bemerkt, dass der Schritt zu Befreiung darin liegt, die scheinbare Sicherheit der Unfreiheit zu verlassen und für sich selbst Verantwortung zu übernehmen. Jetzt ist sie dazu bereit, den entscheidenden Schritt zu tun und sich der Furcht vor der Freiheit zu stellen. Sie kann hinaus gehen zu den sorglos und unbefangenen Menschen, die nichts haben außer der Natur um sie her und die keine Kleidung brauchen, um sich zu verstecken. Die Person wird frei, ihr Leben zu leben, so wie es ist, ohne sich um morgen zu sorgen oder um die Anerkennung ihrer sozialen Umwelt. Dazu passt der biblische Satz des Nazarenischen Meisters: „Sehet die Vögel unter dem Himmel: Sie säen nicht, sie ernten nicht, sie sammeln nicht in die Scheunen, und euer himmlischer Vater ernährt sie doch" (Mt 6,26).
Stichworte: **Sorglosigkeit**, Leben im Augenblick, Freiheit von Lebensangst

IX

Vorderseite
Die Neun der Schwerter ist die Karte echten Kummers, von Angst und Sorgen. Rachel Pollack weist darauf hin, dass Pamela Smith die Decke der aufrecht sitzenden Person mit Rosen als Symbolen der Liebe ausstattete. Der Kummer, um den es hier geht, könnte sich also um das Thema Liebe und zwischenmenschliche Beziehungen drehen, es könnte eine Sorge sein, die sich nicht so sehr auf uns, sondern auf einen Anderen bezieht. Dies muss aber nicht zwangsläufig der Fall sein. Der Schmerz, den wir empfinden, ist möglicherweise größer als nötig. Wir sollten versuchen, unsere

Gedanken zu klären, durch Meditation oder in Gesprächen wieder zur Ruhe zu kommen, dann entdecken wir vielleicht, dass das Ausmaß der Sorgen, das wir uns machen, übertrieben ist, auch wenn der Anlass dafür durchaus real sein mag.

Stichworte: **Kummer**, *Leid, Furcht, Angst, Befürchtungen, Sorgen, Depression*

Umgekehrte Vorderseite
Durch die Umkehrung wird bei dieser Karte die Bedeutung traditionellerweise nicht verkehrt, sondern gewissermaßen sogar verstärkt: Während die aufrechte Position eher die subjektive Seite von Kummer und Angst zeigt, die persönliche Reaktion auf eine äußere Situation, zeigt die Umkehrung das objektive Vorhandensein von äußeren Gründen für Kummer und Angst. Eine Situation löst berechtigterweise Befürchtungen bei uns aus, eine Person erweckt unser Misstrauen aus gutem Grund. Waite fügt dem noch die Begriffe „Gefangenschaft" und „Scham" hinzu. In jedem Fall sollten wir die Gefühle, die wir empfinden, als Warnung ernst nehmen und uns vorsichtig verhalten.

Stichworte: **Vorsicht**; *begründete Furcht; objektiv begründeter Kummer; gerechtfertigtes Misstrauen; Scham; Gefangensein*

Die verborgene Seite
Die Vorderseite der Karte verbirgt die Tatsache, dass keine Situation einfach dies oder jenes ist, unabhängig von unserer Bewertung. Es gibt keine schlimmen Situationen, sondern nur Situationen, die wir für schlimm halten. Wenn wir auf diese Weise noch einmal tiefer schauen, erkennen wir deutlicher, dass wir uns selbst den Kummer bereiten und nicht das, was uns passiert. Unsere Aufgabe ist es, mit dem zurechtzukommen, was wir nicht unmittelbar ändern können. Das kann nicht bedeuten, den Kummer und die Ängste, die wir haben, zu verdrängen und so zu tun als wären sie nicht da. Aber es bedeutet, sich mit diesen Gefühlen auseinanderzusetzen und daran zu arbeiten, sie loszulassen, und nicht, sich mit ihrer Ursache in zermürbendem Grübeln immer und wieder zu

befassen. Die Rückseite der Karte zeigt, wie dieselbe Person [im selben Zimmer] vor ihrem Bett kniet und betet. Sie trägt die Soutane eines christlichen Geistlichen. Die Schwerter schweben immer noch drohend hinter ihr in der Luft, aber sie kann offenbar nun anders damit umgehen. Sie vertraut sich in ihrem Kummer einer anderen Macht an. Dass es sich um einen Priester handelt, erinnert an die Bedeutung von Leid und Schmerz in der christlichen Theologie. Während der Buddhismus verspricht, die ultimative Therapie allen Leidens zu sein, verspricht die christliche Theologie Tröstung durch die Liebe Gottes. Der vor seinem Bett betende Mensch hat erkannt, dass Kummer und Leid Tore sind, um sich selbst und dem Göttlichen zu begegnen. Solange alles gut geht, gibt es für uns keinen Grund, uns um unsere spirituelle Entwicklung zu bemühen. Erst wenn ihnen das Leben schwer wird, wenden sich viele Menschen ihrer Persönlichkeitsentwicklung oder der Suche nach dem Göttlichen zu. Die schmerzlichsten Situationen unseres Lebens sind die größten Chancen zu wachsen und sich weiter zu entwickeln, wenn wir uns der darin enthaltenen Aufgabe stellen.

Stichworte: **Tröstung**; *Trost; Therapie für depressives Denken*

Umgekehrte verborgene Seite
In der Umkehrung sehen wir das Ergebnis des Prozesses der aufrechten Rückseite: die äußeren Anlässe für Kummer und Befürchtungen können uns nicht mehr viel anhaben, weil wir gelernt haben, ihnen mit Gelassenheit und achtsamer Distanz zu begegnen. Es gibt zwar weiterhin Schmerzhaftes für uns zu ertragen, aber der Schmerz geht durch uns hindurch und bleibt nicht in uns stecken. Wir haben erkannt, dass wir selbst unser Leiden durch unsere Denkweisen erzeugen. Wir sind nicht frei von den Widrigkeiten des Lebens, aber wir können jetzt ruhig und gefasst damit umgehen. Deshalb benötigen wir auch keine Tröstung von außen mehr, wir sind uns Tröstung genug.

Stichworte: **Gefasstheit**, *Gelassenheit, Ausgeglichenheit, Gemütsruhe, Bewältigungsfähigkeit*

X

Vorderseite
Die Abbildung zeigt ein typisches Merkmal der Depression, nämlich die Übertreibung der negativen Seite. Vor einem schwarzen Himmel liegt ein Erschlagener, in dem zehn Schwerter stecken – als ob eines nicht gereicht hätte, ihn niederzustrecken. Wir bewerten die Situation, in der wir uns befinden, sehr negativ. Ob sie wirklich so negativ ist, ist eine andere Frage. Manche Kommentatoren interpretieren die Karte jedoch stärker objektiv statt subjektiv: Sie bedeutet dann eine schwere Zeit, eine Zeit von „Traurigkeit, Einsamkeit, Schwermut", wie Waite schreibt. Dann warnt uns die Karte davor, uns in eine Situation zu begeben oder uns auf bestimmte Menschen oder Projekte einzulassen, weil diese nicht gut ausgehen werden. Subjektiver ist die Interpretation von Rachel Pollack nach der die Person hier „die unreife Einstellung" zeigt, „dass niemand so viel gelitten hat wie ich" und dass die Situation „nicht so schlimm [ist], wie sie aussieht".
*Stichworte: **Schwermut**; Depression; übertriebener Schmerz; Traurigkeit; Einsamkeit*

Umgekehrte Vorderseite
In der Umkehrung fallen die Schwerter aus dem Rücken der liegenden Person. So zeigt sich hier eine deutliche Besserung der Situation, die aber nur vorübergehend ist, solange wir nicht dazu bereit sind, wirklich etwas an unseren Lebensumständen oder unserer Sichtweise zu ändern. Wir sind durch eine schwierige Zeit gegangen und nun geht es uns besser, aber solange wir die eigentlichen Ursachen der Probleme nicht angehen, kann uns das Unglück jederzeit wieder einholen. Es ist deshalb wichtig, die eigenen Anteile an der Problemsituation zu sehen und Fehler nicht zu wiederholen.
*Stichworte: **Besserung;** Vorübergehende Erleichterung*

Die verborgene Seite
Was steckt hinter unserer depressiven Seite? Was haben wir verdrängt, damit das Depressive in uns durchschlägt? Offensichtlich sind wir nicht dazu bereit oder in der Lage, uns aktiv mit den Problemen auseinanderzusetzen und sehen uns als deren Opfer an. Wir sind, wie die Psychologie sagt, im Modus der Lageorientierung und haben unsere Handlungsorientierung verloren. Vielleicht glauben wir, wir könnten ohnehin nichts an der Situation ändern wie sie ist. All das gehört zur Karte, wenn ihre Vorderseite erscheint. Hier auf der Rückseite sehen wir die vergessenen Möglichkeiten, die in einer bedrückenden Situation oder Lebensphase stecken: Wir können die positiven Seiten des Lebens wiederentdecken, wir können Alternativen ersinnen und umsetzen, wir können uns wehren. Auf der Abbildung erscheint die von Schwertern durchbohrte Figur, die sich nun erhoben hat, so dass einige ihrer Schwerter aus ihr herausgefallen sind und auf dem Boden liegen, während sie zwei davon in den Händen hält. Hinter ihr sitzt ein Löwe, ein Symbol ihrer vergessenen Kraft. Wir wissen nicht, worauf sie mit den beiden Schwertern zugeht, aber es gibt offenbar etwas, *wofür* es sich zu kämpfen lohnt. Dieses Etwas wird in der Figur eines Kindes angedeutet, das sich ebenfalls hinter ihr befindet: Erst nachdem ihr eigenes, verletztes inneres Kind, ihre geschundene Seele ihr bewusst geworden ist, hat sie den Mut gefunden aufzustehen, und das obwohl ihr noch drei der zehn Schwerter im Rücken stecken.

Stichworte: **Handlungsorientierung**; *Antrieb; Bereitschaft zur Auseinandersetzung; Bereitschaft zur Veränderung*

Umgekehrte verborgene Seite
In der Umkehrung wirkt auch der Kampf, den die Person gegen widrige Umstände oder ihre eigene Depression aufgenommen hat, übertrieben, wie die Vorderseite in ihrem Schmerz übertreibt. Hier sehen wir eine Person, die den Lebenskampf als Ausweg aus der Depression gewählt hat, obwohl diese Haltung sie noch tiefer in die Depression hineintreibt. Sie hat keine Ruhe in sich, weil sie

dauernd mit der Welt im Krieg liegt und alle Probleme außerhalb von sich zu lösen versucht. Aber die Orientierung auf die eigene Handlungsfähigkeit ist nur eine von vielen Möglichkeiten, eine bedrückende Situation zu überwinden. Daneben muss eine Veränderung der Sichtweise treten, worin die positiven Seiten des Lebens wie die negativen gesehen werden, auch ohne andauernd etwas tun zu müssen, sondern einfach mit dem zu sein, was ist. Die Karte fordert uns auf zu akzeptierendem Gleichmut und dazu, eine positivere Perspektive einzunehmen.

<u>Stichworte</u>: **Agieren**; *Übertriebenes Kämpfen*

Münzen

As der Münzen

Vorderseite

Das Münzen As ist das Element der Erde in Reinform. Es verheißt irdisches Glück und Wohlstand, vielleicht materiellen Gewinn, Erfolg im Beruf und im Aufbau einer neuen materiellen Existenz. Es kann aber auch auf die konkreten Gaben der Erde, die Früchte der Natur, hinweisen: der Genuss der Natur, der Genuss guter und gesunder Nahrung. Im psychischen Sinn weist das As auf die innere Verbindung mit dem Naturhaften hin: den Einklang mit unserer eigenen Natur, mit den körperlichen und an die Materie gebundenen Bedürfnissen. Im körperlichen Bereich verweist es auf Vitalität, Gesundheit und Stärke. Für die traditionellen Deuter war die Karte mit ihren auf die physische Existenz bezogen positiven Bedeutungen deshalb, wie Waite schreibt: „von allen Karten die günstigste". Weitaus spiritueller ist die Interpretation, die Rachel Pollack uns schenkt, wenn sie darauf verweist, dass der umfriedete Garten (ein Zeichen für die zivilisatorische Arbeit an der Natur) auf der Rider-Karte sich durch ein Tor hin auf Berge öffnet: „Spirituelle Arbeit hilft uns dabei, die Magie, die in den gewöhnlichen Dingen der Natur und der Zivilisation liegt, zu erkennen, um dann darüber hinauszugehen zu einem größeren Verständnis, das durch die Berge symbolisiert wird".

<u>Stichworte:</u> **Gaben** der Erde; Erfolg; Sicherheit; Natur; materieller Wohlstand

Umgekehrte Vorderseite

Nach Waite bedeutet die As-Karte immer Wohlergehen und angenehme materielle Bedingungen, egal wie herum sie zu liegen kommt. Von der Position hänge jedoch ab, ob dieses angenehme Leben dem Befragenden zum Vorteil gereicht oder nicht. Denn die umgekehrte Position deutet darauf hin, dass die materiellen Gaben vielleicht durch Rücksichtslosigkeit und unethisches Verhalten erworben wurden, auf Kosten der Natur und anderer Menschen und Tiere, oder durch List und Aggressivität. Da materieller Besitz unsere Ethik korrumpieren, uns kalt und hartherzig gegen Andere machen kann, sollten wir die negativen Seiten großen materiellen Glücks niemals vergessen, bevor wir danach streben. Vielleicht haben wir vieles, sind aber nichts. Reich gesegnet zu sein mit den Gütern der Erde heißt nicht automatisch, dass wir glücklich damit sind. Wir sind vielleicht gesellschaftlich in der Position, in die wir gelangen wollten, haben unser Häuschen im Grünen, ernähren uns von Bioprodukten, haben einen sicheren Job mit garantierter Rente, aber wir finden unser eigentliches Lebensglück darin nicht, weil wir uns selbst verloren haben. Wir sind korrupt geworden, weil wir unsere Seele verkauft haben.

Stichworte: **Korruption**; *Unzufriedenheit mit den Gaben; unredlicher Gelderwerb*

Die verborgene Seite
Verdienter materieller Wohlstand und ungetrübtes irdisches Wohlergehen erwachsen in einer spirituellen Weltsicht immer nur aus einer tieferen Verbindung mit einer höheren Wirklichkeit. Die Enantiodromie, aus der die aufrechte Vorderseite der Karte entsteht, ist die Hingabe an das Leben, auch in seiner höheren, spirituellen Dimension. Wenn wir bereit sind, mit dem Fluss der Zeit zu schwimmen, den *Kairos,* den rechten Augenblick, zu ergreifen, uns der höheren Führung in uns anzuvertrauen, wird uns auch im materiellen Leben alles geschenkt, was wir wirklich brauchen – und zwar genau das. Wir brauchen nur die Hände auszustrecken, es ist bereits alles für uns da. Das einzige, was wir aufgeben müssen, ist unser Widerstand gegen das einfache Glück bei der Betrachtung eines schönen Sonnenaufgangs, wenn wir uns einen angenehmen Tag machen, statt nach Dingen zu streben, die uns nicht zustehen. All diese Gaben dürfen wir ohne schlechtes Gewissen annehmen, wenn wir sie nicht auf unrechte Weise erworben haben.

Deshalb zeigt die Rückseite der Karte das, was der Vorderseite vorausgeht: Der Garten, über dem die Münze in der Darstellung von Pamela Smith schwebt, wird von drei Figuren bearbeitet, von denen die eine wie ein Mönch, die zweite wie ein Zwerg aussieht, und die dritte, die an die Herrscherin erinnert, scheint einen Baum liebevoll zu berühren. Wir sehen darin die Arbeit, die wir zu tun hatten, bevor wir mit den Gaben der Erde beschenkt werden. Dazu gehört, dass wir zunächst uns selbst zu finden bemüht sind, dass wir kontemplativ in uns hineinblicken und eins mit uns werden wie ein Mönch. Der Garten, den der Mönch bearbeitet, ist der Garten seiner eigenen Seele. Zudem muss unsere Arbeit, auch wenn sie auf ein besseres irdisches Leben ausgerichtet ist, im Einklang mit dem Erdelement erfolgen, mit Mutter Erde, der Natur, wie der Erdgeist, der Zwerg, anzeigt, der mit dem Mönch einträchtig zusammen arbeitet. Und schließlich besteht die Verbindung zum Natürlichen nicht nur in Arbeit, sondern auch in der Liebe, dem unverstellten und direkten Ja zur irdischen Existenz, das die üppige Frauengestalt ausdrückt. Wir können diese Haltung zusammenfassen in einer Hinwendung zur Natur der Welt und unserer eigenen, einer Annahme unserer Natürlichkeit sozusagen. In einem psychologischen Sinn sind wir in einer natürlichen Weise mit uns und unserem Körper verbunden. Wir leben in Einklang mit unseren Sinnen und ihren spontanen Wahrnehmungen.

In unsere heutigen Zeit hat diese Natürlichkeit noch einen Namen erhalten: Ökologie. Wir leben nur dann im Einklang mit unserer Natur und der Natur der Erde, wenn wir uns der Bedürfnisse der Natur um uns her bewusst sind. Wenn wir unseren materiellen Erfolg nicht erkauft haben von den nachfolgenden Generationen von Menschen und Tieren sprechen wir von Nachhaltigkeit. Gewinnstreben, das den Kriterien der Nachhaltigkeit widerspricht, ist nicht ethisch und es ist im Widerspruch zu unserer natürlichen Ganzheit als Teil der Natur, in die unser Leben – ob wir es wahrhaben wollen oder nicht – eingebettet ist. Wir können nicht in Harmonie leben, wenn wir andere Spezies ausrotten und gefährden. Selbst wenn wir nur den Tod eines einzigen Insekts absicht-

lich herbeiführen, haben wir bereits ein anderes Lebewesen bösartig oder unachtsam geschädigt. Wie viel Leben aber haben wir indirekt auf dem Gewissen, wenn wir nicht darauf achten, dass unser Leben in das Gesamt des Lebens eingebettet bleibt.
*Stichworte: **Ökologie**; Nachhaltigkeit; Natürlichkeit; Ausrichtung auf die sinnliche Welt*

Umgekehrte verborgene Seite
Die umgekehrt liegende Rückseite zeigt uns, woraus die umgekehrt liegende Vorderseite sich entwickelt hat: Wenn wir nur nach materiellem Wohlergehen streben, ohne uns der Gesamtheit des Lebens bewusst zu werden, können wir vielleicht reich werden und sicher leben, aber wir mauern uns in dem Garten ein. Wir sind abhängig von zivilisatorischem Komfort geworden, weil die Natur uns feindlich ist, wir kleben an materiellen Gütern fest, an Besitz, an Wohlstand, und erkennen nicht, dass wir uns damit selbst versklaven. Wir beginnen über Leichen zu gehen, um unseren Wohlstand zu vermehren: Wir zerstören in unserer Gier die Erde, ohne uns Gedanken zu machen über das Unrecht, das wir anderen Wesen und uns selbst dadurch zufügen, wir zerstören Beziehungen und unseren eigenen Genuss am Leben. Ursache all dessen aber ist unsere Zerrissenheit mit uns selbst: Wir sind chronisch unzufrieden und können uns nicht mit dem begnügen, was wir bereits haben und sind. Wir müssen lernen, dass es bereits genug ist, was wir haben. Wir müssen unsere Verbindung zur Natur in uns und außerhalb von uns wiedererlangen, die wir verloren haben.
*Stichworte: **Unnatürlichkeit**; Verlust des Bezugs zum natürlichen Leben*

König der Münzen

Vorderseite
Der König der Münzen ist der Erfolg in Person. Er hat etwas erreicht in seinem Leben, er besitzt Fertigkeiten, die er gut anzuwenden gelernt hat, er ist sozial geschickt und gesellschaftlich angese-

hen. Man merkt ihm die Zufriedenheit über seinen Erfolg an, wenn er mit distinguiertem Lächeln auf die goldene Scheibe unter seiner linken Hand herabsieht. In seiner Rechten hält er das Szepter, das die Herrschaft über die weltlichen Freuden symbolisiert und ebenfalls bei der Herrscherin auftaucht. Wie sie steht sein Thron inmitten von Pflanzen, Weinreben schmücken sein Gewand, das nahtlos in die Umgebung übergeht: Zeichen seiner Verbundenheit mit der Erde, mit dem Element des Materiellen, des Diesseitigen, der Lust am Dasein. Die vier Stierköpfe an seinem Thron zeigen die Fruchtbarkeit seines Handelns in der Welt (Vier steht für die Welt, der Stier für Fruchtbarkeit), mit der er jene feste Burg geschaffen hat, die im Hintergrund zu sehen ist und die Erfolg in gesellschaftlicher Hinsicht repräsentiert. Auch sein Thron steht auf fest ummauertem Boden, ist also auf einem sicheren, aber ganz und gar zivilisatorischen Fundament errichtet, das jedoch die Verbindung zur Natur nicht ausschließt.

Stichworte: Der Erfolgreiche; Fähigkeiten; Zufriedenheit

Umgekehrte Vorderseite
Das Bild des Königs der Vorderseite verwandelt sich in sein Gegenteil: Die betreffende Person ist erfolglos, hat versagt bei der Erreichung ihrer Ziele oder ist einfach nicht sehr gut in dem, was sie tut. Sie kann aber auch versuchen, ihre Mittelmäßigkeit durch Hintertriebenheit und Raffinesse wettzumachen, mit Betrug, Korruption oder auf andere mehr oder weniger kriminelle Weise Erfolg zu haben. Vielleicht handelt es sich aber schlicht um eines jener bedauernswerten Wesen, denen Erfolg, Reichtum und Besitz weitaus wichtiger sind als alle anderen menschlicheren Werte. Sie gehen über Leichen, um im Geschäft die Nummer eins zu sein, hecheln nur dem großen Geld hinterher, weil sie glauben, das machte sie glücklich. Sie haben dann die Wurzeln des Glücks, die sie mit anderen Wesen verbinden, abgeschnitten und versuchen die eigenen inneren Dysharmonien durch noch mehr Erfolg und noch mehr Besitz auszugleichen.

Stichworte: Der Erfolglose; Unzufriedenheit; Versagen; Habgier; Überkompensation von Unglück durch materiellen Besitz

Die verborgene Seite
„Kenne ich mein Verhältnis zu mir selbst und zur Außenwelt, so heiß' ich's Wahrheit" sagt Goethe. Man könnte dieses Verhältnis aber auch als die wahre Natur der Dinge oder als Einklang bezeichnen. Es ist nicht möglich, erfolgreich im Leben und zugleich zufrieden sein, wenn man nicht im Einklang mit der äußeren und der inneren Natur der Dinge lebt. Die innere Natur der Dinge sind unsere eigenen Fähigkeiten, Stärken und Potentiale, die wir erkennen und nach außen bringen müssen, um wirklich erfüllte Menschen zu werden. Die äußere Natur der Dinge sind die Verhältnisse der Gesellschaft, in der wir leben und die wir nicht ohne Weiteres ändern können, aber auch die materielle Natur, die Bedingungen, mit denen wir außerhalb von uns konfrontiert sind. Ihnen müssen wir wiederum unsere innere Befindlichkeit sinnvoll anpassen.

Um erfolgreich zu sein, müssen wir das Verhältnis zwischen inneren Möglichkeiten und äußeren Bedingungen kennen. Ansonsten halten wir möglicherweise an kühnen Träumen fest, die sich aber niemals verwirklichen lassen. Oder wir bleiben immer auf demselben Niveau stecken, weil wir nicht erkennen, wie viel Veränderungspotential in uns selbst und der Situation liegt. Denn selbst wenn wir unter den besten äußeren Voraussetzungen leben, werden wir nichts erreichen, wenn wir uns nicht getrauen und nicht den Mut haben, unsere inneren Talente nach außen zu bringen. Mut und Eigeninitiative sind also ebenso wichtig wie das Gespür, wohin das natürliche Wachstum unserer inneren Natur geht und wie die Beschaffenheit der Verhältnisse um uns herum ist.

Der junge König oder Prinz ist ein Sportler, der sich auf seine körperliche Kraft verlassen kann. Auf der Ebene spiritueller Übung ist er der typische Hatha-Yogin, der die Kraft seines gelenkigen Leibes für seine Höherentwicklung nutzt. Weil er zu seinem Körper ein ungekünstelt positives Verhältnis hat, kann er sich selbst in einer ungebrochen positiven Weise erleben: Er ist voller Selbstvertrauen und weiß, wie er seine Kräfte nach außen bringt. Das macht ihn zu einem Menschen mit einer kraftvollen Ausstrahlung, einer lebendigen Präsenz, der sich nicht schämt, anderen zu zeigen, was in ihm steckt. Er weiß nicht nur um seine Kraft, sondern ist auch seines Verhältnisses zu seiner Umwelt bewusst genug, um sie nicht sinnlos nach außen zu bringen, sondern dosiert und wohlüberlegt einzusetzen. Bestimmtheit ist ein anderer Name für diese Kraft auf der psychischen Ebene: die klare und unmissverständliche Entfaltung des eigenen Willens, die weder durch innere noch durch äußere Probleme behindert wird. Als Botschaft einer Befragung wird uns mitgeteilt, dass wir uns selbst vertrauen können oder sollen, dass wir unsere Talente wahrnehmen und mit Mut und eigener Initiative nach außen bringen müssen, wenn wir erfolgreich sein wollen. Wir treten bestimmt und selbstsicher auf und wissen, worauf es ankommt, um unsere Ziele zu erreichen, weil wir uns und die Situation, die Mittel und Methoden zur Zielerreichung kennen. Auf der Abbildung sehen wir den König als jungen Mann mit athletischer Statur. Er ist von seinem Thron aufgestanden und hält ein drachenartiges Wesen fest im Würgegriff seines rechten Arms. Dabei hat er das siegesgewisse Lächeln der Vorderseite nicht verloren. Auch das Wesen, das er im Arm hält, kennen wir bereits von der Vorderseite, wo es noch wie ein aus Stein gehauenes Tiergesicht als Stütze seines linken Fußes dient.

<u>Stichworte</u>: **Prinz der Münzen**; Bestimmtheit; Sportler; körperliche Ertüchtigung und Kraft; Selbstsicherheit; Mut; Eigeninitiative;

Umgekehrte verborgene Seite
Das Versagen des umgekehrt liegenden Königs der Vorderseite entsteht aus seiner eigenen Unkenntnis einerseits dessen, was er wirklich gut kann und was er nicht kann; und andererseits seiner Unkenntnis dessen, wie die Bedingungen seiner Umwelt geschaffen sind. Und noch wichtiger: Er kennt nicht das Verhältnis zwischen beidem – zwischen den Möglichkeiten, die der Augenblick, die Lebensverhältnisse ihm bieten und dem, was er selbst an Talenten besitzt, um diese äußeren Bedingungen zu nutzen. Wenn er

Erfolg haben will, muss er sich mit beiden Seiten befassen, muss Eigeninitiative und Mut entwickeln, seine Talente auch anzuwenden statt sie, wie die Bibel sagt, im Acker zu vergraben. Das bedeutet, er darf nicht lau und vage bleiben, sondern entschlossen und bestimmt. Die Bestimmtheit fehlt der umgekehrten Rückseite. Sie wirkt zögerlich und unschlüssig, aber dies speist sich aus ihrer mangelnden Kenntnis des Verhältnisses zwischen Möglichkeiten und unveränderlichen Gegebenheiten. Die Kraft ist vorhanden, aber sie weiß nicht, wohin mit sich, weiß nicht, wie sie die richtigen Mittel zu ihrer Anwendung findet.

Stichworte: Vagheit; Unkenntnis des Möglichen; mangelnder Mut; mangelnde Tatkraft

Königin der Münzen

Vorderseite
In der Quaternität der Archetypen bildet die Münzen-Königin die Seite des Bios, des Urprinzips des Lebens ab. Sie ähnelt der großen Mutter, die in der Karte der Herrscherin ihren symbolischen Ausdruck findet. Die Königin der Münzen im Rider-Tarot scheint farblich mit ihrer Umgebung zu verschmelzen. Eingebettet in eine üppig blühende Naturlandschaft sitzt sie auf ihrem Thron und betrachtet die Münze als Symbol des Erdelements, mit dem sie sicher verbunden ist. Aus der tiefen Verbindung mit dem Leben erwachsen ihr Selbstvertrauen und eine selbstverständliche, tiefe Harmonie. Man spürt eine großherzige Person, die in ihrer Mitte ruht, die in Verbindung steht zu ihren eigenen Wurzeln und deshalb eine in sich ruhende Kraft ausstrahlt. Ihre Liebe zum Leben gibt ihr innere Fülle, aus der sie schöpfen und großzügig an Andere weiterschenken kann. Waite nennt ihre hervorstechende Eigenschaft „Seelenadel", ein schöner Ausdruck für eine Person mit einer ungekünstelten Tiefe, Reife und Güte.

Stichworte: Selbstvertrauen; Freundlichkeit; Güte

Umgekehrte Vorderseite
Wenn die Königin von der Wurzel ihrer Kraft, der Verbindung mit der Natur, dem Erdelement, dem Lebendigen, abgeschnitten ist, verliert sie ihren Lebensmut und ihr Selbstvertrauen. Da die Münzen auch für die körperliche Seite des Menschseins stehen, kann bei der umgekehrten Königin auch der Kontakt zum eigenen Körper gestört, das Körpergefühl schlecht entwickelt oder unterdrückt sein. Sie muss wieder in Verbindung treten mit dem Erdelement, das sie entweder ganz konkret im Kontakt mit der Natur oder mit liebevollen Menschen oder aber in einer Betätigung finden kann, die ihr emotionale Kraft und Lebensfreude zurückgibt. Das können einfache, bodenständige Arbeiten sein, aber auch körperbezogene Aktivitäten wie Hatha Yoga oder Sport.
<u>Stichworte</u>: *Selbstwertverlust; Gestörtes Selbstgefühl*

Die verborgene Seite
Die Königin der Münzen repräsentiert einen Menschen oder Zustand, der vollkommen mit dem Erdelement verbunden ist. Damit ist zugleich ausgesagt, dass die anderen drei Elemente in weitaus geringerem Maße vertreten sind. Insbesondere das dem Erdelement entgegen gesetzte Luftelement fehlt hier. Die Königin drückt zwar in gewisser Weise eine Vollkommenheit aus, die keiner anderen Sache mehr bedarf, weil sie bereits in Harmonie mit sich und der Welt lebt. Andererseits neigt diese Harmonie dazu, die intellektuelle Reflexion, geistige Bildung und gedankliche Tätigkeit sowie Kommunikation und Auseinandersetzung für unwichtig zu halten. Die reife Königin der Vorderseite hat eine praktische Klugheit entwickelt, jene bodenständige Weisheit einer alten Bäuerin, die instinktiv weiß, wann die Kuh kalben wird. Aber um diesen Einklang mit sich und der Natur, dem Natürlichen auch im eigenen Inneren zu erreichen, musste die Königin erst einmal durch das Stadium der Naivität hindurch, das sie als junge Frau auszeichnete. Ihr Mangel an Intellektualität hätte gut und gerne auch zu Borniertheit und Dumpfheit führen können, wenn sie sich nicht auf den Weg

gemacht hätte, ihre ureigensten Talente zum Wohle aller weiterzuentwickeln und ihre Bodenständigkeit mit Güte zu verbinden.
Die Rückseite zeigt uns die künftige Königin, als sie noch sehr jung und unentwickelt war, als einen Menschen, dem intellektuelle Differenziertheit nicht gegeben ist. Ihr Denken ist schwerfällig und bleibt immer auf das Konkrete gerichtet. So geht ihr Blick in der Abbildung nach unten, auf ihre eigenen Füße, mit denen sie barfuß im Gras steht. Sie ist gänzlich absorbiert von den Dingen des täglichen Lebens, weshalb sie eine sehr üppige Figur aufweist, wohlgenährt von dem Kuchen, der auf einem Tischchen neben ihr steht. An den unterentwickelten Gegenpol, den Logos, erinnert eine in einen Käfig gesperrte Eule, die in einem Baum über der Königin hängt, von ihrem nach unten gerichteten Blick aber nicht erfasst wird. Als Aufforderung gedeutet, möchte uns die Karte darauf hinweisen, dass wir uns, wie die Königin, darauf besinnen sollten, das Positive unserer Anlagen zu entdecken und diese mit Güte und Liebe weiterzuentwickeln, auch wenn unsere Talente nicht im intellektuellen Bereich liegen sollten. Da dieser heutzutage meist überbetont wird, fällt es uns vielleicht schwer, unsere Begabungen im Sinnlichen und Praktischen zu akzeptieren. Auf keinen Fall aber sollten wir uns mit dem zufrieden geben, was wir sind, sondern uns um Weiterentwicklung bemühen, damit wir nicht im Stadium der naiven Oberflächlichkeit stehen bleiben, das der jungen Münzenprinzessin anhaftet.

Stichworte: **Prinzessin der Münzen**; *Bodenständigkeit; Naivität; Schwerfälligkeit im Denken*

Umgekehrte verborgene Seite
In der Umkehrung ist die Prinzessin den Weg hin zur Königin nicht gegangen. Sie ist in einer unvollständigen Phase ihrer Entwicklung stecken geblieben. Obwohl die Existenz als reines Sinnen- und Verhaltenswesen nicht ausreicht, um mit den Anforderungen des Lebens klarzukommen, wird die praktische, mitfühlende Klugheit der Münzen-Königin gar nicht erst entwickelt. Wenn es darauf ankäme, den Verstand einzusetzen, reagiert die

Person mit einfachen, ihrer Natur entsprechenden Antworten, die wenig Flexibilität verraten und nicht gut durchdacht sind. Krankheitssymptome, wie sie bei einer beginnenden Demenz, aber auch anderen Störungen mit verminderter intellektueller Kraft auftreten, können ebenfalls gemeint sein. Es gehört Anstrengung dazu, sich intellektuell mit dem Leben auseinanderzusetzen und seinen Verstand zu trainieren statt sich im einfachen Leben zu ergehen, aber das ist es, was die umgekehrte Karte uns rät. Statt sich das Denken von den Medien und anderen Personen abnehmen zu lassen, sollte der Mensch anfangen, tief in sich zu gehen und eigene Antworten auf eigene Fragen zu suchen.

<u>Stichworte</u>: *Dumpfheit; mangelnde Denktätigkeit*

Ritter der Münzen

Vorderseite
Als Handelnder ist der Ritter der Münzen damit beschäftigt, für seinen Lebensunterhalt, für die sozialen und materiellen Erfordernisse seines Lebens zu arbeiten. Dabei vertritt die Figur durchaus positive Werte, die man heute etwas geringschätzig als Sekundärtugenden bezeichnet: Fleiß, Ordentlichkeit, Zuverlässigkeit. Man kann ihn sich vorstellen als den ältesten Sohn einer Familie, dem keine Wahl gelassen wird, was er aus seinem Leben machen will: Er ist dazu berufen, das Geschäft des Vaters zu übernehmen, und aus Verantwortungsgefühl der Familie gegenüber macht er seine Aufgabe gut. Waite/Smith gaben dem Ritter ein schweres, fest auf der Erde stehendes Pferd mit, das sein solides, quasi mit vier Beinen in der Realität stehendes Wesen ausdrücken soll. Der Ritter ist ein Realist, der weiß, was er zu tun hat, eine bodenständige Person ohne hochtrabende Phantasien von einem leichten Leben, ein verlässlicher, fleißiger Werktätiger. Er arbeitet viel, aber nicht aus Gier, sondern aus Pflichtbewusstsein.

<u>Stichworte</u>: *Zuverlässigkeit; Fleiß; Stetigkeit; Aufrichtigkeit; guter Arbeiter*

Umgekehrte Vorderseite
In der Umkehrung zeigt diese Karte ein komplemantäres Gegenteil der aufrechten Position: Die Solidität und Standfestigkeit des aufrechten Ritters wird zur Trägheit und Schwerfälligkeit. Wir sehen einen arbeitsunwilligen Menschen, jemanden, der seinen Arbeitsaufgaben vielleicht aufgrund geringer Belastbarkeit oder eines gewissen Phlegmas nicht wirklich nachkommt, weil ihn etwas oder jemand ausbremst und blockiert. Vielleicht ist er auch resigniert und mutlos, weil er in der Vergangenheit viele Misserfolge hinnehmen musste oder weil er eine befriedigende Aufgabe, einen ihm wichtigen Arbeitsplatz verloren hat. Vielleicht besitzt er das, was die Psychologen eine Misserfolgsorientierung nennen: Er nimmt seine Misserfolge immer schon vorweg und erzeugt sie dadurch. Sein reines Leistungsdenken kann ihm nicht das geben, was er sich erhofft hat und gerät in eine Krise. In jedem Fall ist die Person, für die diese Kartenposition steht, in ihrer wahren, inneren Produktivität gehemmt. Ihr fehlt die Distanzierung von den eigenen blockierenden Identifikationen.

<u>Stichworte</u>: *Blockiertes Leistungsvermögen; Sturheit; Faulheit; Leistungsdenken führt zur Krise*

Die verborgene Seite
In seiner Unreife zeigt der Ritter der Vorderseite eine Einseitigkeit auf, die ihn zum sturen Arbeiter werden lässt, der sich nur noch äußerem Tun verschrieben hat. Wir funktionieren nur noch, um unsere Arbeit zu schaffen. In einem Lebensstil, der ganz der Erwerbsarbeit gewidmet ist, fehlt es oft am Kontakt mit den inneren seelischen Qualitäten. Das gilt besonders dann, wenn die Ziele und Inhalte dieser Tätigkeit nicht mit unserer eigentlichen Verfassung übereinstimmen, sondern entweder völlig fremdbestimmt sind oder aber aus falsch akzentuierten Glaubenssätzen stammen. Wenn wir meinen, wir müssten unser Leben ganz unseren Pflichten gegenüber unserer Familie widmen, im Berufsleben erfolgreich sein und uns und anderen damit etwas beweisen, bedienen wir oft die Erwartungen Anderer. Viele Menschen leben nur noch um der Ar-

beit willen, identifizieren sich ganz mit ihrem Leistungsaspekt und nehmen andere Seiten des Lebens nicht mehr wahr. Der Ritter der Münzen zeigt das Problem dieser Einseitigkeit deutlich auf: eine rein materialistische Ausrichtung des Lebens, ein bloßes Streben nach Gewinn und Erfolg führen zur seelischen Verarmung. So droht auch der Ritter der Vorderseite sich selbst zu verlieren, was sich in seinem in die Ferne gerichteten Blick andeutet, der die Kraftquelle des Satzes, das Pentakel, wirklich „übersieht".

Wir sehen auf der enantiodromen Kartenseite nun, wohin der in die Ferne gerichtete Blick des Ritters zielt: Es ist die verlassene Ruine einer alten Burg, von der wir annehmen können, dass er sie vielleicht erobern oder wieder aufbauen will. Die tibetische Heiligenlegende des Milarepa erzählt, dass der später Erleuchtete für seinen Meister immer und immer wieder ein Haus bauen und es anschließend einreißen musste, so lange, bis er innerlich geläutert war. Er musste erkennen, dass das Hängen an diesseitigem Erfolg keine dauerhafte Lösung ist, um glücklich zu werden, sondern uns versklavt. Die Tätigkeit des Ritters ist ebenso vergeblich wie die Bautätigkeit des Milarepa, solange sie auf äußerem Erfolg allein basiert, denn nichts, was wir im Äußeren aufbauen, hält dauerhaft. Irgendwann wird die schönste Burg wieder zur Ruine verfallen. Nur was wir in unserem Inneren aufbauen, setzt sich fort. Der Sozialpsychoanalytiker Erich Fromm hat die Einstellung eines solchen Menschen als den Haben-Typus bezeichnet, der im Unterschied zum Sein-Typ nicht gut sein, sondern das Gute haben will. Er lebt nach dem Motto: „Ich bin ich, weil ich X habe". Aber aus seiner Identifikation mit dem, was er besitzt, entsteht auch die Umkehrung: „Es hat mich, da mein Identitätsgefühl bzw. meine psychische Gesundheit davon abhängt"[63]. In unserer einseitigen Orientierung an materiellen Dingen und ihrem Besitz werden wir innerlich unfrei, zu Sklaven dessen, was wir begehren und womit wir uns identifizieren.

Stichworte: Haben; Materialismus; einseitig materielle Orientierung; einseitiges Leistungsdenken

Umgekehrte verborgene Seite
In der Umkehrung hat der Ritter erkannt, dass es Zeit wird, sich wieder auf die eigene Mitte zu beziehen. Dies muss nicht zwangsläufig eine Abkehr vom äußeren Tätigsein zur Folge haben, etwa die Kündigung einer Arbeitsstelle oder die Vernachlässigung sozialer Verpflichtungen. Allerdings hat die innere Ausrichtung sich dabei verändert: das Tätigsein für äußeren Gewinn und Erfolg ist nicht mehr das alleinige Ziel. Wichtiger ist die innere Verbindung mit sich selbst. Der Ritter blickt also jetzt die Münze an, die er in der Hand hält, orientiert sich an dem, was ihm aus dem Bewusstsein des Erdelements heraus als Aufgabe erscheint, aber er verehrt den äußerlichen Erfolg nicht mehr als alleiniges Lebensziel. Seine Arbeit steht in Verbindung mit dem Ganzen seines In-der-Welt-Seins, wozu auch die Qualitäten der anderen Sätze gehören. Ihm ist es wichtiger geworden, ein wertvoller Mensch zu sein, statt nur Wertvolles zu besitzen. Damit ist er auf dem Weg vom Haben- zum Sein-Menschen, den Erich Fromm charakterisiert mit den Worten: „Sicherheit, Identitätserleben und Selbstvertrauen, basierend auf dem Glauben an das, was man *ist*, und auf dem Bedürfnis nach Bezogenheit, auf Interesse, Liebe und Solidarität mit der Umwelt, statt des Verlangens zu haben"[64].
<u>Stichworte</u>: Sein; Rückbesinnung; Innenorientierung

Bube der Münzen

Vorderseite
Der Bube der Münzen stellt den Aspekt der Arbeit, der in den Münzen allgegenwärtig ist, in seiner kindlichen Urform dar. Der Bube ist dann der Schüler, der eifrige Student, der Wissbegierige, der völlig fasziniert vom Objekt seiner Betrachtung ganz in diesem aufgeht. Vielleicht bezieht sich dieser Studieneifer auch auf die alten Bücher der spirituellen und hermetischen Traditionen, auf die Weisheiten der Völker und das geheime Wissen der Menschheit. Außer einen Schüler, Studenten oder neugierigen Menschen kann

der Bube auch einfach für ein Kind stehen, insbesondere für ein wissbegieriges. In einer zweiten traditionellen Bedeutung ist er ein Bote, der Neuigkeiten bringt, und repräsentiert damit auch die (gute) Nachricht selbst.

Stichworte: Neugierde; Wissbegierde; Schüler; Student; Bote; Neuigkeiten

Umgekehrte Vorderseite
In seiner Umkehrung können wir uns einen Studenten vorstellen, für den das Studentenleben nicht nur Arbeit und Lernen beinhaltet, sondern der dazu neigt, über die Stränge zu schlagen und recht ausgelassen zu sein. Die Faszination des Wissenserwerbs ist vielleicht noch vorhanden, aber sie ist durch eine Tendenz zum ausschweifenden, ungezügelten Leben korrumpiert worden. Nicht immer muss man diese Ausgelassenheit negativ bewerten. Sie kann – wie Rachel Pollack meint – auch „einfach Entspannung nach einer schwierigen Aufgabe bedeuten, so wie beispielsweise ein Student nach seinem Examen erleichtert aufatmet". Meint die Karte nach einer ihrer traditionellen Deutungen hingegen einen Boten, so bringt er im umgekehrt liegenden Fall Nachrichten, die nicht gerne gehört werden.

Stichworte: Ausgelassenheit; Ausschweifung; Erholung; schlechte Nachrichten

Die verborgene Seite
Der Mensch, der sich in die Position des Lernenden begibt, zeigt Neugier, Offenheit und Demut, denn er gesteht ein, dass er ein Schüler ist und kein Meister. Er beherrscht die schönen Tugenden, Fragen zu stellen und sich weiter entwickeln zu wollen. Damit ist er der beste Kandidat für jeden spirituellen Einweihungsweg: Unvoreingenommen begeistert er sich für seinen Meister und dessen Lehren. Aber wenn sich die Rolle des Schülers verfestigt, besteht die Gefahr, dass die Tugend der Schülerschaft zur Abhängigkeit verkommt. Diesen Umschlag erleben wir in jener emotional abhängigen Form der Unterordnung, die manche Menschen gegenüber einem Guru entwickeln. Irgendwann aber wird es Zeit, dass

der Schüler auf eigenen Füßen steht und selbst weiß, was er braucht. Das gilt in vielen Beziehungen: Patienten haben zu lernen, ihren Ärzten nicht hörig gegenüber zu treten, sondern selbst mitzudenken und gut informiert mit zu entscheiden. Und wir alle haben zu lernen, uns als eigenverantwortliche Bürger ein auf Wissen gegründetes Urteil zu bilden, das nicht von Regierungen und Massenmedien diktiert wird.

Wer als Schüler Fortschritte macht, wird irgendwann zwangsläufig so weit kommen, dass er ein Lehrer sein kann. Er wird so viel Wissen angesammelt haben, dass er Andere unterrichten und sein Wissen weiterverschenken könnte. Stattdessen bleiben manche Menschen lieber in der Position des naiven Kindes oder des ewig Lernenden. Sie geben nicht zurück, was sie empfangen haben, sondern wollen immer noch mehr an Lehren, an Wissen empfangen. Sie betrachten ihr eigenes Wissen immer noch als ungenügend, vertrauen ihrer Fähigkeit, etwas Brauchbares zu wissen, nicht. Dabei vergessen sie, dass alles Gelernte wert ist, weitergegeben zu werden. Jeder eifrige Schüler kann eines Anderen Lehrer sein. Noch mehr: die Beziehung zwischen Lehrer und Schüler kann im Idealfall eine wechselseitige sein. Der Lehrer gibt sein Wissen weiter und lernt schon, indem er das Gewusste aus dem Gedächtnis hervorholen, ordnen und formulieren muss. Dann wieder lernt er durch die Reaktionen des Schülers und dessen Fragen. Und schließlich kann der Schüler den Lehrer an seinem eigenen Wissen teilhaben lassen, so dass die Rollen von Lehrer und Schüler wahrhaft austauschbar sind. Letztlich sind wir immer Lehrer und Schüler zugleich.

Die verborgene Seite zeigt uns deshalb einen älteren Mann, der die Hände ebenfalls nach der Münze in den Händen des Buben ausstreckt und dessen Blick sich ebenso fasziniert in ihre Betrachtung verliert. Wir können ihn als Mitstudenten, aber seines Alters wegen auch als Lehrer sehen, der von der Faszination seines jungen Schülers für das Wissensgebiet angesteckt wurde oder der den Jüngeren als gleichberechtigten Lehrer akzeptiert. Dieses Bild will uns dazu ermutigen, unser eigenes Wissen autonom zu nutzen und

Anderen mit gutem Vorbild voranzugehen, so dass wir Lehrer und Schüler zugleich sein können.

Stichworte: Lernender Lehrer oder lehrender Schüler sein; Vorbild sein; Wissen teilen; Eigenständigkeit im Lernen; autonomer Gebrauch von Wissen

Umgekehrte verborgene Seite
Zuweilen hätten wir noch viel zu lernen, aber wir scheuen uns davor, uns in die Rolle des Schülers zu begeben und wollen lieber schon die Wissenden sein. Das kann besonders dann der Fall sein, wenn wir tatsächlich die Funktion eines Lehrers ausüben und uns ganz mit dieser Rolle identifiziert haben. Statt weiterhin lernbereit zu sein, wollen wir Anderen beibringen, was wir selbst noch nicht ganz verstanden haben. Oder wir wurden in unserer Lernbiographie so oft enttäuscht, dass wir keine Lust mehr haben, Anstrengungen zu unternehmen, um Wissen zu erwerben oder anderen, vermeintlich besser Wissenden zuzuhören. Die umgekehrt liegende Karte ermutigt uns dazu, uns von unserem Hochmut zu befreien oder unsere Frustration zu überwinden und uns wieder mit der Faszination des Anfängers dem Gegenstand selbst zuzuwenden.

Stichworte: Hochmut des Wissens; unwillig zu lernen; falsche Expertise

II

Vorderseite
Wir sehen eine Figur, die mit tänzelnder Leichtigkeit zwei Münzen in einem Band jongliert. Die traditionelle Deutung, die Waite gibt, bezieht sich auf den Aspekt dieser Leichtigkeit und Freude. Es handelt sich um eine Zeit des leichten Lebens, einer gut erträglichen Leichtigkeit des Daseins, Erholung und Entspannung. Wir nehmen die Dinge leicht und können das Leben genießen. Die Karte gibt uns quasi die Erlaubnis dazu: Es ist Zeit, die leichte Seite des Lebens zu sehen. In traditionellen Deutungen wird dem noch ein

weiterer Aspekt hinzugefügt: eine harmonische Bewegung, eine erfreuliche Veränderung.

Eine zweite Deutungsmöglichkeit bezieht sich auf die Zahl Zwei und die Balance, die der Jongleur herstellt. Offensichtlich ist es ihm möglich, die beiden Seiten des Lebens miteinander in Einklang zu bringen, die sich in vielen Situationen zeigen: Beruf und Familie, Arbeit und Vergnügen, weltliches und religiöses Streben, ethische Verantwortung und eigene Vorteile – zwischen ihnen müssen wir uns entscheiden, und es fällt uns nicht immer leicht. Beides miteinander in Einklang zu bringen ist deshalb eine hohe Kunst. Die Figur auf der Karte schafft es, Balance zu finden und nicht an der Polarität, der Zweiheit der Welt zu zerbrechen. Als Aufforderung gedacht, sollten wir bemüht sein, nicht zu einseitig zu werden und stets noch eine zweite Seite in unser Leben hinein nehmen.

Stichworte: **Leichtigkeit**; *Balance; Heiterkeit; Erholung*

Umgekehrte Vorderseite
In der Umkehrung ist die Leichtigkeit und Freude nicht mehr echt, das Vergnügen wird zwar noch äußerlich mitgemacht, aber es wird nicht mehr wirklich empfunden. Manchmal wollen Menschen sich nicht ernsthaft auseinandersetzen und tun deshalb so, als wäre alles kein Problem. Sie spielen die Fröhlichen, Unbekümmerten, obwohl sie eigentlich merken, dass ihnen alles zu viel wird – oder es doch merken sollten. Ihre Freude ist dann nicht mehr echt. Vielleicht haben sie sich auch überfordert, indem sie versucht haben, mehr als zwei Teile miteinander auszubalancieren und sind daran gescheitert. Oder wir haben es mit der Leichtigkeit des Lebens übertrieben, aus Leichtigkeit ist Leichtsinn geworden, und jetzt sollten wir uns klar machen, dass dieses leichte Leben nicht mehr unser Weg ist, dass wir etwas Ernstes und Verantwortungsbewusstes mit unserem Leben anfangen sollten.

Stichworte: **Leichtsinn**; *erzwungene Leichtigkeit; unpassende Fröhlichkeit*

Die verborgene Seite
Vielleicht können wir in dem hohen Hut des Jongleurs den *Sikke*, den Hut des tanzenden Derwischs erkennen, eines islamischen Mystikers. Er balanciert die Münzen-Dualität in seiner Schlinge, der Lemniskate, dem Unendlichkeitssymbol, und zeigt somit, wie die Mystik den Konflikt zwischen dem vergänglichen Seienden im letzten Sein auflöst, das immer ist und bleibt. Das Spiel mit den vergänglichen Erfahrungen der Welt kann zum göttlichen Spiel werden, wenn wir es nicht um der Welt willen, sondern um des Göttlichen in uns willen betreiben. So ist die tiefere, verborgene Seite des spielerischen Umgangs die Aufforderung, hinter das Getriebe zu blicken, das uns glauben lässt, es gäbe stets Positiv und Negativ. In Wahrheit ist es viel schwieriger, das eine vom anderen zu trennen als wir glauben.

Deshalb sind alle Entscheidungen, die wir in der äußeren Welt treffen müssen, und jede Freude, jedes Vergnügen nur Formen eines göttlichen Spiels. In der indischen Mythologie tanzt Shiva und erfreut sich so an seiner Welt. Diesen Tanz können wir mittanzen und uns dadurch zu Mitschöpfern unserer eigenen Welt machen. Wir müssen nur den tödlichen Ernst beiseite lassen, der meint, alles, was wir in dieser Welt sehen, sei wesentlich. Es ist in Wirklichkeit nicht viel mehr als eben ein Spiel. Erst aus dieser Haltung erwächst uns die eigentliche Leichtigkeit, die echte Freiheit, alles mitzuspielen, was uns auferlegt ist – alle Situationen des Lebens mit dem sportlichen Vergnügen des Spielers zu nehmen.

Auf der Rückseite der Karte sehen wir deshalb, dass der Tänzer, der jetzt das weiße Derwischgewand trägt, mit zwei Sternen jongliert, und ein sternenbedeckter Himmel über ihm sich so schnell dreht, dass die Sterne wie Lichtstreifen wirken. Die ganze Welt ist ihm zu einem Spielplatz geworden. Nichts, was geschieht, ist mehr in der Weise ernst zu nehmen, wie es erscheint, wenn alles von dem einen, alles überragenden Prinzip durchdrungen ist, wenn alles nur der Traum eines Gottes ist, den wir miterleben. Wir sind dazu aufgefordert, tief in dieses Geheimnis einzudringen und dabei die Fähigkeit zu entwickeln, mit den Dingen dieses Lebens vol-

ler Freude und Leichtigkeit umzugehen. Wie die Welt uns dabei zu einem erstaunlichen Schauspiel wird, so kann die Karte im konkreten Sinn jedes Spiel oder Schauspiel meinen, inklusive der Spiele und Maskentänze, die wir mit anderen Menschen treiben. Wenn wir uns bewusst machen, dass wir manche Spiele mit anderen Menschen nur Spielen, um unsere wahren Bedürfnisse, Verletzungen oder auch Stärken und Möglichkeiten zu verstecken, wird aus vielen unserer üblichen Handlungen ein Versteckspiel.
*Stichworte: **Spiel**; Schauspiel; Versteckspiel*

Umgekehrte verborgene Seite
Die vorgetäuschte Leichtigkeit des Lebens, die wir auf der umgekehrten Vorderseite erkennen können, sollte uns zu der Erkenntnis führen, dass wir ein falsches Spiel spielen. Vielleicht haben wir Entscheidungen zu treffen, vielleicht stehen Veränderungen an, die uns unruhig machen, vielleicht sind die Bedingungen nicht so erfreulich, wie wir es uns wünschen würden. Aber nehmen wir diese Entscheidungen und Bedingungen nicht zu ernst? Wenn die Rückseite sich umkehrt, sind wir nicht dazu in der Lage, das Spielerische des Lebens zu entdecken, wir stecken fest in Sorgen und Annahmen über die Wichtigkeit der Dinge, die uns widerfahren. Wir sollten einmal einen Schritt zurücktreten und alles ein wenig relativieren: Werden wir in einigen Jahren gerade diese heutigen Entscheidungen und Probleme noch immer für bedeutsam halten? Würde ein außenstehender Beobachter sie ebenso wesentlich empfinden? Nehmen wir uns selbst vielleicht zu ernst, sind wir zu verbissen bei der Sache? Wo ist unser Humor, unsere Fähigkeit, über die Unbilden des Lebens zu schmunzeln? Die umgekehrte Rückseite fordert uns dazu auf, etwas mehr davon zuzulassen und das Leben als ein großes verrücktes Spiel aufzufassen, das – wie alle Spiele – nur in seinen Spielregeln ernst genommen werden will, nicht aber in seinem Ablauf.
*Stichworte: **Ernst**; Humorlosigkeit; Verbissenheit*

III

Vorderseite
Die Drei der Pentakel ist eine Karte beruflichen und sozialen Erfolgs. Sie zeigt einen Handwerker, der es zur Meisterschaft gebracht hat, der erhoben über dem Architekten und dem Auftrageber, einem Mönch steht. Die drei Personen stehen für den spirituellen, den denkenden und den handelnden Teil des Menschen. Dass in diesem Fall, ganz entsprechend der Zugehörigkeit der Pentakel zum Element Erde, der handelnde Teil über den beiden anderen steht, weist darauf hin, dass sich erst im meisterlichen Handeln das Nachdenken und die spirituelle Übung verwirklichen, zur Wirklichkeit in der Welt gebracht werden. Im äußeren Sinne steht die Karte deshalb für Meisterschaft in einem bestimmten Metier, Anerkennung durch Andere und gesellschaftlichen Erfolg. Berufliche Ziele wurden erreicht und werden weiterhin gelingen.

In einem tieferen Sinn steht die Karte aber für die Art und Weise, wie diese Meisterschaft erlangt wurde: Das Tun des wahren Meisters ist durchdrungen von tiefem Nachdenken und Meditation oder Erkenntnis des eigenen Selbst. Selbstentwicklung und spirituelle Bemühung wird in manchen Traditionen als „das Werk" bezeichnet. Insbesondere in der Freimaurerei steht der Handwerksberuf des freien Maurers, des Erbauers gotischer Kathedralen, für den spirituell suchenden Menschen, der aus geheimen esoterischen Traditionen heraus das Wissen schöpft, mittels dessen er zum Wohle aller seine persönliche und spirituelle Entwicklung vorantreibt. So kann das eigene Leben zur Kathedrale werden, zum großen Werk für den spirituellen und persönlichen Nutzen aller.

Stichworte: **Meisterschaft***; Werk; Anerkennung; beruflicher Erfolg; Selbstverwirklichung im Handeln*

Umgekehrte Vorderseite
Die umgekehrte Karte steht für Mittelmäßigkeit, mangelnde Anerkennung und geringen Erfolg. Die Arbeit wird nicht wirklich kunstvoll und qualitativ hochwertig, gleich um welche Form der

Arbeit es sich handelt, weil der Ausführende seine Meisterschaft noch nicht entwickelt hat. Vielleicht fehlen Engagement und persönliches Interesse, vielleicht sind die Tätigkeitsfelder falsch gewählt, vielleicht entsprechen die eigenen Fähigkeiten nicht den gesetzten Zielen.
Stichworte: **Mittelmäßigkeit**; *Erfolglosigkeit; mangelnde Anerkennung*

Die verborgene Seite
Wie wird man ein wahrer Meister? Waite verweist auf den Zusammenhang mit der Acht der Münzen. Wer sich dort noch als Geselle übt, hat in der Drei seine Meisterprüfung abgelegt. Damit zeigt die Acht der Münzen den ersten von zwei Faktoren, die vom Gesellen zum Meister führen, nämlich das Bemühen. Der zweite Faktor zeigt sich überall dort, wo mehr als nur Präzision und ein guter Verstand gefordert sind, überall, wo auch Persönlichkeit zur Meisterschaft gehört. Das gilt für alle sehr kreativen Berufe, aber auch für Ärzte und Psychotherapeuten, selbst für Polizisten, Richter und andere Berufe, in denen die eigene Persönlichkeit das berufliche Verhalten entscheidend prägt. Wir könnten diesen Faktor Begabung nennen, aber das trifft es nicht genau. Eigentlich geht es darum, sich ganz zu öffnen für den Durchfluss eines tieferen Wissens und Könnens. Momente, in denen diese Öffnung geschieht, lassen sich als Inspiration erleben, was wörtlich so viel bedeutet wie: „Eingeistung", das Eingehen eines höheren Geistes in den Menschen hinein. Die Künstler, welche die mittelalterlichen Kathedralen bauten und gestalteten, gingen in ihrer Tätigkeit ganz auf, weil sie ihr Tun als Gottes-Dienst begriffen. Noch heute soll ihre Haltung in den Freimaurerlogen fortleben. Wie die heutigen Freimaurer blieben die Schöpfer der gotischen Kathedralen oft anonym, weil nicht ihre Person, sondern ihr Produkt allein zählte. In einem noch tieferen spirituellen Sinn begriffen sie sich nicht einmal mehr als die Schöpfer, sondern als Werkzeuge in der Hand des großen Schöpfers, dessen Führung sie sich anvertrauten.

Psychologisch wird dieser Prozess heute als Flow bezeichnet. Die Psychologie weist darauf hin, dass wir alle – auch wenn wir keine spirituell Praktizierenden sind – grundsätzlich zum Flow-Gefühl befähigt sind: dem Absorbiertsein von unserem eigenen Tun, so dass wir ganz darin aufgehen und Meisterliches leisten. Wir tragen die Fähigkeit in uns, eine innere Führung zu finden, um uns von ihr durch unser Werk tragen zu lassen. Wenn uns darin Einfälle kommen, die von außerhalb unserer selbst zu stammen scheinen, ist es für manche Menschen, die die Existenz von Naturgeistern wahrnehmen, unsere Muse, ein uns wohlgesonnener Geist, der unserer Inspiration auf die Sprünge hilft. Die Römer kannten wie die Griechen nicht nur die hilfreichen Musen, sondern auch Wesen, die wir Schutzengel nennen und die sie als Genien bezeichneten. Auf der Zeichnung sehen wir, wie der Bildhauer der Vorderseite hinter einem Tisch steht, auf dem der Plan des Architekten liegt. Er hat sich von diesem – Ausdruck für die rationale Seite seiner Tätigkeit – abgewandt und betrachtet einen fliegenden Schmetterling. Der Schmetterling steht in der griechischen Antike für die Seele. Hinter dem Bildhauer erkennen wir eine weiße Statue, die allerdings nicht in eine mittelalterliche Kathedrale zu passen scheint: Ein geflügelter, nackter Jüngling [[nicht Knabe]], der links ein Füllhorn, rechts eine Schale trägt. Dies ist der Genius, der Schutzgeist, der göttliche Seelenkern und Ausdruck der Schöpferkraft eines Menschen.

Stichworte: **Inspiration**; *innere Führung; Flow; bei sich sein; Arbeit als Gottesdienst*

Umgekehrte verborgene Seite
Die Meisterschaft hat auch eine Schattenseite, die angesprochen wird, wenn die Rückseite umgekehrt liegt. Hier hat sich die Innenschau und die Überzeugung, dass etwas Höheres durch einen hindurch wirkt, in Arroganz und Überheblichkeit verwandelt gegenüber denen, die zu weniger berufen sind oder gegenüber Lehrern und Kollegen, die uns sehr wohl etwas beizubringen hätten, die wir aber abwerten, weil wir meinen, schon alles in uns zu tragen. Diese Arroganz kann uns dazu antreiben, mehr leisten zu wollen, um es den anderen zu beweisen, aber ebenso kann sie uns dazu

verführen, uns weniger zu bemühen als nötig. Dann meinen wir, alle unsere Leistung aus unserer eigenen Genialität heraus leisten zu können, obwohl uns die Übung, das schlichte Handwerk dazu noch fehlt. Überheblichkeit ist schädlich für das gesamte Werk, nicht nur für das Ergebnis unserer Arbeit, sondern auch für unsere eigene Entwicklung, die darin stattfinden sollte, und für unsere Beziehung zu Anderen.

Stichworte: **Überheblichkeit**; *vermeintliche Genialität; Arroganz*

IV

Vorderseite
Die traditionellen Deutungen geben sich mit der Oberfläche dieses Bildes zufrieden und verweisen auf Besitz, Macht und sicheren Gelderwerb. Doch die Verhaftung und das Verfallensein an diesen Besitz, welche die Figur beherrschen, werden erst in dem Bild von Pamela Smith deutlich. Dort sehen wir eine Person, die ein Pentakel umklammert hält, das ihre Brust verdeckt. Ebenso wird ihr Scheitelpunkt von einem Pentakel bedeckt und ihre Füße stehen auf zwei Pentakeln. Rachel Pollack schreibt: „Menschen, die mit Chakra-Meditation arbeiten, werden wissen, dass die ersten beiden Punkte die vitale Verbindung mit dem Geist und mit anderen Menschen darstellen." Der Mensch auf dieser Karte benutzt die Pentakel als magische Schutzschilde gegen den Kontakt mit seiner eigenen geistigen Energie und mit anderen Menschen, er hat sich in sich selbst eingemauert. Seine Selbstbezogenheit und die blockierten Chakren wirken sich in einem Stau von Lebensenergie und Lebensfreude aus.

Die Karte steht deshalb vor allem für Geiz, Gier und Anhaften an Besitztümern, die Unfähigkeit, etwas loszulassen, was man erworben hat, sei es materieller Besitz, eine Position oder sogar eine Partnerschaft. Wer sich zu sehr an das klammert, was er hat, wird zum Sklaven seines Besitzes. Er hat verlernt, das Leben in allen

seinen Aspekten anzunehmen und ist nur an der Sicherung und der Vermehrung seines Besitzes interessiert.
Stichworte: **Geiz**, Gier, Anhaftung, Sicherheitsstreben, Egoismus

Umgekehrte Vorderseite
Jetzt öffnet sich der blockierte Strom der Energien. Der Fragesteller kann allmählich loslassen, kann die Schutzschilde abnehmen und etwas von dem, was er festgehalten hat, abgeben. Er öffnet sich für andere und für die schönen Seiten des Lebens. Dies wird erst möglich, wenn die Furcht geringer wird, etwas zu verlieren. In emotionaler Hinsicht kann sich die verdrängte Emotionalität jetzt in einem positiven Prozess der Lösung befreien und eine Öffnung für andere Menschen bewirken, auch neue romantische Kontakte sind nun möglich, da die Angst vor Zurückweisung abnimmt.
Stichworte: **Großzügigkeit**, Offenheit, Freigebigkeit

Die verborgene Seite
Der Zustand des Festklammerns und der Blockiertheit ist der Ausdruck einer tiefsitzenden Angst vor dem Leben. Wir glauben, ohne genügend materielle Absicherung, ohne einen guten Posten, ohne Menschen, die uns hörig sind oder zumindest fest zu uns halten, könnten wir nicht überleben. Wir brauchen diese künstlichen Sicherheiten. Aber die Lebensangst, die uns immer wieder im Griff hält, beruht auf der Illusion, dass es etwas gibt, vor dem wir uns schützen müssten und ein vom spirituellen Urgrund abgetrenntes Ich, das wir schützen müssen. In Wahrheit sind wir immer mitten in der Hand des Göttlichen, wir sind immer Teil der einen höheren Wirklichkeit und es gibt nichts, was es zu schützen gäbe, solange wir einfach ganz im Fluss sind.

Aber Geiz und Gier als Resultat dieser Existenzangst schließen alle aus, vor denen wir unseren Besitz verteidigen zu müssen meinen. Im Kartenhintergrund und in Blickrichtung des von hinten gezeichneten Königs der Vorderseite sehen wir zwei ärmliche Hütten, vor denen ein älteres, in Lumpen gekleidetes Paar Hand in Hand sitzt und auf drei fröhlich spielende, spärlich bekleidete Kinder blickt. Diese Menschen haben eine dunklere Hautfarbe als der König. Wir können uns vorstellen, mit welchem Misstrauen und mit welchen Vorurteile er auf sie blickt. Er beneidet ihre sorglose Fröhlichkeit vielleicht, aber er befürchtet, dass sie ihn ausrauben und beklauen würden, sobald sie es könnten. Vorurteile und das Gefühl persönlicher Unsicherheit sind psychologisch eng miteinander verknüpft. Wenn es einer Bevölkerungsgruppe subjektiv schlecht geht, sucht sie dafür oft einen Sündenbock oder einen äußeren Feind, der an ihrer Misere angeblich Schuld ist. Historisch mussten dafür Juden, Zigeuner, Flüchtlinge aus aller Welt oder die Eingeborenen herhalten, deren Land man gewaltsam geraubt hatte. Vorurteile sollen uns das Gefühl eines sicheren Weltbilds vermitteln, das angesichts der Bedrohungen unserer Existenz umso wichtiger wird. Die Kartenrückseite zeigt uns, wie leicht wir uns von Existenzängsten in Hass gegen andersartige Menschen treiben lassen.

Stichworte: **Vorurteil**; *Existenzangst; Hass gegen Andersartige; Angst vor Dieben*

Umgekehrte verborgene Seite
In der Umkehrung entfalten wir den Mut, uns unserer Schutzschilde zu entledigen. Wir werden frei und gehen offen und mutig auf andere zu. Das gilt auch gerade für andere Menschen, die nicht das Glück haben, zu unserer eigenen Bevölkerungsschicht zu gehören. Wir machen Schluss mit unseren Vorurteilen oder haben gar keine, weil wir gelernt haben, auch in Zeiten der materiellen Unsicherheit mit unseren Ängsten umzugehen statt sie auf schwächere Gruppen zu projizieren. Vielleicht geht die Umkehrung der Rückseite sogar so weit, dass aus Xenophobie Xenophilie wird, also eine neugierige Sympathie und echtes Interesse für alles Fremde.

Stichworte: **Vorurteilslosigkeit**; *überwundene Existenzangst; Sympathie gegenüber Andersartigen*

V

Vorderseite
Die Interpretationen dieser Karte sind vielfältig. Schon Waite schreibt, dass es zwei unterschiedliche, nicht miteinander harmonisierbare Deutungen gebe: Erst einmal nämlich sehen wir hier das Bild großer materieller Armut in Gestalt zweier armer Menschen in zerlumpter Kleidung, die in einer sicherlich bitterkalten Winternacht an einem erleuchteten Fenster vorbeigehen. Eventuell würde man ihnen sogar Einlass gewähren, wenn sie dazu in der Lage wären, ihren Stolz zu überwinden und darum zu bitten. Wahrscheinlicher aber ist, dass Hilfe von den anderen, den gut situierten Bürgern, hier nicht zu erwarten ist. Einer von ihnen geht an Krücken und trägt eine Glocke um den Hals, was daran erinnert, dass Pestkranke in manchen mittelalterlichen Städten eine Glocke oder ein ähnliches lärmendes Gerät mit sich tragen mussten, um andere vor einer Annäherung zu warnen. Die beiden Figuren sind offenbar Ausgestoßene, ausgeschlossen von der Gemeinschaft, aber sie haben immerhin einander. Daran schließt sich die zweite Deutung an, die Waite erwähnt: Wir können hierin auch ein Bild von Liebe, Solidarität in der Not und Zusammengehörigkeit erkennen. Diese Gemeinschaft könnte auch eine verschworene sein. Vielleicht haben sie einen tieferen Grund, weshalb sie sich gesucht und gefunden haben, der sie außerhalb der menschlichen Gesellschaft stellt. Rachel Pollack meint, dass sie vor einem Kirchenfenster vorbeigehen und dass die Tatsache, dass diese Kirche keine Tür (für sie) habe, darauf hinweist, dass ein Weg, der uns mit okkulten Kräften in Verbindung bringt, ohne die Hilfe der etablierten Religion gegangen werden muss.

<u>Stichworte</u>: *Im **Abseits** stehen; materielle Not; Zusammenhalten; Außenseitertum*

Umgekehrte Vorderseite
Die Deutungen der umgekehrten Fünf der Münzen sind traditionell negativ: Sorgen und das Gefühl, dass das Glück einen verlas-

sen hat, dominieren. Bei Waite hört es sich noch negativer an: Chaos, Untergang, Zwietracht. Während die beiden Figuren sich auf der Vorderseite durch ihren Zusammenhalt untereinander gegenseitig stützen, ist dieses partnerschaftliche System hier zusammengebrochen. Aus der materiellen Not ist größte Not geworden. Auch auf der innerseelischen Ebene ist Verwirrtheit und Chaos die Folge. Aber auch diese Situation lässt sich nutzen, wenn es danach neu weitergeht, wie ein durch Brand gerodetes Land neues und üppiges Leben hervorbringen kann.

<u>Stichworte</u>: **Sorgen**; Chaos; Verwirrung; Zwietracht; materielle Not

Die verborgene Seite
Wie sind die Gestalten auf der Vorderseite in diese Situation geraten? Sind sie unachtsam mit Geld umgegangen und haben sich verschuldet? Oder hatten sie von Anfang an keine Chancen in einer Gesellschaft, die vor allem die Herkunft und den eigenen Ehrgeiz honoriert? Die dritte der Interpretationen, die wir uns zur Vorderseite angeschaut haben, legt eine andere Möglichkeit nahe: Demnach haben sie ihren Weg als Außenseiter jenseits der gesellschaftlichen Bequemlichkeiten selbst gewählt. Die Rückseite zeigt nun, wohin die beiden unterwegs sind: Wir sehen sie am Bildrand an einem Wagenlager von Fahrendem Volk anlangen, in dessen Mitte ein offenes Feuer brennt. Hier sind sie willkommen, hier finden sie Wärme und Schutz. Wir können annehmen, dass sie freiwillig aus der Gesamtgesellschaft Ausgestiegene sind, die aus politischen, ökologischen, persönlichkeitsbildenden oder spirituellen Gründen anders leben wollen. Selbstverständlich müssen sie dafür auf einigen Komfort verzichten. Es wird ihnen nicht immer leicht fallen, ihren Entschluss aufrecht zu erhalten, sie werden Anfeindungen, Ausgrenzungen und Unverständnis ausgesetzt sein, aber sie haben eine Alternative gewählt, weil sie davon überzeugt sind. Beachte, dass der Mann, der auf einen Stock gestützt neben dem Lagerfeuer steht, einem indischen Wanderasketen ähnelt. Die beiden befinden sich vielleicht ebenfalls auf einem spirituellen Pilgerweg als Wandermönch oder -nonne und verzichten aus religiösen Gründen auf

Besitztümer und Anhaftungen an die materielle Welt. Auf einer allgemeineren Ebene weist die Rückseite darauf hin, dass wir uns ein entbehrungsreiches Leben selbst erwählt haben, vielleicht um daran zu wachsen und zu reifen, vielleicht weil das der Preis ist für das, was wir nur so erfahren konnten (dabei mag es sich auch um die Solidarität und Zuneigung anderer Menschen handeln).
Stichworte: freiwilliger **Verzicht**; *Konsumverzicht; Askese; Aussteigen; alternativer Lebensstil; spiritueller Sonderweg*

Umgekehrte verborgene Seite
Die Freiwilligkeit der aufrecht liegenden Karte kann in der umgedrehten Position nicht mehr gesehen werden. Wir haben uns in eine Situation begeben, die uns mit Ängsten vor Verarmung und materiellen Verlust konfrontiert oder die bereits große Einschränkungen unseres Komforts und unseres gewohnten materiellen Lebensstandards beinhaltet. Da wir diese Situation ablehnen, übersehen wir, dass wir selbst oder ein unbewusster (vielleicht: überbewusster) Teil von uns diese Situation herbeigeführt hat und dass deshalb irgendein Sinn darin stecken muss. Wenn es uns gelingt, den Sinn dessen zu entschlüsseln, werden wir keine Schwierigkeiten mehr haben, es anzunehmen und anders damit umzugehen. Zugleich sollten wir die umgekehrte Rückseite als Warnung auffassen, nicht unbewusst eine Situation zu erzeugen, in der wir schließlich auf unseren gewohnten Lebensstil werden verzichten müssen, obwohl wir dies gar nicht wollten. Die Gestalten auf der Rückseite hadern mit ihrem Schicksal. Sie haben sich in eine Gemeinschaft begeben, in der auch kriminelle Handlungen geduldet werden, um die eigenen materiellen Bedürfnisse zu befriedigen. Sie sind nicht in einer Aussteigerkommune, sondern in einem üblen Milieu gelandet. Sie drohen deshalb selbst, in Kriminalität abzurutschen oder sich mit illegalen Rauschmitteln gegenüber den Unbilden des Schicksals zu betäuben.
Stichworte: **Hadern** *mit der Lebenssituation; Kriminalität*

VI

Vorderseite
Geben und Empfangen sind das Thema der sechsten Münzenkarte. In den traditionellen Deutungen bezieht sie sich auf das Empfangen materieller Gaben. Es wäre jedoch viel zu kurz gegriffen, dieses Thema nur aus der Perspektive einer der beiden Seiten verstehen zu wollen oder es nur auf materielle Güter zu beziehen. Die Karte öffnet den Blick für das gesamte Panorama von Beziehungen, die einen Gebenden und einen Nehmenden enthalten. Zunächst stellt eine solche Beziehung eine Hierarchie her, wie wir deutlich in dem Bild von Pamela Smith erkennen können: Der Gebende – im Kostüm eines reichen Kaufmanns – steht über den Empfangenden, die als Bettler vor ihm knien. Geben ist nicht immer uneigennützig. Oft genug erkauft sich der Gebende damit Macht und Ansehen. Umgekehrt profitieren die Empfangenden zwar von seiner Freigebigkeit, aber sie machen sich auch abhängig und schwach. Nicht ganz dasselbe gilt in jenen Beziehungen, in denen einer viel von sich gibt, während der andere nur nimmt. Die Einseitigkeit solcher Beziehungen kann man als Ausnutzung des einen durch den anderen begreifen, aber offenbar gehört dazu auch derjenige, der sich ausnutzen lässt und daraus einen subtilen Gewinn ziehen wird. Vielleicht hat der Gebende das Gefühl, ein besserer Mensch zu sein, indem er gibt. Vielleicht ist er es tatsächlich, denn sein Geben ist ein Akt der Großzügigkeit und eines offenen Herzens.

Die Sechs ist damit auch eine Karte des Ausgleichs. Es ist gerecht, dass derjenige, der etwas hat, demjenigen gibt, der nichts hat. Das gilt für Besitztümer ebenso wie für Liebe, Wissen und spirituelle Weisheit, die ungleich verteilt sind und deshalb weitergegeben werden müssen, weil die Welt sonst ins Ungleichgewicht gerät. Die Waage der Gerechtigkeit auf der Karte ist im Gleichgewicht. Der Gebende achtet peinlich genau darauf, dass er den beiden Bettlern das gibt, was ihnen zusteht. Ausgleichende Gerechtigkeit lässt uns das zuteil werden, was wir verdient, aber nicht erhalten haben. Je nachdem, mit welcher Person in der Karte wir uns identifizieren, heißt dies, dass wir ruhigen Gewissens geben oder empfangen dürfen, weil dies gerecht ist: als Gebende werden wir vom Leben wieder belohnt werden, als die Nehmenden haben wir unseren Stolz überwunden, von der Überlegenheit eines anderen zu profitieren und bekommen deshalb, was uns vom Leben zugedacht ist.

Stichworte: **Zuteilung**; *Geben und Empfangen; Ausgleich; gerechte Verteilung; Großzügigkeit; Freigebigkeit; gegenseitige Abhängigkeit*

Umgekehrte Vorderseite
Die hierarchische Beziehung der Vorderseite hält nur solange, als keine der beiden Parteien das Gefühl hat, dass es sich letztlich nicht für sie auszahlt. In Abhängigkeitsbeziehungen ist es meist die schwächere Person, die irgendwann ausbricht, auch wenn sie viel von der stärkeren profitiert hat. Die Zeit ist einfach reif dafür, sich selbst zu behaupten und aus der Abhängigkeit in eine größere Freiheit überzugehen. Manchmal bedeutet die Karte, dass die ausgleichende Beziehung von Geben und Empfangen auf einer der beiden Seiten gestört ist: Entweder ist derjenige, der geben sollte, nicht bereit dazu – sei es aus Eigensucht und Geiz, sei es aus Schwäche und der Unfähigkeit, den eigenen Reichtum zu erkennen. Oder derjenige, der empfangen sollte, verschließt sich den Gaben des Lebens, den spirituellen Lehren oder der Führung eines weisen Freundes, weil er es nicht erträgt, der Empfangende zu sein. In diesem Fall entgeht ihm ein großes Geschenk, das ansonsten auf ihn gewartet hätte, und er mag sich vielleicht sogar über die Ungerechtigkeit der Welt wundern, die ihm nicht gibt, was ihm zuzustehen scheint, während das Schicksal jedoch gar keine Chance hat, ihm etwas zu geben, weil er in Wirklichkeit alle Geschenke zurückweist.

Stichworte: **Eigensucht**; *Einbehalten der Gaben; Nichtannehmen der Geschenke; Zerbrechen einer Abhängigkeitsbeziehung*

Die verborgene Seite
Schon auf der Vorderseite sahen wir die Schattenseiten einer Beziehung, in der sich eine Person in einer gebenden Position befindet und dadurch an Macht und Ansehen gewinnt, während der Andere sich in einer Position der Schwäche abhängig macht von den Gaben, die er empfängt. Ganz anders stellt sich das Bild auf dieser Seite dar: Die beiden Bettler stehen auf Augenhöhe mit dem reichen Kaufmann, der auch keine Waage in der Hand hält, sondern ein Füllhorn, in das Goldstücke aus einer Wolke über ihm fallen, die unten wieder heraus und in die aufgehaltenen Hände des einen Bettlers rutschen. Währenddessen aber steckt der andere Bettler dem Kaufmann einige Goldstücke in dessen Manteltasche, die er vermutlich zuvor von ihm erhalten hat.

Die Szene weist einige bemerkenswerte Unterschiede zur Vorderseite auf. Statt einer hierarchischen Beziehung sehen wir hier ein echtes Geben und Nehmen. Der Kaufmann gibt, aber er bekommt zugleich von denen zurück, denen er gibt. Er ist ihnen auch nicht überlegen, sondern ein gleichberechtigter Partner in einem Spiel, in dem das, was er von oben bekommt, verteilt wird – ohne die geringste Berechnung, wem was zusteht. Bemerkenswert ist aber auch, dass die Goldstücke dem Kaufmann nicht wirklich gehören: Sie sind Geschenke einer höheren Quelle, die nur durch seine Hände gehen. Nicht er hat die Bedingungen seiner Geburt, seines Charakters und seiner Ausbildung geschaffen, die ihm Reichtum, Wissen oder Macht verliehen haben. Er ist sich dessen bewusst, dass alles nur Leihgaben des Schicksals sind.

Das Bild zeigt auf einer noch tieferen Ebene auch den Fluss, in den eine Person eintritt, wenn sie dem natürlichen Ablauf von Empfangen, Weitergeben und Wiederempfangen keinen Widerstand entgegensetzt, indem sie nicht am Empfangenen festhält, sondern gibt, ohne etwas zurückzuhalten. Ihr ganzes Leben wird dann zu einem einzigen Fluss von Gaben, denn so viel sie auch gibt, so viel wird sie wieder erhalten. Im Unterschied zum Helfersyndrom, das zum Ausbrennen führt, weil die betroffene Person sich zwar aufopfert, aber nichts annehmen kann, um ihre leeren

Batterien wieder aufzuladen, gibt die Person auf diesem Bild nichts von sich selbst. Sie kann deshalb niemals leer werden und ausbrennen. Alles, was sie gibt, geht nur durch sie hindurch. Sie ist nur das Gefäß, das empfängt und abgibt, sobald es überläuft, deshalb muss sie nichts tun. Dies ist es, was der taoistische Begriff des Wu wei meint, des Nicht-Handelns im Handeln: Indem ich keine Kraft aufwende, damit etwas geschieht, sondern einfach die Handlung durch mich hindurch strömen lasse, wird mein Handeln frei von Widerstand oder Anhaftung, frei von eigener emotionaler Beteiligung und Egoismus. Es ist einfach nur Handeln, ohne Eigeninteresse und Eigengewinn. Das ist wahrhaft spirituelle Hilfsbereitschaft, die nur handelt, weil sie die Notwendigkeit des Handelns sieht. Und es ist – aus der umgekehrten Perspektive – wahrhaft spirituelle Dankbarkeit, das zurückzugeben, was man zu geben hat, ohne darüber nachdenken oder sich anstrengen zu müssen.

Stichworte: **Gleichheit** *des Austauschs; Fluss von Geben und Nehmen; Wu wei; uneigennützige Hilfsbereitschaft; Dankbarkeit*

Umgekehrte verborgene Seite
Den meisten von uns gelingt es nicht, dauerhaft im Fluss von Geben und Nehmen zu bleiben. Wenn wir auf der Seite des Gebenden stehen, blockieren wir diesen Fluss, indem wir meinen, dass wir noch mehr geben müssten – dann werden wir Anstrengung investieren, die uns schließlich ausbrennen lässt. Oder wir meinen, dass wir es uns nicht gönnen dürfen, Gegengaben anzunehmen. Dann brennen wir ebenfalls aus, weil wir nicht erkennen, dass auch der Andere uns freiwillig etwas zurückschenken möchte. Auf der Seite des Empfangenden können wir den Fluss ebenfalls blockieren, indem wir nichts zurückgeben möchten, vielleicht weil wir meinen, es stünde uns zu, endlich einmal etwas geschenkt zu bekommen. Oder wir halten unser ganzes Sein für unwürdig, für zu gering, um dem anderen wirklich etwas zurückgeben zu können, und verleugnen damit die Gaben des Lebens in uns, die wir ihm zum Geschenk machen könnten. Auf einer sehr konkreten Ebene bedeutet die Umkehrung der Rückseite, dass wir vom Fluss der Geschenke

des Lebens abgeschnitten sind, dass wir nichts bekommen, wenn wir es uns nicht sehr hart erarbeiten. Wenn wir die aufrechte Rückseite verstanden haben, können wir auch begreifen, woran dies liegen mag.

Stichworte: **Stauung** *des Flusses von Geben und Nehmen*

VII

Vorderseite
Im traditionellen Sinn zeigt die Karte eine Arbeit, deren Lohn ungewiss ist. Die Aufgabe ist zwar erfolgreich zu Ende gebracht, aber die vereinbarte Gegenleistung bleibt aus; ein Geldgeschäft ist abgewickelt worden, aber der Gläubiger bleibt auf den Schulden sitzen. Rachel Pollack interpretiert die Karte auf einer innerseelischen Ebene: der äußere Lohn ist nicht wichtig, die Arbeit selbst ist es, die uns Sinn schenkt und uns dadurch auch persönlich weiterbringt. Der Lohn einer solchen Arbeit ist deshalb nicht rein äußerlicher Natur, sondern liegt in einer persönlichen Weiterentwicklung. Wir sind an einem Punkt angelangt, an dem die Mühen sich gelohnt haben, an dem eine Arbeit, ein Produkt, eine Unternehmung einen Abschluss gefunden hat oder finden wird. Deshalb interessiert es uns nicht mehr, was andere darüber denken oder was wir dafür bekommen.

Stichworte: **Feierabend**; *gelungene Anstrengung; innerer Gewinn; Arbeit ohne äußeren Lohn*

Umgekehrte Vorderseite
Im Falle der Umkehrung fühlen wir uns an Sisyphos erinnert, der von den Göttern die Strafe auferlegt bekam, für ewige Zeiten einen Stein einen Berg hinaufzurollen, der immer, wenn er oben war, wieder hinunterrollte. So handelt es sich hier um eine als sinnlos und unbefriedigend erlebte Arbeit, die wir tun müssen, ohne dass sie uns innere Erfüllung und inneren Lohn verschafft. Wir haben „das Gefühl, in einer Falle zu sitzen, das durch unbefriedigende

Jobs oder Verpflichtungen entstehen kann", schreibt Rachel Pollack. Im negativsten Sinn kann die Karte in ihrer Umkehrung einen Fehlschlag bedeuten.

Stichworte: *unbefriedigende Tätigkeit; Fehlschlag; sinnlose* **Plackerei***.*

Die verborgene Seite
Wenn wir eine Arbeit vollendet haben, können wir uns eine Ruhepause gönnen und auf das Erreichte zurückblicken. Manche werden Resümee ziehen und sich selbst für das Geleistete loben. Das beugt einem Burnout vor, in dem wir nur noch arbeiten, ohne die Früchte unserer Arbeit zu genießen. Aber dasselbe gilt nicht nur für den Augenblick nach vollendeter Arbeit, sondern auch davor und währenddessen. „Die Kunst des Ausruhens ist ein Teil der Kunst des Arbeitens", schrieb John Steinbeck, und von Ovid stammt der Satz: „Was ohne Ruhepausen geschieht, ist nicht von Dauer". Eine befriedigende Tätigkeit, eine eigene, aus dem inneren geborene Leistung ist nicht möglich, wenn wir nicht bei uns selbst sind. Wir benötigen Ruhe und Stille, um mit uns selbst in Kontakt zu kommen, zumal wenn es sich um eine kreative Tätigkeit (im weitesten Sinne) handelt, eine Tätigkeit, bei der wir eigene Gedanken und Ideen einbringen müssen. Immer dann ist jede Routine, jeder Zeitdruck hinderlich. Wir brauchen Muße, um tief nachzudenken und auf neue Einfälle zu kommen. Das gleiche gilt aber auch für Tätigkeiten, in denen wir im unmittelbaren Kontakt mit Menschen stehen. Wenn wir keine Ruhe in uns tragen, gehetzt und gestresst sind, können wir unsere Arbeit nicht mehr gut machen und keine Befriedigung mehr daraus ziehen. Wir werden zu Rädchen im System und allmählich brennen wir innerlich aus, weil der intrinsische, innere Lohn unseres Tuns uns verloren gegangen ist.

Die verborgene Sieben der Pentakel mahnt uns deshalb, unsere Arbeitsabläufe so zu gestalten, dass wir genügend im Kontakt mit uns selbst sind, dass wir in Stress und Hektik nicht uns selbst völlig verlieren. Wenn wir in einer Arbeitsstruktur eingespannt sind, in der dies nicht möglich ist, müssen wir uns eventuell nach einem anderen Arbeitsplatz umsehen. Deswegen sehen wir hier mit einem anderen Akzent als auf der Vorderseite der Karte einen jungen Menschen, der mit einer Blume im Mund in dem zusammengerächten Laubhaufen liegt. Um ihn herum liegt am Boden verstreutes Laub, das noch zusammengekehrt werden muss, was zeigt, dass er sich eine Mußestunde gönnt, obwohl die Arbeit noch nicht vollständig getan ist. Das mag der heute vielfach geforderten Mentalität von Fleiß und Selbstdisziplin widersprechen, weist aber auf den vergessenen Wert gelassenen Nichtstuns hin.

*Stichworte: **Muße**; Freizeit; Pausieren; Gelassenheit im Umgang mit Leistung*

Umgekehrte verborgene Seite
Muße ist etwas anderes als die Unfähigkeit, etwas Produktives zu leisten. Es ist eine bewusste Zeit der absichtlichen Untätigkeit, um daraus in einen produktiven Prozess gelangen zu können. Manchmal jedoch gelingt es uns nicht mehr, in eine produktive Tätigkeit zu kommen, weil wir schon so ausgebrannt sind, dass keine Kraft dafür mehr vorhanden ist. Oder wir haben uns in eine ängstliche, resignative Haltung gegenüber jeder Kraftanstrengung, eine Erschöpfung aus Gewohnheit hineinmanövriert, aus der wir nicht mehr herauskommen, weil wir keine Kräfte mehr mobilisieren können. Man hat einen solchen Zustand als Neurasthenie oder neuerdings als Chronic Fatique bezeichnet, aber es gibt viele Bezeichnungen dafür und viele Möglichkeit, wie Menschen es schaffen, sich von der in jedem Lebewesen vorhandenen Lust am aktiven Tun abzuschneiden. Manchmal sind die Anforderungen, die Andere an einen richten, einfach nicht die Herausforderungen, die der Organismus braucht. Dann gilt es, sich von den äußeren Anforderungen einerseits abzugrenzen, zugleich sich aber von dem Glauben an die eigene Unfähigkeit zur Leistung zu befreien, um die Kraft wieder zu entdecken, die in eigener schöpferischer Tätigkeit liegt. Wir brauchen Aktivität, um gesund zu sein, aber wir müssen sie richtig auswählen und dosieren.

*Stichworte: **Neurasthenie**; Leistungsblockade; mangelndes Vertrauen in die eigene Kraft*

VIII

Vorderseite
Die Karte zeigt einen Steinmetz bei der Arbeit und steht dabei für jede Form harter Arbeit und aller Tätigkeit, die Mühe, Geschicklichkeit und Kunstfertigkeit erfordert. Der Steinmetz ist in seine Arbeit vertieft, er sieht zufrieden aus. Diese Zufriedenheit ist die Frucht einer Tätigkeit, die ihre Befriedigung in sich selbst findet, einer Arbeit die an sich interessant ist. Bei den meisten Tätigkeiten aber wächst das Interesse, das wir ihnen entgegenbringen, mit der Kunstfertigkeit, die wir darin entwickeln. Und diese wiederum setzt regelmäßige Übung, Fleiß und Bemühung voraus. Erst wenn wir unsere Fertigkeiten kultivieren, können wir gut werden in dem, was wir tun. Tatsächlich macht Übung den Meister: Erfolg stellt sich nicht sofort ein, Qualität braucht Training, Erfahrung und Fleiß, um immer besser zu werden. In Europa denken viele Menschen, ein wahrer Schriftsteller werde als solcher fix und fertig geboren, weshalb sie oft frustriert sind, wenn ihr erster Versuch, einen Roman zu schreiben, nicht gelingt. Die Colleges in den USA hingegen unterrichten kreatives Schreiben wie jedes andere Fach, weil man erkannt hat, dass auch diese Kunstfertigkeit bis zu einem bestimmten Grad erlernbar ist. Das gleiche gilt für jede andere Fähigkeit. Das Interesse für ein Tun und die Bemühung ergänzen und bedingen sich gegenseitig. Aber niemals darf die Tätigkeit nur um eines anderen Zieles willen ausgeübt werden, wenn wir darin gut und erfolgreich werden wollen – wir müssen das Tätigsein selbst interessant finden. Das heißt nicht, dass die Arbeit nicht anderen Menschen nützen soll – die Stadt im Hintergrund der Rider-Karte deutet auf die soziale Bedeutung der Arbeit des Steinmetzen hin, der Anerkennung für eine sozial nützliche Aufgabe.

<u>Stichworte</u>: **Geschicklichkeit**; *Fertigkeiten; Fleiß; Arbeit um ihrer selbst willen*

Umgekehrte Vorderseite
In der Umkehrung können wir den Gewinn in der Tätigkeit selbst nicht erkennen und streben nach Erfolg und Ruhm, sind ehrgeizig, ohne dass uns die Qualität unserer Arbeit etwas bedeutet. Wir sind wie einer, der die heute üblichen Massenkonsumgüter herstellt, die niemand wirklich braucht, die aber viel Gewinn abwerfen. Ebenso gestalten wir unsere eigene Arbeit: Es geht uns nur darum, die Stunden am Arbeitsplatz hinter uns zu bringen oder ein kreatives Werk so schnell wie möglich zu beenden, aber wir sind nicht wirklich an dem Prozess des Arbeitens interessiert. In der Psychologie nennt man jemanden extrinsisch motiviert, der etwas nur des Geldes oder eines anderen äußerlichen Motivs wegen tut. Das gleiche gilt für jede andere Tätigkeit, sei sie sozial, rein geistig oder familiär: Wir streben vielleicht nach einem Bildungsabschluss, ohne an Bildung selbst interessiert zu sein oder tun eine Tätigkeit für andere Menschen, ohne diese Menschen zu mögen. Diese Haltung wird uns langfristig nicht nur persönliche Frustration bringen, sondern auch unser Lebenswerk minderwertig machen.
<u>Stichworte</u>: **Desinteresse** *an guter Arbeit; sekundäre (extrinsische) Motivation*

Die verborgene Seite
Die Tätigkeit, aus der wir unmittelbaren, persönlichen Gewinn schöpfen, sollte uns nicht davon abhalten, das Leben selbst als das große spirituelle Werk zu sehen, das wir zu verwirklichen haben. Die Schattenseite der Begeisterung für unsere Arbeit ist deshalb die Verkleinerung unserer Perspektive auf Erwerbsarbeit (oder Arbeit für egoistischen Nutzen) als Lebenszweck. Wie leicht beginnen wir, all unser Selbstvertrauen aus unserer Arbeit zu beziehen und zu glauben, nur diese sei das wirkliche Leben. Wir identifizieren uns mit unserer Leistungsfähigkeit, wir werden zu Workaholics oder erliegen einem Helfersyndrom, weil wir meinen, dass unsere Existenz nur dadurch zu rechtfertigen sei, dass wir für Andere nützlich sind. Dabei vergessen wir, dass Arbeit nur ein Aspekt des Großen Werks ist, welches unser Leben sein sollte, und dass dieses Leben

schon gerechtfertigt ist, ohne dass wir selbst etwas dafür tun müssen. Unsere Existenz ist gewollt, sonst wären wir nicht hier – auch ohne, dass wir uns darum bemühen, hilfreiche Mitmenschen oder produktive Glieder einer Leistungsgesellschaft zu sein.

Auf der Schattenseite der Karte sehen wir den Steinmetz aus der umgekehrten Bildperspektive. Hinter ihm tut sich ein Garten auf, in dem eine sehr große blaue Blume blüht, um die herum wilde Tiere friedlich liegen. Die blaue Blume steht für die Suche nach einem Mehr im Leben. Der Steinmetz scheint das höhere Ziel seines Daseins über der vielen Arbeit vergessen zu haben. Das Leben besteht nicht nur aus Arbeit. Wer nur in Begriffen von Verpflichtungen denkt, trägt oft ein grundsätzlich schlechtes Gewissen mit sich, aus dem Gefühl heraus, nicht einfach so in Ordnung zu sein, wie man ist. Erst muss man seinen Lebenszweck durch Arbeit rechtfertigen, dann darf man sich ausruhen. Die gesamte Industriegesellschaft funktioniert mit ihrem stetigen Wirtschaftswachstum nur, weil es genug Menschen gibt, die dieses schlechte Gewissen umtreibt. Aber auch in spiritueller oder geistiger Hinsicht müssen wir uns klarmachen, dass wir vielleicht zu sehr unser Heil in äußeren Handlungen suchen und dabei die kontemplative Innenschau vernachlässigen, die Meditation, die Gebetspraxis oder einfach das Dasein im Hier und Jetzt. Wenn wir uns nur um die Verbesserung unserer Lebenssituation bemühen, lenken wir uns in Wirklichkeit von uns ab, statt nach uns selbst oder dem Göttlichen zu suchen. Wir sind zu sehr beschäftigt, um wir selbst zu sein. Unser Tun ist nur an der Oberfläche sinnvoll, aber es ergreift uns nicht tief innerlich.

Stichworte: *Arbeiten als einziger Lebensinhalt;* **Aktionismus**; *Mangel an Freizeit; oberflächliche Tätigkeit*

Umgekehrte verborgene Seite
Wenn der auf der Karte abgebildete Steinmetz erkennt, dass es mehr gibt, als die alltäglichen Arbeiten, dann kann er mit dieser Erkenntnis in zweierlei Weise umgehen: Er kann versuchen, seine Arbeitszeit zu reduzieren, das Arbeiten weniger ernst und wichtig

zu nehmen und sich dafür mehr Befriedigung in Freizeit und privaten Aktivitäten zu suchen. In diesem Fall betreibt er das, was mit dem Schlagwort „Work-Life-Balance" bezeichnet wird: eine Ausgeglichenheit zwischen Freizeit und Arbeitszeit herzustellen. Andererseits kann er auch versuchen, Arbeit und sein übriges Dasein zu integrieren. Integrieren würde heißen: Es gibt keine Trennung zwischen Arbeit und Sein, sondern der Arbeitende ist mit Liebe, Freude und seiner ganzen Persönlichkeit an der Sache beteiligt, die er zustande bringt. Damit ist Freizeit und Arbeit gleichwertig, sie sind beide Ausdruck seiner Suche nach einer größeren Tiefe. In den spirituellen Traditionen gibt es die Idee, dass wir unsere tägliche Arbeit in Kontemplation verwandeln. Dies tut das christliche Mönchtum, wo man in Schweigen und Hingabe seine Arbeit im Kloster verrichtet und das tägliche Werk als Gottesdienst begreift. Im Zen und anderen asiatischen Schulen wird darauf hingewiesen, dass alle Tätigkeiten mit vollkommener Achtsamkeit und Gegenwärtigkeit ausgeführt werden sollen, um den Geist zu läutern und zu klären. Der Steinmetz erkennt die Bedeutung der blauen Blumen und vermag sie mit seiner Tätigkeit zu verbinden.

Stichworte: **Integration** *von Arbeit und Sein; Balance zwischen Arbeit und sonstigem Leben*

IX

Vorderseite
Wir sehen eine Frau, die mit einer Haltung von majestätischer Ruhe in einem Garten – ihrem eigenen Garten – steht. Im Hintergrund erhebt sich ein herrschaftliches Haus, von dem wir annehmen können, dass es ebenfalls zu ihrem Besitz gehört. Die Früchte, die in ihrem Garten wachsen, sind Weintrauben, die seit der Antike zu den edelsten Genussmitteln zählen und auf Luxus und ein schönes Leben hindeuten. Der Falke, den sie auf der Hand hält, ist ein Symbol der Macht. In vielen Regionen durften nur die mächtigsten Adligen die Falkenjagd betreiben. Die Zähmung eines Falken er-

fordert Disziplin und Strenge, Konsequenz und den starken Willen, sich ein Raubtier zu unterwerfen. Das deutet auf die innere Stärke der edlen Dame hin, die sich uns hier präsentiert, als habe sie nie um ihren Luxus kämpfen müssen. Aber das ist ein Trugschluss. Wir sehen vielmehr den vorläufigen Endpunkt einer Karriere, eines langen Weges.

Unsere Träume sind in Erfüllung gegangen. Wir sind in einem erfüllten Leben angekommen. Wir selbst sind erfüllt von dem, was wir aus uns gemacht haben. Die Neun der Münzen weist auf diesen Zustand des Angekommenseins hin, den wir durch unseren eigenen Verdienst und die Gunst der Umstände erlangt haben. Unser Leben, ein Projekt, ein Teil unserer Selbst ist zur Reife gekommen, ist ganz geworden. Nun können wir uns auf unserem Erfolg ausruhen. Wir haben die Sicherheit erlangt, dass alles gut ist, so wie es jetzt ist. Dabei ist die Selbstgewissheit, dass wir an einem Ziel angelangt sind, immer auch verbunden mit Selbstverwirklichung als unserem eigentlichen Ziel im Leben. Wir haben das Mögliche, das Potential aus uns selbst herausgeholt und damit auch aus dem, was das Leben uns an Möglichkeiten bot. Dafür war es nötig, dass wir uns und unsere Fähigkeiten entdecken, dass wir bereit waren, sie einzusetzen und Entscheidungen zu treffen, die uns an den Punkt gebracht haben, an dem wir schließlich stehen und auf unser Werk blicken können. Dazu gehört auch ein gesunder, leidfreier körperlicher Zustand, den wir ebenfalls in der aufrecht liegenden Karte erkennen können. Schließlich merken wir der Dame auf der Abbildung die Entspanntheit und den inneren Frieden an, den es bedeutet, wenn man angekommen ist und nichts mehr wirklich tun muss. Entspannung und Frieden – auch im Sinne einer friedlichen Zeit oder von politischem Frieden – sind deshalb ebenfalls Bedeutungen, die in der aufrecht liegenden Vorderseite enthalten sind.

Stichworte: **Erfüllung**; *Verwirklichung; Erfolg; Sicherheit; Reife; Angekommensein; Gesundheit; Entspannung; Frieden*

Umgekehrte Vorderseite
In der Umkehrung der Karte kann sich das Resultat wie der innere Zustand umkehren. Auf die äußere Ebene gerichtet, bedeutet die umgekehrt liegende Karte, dass der Erfolg ausgeblieben ist und die Erwartungen sich nicht erfüllt haben. Eventuell ist zu ergänzen: *noch* nicht, denn ist durchaus möglich, dass die Erwartungen des Erfolges zu hoch, zu früh oder unzureichend vorbereitet waren. Auf der psychischen Ebene ist die Verwirklichung des eigenen inneren Potentials noch blockiert oder nicht zum Abschluss gekommen. Ebenso kann die Umkehrung auch die Negation der übrigen Qualitäten der aufrechten Kartenseite bedeuten: Krankheit statt Gesundheit, innerer Druck und innere Unruhe statt Entspannung und das Gefühl von Disharmonie statt Frieden. Diese zuletzt genannten Gefühle können daher kommen, dass die betreffende Person nicht gelernt hat, loszulassen und sich mit dem zufrieden zu geben, was sie bereits erreicht hat. In diesem Fall ist sie erfolgsbesessen, will immer mehr und kann nicht verstehen, dass sie ihre Lebensqualität nicht verbessert, wenn sie die Aufgaben ihres Lebens nicht entspannt, in Ruhe und Frieden angehen kann. Vielleicht könnte sie die Resultate ihrer Arbeit bereits genießen, gönnt sich diesen Genuss aber nicht. Auch hier drohen wieder Krankheit sowie das Gefühl chronischer Unerfülltheit und chronischer Leere, weil alles, was erreicht werden kann, niemals genug sein wird.
<u>Stichworte</u>: **Unerfülltheit**; *Ausbleiben des Erfolgs; Unentspanntheit; Krankheit*

Die verborgene Seite
Wie bereits auf der Vorderseite angedeutet, hat die Dame ein Geheimnis, nämlich das Geheimnis ihres Vorlebens. Sie ist nicht in den adligen Besitz hineingeboren worden und hat ihn nicht durch Heirat erlangt, sie hat ihn erworben. Unsere Erfüllung ist nicht gratis. Ein erfülltes Leben, Selbstverwirklichung und die Verwirklichung unserer Träume kommen nicht einfach als ein Geschenk des Himmels auf uns herab. Wir müssen etwas dafür tun. Das heißt aber nicht zwangsläufig, dass wir uns dafür abrackern müssen, wie

uns diejenigen weiß machen wollen, die von der Selbstausbeutung ihrer Arbeitnehmer profitieren. Wir müssen nicht aufgehen in der Leistung um der Leistung willen, unsere Arbeit über alles stellen, um möglichst schnell immer weiter „aufzusteigen". All das mag nützlich sein als Mittel zum Zweck, aber nicht als Selbstzweck. Der Selbstzweck ist die Verwirklichung dessen, was wir selbst wirklich sind. Das ist das edelste Ziel unseres Lebens, das wir erlangen, wenn wir es so konsequent wie möglich verfolgen. Dazu gehört die Selbstdisziplin, dass wir uns von Widrigkeiten und Ablenkungen nicht vom Weg abbringen lassen. Das bedeutet, dass wir Impulse und Bedürfnisse zurückstellen können, die uns in eine andere als die angestrebte Richtung treiben wollen. Wenn wir unser Ziel selbstdiszipliniert verfolgen, müssen wir also auf manchen angenehmen Zeitvertreib, manche Vergnügung verzichten. Wahrscheinlich müssen wir sogar auf die Gesellschaft oder Freundschaft mancher Menschen verzichten, die uns in eine andere Richtung lenken wollen. Und wir müssen die Verführung durch andere Lebensziele aufgeben, die uns zuweilen als ebenso attraktiv erscheinen. All dies ist nötig, wenn wir eines Tages dort ankommen wollen, wo wir am tiefsten in uns meinen ankommen zu müssen.

Wir sehen auf dieser Seite die Dame der Vorderseite bei einer Tätigkeit, die wir nicht von ihr erwarten würden: Sie sitzt an einem Webstuhl, während eine kleine Öllampe den Raum erhellt. Durch ein Fenster des Raumes sieht man draußen Schneeflocken fallen. Sie ist allein, aber ihr Gesicht strahlt und vielleicht entschlüpft sogar ein Lied ihrem lächelnden, halb geöffneten Mund. Die Frau ist mit einer einfachen, profanen Arbeit beschäftigt, aber sie grämt sich nicht. Sie tut die Arbeit mit Achtsamkeit, mit Selbstverständlichkeit und der Gewissheit, dass es genau dies ist, was sie zu tun hat. Offenbar denkt sie nicht darüber nach, wie viel Tuch sie noch weben muss, bis sie ihr Soll erfüllt hat. Vielleicht ist die Arbeit nicht ihre Lieblingsbeschäftigung, aber sie tut sie, weil sie eben getan werden muss, im Dienst an der Sache und an denen, denen sie nützt. Sie erfüllt einfach ihre Pflicht. Der Begriff der Pflicht ist uns suspekt geworden, weil er von autoritären Strukturen missbraucht werden kann und zu den so genannten Sekundärtugenden gehört. Eine solche Pflichterfüllung hat aber nichts mit der Tugend der Militärs und Beamten zu tun, seine Befehle und Vorschriften ohne eine eigene Meinung auszuführen. Nicht um eine Erfüllung von Pflichten, die uns von anderen gesetzt wurden, geht es hier, sondern darum, das zu tun, was man als seine eigene innere Pflicht ansieht, als persönliche Verpflichtung aus Verantwortungsgefühl heraus. Diese erleichtert es, Dinge ohne Murren und inneren Widerstand zu erledigen: Was erledigt werden muss, wird getan, ohne es immer wieder zu hinterfragen. Wenn wir mit dieser Haltung morgens aufstehen und die täglichen Arbeiten ausführen, werden wir zu Dienern unserer Pflichten und nicht zu Sklaven der Idee, der Tag müsste Besseres für uns bereithalten. In der chinesischen Religion gibt es das Gebot der Pflichterfüllung in einer konfuzianischen, auf ehernen Gesetzen beruhenden, und einer taoistischen, mehr auf die gerade wirkenden kosmischen Kräfte vertrauenden Version. Indem wir uns nicht dagegen stemmen, sondern einwilligen, das zu tun, was wir als das Gebot des Augenblicks erkennen, erfüllen wir unsere Pflicht nicht nur gegenüber unseren Mitmenschen, sondern gegenüber dem gesamten Kosmos.

*Stichworte: **Pflichterfüllung**; Verantwortungsgefühl; Zielstrebigkeit; Selbstverwirklichung durch Selbstdisziplin; Dienst an der Sache*

Umgekehrte verborgene Seite
Das Bild der webenden Dame kann sich auf verschiedene Weise verkehren. So kann sich Pflichterfüllung im Dienst an der Sache in eine bloße Erfüllung lästiger Pflichten verkehren, die aber nicht gerne, nur mit Zwang und gegen inneren Widerstand erledigt werden oder die als von außen auferlegt erscheinen und nur aus blindem Gehorsam heraus verfolgt werden. Es kann aber auch bedeuten, dass die Zielstrebigkeit und Selbstdisziplin fehlt, die nötig ist, um schließlich in der Situation der aufrechten Vorderseite anzulangen. Die betroffene Person weiß vielleicht nicht, was sie will, lässt sich leicht entmutigen oder besitzt nicht den Willen, einen schwierigen Weg einzuschlagen, um das Erwünschte zu bekom-

men. Sie hat vielleicht kein ausreichendes Verantwortungsgefühl und lässt sich treiben statt ihren Weg zu gehen. Damit befindet sie sich in einem Zustand der Haltlosigkeit, wo es weder Ziele noch Struktur, weder Selbstdisziplin noch Notwendigkeiten gibt, sondern nur Triebe und ihre momentane Befriedigung. Sie befindet sich damit auf dem Weg, der zur umgekehrten Vorderseite führt.

<u>Stichworte</u>: **Haltlosigkeit**; *Gehorsam; mangelndes Verantwortungsgefühl*

X

Vorderseite
Die Zehn der Münzen gehört zu den komplexesten Karten der Kleinen Arkana. Das Bild zeigt einen Mann und eine Frau, die hinter einem Toreingang stehen. Hinter ihrem Kleid schaut ein Kind hervor. Vor dem Toreingang sitzt unbemerkt ein in reichen Stoffen bekleideter alter Mann, den die zwei Hunde, die wohl zum Anwesen hinter dem Tor gehören, begrüßen. Offensichtlich leben die Menschen auf dieser Karte in einem gewissen Wohlstand. Das entspricht den traditionellen Deutungen der Karte, die Reichtum und materielles Wohlergehen in den Vordergrund stellen. Aber was hat der alte Mann, der offensichtlich nicht dazu gehört, dann in dieser Szene zu suchen? Er betrachtet die Familie von außerhalb des Tores wie aus einer anderen Welt heraus?

Rachel Pollack hat Recht, wenn sie besonders auf die mystischen und magischen Zeichen hinweist, die in der Nähe des bärtigen Alten zu erkennen sind: der Zauberstab, der in der Ecke lehnt, die magischen Zeichen auf seinem Mantel, die Anordnung der Pentakel als kabbalistischer Lebensbaum. Etwas Magisches geht von ihm aus und tritt von außen an das gut situierte, aber nicht ganz harmonische Familienleben heran. Denn die Figuren hinter dem Torbogen, die eine Familie darstellen dürften, sind nicht ganz aufeinander bezogen, zeigen in ihrer Körperhaltung eine Abgewandtheit voneinander. Vielleicht müssen sie nur ihren Blick erweitern, um die Magie zu erkennen, die ihnen hier mitten in ihrem Alltag entgegentritt, die nur hereingebeten werden muss. Manchmal erkennen wir nicht sofort, welche großartigen Geschenke uns das Leben – vielleicht auch in der Begegnung mit unseren Mitmenschen – bereit hält, weil wir lieber ganz in unsere Gewohnheiten eingeschlossen bleiben. Hat der alte Mann nicht etwas von Odysseus, der am Ende seiner Odyssee in sein altes Heim zurückkehrt und zunächst nur von den Hunden erkannt wird? Ebenso mag er einen griechischen Gott oder einen menschengestaltigen Engel darstellen, der unerkannt bei den Sterblichen eintritt und mit strengem Blick erkundet, ob sie würdig sind. Werden sie ihm die Tür weisen oder ihn gastlich empfangen und dafür himmlischen Lohn empfangen?

Noch eine andere Assoziation kommt auf: Der alte Mann, der – wie Odysseus – einst hier lebte, hat sich durch seine Wanderschaft verändert. War er einst ein ebenso oberflächlicher Lebemann wie der junge Mann, der uns den Rücken zukehrt und auch seiner Genossin nicht wirklich zugewandt ist, so ist er nun zu einem Weisen herangereift, dessen eigentliches Sein nicht mehr in dieser Welt des leichten Lebens beheimatet ist. Distanziert bleibt er außen vor und betrachtet mit leiser Wehmut das Leben, das er einst selbst führte. Darin wird deutlich, dass wir wahres Glück nur erlangen, wenn wir uns auf die Pilgerschaft begeben, die Magie des Lebens in uns aufnehmen und daran reifen. Dann ist der materielle Wohlstand und das traute Heim nur noch so viel wert wie die persönliche Entwicklung der darin lebenden Menschen. Die Karte verweist uns darauf, dass wir die tiefere Dimension unseres wohlbehüteten Alltagslebens zu verstehen versuchen sollten.

Die traditionellen Bedeutungen – Reichtum, unerwarteter Gewinn (den der alte Mann vielleicht vorbeibringt), ein schönes Zuhause, eine Heimat, in die man nach langer Abwesenheit zurückkehren kann, ein heiles Familienleben – werden so in der Ausgestaltung von Pamela Smith angereichert durch die Perspektive eines Weisen oder übermenschlichen Wesens, das aus einer anderen als rein weltlichen Sicht auf den materiellen Wohlstand dieser Menschen blickt. Ob das, was er sieht, seinem kritischen Blick stand hält, hängt davon ab, was die Besitzer dieser Güter in ihrem Herzen tragen. Gerade durch den Verweis auf den Lebensbaum der Kabbalah wird uns bewusst gemacht, dass irdisches Wohlergehen immer ein Durchgang, eine Pforte zu einem höheren Reichtum sein muss, wie das Tor, hinter oder unter dem die Frau und der Mann stehen. Irdisches ist nur das äußere Gewand des Göttlichen, das Gefäß, in das das Göttliche sich ergießt. Das Ende des Tarots führt uns wieder zurück an seinen Anfang, zum Magier und seinem Streben nach persönlicher Höherentwicklung.

Stichworte: **Magie des Alltags**; *Wohlstand; Heimat; Rückkehr; Geschenke des Lebens*

Umgekehrte Vorderseite
In einem konkreten Sinn weist die Umkehrung auf Einbruch, einen „Hausfriedensbruch" in jedem Sinn des Verlustes der häuslichen Gemütlichkeit hin; auch auf Diebstahl, den Verlust materieller Güter oder Verluste im Glücksspiel. Ob die Umkehrung die positive Bedeutung der Karte in der äußeren Realität oder nur in unserer Wahrnehmung aufhebt, hängt jedoch vom Kontext ab. Entweder ist die familiäre Harmonie, das Glück einer heilen Welt, tatsächlich zerbrochen oder dieses Glück ist zwar noch vorhanden, aber wir können es nicht mehr erkennen. In diesem Fall fordert die umgekehrte Zehn dazu auf, das Leben wertzuschätzen, das uns geschenkt wurde, und nicht auf mehr und Besseres zu spekulieren. Ob wir tatsächliche Verluste erlitten haben oder einfach mit unserer Situation unzufrieden sind: Wir fühlen uns aus der heilen Welt von Familienleben, Heimat und Wohlstand gerissen, weil die Behaglichkeit und Gemütlichkeit nicht mehr passend erscheinen. Vielleicht entdecken wir, dass unser trautes Heim ein Gefängnis geworden ist oder dass die Harmonie nur oberflächlich ist – oder wir bilden uns dies zumindest ein, obwohl wir mehr davon haben, als uns bewusst ist. Selbst wenn die umgekehrte Zehn den realen Verlust materieller Güter aufgrund äußerer Faktoren oder eigenen Leichtsinns bedeutet, enthält die Karte die Aufforderung, zunächst unsere eigene Unzufriedenheit zu betrachten und uns zu fragen, ob wir nicht die Chance, die in dieser Situation liegt, übersehen.

Stichworte: **Hausfriedensbruch**; *Verlust materiellen Wohlstands; Unfähigkeit, die Schönheit des Alltags zu erkennen*

Die verborgene Seite
Die Symbolik der Rider-Version verweist unmittelbar auf die Schattenseite von Wohlstand und einem scheinbar glücklichen Zuhause. Das Scheinbare an diesem Glück haben wir schon bei der Betrachtung der Vorderseite erwähnt: Mann und Frau sind einander nicht wirklich zugewandt, auch das Kind zerrt in eine andere Richtung und die einzigen, die den Alten und die übernatürliche Kraft, die er repräsentiert, zu sehen vermögen, sind die Hunde. Die Menschen sind abgeschnitten von der Macht der Weisheit und Magie, die vor ihrer Haustür auf sie wartet. Wohlstand und ein schönes Zuhause sind solange nur Schein, solange das Innere des Menschen nicht mitwächst. Deshalb ist die Rückseite der Karte eine Warnung vor dem seelischen Unfrieden, der im Festhalten an bloß äußerem Glück liegen kann. Der Mann und die Frau stehen sich schräg gegenüber, wie im Rider-Deck, aber nun sieht man den Mann von vorne und die Frau von hinten. Man sieht, dass er unter der Falte seines Gewandes einen Dolch hervorholt und seine Frau trägt einen Skorpion im Haar. Das Kind will seine Mutter ängstlich wegziehen, aber es ist noch zu schwach und machtlos. Ein Ehekrieg ist ausgebrochen, ein wahrer Stellungskampf um Recht haben und persönliche Verletzungen vielleicht. Vielleicht ist auch der Wohlstand auf unrechte Weise erworben und nun müssen sich alle dieser Schuld stellen. Oder die Beziehung hält nur noch, weil eine Trennung zu kostspielig wäre, weil das gemeinsame Kind sie aneinander bindet. Wir sehen den Schein einer heilen Welt, die aber voller düsterer Konflikte steckt, weil die Beteiligten zu viel Augenmerk nach außen und zu wenig in ihre eigene Seele gerichtet haben.

Stichworte: **Schein**; *scheinbares Glück; vorgetäuschte Harmonie; hohles Leben*

Umgekehrte verborgene Seite
Wenn die Personen, die in der privilegierten Lage sind, Wohlstand, Familie und Heimat zu besitzen, sich ihrer Privilegien bewusst werden, können sie beginnen, zufrieden damit zu sein und aus dieser Zufriedenheit kann neue Harmonie erwachsen. Wenn sie dazu bereit sind, die eigenen Ansprüche zu reduzieren, nicht immer auf das eigene Recht zu pochen, nicht die eigene Laune am Anderen auszulassen, nicht die eigenen Bedürfnisse auf den Partner zu projizieren, ist ihre Beziehung noch zu retten. Der Mann kann sich seines Dolches entledigen, die Frau den Skorpion entfernen, der als Symbol des Dämonischen an ihrem Kopf, dem Sitz des Verstandes, Schaden anzurichten drohte. Das Kind fühlt sich dann inmitten der Erwachsenen wieder geborgen und kann in einer Atmosphäre heranwachsen, in der Konflikte nicht hinter dem Deckmantel einer scheinbar harmonischen Beziehung verborgen, sondern konstruktiv ausgetragen werden. Dazu ist es wichtig, wertzuschätzen, was man hat, statt immer mehr und anderes haben zu wollen. Es ist wichtig, auch die Menschen, mit denen man zusammen lebt, und die eigenen Freunde wertzuschätzen, das Heim, das man bewohnt und die Kleinigkeiten, die einem das Leben zur Freude machen können. Wenn das Leben nicht in der Katastrophe der aufrechten Rückseite münden soll, ist Wertschätzung für das, was ist und wie es ist, die Grundlage für Zufriedenheit und ein friedliches Zusammenleben.

<u>*Stichworte:*</u> **Wertschätzung**; *Zufriedenheit mit dem Lebensentwurf*

Anmerkungen

¹ Die Darstellung der historischen Herkunft des Tarots orientiert sich ebenso wie die seiner ursprünglichen esoterischen Bedeutung weitgehend an dem Buch von Ronald Decker, *The Esoteric Tarot*, Wheaton 2013. Decker ist sicherlich einer der profundesten Kenner des Tarot, und seine Thesen sind, obwohl spekulativ, sehr detailreich und überzeugend dargestellt.
² Auf die Triumpfzüge verweisen beispielsweise die Autoren Michael Dummett sowie Gertrud Moakley.
³ Vgl. Decker 2013, 89ff.
⁴ Decker 2013, 80f.
⁵ Ronald Decker, *The Esoteric Tarot*, Wheaton 2013
⁶ Decker 2013.
⁷ Vgl. Eckhard Graf, Die Magier des Tarot, Klein Königsförde 2000
⁸ Arthur E. Waite, dt.: *Der Bilderschlüssel zum Tarot*, Neuhausen 1978
⁹ Der Übersichtlichkeit halber werden bei den Zitaten aus den häufig erwähnten Büchern von Arthur E. Waite (*Der Bilderschlüssel zum Tarot*, Neuhausen 1978) und von Rachel Pollack (*Tarot. 78 Stufen der Weisheit*, München 1985) nicht die Seitenzahlen angeführt. Es versteht sich von selbst, dass es sich – wenn nicht anders angegeben – um die jeweils zu den hier besprochenen Karten korrespondieren Abschnitte handelt.
¹⁰ Jung wird im Allgemeinen als der esoterischste unter den großen Tiefenpsychologen verstanden. Man muss allerdings konzedieren, dass Jung ganz bewusst Psychologe bleiben wollte und deshalb Gefahr lief, das Transzendente nicht immer für sich stehen zu lassen, sondern zu psychologisieren (also auf Psyche zu reduzieren), statt die Psyche bloß als Widerspiegelung oder Teil der transzendentalen (auf das Transzendente verweisenden) Natur des Menschen zu begreifen, wie das in einer spirituellen Auffassung der Fall wäre. Sicherlich trifft der darin enthaltene Verdacht der Profanisierung des Spirituellen aber noch mehr auf Jungs Schülerinnen und Schüler zu als auf den Meister selbst.
¹¹ So in GW 9,1, S. 48
¹² Das Wort selbst stammt keineswegs von Jung, sondern wurde von der mittelplatonischen Philosophie Plotins und von Cicero geprägt und bezeichnet das „Urbild", nach dem die Dinge der sinnlichen Welt geformt

wurden. Es taucht auch in der magisch-alchemischen Literatur der frühen Neuzeit auf.
[13] GW 9,1, S. 48
[14] Jung, Theoretische Überlegungen zum Wesen des Psychischen, in GW 8, S. 233
[15] Diesen Gedanken lässt beispielsweise Marion Guekos-Hollenstein an verschiedenen Stellen ihrer Jungianischen Interpretation der Großen Arkana erkennen: Marion Guekos-Hollenstein: Quellen des Tarot. Unbekannte Schätze in den 22 Großen Arkana. Klein Königsförde 2000.
[16] In einem etwas einfacheren Sinn werden Animus und Anima als die Archetypen des jeweils anderen Geschlechts aufgefasst, die sich vor allem in Verliebtheitssituationen konstellieren. Das gilt allerdings nur für heterosexuell empfindende Menschen und homosexuelle Verliebtheit aktiviert mit Sicherheit den Seelenarchetyps des eigenen Geschlechts, auch wenn manche Tiefenpsychologen das leugnen und Jung selbst eine andere Theorie zur Homosexualität vertrat. Beide Sinnmöglichkeiten fußen aufeinander. Genauer gesagt, nimmt Jung an, dass jemand, der oder die sich vollkommen mit seiner/ihrer Persona identifiziert, die eigene Seele (Anima oder Animus) vollständig verdrängt hat und diese deshalb nur außen finden kann, in der Projektion auf eine andere Person des entsprechenden Geschlechts. Dadurch entsteht die „magische" Verliebtheit von „zwingendem Charakter". Bei der Besprechung der Karten werden wir Animus und Anima allerdings vereinfacht als „Archetyp des anderen Geschlechts" verwenden.
[17] „Das Synchronizitätsprinzip sagt aus, dass die Glieder einer sinngemäßen Koinzidenz durch *Gleichzeitigkeit* und durch den *Sinn* verbunden seien", Jung, Synchronizität als ein Prinzip akausaler Zusammenhänge; in C. G. Jung und W. Pauli, Naturerklärung und Psyche, Zürich 1952, S. 62.
[18] Jung, Synchronizität als ein Prinzip akausaler Zusammenhänge, S. 31ff.
[19] Jung, Synchronizität als ein Prinzip akausaler Zusammenhänge, S. 104
[20] Derselbe Effekt ist aus der Parapsychologie als allgemeines Gesetz der Ermüdung paranormaler Phänomene nach einigen erfolgreichen Versuchen hintereinander bekannt.
[21] Jung, Synchronizität als ein Prinzip akausaler Zusammenhänge, S. 21
[22] Rachel Pollack, *Tarot. 78 Stufen der Weisheit*, München 1985; vgl. Anm. 9
[23] Nicols, a.a.O. S. 49

[24] Die zehn Sephiroth (Einzahl: Sephirah) sind zehn Eigenschaften Gottes, mittels derer das Göttliche sich in einer absteigenden Folge in die materielle Welt hinab begibt. Umgekehrt steigt der Mystiker vom untersten zum obersten Sephirah zur Erkenntnis Gottes auf. Die Anordnung der Sephiroth erfolgt meist in drei Säulen, die als kabbalistischer Lebensbaum bezeichnet werden.

[25] Die als kanonisch erachteten Bücher der religiösen Überlieferung des Judentums (die vor der schriftlichen Niederlegung der Kabbalah entstanden und mehr dem exoterischen Judentum zuzurechnen sind)

[26] Auch wenn die Frage, ob es jemals einen ausschließlichen oder vorrangigen Erdmutterkult gab, ungelöst ist, weisen manche Wissenschaftler selbst die Idee einer durchgängigen, allgemeinen Verehrung der Erdmutter über Jahrtausende in Europa zurück. Man mag die Beweislage in Frage stellen, aber es ist unhaltbar, die Existenz der Großen Mutter zurückzuweisen. Ein so grundlegender Archetypus wie der der Großen Mutter war und ist ein selbstverständlicher Bestandteil der kollektiven Conditio humana. Angesichts der antiken Zeugnisse ist es unplausibel, dass sie nicht als Wurzel der antiken großen Göttinnen schon Jahrtausende lang bekannt gewesen sein soll. So zeigt der seit Jahrtausenden mit großer Sicherheit unveränderte Fortbestand schamanischer und anderer religiöser Anschauungen in traditionalen Kulturen, dass ein Zeitraum von zehntausend Jahren keineswegs zu lang ist, um eine kontinuierliche Verehrung einer so wesentlichen Gottheit zu vermuten.

[27] C. G. Jung, *Die Beziehungen zwischen dem Ich und dem Unbewussten*, München 1990, S. 92. Vgl. dazu aber meine Anmerkung 16.

[28] Waite, a.a.O. S. 61

[29] Waite, a.a.O. S. 61

[30] Erich Bauer, Psycho-Tarot, München 1991

[31] Augustinus De lib. arb. I, 13, 27. CCSL 29, 229

[32] Joseph Pieper Über die Tugenden, München 2004, S. 23

[33] In: James Hillman & Michael Ventura, Hundert Jahre Psychotherapie und der Welt geht's immer schlechter, Solothurn 1993, S. 79.

[34] "In Fortune solio - sederam elatus, - prosperitatis vario - flore coronatus; - quicquid enim florui - felix et beatus, - nunc a summo corrui - gloria privatus. - Fortune rota volvitur: - descendo minoratus; - alter in altum tollitur; - nimis exaltatus - rex sedet in vertice - caveat ruinam!"

[35] In Eliphas Levi, La Clef des grands mysteres, Paris 1861, S. 117

[36] Erich Berneker: Dike. In: Der Kleine Pauly. Bd. 2. München 1979, S. 25
[37] Alte römische Weisheit, wörtlich: „Was dem Jupiter gebührt, gebührt nicht dem Rind".
[38] Koran, 13,6; Übers. v. Rudi Paret
[39] Josef Pieper, Über die Tugenden, München 2004, S. 23
[40] So Eckhard Graf, Die Magier des Tarot, Klein Königsförde 2000
[41] Robert Wang, Tarot Psychologie. Ein praktischer Führer zum Jungianischen Tarot, Neuhausen 1989.
[42] Erich Bauera.a.O., S. 58
[43] Dies schreibt Rachel Pollack, die allerdings die restliche Etymologie nicht referiert.
[44] Giordano Berti & Tiberio Gonard: I Tarochi die Visconti, Turin 1997; dt.: Das Visconti Tarot, Königsfurt 1999.
[45] Der Kompass der Weisen, Ketima Vere, Berlin 1782; nach Alexander Roob, Alchemie & Mystik, Köln 1996, 185
[46] Guekos-Hollenstein a.a.O.
[47] Alexander Roob, a.a.O. S. 165ff.
[48] Josef Ben Abraham Gikatilla (1248-1325), Share Orah; zit. n. Johann Meier, Die Kabbalah, München 2004, 198
[49] Vgl. Sterne (Sternglaube). Handwörterbuch des deutschen Aberglaubens, S. 28611 bzw. Bd. 9 N, S. 770
[50] Friedrich Wulf, Trägheit, in: Josef Höfer & Karl Rahner, Lexikon für Theologie und Kirche, Freiburg 1965; Bd. 10 S. 302
[51] Davon abgesehen kannte man in einigen deutschen Sprachvarianten auch weibliche Formen des Mondes, wie das Lexikon des Deutschen Aberglaubens, Artikel „Mond", referiert.
[52] V. a. Christian Cajochen, Songül Altanay-Ekici, Mirjam Münch, Sylvia Frey, Vera Knoblauch, Anna Wirz-Justice, Evidence that the Lunar Cycle Influences Human Sleep, *Current Biology - 25 July 2013*
[53] C. G. Jung, Psychologie und Alchemie, Olten 1975, 382.
[54] Guekos-Hollenstein (a.a.O. S. 202) meint, der Mond stehe nur beim Mann für die Anima, also die Seele, das Unbewusste, und die Sonne für das Bewusste, während der Polarität Anima-Animus entsprechend der Mond bei der Frau für das Bewusste und die Sonne für das Unbewusste stehe. Diese Auffassung ist sicherlich mit der Jungschen konform. Andererseits ist es unwahrscheinlich, dass für eine psychische Situation das biologische Geschlecht einen entscheidenden Unterschied macht, sondern die Identifikati-

on mit einer bestimmten geschlechtlichen Identität. Demnach besitzen Männer wie Frauen Anima- und Animus-Anteile unterschiedlicher Dominanz. Deshalb ist Auffassung Jungs bezüglich der Homosexualität ein zeitbedingter und theoriegeleiteter Dogmatismus, wonach der männliche Homosexuelle seine Persona auf andere projiziert, weil er mit der Anima identifiziert sei (Jungs Erklärung für Homosexualität), woraus nämlich für Jung folgt, dass Homosexuelle – und zwar unabhängig von der Gesellschaft, in der sie leben – einen angeblichen „Anpassungsdefekt" aufweisen und beziehungslos bleiben müssen. Es ist vielmehr schlüssiger, dass homosexuelle Männer statt einer dominanten Anima einen dominanten Animus-Aspekt aufweisen (und umgekehrt homosexuelle Frauen eine dominante Anima). Daraus folgt auch, dass die Unterscheidung in Anima = beim Mann = der Mond für den Mann und Animus = bei der Frau = die Sonne für die Frau (im Zeitalter nach der Gender-Debatte) obsolet ist. Besser spricht man einfach von der Seele (dem Begriff, den Jung selbst als Zusammenfassung von Anima und Animus benutzt) in einem geschlechtslosen Sinn und stellt ihr die Persona (ebenfalls ja geschlechtslos) gegenüber.

[55] Antoine Faivre, *Esoterik*, Braunschweig 1992, S. 27

[56] Der Buddha hat tatsächlich nicht darauf bestanden, dass Achtsamkeit (*sati*) bewertungsfrei sein müsse, obwohl dies in der buddhistischen Betrachtung der Wirklichkeit so impliziert ist. Liebevolle Güte gegenüber allen Wesen ist ihm jedoch so wichtig gewesen, dass die Verbindung von Achtsamkeit und liebevoller Güte als genuin buddhistisch gelten kann.

[57] Dante, Convivio II,4; zit. nach Berti & Gonard, a.a.O. 62

[58] Decker, a.a.O. 152

[59] Horst E. Miers, Lexikon des Geheimwissens, Freiburg 1976; Artikel „Osten"

[60] Marcia Binder-Schmidt, Das große Dzogchen Handbuch, Freiamt 2002, S. 284. Nur beiläufig soll erwähnt sein, dass die Definitionskriterien „klar und deutlich" für Erkenntnis bzw. „klar und erkennend" für Bewusstsein im Buddhismus häufig genannt werden und stark an das aus der Scholastik und von Descartes bekannte *clare et distincte* erinnern.

[61] C. G. Jung, *Die Beziehungen zwischen dem Ich und dem Unbewussten*, München 1990, S. 60

[62] C. G. Jung, *Die Beziehungen...*, S. 63

[63] Erich Fromm, Haben oder Sein, in Erich Fromm, Gesamtausgabe, hrsg. von Rainer Funk, München 1989, Bd. 2, S. 326.

[64] Erich Fromm a.a.O. S. 390

Der Autor freut sich über jede Rezension dieses Buches in print und online (z. B. im Internet-Buchhandel)

Für einen Hinweis auf Ihre Rezension an nama.rupa@posteo.de wäre ich Ihnen sehr verbunden